Vorwort

Dem «Frauenleben»[1] folgt nun das «Landleben im 19. Jahrhundert». Bei aller sprachlichen Nähe ist doch die Tendenz der beiden Titel sehr verschieden: der erste klingt nach modernem Zeittrend und ging der lange vernachlässigten Geschichte der Frauen nach, um ihr eine sozial- und kulturhistorische Darstellung zu widmen. Sie galt vor allem den Durchschnittsfrauen aller Sozialschichten, denen sich die Wissenschaft bisher nur selten zugewendet hatte.

Der Titel vom «Landleben» macht hingegen einen eher behäbigen Eindruck, er mutet volkskundlich traditionell an, ja – fast altmodisch, hat sich doch die Volkskunde mehr als hundert Jahre gern als eine «Bauernkunde» verstanden.[2] Aber der Schein trügt, und die Autorin ist nicht plötzlich unter die Traditionalisten gegangen.

In dieses Buch sind jahrzehntelange Forschungen eingeflossen, Materialien aus zum Teil unbekannten Quellen, die mich zu neuen Einsichten führten. Als ahnungsloses Großstadtkind habe ich vor dem Zweiten Weltkrieg in den Semesterferien auf großen Fahrten zu den donauschwäbischen deutschen Bauern in Ungarn und Jugoslawien das Dorfleben beobachtend kennengelernt[3] und erlag alsbald dem romantisch-folkloristischen Reiz jener für mein ungeübtes Auge «heilen Welt» eines ländlichen Lebens in seiner anscheinend so leicht überschaubaren Ordnung mit Arbeit und Fest, Hausbau und Tracht, vermittelt in der dort üblichen, unübertrefflich herzlichen Gastfreundschaft. Was ich meinem naiven Sachinteresse folgend wissen wollte, war leicht von meinen gutmütig aufgeschlossenen Gastgebern zu erfragen. So glaubte ich im Geiste der traditionellen Volkskunde, durch die Addition der aufgesammmelten Daten ein «Lebensbild» des Dorfes zeichnen zu können nach dem üblichen Schema des volkskundlichen Kanon: einer summarischen Zusammenfügung der Einzelheiten über Haus und Siedlung, Bräuche im Lebenslauf und Jahreslauf, Volksglaube, Lied- und Erzählgut u. a. m. Inzwischen freilich haben sich mir andere methodische und sachliche Einsichten erschlossen und mich zu diesem Buch motiviert.

Seit dem idealisierten Bild eines westfälischen Bauernhofes, gezeichnet vom Landesadvokaten Justus Möser (1720–1794),[4] hat die Volkskunde nicht aufgehört, das deutsche Landleben gegenüber einer entseelten Stadt- oder Fremdkultur zu preisen. Dabei ging es seit der fortschreitenden Entwicklung der Volkskunde als Wissenschaft in erster Linie um das Sammeln von Fakten der bäuerlichen Kultur – was immer darunter auch zu verstehen sein mag (vgl. das Schlußkapitel). Das Motto des Faches lautete seit den Brüdern Grimm das ganze 19. Jahrhundert hindurch: Bewahren der Überlieferungsgüter vor dem Vergehen «in letzter Minute!» Ganz selbstverständlich standen bei solchen Forschungszielen stets die Objekte im Mittelpunkt, die Stoffe, die Gegenstände – Hausformen und Trachten, Lieder und Bräuche – und natürlich allem voran die Märchen, – doch kaum je die Menschen, die mit diesen Dingen umgingen, also das soziale Bezugsfeld der kulturellen Erscheinungen. Selbst wenn ein Titel vielversprechend «Das alte Bauernleben der Lüneburger Heide» hieß,[5] so verbarg sich bei näherem Zusehen dahinter wiederum ein mehr oder minder unreflektiertes Sammelsurium von regionaltypischen Daten, geordnet nach dem üblichen Muster. Verstärkend für die Motivation für die Auswahl der gesammelten Stoffe kam die stets sich wiederholende Tendenz hinzu, deren Ursprung im fortdauernden Geist der Romantik möglichst weit zurückzuverlegen – bis ins Mittelalter oder noch lieber bis in die germanische Frühzeit unserer Geschichte – und so einen meist unbeweisbaren Kontinuitätsstrang zu flechten, der besonders der bäuerlichen Welt einen hohen kulturellen Rang zu geben schien.

In der Mitte des Jahrhunderts trat Wilhelm Heinrich Riehl (1823–1897) auf den Plan, der für die «Volkskunde als Wissenschaft» eine andere Richtung einzuschlagen schien.[6] Mit dem wachen Auge eines guten Journalisten beobachtete er Land und Leute und stellte seine Beobachtungen in einer Fülle leicht lesbarer Publikationen einem breiten Publikum lebendig vor. Ging es jedoch an die Analyse seiner Erhebungen, so verstrickte er sich tief in ahistorisch-konservative Ideologien, und seine Einteilung der Dorfbevölkerung in «Der Bauer von guter Art» und «Der entartete Bauer»[7] diente vor allem der Begründung seines eigenen Schemas mit dem Bild des Bauern als dem beharrenden Kern des deutschen Volkes. Beim Bauersmann hätte der Stamm, der Gau, das Land seinen Stil, der sich in der Mundart und allen Arten von überliefertem Volksgut ausdrücke. Und dieser landschaftliche Stil sei wiederum ein Stück selbsterlebter Volksgeschichte. Freilich sagen solche Bemerkungen Wichtiges aus über das Phänomen der «Bauernkultur». Doch entlarven sie sich selbst als falsch interpretierte Überhöhungen, wenn demgegenüber der «entartete Bauer» abgewertet wird. Denn hier versammelt Riehl all jene Erscheinungen des 19. Jahrhunderts auf dem Lande, die ihm sein Bild vom konservativ gesitteten Bauern störten, tatsächlich doch aber die Welt des Dorfes in der damals beginnenden Industriegesellschaft bestimmten. Riehls «entarteter Bauer» ist der damals moderne Bauer. Also auch hier erfolgte keine offene Darstellung des tatsächlichen Landlebens, sondern ein manipuliertes Wunschbild entsprechend der Ideologie des Verfassers.

Immerhin traten bei Riehl neben der sozial-konservierenden Tendenz seines Gesamtwerks gesellschaftliche Bezüge zu den faktischen Daten. Das war zwar bei weitem keine vorurteilsfreie Mentalitätsforschung, aber die Phänomene erschienen doch immerhin im Zusammenhang mit den Menschen, und der Verfasser erkannte den sozialen Wert der zerstreuten und oft banalen Einzelgegenstände.

Sätze, wie die folgenden, lassen aufhorchen:

«Aber es erging ihnen [den Chronisten des Mittelalters. IWK] dabei genau so, wie jetzt dem gemeinen Manne, der nicht begreift, weshalb man die Zustände seines alltäglichen Daseins durchforscht, weil er weder deren Gegensatz zu anderen örtlichen Zuständen kennt, noch ihre Bedeutung für die lebensvolle Gesamtidee der Nation. Diese Studien über oft höchst kindische und widersinnige Sitten und Bräuche, über Haus und Hof, Rock und Kamisol und Küche und Keller sind in der Tat für sich allein eitler Plunder, sie erhalten erst ihre wissenschaftliche wie ihre poetische Weihe durch ihre Beziehung auf den wunderbaren Organismus einer ganzen Volkspersönlichkeit, und von diesem Begriff der Nation gilt dann allerdings im vollsten Umfange der Satz, daß unter allen Dingen dieser Welt der Mensch des Menschen würdigstes Studium sei.»[8]

So weit, so gut. Hier hätte sich die Erkenntnis von der Bindung der «Volkspersönlichkeit» anschließen müssen. Statt dessen verstieg sich Riehl zu einer Überbewertung der «Mächte des Beharrens», Adel und Bauerntum, und indem er in ständischem Traditionalismus die Volkskunde zu einer mit bürgerlichen Augen gesehenen «Bauernkunde» machte, zerstörte er selbst die Ansätze zu einem neuen Selbstverständnis des Faches.

Auch das 20. Jahrhundert brachte zunächst im Hinblick auf das Thema Dorf kaum Veränderungen in der wissenschaftlichen Zielrichtung, die sich weiter auf die Anhäufung der Stoffe zu den einzelnen Gebieten des Kanon orientierte. Ein neuer Versuch, zur Mentalität der Stoffträger vorzudringen, schien sich im Werk des Landpfarrers Georg Koch (1872–1957): «Die bäuerliche Seele» anzubahnen.[9] Doch verhinderte auch hier eine gar zu positive Sicht vom Bauerntum als der Verkörperung natürlich-ursprünglicher Denkart und «vorrationaler Urverbundenheit» (S. 167) deutliche Erkenntnisse.

Als sich endlich in den 60er Jahren die Volkskunde als Sozialwissenschaft zu verstehen begann, als dem Mythos vom urhaften Bauernleben exakte Untersuchungen zur bäuerlichen Arbeit und ihren Werkzeugen folgten,[10] wurde der Kanon auf seinen gerechtfertigten Platz im Vorfeld der Forschung verwiesen.[11] Die Gegenstände, deren Schatten so lange den Blick auf die Menschen verdunkelt hatten, die mit ihnen umgehen und sie benutzen, erschlossen sich dem Forscher nun als das, was sie sind: Zeichen sozialen Verhaltens, praktischen Lebens und gesellschaftlicher Bedingungen. Als eine – oft nonverbale – «Sprache» der Dinge und Handlungen liefern sie den Schlüssel für das Verständnis vom Denken und Handeln sozialer Gruppen, in unserem Falle der Dorfbewohner.

Meine langjährige Beschäftigung mit dieser Sozialschicht und mein mühsamer Weg entlang dem geschilderten wissenschaftlichen Entwicklungsprozeß haben mir Mut und Lust gemacht, dieses Buch zu schreiben, die Dorfwelt des 19. Jahrhunderts hinter ihren vielfachen Ausdrucksformen aufzuspüren. Dabei ergab sich die grundlegende Erkenntnis, daß «Dorf» nicht – wie früher so oft dargestellt – eine homogene Gemeinschaft von Bauern mit gleichartigem statischem Kulturverhalten ist, sondern ein vielfach verstricktes Geflecht zahlreicher sozialer Gruppierungen von Bauern, aber auch solchen über und unter der Bauernschicht, von Männern und Frauen. Und es ergab sich weiter, daß deren kulturelle «Sprache» nicht statisch bei einer Formgebung bleibt, «treu beharrend», sondern sich wandelt im ständigen Prozeß des historischen Ablaufes und in der regionalen Differenzierung. Das alte Landleben war ein Leben in normierten und meist ökonomisch bestimmten Beziehungen, und so wurde bei meiner Untersuchung das feste Netzwerk sichtbar, aus dem auszubrechen für den einzelnen Dorfbewohner fast unmöglich war. Ist eine Wissenschaft induktiv auf das Menschenbild hinter den äußeren Erscheinungen gerichtet, so braucht sie viele Details der Lebenswelt, um den einzelnen als soziale Person in seinen verschiedenartigen Bindungen im Dorf als sozialem Raum zu erkennen. Dieses Beziehungsgeflecht des Landlebens im 19. Jahrhundert für den deutschen Sprachraum zu beschreiben, in seinen wechselseitigen Abhängigkeiten und deren Figurationen, ist das Ziel des Buches. Mein Material war die Agrar- und Sozialgeschichte als Basis der Erscheinungen und für den lebendigen Vordergrund das Verhalten der alten Agrargesellschaft, wie ich es in Archiven und Sammlungen, vor allem aber in Autobiogaphien und hier und da in literarischen Werken kenntnisreicher Autoren und in Befragungen gefunden habe. All diese Aussagen waren für mich so etwas wie lebendige Augenzeugenberichte aus vergangenen Epochen, die trockene wissenschaftliche Datensammlungen nicht vermitteln können. Sie geben auf ihre Weise dem Text einen Geschmack vom realen Leben und seinen vielfältigen Möglichkeiten für Normenbefolgung und Normenumgehung.

In meinem Bemühen, das Netzwerk der dörflichen Beziehungen zu entdecken, bin ich auf verschiedene besonders feste Knotenpunkte gestoßen, die den einzelnen Kapiteln ihren übergeordneten Charakter geben: Das Männliche und Das Weibliche, Jung und Alt, Oben und Unten, Der Einbruch der Technik. Damit ergab es sich von selbst, daß einzelne Phänomene unter jeweils neuer Beleuchtung eine wiederholte Erwähnung finden und daß auf diese Weise die Dominanz ihrer Bedeutung im Dorfleben betont wird. Das Sachregister kann über solche Tatsachen Auskunft geben.

Wohl bin ich mir der Unzulänglichkeit meines Versuches einer Bewältigung der unendlichen Thematik «Dorfleben» bewußt. Mein Wunsch war es, aufgrund meiner uferlosen Materialien ein Lesebuch zu schreiben, das Einblick in das alte Dorfleben mit seinen Licht- und Schattenseiten gibt. An der Verwendung regional oft unterschiedlicher Belege für ähnliche Erscheinungen sollte nicht Anstoß genommen werden, da ja damit von Mal zu Mal etwas Typisches ausgesagt werden will. Zwei Muster aus dem Kinderleben auf dem Lande mögen ein Beispiel geben:

«Als aber der Spätherbst kam mit den langen Abenden, an welchen die Knechte in der Stube aus Kienscheiten Leuchtspäne schnitzten und die Mägde sowie auch meine Mutter und Ahne Wolle und Flachs spannen, und als die Adventszeit kam, in welcher an solchen Span- und Spinnabenden alte Märchen erzählt und geistliche Lieder gesungen wurden, da saß ich beständig auf dem Schemel am Ofen.

Ich hörte von da aus den Geschichten und Gesängen zu, und wenn solche schauerlich wurden und sich meine kleine Seele aufzuregen und zu fürchten begann, rückte ich den Schemel näher der Mutter und begann mich ängstlich an ihr Kleid zu halten, und ich konnte gar nicht mehr begreifen, wie die Andern über mich oder über ihre schrecklichen Geschichten noch zu lachen vermochten. Zuletzt, als es zum Schlafengehen kam und mir die Mutter mein Ladbettchen hervorzog, wollte ich schon gar nicht mehr allein in das Bett gehen, und es mußte die Ahne neben mir liegen, bis die fürchterlichen Bilder in mir vergingen und ich einschlief.»[12]

Diese Kindheitserinnerung von Peter Rosegger (1843–1918) klingt fast nach den Brüdern Grimm, nach der Heimeligkeit einer matt erleuchteten Bauernstube, dem traulichen Erzählen und Singen beim surrenden Drehen der Spinnräder. Aber zwischen den Zeilen wird auch die Angst des phantasiereichen Kindes deutlich, dessen Kindheitsstatus die Erwachsenen nicht achteten, wie es eben auf dem Dorfe üblich war. Doch fand es dann in der ausgezogenen Bettlade und bei der Großmutter Geborgenheit. Aber was geschah mit einem armen Kind ohne Geborgenheit, das allzufrüh in den Dienst gehen mußte?

«Da ich nun Schulfrei war, wurde ich auch von anderen Leuten begehrt, war aber, gewissermaßen zum Dank für die bisherige Aufnahme auf ein weiteres Jahr auf derselben Stelle geblieben. Mit der zunehmenden Kälte bekam ich wieder mein Bett in der ziemlich geräumigen Küche und einen Schlafkolegen. eine alte Jungfer hatten sie zum spinnen ins Haus aufgenommen und in ermangelung einer andern Schlafgelegenheit sie mir in mein Bett als Schlafkolegen beigesellt. Bald darauf bekam ich sogar noch einen zweiten Schlafkolegen, zwar nicht auch noch ins Bett, aber drunter. Nämlich ein Wurf Ferkel war so weit aufgezogen, das er zum Verkauf gut war da war die Bäuerin mit den Ferkeln nach Nikolaiken zum Markt gefahren, es war eine strenge Kälte gerade, sie hatte die Ferkel so weit verkauft bis auf die zwei schwächsten, eins war ihr auf dem Rükweg erfrohren das andre lebendig mit nach Hause gebracht. Da der Stall sehr kalt war, wurde ohne viel Umstände ein Brett vor mein Bett genagelt, und das Ferkel dahinter unter das Bett gestekt, es hatte sich bald erholt, und kampirte Wochenlang da drunter umher, Ofte mitten aus dem Schlafe hat es mich mit seinem fortwährenden roch, roch, roch, roch, aufgeweckt, und es roch dann auch wirklich aber ganz fürchterlich. Damit nicht genug, es kam die Zeit für die Gänse zum brüten, da wurde denn an der einen Längswand aus Brettern so eine Vorrichtung mit fünf Nester angefertigt. Fünf Gänse auf je zwölf Eier wurden zum brüten gesetzt. Und das alles in dem Raum wo die ganzen Tage gekocht wurde. Ein vergnügen zu Schlafen in diesem Raume bei dem Gänse und Schweinespektakel, und ebensolchem Gestank war es warlich nicht, und da machte ich mich, sobald die Kälte genügend nachgelassen hatte wieder auf den Heuboden.»[13] [Mangelhafte Orthographie nicht verbessert. WK]

Es scheint mir durchaus erlaubt, hier dörfliche Kindererlebnisse aus der Steiermark und aus Masuren in Ostpreußen nebeneinander zu stellen, da sie auf den gleichen Voraussetzungen beruhen und austauschbar sind in der Einstellung, unterschieden in Details und in der sozialen Bessergestelltheit des Waldbauernbuben, der doch immerhin ein Bauernsohn war im Gegensatz zu dem masurischen Tagelöhnerkind.

Wie auf einer Bühne treten die Handelnden in der alten Dorfgesellschaft ins Bild und zeigen sich in den Rollen, die ihnen die jeweiligen Zeitumstände zugeteilt haben. Sie spielen in der Kostümierung ihres eigenen Selbst, aber zuweilen lassen sie auch die Masken fallen und zeigen hinter der Rolle ihr menschliches Gesicht. Oder der Betrachter darf die eine Gruppe durch die Brille einer anderen sehen und auch durchschauen. Die soziale Vielfalt des Dorfes hat mich selbst überrascht, die Gesetze der Nähe und Ferne, die Normen für helfende, nachbarliche Berührung und trennende Kluft, der häufig zu beobachtende Mangel an Solidarität zwischen den Frauen, den Knechten, den Armen. Das alles wäre leicht zu erweitern und noch farbiger darzustellen. Aber zum synchronen Zeitbild quer durch den deutschen Sprachraum kam ja die Diachronie der historischen Prozesse, die vom Anfang der Reformjahre um 1800 bis zur Mechanisierung der Landwirtschaft führte und damit bis zu ihrem Eintritt in die moderne Industriegesellschaft. Die Riesenschritte, die hier einer ungeschulten und weithin unwissenden Dorfbevölkerung für wenige Generationen zugemutet wurden, sind kaum zu beschreiben, ihre gewaltige Leistung ist kaum nachzuvollziehen. So mußte doch vieles ungesagt bleiben oder konnte nur angedeutet werden, und das Buch erhält damit eher den Charakter eines Mosaikbildes.

Die Schicksale, von denen hier zu lesen ist, sind alle irgendwie mit anderen verquickt und eingebunden in die beziehungsreiche Lebenswelt des Dorfes. Meine Absicht war es, wie mit einer Fotolinse das verschwommen liebliche Bild der Dorfidylle scharf zu stellen, damit die äußeren Abläufe des Mit- und Gegeneinander sichtbar werden, der Arbeit und der Feste, – aber auch das Bewußtsein der Dorfbevölkerung von sich selbst und von den anderen.

Im Verlauf der folgenden Kapitel wird ein anthropologisches Grundgesetz deutlich werden, dessen Mechanismen in ihren Verzweigungen auch auf dem Dorf zum Tragen kommen: das Prinzip der Gegenseitigkeit.[14] Dadurch formen sich Beziehungen von Familie zu Familie, von Gruppe zu Gruppe, deren Fäden sich durch das Dorf spannen und seine Normen und Werte bestimmen. Mit der Kennzeichnung dieses Beziehungsgeflechts beginnt der Soziologe Georg Simmel (1858–1918) seinen Essay über den Armen: «Insoweit der Mensch als Sozialwesen gilt, entspricht jeder seiner Pflichten ein Recht andrer Wesen. Vielleicht ist es sogar die tiefere Auffassung, daß es von vorneherein nur Rechte gibt, daß jedes Individuum Forderungen besitzt, die erst als solche zu

Pflichten andrer werden. Da aber jeder auf diese Weise Verpflichtete auch ein irgendwie Berechtigter ist, entsteht ein Netzwerk hin- und hergehender Rechte und Pflichten, in dem aber das Recht das primäre, tonangebende Element ist; die Pflicht ist nur das freilich unvermeidliche, in demselben Akt gesetzte Korrelat zu jenem. Man kann die Gesellschaft überhaupt als eine Gegenseitigkeit von moralisch, juristisch, konventionell und noch unter vielen sonstigen Kategorien berechtigten Wesen ansehen; daß dies für die Andern Pflichten bedeutet, ist sozusagen nur eine logische oder technische Konsequenz.»[15] Das gilt auch für die Gegenseitigkeitsgesetze des Dorflebens.

Bis zum Ende des 19. Jahrhunderts lebte und arbeitete in abnehmender Linie etwa die Hälfte der deutschen Bevölkerung auf dem Lande. Was sie taten, fühlten, dachten und wünschten, beeinflußte auch die nachfolgenden Generationen und bleibt von Interesse bis in unsere Gegenwart.

Die Illustrierung eines solchen Lesebuches hat Ihre Schwierigkeiten, führt doch die Auswahl der Bilder meist zur Genrekunst des 19. Jahrhunderts und damit zu den Darstellungen einer «heilen Dorfwelt», wie sie sich die bürgerlichen Maler wünschten. Das ergibt zuweilen einen ironischen Kontrast zwischen Text und Illustration. Nur die Photographien sind ehrlich.

Dem Beck-Verlag und vor allem meinem Lektor Peter Schünemann danke ich für die Möglichkeit der Vermittlung meiner Gedanken, die sie mir mit der Drucklegung dieses Buches gaben. Meinen Mitarbeitern Dr. Siegfried Becker, Dr. Andreas C. Bimmer, Angela Koch und Dorothea Zeh danke ich für gute Gespräche und tätige Mithilfe.

Das Landleben um 1800. (Daniel Chodowiecki, 1726–1801)

I.
Zeitbild:
Die «Bauernbefreiung»

«Abermals sah Hermann das tiefe gewundene Tal vor sich liegen, aus welchem die weißen Fabrikgebäude des Oheims hervorleuchteten. Die Maschinen klapperten, der Dampf der Steinkohlen stieg aus engen Schloten und verfinsterte die Luft, Lastwagen und Packenträger begegneten ihm und verkündigten durch ihre Menge die Nähe des rührigsten Gewerbes. Ein Teil des Grüns war durch bleichende Garne und Zeuche dem Auge entzogen, das Flüßchen, welches mehrere Werke trieb, mußte sich zwischen einer Bretter- und Pfosteneinfassung fortzugleiten bequemen. Zwischen diesen Zeichen bürgerlichen Fleißes erhoben sich auf dem höchsten Hügel der Gegend die Zinnen des Grafenschlosses, in der Tiefe die Türme des Klosters. Beide Besitzungen nutzte der Oheim zu seinen Geschäftszwecken. Auch die geistliche hatte er unter der Fremdherrschaft zu billigem Preise erworben. Lange Gebäude, mit einförmigen Trockenfenstern versehen, unterbrachen die Linien der gotischen Architektur auf der Höhe und in der Tiefe; der Wald, welcher die Hügel bedeckte, war fleißig gelichtet...

Walzwerk. (Karl Blechen, 1798–1840)

In den folgenden Tagen durchstreifte er mit einem erfahrnen Führer, welchen der Oheim ihm beigegeben hatte, die Gegend und besah die Fabriken. Fast alle Zweige dieser Art menschlicher Tätigkeiten hatten sich hier im Umkreise weniger Stunden abgelagert. Man mußte wirklich über den Geist des Mannes erstaunen, der in verhältnismäßig kurzer Zeit eine ganze Gegend umzuformen verstanden hatte. Aus einfachen Landbauern waren Garnspinner, Weber, Bleicher, Messer- und Sägenschmiede, Glasbläser, Töpfer, Vergolder, ja sogar Zeichner und Maler gemacht worden.

Als er sich bei einigen Vorstehern nach den Mitteln erkundigte, welche diese Verwandlung bewerkstelligt hatten, sagten sie, daß nichts leichter gewesen sei. Man habe von fernher geschickte Leute des Fachs kommen lassen, welche ihre Kunststücke anfangs wie zum Scherz auf Tanzböden und in Schenkstuben vorgewiesen hätten. Alsobald sei der Nachahmungstrieb, besonders bei den jüngeren Leuten, rege geworden, da man denn hauptsächlich auf die zweiten und dritten Söhne der Hofesbesitzer Augenmerk genommen habe, welche, zum Dienen bestimmt, unzufriednen Geistes, sehr froh gewesen wären, einen lohnenderen und ehrenvolleren Erwerb zu finden...

Es ist zugleich hier ein neues Geschlecht entstanden, ein Mittelstand neben der bäuerlichen Aristokratie, ähnlich den englischen Verhältnissen. Der Erstgeborne erbt den Hof und wird nach dem Hofe benannt, setzt also auch eigentlich allein die Familie fort; die andern Söhne und die Töchter gehn in die Fabriken und legen sich in der Regel von ihrer Beschäftigung neue Namen bei, gegen das Zeugnis des Kirchenbuchs, und ohne daß die Verbote der Obrigkeit, welche daraus allerhand Verwirrungen befürchtet, etwas fruchten wollen.»[1]

Dieses Zitat aus dem Roman von Karl Immermann (1796–1840) «Die Epigonen» führt den Beginn des industriellen Zeitalters vor Augen, insbesondere das Aufsteigen des tüchtigen Bürgers zum Unternehmer, die Verwandlung der neben- und unterbäuerlichen Schicht zu freieren Lohnarbeitern. Aber er verweist auch durch die Bemerkung, der Oheim habe das Grafenschloß zu seinen Geschäftszwecken genutzt, auf den Verfall des Adels als führender Schicht. «Weil sie nie etwas zu erringen brauchten, so denken sie auch nicht an das Vermehren, kaum an das Bewahren... Was mich betrifft, ich will mich wenigstens an meinem Platze bestreben, die alten Feudaltürme und Burgverliese zu sprengen», läßt Immermann seinen bürgerlichen Helden sagen.[2]

Aber damit hatte es, im großen gesehen, noch gute Weile, und an anderer Stelle erklärt der Verfasser die Zähigkeit der alten Standesordnung:

«Ja, freilich ist der Adel im Kern verwest, aber das Gehäuse steht noch aufrecht, man kann sich daran noch immer die Stirn einrennen. Die Lebensluft der Aristokratie ist der Egoismus. Andre Menschen sind selbstsüchtig aus Not, böser Gewöhnung, angeeigneter Maxime. Der Edelmann ist es von Natur, er muß es sein; mit der Muttermilch saugt er, wie etwas sich von selbst Verstehendes die Überzeugung ein, daß er da sei um seiner selbst willen, und daß er die Kräfte andrer von Rechts wegen benutzen dürfe.»[3]

Immermann gibt hier gewissermaßen als Augenzeuge ein Bild des Zeitgeistes, wie es – anstelle von vielen – 1815 von Jacob Grimm (1785–1863) bestätigt wird:

«Was den Adel betrifft, glaube ich, ist in Norddeutschland wenigstens die Zeit seiner Vorrechte vorbei, und wenn er, wie in Hannover und zum Teil hier in Hessen, fortfährt in seinem schwachen Übermut, so wird das seine völlige Vernichtung nur befördern. Was jetzt rechtes und kräftiges in Deutschland geschehen muß, wird so fortgesetzt werden, wie es anhub, also durch den bürgerlichen und adligen Geist ohne Unterschied; wer das nicht anerkennen will, geht individuell unter.»[4]

Eisengießerei. (Lithographie von 1841)

Das waren die Stimmen demokratisch gesonnener Zeitgenossen, die den Gang der Sozialgeschichte klar erkannten, wenn ihnen die Wirklichkeit auch nur zögernd Recht gab. Die Französische Revolution hatte für ganz Europa das Fanal zur Befreiung aller Menschen und zum Ende der Feudalherrschaft gegeben. Aber Napoleon selbst wirkte mit seinen imperialistischen Kriegszügen auch gegen diese demokratischen Bewegungen und provozierte in Deutschland ein Erwachen des Nationalgeistes und der Begeisterung für das Volksheer gegen die Fremdherrschaft, der sich für die Durchsetzung einer neuen freieren Gesellschaftsstruktur verzögernd auswirkte und das alte Machtgefälle länger am Leben erhielt, als es zu erwarten gewesen wäre. Der Arzt Adolf Kußmaul (1822–1902) schreibt in seinen Jugenderinnerungen über diese Ambivalenz der Meinungen und Stellungnahmen:

«Wir Lyceisten teilten den Napoleonkultus nicht. Wir sangen begeistert die Lieder von Arndt und Körner, unsre Helden waren die Blücher, Schill und Hofer, und das deutsche Vaterland war uns kein geographischer Begriff, wie den Staatsmännern und Diplomaten jener Zeit. Es kam wohl vor, daß ich mit meinem Vater politisierte und die Schale meines patriotischen Zorns über den korsischen Abenteurer und den wälschen Erbfeind im Westen ergoß; bei einer solchen Gelegenheit hielt er mir folgende Standrede:

Wie gut ist es doch, daß du nicht vor 50 oder 60 Jahren zur Welt gekommen bist! Hättest du mit eigenen Augen das unglaubliche politische und wirtschaftliche Elend gesehen, worin wir damals staken, so würdest du über Napoleon anders urteilen. Das heilige römische Reich war aus tausend Lappen und Läppchen zusammengeflickt, am buntesten und abscheulichsten am Oberrhein. Hier saßen hohl aufgeblasen im stolzen

Gefühle ihrer Reichsunmittelbarkeit, aber in jämmerlich zerlumpten Gewändern, die Glieder und Stände des Reichs durcheinander: Herzöge und Fürsten, Grafen und Freiherren, gefürstete und ungefürstete Äbte und Bischöfe samt dem deutschen Ritterorden, freie Städte und Städtchen, das reichsunmittelbare Dörfchen Harmersbach nicht zu vergessen! Sollten sie aber für des Reiches Ehre und Sicherheit eintreten, so kargten sie schimpflich mit Hellern und Pfennigen, pochten auf ihre Gerechtsame und Freiheiten und hielten mit den ganzen und halben Soldaten zurück, die sie zur Reichsarmee zu stellen hatten. – Lange vor dem Rheinbund, der deine Galle überfließen macht, öffneten weltliche und geistliche Kurfürsten den Franzosen als Alliierte die Tore des Reichs.

Aus dem politischen Elend floß das wirtschaftliche. Jedes Gebiet hielt fest an seinen Schlagbäumen, am eigenen Gericht und Galgen, am eigenen Maß und Gewicht und legte Verkehr, Handel und Industrie des Nachbars lahm in dem Wahne, so das eigene Interesse zu fördern. – Lies doch in Hebels Hausfreund, wie der Adjunkt die Leute belehren mußte, als es galt, sie mit dem einheitlichen neuen Maß und Gewicht in dem neu geschaffenen Großherzogtum zu versöhnen!

In jeder Herrschaft, in jedem Städtlein war's anders: andere Ellen, andere Schoppen, andere Simri oder Sester, anderes Gewicht. In dem nämlichen Orte, in der nämlichen Mühle, im nämlichen Wirtshaus, im nämlichen Kaufladen hatte man für verschiedene Waren verschiedenerlei Maß und zwar herkömmlich, nicht ungerechter Weise: ein anderes Maß für Bier, anderes für Oel, ein anderes für Branntwein, einen anderen Sester für glatte Frucht, einen anderen für rauhe.

Ich bin kein schlechterer Patriot als du, aber wir Alten bewahren Napoleon ein dankbares Andenken. Nur seine eiserne Hand vermochte den Besen zu führen, der den Augiasstall des heiligen römischen Reiches ausfegte. Ich lasse mir ihn nicht schelten, auch nicht die Franzosen; ohne sie gäbe es in Süddeutschland keine Verfassungen, auch die badische nicht, die Großherzog Karl mit klugem Verständnis 1818 seinen Untertanen verlieh.»[5]

Theodor Fontane (1819–1898), Nachkomme einer Hugenottenfamilie, hat in seinem Revolutionsroman «Vor dem Sturm» selbst im Kreise der brandenburgischen Junker Zweifel an der eigenen, durch Geburt erworbenen Überlegenheit laut werden lassen, als sie erlebten, daß ein einfacher Dorfbewohner im Kampf zu sterben wußte wie ein Edelmann!

«Wir sind unter uns, Vitzewitz ... und können uns ohne Gefahr unsere Geständnisse machen. Mitunter ist es mir, als wären wir in einem Narrenhause großgezogen. Es ist nichts mit den zweierlei Menschen. Eines wenigstens glaubten wir gepachtet zu haben: den Mut, und nun kommt dieser Kakerlaken-Grell und stirbt wie ein Held mit dem Säbel in der Hand. Von dem Konrektor sprech ich gar nicht erst; ein solcher Tod kann einen alten Soldaten beschämen. Und woher das alles? Sie wissen es. Von drüben; Westwind. Ich mache mir nichts aus diesen Windbeuteln von Franzosen, aber in all ihrem dummen Zeug steckt immer eine Prise Wahrheit. Mit ihrer Brüderlichkeit wird es nicht viel werden und mit der Freiheit auch nicht; aber mit dem, was sie dazwischengestellt haben, hat es was auf sich. Denn was heißt es am Ende anders als: Mensch ist Mensch.»[6]

Hatte jedoch in Frankreich die Revolution von 1789 die Standesschranken weitgehend beseitigt, so blieben in Deutschland die alten Vorstellungen einer hierarchisch gegliederten Gesellschaft noch vorherrschend und verloren nur langsam ihre Macht – besonders auf dem Lande.

Es kann hier nur zusammenfassend von den großen wirtschaftspolitischen Ereignissen gesprochen werden, die die erste Hälfte des 19. Jahrhunderts bestimmten: von der sogenannten Bauernbefreiung,[7] dem Jahrzehnt der Stein-Hardenbergschen Reformen 1807–1817, bzw. 1820.

Das bereits unter Friedrich II. begonnene und mit dem Namen des Freiherrn vom Stein in die Historie eingegangene gewaltige Reformwerk verlief schwerfälliger und differenzierter, als es die Geschichtsbücher im allgemeinen lehren. Vor allem verleitet seine üblich gewordene Bezeichnung zu der Ansicht, daß es sich um eine eindeutige Hilfsaktion für die bis dahin leibeigenen und untertänigen Bauern gehandelt habe, was auch in den ersten Fassungen der Gesetzgebung angelegt war, aber auf Einspruch des Adels bald wieder zurückgenommen wurde. Tatsächlich bahnte sich eine völlig neue Epoche der Landwirtschaft an, eine totale Umstrukturierung der wirtschaftlichen und sozialen Verhältnisse für Großgrundbesitzer und Bauernschicht.

Ostelbien

Im zeitlichen Ablauf folgten in Preußen der Aufhebung der Untertänigkeit und der Fronen die Ablösung der Reallasten zuerst für die königlichen Domänenbauern (bis 1808), während sich die Regulierung der Privatbauern bis über die Mitte des 19. Jahrhunderts hinzögerte und erst durch die Gesetze von 1850 gegen den Widerstand der Gutsbesitzer endgültig durchgesetzt wurde. Das Maß dieser Fronen war verschieden,

Besuch der Jahrmärkte in Preußen in halbfestlicher Kleidung und Stimmung. (Federlithographie aus der ersten Hälfte des 19. Jahrhunderts)

doch in den östlichen Teilen Preußens herrschten die ungemessenen Fronen vor, und es erwies sich auch nach dem Regulierungsgesetz von 1816 als ganz unmöglich, sie auf den Privatgütern zu beseitigen. Noch 1794 hatte das preußische Landrecht das Untertanenverhältnis der Bauern festgelegt und auch den freien deutschen Ansiedler im Osten zum Untertanen gestempelt. Wegen der aus klimatischen Gründen gedrängten Sommerarbeit glaubte man gerade in Ostelbien, nicht auf die Dienste, besonders auf die Spanndienste, verzichten zu können.

Neben den privaten Gütern existierten die Domänengüter, die dem Landesherrn oder der Kirche gehörten, welche ihr Land meist an die Bauern verpachtet hatten. War bei den Dominialbauern die Regulierung einigermaßen zügig durchgeführt worden, so begannen die ersten Schritte für die Interessen der Gutsbauern auf den privaten Gütern erst nach den napoleonischen Kriegen, da in Friedenszeiten ein Eingriff in die überlieferten Rechte des Adels nicht durchzusetzen gewesen wäre. Hardenberg plädierte in seiner Denkschrift von 1807 für «Demokratische Grundsätze in einer monarchischen Regierung», und Stein forderte einen staatlich beaufsichtigten «Bauernschutz», um das «Bauernlegen» zu verhindern. Doch lief die Entwicklung gerade im östlichen Preußen gänzlich anders, als die Reformer sie geplant und gewollt hatten. Die Gutsbesitzer forderten ein stufenweises Aufhören der Erbuntertänigkeit, einen fünfjährigen Zwangsgesindedienst als Übergang und außerordentlich hohe Entschädigungszahlungen. Von einem «deutschen Bauernstand» kann für diese Zeit also kaum gesprochen werden. Die ländliche Bevölkerung unterlag dem Territorialprinzip, und die Geschichte ihrer Lebensbedingungen vollzog sich im Rahmen der jeweiligen Herrschaftsgeschichte.

Der Gewinner der «Bauernbefreiung» in Ostelbien war meist der Gutsbesitzer, der auf Kosten der Bauerngüter sein Land arrondieren konnte, so daß es 1859 nach abgeschlossener Regulierung 10000 Bauernstellen weniger gab als 1816. Die in der feudalen Gesellschaftsordnung begründete «Treuepflicht» des Bauern gegenüber der «Sorgepflicht» des Herrn im Idealbild einer Verbindung von Herrschaft und Schutz hätte sinnvollerweise auf einem personalen Verhältnis beruhen müssen. Statt dessen wurde der Bauer als «in Realleibeigenschaft» wie eine Sache betrachtet, womit sich das spätere rein ökonomische Verhältnis zwischen Gutsherrn einerseits und Bauern wie Landarbeitern andererseits vorbereitete.

Auch Georg Friedrich Knapp (1842–1926) beginnt sein großes Werk über die Bauernbefreiung mit der Feststellung, daß das gutsherrlich-bäuerliche Verhältnis in den östlichen Provinzen Preußens ein reines Arbeitsverhältnis gewesen ist, in dem der Bauer lediglich unter dem Gesichtspunkte seiner Dienste für den landwirtschaftlichen Großbetrieb betrachtet wurde, und er findet den Grund für ein feindliches Gegenüberstehen von Bauern und Adligen weniger in dem Unterschied des Standes als in der wirtschaftlichen Stellung. Nach der «Bauernbefreiung» sei das herrschaftliche Gut in eine neue Stufe seines Daseins getreten: «Ungehemmt durch Bauernschutz, an Land schon durch die erhaltenen Entschädigungen vergrößert, kann es die unabhängig gewordenen Bauerngüter je nach Bedürfnis aufkaufen und erfreut sich eines Standes von Landarbeitern, die nicht mehr selbst kleine Landwirte, sondern eben nur Arbeiter sind und schlechthin von der Ablohnung leben, ohne mit dem Gute dauernd verbunden zu sein. Durch die Kündbarkeit des Verhältnisses stehen sie in Abhängigkeit vom Gutsbesitzer, da sie, auf jedem Vorwerk nur in kleinen Gruppen vorhanden und ohne Verbindung unter sich, so gut wie keinen Rückhalt haben.»[8] Dazu kam die weiter

Der Gutsherr prügelt einen Leibeigenen. (Daniel Chodowiecki, 1726–1801)

beibehaltene Patrimonialgerichtsbarkeit. So erlangte der Bauer in Preußen wohl eine gewisse äußere Freiheit seiner Person, aber die politische und staatsrechtliche Emanzipation blieb ihm versagt.

Diese großen und in ihrer Wirkung gar nicht zu überschätzenden agrarsozialen Bewegungen trafen nun vor allem in Ostelbien auf eine Landbevölkerung, die auf ihre «Befreiung» nicht vorbereitet war und mit ihren neuen Möglichkeiten wenig anzufangen wußte, so daß die Gutsherren leichtes Spiel damit hatten, die staatlichen Regelungen zu ihren eigenen Gunsten auszunutzen. Wie es noch um 1800 stand, hat der Breslauer Professor Christian Garve (1742–1798) in seinem Werk «Über den Charakter der Bauern» deutlich ausgesprochen:[9]

«Der Charakter der Bauern wird hauptsächlich durch zwei Ursachen bestimmt. Erstlich durch ihre Beschäftigung, die eine körperlich schwere einförmige Arbeit ist und wenig Umgang mit Menschen andrer Stände veranlaßt; zweitens durch ihr bürgerliches Verhältnis, nach welchem sie in einer beständigen Abhängigkeit von einem ihnen gegenwärtigen Herrn leben, dessen Gerichtsbarkeit sie unterworfen und dem sie zu Diensten und Abgaben verpflichtet sind» und – so fährt der Verfasser fort –: «kein Stand wird so unaufhörlich der Oberherrschaft gewahr, die andre über ihn haben, als der Bauernstand», und er vergleicht die Situation des Bauern als diejenige der am meisten verachteten Klasse innerhalb der bürgerlichen Gesellschaft mit der rechtlosen Stellung des Judentums innerhalb der deutschen Staaten. Die Erfahrungen des Bauern lehrten diesen, den Gutsbesitzer als einen eigennützigen, nur auf den eigenen Vorteil bedachten Herrn zu sehen, der ihren eigenen Interessen grundsätzlich entgegenarbeitet. Daraus ergäbe sich, so meint Garve, ein starkes Zusammengehörigkeitsgefühl der Bauern, ein gewisser Corpsgeist, der sich von Angehörigen anderer Stände nur durch Herrschaft und Zwang beeinflussen ließe. Diese dauernde Konfrontation mit einem vermeintlichen Gegner, der ihm durch die ausgeübte Macht fürchterlich, durch die geforderten Abgaben und Dienste verhaßt war, dem er sich aber andererseits auf keine Weise entziehen konnte, führte ihn, da offener Widerstand zumeist unmöglich, zu Betrug, List und heimlichen Ränken, weshalb man häufig die Tücke als eine besondere Eigentümlichkeit des bäuerlichen Charakters bezeichne. Aber den bürgerlichen «Unterregenten» (Inspektoren, Pächter usw.), die ihm näher standen und in einer größeren Vertraulichkeit mit ihm lebten, stehe der Bauer im allgemeinen noch feindlicher und unwilliger gegenüber als dem Edelmanne, dessen Recht zu befehlen er für «natürlicher und gegründeter» halte.

Die ungeschulten und an Selbständigkeit nicht gewöhnten Bauern standen den neuen Verhältnissen weitgehend hilflos gegenüber. Selbst der konservative Wilhelm Heinrich Riehl (1823–1897), der an anderer Stelle die alte Hörigkeit als Grundlage bäuerlich-seßhaften Wesens feiert,[10] findet hier harte Worte der Kritik an der Aristokratie, die ihre gesellschaftspolitischen Pflichten nicht wahrnahm:

«Wenn die Aristokratie ihren eigenen Vorteil wahren will, dann muß sie sich als die Schirmerin der Interessen des kleinen Grundbesitzers erweisen, die selbständig kräftige Blüte des Bauerntums fördern. Dagegen wird der begüterte Adel gewiß seinen Bestand nicht festigen, wenn er seinen Grundbesitz dadurch vermehrt, daß er die kleinen Bauern systematisch auskauft und dieselben so aus freien Grundeigentümern zu seinen Tagelöhnern macht. Was er dadurch materiell gewinnt, büßt er moralisch ein. Die selbständigen Gutsbesitzer waren seine natürlichen Bundesgenossen; die Tagelöhner, und wenn sie auch sein Brot essen, sind eben Proletarier, d. h. die natürlichen Gegner der Aristokratie.»[11]

Wie entwickelten sich nun unter diesen neuen Bedingungen die Dörfer? Die meisten regulierten Bauern fühlten sich den neuen, an sie gestellten Aufgaben nicht gewachsen, um so weniger, je unselbständiger sie gewesen waren, und die Klagen über den geringen Bildungswillen der Bauern, ihre Verantwortungslosigkeit dem eigenen Besitz gegenüber, Trägheit und mangelnde Initiative hörten nicht auf. 1786 hatte Garve geschrieben: «Der gedankenlose Bauer ist faul, weil er keine Verbesserung seines Zustandes wünscht und sich nach keinen Mitteln, sich solche zu verschaffen, umsieht. Aber auch der überlegende Bauer wird träge und lässig, wenn er nach diesen Mitteln lange vergeblich gesucht, wenn er gar keine Aussicht vor sich hat, zu den bessern Umständen, die er wohl wünscht, zu gelangen.»[12] «Sie sind immer getrieben worden», schreibt er wenig später, «sich selbst anzutreiben, haben sie nicht gelernt». Die Gutsbesitzer urteilten weniger tolerant, doch ungerecht einer Menschenklasse gegenüber, die man jahrhundertelang als «dumme Bauern» gewollt hatte. Technische Fortschritte nützten i. a. nur den Herren und wurden daher von den Bauern furchtsam abgelehnt, die sich an die Reproduktion des Tradierten hielten.[13]

Nun war es nicht nur die ländliche Gesellschaft, die infolge der französischen Freiheitsbewegung nach Veränderung verlangte. Auch die Landwirtschaft selbst erforderte in Preußen schon während des 18. Jahrhunderts durchgreifende Reformpläne und eine Erneuerung der Methoden der Bodenbearbeitung. Als reformbedürftig erwies sich die Dreifelderwirtschaft,[14] in Ostdeutschland seit nunmehr 1000 Jahren überwiegend üblich, bei der die in bestimmten Perioden wechselnde Folge von Sommerfrucht, Winterfrucht und Brache vorgeschrieben und infolgedessen für den Grundherrn eine Planmäßigkeit der Feldeinteilung auch als Arbeits- und Steuereinheiten gewährleistet war. Damit verband sich der Arbeitszwang der Dorfbevölkerung als Flurzwang, der

Der Schloßherr mit seiner Familie. (Ferdinand von Rayski, 1806–1890)

eine völlige Gleichmäßigkeit des Anbaues und der Arbeitsabläufe zur Folge hatte. Alle taten zur gleichen Zeit auf den gleichen Feldern dasselbe; sie begannen die Arbeiten gemeinsam und führten sie mit den gleichen Geräten aus. Diese selbstgenügsame Nutzungswirtschaft konnte immer weniger die wachsenden Ansprüche des Staates befriedigen, doch war eben die Aufhebung des Flurzwanges und die Beseitigung der gemeinschaftlichen Weiderechte nur in Verbindung mit einer gleichzeitigen Aufhebung des bäuerlichen Abhängigkeitsverhältnisses durchführbar; allein agrarische Rationalisierung und soziales Reformwerk ermöglichten den Übergang zu neuen Wirtschaftsformen. Als nach den Befreiungskriegen die Bevölkerung sprunghaft zunahm (zwischen 1800 und 1900 hat sich die Bevölkerungsdichte pro Quadratkilometer mehr als verdoppelt),[15] gewann die Intensivierung der Landwirtschaft als Produzentin von Nahrungsmitteln immer mehr an Aktualität. Wirtschaftskrise und Hungersnöte um die zwanziger Jahre des 19. Jahrhunderts und die darauffolgende gesteigerte Nachfrage nach allen landwirtschaftlichen Erzeugnissen brachten einen gewaltigen Aufschwung in den 30er und 40er Jahren, der die Intensivierung und Rationalisierung der Wirtschaftsmethoden beschleunigte. Im Verlauf einer Ablösung der Dreifelderwirtschaft setzte sich die Fruchtwechselmethode durch, mit der man im Verlaufe einer der Bodenqualität besser angepaßten Fruchtfolge den Acker ausnutzte und seine vorzeitige Erschöpfung am ehesten vermied; neben dem Getreide entwickelte sich der Kartoffel- und Rübenanbau, die Verwendung von Kunstdünger führte zu einer beträchtlichen Erhöhung der Erträge; die Verbesserung der Rindviehzucht, die Einführung der Stallfütterung und Verlegung der Milchwirtschaft in den eigenen Gutsbetrieb statt der früher üblichen Verpachtung brachten auch hier erheblichen Aufschwung. Dazu kamen das wachsende Verkehrswesen, das den raschen Absatz der Produkte begünstigte, und die Technisierung, die auch den Landwirtschaftsbetrieb ergriff und besonders mit der Verwendung der Dampfmaschine zunächst vor allem für den Vorgang des Dreschens eine Revolutionierung des agrarischen Lebens einleitete. Davon wird im VI. Kapitel ausführlich die Rede sein.

So vollzog sich unaufhaltsam der Übergang vom Nutzungs- und Selbstversorgungsbetrieb zum landwirtschaftlichen Unternehmen, das den Anschluß an die internationale Marktwirtschaft finden und seine Betriebsweise auf deren Bedürfnisse abstimmen mußte. Daß sich diese Entwicklung auch auf dem Lande häufig in den rücksichtslosen kapitalistischen Formen des materialistisch denkenden, wirtschaftlich aufstrebenden 19. Jahrhunderts abspielte, führte zu jener wachsenden Spannung zwischen den sozialen Schichten und schließlich zum gänzlichen Auseinanderbrechen der Interessengemeinschaft von Gutsherr und Landarbeiter, die nicht nur das agrarische Wirtschaftsleben, sondern auch das Wie der Arbeit und damit die ländliche Gesittung und deren kulturelle Ausdrucksformen verwandelte und prägte.

Nun liefen die Veränderungsprozesse in den verschiedenen Regionen, Königreichen und Fürstentümern des damaligen deutschen Sprachraumes sehr unterschiedlich ab, je nachdem es sich um grundherrschaftliche oder gutsherrliche Verfassungen handelte.[16] In *Ostpreußen* und in ähnlicher Weise auch in *Danzig-Westpreußen* stießen die Edikte auf außerordentlichen Widerstand bei den Gutsbesitzern, die ihre traditionelle herrschaftliche Besitzer-Einstellung gegenüber dem zum Gut gehörigen Bauernland nicht aufgeben wollten. Noch für die 30er Jahre schildert Lily Braun (1865–1916) ein freundliches, wenn auch streng patriarchalisches Verhältnis zwischen Gutsherrn und Bauern als Ausnahme. Sie beschreibt das Leichenbegängnis ihres Großvaters auf dem Gut Pirgallen in Ostpreußen:

«Ein Maiensonntag war es abermals, als der Gutsherr mit all dem Pomp, der die Sprossen eines der ältesten Geschlechter des Landes von jeher zu Grabe leitete, in die Gruft seiner Vorfahren gesenkt wurde. Vollzählig war wieder die Familie versammelt, vollzählig war auch das Offizierskorps des Königsberger Kürassierregiments zugegen, dem Walter, der älteste Sohn des Verstorbenen, angehörte, und seine Trompeter bliesen die Trauerchoräle. In langem Zuge folgten die Knechte und die Dienstleute dem Sarge, den der greise Förster, des Toten Lebensgefährte, mit seinen Jägern trug. Ehrliche Trauer blickte aus den Zügen aller der wettergebräunten Männer der Arbeit. Werner Golzow war ihnen ein guter Herr gewesen. Sie hatten nie seine Faust und nie seine Peitsche gespürt, wie ihre Kollegen ringsum auf den Nachbargütern, und sie fürchteten sich vor dem Junker, seinem Erben. Sein junges hübsches Gesicht war hart und hochmütig, auf die unbeholfenen, teilnehmenden Worte der Diener seines Vaters antwortete er nur mit einem leichten Neigen des Kopfes, die Hand, die sie, der alten preußischen Sitte gemäß, küssen wollten, zog er ungeduldig zurück. Als die Gutsleute nach der Beisetzung in der großen Halle des Herrenhauses von der Großmutter empfangen wurden, spürten sie doppelt ihre Güte, die nichts Herablassendes hatte, die den Untergebenen niemals den Abstand zwischen Herrn und Diener fühlen ließ. Und einer nach dem andern richtete die angstvolle Frage an sie: Unsre Frau Baronin wird uns doch nicht verlassen?»[17]

Bis 1850 zog sich das sogenannte Befreiungswerk hin, ohne daß die Bauern einen wesentlichen Nutzen daraus gewinnen konnten. Vor allem blieben die sozialen Unterschiede erhalten und erlaubten nur zögernd ein Entstehen bäuerlichen Selbstbewußtseins. Bis nach 1850 galt eine ausgefeilte Titularordnung, die besonders die Dienstleute peinlich zu befolgen hatten: «gnädiger Herr, gens Herr, gnädige Frau, gens Fru, gnädiges Fräulein, gnädiger Junker»; für bürgerliche Rittergutsbesitzer «hochgeehrter Herr, Madam, Mamsellchen, junger Herr»; gegenüber den bäuerlichen Gutsbesitzern «Herrke, Madamke, Mamsellke»; bei bürgerlichen Hofbesitzern «Herr, Hochgt» = «hochgeehrte Frau» und bei den gewöhnlichen Bauern «Wirt, Wirtin», die Söhne mit Vornamen und die Töchter in der Diminutivform: Hannke. Eine Welt trennte den Hofbesitzer vom Kuhbauern und diesen vom Katenbesitzer oder Eigenkätner, bzw. Eigengärtner und diesen wieder von den Leuten.[18]

Bauern bei der Feldarbeit und beim Hausbau. (Adolph Menzel, 1815–1905)

In *Pommern* herrschten besonders drückende Verhältnisse, die schon Friedrich II. abzuschaffen versucht hatte, die aber ihren ungestörten Fortgang bis in die Mitte des 19. Jahrhunderts nahmen. Die Situation dieser Provinz ins Bewußtsein auch der gebildeten Stände gerückt zu haben, ist das Verdienst Ernst Moritz Arndts (1769–1860). Seine 1803 erschienene flammende Schrift über die Geschichte der Leibeigenschaft in Pommern, in der der Rügensche Bauernsohn die «Gräulichkeit» des Bauernlegens aus eigener Anschauung mit der gerechten Empörung des von der französischen Revolution beeinflußten freiheitlichen Humanisten zu schildern wußte, machte zum ersten Mal einem größeren Kreise deutlich, daß der pommersche Bauer erst im Zuge einer «absteigenden Entwicklung zu seinem jetzigen recht- und meist auch besitzlosen Zustand herabgedrückt» worden war. Arndt schreibt:

«Die Behandlungsart der Leibeigenen ist natürlich nach Gewohnheit und Willküren der verschiedenen Herren sehr ungleich, und diese armen Menschen sind glücklich oder unglücklich, je nachdem ihnen durch Zufall ein guter oder schlimmer Herr zuteil wurde. Ich kenne schöne und liebenswürdige Beispiele von Güte, aber ich weiß auch Geschichten von Brutalität und Grausamkeit, die jedes Menschenherz empören würden, wenn ich sie erzählte.»[19]

Damit traf Arndt genau die willkürliche Ambivalenz im Verhältnis zwischen Gutsherrn und Bauern. Wie sehr der Adel eine Befreiung der Bauern hin zur Menschenwürde befürchtete und damit der für den Gutsbetrieb arbeitenden «Hände», geht aus einer Eingabe der Gutsbesitzer des Kreises Stolp in Pommern an König Friedrich Wilhelm III. zum Regulierungsedikt hervor, den diese am 2. November 1811 an den König richteten:

«Der hinterpommersche Gutsbesitzer war immer der Eigentümer der Bauerngüter und litt nur unter einem Zwang, nämlich daß er die im Gut vorhandenen Bauernwirtschaften nicht eingehen lassen durfte. Bei dieser Lage der Sache widerspricht es den Grundsätzen der Gerechtigkeit, daß wir gezwungen werden sollen, große Partikeln von Bauerngütern, die unser Eigentum sind, an die Wirte unserer Bauernhöfe umsonst erb- und eigentümlich wegzuschenken. Alsdann werden wir in unsern Gütern bei jedem Tritt auf fremdes Eigentum treffen, woraus nicht eher eine Erlösung zu hoffen, als bis wir das, was früher unser Eigentum war, aufs neue erwerben und mit dem Gute vereinigen.

Wenn der Bauer Eigentümer wird, wo soll bei uns der Gutsherr die Arbeiter hernehmen, um sein Vorwerk zu bestellen? Schon die Aufhebung der Untertänigkeit machte hierin eine fühlbare Störung, aber wir haben damals ohne Murren dieses Opfer gebracht. Allein wenn nun der Bauer selbst Eigentümer wird, so werden nicht nur die Hände der Bauernfamilien dem gutsherrlichen Landbau entzogen, sondern der Bauer zieht auch die Arbeitsfamilien des Dorfes an sich und läßt sie in den Nebenstuben der Bauernhäuser wohnen; und was Gesinde betrifft, so wird der Bauer sich hüten, seine Kinder dienen zu lassen, ganz abgesehen davon, daß der undankbare Boden bei uns eine Aufwendung von Gesinde- oder Tagelohn kaum erlaubt.

Unsere Güter werden für uns eine Hölle werden, wenn unabhängige bäuerliche Eigentümer unsere Nachbarn sind.»[20]

Diese Eingabe, geschrieben nur 22 Jahre nach der Französischen Revolution, wirft ein Licht auf die ungebrochene Einstellung der Herrschaft den Bauern gegenüber und kündigt die Entwicklung an, die sich in diesen Gebieten durch das Bauernlegen, d. h. den Aufkauf von Bauernstellen, vollzog.

In den übrigen Teilen Pommerns verlief die Befreiung ähnlich wie sonst in Preußen: zügig wurde die Agrarreform auf den königlichen Domänen vorangetrieben, schwierig und langsam vollzog sie sich bis über die Mitte des 19. Jahrhunderts auf den Rittergütern. Während die Dominialbauern dienstfreie Eigentümer oder vielmehr Erbpächter ihrer Höfe wurden, war das Schicksal der Privatbauern auch im altpreußischen Pommern durch die Einschränkungen des Bauernschutzgesetzes von 1749, die man den Gutsherrn als Entschädigung für die Aufhebung der Erbuntertänigkeit gewährt hatte, stark gefährdet.[21]

Ein Charakteristikum der pommerschen Verhältnisse war die Tatsache, daß nur die wenigsten Gutsbesitzer ihr Land selbst bewirtschafteten. Die meisten verpachteten ihre Güter, was ein Mißverhältnis in sozialer und wirtschaftlicher Beziehung nach sich zog.

Auch die Lage des Landvolkes in *Mecklenburg* wird vor und nach der Regulierung als äußerst bedrückend geschildert. Fritz Reuter (1810–1874) hat in seinem großen plattdeutschen Epos «Kein Hüsung» ein solches tragisches Landarbeiterschicksal unter der Knute des Rittergutsbesitzers eindringlich dargestellt. Das Mädchen warnt ihren Liebsten vor Protestaktionen gegen den Gutsherrn mit den kennzeichnenden Worten (in Hochdeutsch):

> «Oh nicht, Johann, man keinen Streit,
> Dem Herrn sein Hand, die reicht so weit,
> wenn *der* mal einen verderben will,
> den kann uns' Herrgott selbst nicht retten –
> Ein Menschenherz mit Fäusten schlagen,
> das ist für den ein Kinderspiel.»[22]

1821 wurde die Aufhebung der Leibeigenschaft verfügt, d. h. es wurde dem Bauern Freizügigkeit gegeben, doch blieben ihm die Mittel zur Schaffung einer eigenen Existenz weitgehend verwehrt. Nur die Bauern auf den herzoglichen Domänen konnten sich langsam zu Erbpächtern – seit 1869 zu Dominialbauern mit Anerbenrecht – wandeln, während auf den Rittergütern nur die Herren durch die Aufhebung der Leibeigenschaft gewannen und ein rücksichtsloses Bauernlegen einsetzte.[23] Nur vorübergehend haben die Ereignisse von 1848 diese Bewegung unterbrochen; schon 1862 verlieh ein neues Gesetz dem Gutsherrn neue Rechte, Bauernland einzuziehen, so daß die Bauernschaft auf den Rittergütern sehr gefährdet und zum Teil zur Auswanderung gezwungen war. Daß es auch Ausnahmen von diesen Regeln gab, bewies der Agrarwissenschaftler und Nationalökonom Johann Heinrich von Thünen (1783–1850), der sein Gut Tellow zur sozialen Musterwirtschaft gestaltete, für «naturgemäße» Löhne eintrat und im Jahr 1848 in 9 Paragraphen «Bestimmungen über den Anteil der Dorfbewohner zu Tellow an der Gutseinnahme» ausarbeitete.[24] Aber seine Bemühungen fanden bei den Standesgenossen kaum irgendeine Resonanz.

Nach dem Gesetz von 1862 existierten unter den noch verbliebenen ritterschaftlichen Bauern zwei Gruppen: regulierte und unregulierte, von denen die ersteren wenigstens eine gewisse Ortssicherheit besaßen, während die zweiten, also kleineren Besitzer, jederzeit gekündigt oder «abgemeiert» werden konnten. Auf den verbliebenen Bauerngütern herrschte das Anerbenrecht; der älteste Sohn, der Gehöftserbe, hieß der Vizebauer, die jüngeren Kinder waren kurzweg «das Gesinde».

Auch in *Brandenburg* ähnelten die Verhältnisse den nordöstlichen Provinzen. Die Gegenleistungen für den eingeräumten Besitz waren besonders für die Kossäten, eine Art Tagelöhner, außerordentlich hoch.[25] Der größte Teil der Provinz stand unter dem Einfluß der Hauptstadt, die einen dauernden Sog für die vorwärtsstrebenden Elemente der Arbeiterschaft darstellte: Die Güter nahmen fortwährend Familien aus den östlichen Bezirken auf, die sehr häufig nach einer kurzen Durchgangszeit nach Berlin weiterzogen.

Auf diese Weise mögen die Interessen-Beziehungen zwischen Gutsherrn und Bauern hier näher gewesen sein als in den anderen ostelbischen Provinzen, und die Erinnerungen aus Adelskreisen – wenn auch einseitig – Realitäten wiedergeben:

«Damals [ca. 1800. WK] bestand noch die Dienstverpflichtung der Bauern dem Gutsherrn gegenüber. Die Männer leisteten dieselbe auf dem Felde oder durch Fuhren, die erwachsenen Töchter der Bauern, indem sie ein Jahr lang als Mägde im Hause der Gutsherrschaft dienten. Das wurde zu einer Art Erziehungszeit unter den Augen und der mütterlichen Anleitung der Gutsherrin, und manche Greisin des Ortes hat mir von diesem Jahre, das sich oft auf längere Zeit ausdehnte, als der glücklichsten Zeit ihres Lebens erzählt und gepriesen, was sie der alten gnädigen Frau verdanke. In der scheinbaren Härte dieser Dienstbarkeit lag der Grund zu einem patriarchalischen Verhältnis, das freilich mit derselben zusammenbrechen mußte, deren Folgen aber noch lange nachdauerten.»[26]

Die Einseitigkeit bestand in der Annahme eines patriarchalischen Zusammenhangs zwischen Herrschaft und Bauern als einer Art von selbstverständlichem Kindschaftsverhältnis.

Bedauernswert waren die Lebensbedingungen in *Schlesien,* vor allem in Oberschlesien, wo sich eine in ihrem gesellschaftlichen Denken am polnischen Großmagnatentum orientierte Standesherrschaft herausbildete. Im Widerspruch zur wirtschaftlichen Fortschrittlichkeit der Güter waltete in sozialer Hinsicht in ihrem Bereich die größte Rückschrittlichkeit, trafen die krassesten Gegensätze aufeinander. Beim ersten Regulierungsversuch von 1811 bestand bei den Gutsbesitzern die Tendenz, die kleinen Laßbauern und Kossäten, hier Gärtner, in reine Tagelöhner mit dürftigem Landbesitz zu verwandeln. Aus den oberschlesischen Zeitpächtern sollten entsprechend den niederschlesischen Verhältnissen Dreschgärtner gemacht werden. Das Gutachten eines einflußreichen oberschlesischen Gutsbesitzers vom 16.7.1811, des Grafen Henckel von Donnersmark, gibt ein anschauliches Bild der Zustände und Bestrebungen:

«Da der oberschlesische Dreschgärtner soviel Land hat, daß dadurch er und seine Familie vollkommen beschäftigt werden, so können die Dienste für den Grundherrn nur unvollkommen geleistet werden. Er kommt gewöhnlich mit einer Person 3 oder nur 2 Tage in der Woche zu Hofe; er soll um 8 Uhr morgens in die Arbeit kommen, ist aber oft um 10 Uhr noch nicht da. Er ist faul, liederlich und verrichtet wenig. Um nur etwas fertig zu bringen, braucht man ihrer sehr viele, und die Wirtschaft leidet darunter unendlich ... Die Wirtschaften dieser Leute selbst sind auch in der elendesten Verfassung. Da keine großen Städte oder sonstiger Verkehr den Absatz der Produkte befördert, so achten sie den Ackerbau wenig und suchen Nebenverdienst bei den Eisenwerken, besonders durch Fuhren (Vekturanz): ein Mann mit 2 Ochsen kann oft in einem Tag 1 Gulden und mehr verdienen, den er aber unterwegs vertrinkt und wobei er sein Vieh zugrunde richtet.»[27]

Es folgen weitere Klagen über die Wald- und Brennholzberechtigung der Untertanen. Graf D. schlägt die Verkleinerung der Gärtnerstellen vor, da es an Händen fehle, auch wegen der beginnenden Industrialisierung, und sich das Ackerland des Gutsbesitzers durch «Abtretung» von seiten der Bauern sehr vergrößert habe! Der gesamte Landbesitz der Gärtner wurde, den Empfehlungen der Magnaten folgend, auf 3–4 Morgen festgelegt und ihnen zudem die Verpflichtung auferlegt, von 1812 an auf vier Jahre gegen üblichen Tagelohn die geforderten Herrschaftsdienste, besonders beim Dreschen, zu leisten. Wie sehr derartige Regelungen zur wachsenden Unzufriedenheit der betroffenen Bevölkerungsgruppen beitrugen, sollten die folgenden Jahrzehnte zeigen. In den Kreisen Ratibor, Kosel und auf dem rechten Oderufer (Oberschlesien) erlangten die Bauern nicht einmal erbliches Besitzrecht an ihren Stellen; nur die 4300 ehemals spanndienstpflichtigen Höfe wurden in Eigentum verwandelt, während die etwa 30000 ehemals handdienstpflichtigen Stellen völlig ungesicherten Verhältnissen ausgesetzt blieben, die sich durch Mißernten und Krankheiten noch verschlechterten. Es kam hinzu, daß die erblichen Besitzer ein Drittel, die nicht erblichen die Hälfte des Bodens als Entschädigung an den Gutsherrn abtreten mußten.

Auch die Lage der Kleinbesitzer in den schlesischen Gebirgen gestaltete sich äußerst ungünstig, während die bäuerlichen Wirte in Mittel- und Niederschlesien um Neisse und Leobschütz als selbständige Eigentümer verhältnismäßig gesichert waren. Neue Deklarationen von 1816 brachten dem Gutsbesitz weitere Möglichkeiten zum Bauernlegen, und so mehrten sich die Klagen bis zu einem Zustand der Erregung unter der ländlichen Bevölkerung, der in den Ereignissen um 1848 seinen Höhepunkt fand. Der schlesische Gutsbesitzer August Graf Reichenbach äußerte sich als einer der wenigen einsichtigen Vertreter seiner Klasse bei den Verhandlungen der konstituierenden Versammlungen von Preußen in Berlin über das Ackerproletariat in Schlesien:

«Ich würde Ihnen zeigen, wie die Einwohner des platten Landes, wie das Ackerproletariat bei weitem mehr ausgedrückt ist, als dies in irgendeinem anderen Landesteil bei den Fabriken und Industriearbeitern der Fall ist. Ich könnte Ihnen erzählen, wie die Leute auf dem Lande gehalten werden, welche nur zwei- bis dreimal im Jahr Fleisch zu essen bekommen, und wie man die Arbeiter von Sonnenaufgang bis Sonnenuntergang arbeiten läßt, während die Spannkräfte gewechselt werden, ja sie sogar des Nachts nicht ruhen läßt, weil sie dann in den Ställen zu arbeiten haben.»[28]

Man gründete «Rustical-Vereine», um in gemeinschaftlichem Widerstand jede Art von gutsherrlichen Abgaben bis zum Herauskommen neuer Gesetze völlig zu verweigern – Vorhaben, die im Bereich der herrschenden vorrevolutionären Stimmung in weiten Teilen Schlesiens, besonders ausgehend vom Hirschberger Tal, durchgeführt wurden. Das endgültige Ablösungsgesetz erfolgte erst am 2. März 1850. Aber viele Bauern, durch Mangel an Bildung und schlechte Erfahrungen allen Neuerungen gegenüber mißtrauisch und infolgedessen unfähig zum Ausbau ihrer neugewonnenen Freiheiten, gerieten bald in immer tiefere wirtschaftliche Abhängigkeit. Nun fingen die Gutsherren an, die Bauerngüter aufzukaufen, von 1859–1880 nicht weniger als 170000 Morgen Land.

Die armseligen Verhältnisse der Landarbeiterschaft machten überall die regelmäßige Lohnarbeit der Frau wie die Mithilfe der Kinder zu einer unvermeidbaren Notwendigkeit. Daß unter solchen Bedingungen Erziehung und Bildung völlig in den Hintergrund traten, ist erklärlich. Die schlimmsten Berichte kamen aus Oberschlesien, dessen an sich geschickte und begabte slawische Bewohnerschaft (bekannt waren die vorzüglichen oberschlesischen Kutscher) durch gänzlichen Mangel an Vorbild und Erziehung mehr und mehr verkamen. Die wachsende Demoralisierung ließ einen Diebstahl nicht als solchen erscheinen, wenn er herrschaftliches Gut betraf; das hieß: «sich von der Herrschaft nähren. Und doch bleibt der Herr reich und wir arm!» Ihr Leben lang waren sie schlecht ernährt und lumpig gekleidet; nach ihrem Tode erlangten viele von ihnen keine bessere letzte Ruhestätte als eine aus Mistbrettern zusammengenagelte Kiste.[29]

So kam es, daß in den ostelbischen Provinzen noch viele Jahrzehnte nach den Regulierungsgesetzen in weiten Bereichen eine Grundlage für die Entwicklung selbstständiger Bauerndörfer kaum gegeben war. Noch 1844 schreibt der Wirtschaftswissenschaftler L. H. F. Buhl (1814–1880), daß die Gutsherrschaft in Preußen nach der neueren wie nach der älteren Gesetzgebung mit den Dominialämtern die Ortsobrigkeit bilde. Der Gutsherr war danach nicht Mitglied der Gemeinde, sondern deren Obrigkeit und vorgesetzte Instanz. Der Rittergutsbesitz mit den dazugehörigen Bauern gehörte nicht zur Dorfgemeinde und deren Verwaltung. Aber auch die Dorfgerichte und -vorstände waren weiterhin dem Gutsherrn untergeordnet. Wohl galt der Schulze als exekutiver Polizei- und Kommunalbeamter, war aber vom Gutsherrn bestellt, ihm zu Gehorsam verpflichtet und konnte von ihm entlassen werden. So stellte sich der Schulze zwar als der Vorgesetzte der Dorfgemeinde dar, aber nicht als deren Obrigkeit. Das blieb der Gutsherr, der auch weiterhin die Patrimonialgerichtsbarkeit (neu bestätigt seit 1830) besaß und damit die Polizeigewalt auf dem ganzen Gut. Das bedeutete, daß Anzeigen aus der Bevölkerung in erster Instanz beim Gutsherrn landeten. Der Unterschied zwischen Gutsherrschaft und Dorfgemeinde war also ein negativer: der Gutsherr mit seinem Rittergut gehörte nicht zur Dorfkommune.

Die west- und süddeutschen Länder

Lily Braun beschreibt die neue Situation im Königreich *Westfalen* so:

«Die Proklamation des Königs, vor der in jedem Dorf des Landes sich die Neugierigen sammelten, verhieß die Sicherstellung der Konstitution, die Abschaffung der Adels- und Kirchenprivilegien, der Leibeigenschaft und aller Personaldienste, die Gleichheit vor dem Gesetz, die Gleichberechtigung aller Religionsbekenntnisse, die Aufhebung der Sonderstellung der Juden, die Neuordnung des Gerichtsverfahrens. ‹Lange genug hat Euer Land unter den Vorrechten des Adels und den Intrigen der Fürsten gelitten. Alle Leiden der Kriege mußtet Ihr tragen, von den Segnungen des Friedens bliebt Ihr ausgeschlossen. Einige Eurer Städte erwarben die unfruchtbare Ehre, daß Verträge und Traktate in ihren Mauern geschlossen wurden, in denen nichts vergessen war als das Schicksal des Volkes, das sie bewohnte.› War dies nicht ein Widerhall der Prinzipien von 89, unter deren Einfluß das neue Frankreich sich entwickelt hatte, und deren Verwirklichung in Deutschland an der Ohnmacht des Volkes und der Macht der Fürsten gescheitert war? Sie bedeuteten diesmal mehr, als Fürstenproklamationen und Versprechungen sonst zu bedeuten hatten. Küster, der Geschäftsträger Preußens in Westfalen, der dem Berliner Hof regelmäßig Bericht zu erstatten hatte und neben dem Grafen Reinhard, dem Bevollmächtigten Napoleons und geistvollen Korrespondenten Goethes, der zweifelsfreieste Zeuge war, sah mit Erstaunen, wie rasch die neuen Einrichtungen Wurzel zu fassen vermochten. Weite Kreise der Bevölkerung empfanden die Regierung Jéromes als einen Fortschritt gegenüber den

Ein Vertreter der oberen Stände hilft einer barfüßigen Landfrau beim Wiederaufsetzen einer Last, die sie auf dem Kopf in die Stadt trägt. (Daniel Chodowiecki, 1726–1801)

alten Zuständen; die Gebildeten, von deren Unhaltbarkeit längst überzeugt, freuten sich der neuen freiheitlichen Einrichtungen; Kaufleute und Handwerker sahen sich besonders durch sie gefördert. ‹Was mir aber das meiste Vergnügen macht›, schrieb Küster am 21. November 1808 nach Berlin, ‹ist, in der Lage zu sein, dem Gange einer aufgeklärten und gerechten Verwaltung folgen zu können, welche auf einer glücklichen Konstitution sich aufbaut.›»[30]

Hier vollzog sich also direkt, gewissermaßen im Handstreich, ein Prozeß, der in anderen Ländern Jahrzehnte dauern sollte.

In seinem 1838 veröffentlichten Roman «Der Oberhof» beschreibt Karl Immermann die Begegnung zwischen einem adligen Herrn vom Hofe als einem Vertreter der Feudalzeit und den westfälischen Bauern anläßlich einer üppigen Bauernhochzeit im Hause des Hofschulzen:

«Der vornehme Herr vom Hofe machte unterdessen vergebliche Versuche, sich herabzulassen, und geriet darüber in Verlegenheit. Er saß zwischen dem Hofschulzen und dem Diakonus und hatte gegenüber zwei Bauernfrauen, die bei ihren Männern saßen. Als das gewaltige Essen begann, fühlte er wohl, daß er in diese Tätigkeit nicht einzugreifen vermöge; auch erregten ihm die Speisen keinen Hunger, und er begnügte sich, nur zum Schein etwas auf den Teller zu nehmen. Dort aber blieb es unberührt liegen, ungeachtet der Hofschulze, der seine Kost nicht gern verschmäht sah, ihn mit einiger Empfindlichkeit nötigte, auch zu essen. Das konnte er nicht, jedoch bestrebte er sich, leutselig zu sein; denn zu diesem Ende und um das Volk, soviel an ihm war, durch hinreißende Manieren für den Thron gewinnen zu helfen, war er ja nur wieder unter die Bauern gekommen.

Um in diese Manieren einen gewissen Fortschritt vom Geringeren zum Größeren zu bringen, sah er die gegenübersitzenden Bauern mit einer süßen Freundlichkeit an und winkte dazu gnädig mit dem Haupte, als wollte er sagen: ‹Nun, schmeckt's, ihr ehrlichen Landleute?› – Darüber lachten aber die Bauern, und einer stieß seinen Nachbar an mit den Worten: ‹Ist der Kerl verrückt?› – Der vornehme Herr vom Hofe glaubte, als er des Lachens inneward, seine Huld nicht deutlich genug von sich gegeben zu haben; er beschloß daher, zuförderst das andere Geschlecht zu gewinnen, ließ sich zwei Teller geben, stellte sie vor sich hin, schnitt zwei gute Stücke von dem vor ihm stehenden Truthahne ab, legte sie auf die Teller und reichte diese Leckerbissen den beiden Bauernweibern, die noch ziemlich rund und hübsch waren. Die Weiber, zugleich mit einer artigen Redensart, welche ihnen unverständlich blieb, angesprochen, guckten verlegen, rot und stumm auf die Teller, ohne die Gaben der Courtoisie anzurühren. Ihre Männer aber sahen mit sonderbaren Blicken nach den Gaben hinüber; der eine nahm seiner Frau den Teller mit den Worten: ‹Du brauchst nicht von anderer Leute Teller zu essen, Du hast deinen eigenen›, weg und reichte ihn dem soeben geschäftig vorbeifliegenden Schulmeister. Der andere warf ihn sogar ärgerlich mit der Befrachtung unter den Tisch, indem er halblaut rief: ‹Was zu grob ist, ist zu grob!›... Der umsonst sich Herablassende, welcher äußerlich die Fassung des Hofes behielt, obgleich ihm innerlich immer übler zumute ward, sagte endlich zum Hofschulzen: ‹Ihr habt hier recht eigentümliche Sitten, Alterchen.›

Auf diese huldreiche Anrede maß der Hofschulze seinen vornehmen Gast mit den Augen und versetzte dann stolz und bedächtig: ‹Ich weiß nicht, Herr, ob die Sitten hier anders sind als andererorten; denn ich bin nie über Börde und Haarstrang hinausgekommen, habe auch niemalen Lust dazu gehabt. Richtig ist es, daß hier alles mit der Manier zugeht, alles und jedes seine Ordnung, Zeit und den gewiesenen Platz hat, jedermann die ihm gebührende Reverenz genießt, so daß ich den Halbhüfner, den Kötter, und wer es sonst sein mag, jeden bei seiner Gebühr nennen muß, freilich aber auch prätendiere, daß mich niemand anders als Hofschulze nennt, das heißt, versteht sich, von meinesgleichen; denn, Herr, hinter den Bergen mögen wohl andere Sitten und Gebräuche herrschen.›...(Der vornehme Herr) rief im biedersten Hoftone: ‹Wie freut man sich, wenn man immer in Zwangsverhältnissen leben muß, darf man einmal unter euch gemütliche, von der Fessel der Konvenienz entbundene Naturmenschen treten!›

Der Diakonus, welcher die ganze Zeit über den Mühewaltungen seiner vornehmen Bekanntschaft mit Behagen gefolgt war, trat zu dem unglücklichen Herablassenden und fragte: ‹Exzellenz, die Leute sind zu dumm, um Sie zu fassen. Übrigens bin ich der untertänigen Meinung, daß Sie, wofern Sie länger unter ihnen verweilten, bald von Ihrem Glauben zurückkommen würden.›

‹Wieso?›

‹Gemütlich sind die Bauern gar nicht, Exzellenz, die Leute haben keine Zeit zum Gemüt. Gemüt kann man nur haben, wenn man wenig zu tun hat; der Bauer aber muß sich zuviel placken und schinden, um sich auf das Gemüt legen zu können. Er ist durch und durch gerader Verstand, Ernst, Eigentum und erlaubter Eigennutz. Weil diese Mischung nun aber wie für die Ewigkeit bei ihm zu sein scheint, so hat sie etwas Ehrwürdiges wie der Granit, der auch, hart und schwer, die Erde hält. Der Bauernstand ist der Granit der bürgerlichen Gemeinschaft...

Durch meinen nahen Verkehr mit diesen Leuten hat sich die Ansicht bei mir festgestellt, daß der Bauernstand nur einen zweiten ihm ähnlichen hat, den sogenannten alten oder hohen Adel, wo ein solcher nämlich noch wahrhaft besteht. Der Mittelstand ist eine von beiden ganz verschiedene Schicht. Bauer aber und hoher Aristokrat stimmen darin überein, daß ersterer sowohl als letzterer weniger sich als ihrer Gattung angehören, zuvörderst Bauer sind und Aristokrat und erst nachher Mensch.›»[31]

Hier zeigt sich ein anderes Selbstbewußtsein bei den Bauern als in Ostelbien, freilich auch das unindividuelle Normdenken einer vormodernen Gesellschaft. Die spätere Provinz Westfalen hatte in der napoleonischen Zeit teils zum französischen Kaiserreich selbst, teils zu dessen Satellitenstaaten, dem Großherzogtum Berg unter Murat und dem Königreich Westphalen unter Jérôme, gehört. So war sie, als sie 1815 preußisch wurde, bereits durch die Aufhebungsbestimmungen des Code Napoléon hindurchgegangen, die nur noch ihrer Bestätigung und Erneuerung bedurften. Das galt auch für das Bistum Münster, wo die ehemaligen Hörigen den Stand freier Erbpächter erhielten und nach 1820 die Regulierung der Entschädigungen reibungslos vonstatten ging. Der Grund hierfür lag unter anderem in der zwiespältigen Situation des Adels nach der Restauration: In den Rheinbundstaaten absolutistisch unterdrückt, suchte er die Wiederherstellung seiner alten Rechte durch eine neue landständische Verfassung. Das trug ihm jedoch den Vorwurf ein, lediglich auf den Rückerwerb seiner alten Standesrechte bedacht zu sein; um dem zu begegnen, blieb ihm nichts anderes übrig, als sich nun tatsächlich zum Vorkämpfer der allgemeinen Interessen und damit auch der Bauernbefreiung zu machen.

Die bäuerliche Abhängigkeit hatte sich hier nur zu einem geringen Teil in Arbeitsverhältnissen ausgedrückt, so daß die persönliche Freiheit der Bauern nach 1815 mit erträglichen geldlichen Entschädigungen an den früheren Grundherrn verhältnismäßig reibungslos und schnell besiegelt war. Freilich zogen sich auch hier die Maßnahmen zu endgültigen Regelungen bis etwa 1840 hin, und es gab immer wieder Streit um einzelne Gerechtsame.

An zwei Stellen seines Romanes «Der Oberhof» hat Immermann, der als Jurist im Düsseldorfer Staatsdienst die Verhältnisse aus eigener Anschauung kannte, solche Übergangsschwierigkeiten beschrieben:

«‹Ich bin darum bei Euch eingekehrt, um bei Euch Rat wegen der Gülten zu bekommen, und den gebt mir also nun auch ohne Scherz und Possen.›

Der Hofschulze setzte sich, um zu hören und zu reden, in Positur, die Liesbeth [Tochter des Grundherren] zog ein Schreibtäfelein heraus und las die Namen der Bauern ab, bei welchen sie in den Tagen zuvor umhergewandert war, um die Rückstände der Zinsen für ihren Pflegevater einzutreiben. Sie erzählte dabei dem Hofschulzen, daß und unter welchen Vorwänden sie sich geweigert hätten, ihre Schuld abzustoßen. Der eine wollte längst bezahlt haben, der andere hatte gesagt, er sei neu auf dem Hofe, der Dritte wußte von gar nichts, der Vierte hatte getan, als höre er nicht gut, und so fort, so daß das arme Mädchen wie ein Vöglein, das bei Winterszeit nach Futter fliegt und kein Körnlein aufzupicken findet, von Tür zu Tür leer abgewiesen war.

Der Hofschulze schrieb mehrere der ihm genannten Namen mit Kreide auf den Tisch und sagte, als sie ihre Liste geschlossen hatte: ‹Was die anderen betrifft, so wohnen die nicht bei uns, über die habe ich keine Macht, und wenn sie so schlecht sind, ihre Pflicht und Schuldigkeit zu verleugnen, so streichen Sie die Schelme nur aus, denn mit Prozessen kriegt man nichts vom Bauer. Aber die in unserer Gemarke wohnen, gegen die werde ich Ihnen zu Ihrem Rechte helfen, dazu haben wir noch Mittel.›»[32] Und an anderer Stelle führt Immermann aus:

«‹Da Ihr so vernünftig redet, so werdet Ihr meinen Antrag jetzt besser erwogen haben›, hob der Rezeptor [Steuereintreiber eines ehemaligen Klostergutes] an. ‹Wie gesagt, die Regierung will alle Korngefälle der Höfe in hiesiger Gegend in Geld umwandeln. Sie hat allein den Schaden davon, denn Korn bleibt Korn, aber Geld ist heute so viel und morgen so viel wert; indessen ist es nun einmal ihr Wille, um der Last des Aufspeicherns quitt zu werden. Ihr tut mir also den Gefallen und unterschreibt diese neue, auf Geld lautende Urkunde, die ich zu diesem Behufe schon mitgebracht habe.›

‹Durchaus nicht›, antwortete der Hofschulze eifrig. ‹Es ist ein alter Glaube hierzulande, daß, wer seinem Hofe eine Last auflegt, dafür zur Strafe nach seinem Tode auf dem Hofe umgehen muß. Ich weiß nicht, wie es damit beschaffen ist, aber das weiß ich: Vom Oberhofe sind seit vielen hundert Jahren nur Körner an die Gotteszelle gegeben worden, und damit wolle sich also das Rentamt begnügen, wie das Stift sich damit begnügt hat. Wächst Geld auf meinem Acker? Nein. Korn wächst darauf. Woher wollen Sie also das Geld nehmen?›

‹Ihr sollt ja nicht übervorteilt werden!› rief der Rezeptor.

‹Es muß alles beim alten bleiben›, sagte der Hofschulze feierlich.

‹Das war noch eine gute Zeit, als die Tafeln mit den Verzeichnissen der Lasten und Abgaben der Bauerschaft in der Kirche hingen. Dazumalen stand alles fest, und kein Gezank hat sich nimmer darüber begeben, wie neuerdings nur gar zu oft. Hernach hieß es, die Tafeln mit den Hühnern und Eiern und Waltern und Sümmern schadeten der Andacht, und sie wurden hinweggetan. Im Gegenteil, sie hatten immer zu Predigt und Gesang gehört wie Amen und Segen; ich für mein Teil, wenn ich sie ansah, besonders beim dritten Teile, oder der Nutzanwendung, hatte die erbaulichsten Gedanken bekommen, zum Exempel: Überhebe dich nicht, denn da steht geschrieben, wieviel Zinsroggen und Schloßhafer du geben mußt, oder auch so: Wenn du draußen Lasten zu tragen hast, hier im Gotteshaus bist du frei, und was dergleichen mehr war. Nun aber, als man auf die leeren Stellen sah, gingen die Gedanken immer wandern und suchten nach den Tafeln, und es dauerte geraume Zeit, ehe und bevor die Menschheit wieder recht nach dem Pastor hinhörte.›»[33]

Hier wird ein gegenständlich konkretes Ordnungsdenken sichtbar, das die Bauernwelt erfüllte – aber auch die enge Beziehung zwischen Herrschaft und Kirche.

«Wenn wir von Westfalen reden, so begreifen wir darunter einen großen, sehr verschiedenen Landstrich, verschieden nicht nur den weit auseinanderliegenden Stammwurzeln seiner Bevölkerung nach, sondern auch in allem, was die Physiognomie des Landes bildet oder wesentlich darauf zurückwirkt, in Klima, Naturform, Erwerbsquellen und, als Folge dessen, in Kultur, Sitten, Charakter und selbst Körperbildung seiner Bewohner: Daher möchten wohl wenige Teile unseres Deutschlands einer so vielseitigen Beleuchtung bedürfen.»[34]

So beginnt Annette von Droste-Hülshoff (1797–1848) ihre «Bilder aus Westfalen» und beschreibt weiterhin die handelstüchtigen Sauerländer, bei denen sich «der einzige Adel Westfalens» befände, «der sich durch Eisenhämmer, Papiermühlen und Salzwerke dem Kaufmannsstande anschließt», also den Weg zum Betriebsleiter einschlug; bei denen «drei Viertel der Bevölkerung ... ihren Tag ... in den Fabrikstuben zubringen oder auf Handelsfüßen das Land durchziehen», infolgedessen «die häuslichen Verhältnisse sehr locker, gewissermaßen unbedeutend sind» und «die Festlichkeiten ... nach den Umständen des Gastgebers den städtischen möglichst nachgebildet» werden. Sie beschreibt die «wilde Poesie» der Bewohner im Hochstifte Paderborn, deren große Not sie «zu großen Anstrengungen treibt, aber nur, bis das dringendste Bedürfnis gestillt ist»; der Paderborner sei ein leidenschaftlicher, auf sein Recht bedachter Menschenschlag, der den Gutsherrn «nach seinem Naturrecht gern als einen Erbfeind oder Usurpator des eigentlich ihm zuständigen Bodens betrachtet, dem ein echtes Landeskind nur aus List, um der guten Sache willen, schmeichle und übrigens Abbruch tun müsse, wo immer es könne»; er sehe im Frevel gegen die Forst- und Jagdgerechtsame der Herrschaft sein gutes Recht, weshalb der Kampf gegen die gutsherrlichen Forstbeamten zum Alltag der Paderborner Dorfbevölkerung gehöre; «alter Gebräuche bei Festlichkeiten gibt es wenige und in seltener Anwendung, da der Paderborner jedem Zwang zu abgeneigt ist, als daß er sich eine Lust durch etwas, das nach Zeremoniell schmeckt, verderben sollte.» Und sie schildert in krassem äußeren und inneren Gegensatz dazu die furchtsame Gutmütigkeit, die «Sitteneinfalt» und das stille Ordnungs- und Rechtsgefühl des Münsterländers, die ihn zu bäuerlichem Wohlstand geführt haben.[35]

Diese zugleich kenntnisreichen und poetischen Schilderungen vermitteln ein ähnlich sozial gefächertes Landschaftsbild zwischen Tradition und neuer Zeit wie die eingangs zitierte Passage aus Immermanns «Epigonen». Entscheidend für eine mehr konservative Haltung der Bauern wirkte sich ein tiefgreifender konsequenter Katholizismus aus.

Roggenernte in einer Windmühlenlandschaft. (Georg Schlater, 1834–1879)

Im übrigen *Rheinland* herrschten sehr unterschiedliche Verhältnisse, doch vollzogen sich im ganzen die Veränderungen unter dem Einfluß des benachbarten Frankreich reibungsloser als im deutschen Osten. Am schnellsten gewöhnte sich die Landbevölkerung des Ruhrgebietes an die neue Marktwirtschaft und den Geldverkehr – wechselte dann aber auch bald in die Industrie.

Nach mehr als 20 Jahre geltender französischer Gesetzgebung befanden sich die linksrheinischen Provinzen, als sie 1815 zu Preußen kamen, schon lange im Besitze bäuerlicher Unabhängigkeit, endgültig befestigt durch ein Dekret Napoléons vom Jahre 1804. Die Feudalrechte waren nun ohne Entschädigung aufgehoben und damit auch das lehns- und grundherrliche Obereigentum, was besonders im Hinblick auf den eingezogenen Kirchenbesitz zu Buche schlug. Abschaffung des Zehnten und Rechtsgleichheit brachten den Bauern in wirtschaftlicher wie in sozialer Hinsicht große Vorteile, so daß die Ablösungen hier im ganzen ohne Schädigung vonstatten gingen. Da die adligen wie die geistlichen Güter selten eigenbewirtschaftet, sondern im allgemeinen verpachtet gewesen waren, konnten sich die Pächter bald zu Besitzern aufschwingen. Doch gab es auch im Rheinland Umstände, die dem Bauernstand den schnellen Anschluß an ein fortschrittliches modernes Wirtschaftsdenken verschlossen: Es fehlten Güter, die zu Vorbildern neuer landwirtschaftlicher Arbeitstechniken hätten werden können; viele der Bauern konnten bis weit in die Jahrhundertmitte hinein weder lesen noch schreiben; daraus erwuchs ihr Mißtrauen gegen alle von «oben» dekretierten und empfohlenen Maßnahmen; bei den «Oberen» mangelte es an Sorgepflicht gegenüber dem bäuerlichen Anwesen, das die «Herren» bisher nur wegen der Abgaben interessiert hatte; daher ihr Desinteresse an den Ratschlägen der Reformer, ihr dickköpfiges Verharren in der überkommenen Denk- und Wirtschaftsweise.

All diese Erscheinungen konnten nur langsam abgebaut werden, vor allem, indem man endlich auch dem so lange verachteten Bauernstand den Zugang zu Bildung und Fortschritt öffnete. Die von Preußen eingeführte allgemeine Schulpflicht, der 1840 begründete «Landwirtschaftliche Verein für Rheinpreußen», Wanderlehrer, Winterschulen und vieles andere brachten den Bauern nach und nach die Möglichkeit der Selbstorientierung; Genossenschaften und Raiffeisenkassen boten die wirtschaftliche Grundlage zur notwendigen Rationalisierung der Betriebe. Dabei spielten natürlich auch Notzeiten und Agrarkrisen der 20er und 30er Jahre eine nicht zu unterschätzende Rolle. Diese Krisen trafen die rheinische Landwirtschaft besonders hart. Als mit wachsender Industrialisierung dann aber auch die städtischen Konsumentenzahlen sprunghaft stiegen und damit der stetige Abnehmerkreis für die landwirtschaftlichen Produkte gesichert war, als sich rationellere Anbaumethoden und bessere Düngung durchsetzten, konnten die Anfangsschwierigkeiten alsbald überwunden werden.

Wie stellten sich die Verhältnisse in Süddeutschland dar? Für *Baden* und *Württemberg* war die Grundherrschaft typisch gewesen und die Leibeigenschaft in Baden größtenteils bereits 1783 aufgehoben, in Bayern bis 1808, in Hessen 1811, in Württemberg bis 1819. Die Ablösung erfolgte durch Zahlung einer Pauschalsumme, wodurch die Rentenwirtschaft des Grundherrn sich nicht wesentlich veränderte, wenn er das erhaltene Kapital anlegte.[36] Das hört sich nun so an, als seien die Dinge tatsächlich fast ohne Probleme verlaufen. Die reibungslose Durchführung der Gesetze scheiterte aber am Widerstand der Standesherren, die den Verlust ihrer Hoheitsrechte befürchteten

So ähnlich wie auf dieser Fotografie der Raiffeisenkasse-Mitglieder von 1912 aus Lengers/Hessen darf man sich, wenn auch anders gekleidet, die selbstbewußten Mitglieder der damaligen Vereine vorstellen, die in Eigeninitiative diese Institutionen begründet hatten.

und sich mit dem damit verbundenen Umbruch der gesamten Agrarstruktur nicht abfinden wollten.

Fast überall im späteren Königreich Württemberg war der größte Teil des von Bauern bewirtschafteten Landes in grundherrlichem Besitz, gehörte also einem Landesherren, einem Ritter, einer Stadtgemeinde oder Kirche, einem Kloster oder Hospital und war dem Bauern zur Nutzung in Zeitpacht überlassen. Die Abgaben, die er dafür in Form von Renten, Zehnten usw. zu leisten hatte, waren eine Belastung seiner Wirtschaft, zumal es häufig vorkam, daß sich ein Bauer mit seinem Land in verschiedenen Abhängigkeiten zu verschiedenen Herren befand und so das ganze Jahr über aus Terminen und Verpflichtungen nicht herauskam.

Unter dem Einfluß der Ideen der Französischen Revolution forderten die Stände auf dem Landtag schon 1798 die Aufhebung der persönlichen Leibeigenschaften und der drückendsten Belastungen, doch ohne Erfolg unter der bis 1816 währenden Herrschaft König Friedrichs, der in ungehinderter Ausübung absolutistischer Machtgewohnheiten die alten Herrschaftsformen fortsetzte und die Landleute vor allem mit seinen Jagdfronen zur Verzweiflung trieb. Erst 1817, bzw. 1819, verkündete sein umsichtiger Nachfolger Wilhelm I. die Befreiung von der Leibeigenschaft und setzte – häufig gegen den Widerstand des Adels – die unentgeltliche Aufhebung der persönlichen Abhängigkeiten und die Umwandlung der Erb- und Zeitpächter in Eigentümer durch.[37] War auch die Patrimonialgerichtsbarkeit in ganz Württemberg 1809 in vollem Umfang aufgehoben worden, so dauerte es doch bis nach der Julirevolution, daß endlich 1836 die entscheidenden Gesetze zustandekamen. Aber auch dann gelang es den Standesherren und der Majorität des übrigen Adels, obgleich sie vom Staat Entschädigungen erhielten, immer wieder durch Weigerung oder Intrige die Regulierungen zu hintertreiben. Das Hin und Her der Petitionen und Willkürakte, Beschwerden und neuen Bedrückungen steigerte das Maß der Empörung schließlich so, daß es 1848 zu regelrechten Bauernrevolutionen kam, die von Baden nach Württemberg übergriffen.[38] Unter dem Druck dieser Bedrohung kamen nun im gleichen und im folgenden Jahre endlich jene Gesetze heraus, um die die Landbevölkerung seit einem halben Jahrhundert gekämpft hatte: die Beseitigung aller auf Grund und Boden ruhenden Lasten und die Ablösung des Zehnten (wofür die Standesherren vom Staat, d. h. vom Steuerzahler, große Entschädigungssummen zu erlangen wußten).

Der Führer der radikalen Republikaner in Baden war Friedrich Hecker (1811–1881), der – trotz des Mißlingens seines republikanischen Umsturzes 1848 – eine ungeheure Popularität erlangte. Überall sang man Heckerlieder:

«Hecker hoch! Dein Name schallet
An dem deutschen ganzen Rhein;
Deine Liebe, deine Treue
Flößt uns all'n Vertrauen ein.
Hecker, großer deutscher Mann,
Der für Freiheit sterben kann.» usw.[39]

In den Bauernstuben hingen die Hecker-Bilder, die die Bilderbogendruckereien verbreiteten, und Heckerhut und Barttracht galten als Zeichen republikanischer Gesinnung. Der durchaus reaktionär gesonnene Schriftsteller Hansjakob (1837–1916) erzählt davon in seinen Jugenderinnerungen, was als Zeichen für die Popularität dieser Bewegung hier zitiert sei:

«Von Haus zu Haus wurde der Mann mit der Blouse und dem Federhut im Sommer kolportiert, und ich verstehe heute erst die feine Demonstration, mit der mein Vater, von der ersten Stunde an Gegner der ganzen Heckerei und sie als eine Lächerlichkeit bezeichnend – dem Pfälzer Bilderhändler nicht den Hecker, wohl aber den General Cavaignac, der eben in Paris die rote Republik niedergeworfen hatte, abkaufte und neben dem Spiegel aufhing. – Aber auch die Heckerhüte kamen und die Heckerbärte. Wer irgend in der Heimat ein Herz fürs Volk und die nötigen Haarmittel hatte, ließ sich in jenen Tagen einen Vollbart wachsen. Und um die Heckerhüte mit Federn zu schmücken, ward Jagd gemacht auf die Schweife aller Hähne im Städtchen. Ich habe in den Jahren 48 und 49 manchem Vaterlandsverteidiger manchen Hahn in den Gassen und Gäßchen hetzen helfen, um das arme Tier zu rupfen. Kein Hahn krähte mehr in dieser patriotischen Zeit, weil jeder trauerte um seinen schönsten Schmuck. Als später gar wir Buben Heckerhüte und Kokarden annahmen, wurden selbst die Hennen nicht mehr verschont, um hinreichendes Material zu erhalten. Ich erinnere mich noch wohl, eines Tages mit zwei Kameraden selbst in den geschlossenen Hühnerhof des Pfarrhauses eingedrungen zu sein, um den Hahn des Dekans zu rupfen. Die Köchin Magdalene erhob aber einen Mordsspektakel, und wir mußten die Flucht ergreifen.»[40]

Aus dem Schwarzwald berichtet der Maler Hans Thoma (1839–1924) über die Revolutionsjahre:

«Das Revolutionsjahr 1848 ist mir noch gut in Erinnerung. Mein Vater hoffte, wie

Ausschnitt aus einem «Guckkasten-Lied vom großen Hecker». (Zeitgenössischer Bilderbogen)

alle armen Leute, viel Gutes von der Revolution. Der Name Hecker war in aller Munde. An Fastnacht wurde im Herrschaftswald eine hohe Tanne geholt, und mit Musik wurde auf dem Platz im Oberlehn die Freiheitsfahne aufgerichtet; sie wurde später von den Württemberger Soldaten umgehauen.

Hecker mit seiner Schar zog durch Bernau vom Bodensee herunter. Wir Buben spielten Freischärler und Soldaten und zogen im Tal herum, schmarotzten wohl auch an den Wirtshäusern, wo besonders der Adlerwirt uns Wein spendete. Die erwachsene Mannschaft schmiedete in der Schmiede ihre Sensen gerade an die Stiele. Einer der gutmütigsten Menschen, der Sägerkarle, machte die grausigste Waffe, er hatte an einem langen Schaft die Sense aufgerichtet und dahinter links und rechts zwei scharfe Sicheln, dabei erklärte er uns Buben, wie er zuerst in die Feinde hineinstechen und dann mit den beiden Sicheln noch andere Feinde links und rechts mitten durchschneiden wolle. Wir bewunderten den Held. Mein Vetter Aloisi hämmerte ein wenig an seiner Mistgabel herum, machte einen langen Stiel daran und meinte, das sei auch genug, die Feinde abzuhalten und ihnen Schaden zu tun. Was der Karle übriglasse, das wolle er besorgen. Auf dem Platz fanden Exerzierübungen statt.»[41]

Auch in *Bayern* begann infolge der Französischen Revolution im letzten Jahrzehnt des 18. Jahrhunderts langsam das Befreiungswerk, zunächst mit der Aufhebung der unangemessenen Naturalscharwerke; aber erst nach Errichtung des Königreiches 1806, das 1818 mit 3,7 Millionen Einwohnern nach Österreich und Preußen der drittgrößte deutsche Staat war, wurde die Durchführung langsam vorangetrieben. Die grundherrlichen Interessen sowohl des privaten Adels wie des grundbesitzenden Staates bestanden – abgesehen von den Gutsbrauereien – nicht in der Eigenwirtschaft, sondern im Rentenbezug von den wirtschaftenden «grundbaren» Bauern. Pachtwirtschaft spielte in Bayern die geringste Rolle in ganz Deutschland. So kam es nur zu einem schleppenden Fortgang der Reformen. Als zusätzliche Störung neben der allgemeinen Wirtschaftslage wirkten sich die systematischen Hintertreibungen der privaten Standesherren aus. Insbesondere waren es die Fürsten von Öttingen-Wallerstein und Öttingen-Spielberg im bayerischen Ries, die durch ihre hartnäckige Verweigerung aller Entlastungen und die Aufbürdung immer neuer ungemessener Fronen die Erbitterung der Untertanen bis zu einem Maße steigerten, das sich 1848 in einigen, allerdings unplanmäßigen und sich verzettelnden Unruhen Luft machte. Erst jetzt konnten die bayerischen Gesetzgeber mit den Verordnungen über die Grundentlastungen allmählich durchdringen. Da die Bauern auch hier die Ablösungsgelder allein nicht aufbringen

«Gerechte Klagen» zum Schluß der Hungersnot von 1817. Kolorierter Steindruck-Bilderbogen von 1817.
(Der Bogen dürfte aus dem bairischen Schwaben stammen und befindet sich im Günzburger Museum.)

konnten, wurde ihnen wie in Österreich die finanzielle Beihilfe des Staates garantiert; doch zog sich die Tilgung der Bodenzinse bis gegen 1900 hin.

Lebte also der Bauer nach 1848 nun in persönlicher Freiheit (auch die Patrimonialgerichtsbarkeit war aufgehoben) und vom grundherrlichen Zehentrecht entlastet, so geschah zu seinem Schutz vor der Verschuldung seines Bodens zunächst verhältnismäßig wenig. Nur für die Staatsschulden wurde eine Ablösungskasse errichtet, später eine Hypothekenbank. Die Bauernhöfe standen nun zwar im freien Güterverkehr und konnten ungehindert die Eigentümer wechseln, doch wurde das Bauernland im ganzen zunächst kaum verkleinert.

Sehr schädlich wirkten sich auf die Entwicklung der langsam aufstrebenden Bauernschaft Mißernten und Agrarkrisen aus. 1816/17 erlebte Bayern die schwerste Hungersnot des Jahrhunderts, die noch lange in der Volkserinnerung nachwirkte. Adolf Spamer (1883–1953) bildet einen handkolorierten Holzschnitt ab, der den Moment des Preissturzes aus der Sicht des Städters wiedergibt, als die erste Erntefrucht eingebracht wird; über die Wucherer, den Bauern, Bäcker, Metzger und Wirt, bricht die Strafe des Himmels herein: der Bauer jammert darüber, sein Getreide nicht früh genug verkauft zu haben; dem Bäcker tragen die Spatzen die zu klein gebackenen Kreuzersemmeln fort; dem Metzger verfault sein Fleisch; dem Wirt wird sein Bier sauer.[42] Aber auch in der deutschen Erzählüberlieferung blieben die Hungersnöte haften und die mit ihnen verbundenen Spekulationen der Reichen auf Kosten der Armen (s. S. 40).

Bilder, die den ungeheueren Jubel über die Glücksernte nach dem Hungerjahre 1816 wiedergeben, stehen inmitten einer Gruppe verwandter Bilderbogen und bilderbogenartiger kolorierter Kupferstiche oder Lithographien jener Tage, die den Getreidewucherer verzweifelt vor seinem Speicher zeigen, den der Getreidewurm angefressen hat,

Dankprozession der Einwohner Überlingens nach einer «schrecklichen Theurung» im Jahre 1817. (Zeitgenössisches Aquarell aus der Städtischen Sammlung Überlingen)

oder erhängt an der Eiche, unter der das zerrissene Juniverzeichnis der Kornpreise liegt neben einem neuen Schriftstück ‹Korn-Preise im August 1817. Alles im Überfluß.›[43]

Als dann die allgemeine Agrarkrise der 20er Jahre einsetzte, begann in Bayern auch bald die Gutszertrümmerung, durch die größere Freibauern sich ihrer zunehmenden Schuldenlast zu entledigen suchten. Erst die wachsende Industrialisierung der 50er Jahre bezog auch die Landwirtschaft in ihren Aufschwung mit ein. So entwickelte sich Bayern zu einem Raum zweier großer landwirtschaftlicher Zonen: Oberbayern und Niederbayern südlich der Donau gehörten mit ihren reichen Einödhöfen zum Gebiet der großen Bauerngüter. Der Hauptteil Frankens und Schwabens war durch den bäuerlichen Mittelbetrieb (5–20 ha) bestimmt, Westunterfranken und besonders die Pfalz dagegen wie das ganze Südwestdeutschland vom bäuerlichen Kleinbetrieb, ja Kleinstbetrieb. Zu dieser Entwicklung trug nicht wenig die geschlossene Vererbung der Bauerngüter bei, die eine scharfe ständische Scheidung von der Gruppe der Landarmen und Landlosen mit sich brachte.

Die mittel- und norddeutschen Länder

Stand die agrarsoziale Entwicklung der ostelbischen Provinzen in diametralem Gegensatz zu der Situation in West- und Süddeutschland, so verliefen die Ablösungsprozesse in Mittel- und Norddeutschland wiederum nach anderen Gesetzen. Als gemeinsamer Nenner wirkte sich – gegenüber den ostelbischen Gutsherrschaften – das System der Grundherrschaft aus. Vorhandene Gutsbetriebe waren meist Teilgüter der Grundherren, die i. a. ihr Land an Bauern oder «Meier» verpachtet hatten. Nach der endgültigen Durchführung der Ablösungen wandelte sich der Grund*herr* vielfach zum Grund*besitzer,* zum Landeigentümer.

Der zweite gemeinsame Nenner, der die Lage der gesamten mittel-, nordwest- und süddeutschen Bauernschaft verband, war die vorwiegende Entschädigung der abgelösten Abgaben und Dienste in Geld. Sie bedeutete zeitweilig wohl eine große Verschuldung, die aber überwunden werden konnte. Der mittel- und westdeutsche Bauer gewann durch den Fortfall der alten Abgabenpflichten (Zehentpflicht), die ihn oft seiner besten Produkte beraubt und mutlos gemacht hatten, ein neues Verantwortungsgefühl und neue Freude am eigenen Betrieb. Boden und Produkte bekamen nun unmittelbar für ihn Markt- und Geldeswert und ordneten ihn allmählich ein in die bürgerlich-kapitalistische Welt des Jahrhunderts, besonders infolge der starken Nachfrage nach Lebensmitteln.

Diese positiven Folgen der Reformen setzten allerdings eine gewisse Größe des Besitzes voraus. Im Osten ebenso wie im übrigen Deutschland wurden dagegen die klein- und unterbäuerlichen Schichten am härtesten von den Auswirkungen der neuen Gesetze betroffen und hatten besonders unter der Gemeinheitsteilung oder Separation zu leiden. Das zielte hin auf eine rationelle Bodennutzung und den Gewinn von Kulturland durch das Zusammenlegen der zerstreuten Feldfluren, die Aufteilung der Allmende, der Dorfweide, des Dorfwaldes usw. und damit auf eine individuellere Wirtschaftsführung.[44]

Für das *Königreich Sachsen* fiel die Geschichte der Reformen weitgehend mit der seiner vollständigen politischen Umbildung zusammen. In der Form eines Friedensschlusses zwischen Rußland, Preußen und Sachsen fand 1815 eine Landteilung statt (endgültig festgelegt 1819), in der das alte Territorium unter dem König Friedrich August I. 57,5% seiner früheren Fläche vor allem an Preußen verlor (die ganze Niederlausitz und Teile der Oberlausitz usw.).

Die folgenden Jahrzehnte waren mit dem Aufbau von Staat und Verwaltung erfüllt und standen im Zeichen des reformfreudigen neuen Jahrhunderts. Es fehlte dabei nicht an Auseinandersetzungen zwischen Vertretern des alten Ständedenkens und den fortschrittlichen liberalen Kreisen der Bürgerschaft. In ihrer Folge kam es 1830/31 zu ernsten Unruhen im Lande, die den entscheidenden Anstoß für durchgreifende Maßnahmen gaben. Die Durchführung umfassender Reformen, die den aufbrechenden Volkszorn beschwichtigen sollten, bedeuteten gleichzeitig die Überleitung des Ständestaates in die Form der konstitutionellen Monarchie. Das äußerte sich unter anderem auch darin, daß die Domänen an den Staat übergingen und dieser dann dem Monarchen einen gewissen Anteil auszahlte.

Mit dem Gesetz von 1832 über die Ablösungen und Gemeinheitsteilungen, gefolgt von Bestimmungen über die Aufhebung des Gesindezwangdienstes der Untertanenkinder, freiere Gestaltung der ländlichen Dienstverhältnisse, in der Oberlausitz Aufhebung der Erbuntertänigkeit und des lassitischen Besitzverhältnisses, wurde den sächsischen Bauern die Befreiung zuteil.

Die Geschichte der Agrarreformen der *Provinz Sachsen* als verhältnismäßig jungem staatlichen Gebildes ist abhängig von seiner politischen Geschichte zwischen Ost und West. Erst nach den Befreiungskriegen im Jahre 1816 wurde die preußische Provinz Sachsen gebildet aus der Altmark, dem Herzogtum Magdeburg, dem Fürstentum Halberstadt, der Grafschaft Wernigerode und einer Reihe von anderen, bis dahin selbständigen kleineren Herrschaften.

Hedwig von Bismarck (1815–1910), die Cousine des Kanzlers, hat in ihren Jugenderinnerungen an das Leben auf Gut Schönhausen in der Altmark die damals noch gängigen Spanndienste der Bauern für die Herrschaft anschaulich geschildert:

«Am anderen Morgen des noch dunklen Wintertages, es war im Dezember, wurden sechs Pferde angespannt, viere breit und zwei davor. Diese Pferde waren nicht aus unserem Stalle, die unserigen, vier an der Zahl, waren bis Genthin vorausgeschickt. Bis dahin, auf drei Meilen Entfernung, hatten die Bauern die Verpflichtung, die Gutsherrschaft zu fahren. Natürlich gab nicht ein Bauer alle sechs Pferde, sondern diese wurden von mehreren gestellt, meist gab einer deren zwei. Zu den weiteren Lasten der Bauern gehörte es, Baufuhren zu leisten, den Arzt und die Gouvernante abzuholen, letztere gleichviel von wo, so lautete die Bestimmung.

Die Bauern trennten sich natürlich nicht von ihren Pferden, und so begleiteten drei, oft auch vier, das Fuhrwerk. Zwei saßen dann auf dem Koffer hinten, auf dem auch der Futtersack lag, einer, welcher die Zügel führte, thronte auf dem Bock, neben unserem Diener, dem alten getreuen Wilhelm. Der vierte ging nebenher, mit den anderen abwechselnd. Die Pferde waren auch nicht aneinander gewöhnt, der Fahrende nicht an sie, und da durfte man nicht über affenartige Geschwindigkeit des Fuhrwerkes klagen, eher über zu viel ‹Hotte›- und ‹Hüh›-Geschrei. Trotz der anscheinenden Gefährlichkeit dieser Bespannung habe ich doch keine Erinnerung an Unglücksfälle. Diese tiefen Sandwege auf der Genthiner und der schwere Boden auf der Rathenower Seite, wohin die Bauern auch oft fahren mußten, nahmen wohl den Pferden den Mut zu irgendwelchen Ausschreitungen.

Um die Reihenfolge der Bauern für diese Leistungen zu bestimmen, ging ein Knüppel, wie man ihn allzu jagdlustigen Hunden vorbindet, um. Der letzte, welcher Pferde stellte, gab ihn dem Nachbar, und dieser begann dann bei der nächsten Bestellung die Reihe. Paßten endlich, nach mannigfachen vergeblichen Versuchen, alle Stränge, war die Leine in Ordnung, als ausreichend lang und fest von Wilhelm erachtet, dann meldete er, daß nichts der Abreise entgegenstände.»[45]

Noch 1865 berichtet ein Gewährsmann von Wilhelm Mannhardt (1831–1880), der mit seinem Fragebogenprojekt das ländliche Arbeitsleben jener Zeit dokumentiert hat,[46] über die «Herrendienste» in der Altmark, Kr. Gardelegen:

«Vor etwa zwanzig Jahren, als man dem Gutsherrn in Flechtingen (Kreis Gardelegen) noch Herrendienste tun mußte, war jeder Bauer verpflichtet, zu dessen Ernte vier Leute, zwei Mäher und zwei Binder, zu schicken. Diese Ernteleute wurden von einem der Bauern auf einem mit vier Pferden bespannten Wagen auf das Erntefeld gefahren. Dieser Bauer hatte dafür das Recht, drei Garben mit nach Hause zu nehmen, welche man so groß machen durfte, daß drei Männer erforderlich waren, um sie auf den Wagen zu heben. Von diesen drei Garben machte man zu Hause öfters drei bis vier Stiege.» (Aus dem Antwortenmaterial auf Mannhardts Fragebogen 1865.)

Das Land *Thüringen*, das sich erst spät (1920) aus acht Einzelstaaten zusammenschloß, hat seiner Vielstaatigkeit entsprechend in seinen einzelnen Landesteilen eine außerordentlich bunte wirtschaftsgeschichtliche Entwicklung mitgemacht.

Als Muster sei das Großherzogtum Sachsen-Weimar-Eisenach genannt: ein Land mit einer gewissen liberalen Tradition. Hier nahm man die Reformen gründlich in Angriff und leitete 1821 eine Ablösung der Gesindezwangdienste ein, der diejenige der Hand- und Spannfronen folgte. Da sich diese Gesetze jedoch auf allseitige Freiwilligkeit stützten, machte ihre Durchführung nur geringe Fortschritte, und erst die beträchtlichen Unruhen des Revolutionsjahres beschleunigten den Vollzug einer Reihe wichtiger Ablösungsgesetze und die Auflösung der Patrimonialgerichtsbarkeit bis 1851. Die endgültige «Ablösung grundherrlicher und sonstiger Rechte zur Herstellung möglichster Befreiung des Grundbesitzes» erfolgte jedoch erst 1869.

Im ganzen ist zu sagen, daß in den Räumen Mitteldeutschlands, wo weder eine persönliche Unfreiheit bestand noch im allgemeinen ein nichterblicher Besitz, dessen Umwandlung in den ostdeutschen Bestrebungen eine so große Rolle spielte, die Reformbewegung kein solches Gewicht erlangte wie dort. Auch eine «Regulierung» des Grundbesitzes und ein Bauernschutz kamen nicht in Frage, da die Grundherren wenig Interesse an einer Vergrößerung ihrer Ländereien hatten. Die Reformen bedeuteten hier also vor allem die Umwandlung von Diensten und Abgaben in Geldrenten und damit deren endgültige Ablösung. Diese Situation erklärt vielleicht auch, warum die Gesetzgebung zum Teil sehr spät erst zu wirken begann. Daß jedoch die Umwandlung auch hier für die Bauern von Bedeutung in wirtschaftlicher und sozialpsychologischer Hinsicht war, daß besonders die Maßnahmen zur Flurbereinigung bei den kleinen Bauern auf Mißtrauen und Ablehnung stießen, beweisen u. a. die Unruhen der 48er Jahre, die die Landesherren zu einem ernsthaften Eingehen auf die Forderungen der Untertanen veranlaßten. Mit besonderen Schwierigkeiten hatten die Bauern dann zu rechnen, wenn für ihr Dorf eine Konkurrenz verschiedener Obrigkeiten bestand und sie verschiedenen Herrschaften abgabepflichtig waren. Das wirkte zuweilen in der Form von Brauchtraditionen noch lange im Volke nach.[47]

Von *Hessen* war schon im Zusammenhang mit Westfalen die Rede, denn Kurhessen hatte bis 1813 zu diesem Königreich gehört und die dortige frühe Gesetzgebung von 1808 des «Code Napoléon» mitgemacht. Die anderen Landesteile, das Fürstentum Waldeck, das Herzogtum Nassau und das Großherzogtum Hessen (Darmstadt), machten gesonderte Entwicklungen durch. In Kurhessen waren infolge des freiheitlichen französischen Einflusses den Herrschaften nur die Rechte an Geld- und Naturalabgaben und bestimmten Servituten übriggeblieben. In den Aufständen von 1809 gelang es den Bauern, auch die Hand- und Spanndienste und die herrschaftlichen Jagdrechte zu Fall zu bringen, so daß der Kurfürst nach 1814 tatsächlich behaupten konnte, es gäbe keine Leibeigenschaft mehr in seinem Lande. Doch führten die Geldablösungen, verschärft durch die Hungerjahre 1816/17 und 1828, zu einem wachsenden Pauperismus, der Hessen mit seiner vorherrschenden Realteilung zu einem Land des wirtschaftlichen Rückschritts machte.

Im Großherzogtum Hessen verliefen die Ablösungen der Fronen noch zögernder, und auch im Herzogtum Nassau öffnete sich die Kluft zwischen den Verfechtern der grundherrlichen Privilegien und der ländlichen Bevölkerung. Nur das Fürstentum Waldeck gab sich schon 1816 eine landständische Verfassung mit Beteiligung der Bauernschaft.

1830 erhoben sich – nach der französischen Julirevolution – die oberhessischen Bauern, doch ohne Erfolg. Bekannt geworden ist der leidenschaftliche Aufruf des

Ein hessisches Fachwerkdorf. (Heinrich Hasselhorst, 1825–1904)

jungen Georg Büchner (1813–1837) in seinem «Hessischen Landboten», der mit den Worten überschrieben war:

«Friede den Hütten –
Krieg den Palästen!»

Er geißelte den Prestigekonsum des Adels, der aus den Knochen «des Volkes» zehrt. Weiterhin heißt es:

«Das Volk liegt vor (den Reichen) wie Dünger auf dem Acker. Der Bauer geht hinter dem Pflug, der Vornehme aber geht hinter ihm und dem Pflug und treibt ihn mit den Ochsen am Pflug. Er nimmt das Korn und läßt ihm die Stoppeln. Das Leben des Bauern ist ein langer Werktag. Fremde verzehren seine Äcker vor seinen Augen. Sein Leib ist eine Schwiele, sein Schweiß ist das Salz auf den Tischen des Vornehmen.»[48]

Aber seine Worte fanden bei den Bauern kaum Widerhall, deren Verhalten Riehl zwar – parallel zum aristokratischen Denken – als «Mächte der Beharrung» pries; doch war deren Reaktionsarmut eigentlich mehr auf politisches Desinteresse und die Ungeschultheit des bäuerlichen Geistes zurückzuführen.[49] Erst die Unruhen der 48er Jahre brachten endgültig den Durchbruch der Ablösungsgesetze.

Der Hessische Landbote.

Erste Botschaft.

Darmstadt, im Juli 1834.

Vorbericht.

Dieses Blatt soll dem hessischen Lande die Wahrheit melden, aber wer die Wahrheit sagt, wird gehenkt, ja sogar der, welcher die Wahrheit liest, wird durch meineidige Richter vielleicht ge aft. Darum haben die, welchen dies Blatt zukommt, folgendes zu beobachten:

1) Sie müssen das Blatt sorg ltig außerhalb ihres Hauses vorder Polizei verwahren;
2) sie dürfen es nur an treue Freunde mittheilen;
3) denen, welchen sie nicht trauen, wie sich selbst, dürfen sie es nur heimlich hinlegen;
4) würde das Blatt dennoch bei Einem gefunden, der es gelesen hat, so muß er gestehen, daß er es eben dem Kreisrath habe bringen wollen;
5) wer das Blatt nicht gelesen hat, wenn man es bei ihm findet, der ist natürlich ohne Schuld.

Friede den Hütten! Krieg den Pallästen!

Im Jahr 1834 siehet es aus, als würde die Bibel Lügen gestraft. Es sieht aus, als hätte Gott die Bauern und Handwerker am 5ten Tage, und die Fürsten und Vornehmen am 6ten gemacht, und als hätte der Herr zu diesen gesagt: Herrschet über alles Gethier, das auf Erden kriecht, und hätte die Bauern und Bürger zum Gewürm gezählt. Das Leben der Vornehmen ist ein langer Sonntag, sie wohnen in schönen Häusern, sie tragen zierliche Kleider, sie haben feiste Gesichter und reden eine eigne Sprache; das Volk aber liegt vor ihnen wie Dünger auf dem Acker. Der Bauer geht hinter dem Pflug, der Vornehme aber geht hinter ihm und dem Pflug und treibt ihm mit den Ochsen am Pflug, er nimmt das Korn und läßt ihm die Stoppeln. Das Leben des Bauern ist ein langer Werktag; Fremde verzehren seine Aecker vor seinen Augen, sein Leib ist eine Schwiele, sein Schweiß ist das Salz auf dem Tische des Vornehmen.

Im Großherzogthum Hessen sind 718,373 Einwohner, die geben an den Staat jährlich an 6,363,364 Gulden, als

1) Direkte Steuern	2,128,131	fl.
2) Indirecte Steuern	2,478,264	„
3) Domänen	1,547,394	„
4) Regalien	46,938	„
5) Geldstrafen	98,511	„
6) Verschiedene Quellen	64,198	„
	6,363,363	fl.

Im *Königreich Hannover* reichen erste Anfänge einer Umwandlung der Naturaldienste in Geldabgaben schon bis 1753 zurück; bereits damals wurden sie gesetzlich angeordnet und sollten bis 1790 auf den königlichen und den privaten Gütern durchgeführt werden.[50] Eine persönliche Abhängigkeit im Sinne echter Leibeigenschaft hat Niedersachsen in der Neuzeit nicht gekannt. Doch mußte der Bauer diese größere persönliche Freiheit mit schlechterem Besitzrecht bezahlen. Als lediglich Nutzungsberechtigter an seinem Bauerngut war es ihm auferlegt, Abgaben, Leistungen und Reallasten wie den Zehnten sowie bestimmte Frondienste dem Grundherrn zu entrichten. Dieser wurde entweder repräsentiert durch den Landesherrn (als Eigentümer der Domänen), den Edelmann (als Rittergutsbesitzer) oder durch geistliche bzw. weltliche Korporationen (wie Klöster und Städte). Ihr Landbesitz war grundsätzlich frei von allen Abgaben und Steuerlasten, Einquartierungspflichten u. ä.; für ihre Waren bestand Zollfreiheit; ihr Gerichtsstand war privilegiert, im Landtag besaßen sie Sitz und Stimme. Ihre Güter entsprachen mit besonderen Freiheiten ausgestatteten Herrensitzen, verbunden mit einem Landwirtschaftsbetrieb zur Befriedigung der eigenen Bedürfnisse. Doch beschränkten sich die Rittergutswirtschaften innerhalb der niedersächsischen ländlichen Verfassung nur auf ein kleines Gebiet; im Vordergrund stand das grundherrlich abhängige Bauerngut. Wie eine solche Lehensabgabe stilisiert werden konnte, beschreibt Friedrich Karl von Strombeck (1772–1832) in den Erinnerungen an seinen Vater. Nähe und Abstand hielten sich hier in aristokratischer Zeichensetzung die Waage:

«Mein Vater erhob die Revenuen von seinen Lehnsbesitzungen und namentlich von seinen stets an die Gemeinen selbst, und zwar zu sehr billigen Preisen, verpachteten Zehnten in eigener Person, mit Beihilfe meiner Mutter. Dieses gab zu folgenden eigentümlichen Szenen Veranlassung. Die Deputierten der Gemeinden, gewöhnlich die wohlhabendsten Ackerleute, deren Vorfahren mit unsern Vorfahren seit Jahrhunderten in Verbindung gestanden, woraus denn ein gewisses Verhältnis wechselseitiger Liebe und Achtung entsprungen war, wurden von meinem Vater, nach Ablieferung der bedeutendsten Summen, zur Tafel gezogen, welches sie für eine ausgezeichnete Ehre hielten. Da wurde denn ein eigener, von dem unsrigen getrennter Tisch, zwischen dem Ofen und der Tür, für sie bereitet, an welchem sie, durch unsere Domestiken bedient, mit vielem Respekt und Anstand speisten und nie versäumten, ‹auf des gnädigen Herrn und seiner Frau Liebsten, wie auch auf der lieben Kinder, Gesundheit› zu trinken, welches der Vater auf das feierlichste erwiderte, indem er den Aufstehenden und sich ihm Nähernden zwei Finger seiner rechten Hand gravitätisch, doch mit Wohlwollen, darreichte; wobei wir Kinder unsere Betrachtungen anstellten, warum der Vater nicht die ganze Hand darböte, wie die Mutter und wir Kinder taten, wenn die Reihe an uns kam. Ja, wir waren gutmütig genug, daß uns diese Zurücksetzung (nach unserer Empfindung) schmerzte, wofür es aber die guten Landleute nicht hielten, die mit den zwei Fingern völlig zufrieden waren. Auch begegnete mein Vater den Landleuten, die mit ihm in Verbindung standen, zwar auf eine sehr vornehme Weise, wie er denn auch die reichsten Bauern nie anders als ‹Ihr› anredete, jedoch mit einer solchen Würde und Auszeichnung, nach Maßgabe ihrer eigenen Verhältnisse, daß sie sich geachtet fühlten, und gar nicht daran dachten, etwas noch Höheres (welches sie selbst unpassend gefunden haben würden) zu verlangen. Bisweilen glaubte auch einer der so ausgezeichneten Männer, dem Gutsherrn ein Geschenk, wie es das Land darbietet, verehren zu müssen. Dies nahm mein Vater mit Wohlwollen auf, jedoch sofort mit der Mutter über den Wert des Geschenkes zu Rate gehend, weil er dafür hielt, daß seine Würde erheische, dem Landmanne wenigstens das Doppelte an Gelde wieder schenken zu müssen, welches denn auch die Geschenkgeber, nicht ohne Zögern, zuletzt dankbar annahmen.»[51]

Die Besitzrechte des Bauern waren im sogenannten *Meierrecht* zusammengefaßt, worin ihm ein erblich dingliches Nutzungsrecht und die Erbfolge durch Anerbenrecht gesichert war. Als Entschädigung hatte er seinen *Meierzins* und einige zusätzliche Abgaben und Dienste zu leisten; eine *Abmeierung* durfte nur auf gerichtlichem Wege erfolgen. Als Ergebnis des Meierrechts bildete sich im Laufe des 18. Jahrhunderts in strenger Bauernhierarchie eine Stufung der Höfeklassen heraus, die sich in mehrhufige Meierhöfe und Höfereien verschiedener Grade staffelten. Da ihnen innerhalb der grundherrlichen Verfassung eine gewisse soziale und wirtschaftliche Selbständigkeit gegeben war, stand es ihnen frei, ein eigenständiges Gemeindeleben innerhalb ihrer Landgemeinde zu organisieren.[52] Das Meierwesen wirkte sich dort außerordentlich drückend aus, wo ein Bauernhof mehreren Grundherren verpflichtet war – wie regelmäßig im Osnabrückischen und Bentheimischen. Dort herrschte bis 1830 der Zwangsgesindedienst der Bauernkinder ohne Lohnpflicht seitens des Herrn; für den Ehekonsens mußte der Bauer bis zu 50 Taler zahlen, und beim Todesfall besaß der Grundherr das Miterberecht. Aber auch in den Provinzen, wo die persönliche Freiheit unbeschnitten blieb, existierten genug drückende Fronen, die dem Bauern das Leben erschwerten. Zumeist war es aber vor allem der Zehnte, der besonders die ärmeren Besitzer empfindlich traf. Vom Ackerbau alleine konnten sie kaum leben und waren auf Nebenverdienste wie Spinnen, Übernahme von Fuhren usw. angewiesen.

Die Mißernte des Jahres 1830 gab den letzten Anstoß zur Rebellion mit dem Erfolg, daß die neue Regierung 1831 die Zusicherung zu raschen durchgreifenden Reformen erteilte und Wilhelm IV. von Hannover dann im November des Jahres die entschädigungslose Ablösung der grund- und gutsherrlichen Rechte anordnete.[53] Sein Nachfolger Ernst August, der durch sein undemokratisches Verhalten und die Verweigerung einer modernen Verfassung («Göttinger Sieben») in die Geschichte einging, tat nichts, um den Vorgang der Ablösung im Sinne der Bauern zu fördern. Im Gegenteil: die Entschädigung der abzulösenden Reallasten hatte man so üppig angesetzt, daß sie den Bauern von vornherein eine große finanzielle Schuld aufbürdete.[54]

Da die «wohlhabenden und wohlwollenden Regenten» des Landes Oldenburg sich «nicht an den Adel verkauften», hat hier nie eine persönliche Unterdrückung des Bauerntums im sonst üblichen Sinne bestanden. Die letzten Reste von Abhängigkeiten wurden 1811 während der französischen Okkupation vollends beseitigt und die Gesetze nach der Restauration des Regenten Paul Friedrich Ludwig bereitwillig bestätigt. Diese Entwicklung war u. a. im Vorhandensein des freien friesischen Bauerntums an der Nordseeküste mitbegründet.

Mit *Schleswig-Holstein* kehrt die Beschreibung der agrarsozialen Verhältnisse wieder in das Gebiet großer Güter und starker sozialer Spannungen zurück. Doch verlief der Prozeß der Regulierungen hier in gänzlich anderen Bahnen als in den ostelbischen Provinzen.

Bewegt wird von den Berichterstattern «das große physische und moralische Elend» der leibeigenen Bauern Schleswig-Holsteins bis in das 18. Jahrhundert geschildert.[55] Doch schon um die Jahrhundertwende begannen Bestrebungen zu dessen Überwindung, deren schnelle Durchführung u. a. auch mit der dänischen Nachbarschaft zusammenhing: Nach dänischem Gesetz von 1788 sollten dort bis zum 1. Januar 1800 alle Formen der Leibeigenschaft abgelöst sein; als Herzog von Schleswig-Holstein setzte der dänische König für diese Provinz den Endtermin der Ablösungen auf 1805 fest. «Den Befreiten ward volles Recht zuerkannt, über ihre Person und Vermögen sogleich frei und ungehindert zu verfügen, und daneben die sehr weise Anordnung getroffen, daß allen Bauern, welche die bislang bebauten Ländereien nicht ferner beibehielten oder in rechtsgültiger Weise sie freiwillig aufgaben, auf oder von dem Gute ein angemessener Unterhalt angewiesen werden müsse, und daß die Zahl der bisherigen bäuerlichen Familienstellen nebst dazu gehörenden Ländereien ohne spezielle landesherrliche Erlaubnis nicht vermindert werden dürfe, bei 500 Taler Strafe für jeden Übertretungsfall.»[56] Durch diese Verfügung, die den unmittelbar nach der Regulierung einsetzenden «Bauernschutz» bedeutete, wurde der folgenschwere Mißbrauch des «Bauernlegens» vermieden, der in Ostelbien so viel Unheil gebracht hatte. Man

Bauernfamilie im Kirchspiel Ostenfelde/Schleswig-Holstein. (Johannes Senn, 1780–1861)

hemmte den Edelmann, indem man ihm die Sorgepflicht für landlos werdende Bauern auferlegte und ihm die Einziehung freiwerdenden Landes verbot. Nach 1805, als die Leibeigenschaft und die ungemessenen Hofdienste aufgehoben waren, erhielten die Bauern die Höfe in Erb- und Zeitpacht.

Nach der Reform (die Domänen waren bereits Ende des 18. Jahrhunderts niedergelegt worden) fand infolge des nun auftretenden Arbeitermangels vielfach eine Parzellierung der Gutshöfe statt. So kam es auf diesem Wege im Gegensatz zu den preußischen Verhältnissen zu einer Verkleinerung des Grundbesitzes. Im allgemeinen blieben die Verhältnisse der ersten Jahrzehnte zunächst erhalten, doch die Verbesserung der landwirtschaftlichen Methoden hatte eine stetige Anhebung der Hofwirtschaften und die allmähliche Verdoppelung der Ernteerträge zur Folge. Zum Eigentümer seines Pachtgutes wurde der Bauer aber erst durch das preußische Gesetz von 1873. Im Verlauf dieses Prozesses hatte die Wandlung des Herrn vom Grundherrn zu einem allerdings größeren Gutsbesitzer *neben* kleineren auch seine soziale Stellung völlig verändert. Damit erübrigte sich nach und nach das Amt des *Bauernvogtes,* das, immer von einem *Hufner* reihum verwaltet, eine Art Mittlerfunktion zwischen Gutsobrigkeit und Dorfgemeinde dargestellt hatte mit den Aufgaben der niederen Polizei.

Auf dieser Grundlage konnte sich in Schleswig-Holstein verhältnismäßig schnell eine wachsende, wohlhabende, selbstbewußte Bauernschaft im Geiste der individuellen Wirtschafts- und Denkweise des Jahrhunderts herausbilden. Einige Hemmnisse, die, landschaftlich verschieden, der Entwicklung noch entgegenstanden, wie z. B. der Predigerzehnte in der Probstei und ähnliche Naturalabgaben, wurden ebenfalls nach und nach überwunden. Im übrigen aber fanden die Bauern früh den Anschluß an die Geld- und Marktwirtschaft und entwickelten sich innerhalb ihrer Möglichkeiten zu bäuerlichen Unternehmern, die an den Handelsstraßen als Fuhrunternehmer zu Warenvermittlern wurden, lukrative ländliche Gasthäuser errichteten oder die Milchwirtschaft in großem Umfange in den berühmten, als *Holländereien* bezeichneten Meiereien betrieben. Durch die Parzellierung der Güter konnten sich nicht nur die alten Bauernwirtschaften arrondieren, sondern sie gab auch einer neuen Schicht von Kleinbesitzern mit guten Chancen die Möglichkeit, bodenständig zu werden.

Das war der wirtschafts- und sozialgeschichtliche Hintergrund, vor dem sich die Entwicklung des Dorfes und seiner Bewohner im 19. Jahrhundert vollzog, und es leuchtet ein, daß diese Entwicklung ebenso unterschiedlich war wie das Bild der Dörfer. Dennoch scheint es aufgrund der vielen ökonomischen, sozialen und damit auch mentalen Gemeinsamkeiten erlaubt, ein allgemeines Bild des Dorfes wiederzugeben, wie es für das 19. Jahrhundert in Deutschland typisch gewesen ist.

II.
Das Bild des Dorfes

Der Schleswig-Holsteiner Bauernsohn und spätere Pädagogikprofessor Friedrich Paulsen (1846–1908) hat in seinen Jugenderinnerungen gewissermaßen das Idealbild eines Bauerndorfes entworfen, ein – vielleicht harmonisiertes – Modell:

«Das Dorf bildete eine übersehbare Lebensgemeinschaft. Das tragende Grundgerüst machten die selbständigen Bauernhöfe aus. Daran lehnten sich die Handwerke: alle notwendigen Arbeiten waren vertreten, jeder Handwerker hatte regelmäßig eine Anzahl Bauern als seine Kundschaft, der Müller, der Schmied, der Rademacher usw.; ihre Aufträge waren die Unterlage seiner Lebenshaltung. Dazu kam als eine dritte Gruppe der Pastor, der Schullehrer, der Arzt, der Beamte: sie standen einigermaßen außer oder über der Gesellschaft, sie mit Leistungen versehend, die nicht auf einheimischen, bodenständigen Künsten beruhen. Ebenso trat die soziale Schichtung, die Klassenbildung in primitiver Form zutage. Es gab Großbauern, sie waren mehr in den neuen Kögen heimisch, die nicht selbst mit Hand anlegten bei der Arbeit, dann eine

Ausschnitt aus einem Schulwandbild «Deutsches Dorf». (Joseph Knilling, geb. 1851)

sehr breite Schicht von mittleren Bauern, die regelmäßig mehr oder minder sich selber an der landwirtschaftlichen Arbeit beteiligten. Dann folgte eine Schicht kleiner Besitzer, die auf dem eigenen Landbesitz nicht mehr ausreichende Arbeit für die Familienmitglieder hatten und daher durch übernommene Dienste ihr Einkommen steigerten, sei es durch Fuhrdienste oder durch Krämerei, Tagelohn und Handwerk. Endlich kamen die eigentlichen Tagelöhner, die nur ein Haus mit Garten und vielleicht noch Land für eine Kuh oder ein paar Schafe hatten, sonst es mieteten, sie standen meist in regelmäßigem Arbeitsverhältnis zu einem Bauernhof, ihre Kinder gingen erst als Hütejungen, dann als Dienstboten in Stellung. Endlich am Rand eine sehr kleine Schicht von Armen, meist durch Krankheit und Unglück heruntergekommene oder auch durch eigene Schuld, durch Trunk und Trägheit verkommene Familien: sie lebten von gelegentlicher Arbeit und vom Betteln. Einige Insassen des Armenhauses, erwerbsunfähige Alte, unversorgte, meist uneheliche Kinder, Krüppel, Idioten, machten den Beschluß.

So lag die Gliederung der Gesellschaft nach dem Besitz sichtbar vor Augen, man wußte von jedem Bauern, wieviel Demat Land er besaß, und von jeder Familie, in welchen Verhältnissen sie sich befand, sah auch, wie die Verhältnisse von dem Verhalten abhängig waren, warum diese Familie im Aufsteigen war, jene nicht auf einen grünen Zweig kommen konnte... In der Schule hatten die Kinder der reichen Bauern neben denen der Tagelöhner ihren Platz, und selbst die Insassen des Armenhauses saßen durch die Klasse verteilt, je nachdem ihre Fähigkeiten und ihr Fleiß ihnen einen Platz verschafften. Im ganzen hatten natürlich die Wohlhabenden den Vorzug, schon wegen des regelmäßigen Schulbesuchs; aber zuletzt gab doch die persönliche Leistungsfähigkeit den Ausschlag. Und nicht anders war es beim Spiel: jeder gilt, soviel er kann; eine Ausschaltung kam auch hier nicht vor, wenn einer sich nicht selbst unmöglich machte. Und dieses einheitliche Leben in der Jugend setzte sich fort auch bei den Erwachsenen. Zwar traten die Unterschiede des Besitzes stärker hervor; doch blieb auch hier die Gemeinsamkeit des Tanzplatzes und der Kegelbahn, der Liedertafel und des Ringreitens bestehen: auch der Knecht und das Dienstmädchen waren von solchen Freuden nicht ausgeschlossen.

Dieser demokratische Charakter der Gesellschaft prägte sich auch überall in der Sitte und Sprache aus. Wie man bei der Arbeit und bei Tisch auf dem Fuß der Gleichheit verkehrte – es war selbstverständlich, daß die Dienstboten bei uns am Tisch aßen –, so machte die Sprache in einer bemerkenswerten Weise alle zu Gleichen: alle Gleichaltrigen nannten sich Du, dagegen wurde die ältere Generation ohne Rücksicht auf die gesellschaftliche Stellung mit der Anrede durch den Namen, wie die Eltern durch die Anrede mit Vater oder Mutter, geehrt, während sie die jüngeren mit Du ansprach. Nur der Altersunterschied, ein allgemein menschlicher, nicht der gesellschaftliche Unterschied gab eine Vorzugsstellung. Ausgenommen waren nur die Pastoren, Lehrer, Beamte, die natürlich mit ihren Amtsnamen angeredet wurden, meist auch Fremde waren und nicht Friesisch redeten. Es wäre mir einfach gegen den eingeborenen Sprachsinn gegangen, anders zu verfahren. So wenig ich gegen Vater und Mutter jemals das Du über die Zunge gebracht hätte: man konnte durchaus nur sagen: ich bitte Vater, dies oder das zu tun; so wenig konnte ich einen doppelt so alten Mann anders als mit Namen anreden: Wie geht es, Carsten?»[1]

Wenn es sich hier auch um ein spezielles friesisches Dorf aus der 1. Hälfte des 19. Jahrhunderts handelt, so sind doch so zahlreiche typische Merkmale eines Dorfes

Wirtshausszene mit Dudelsackbläser und tanzendem Paar. Im Vordergrund spielt ein Kind mit einer Hirtenklapper. (Richard Brakenburgh, 1650–1702), ähnlich bis ins 19. Jahrhundert.

der vorindustriellen Gesellschaft angesprochen, daß die Beschreibung exemplarisch wirkt und – abgesehen von regionalen Besonderheiten – «das Dorf» schlechthin darzustellen scheint. Es ist durchaus möglich, dem Philosophie- und Pädagogik-Professor Paulsen bei der strukturellen Aufgliederung seines Heimatdorfes zu folgen und Bilder aus anderen Dörfern anderer Regionen hinzuzufügen, um so das ländliche Leben zu erfassen. Dabei sind die Grundgesetze, aus denen die agrarische Welt ihre Ordnungen bezieht, bereits in Paulsens Text deutlich geworden: die Besitzhierarchie und die Schichtung nach Alter und Geschlecht. Die Struktur des Dorfes ließe sich also in Oppositionen erfassen; damit sind sich einander ausschließende Gegenüberstellungen gemeint wie:

obere Schicht	*untere Schicht*
Herrschende (unabhängig)	Gehorchende (abhängig)
(Land-)Besitzende	Nicht-(Land-)Besitzende
Arbeitgeber = nicht immer Arbeitskompetente	Arbeitnehmer = Arbeitskompetente
Lohnauszahlende	Lohnempfangende

Wichtig für die unterbäuerlichen Schichten sind dann solche Kategorien wie:

Ständig im Dorf	*Nicht ständig im Dorf*
Tagelöhner	Landarbeiter, Wanderarbeiter
Handwerker	Hausierer
	Musikanten
Armenhäusler	Bettler

In anderen Oppositionspaaren wechseln die Seiten:

Kulturausübende	*Kulturkonsumenten*
Pfarrer	Gemeinde
Lehrer	Kinder
Handwerker	Bauern
Musikanten	reiche Bauern
Burschenschaft	Dorfgesellschaft
Landarbeiter (beim Erntefest z.B.)	Gutsbesitzer

Wie ein Bogen umgibt diese möglichen Gruppierungen die Grundgliederung des Dorfes nach den Denkprinzipien der agrarischen Gesellschaft; das heißt nach dem Gesetz der Endogamie scheiden sich:

Dorfbewohner	Bewohner anderer Dörfer

Nach dem Gesetz der Besitzhierarchie scheiden sich:

Reich	Nicht-reich
Bauer	Nicht-Bauer
Angesehene Familie	Familie ohne «Namen»

Verbindend über allen diesen scharfen Gegensätzen, die sich in zahlreichen Zeichen ausdrückten, wölbte sich das Bewußtsein vom Namen des eigenen Dorfes, von der gleichen Konfession, der gleichen Mundart, der gleichen Tracht, den gleichen Festen, den gleichen Arbeitstechniken: kurz alles, was Dorfbewohner mit den Worten «Bei uns...» beschreiben. Dazu gehörten auch die Hausnamen, die wichtiger waren als die im Kirchenbuch eingetragenen Personennamen.

«Eines blieb und scheint unvergänglich zu sein: der Namen, mit dem das Haus nach dem ersten Inwohner oder seinem Berufe benannt wurde. Den übernimmt jeder, der später aufzieht, und er verliert gewissermaßen die eigene Persönlichkeit. Und es klang ganz adelig, wenn nach Viehausstellungen die Preise im Gebirgsboten standen: für Bartlmä Heiß, Lidl in Point, oder für Peter Mayr, Untergschwendtner in Gschwendt.

Daß ich Lorinser hieß, erfuhr ich erst, als ich in die Schule kam; bis zu dem Tag war ich der Hagn Kaspar, bin's auch fürs Dorf geblieben, und es wird sich darin nichts ändern. Mein Großvater wurde Hagn durch Einheirat; ehedem waren wir die Raubakker am Berg, wie das alte Totenbuch ausweist.»[2]

Das Leben innerhalb dieser Struktur, also die Beziehungen zwischen den verschiedenen Teilnehmern an ihrem dörflichen Leben, verlief nach Regeln und Verhaltensnor-

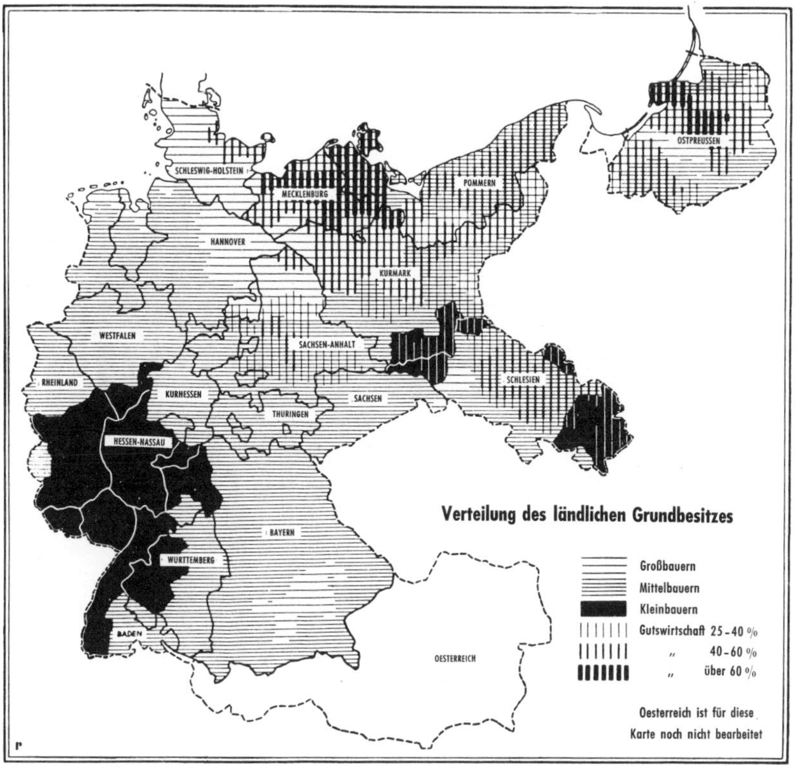

men, die traditionell übernommen und den jeweiligen aktuellen Bedingungen angepaßt und weitergegeben wurden. Es ist also zu unterscheiden zwischen der alltäglich gelebten und der gedachten Ordnung,[3] dem ideologischen Modell in der Vorstellung der Dorfgesellschaft, das zuweilen durch die vielfachen zeichenhaften Formulierungen der dörflichen Lebenswelt hindurchschimmert.

Nach Paulsens Schema begann die Ordnung mit der Besitzhierarchie. Wie sich der Landbesitz in Deutschland bis etwa 1870 verteilte, ist auf der abgebildeten Karte zu sehen,[4] wobei hier objektive Größen zugrundegelegt sind. In den Dörfern selbst aber galten die subjektiven Verhältnisse, die die örtlichen Beziehungen zueinander bestimmten. Was vielleicht in Holstein oder Westfalen als Mittelbesitz eingestuft wurde, mag im Hessischen schon ein behäbiger Bauernhof gewesen sein. So sind also auch die nun folgenden Belege relativ zu betrachten, gesehen durch die regional gefärbte Brille der Berichterstatter, und hin und wieder kommt dann noch der soziale Linsenschliff dazu.

Die Großbauern

«Der Hof lag ganz allein an der Grenze der fruchtbaren Börde, da, wo sie in das Hügel- und Waldland übergeht. Die letzten Felder des Hofschulzen stiegen schon sacht die Anhöhen hinauf, und eine Weile von dort war Gebirg. Der nächste Nachbar der Bauerschaft wohnte eine Viertelstunde vom Hofe. Um diesen breitete sich alles

Besitztum, welches eine große ländliche Wirtschaft nötig hat, aus; Feld, Wald, Wiese, unzerstückelt, in geschlossenem Zusammenhange...

Ein tiefer Weg zwischen aufgeworfenen Erdwällen führte quer durch die Felder, mündete rechts und links an verschiedenen Orten in Seitenpfade aus und führte, wo das Getreide aufhörte, in ein kräftig bestandenes Eichenwäldchen, unter welchem sich erdgelagerte Säue gütlich taten, dessen Schatten aber auch für den Menschen erquicklich waren. Dieser Kamp, welcher dem Schulzen sein Holz lieferte, drang bis wenige Schritte zum Gehöfte vor, umfaßte es von beiden Seiten und gab so zugleich gegen die Ost- und Nordwinde Schutz.

Nur mit Stroh war das Wohnhaus, welches sich in seinen weiß und gelb angestrichenen Wänden von Fachwerk zweistöckig erhob, gedeckt, aber da diese Bedeckung immer sehr wohl in Stand erhalten ward, so hatte sie nichts Dürftiges, verstärkte im Gegenteil den behaglichen Eindruck, den das Gehöft machte...

Große Linden standen vor der Hoftüre, und dort, nicht nach der Wandseite zu, waren auch die Ruhesitze angebracht. Denn der Hofschulze wollte, selbst wenn er rastete, seine Wirtschaft im Auge behalten. Gerade dem Wohnhause gegenüber sah man durch ein Gittertor in den Baumgarten. Dort breiteten starke und gesunde Obststämme ihre belaubten Zweige über frischem Graswuchs, Gemüse- und Salatstükken aus; hier und da ernährte ein schmales Beet dazwischen rote Rosen und gelbe Feuerlilien. Doch waren solcher Beete nur wenige. In einer echten Bauernwirtschaft bleibt der Boden dem Bedürfnisse gewidmet, selbst wenn dem Eigentümer seine Umstände Luxus mit der Natur verstatten.

Soweit das Auge über den Baumgarten hinausblickte, sah es auch nur Grün. Denn jenseits des Gartens lagen die großen Wiesen des Oberhofes, auf welchen der Schulze Raum und Futter für seine Pferde besaß. Ihre Zucht, mit Fleiß betrieben, gehörte zu den einträglichen Nahrungsquellen des Erbes. Auch diese grünen Grasflächen waren von Hecken und Gräben umschlossen; eine derselben faßte den Weiher ein, in welchem ausgefütterte Karpfen zugweise umherschwammen.

Auf diesem reichen Hofe zwischen vollen Scheuern, vollen Böden und Ställen hantierte der alte, weit und breit angesehene Hofschulze.»[5]

Die Art, wie Immermann hier seinen westfälischen Oberhof-Bauern vorstellt, vermittelt den großartigen Eindruck eines patriarchalischen Herrn über Feld und Vieh, dem niemand dreinreden darf, der seine Bauernarbeit beherrscht, zugleich aber auch alle ihm unterstellten Arbeitskräfte einschließlich der eigenen Familie. Er ist vornehmlich Bauernwirt; das Wohl des eigenen Hofes steht über allen individuellen Interessen, was sich besonders bei den Eheschließungen der Kinder auswirkt. Wilhelm Heinrich Riehl (1823–1897) hat dieses gewissermaßen absolutistische Verhalten in seiner Schrift über den «Bauern von guter Art» vorgeführt, wenn auch in der bei ihm üblichen idealisierenden und auch ideologisierenden Weise und ohne jede Problematisierung:

«In Gegenden, wo noch alte Bauernsitte herrscht, sind die aus persönlicher oder Standespolitik geschlossenen Ehen unter den Bauern gewiß im Verhältnis ebenso häufig als die politischen Ehen bei Fürsten und Herren. Erst kommt der Güterverband und dann der Herzensverband. Wenn eine *Erbtochter* in Westfalen sich verheiratet, dann stellt schon der Sprachgebrauch den Gesichtspunkt der Gutsvererbung obenan. Denn der Mann führt wohl gar fortan den Namen der Frau, die ihm das Erbe zugebracht (wie das bei den Erbtöchtern der alten Dynastengeschlechter auch nicht selten gewesen ist) und fügt seinen ursprünglichen Namen, wie sonst die Frauen pflegen, nur noch bescheiden hintenan mit dem Zusatz *geborener.* Also etwa Jost Müller, geborener Schmidt.»[6]

Richtig beobachtet ist die Nähe zur Aristokratie, die Parallelität zu den Heiratsstrategien des Hochadels, von denen noch im Kapitel über die Hochzeit zu sprechen sein wird. Unbeachtet dagegen bleiben die Konfliktfelder auf der zwischenmenschlichen Ebene, von der Zeitgenossen Riehls, wie Gottfried Keller[7] (1819–1890) oder Emile Zola[8] (1840–1902), so bewegend erzählt haben. Aber auch in trivialen Dorfgeschichten wie «Der Lehnhold» von Berthold Auerbach (1812–1882) kam die Kehrseite des großbäuerlichen Patriarchalismus zutage, wenn der Vater den Sohn zornig anschreit:

«Was weißt Du, wer Du bist? Mein Knecht bist Du, wenn ich will! ... Ich bin Herr und Meister, und mit Dir mach ich, was ich will, und mit meinem Hof mach ich, was ich will!»[9]

Die mittleren Bauern

Die Schicht der mittleren Bauern war, wie Paulsen das auch für sein Heimatdorf feststellt, im allgemeinen die größte im Dorf. Durch Fleiß und Strebsamkeit suchten sie, den Bestand zu erhalten und womöglich zu vermehren. Auch hier galt die Autorität des Vaters und Hofbesitzers, dem Familie und Gesinde bedingungslos zu folgen hatten. So schildert beispielhaft Oskar Maria Graf (1894–1967) die Wirtschaftsführung seines Großvaters auf einem bayerischen Bauernhof: «Bei seiner fast unglaublichen Gesundheit war er unempfindlich für eigenen und fremden Schmerz und kannte nichts als Arbeit, aber nie eine Müdigkeit. Er, die Bäuerin, die Dienstboten und die Kinder –

Erntearbeit. (Daniel Chodowiecki, 1726–1801)

wenn sie einmal acht oder neun Jahre alt waren – standen täglich um zwei Uhr in der Frühe auf. Gebetet wurde, dann die Mehlsuppe gegessen, und die einen gingen in den Stall oder aufs Feld zum Mähen. Außer den üblichen sehr einfachen Mahlzeiten gab es kein Rasten mehr bis tief in die Nacht hinein. Das war im Sommer und im Winter so. Wenn rundum noch alles stumm und nachtschwarz war, in der beißend kalten Frühe, ging der Bauer mit einer Stall-Laterne auf die Tenne und hängte das trübe Licht an einen hohen Balken. Dann riß er das frostverkrustete mächtige, zweiflügelige Tor auf. In dichten Schwaden strömte die kalte Luft in die dämpfige Tenne, vermischte sich mit dem Staub und wurde zu einem alles verhüllenden, dicken, nebligen Dunst, der beim Einatmen beständig zum Husten reizte. Laut und munter schrie der Bauer den Mägden und Kindern, und die mußten nun Tag für Tag mit Handflegeln das Getreide ausdreschen. Die Knechte fuhren Dünger und Jauche auf die Äcker und Wiesen, oder sie gingen mit dem Bauern zum Ausholzen in die dichtverschneiten Wälder.»[10]

In dieser Darstellung wird die Ausschließlichkeit der bäuerlichen Arbeit deutlich, die alle Angehörigen des Hauses, Familie und Gesinde, beherrscht hat. Auch der mittlere Bauernwirt handelte im Bewußtsein absoluter Autorität bis hin zur Ausnutzung seiner Kinder im vorrangigen Interesse des Hofes.

Die Kleinbauern und Tagelöhner

Freier von solchen Zwängen, doch gebunden durch die elenden Bedingungen ihrer Existenz waren die Tagelöhner oder Kätner, die an Ansehen unter den Bauern standen. Ihre Zahl nahm nach den Regulierungen ständig zu und manifestierte sich in einer Vielzahl der Verhältnisse, auf die hier nicht eingegangen werden kann. Allein für Preußen galten für jede Provinz wechselnde Situationen, wie aus der S. 60 wiedergegebenen Graphik ersichtlich ist.[11] Die Tagelöhner hatten meist wenig oder keinen Landbesitz, aber einen festen Wohnsitz und vermieteten ihre Arbeitskraft oder pachteten sich Land.

«Neben dieser eigentlichen Bauernstelle besaß der Vater noch ungefähr ebensoviel ‹auswärtiges› Land, einzelne Fennen in den Kögen, die er teils geerbt, teils durch Ankauf erworben hatte... Sie wurden von Jahr zu Jahr verpachtet.

Die Knechte wechselten öfter, dagegen waren die Tagelöhner mehr ständig; sie besaßen ihr eigenes Haus, waren verheiratet, hatten eine Kuh oder wenigstens ein paar Schafe. Regelmäßig war das Verhältnis so, daß sie vom Hause bezogen, was sie außer dem selbst Erzeugten brauchten, Korn, Fleisch, Speck, Butter, in laufender Rechnung gegen den Arbeitsverdienst.»[12]

Die Tagelöhner standen also in einem nicht gesicherten Verhältnis zum Besitzer oder Dienstherrn. Ihr geringer Lohn ging für alle möglichen Abgaben drauf, von denen ein Bericht im Kieler Korrespondenzblatt von 1845 folgende Posten aufzählt: Wohnungsmiete, Feuerung, Militärsteuer, Schulgeld, Kirchengeld, Armengeld – also eine Art von «Sozialabgaben». An Sonntagen, fährt der Bericht fort, muß er das eigene Stückchen Land besorgen, und an Winterabenden verfertigt er Holzpantoffeln, Besen u. a.[13]

Damit nun ist von einer Qualität dieser Gruppe die Rede, die Schindler mit «Not macht erfinderisch» umschreibt[14] und die sie nicht nur negativ, sondern auch positiv von der Begrenztheit des bäuerlichen Lebens abhob. Sie beruht auf einer kombinierten Ökonomie, da nur im Zusammenspiel mehrerer Erwerbsquellen die Existenz gesichert werden konnte. So entwickelten gerade solche unterbäuerlichen Existenzen bisweilen erstaunliche Fertigkeiten im Improvisieren, Basteln und Flicken, eine Begabung im Umnutzen der Alltagskultur.[15] Das ständige Sammeln und Augen-offen-halten im Hinblick auf irgendeinen späteren Gebrauch eröffnete als kulturellen Effekt eine weit gefächerte kreative Beziehung zu den Dingen, die eben nicht nur als fertige Gegenstände gesehen wurden. Das führte auch zu einer Vielfachnutzung der Geräte und zu einer Weiterverwendung von Holz- und Metallteilen.

Wie sich solch einfallsreiche Mehrberuflichkeit für die Familie auswirken konnte, erzählt der Sozialdemokrat Wilhelm Keil (geb. 1870) von seinem Vater:

«Mein Vater hatte von seinem Vater das Schneiderhandwerk erlernt. Sein Hauptberuf aber war der des Kohlenfuhrmanns. Knapp zwei Stunden in südlicher Richtung von Helsa entfernt wird am Hirschberg Braunkohle gewonnen, die damals per Fuhrwerk den etwa fünfstündigen Weg nach Kassel, auf dem Helsa fast in der Mitte liegt, zurücklegte, um hier wagenweise an den Verbraucher verkauft zu werden. Außerdem oblag meinem Vater die Bestellung der 10 Morgen Äcker und Wiesen, die der Familie den Grundstock des Lebensbedarfs lieferten, wobei die ungewöhnlich tüchtige Mutter dauernd und intensiv mitwirkte. So ergab es sich, daß das erlernte Handwerk hinter die anderen Aufgaben mehr und mehr zurücktrat. Im allgemeinen standen nur die Stunden des Sonntags und hie und da ein Abend zur Verfügung für die Arbeit mit der Nähnadel. Die Nähmaschine war im Dorf noch unbekannt. Neben den Kleidern für die eigenen Familienmitglieder schneiderte der Vater dem Schmied, dem Wagner, dem Flaschner, dem Leineweber usw. einen Anzug, der im Verrechnungsverfahren mit Gegenleistungen bezahlt wurde. Bares Geld war so knapp, daß der Kupferpfennig hoch in Ehren stand. Sehr oft trat der Fall nicht ein, daß wir Kinder um den Vater versammelt waren, wenn er auf der Tischecke saß und emsig an den langen Nähten stichelte. Der Fuhrwerksbetrieb brachte es mit sich, daß der Vater selten zu Hause war, sofern es nicht die Feldarbeit bedingte.»[16]

Die Landarbeiter

Am schlechtesten standen sich die landlosen Landarbeiter, deren Zahl besonders in Ostelbien, auch durch Einwanderung aus Polen, ständig zunahm: eine neue Gruppe ländlicher Lohnarbeiter ohne jeden Besitz an Boden. Die Besitzverhältnisse – vorwiegend große Güter im östlichen Teil des damaligen Deutschland – bestimmten das Sozialgefüge, um so mehr, als sie sich nach und nach zu landwirtschaftlich-kapitalistischen Großbetrieben entfalteten und so den Charakter der ländlichen Bevölkerung mit ihrem großen Anteil an *Landarbeitern* prägte. In Ostpreußen beispielsweise stellten sich die Landarbeiterverhältnisse folgendermaßen dar: als *Insten* mit *Scharwerkern* oder *Hofegängern* verringerten sich die Lebensaussichten dieser Gruppe zusehends mit der wirtschaftlichen Intensivierung der Güter. Befreiten sie sich von solchen Zwängen in den Zustand des freien Landarbeiters hinein, so mußten sie sich als *Einlieger* bei Bauern oder Gutsbesitzern einmieten und konnten einigermaßen existieren, wenn sie regelmäßig das Jahr hindurch im Tagelohn Arbeit fanden. Sobald diese Grundlage aus Mangel an Gelegenheit oder Krankheitsgründen einmal fortfiel, gerieten sie schnell ins Elend und bildeten das Proletariat unter der Landbevölkerung. Im Streben nach persönlicher Freiheit war diese Gruppe im westlichen Ostpreußen und dem Kr. Königsberg zum Jahrhundertende hin auf Kosten der Instleute und Knechte in ständigem

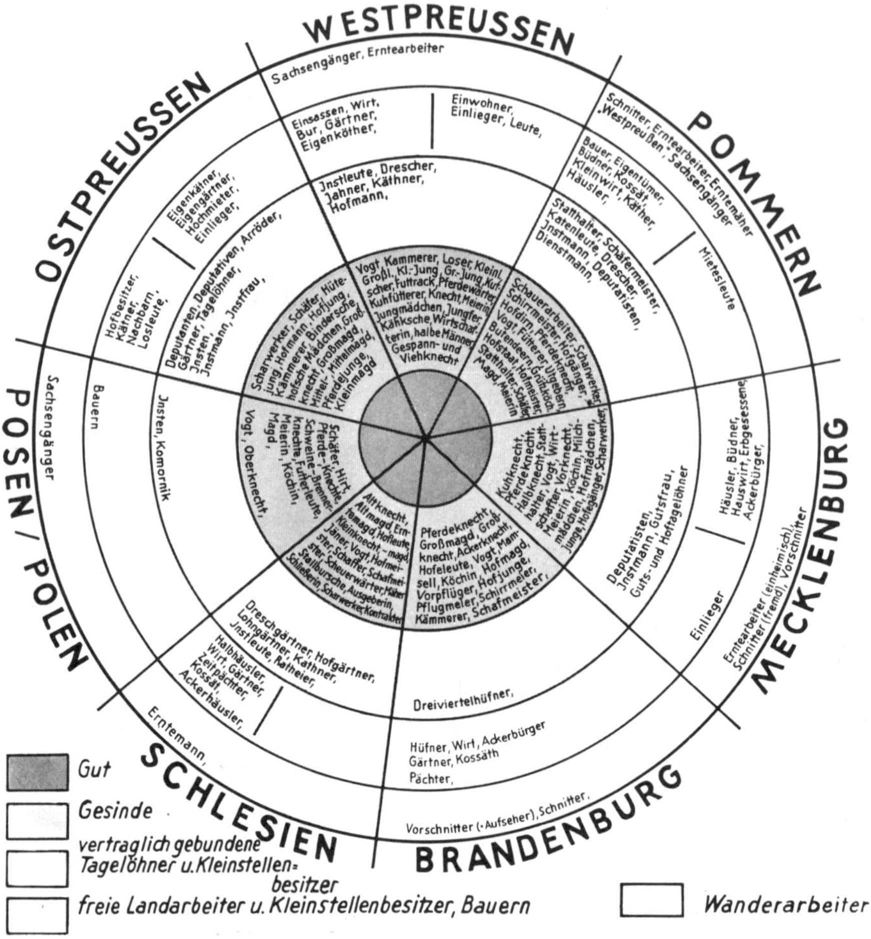

Darstellung der vielfältigen Abhängigkeitsverhältnisse von Tagelöhnern und Landarbeitern in Ostelbien um 1860. (nach Weber-Kellermann: Erntebrauch, S. 63)

Anwachsen begriffen, während sie in Masuren zurückging, weil viele von ihnen auswanderten. Sie lebten in der Hoffnung, in die Gruppe der selbständigen Kleinstellenbesitzer aufsteigen zu können, obgleich eine derartige Zwischenkategorie eines besitzenden Arbeiterstandes nur im Zusammenhang mit bäuerlichem Grundeigentum und festen Gemeindeverhältnissen gedeihen konnte, nicht aber im Gebiet der großen Güter mit ihrer ungemilderten sozialen Kluft zwischen Groß- und Kleinbesitz.

Über ihre gleichbleibend öde und trostlose, ja – ausweglose Lebensform berichtet der Landarbeiter Franz Rehbein (1867–1909) aus Schleswig-Holstein genauso wie für Mecklenburg viele Jahrzehnte vorher Fritz Reuter in seinem epischen Gedicht «Kein Hüsung». Rehbein schreibt:

«Zwei Jahre war ich auf Bunsloh. Zwei Jahre, die mir in der Erinnerung deswegen so interessant dünken, weil sich in ihnen einfach nichts, aber auch rein gar nichts zutrug, was ein gewöhnliches Menschenkind als außerordentliches Geschehnis auffassen könnte. Ich lebte dahin, lebte und arbeitete. Oder besser gesagt: ich vegetierte, wie auch die anderen Gutsarbeiter dahinvegetierten. Wir arbeiteten, wir aßen, wir schliefen und – arbeiteten wieder, ganz so wie die Ackerpferde: hüh, hott und prrr. In stiller Abgeschiedenheit, fern von Dorf und Stadt, verging hier ein Tag nach dem andern in ewiger gleichförmiger Tretmühlenarbeit. Frühmorgens um 4 Uhr begann die Fron und endete im Winter um 6, im Sommer je nach Anordnung um 7, 8 oder 9 Uhr abends. So ging es tagaus, tagein – in gleichmütiger Stumpfsinnigkeit, ohne geistige Anregung, ohne jede andere Abwechslung als die, welche die Arbeit mit sich brachte.»[17]

Aber auch im westlichen Deutschland war die Lage der besitzlosen Landbewohner hart. In Westfalen beispielsweise, wo so früh die Regulierungsgesetze Wirklichkeit geworden waren, vermehrte sich die Zahl der *Heuerlinge* als kontraktlich gebundener Tagelöhner[18], und damit verbreiterte sich der Bereich der dörflichen Armut.

Die Furcht der Gemeinden vor einer Überlastung ihres Fürsorgevermögens führte zu immer entschiedeneren Schutzmaßnahmen mit der Folge, daß der Arme, der Landlose ohne «Rauch», d.h. ohne eigenes Haus, in eine immer ausweglosere Situation der Rechtlosigkeit geriet. Johann Gottfried Kinkel (1815–1882), der sich entschieden am badisch-pfälzischen Aufstand um 1848 beteiligte[19], hat solche Probleme eines besitzlosen Hochzeiters in einer Novelle verarbeitet:

«In Baden haben die Geistlichen noch die Führung der Zivilstandsregister, und die kirchliche Trauung schließt die bürgerliche in sich. Valentin begab sich demnach zum protestantischen Pfarrer des Dorfes, bei dem er sich bereits gleich bei seinem Dienstantritt als Gemeindeglied gemeldet hatte. Er fand ihn, wie man Pastoren zu treffen gewohnt ist, im Schlafrock im Lehnstuhl mit der brennenden Pfeife und eine Tasse Kaffee vor sich..., er galt für einen vortrefflichen Mann, dem niemand etwas vorwerfen konnte.

Im Vertrauen hierauf trug Valentin geläufig seine Wünsche vor. Der Pfarrer nickte freundlich, überzeugte sich, daß die notwendigen Tauf- und Totenscheine vorhanden seien, und schrieb sich bereits die Vor- und Zunamen auf das Ankündigungsblättchen, das er aus seiner Kanzelbibel hervornahm. Das erste Aufgebot sollte schon am nächsten Sonntag stattfinden, und an Valentins Geburtstag erbot sich der Pfarrer, selbst die nötige Aufforderung amtlich abgehen zu lassen; der Bräutigam gab ihm herzlich dankend die Hand. ‹Noch einen Gruß an die Jungfer Braut›, sagte der Pfarrer, als Valentin die Tür in die Hand nahm.

Schon war er auf der Treppe, da rief ihn die Stimme des Seelenhirten noch einmal hinauf. ‹Wie ist es denn›, fragte dieser, ‹mit den hundertfünfzig Gulden?› ‹Hunderfünfzig Gulden?› sagte Valentin mit einem leisen Schauder. ‹Was für hundertfünfzig Gulden?› ‹Nun, Sie kennen doch unsere badische Gemeindeordnung. Wer sich in einer Gemeinde verheiraten will, muß zuvor Bürger sein und zu diesem Zweck ein Grundstück oder eine Geldsumme aufweisen. Ein liegendes Eigentum haben Sie meines Wissens nicht, die Braut hat es auch nicht; die Geldsumme aber beträgt für Landstädtchen und Dörfer hundertfünfzig Gulden.› ‹Herr Pfarrer›, sagte der arme Junge, ‹das kommt mir wie ein Blitz vom Himmel herunter. Ich kann ja doch von meinen Arbeiten leben und gut leben, selbst wenn ein paar Kinder dazukämen; soll ich denn, weil ich arm bin, keine Frau nehmen dürfen?›

Der Pfarrer tat ein paar schwere Züge aus der Pfeife, zuckte die Achseln und erwiderte: ‹Jede Gemeinde sucht sich zu hüten, daß nicht arme Leute in sie hineinheiraten, Kinder zeugen und so in das Vermögen der Gemeinde sich breit hineinsetzen.

Darum haben unsere Kammern Anno 1831, als die neue Gemeindeordnung und die vielen liberalen Gesetze gemacht worden sind, diesen Punkt ausdrücklich aufgenommen.›»[20]

Welche Folgen solche ausschließenden Gemeindegesetze für junge aufstrebende, beziehungs- und besitzlose Menschen haben konnten, hat Kinkel dramatisch ausgeführt.

Die Dorfhandwerker

Was nun die Struktur des Dorfes anbetrifft, so wären noch das Gesinde zu beschreiben – wovon später in anderem Zusammenhang die Rede sein wird (S. 161ff.) – und die *Dorfhandwerker.*

Vom Nebenerwerb im Kleinhandwerk an der Zugbank war schon bei den Lebensumständen der Tagelöhner gesprochen worden. Anders stand es mit den größeren Dorfhandwerken, die die volle Arbeitskraft des Meisters erforderten: Schmied, Tischler, Zimmermann, Wagner oder Stellmacher, Schuster, Weber.

Unentbehrlich im Dorf war der *Schmied,* der die Pferde beschlug und die Wagenräder bereifte – ebenso der *Stellmacher* für die Arbeitswagen. Der *Tischler* oder Schreiner kam besonders mit Aufträgen für die Brautausstattung in Brot, für neue Kästen und Tische – aber auch für die Särge. Bei Todesfällen war er der erste Dorfbewohner, der Eintritt in das Trauerhaus erhielt, um die Maße für den Sarg zu nehmen.[21]

Beim Dorfschreiner wird die Brautausstattung bestellt. (Christian Dalsgaard, 1824–1907)

Ein Dorfschuster in der hessischen Schwalm mit seiner Kundschaft. (Jakob Fürchtegott Dielmann, 1809–1885)

Weniger angesehen waren die dörflichen *Flickschuster,* die die Lebensdauer des Schuhwerks zu verlängern hatten.

«Es blieb dabei, bei ihm wollte er lernen. Der Vertrag wurde zwischen beiden abgeschlossen. Zwei Jahre lernen, sein eigenes Bette stellen und sämtliche Wäsche besorgen, lautete der Vertrag.

Bald lagen diese beiden Jahre hinter ihm, keine besonderen Hindernisse hatten eine Störung gebracht, und mit großer Freude konnte er seine Eltern mit seinem Gesellenstück beschenken. Nun ging sein Weg zu einem anderen Meister, um noch mehr für sein Handwerk zu lernen, aber auch noch mehr Erfahrung für sein Leben wollte er sammeln. Anfangs ging alles nach Wunsch. Er traf einen anderen Meister auf dem Lande; dieser aber hatte ganz besondere Arbeit. Neue Arbeit sah er wenig. Seitenflecke fast täglich flicken, noch dazu waren stets die Stiefel oder Schuhe, welche meist von den Dienstboten der Landwirte kamen, nicht gut gereinigt, der Dünger war in größeren Mengen noch zu sehen, dieses machte ihn ungeduldig, und er verspürte immer weniger Lust zur Schuhmacherei.»[22]

Am ärmsten aber waren die *Leinweber:*

«Im Dorfe war zu jener Zeit die Leineweberei noch ein sehr unentbehrlicher Beruf. Viele Familien bauten und verarbeiteten noch ihren eigenen Flachs. Auf dem eigenen Spinnrad ward er zu Faden gedreht, die der Weber dann zu Leinentuch wob. Auf dem eigenen Rasen wurde das Tuch von der Sonne gebleicht, um schließlich zu Hemden, Tisch- und Leintüchern genäht zu werden. Wie wenig ertragreich indes der Beruf des Leinewebers war, geht schon aus dem Leineweberlied hervor, das von der anspruchslosen Lebensweise dieser Zunft in sarkastischen Worten singt. Kartoffel, Mehlsuppe, ein Stück Brot, das war die alltägliche Nahrung dieser Hungervirtuosen.»[23]

Zwischen Bauern und Dorfhandwerkern bestand trotz allen Aufeinander-Angewiesen-Seins meist ein großes Sozialgefälle, da nur der «Hofbesitzer» etwas galt. Heiraten zwischen diesen Gruppen kamen nur selten vor, denn die Unabhängigkeit des autarken Bauern mit gezieltem Güteraustausch verlieh ihm sein Prestige im Dorf. Er organisierte die Wirtschaft in einem durch und durch zweckgerichteten Sinne unter Ausnutzung jedes Tieres, jeder Pflanze – und selbstverständlich jedes Menschen. Einen ordentlichen Bauern, so hieß es, trifft die aufgehende Sonne nicht auf dem Hof und die untergehende nicht auf dem Feld. Ehe noch von den weiteren Gruppen des Dorfes die Rede ist, soll der Höhepunkt bäuerlichen Lebens, auch im wirtschaftlichen Sinne, beschrieben werden.

Seilerei – Reepschlägerei in Blankenese. (Kolorierte Lithographie von Otto Speckter nach einem Ölbild von Jakob Gensler, 1808–1845)

Familie und Partnerwahl

Hochzeit auf einem großen westfälischen Bauernhof

«Während die Mägde in den Bratpfannen nachgossen, die Schinken anstachen, unter den Truthähnen die Glut erfrischten, von den Hühnern und der Suppe den Schaum wegnahmen, waren auch die Knechte fleißig an ihrem Werke. Der schwarzäugige Verwegene richtete im Baumgarten mit Böcken, Blöcken und Brettern eine gewaltige lange Tafel zwischen den Blumenbeeten und unter den Fruchtstämmen zu, nachdem ihm ein ähnliches Gerüst im Flur bereits gelungen war. Der dicke Langsame bekleidete die Pforten des Hauses, die Wände des Flures und die Türen der beiden Zimmer... mit grünen Birkenstämmen... Jenem (dem zornigen Roten) aber lag ob, das Vieh festlich zu zieren. Den Kühen nämlich und Rindern, welche an der einen Seite des Flures hinter ihren Krippen standen, vergoldete der Rothaarige mit Schaumgold die Hörner oder band ihnen bunte Schleifen und Quasten um dieselben... Im Flur überschaute der

Westfälische Hochzeit. (Albert Kretschmer, 1825–1891)

Hofschulze die getroffenen Anstalten: die Feuer, die Kessel, die Töpfe, die grünen Maien, die bebänderten und vergoldeten Hörner seines Rindviehes. Er schien mit allem zufrieden zu sein, denn er nickte mehrere Mahle wohlgefällig mit dem Kopfe.

Inzwischen schmückten zwei Brautjungfern die Braut auf ihrer Kammer. Rings um sie her standen bunt mit Blumen bemalte Laden und Packen in Leinwand, welche die Ausstattung an Gebild, Betten, Garn, Wäsche und Flachs enthielten. Selbst in der Türe und bis weit auf den Gang hinaus war alles besetzt. Inmitten dieser Reichtümer saß die Braut vor einem kleinen Spiegel, hochrot und ernsthaft. Die erste Brautjungfer legte ihr die blauen Strümpfe mit roten Zwickeln an, die zweite warf ihr den Rock von schwarzem, feinem Tuche über und ließ diesem Stücke die Jacke gleichen Stoffes und gleicher Farbe folgen. Darauf beschäftigten sich beide mit dem Haare, welches zurückgestrichen und hinten in einer Art von Rad zusammengeflochten wurde.

Während dieser Zurüstungen sagte die Braut kein Wort. Desto gesprächiger waren ihre Freundinnen. Sie lobten den Putz, priesen die aufgestapelten Schätze, und hin und wieder ließ ein verstohlener Seufzer ahnen, daß sie lieber Geschmückte als Schmükkende gewesen wären. Unerschöpflich waren sie in Hochzeitsgeschichten, welche jedoch sämtlich darauf hinausliefen, daß die und die dasselbe angezogen habe, was nun auch die Tochter vom Oberhofe der Landessitte gemäß zu tragen hatte... Nun war es aber schon zehn Uhr vormittags, in einer halben Stunde mußte die Glocke anfangen zur Trauung zu läuten; es war die höchste Zeit, daß die dritte erschien, ohne welche die Braut für nicht gehörig begleitet gelten konnte.

‹Ei Gott›, sagte die Braut, welche hier zum ersten Male ihre Sprache fand, ängstlich, ‹das wäre ja ein erschreckliches Unglück, und wenn sie ausbliebe, so würde aus der ganzen Hochzeit nichts.› – Sie würde lieber den Bräutigam gemißt, als die dritte Brautjungfer entbehrt haben... Ihre Gefährtin stieß währenddessen durch das Radgeflecht der Haare einen silbernen Pfeil, und dann brachten beide Mädchen mit feierlichen Mienen der Braut die Krone zugetragen. Denn die Mädchen der dortigen Gegend tragen an ihrem Ehrentage keinen Kranz, sondern eine Krone von goldenen und silbernen Flittern. Der Kaufmann, welcher ihren Putz liefert, leiht die Krone nur dar und nimmt sie nach dem Hochzeitstage zurück. So wandert sie von einem bräutlichen Haupte zum anderen... Die Braut senkte ihr Haupt ein wenig, als die Freundinnen ihr die Krone aufsetzten, und ihr Antlitz wurde, als sie die leichte Last auf ihrem Haare fühlte, womöglich noch röter als früher...

Sie richtete sich, angefaßt von ihren Freundinnen, auf, und die beiden breiten golddurchwirkten Streifen, welche zur Krone gehörten, fielen ihr lang auf den Rücken hinunter. Die Knechte standen schon vor der Türe, um die Ausstattung in den Flur hinabzuschaffen, die Brautjungfern nahmen ihre Freundin bei der Hand, eine erhob das Spinnrad, welches bei den nachfolgenden Zeremonien ebenfalls seine Bestimmung hat, und so gingen die drei langsam die Treppe hinunter zum Brautvater, während die Knechte die Laden und Packen ergriffen und sie in den Flur zu tragen begannen.

Inzwischen hatte der Hofschulze unten vor der Türe Gelegenheit gehabt, seine Fassung zu beweisen. Denn kaum war er draußen einige Minuten lang gewesen, als ein junger Bursche, der Hochzeitbitter, langsam durch den Eichenkamp gegen das Haus zugeschritten kam, dessen verlegene Miene mit seinem Putze und mit dem lustigen Busche von gewiß fünfzig farbigen Bändern am Hute wenig übereinstimmte.

‹Nun, was ist das?› fragte ihn der Hofschulze. ‹Was soll das traurige Gesicht? Passierte ein Unglück?› ‹Ach›, versetzte der junge Hochzeitbitter, ‹werdet mir nicht böse, Hofschulze. Hölscher will nicht kommen.› Der Alte ließ vor Schreck seinen Hut fallen, und seine Züge verwandelten sich. – ‹Wie?› rief er nach einigem Schweigen. ‹Hölscher will nicht kommen? Mein nächster Nachbar? Ei, das wäre ja dem ganzen Pläsier und Feste ein großer Schimpf. Und warum will er nicht kommen? Du bist gewiß in deiner Rede stecken geblieben.› ‹Nein, das nicht›, versetzte der Hochzeitbitter. ‹Ihr wißt, an Maulwerk fehlt mir's nimmer, und ich bringe auch alles immer heraus, gehörig geschrien, wie es sein muß. Ich kann die Rede aufs Schnürchen, wie ich sie allerorten hersagte, und so auch bei Hölscher:

Ihr lieben, guten Hochzeitsleute,
Kommt morgen auf den Hof, nicht heute;
Der Bräutigam und auch die Braut,
Die werden vom Herrn Pastor – getraut,
Und wenn getraut ist, geht's zu Tisch,
Darauf wird sein viel Fleisch, kein Fisch,
Es wird da sein auch ein Stück Wurst,
Ist gut für den Hunger und weckt den Durst,
Auch findet ihr einen oder mehrere Schinken,
Auf welche sich sehr gut läßt trinken,
Ein Mostertstück wird nicht vergessen,
Das sollt ihr dann mit Mostert essen,
In der Suppe sind Hühner, die nicht krähn,
Das Beste sind vier Puterhähn',
Die lagen fünfzig Jahr an der Kett',
Davon sind sie geworden fett
Kommt ihr zum Oberhofe nicht,
So seid ihr alle schlechte Wicht' –›

Der junge Bursche würde noch lange in diesen Versen, die er laut schreiend mit eintönigem Fall der Stimme vortrug, fortgefahren haben, wenn ihn nicht der Hofschulze ungeduldig unterbrochen und zu ihm gesagt hätte: ‹Ich brauche deinen Spruch nicht. Warum bleibt Hölscher aus?› ‹Weil ich ihn statt gestern erst heute früh eingeladen habe›, erwiderte kleinlaut der Hochzeitbitter. ‹Sie hatten mir gestern überall so viel eingeschenkt, daß ich gegen Abend duselig geworden war und einschlief und Hölscher ganz verschlief, wo ich denn nun heute früh nachholen wollte, aber...› ‹Hölscher ließ das nicht gelten und sagte, es schicke sich nicht, erst am Hochzeitmorgen gebeten zu werden, es gehöre sich spätestens den Tag zuvor, nicht wahr?› fiel der Hofschulze ein. ‹Jawohl›, antwortete der Bursche, ‹und er sagte auch, es heiße in dem Spruch: Kommt morgen auf den Hof, nicht heute – wenn er aber morgen komme, so habe er das leere Nachsehen.›...

Während dieses Auftrittes hatten die Knechte mit den Packen und Laden auf der Treppe und im Flur ein großes Geräusch gemacht, und es war sonach die frühere Stille des Oberhofes sehr unterbrochen worden. Jetzt trat die Braut, geführt von den beiden Brautjungfern, in die Türe, das Haupt fest und steif unter der zitternden Goldkrone haltend, als ob sie fürchte, den Ehrenschmuck zu verlieren. Sie reichte dem Vater die Hand und bot ihm, ohne aufzusehen, den guten Morgen, worauf der Alte ohne alle Rührung ‹Schön Dank!› versetzte und seine frühere Positur wieder einnahm. Die Braut setzte sich an die andere Seite der Türe, nahm ihr Spinnrad vor sich und begann eifrig zu spinnen, in welcher Arbeit sie observanzmäßig bis zu dem Augenblicke, wo der Bräutigam sie zum Brautwagen führte, fortfahren mußte... In der Ferne ließen sich schon einige Töne der Musik hören, welche das Herannahen des Brautwagens verkündigten. Aber auch dieses Zeichen, daß der entscheidende Augenblick bevorstehe, der ein Kind vom Hause der Eltern löset und den Vater bei dem Kinde in den Hintergrund der Anhänglichkeit schiebt, brachte keine Regungen in den Personen hervor, welche wie Musterbilder alter, alter Bräuche an den beiden Seiten der Hoftüre saßen. Die Tochter spann, hochrot, aber gleichgültig aussehend, unverdrossen fort, der Vater sah gerade vor sich hin, und beide, Braut und Brautvater, wechselten miteinander kein Wort.

Die Brautjungfer suchte unterdessen im Baumgarten den Strauß für den Bräutigam zusammen. Sie wählte spätblühende Rosen, Feuerlilien, orangegelbe Sternblumen, Blumen, welche sie dort Jelängerjelieber, an anderen Orten Jesublumen nennen, und Salbei. Groß, daß man drei Hochzeiter höherer Stände damit hätte ausstatten können, geriet dieser Strauß, denn bei den Bauern muß alles in das Gewicht fallen. Auch nicht ganz lieblich duftete er, denn die Salbei verbreitete einen starken, die Sternblume sogar einen übeln Geruch; indessen durfte beides, insbesondere die Salbei, nicht fehlen, sollte der Strauß herkömmliche Wohlanständigkeit besitzen. Als sie ihn fertig hatte, hielt ihn das Mädchen mit stolzer Freude vor sich hin und verknüpfte ihn dann mit einer breiten dunkelroten Schleife. Darauf ging sie, ihren Posten bei der Braut einzunehmen.

Draußen war unter dem Glockengeläute die Musik immer näher gekommen, und jetzt wurde der Brautwagen, gezogen von zwei starken Pferden, am andern Ende des Weges, der durch den Eichenkamp leitete, sichtbar. Die erste Brautjungfer stand mit ihrem dicken, zum Teil übelriechenden Strauße ehrbar neben der Braut, die Knechte standen bei den Packen und Laden im Flur, zum letzten Anfassen bereit.

Gleichmütig im Gesicht, wie alle Hauptpersonen dieses Festes, stieg der Bräutigam vom Wagen. Junge Leute, seine nächsten Freunde, folgten ihm bebändert und besträußt. Er schritt langsam auf die Braut zu, die auch jetzt noch nicht emporsah, sondern immerfort nur spann und spann. Nun befestigte ihm die erste Brautjungfer den großen Strauß, worin Sternblume und Salbei dufteten, vorn an der Brust auf dem hochzeitlichen Kleide. Der Bräutigam empfing diesen Schmuck, ohne zu danken, denn der Dank gehörte nicht zum Herkommen. Er reichte seinem Schwiegervater stillschweigend die Hand, dann sie ebenso stillschweigend der Braut, die sich darauf erhob und zu den Brautjungfern stellte, zwischen die erste und zweite und vor die dritte.

Währenddessen hatten die Knechte die Ausstattung auf den Wagen geschafft. Die Szene bekam etwas Wildes; denn indem die Menschen mit dem Gepäck zwischen den Kochfeuern hindurchliefen, wurde mancher brennende Kloß von seinem Orte hinweggestoßen, knisterte und sprühte in dem Wege, den das Brautpaar zu gehen hatte. Nach dem Linnen, dem Flachs, den Betten, den Kleidungsstücken nahm die Braut mit ihren drei Jungfern und dem Spinnrade, welches sie selbst trug, auf dem Wagen Platz. Der Bräutigam setzte sich abgesondert von ihr in den hintersten Teil des Fahrzeuges, und die jungen Burschen mußten diesem zu Fuße folgen, da die Ausstattung zu viel Raum einnahm, um ihnen noch Sitze zu gestatten. Hierüber machte der eine hergebrachte Späße gegen den Hofschulzen, auf welche dieser schmunzelnd antwortete. Er ging hinter den jungen Burschen her, und zu ihm gesellte sich der Jäger...

[Auf dem Hofe des Bräutigams, wo schon die ganze Hochzeitsgesellschaft wartet, wird abgeladen.] Wir gehen inzwischen voran zur Kirche, die in der Mitte der ganzen

Bauerschaft auf einem grünen Hügel, beschattet von Walnußbäumen und wilden Kastanien, liegt...

Während des Liedes betrat der Diakonus die Kanzel, und als er die Augen gefällig auf die Versammlung warf, hatte er einen unerwarteten Anblick. Ein vornehmer Herr vom Hofe stand nämlich mitten unter den Bauern, deren Aufmerksamkeit er zerstreute, weil sie von ihrem Gesangbuche immer empor und nach seinem Sterne schielten...

[Es folgt die Traurede in der Kirche.] Das Brautpaar kniete nieder, und die verhängnisvollen Fragen ergingen an dasselbe. Da trug sich etwas zu, was den vornehmen Fremden in den äußersten Schreck versetzte. Denn er sah links und rechts, vor sich und hinter sich Männer und Frauen, Mädchen und junge Bursche dicke Knüttel, aus Sacktüchern gewunden, hervorziehen. Alles war aufgestanden, zischelte untereinander und sah sich, wie es ihm vorkam, mit wilden und heimtückischen Blicken um...

Als der Fremde noch ratlos nach Entschlüssen rang, schloß der Diakonus die Feierlichkeit, und es entstand augenblicklich der wildeste Tumult. Sämtliche Knüttelträger und Knüttelträgerinnen stürzten, schreiend und tobend und ihre Waffen schwingend, nach vorwärts. Sie rannten dem Altare zu, und unterwegs bekam schon dieser und jener unabsichtliche Prügel, bevor das eigentliche Ziel derselben erreicht war. Dieses war der Bräutigam. Die Hände über den Kopf schlagend, bahnte er sich mit aller Anstrengung eine Gasse durch die Menge, welche ihre Knüttel auf seinem Rücken, seinen Schultern und überhaupt allerorten, wo Platz war, tanzen ließ. Er lief, gewaltsam Raum schaffend, nach der Kirchtüre zu, hatte aber, bevor er dieselbe erreichte, gewiß über hundert Schläge empfangen und kam so, wacker gebläut an seinem Ehrentage, aus dem Heiligtume. Alles lief ihm nach; der Brautvater, die Braut folgten, der Küster schloß unmittelbar hinter dem letzten die Türe ab und verfügte sich in die Sakristei, welche einen besonderen Ausgang in das Freie hatte. In wenigen Sekunden war die Kirche leer geworden...

Der Diakonus stand vor dem Altare, sich gegen den Vornehmen mit freundlichem Lächeln verbeugend. Dieser hatte beruhigt die Arme sinken lassen und fragte, als jetzt Stille eingetreten ward, den Diakonus: ‹Sagen Sie mir um des Himmels willen, Herr Prediger, was bedeutete dieser wütende Auftritt, und was hatte der arme Mensch seinen Angreifern getan?› ‹Nichts, Ew. Exzellenz›, versetzte der Diakonus, der ungeachtet der Würde des Ortes Mühe hatte, ein Lachen über den Höfling zu verbeißen. ‹Dieses Abklopfen des Bräutigams nach der Trauung ist ein uralter Gebrauch, den sich die Leute nicht nehmen lassen. Sie sagen, er solle bedeuten, daß der Bräutigam fühle, wie weh Schläge tun, damit er sein künftiges hausherrliches Recht wider die Frau nicht mißbrauche.›...

Unterdessen hatte sich das Hochzeitsgefolge mit den Musikanten und dem Brautpaare wieder im Oberhofe eingefunden, und alles stand und saß im Flur, Hof und Garten umher.

Nach uralter Sitte war für die vornehmen und städtischen Gäste im Flure gedeckt worden und für die geringeren Leute im Baumgarten. Denn der Bauer, welcher nicht zum Vergnügen, sondern in Last und Plage draußen sein muß, hält das Obdach des Hauses für den besten Segen und glaubt den zu ehren, dem er dieses anbietet...

Die Mägde des Oberhofes gingen mit den Schaumlöffeln oder Gabeln zwischen den Kochstätten hin und her. Es durfte, sollte die Speise den Gästen munden, nicht gefeiert werden mit Abschäumen und Umwenden, denn in dem großen Kessel über dem Herde gaben acht Hühner die Kraft zur Suppe her, und in den übrigen dreiundzwanzig oder

Trauung in der Schwalm 1829. (Gerhard von Reutern, 1794–1865)

vierundzwanzig Töpfen, Kesseln und Pfannen sotten oder brieten sechs Schinken, drei Truthähne, fünf Schweinsbraten nebst der entsprechenden Anzahl von Hühnern...

Die Bauern hatten ihre Messer, ein jeder das seinige, aus der Tasche hervorgezogen, womit sie ohne Gabeln fertig zu werden wußten, und sprachen den Hühnern tapfer zu, ohne darüber ihre mutigen Vorsätze auf Schinken, Mostertstücke und Braten daranzugeben. Eine unendliche Last von Eßbarem dampfte auf den Tafeln, fast schien es selbst diesen Appetiten gegenüber unmöglich, alles zu bewältigen, wenn nicht dennoch die Schnelligkeit, womit die ersten Gänge vom Angesicht der Welt verschwanden, dazu die Aussicht gegeben hätte. Alles schrotete, läutete, schluckte, und es ist nicht erlogen, wenn ich sage, daß mancher Bauer binnen wenigen Minuten ein ganzes Huhn überwunden hatte und daß ein Schinken für sechs Mann nur so eben zureichte. Auch die Städter ließen sich die reinliche, derbe Kost trefflich munden, der Schirrmeister aber aß für zwei Bauern und trank für drei. Was das Getränk betrifft, so muß ich leider, so undichterisch dies klingen mag, von Bier berichten. Jeder hatte seinen irdenen Deckelkrug gefüllt vor sich stehen, und wenn derselbe geleert war, so klappte der Inhaber auf eine eigene landesübliche Weise mit dem zinnernen Deckel, worauf frische Füllung erfolgte. Selbige besorgte der erste Aufwärter, der Bräutigam, aus einer mächtigen Schleifkanne eingießend, mit welcher er, eine weiße Serviettte vorgesteckt, die Tafeln umkreiste. Dieser König hatte von seinem Ehrentage nichts als Prügel vorhin und Mühe anjetzt, denn die Deckel klappten unaufhörlich bald hier, bald da. – Nur der Diakonus und die städtischen Gäste erhielten Wein vorgesetzt. Der Schulmeister lag der Aufwartung in Betreff des Festen ob, flink und gewandt, recht heiter in diesem Geschäfte...

Der Diakonus sprach das Gratias, abermals ertönte ein geistliches Lied, und darauf ging alles von den Tischen, die gleich einem Schlachtfelde nur noch Knochen, Gerippe und Schwarten zeigten. Die Weiber tranken Kaffee, die Männer setzten ihr Biertrinken fort, die Musikanten stimmten allgemach ihre Instrumente, und der Tanz begann. Der Bräutigam, welcher nun endlich auch zu einem Vergnügen gelangte, führte zuerst die Braut auf, dann brachte er sie den nächsten Anverwandten, einem nach dem andern zu, um auch ein Gängelchen mit ihr zu machen. Erst tanzten sie Menuett, einen Munteren darauf und dann den sogenannten Schultertanz mit seinen possierlichen Sprüngen. Das Gras im Baumgarten war bald niedergetanzt und der Boden so glatt geworden wie eine Tenne. Die Köpfe hatten sich erhitzt, die Männer jauchzten, die Mädchen kreischten, und es war viel Lärmens, Springens und Jubilierens im Oberhofe...

Bauernhochzeit. (Eduard Ritter, 1808–1853)

Nachdem es heller Morgen geworden war, ging der Hofschulze, zwei große Geldsäcke tragend, von dem oberen Teile des Hauses nach der Stube unten neben dem Flure, und hinter ihm drein ging der Schwiegersohn. Dort setzten sich beide schweigend, wie gestern bei allen wesentlichen Stücken der Hochzeit, an einen großen Tisch. Jeder von ihnen öffnete einen Sack und zählte aus demselben dreitausend Taler in harten runden Talern auf. Es störte den Hofschulzen nicht, daß mehrere Hausgenossen und auch einige Nachbarn, welche sich schon im Hofe eingefunden hatten, vom Flure aus oder in der Türe der Stube stehend diesem Aufzählen zusahen. Vielmehr schien es ihm lieb zu sein, Zeugen bei dieser Handlung zu haben, die seinen Reichtum dartat, wie ein hin und wieder zur Seite geworfener stolzer und schmunzelnder Blick andeutete. Das ganze Geschäft nahm, wie es begonnen worden, seinen Fortgang und erreichte auch so seine Endschaft; nämlich beide Hauptpersonen redeten kein Wort miteinander während des Geldzählens. Als sechstausend blanke Taler auf dem Tische lagen und von dem Schwiegersohne sorgfältig nachgesehen worden waren, schrieb dieser stumm die Quittung über die empfangene Mitgift und reichte seinem Schwiegervater den Schein, ohne Dank zu sagen, hin, und strich sodann das Geld wieder in die beiden Säcke ein und setzte sie zur vorläufigen Verwahrung in einen Wandschrank, der sich in der Stube befand, und von welchem er die Schlüssel zu sich steckte.

Denn heute war der Tag, an welchem die Neuverheiratete mit uralt hergebrachter Feierlichkeit in ihr neues Wohnhaus eingeführt werden mußte. Zu dieser Feierlichkeit gehörte eine Fahne, viel Schießgewehr, abermals ein Schmaus, jedoch diesesmal im Gehöfte des jungen Ehemannes, und wieder das Spinnrad, welches bei der Hochzeit seine Dienste geleistet hatte.

Der Hochzeitbitter befestigte an einer Stange, von welcher bunte Bänder herabflatterten, ein großes weißes Leintuch und richtete so die Fahne zu. Gegen dreißig junge Burschen hatten Flinten bei sich, diese luden sie mit grobem Schrot oder auch mit Kugeln, sich in lauter und geräuschiger Art vermessend, daß sie der Fahne tüchtig eins versetzen wollten. Die eine Brautjungfer brachte das Spinnrad getragen, und endlich erschien die Braut in ihrem gestrigen Putze, gar sehr verschämt, nichtsdestoweniger aber immer noch mit der Brautkrone geschmückt, obgleich sie von den Anwesenden unter derben Scherzreden als Jungefrau begrüßt wurde. Nun ordnete sich der Zug und setzte sich nach dem Gehöfte des Schwiegersohnes in Bewegung. Der Bursche mit der Fahne marschierte an der Spitze, sodann folgte das Ehepaar, diesem schlossen sich die mit den Flinten an, und darauf schritt der Brautvater einher, den übrigen Hochzeitsgästen zuvor.»[24]

Auf diesem Gemälde einer großbäuerlichen westfälischen Hochzeit aus der ersten Hälfte des 19. Jahrhunderts sind die Details und der gesamte Zuammenhang ebenso kenntnisreich wie sensibel gezeichnet. Da tritt die üppige Bewirtung ins Bild, typisch in den Zeichen der Verschwendung als Charakteristikum des Festlichen; da sind die vielen Zeichensetzungen von Besitz und Reichtum – der behäbige Hofschulze, der sich zu gut dafür ist, den überkochenden Kessel vom Feuer zu rücken – und die Hungerleider von Lehrer und Küster, gut dazu, die Aufwärter beim großbäuerlichen Hochzeitsessen zu machen. Das ist alles ganz nach höfischer Etikette gedacht und brauchmäßig formuliert, und hier werden auch die Beziehungskreise sichtbar, das persönliche Netzwerk, das über das Dorf gesponnen ist.

Mit großer Einfühlung ist das unterkühlte Rollenspiel des Brautpaares wiedergegeben, besonders das marionettenhafte Verhalten der Braut, die nur die vorgeschriebenen

Der Hochzeitszug ins andere Dorf. (Hans Thoma, 1839–1924)

Haltungen reproduziert: das Auftreten der schöngeschmückten reichen Hoftochter mit ihrem üppigen Hochzeitsgut und das Image der zukünftigen tüchtigen Hausfrau am Spinnrad. Diese Verbannung aller persönlichen Regungen gehörte zum Stil der Bauernhochzeiten, die der große Ehrentag der Mädchen waren, die Krönung, der Zenit ihres dörflichen Lebensbogens.[25]

Dessen vorgezeichneter Ablauf war also auf die Hochzeit hin orientiert. Fand sie nicht statt, was auf dem Lande selten vorkam, so blieb das «Mädchen» bis in sein hohes Alter durch Verhaltensnormen, Anreden, Kleidungsvorschriften gewissermaßen stigmatisiert.[26]

Über die Einleitung der Ehe[27] in der agrarischen Gesellschaft weiß man viel, nicht nur aus wissenschaftlichen Untersuchungen, sondern auch aus der Literatur. Die bäuerlichen Werbungsbräuche, die weit über die gesamte europäische agrarische Welt verbreitet sind, sprechen im Sinne der inneren Logik des bäuerlichen Denkens eine beredte Sprache. Sie äußert sich in landschaftlich normierten Bräuchen wie der Nachtfreierei, dem Fensterln, dem Gasslgehen der alpinen Landschaften oder dem Lettern (von Leiter ersteigen), wie es im Hessischen hieß.[28] Am bekanntesten ist der Gasslbrauch der Alpenländer,[29] bei dem es zwei Formen gab: die gesellige lustige Zwiesprache von mehreren Burschen mit mehreren Mädchen am Kammerfenster – gewissermaßen als Vorstufe zur einzelgängerischen Liebeswerbung, meist als Einleitung der Ehe. Die erste Form war ein unverbindlicher Burschen- (und Mädchen-)brauch, verbunden mit

Mädchen und Burschen in der Festtracht des Unterinntals in Tirol. Münchner Bilderbogen Nr. 1218.

langen mundartlichen Versen und Schnadahüpferln, wobei meist der Geschmack der Burschen das Verhalten der Mädchen bestimmte. So wird erzählt, daß sie gar zu bereitwillige Mädchen bei ihren Mitternachtsbesuchen ans Fenstergitter banden, um sie zu «erziehen»; denn sie mußten zu ihrer Schande oft bis zum Morgen auf ihre Befreiung warten.[30] Strenge Normen herrschten auch bei den einzelgängerischen Werbern, die absolutes Schweigen zu bewahren hatten, damit das Mädchen nicht ins Gerede kam. Hier zeigte sich also eine Solidarität der Dorfjugend, die freilich auch oft genug durchbrochen worden sein mag.[31]

Daß voreheliche sexuelle Beziehungen üblich waren und als durchaus normgerecht empfunden wurden, beschreibt auch Immermann von seinem Brautpaar auf dem Oberhof:

«In einem Gelasse seitwärts glaubte er ein Geräusch zu vernehmen – ‹vielleicht ist eine Magd drin, die dir es auch nachweisen kann› – dachte er und klinkte die Tür auf. Er war aber in die Schlafkammer der Tochter geraten und sah erschreckt eine unzweideutige Gruppe. Herzklopfend schritt er rasch nach seinem Zimmer zurück; der Bräutigam, ein junger, starker Bauer, folgte ihm dahin nach. ‹Das müssen Sie nicht für übel nehmen›, sagte dieser. ‹Denn das zweite Aufgebot ist gewesen, und nächsten Donnerstag ist die Hochzeit, und wenn es so weit ist, so hat sich keiner um so etwas zu bekümmern, und der Pastor und der eigene Vater fragt nichts danach. Es wird diese Nacht bei uns im Hofe Korn gesackt, deshalb mußte ich meine Braut heut zu Nachmittage besuchen.›»[32]

Und Peter Rosegger (1843–1918) erzählt, wie aus einer solchen Begegnung unversehens eine Brautwerbung wird:

«In diesem Augenblick ging zur offenen Tür der Jakob herein. Jetzt ließen sie sich los. Die Angerl verdeckte mit ihren Händen Busen und Gesicht, der Florian starrte trotzig, aber mit zuckenden Wimpern auf den Reuthofer. Der Jakob stand in seinem Nachtkleide völlig sprachlos da und schaute sie an.

‹Angerl›, sagte er endlich mit gedämpfter Stimme, ‹das hätte ich nicht von Dir gedacht. So falsch gegen Deinen Vater!› Sie tat einen Schrei, wendete sich und wimmerte in ihr Kopfkissen hinein. ‹Wenn Du›, fuhr der Vater fort, ‹Deine Kammertür nicht willst absperren, so wird Dir viel Unglück hereingehen über Nacht›. Jetzt richtete sich der Florian auf und sagte: ‹Sie hat die Tür versperrt gehabt. Ich habe sie aufgebrochen.› ‹Hüttenmauser!› versetzte der Jakob mit Nachdruck, ‹ich rate Dir, daß Du sogleich Deine Beine probierst›. ‹Fortgehen tu' ich jetzt nicht›, anwortete der Bursche. ‹Wie es mit uns Zwei steht, das könnt Ihr Euch denken. Wir haben uns gern. Und ich will wissen, wie ich dran bin. Kann ich sie haben oder nicht?› Der Jakob wollte solchem herrlichen Werber die passende Antwort geben, tat es aber nicht, sondern dachte: Im Grunde hat er Recht. Ich habe um mein Weib auch nicht viel gebeten. Wer ein's ernähren kann, der hat das Recht auf ein's. Wer mit einem so gute Bekanntschaft gemacht, wie es hier der Fall zu sein scheint, der hat die Pflicht zu ihm. Was soll's da viel bitten! So fragte der Jakob nur: ‹Und Du, Angerl, was wirst Du dazu sagen?›

Es ging lange her, bis sie ein Zeichen der Antwort gab. Das Gesicht noch verbergend, streckte sie ihre Hand ein wenig gegen den Burschen aus.

‹Wenn's Gott haben will›, sprach jetzt der Jakob. ‹Sie ist noch jung. Das Zusammenhalten lediger Weis', das leide ich nimmer. Wenn es Dein heiliger Ernst ist, Florian, und daß Du von Vaters wegen auf Dein Haus heiraten kannst, so komm in einer Woche ehrsam zu mir und meinem Weibe und sage Dein Begehr. Wenn bishin keines was dagegen hat, nicht Dein Vater und nicht mein Weib und nicht ich und nicht sie selber, so kann es uns gefreuen, daß zu Altenmoos sich wieder einmal etwas paart in Ehren. – Und jetzt, Angerl, mach', daß Du mit mir ins Haus kommst.›

Der Florian gab dem Mädchen einen raschen Händedruck, berührte auch ein wenig Jakob's Hand, dann taumelte er hinaus und vermochte kaum zu fassen, wie so plötzlich das hatte kommen können. Er war so viel als Bräutigam. Das, wozu er seit länger als einem Jahr vergeblich Mut gesammelt hatte und wozu reichlich ein weiteres Jahr nötig schien, das war auf einmal angerichtet. Er war so viel als Bräutigam.»[33]

Freilich endeten solche Verhältnisse zuweilen nicht mit der Eheschließung, sondern mit der Schande für das Mädchen, doch darüber wird noch in anderem Zusammenhang zu sprechen sein.

Im allgemeinen war es üblich, daß die Eltern die zukünftigen Heiraten ihrer Kinder zusammenstellten und sich dazu eines Heiratsvermittlers bedienten, den man in Bayern *Schmuser* nannte.[34] Die alte agrarische Gesellschaft war vorwiegend endogam; das Identitätsgefühl des einzelnen verband sich mit demjenigen des Dorfbewußtseins. Dementsprechend gelang die stimmige Partnerwahl zumeist im Dorfe selbst, d. h. die große Gruppe der Wenig- und Mittelbesitzenden fand den besitzgleichen Heiratskandidaten im eigenen Dorf. Nur aus der geringen Zahl der reichen Bauern mußte zuweilen in einer der umliegenden Gemeinden nach einem entsprechenden Ehegatten gesucht werden, wenn im eigenen Dorf das Besitzprestige nicht zu befriedigen war. Derartige exogame Überschreitungen der Norm mußten mit Geldsanktionen gebüßt werden, die

Sperren des Brautzuges in Böhmen. (Albert Kretschmer, 1825–1891)

im Brauch der Wegsperre zum Ausdruck kamen. D. h., die Burschen (später die Kinder) des Dorfes, in das eingeheiratet wurde, sperrten den Hochzeitszug mit dem Seil oder einer Kette, und das neue Dorfmitglied mußte sich einkaufen.[35]

In der alten Dorfgesellschaft ergab es sich, daß mit der Hochzeit alle bisherigen sozialen Bindungen des Brautpaares umgeprägt wurden und ein neues Geflecht von Verwandtschaft und Freundschaft und damit von Familie entstand, denn die Eheschließung war nach alter Tradition vor allem ein Vertragsabschluß zwischen zwei Familien.[36] Bestätigt wurden diese neuen Verbindungen, der Eintritt in neue Gruppierungen durch Geschenke und Zeichen, deren semantische Bedeutung die Teilnehmer der agrarischen Gesellschaft auch ohne Worte verstanden wie der Brautwagen mit dem ausgestellten Heiratsgut, das Hauben der Braut durch die verheirateten Frauen und zahlreiche Abschieds- und Aufnahmezeremonien.

Am schwersten war es, die Vorschriften für die Besitzgleichheit zu durchbrechen. Das galt für beide Geschlechter, aber vielleicht doch noch strenger für die Mädchen. Als Töchter und später als Frauen hatten sie sich ausschließlich den Interessen des Hofes zu beugen, – sowohl des elterlichen, dessen materielle Möglichkeiten sie repräsentierten, –

Brautwagen in Bayern. (Albert Kretschmer, 1825–1891)

wie dem des Bräutigams, dem sie eine ebenbürtige Partnerin sein sollten. Nur darauf kam es an. Für eine eigene Persönlichkeitsentwicklung gab es auf dem Dorf kein Verständnis. Auf individuelle Wünsche und Gefühle wurde keine Rücksicht genommen; das entsprach nicht dem Denken der agrarischen Gesellschaft. «Der Hof heiratet!» – damit war alles gesagt.

«...daß alle Welt geschätzet würde, ... ein jeglicher in seiner Stadt.» Mit diesem Beginn der Weihnachtsgeschichte aus dem Lucas-Evangelium wird die Bürokratisierung der verwalteten Welt vorgestellt, die die Frage nach dem Familienstand einschließt. Ist das Primat der Ehe aber tatsächlich ein Produkt der Kirche und Bürokratie?[37] Sie haben die Ehe formal institutionalisiert, doch das Besitzdenken und die Suche nach dem ebenbürtigen Partner auf dieser Ebene hat wohl stets eine entscheidendere Bedeutung, zumindest für das Bewußtsein, gehabt.

Die «Familie» ist in solchem Verständnis weniger die trauliche und liebevolle Vereinigung der Generationen, sondern die verwandtschaftliche Zusammenfügung der – im Geiste der Dorfhierarchie und das heißt nach Besitz und Ansehen – passenden Familien. Es darf nochmals Karl Immermann zu Worte kommen:

«Liebe ist Liebe, aber Ehe ist Ehe. Die Ehe ist ein Geschäft, ein höchst wichtiges Geschäft. Nicht umsonst handelt ein Abschnitt in allen Landrechten von der Ehe und dem Eingebrachten und von der Gütergemeinschaft. Die Ehe soll dem Menschen einen Boden unter die Füße geben, nicht den Boden unter den Füßen wegziehen. Ein Geschäft muß ein Objekt haben, Liebe ist aber kein Objekt. Liebe gehört zur Ehe wie der fröhliche Trunk zum Abschluß eines guten Kaufes; aber über das Glas Wein schließt man den Handel nicht.»[38]

Von der Tragik nicht standesgemäßer ländlicher Liebesverhältnisse, die sich ebenso hart auswirken konnten wie hocharistokratische Mesalliancen, war schon die Rede. Das betraf den männlichen wie den weiblichen Teil. Als klassisches Beispiel ist Gottfried Kellers Novelle «Romeo und Julia auf dem Dorfe» bekannt.[39] Marie von Ebner-Eschenbach (1830–1916) hat in ihrer Novelle «Maslans Frau» eine solche Situation mit tragischem Ausgang geschildert. Eine reiche Bauerntochter heiratet, entgegen allen Verboten und Ratschlägen, unter ihrem «Stande» den feschen Büchsenspanner und Herrschaftskutscher, der sie während einer Wiener Wintersaison, die dieser mit seiner Herrschaft in der Hauptstadt verbringen muß, betrügt. Das kann sie ihm – nicht nur als beleidigte Frau, sondern vor allem als sozial Höherstehende – nicht verzeihen. Auf dem dramatischen Höhepunkt der Novelle bittet Maslan seine Frau vor der Tür vor versammelter Dorfgesellschaft um Verzeihung:

«Allerlei Stimmen haben sich erhoben, der kleine Schuhmachermeister hat zu singen angefangen

Bauer, steh auf,
futter dein Schimmel,
prügel dein Weib,
so kommst in Himmel.

Ein Gemeinderat stopft seine Pfeife und sagt: ‹Das könnt mir einfalln, und wenn ich in Wien fünfe ausgehalten hätt, vor meiner eigenen Tür zu betteln und zu flennen.› Der Schmied schaut herunter zu seinen Riesenfüßen und flucht: ‹Der Teufel soll mich holen, wenn ich die Tür nicht eintreten tät und die durchwichsen, die dahinter steht.›»[40]

Daß die Männer des Dorfes die herrschende Meinung aussprechen, nach der Maslans Frau angesichts ihrer sozialen Stellung im Recht, aber als Frau im Unrecht war, hat die Verfasserin dichterisch gestaltet. Im allgemeinen ist es wohl selten zu so ungleichen Eheschließungen gekommen.

«Selmel wäre lieber in die Erde gesunken, ehe sie Gressian ihre Liebe gestanden hätte; denn Selmel war nur ein Landmädchen, gescheit, aber eingebildet [als Bauerntochter], und Gressian war ihr Knecht, während sie über Hunderttausende gebot. Die Natur freilich kümmert sich nicht um solche Albernheiten; aber das Vorurteil ist stärker als die Natur, besiegt und tötet sie oft, und wenn es sie nicht tötet, so verschließt es ihr doch die Lippen. Selmel öffnete daher ihr Herz sogar ihrer Mutter nicht, obwohl schon diese von allem wußte und nur deswegen schwieg, weil sie einsah, daß ein einziges Wörtchen die Wunde verschlimmern würde.

Gressian hingegen war viel zu stolz, um einen Korb zu ertragen. Das Mädchen verführen? Eher hätte er sich von den Mühlsteinen zermalmen lassen. Ihr seine Liebe gestehen? Nein, dachte er, sie muß den Anfang machen, sie weiß, daß ich sie liebe. Dann wollte er nicht aus dem Hause und Selmel nicht in den Augen des Dorfes bloßstellen. Denn nicht ein Mädchen im Dorfe wäre gewesen, das nicht schadenfroh, statt an Selmels Glück, sich an ihres Vaters Unglück geweidet und triumphiert hätte, daß sein Bauernstolz so tief gedemütigt sei. Dann dachte Gressian, das Dorf soll nicht sagen, der Gressian freite um ein reiches Mädel und zog mit einer langen Nase ab. Selmel selbst wußte dies alles und freute sich innerlich über den Charakter ihres Geliebten, ohne es ihm sagen zu dürfen. Sie beschloß daher, vorerst zu warten. Lebt doch die Liebe nur von der Hoffnung!»[41]

In dieser Dorfgeschichte aus dem Vormärz, die dem System entsprechend ebenfalls kein happy end haben kann, kommen die Standesvorurteile der bäuerlichen Gesellschaft deutlich zum Ausdruck, auch so etwas wie ein Schuldgefühl der Kinder gegenüber dem Hof. Es war nicht anders: die patriarchalische Ordnung des Bauernhofs bestimmte die Partnerwahl der Kinder und damit die Familiengeltung und Vererbung des Besitzes. War der Bauernwirt in noch rüstigem Alter gestorben, so sah man es gern, daß die Witwe wieder heiratete, damit die übliche Ordnung auf dem Hof erhalten blieb; bekam z. B. eine der Hoftöchter ein uneheliches Kind, so machte man diese familiäre «Unordnung» dafür verantwortlich:

«‹Hätt sie [die Bäuerin] ein paar Jahr nach dem Ableben vom Ferdl geheiratet!› meinten die Bauern und schimpften weiter: ‹dann wär' die Sauerei nicht vorgekommen. Die Kinder hätten einen Vater gehabt und gewußt, was sich gehört.› – Und es erinnerten sich die meisten an den Jani-Hans und fanden, daß er seinerzeit ganz recht gehabt habe, als er der Heimrathin den Antrag zu einer Josephs-Ehe machte. Der Hans, noch immer hoch geschätzt von den Alten, sagte nur: ‹Auf Ehr' und Seligkeit, ich hab's ihr gut gemeint, der Bäuerin, aber mein Gott und Herr Jesus, einem religiösen Menschen wird ja nie geglaubt.›»[42] Die verwitwete Bäuerin sollte also auf alle Fälle wieder heiraten, damit nur ja ein Mann den Hof verwaltete!

Wenn sie sich aber nicht dazu entschließen konnte, so schlüpfte sie selbst allmählich in die Rolle des Hofwirts und Familienvorstands, ohne daß jedoch damit das patriarchalische Prinzip aufgegeben würde; es setzte sich fort, nur mit anderen Vorzeichen.

«An einem kalten Tag, nach dem Mittagessen, machte sich der Maxl auf den Weg nach Aufhausen. Schon als er beim Heimrath zur Kuchltüre hineinkam, merkte er, daß sich die Bäuerin zu seinen Gunsten entschlossen hatte; trotzdem war er erstaunt, denn einen solchen, fast freundschaftlichen Empfang hatte er nicht erwartet.

‹Hock dich nur hin! Gleich kriegst du deinen Kaffee›, sagte die Heimrathin nach dem üblichen Gruß und stellte einen Teller voll Schmalznudeln auf den Tisch. Und gleich nachdem sie erzählt hatte, daß der Pfarrer die Heirat mit der Resl befürwortet habe, erklärte sie sachlich, was ihre Tochter in die Ehe mitbekomme: dreitausend Gulden, ein einjähriges Kalb und einen schönen *Kuchlwagen.* So nämlich wurde der festlich geschmückte Wagen mit der Aussteuer der Braut genannt, der am Hochzeitstag zum Haus des zukünftigen Ehemannes gefahren wurde. Während dieser Fahrt versperrten in einem fort Leute dem Wagen den Weg und gaben ihn erst frei, wenn etliche Geldstücke ‹gespendet› wurden.

‹Ist's dir recht so? Bist du zufrieden damit?› fragte die Heimrathin, und der Maxl, der nur schwer seine jäh aufquellende Freude verbergen konnte, antwortete glücklich nickend: ‹Freilich, Heimrathin! Das ist ja hochnobel! Das ist mir ja mehr als genug.› Die Bäuerin war zufrieden. ‹So, da hast du jetzt deinen Kaffee! Am Samstag oder in der nächsten Woche, sagte der hochwürdige Herr Pfarrer, könnt' ihr zum Stuhlfest kommen›...

‹Stuhlfest, hm! Schnell geht das!› brummte er dazwischen einmal halblaut. Als

Stuhlfest bezeichnete man die übliche Belehrung, die der Geistliche einige Wochen vor der kirchlichen Ankündigung der Hochzeit den Brautleuten im Pfarrhaus gab. Sie galten nach dem Stuhlfest vor allen Leuten als Verlobte.»[43]

Das Zeremoniell der Bauernhochzeit war also eng mit dem ökonomischen System der agrarischen Gesellschaft verbunden. Seine kulturellen Zeichen sagten etwas aus über die Denkweisen dieser Gruppe, insbesondere über den deutlichen Ausweis und die Abgrenzung des Besitzstandes. Sie wurden auch ohne Worte von allen Teilnehmenden verstanden. Formal entstammten sie größtenteils der höfischen Etikette (z. B. der Hochzeitsbitter mit seinem umständlichen Gebaren und manche Einzelheiten der feierlichen Begegnung des Brautpaares), aber auch dem Verhalten städtisch-patrizischer Kreise in Kleidung und Bewirtung. Solche Imitationen führten bis zu obrigkeitlichen Verboten der unglaublichen Verschwendung bei reichen Bauernhochzeiten.

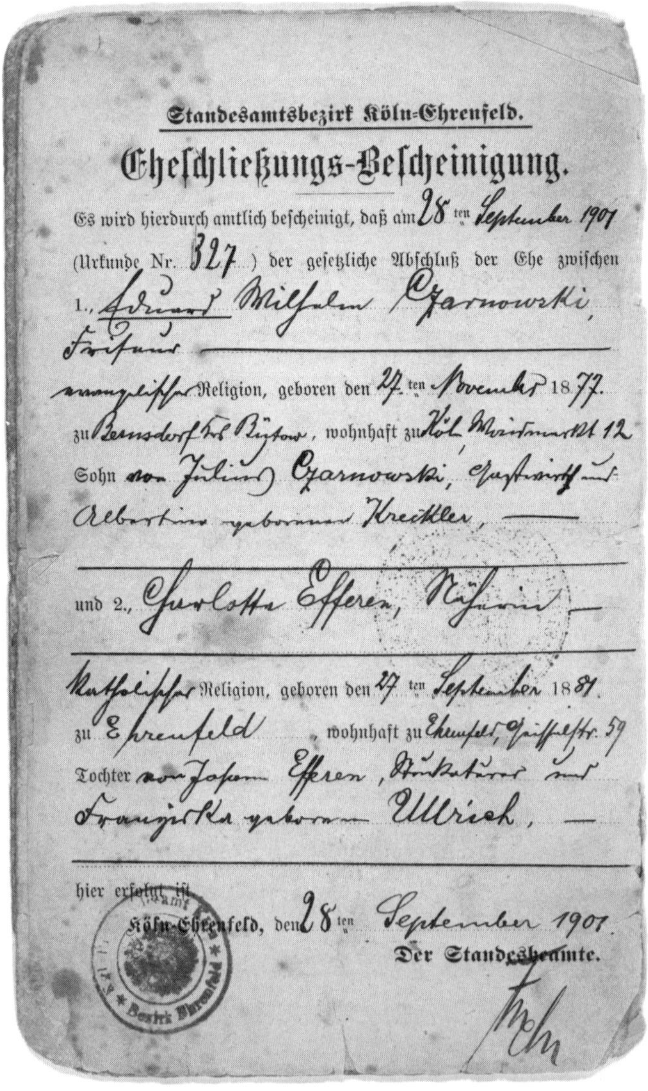
Standesamtsbezirk Köln-Ehrenfeld.

Eheschließungs-Bescheinigung.

Es wird hierdurch amtlich bescheinigt, daß am 28ten September 1901
(Urkunde Nr. 327) der gesetzliche Abschluß der Ehe zwischen
1., Eduard Wilhelm Czarnowski,
Friseur
evangelischer Religion, geboren den 27ten November 1877.
zu Bernsdorf Krs Bütow, wohnhaft zu Köln Waidmarkt 12
Sohn von Julius Czarnowski, Gastwirth und
Albertine geborene Kreckler,
und 2., Charlotte Efferen, Näherin
katholischer Religion, geboren den 27ten September 1881.
zu Ehrenfeld, wohnhaft zu Ehrenfeld, Geißelstr. 59
Tochter von Johann Efferen, Stukkateur und
Franziska geborene Ullrich,
hier erfolgt ist.
Köln-Ehrenfeld, den 28ten September 1901.
Der Standesbeamte.

Die neuen Verwandtschaftsbeziehungen wurden durch angenommene und erwiderte Geschenke fester geknüpft, die den Beweis der Gleichrangigkeit der beiden Familien bildeten – und darauf kam es an, auch im Interesse einer Erweiterung der dörflichen Machtpositionen.

Bürgermeister wurde meist der Besitzer des größten Hofes – in einem dialektischen Verhältnis –, so daß die von ihm Abhängigen ihn wählten und er wiederum durch die Größe seines Besitzes die Zahl der von ihm Abhängigen vergrößern konnte. Noch in der Gegenwart antworteten alte Bauern bei einer Befragung im hessischen Hinterland:

«Von diesem Hof war ja das ganze Dorf abhängig, ich will mal sagen, was so die geringen Leute waren; der Vater war Bürgermeister, den mußten sie ja alle wählen. Als der Alte nicht mehr Bürgermeister war, da ging auch niemand mehr zu ihnen als Gesinde, weil niemand mehr von ihnen abhängig war.»[44]

Damit aber ist schon die Beziehung zwischen Hof und Dorf angesprochen, das Eingebundensein der autarken Hofwirtschaft in das durch die Arbeit bestimmte Netzwerk des Dorfes. Karl Marx (1818–1883) hatte das für die ersten Jahrzehnte nach der Aufhebung des Feudalismus noch anders gesehen:

«Die Parzellenbauern bilden eine ungeheure Masse, deren Glieder in gleicher Situation leben, aber ohne in mannigfache Beziehung zueinander zu treten. Ihre Produktionsweise isoliert sie voneinander, statt sie in wechselseitigen Verkehr zu bringen. Ihr Produktionsfeld, die Parzelle, läßt in seiner Kultur keine Teilung der Arbeit zu, keine Anwendung der Wissenschaft, also keine Mannigfaltigkeit der Entwicklung, keine Verschiedenheit der Talente, keinen Reichtum der gesellschaftlichen Verhältnisse. Jede einzelne Bauernfamilie genügt beinahe sich selbst, produziert unmittelbar selbst den größten Teil ihres Konsums und gewinnt so ihr Lebensmaterial mehr im Austausche mit der Natur als im Verkehr mit der Gesellschaft. Die Parzelle, der Bauer und die Familie; daneben eine andere Parzelle, ein anderer Bauer und eine andere Familie. Ein Schock davon macht ein Dorf.»[45]

Dieser letzte Satz wäre freilich richtigzustellen, denn es war nicht die Addition oder Multiplikation solcher Parzellen, die ein Dorf ausmachten. Vielmehr galt hier die strukturelle Ordnung in einem an der Größe des Besitzes orientierten System. Das hierarchische Prinzip dieses Systems umfaßte alle Einheiten des Dorfes auch außerhalb von Bauernhof und Bauernfamilie. Dabei bleibt unbestritten, daß die innerfamiliäre Hierarchie in einer so komplexen Gesellschaft wie der agrarischen eine notwendige Voraussetzung für die Arbeitsorganisation bildete. Weniger selbstverständlich jedoch war der einzige Maßstab der physischen Kraft für diese Hierarchie, der sie von vornherein gleichsetzte mit einer Hierarchie des Männlichen vor dem Weiblichen.

Kirche und Schule

Sitzordnung in der Kirche

«Als die Kinder in der Kirche versammelt waren, fiel es mir auf, daß sie sich in einer anderen Reihenfolge gesetzt hatten, wie in der Schule. Obenan saß der Sohn des Schulzen und Kirchvorstehers, dann folgten die Bauernsöhne, dann die Büdnersöhne usw., der letzte war des Deckers Sohn. In ähnlicher Weise hatten sich auch die Mädchen geordnet. Der Küster riet sehr dazu, daß ich die Kinder sollte so sitzen lassen, weil sonst viel Lärm entstehen würde, und weil es überhaupt bedenklich sei, in solchen Sachen zu ändern. Der Unterschied zwischen Bauern, Büdnern und Tagelöhnern wurde auch stets in einer merkwürdigen Weise von der einen Seite geltend gemacht und von der andern Seite respektiert. Das zeigte sich besonders bei allen festlichen Gelegenheiten, und auch die Sitzplätze in der Kirche waren danach verteilt. Der Knecht und die Magd nannten zwar den Hausherrn und die Hausfrau Vater und Mutter, und das ganze Haus aß an einem Tische, aber jeder hatte und behielt ein Bewußtsein von seiner Stellung. Es kam selten vor, daß bei Heiraten die Grenzen des Standes überschritten wurden. Die Bauersfrau sagte: ‹Meine Tochter ist noch zu jung, als daß sie unter ihrem Stand heiraten sollte›, auch wenn das Mädchen schon dreißig Jahre alt war.»[46]

Wie hier der protestantische Geistliche in seinem brandenburgischen Dorf die kirchliche Sitzordnung nach hierarchischem Denken schildert, so mag es fast überall gewesen sein. Nicht das egalisierende Sozialempfinden des Christentums war maßgebend, sondern das Prestigedenken der Dorfgesellschaft. Erst mit und seit der Reformation wurde das Kirchengestühl zu einer festen Einrichtung des kirchlichen Innenraums, hatte doch der Protestantismus generell das Sitzrecht gewährt im Unterschied zum Katholizismus, der dann später nachzog.[47] Aber mit dem Sitzen während des Gottesdienstes verband sich allsogleich das soziale Sich-Absetzen von den Vertretern der anderen Stände, zumeist auch des anderen Geschlechts, was zu zahlreichen Auseinandersetzungen um das feste Gemeindegestühl als sozialem Ordnungsfaktor führte.[48] Diese Dinge wurden sehr wichtig genommen, und im Geiste des Feudalismus, der dem Stuhl als dem «Sitz» in der Gesellschaft einen so hohen Rang in der Etikette einräumte, auf den Kirchenraum übertragen, wo nun allen sichtbar der «richtige» Platz eingenommen wurde. Fontane hat das in seinem Roman «Vor dem Sturm» für ein brandenburgisches Gutsdorf um 1812 beschrieben:

«Und jetzt begannen die Glocken zum dritten Mal zu läuten, und während mit den Abfahrenden noch Grüße gewechselt wurden, boten die beiden zurückbleibenden Freunde den schon zum Kirchgange bereitstehenden Damen ihren Arm und schritten mit ihnen erst durch die verödeten Gänge des Parkes, dann durch die Lindenallee bis zur Kirche hinauf. Die kleine Seitenpforte war verschlossen, so daß sie heute den Haupteingang benutzten und durch den Turm, wo die Bahre und die gesprungene Türkenglocke stand, in die Kirche eintreten mußten. Diese war schon gefüllt, da jeder in Erfahrung gebracht hatte, daß ein Wort über Krieg und Frieden von der Kanzel gesprochen werden sollte. Nur der Majorsstuhl dicht vor dem Altar war leer, wie immer. – Renate und die Schorlemmer gingen das Mittelschiff hinauf; Lewin und Tubal folgten. Als sie bis in der Mitte waren, bogen sie nach rechts in einen Quergang ein, der erst zu einem schmalen Treppchen und mit Hilfe derselben zu dem herrlichen Chore hinaufführte. Hier nahmen sie Platz auf alten hochlehnigen Lederstühlen und stimmten in das Lied ein. Lewin saß am meisten zurück, Tubal unmittelbar hinter Renate und der Schorlemmer, so daß er zwischen ihnen hindurch den Blick auf das große Denkmal und ein paar der vordersten Bankreihen frei hatte. Auf der zweitvordersten Bank saß Schulze Kniehase samt Frau und Tochter. Marie hatte sich mit Renate leise begrüßt, aber seitdem von ihrem Gesangbuche nicht mehr aufgeblickt.»[49]

Hier wird die bevorzugte Platzordnung für die adlige Gutsherrschaft deutlich, aber auch die Tatsache, daß die «guten» Plätze in Kanzelnähe für die führenden Bauernfamilien reserviert waren.

Die Eigentums- und Nutzungsrechte am Kirchengestühl waren landesherrlich sehr verschieden geordnet. Hier soll nur auf die Prinzipien des Sozialprestiges verwiesen werden, die vom Dorfdenken in die Kirche unter Zustimmung der Geistlichkeit verpflanzt wurden. Kam die Geschlechterordnung hinzu, daß also auf der linken, der Evangelienseite, die Frauen saßen, so mag die Kirchenordnung etwa folgendes Schema gehabt haben:[50]

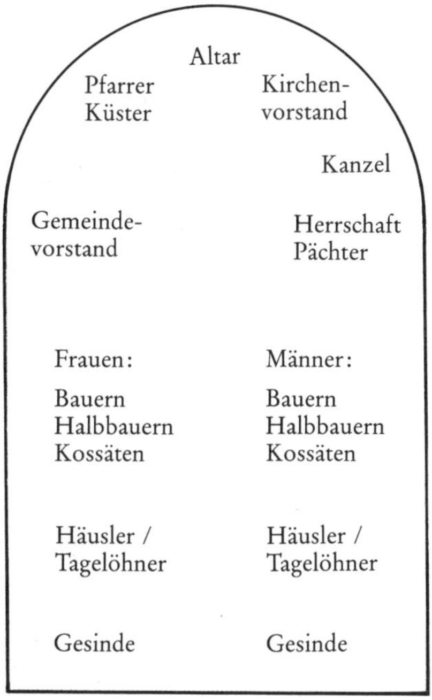

Wie unchristlich sich leidenschaftlich verteidigte Rangordnungen und durch sie verursachte Kränkungen auswirken konnten, zeigt ein schriftlich verbürgter Streit aus dem Dorf Pütte bei Stralsund, überliefert aus dem 18. Jahrhundert, zwischen der Frau des Schulzen Carsten und der Frau des Schmiedes Ludehase um den Platz in der Kirche:

«Als die ‹Schulzsche› die Magd der ‹Schmidtschen› nicht vorbeilassen wollte, obwohl ‹doch der bestendige Gebrauch ist, daß die Dirns die Frauens vorbey gehen und unten an sitzen›, empörte sich die Magd ganz besonders, weil ‹sie dermahleinst auch wohl einen Rademacher heyrahten konte als wie die Schulzsche gethan, welche vordem auch nur ein Dienstbote gewesen wäre›. Die Frau des Schulzen erklärte nun laut, ‹die Schmidtsche wäre ein Mensch, die der Mutter nicht wäre hinter den hintern weggekommen›. Darauf hub Lärm und Zank zwischen den Frauen an, der nicht aufhörte, obwohl die Leute hinter der Schmidtschen ‹ihr in den Nacken mit der Muffe gestoßen› und sogar ‹der H. Pastor am Beichtstuhl geklopfet›. Beide mußten Strafe zahlen, und die Frau des Schulzen dazu noch ‹8 tage ins Lütgen (Gefängnis) sitzen›, wo sie ‹Schlag und Rührung bekommen›. Das rüde Wortgefecht zwischen den beiden Frauen (‹Schelmhure›, ‹Sau› usw.) ging weiter und mit ihm auch die Verhandlung des Falles über Stadtrat und Konsistorium bis zum Tribunal.»[51]

Hier ist nicht nur das verbogene Selbstbewußtsein der kleinen Leute zu bedauern, sondern noch zusätzlich der Mangel an jeglicher Solidarität zwischen den Frauen. Die Rangordnung überwog alle anderen Empfindungen.[52] Doch darüber wird noch an anderer Stelle zu sprechen sein.

Es mag zutreffen, daß sich der Kampf um die sozial «richtige» Platzordnung in der Kirche besonders stark in den gutsherrschaftlichen Provinzen Ostelbiens auswirkte, gewissermaßen als sozialer Reflex.[53] Die bewußte und normierte Differenzierung der Dorfgesellschaft, die darin zum Ausdruck kam und sich dem christlichen Gleichheitsverständnis überlegen erwies, dürfte jedoch dem allgemeinen bäuerlichen Rangordnungsdenken entsprochen haben.

Die Stellung des Pfarrers in der Gemeinde

War also auf diesem Gebiete die Wirkung der bäuerlichen Ethik durchaus fragwürdig, so galt doch die Stellung des Pfarrers im Dorf als vorrangig in der Reihe der Honoratioren. Er war der erste – sowohl in evangelischen wie in katholischen Gemeinden. Für

Pfarrhaus-Idylle.

einen begabten Knaben im Dorfe gab es kaum eine andere Perspektive als Pfarrer zu werden, und was Gustav Frenssen (1863–1945) für die Zeit um 1880 aus Norddeutschland berichtet, war nicht anders in den vorangegangenen Jahrzehnten:

«Ich entschloß mich, soweit ich mich erinnere, ohne irgendwelches Besinnen, Geistlicher zu werden. Etwas trug vielleicht dazu bei, daß eine Art Tradition in der Familie war. Zwar meine direkten Vorfahren waren lauter ungebildete Leute; aber von den Nebenlinien des Geschlechts standen derzeit drei Männer im Predigeramt, zwei in der Landeskirche und der Bruder meiner Mutter in der Fremde, alle drei wackere und angesehene Leute, die mich wohl anregen konnten, denselben Weg zu gehn. Andre Studien, z. B. das der Medizin, zu dem ich vielleicht, wegen der breiten, volkstümlichen, praktischen Tätigkeit, die es versprach, Neigung gehabt hätte, galten für teuer, ja Vermögenslosen völlig unzugänglich. Die anderen gelehrten Berufe aber, etwa den des Chemikers, des Ingenieurs, des Technikers, des Journalisten, kannte ich alle nicht. Denn ich war noch in keiner großen Stadt gewesen, hatte noch nie eine größere Zeitung in den Händen gehabt, und ich hatte von dem damaligen Leben im deutschen Volke keinen Begriff, nicht einmal ein unklares Bild. Ich war ja auch, mit meiner Phantasie wie mit meiner Liebe, im Dorfbereich, dort schien mir das einzige natürliche und also würdigste Leben; und im Dorf war der Pastor, wenn auch – damals schon – nicht mehr für jedermann, so doch noch für die große Mehrzahl, und für meine idealistische Auffassung von Welt und Menschen ganz gewiß, der erste Mann.»[54]

In katholischen Gemeinden hatte das Geistlichwerden einen fast noch höheren Rang und betraf gewissermaßen die ganze Familie und ihre Nähe zum Herrgott:

«Die Großmutter führte das Wort und teilte mir mit, was für ein großes Glück sich für mich aufgetan habe, und wieviel Dank ich dem Herrn Lehrer schuldig sei. Der Kaufmann Redenbacher in Burghausen und seine Frau, ein unsriges Basl, hätten sich

Daguerrotypie eines Dorfpfarrers.

bereit erklärt, mich bei sich aufzunehmen, weil ihnen als kinderlosen Leuten der Wunsch meiner Eltern recht gelegen gekommen sei.

‹Jetzt ist alles in Ordnung, und du kommst auf Burghausen und wirst mit der Gotts Hülf ein hochwürdiger Herr›, schloß die Großmutter. Ich war so verblüfft, daß ich mich ohne ein Wort zu sagen an den Herd setzte und bald den Vater und bald die Mutter anschaute. ‹Ja, Kaschbei›, sagte diese und strich mir übers Haar, ‹wer hätt sich denkt, daß du so ein Glück machst?›

Nun kam es mir zum Bewußtsein, was man mit mir vorhatte. Ich sollte fort von daheim zu fremden Leuten und sollte alles verlieren, was mir gewohnt und lieb war. Da hielt ich nicht mehr an mich und weinte laut hinaus. Die Großmutter geriet in Ärger über meine Blindheit, die mich das große Glück nicht sehen ließ. Hunderte wüßten nicht, was sie tun müßten vor Freude, und ich hocke da und flenne. Freilich könne ich es noch nicht recht verstehen, was es heiße, ein Geistlicher zu sein, und was es bedeute fürs ewige Leben. Ein Tölzer Pater habe bei einer Primiz gesagt, daß ein neugeweihter Priester über den Engeln stehe, und es sei bekannt, wieviel Kraft der Segen von einem solchen habe. Ein paar Schuhe sollt man durchgehen, um zu einer Primiz zu kommen. Und was für eine Ehre es sei für die ganze Verwandtschaft und was für ein Trost, einen geistlichen Fürbitter zu haben! Und wie gut gehe es den hochwürdigen Herren auch auf dieser Welt! Viele gebe es, die mehr Grund und Boden hätten wie ein großer Bauer. Sie kenne selber ein halbes Dutzend und mehr...

Ein wenig freute ich mich doch über das Aufsehen, das ich erregte. Wer mir begegnete, redete mich an, und oft kam eine Bäuerin aus ihrem Haus heraus, wenn ich vorbeiging und rief: ‹Ja, Kaschbei, jetzt werst d' gar geischtli! Aber da werd dei Muata an Stolz hamm!›»[55]

Die nachdrückliche Bedeutung , die die Entscheidung eines Sohnes, Geistlicher zu werden, für die Familie gewann, die soziale Aufwertung besonders der ärmeren Verwandtschaft bei der Primiz des jungen Mannes hat Magnus Jocham (1808–1893) aus seiner persönlichen süddeutschen Erinnerung beschrieben:

«Nach dem Nachmittagsgottesdienste und dem Gräberbesuch ging ich mit meinem Vater und meinen Geschwistern in die Heimat. Auch meine beiden Taufpaten, der Bruder meines Vaters und die Schwester meiner seligen Mutter, begleiteten mich. Diese beiden guten Leute waren gar besonders erfreut. Sie sprachen davon, wie sie mich vor etwas mehr als 23 Jahren auf demselben Wege von der Taufe nach Hause gebracht, wie sie aber damals an eine solche Begleitung nicht gedacht. Alles war in gehobener Stimmung wie ich selber. Der mich begleitende Bruder war in Augsburg bei der Ordination gegenwärtig gewesen. Er erzählte Alles mit großer Ausführlichkeit, vergaß auch nicht des grellen Schreies von jenem erschrockenen Kinde, als die zwölf großen Männer plötzlich zu Boden fielen, und überhob mich so des vielen Redens, das mich zu sehr ermüdet hätte. Wir blieben über eine Stunde beisammen. Ich weiß nicht, ob auch nur eines einen Bissen gegessen oder einen Schluck getrunken hat. Man hatte nicht Zeit dazu. Zum Schlusse mußte ich noch Allen den priesterlichen Segen erteilen, und dann gingen die Leute nach Hause.

Meiner harrten nun vier sehr strapaziöse Tage. Ich mußte alle Häuser der ganzen Pfarrei, ungefähr hundert, besuchen, die Leute zur Primiz einladen und allen Hausbewohnern den Segen erteilen. Auch die Verwandten in den umliegenden Pfarreien mußte ich besuchen und zur Festlichkeit einladen, – und dies Alles bei höchst unfreundlichem Wetter. Ich mußte immer nur darauf sinnen und denken, daß ich ja keinen von den

Besuch des Pfarrers in seiner Gemeinde. (Alexis Bafcop, 1804–1895)

nahen und entferntesten Verwandten vergesse; denn das wäre eine große Beleidigung gewesen, und beleidigen wollte ich Niemanden. Diese Verwandten waren größtenteils von der ärmern Klasse, und es hätte ihnen eben darum um so weher getan, wenn sie wären übersehen worden. Ich war froh, als endlich der Allerseelensonntag kam und dieser Strapaze ein Ende machte...

Die Leute waren, so viel ich erfahren hatte, so ziemlich zufrieden gestellt, und der strapaziöse Anfang des Priesterlebens war gemacht.»[56]

Der großen Bedeutung des Geistlichen für seine eigene Familie entsprach die väterlich strenge Rolle seinen Pfarrkindern gegenüber. Der gleiche Erzähler schildert hier seine erzieherische moralische Funktion, in deren Verlauf er einen altüberlieferten Fronleichnams-Brauch im Interesse der pädagogischen Wirkung auf das sittliche Verhalten der Dorfmädchen (von den Burschen ist bezeichnenderweise weniger die Rede!) einfach umwandelt und mit neuer Bedeutung füllt:

«Einmal ward es mir durch Gottes Gnade trotz alldem möglich, meinen Pfarrkindern die sittlichen Mißstände in der Gemeinde mit Ruhe und sehr eindringlich vor Augen zu stellen. Das hohe Pfingstfest war vorüber, und man machte Vorbereitungen auf die Feier des hohen Fronleichnamsfestes. Bei der Prozession an diesem festlichen Tage wurden sonst alle Jahre die beiden auf den Seitenaltären aufgestellten christlichen Statuen der Mutter Gottes und der heiligen Mutter Anna umhergetragen. Je vier Jungfrauen mußten eine Statue tragen, und je zwei Jungfrauen mußten diese Trägerinnen begleiten. Jetzt waren aber nicht mehr zwölf Jungfrauen im Orte, die schon aus der Feiertagsschule wären entlassen gewesen. Bisher aber durften weder Feiertagsschülerinnen noch Mägde, die nicht in der Pfarrei zu Hause waren, die Statuen tragen. Nun war im Dorfe ein Streit entstanden, ob man in diesem Jahre Feiertagsschüler oder von auswärts gebürtige Mägde zulassen sollte. Ich erfuhr die Sache erst am Vorabende vor dem Dreifaltigkeitssonntage. An diesem Tage mußte die feierliche Prozession für das Fronleichnamsfest verkündet und es mußte zugleich gesagt werden, wie man dabei Alles zu halten habe. Als ich nach der Predigt an die Verkündigung kam und noch nicht wußte, wie der im Dorfe entbrannte Streit geschlichtet werden könne, fiel mir auf einmal der Gedanke ein: ‹Du lässest diesmal die Statuen gar nicht herumtragen.› Ich besann mich eine Weile und sagte dann in aller Ruhe: ‹Den Streit wegen des Tragens der Mutter Gottes und der heiligen Anna muß ich auch noch beilegen. Ihr wißt alle, welch ein unheilvolles Jahr wir heuer gehabt haben. Wir sollten darüber weinen, nicht streiten. Das große Verderben in der Gemeinde, bei Verfall sittlicher Zucht unter den Töchtern der Gemeinde ist die Ursache, daß wir jetzt nicht mehr zwölf Jungfrauen finden, welche die Mutter Gottes tragen und begleiten können. Das kann der reinsten Jungfrau gewiß nicht wohlgefallen. Sie kann keine Freude an uns haben, bis wir unser Elend einsehen und beweinen. Das wollen wir aber. Und zum Zeichen, daß wir es einsehen, wie sehr wir gefehlt haben, wollen wir uns auch bei der festlichen Prozession die Freude versagen, die Mutter Gottes mit herum zu tragen. Wir wollen uns dies recht zu Herzen nehmen und damit anfangen, Buße zu tun. Und wir wollen, so lange wir leben, an das böse Jahr denken, in dem wir die gebenedeite Mutter des Herrn nicht zur Prozession mitnehmen durften, damit nie wieder der alte Leichtsinn überhand nehme.› ... Während ich diese Worte ganz ruhig und wahrscheinlich sehr unbeholfen sprach, entstand plötzlich ein Weinen und Schluchzen, wie ich es nie gehört hatte. Nicht bloß Mädchen und Weiber, sondern selbst Männer weinten die hellen Tränen. Der Eindruck war nicht bloß ein augenblicklicher während des Aufenthaltes in der Kirche. Auch auf dem Wege nach Hause ermahnten die ältern Leute die jüngern, sie sollten dies recht zu Herzen nehmen und darnach streben, daß es wieder besser werde... Jetzt sah man nicht allein alte Weiber und Kinder, sondern auch Jungfrauen und Männer die Hände aufheben und andächtig beten. Selbst die jungen Burschen gewöhnten sich an Ordnung und Ehrerbietung im Hause Gottes. Einige von den früher Gefallenen fingen an, durch gutes Beispiel das gegebene Ärgernis wieder gut zu machen.»[57]

Das ist ein sehr nachdenklich stimmender Bericht, der vieles aussagt über die

Einst wie jetzt: Fronleichnamsumzug in Effeltrich 1980. (Foto Wolf Lücking/Berlin)

Funktion von Bräuchen und die Macht des Geistlichen, sie für seine moralpädagogischen Zwecke einzusetzen. Daß dabei die Mädchen die Leidtragenden waren und durch den Entzug einer beliebten «tragenden Rolle»[58] am härtesten bestraft wurden, entsprach dem geltenden und durch die Kirche verstärkten Moralempfinden.

Die Wallfahrt

Wie die katholische Kirche ihre Gläubigen durch die aktive Teilnahme am religiösen Geschehen lebendig in die Beziehung zu Gott und seinen Heiligen hineinbindet, wird besonders bei den Wallfahrten deutlich, die zugleich eine Art von ländlichem Urlaub darstellten:

«Da kam das Fest Mariä Himmelfahrt. Für diesen Tag hatte ich mir von der Weidhoferin Urlaub zur Wallfahrt erbeten, und sie schickte [auf die Senne] mir den langen Ambros, daß er für mich zwei Tage den Viehhüter mache. Der brachte mit in einem Bündel ein Stück Käse, Brot und die Nagelschuhe, dazu mein gutes Jöpplein und den Rosenkranz. Auch ein Wachs und eine dicke Silberkette legte er mir hin und sagte: ‹Das sollst unserer lieben Frau mitnehmen von der Weidhoferin. Und du sollst ein paar Vaterunser für sie beten und die Meinung machen, daß dies nur grad eine Drangab ist zu der Verlöbnis, die sie getan hat. Und sie kommt schon noch selber dies Jahr und tut ihren Dankgott!›

Da gab es mir einen Riß. Meine Kostmutter hatte mir hier ihren kostbarsten Schmuck, ihre Brautkette, für die liebe Frau geschickt, weil sie kurz zuvor bei dem scharfen Hagelschauer ihre Felder wunderbar beschützt hatte; wie durfte ihr nun ich, dem sie nicht weniger wunderbar geholfen hatte, meine paar Silbergroschen verweigern! So eilte ich denn in die Höhle, steckte eine Hand voll Münzen in meine lederne Hose, schob die übrigen in die dunkelste Ecke und dachte, daß die Himmelmutter wohl mächtig genug sei, mir das Opfer, welches ich ihr hiedurch brachte, hundertfach zu vergelten. In diesem Gedanken legte ich die Schuhe an, hing die Joppe über die Achsel und sagte: ‹Ambros, jetzt geh i halt in Gotts Nam. Pfüate Gott!›» [Nun wird der Weg zum Wallfahrtsort geschildert.] «Da drang plötzlich, erst verworren, dann immer deutlicher, lautes Beten an mein Ohr. Ich blickte mich um, da sah ich eine große Schar Männer und Frauen die Straße heraufkommen, Fahnen und Kreuze tragend und den glorreichen Rosenkranz betend. Voran gingen zwei Priester im Chorhemd; etliche Ministranten mit roten, goldverzierten Schulterkrägen folgten ihnen und trugen kranzgeschmückte Statuetten der Heiligen auf langen Stangen, und dahinter reihten sich die Beter. Sie schritten alle gebeugt, und der Schweiß stand vielen auf dem Gesicht, doch hielten sie eine schöne Ordnung; und es gingen auf der rechten Straßenseite die Frauen und auf der linken die Männer hintereinander, also daß die ganze Straßenbreite leer zwischen ihnen blieb. Ein Mann im Chorrock lief mit einem langen, silbernen Stab beständig den Zug entlang und schrie mit großem Nachdruck immer die ersten Worte eines jeden Ave Maria hinter sich, worauf die Beter alle zu gleicher Zeit einfielen; und es war die Ordnung also, daß die Männer den Gruß vorbeteten, die Frauen aber mit der Bitte nachkamen... Doch zog ich auch meinen Rosenkranz aus dem Sack und schrie mit vieler Kraft mein ‹Gegrüßt seist du, Maria› hinter den Betern, so daß sich endlich die letzten umsahen und mir ganz freundlich und ermunternd zunickten.»[59]

Die Wirkung dieser Pilgerfahrten für die Dorfgesellschaft ging weit über ihren religiösen Zweck der Ab- und Fürbitte hinaus. Vom kommunikativen Sinn der gemeinsamen Reise aus den engen Grenzen des Dorfes hinaus wurde schon gesprochen.[60] Nach der Heimkehr gab es viel zu erzählen, und manches Erinnerungsstück steckte im Reisegepäck, das auf lange Zeit das Gedächtnis an die Wallfahrt wachhielt. Die Produktion dieser Souvenirs setzte ganze Handwerkszweige in Brot und verband wiederum die Dorfbewohner in einer gemeinsamen Ästhetik der Ausgestaltung ihrer guten Stube.

«Franztoni, der älteste Bruder meiner Mutter, war Uhrenschildmacher, da aber Bernau ziemlich weit von dem Schwarzwalduhrenbetrieb entfernt ist, so verlegte er sich später auf die Unterglasmalerei von Heiligenbildern; auch malte er auf Glas Kruzifixe, das Glas wurde dann auf Holzkreuze aufgekittet. Die ‹Ware› wurde meist an Wallfahrtsorten von armen Leuten verkauft und gekauft. Seine heranwachsenden Söhne halfen mit und machten Muttergottestäfelchen hinter Glas mit Goldschaumflitter; auch Schachteln wurden bemalt. So fand im Uhrenmacherhaus eine Art von Tätigkeit statt, die noch so weit mit Kunst verwandt war, daß sie den bäurischen Schmuck herstellte, wie auch die ärmste Hütte ihn gerne mag.»[61]

Der Maler Hans Thoma (1839–1924) erzählt auch von anderen Begleiterscheinungen des Wallfahrtswesens, mit denen die Gutgläubigkeit der Dorfbewohner mißbraucht wurde; unter den «Ofengästen» seines Onkels sei ein sonderbarer Kauz gewesen, «der fromme Wallfahrer Friedli, der im Auftrag von Bauersleuten geschäftsmäßig nach Einsiedeln und andern Wallfahrtsorten ging, um dort Seelenmessen lesen zu lassen. Der kam zu mir, ich war noch Schulbub, er wußte, daß ich eine gute Schrift hatte. Er erzählte, daß er einen Brief, den ihm der Pater Soundso in Einsiedeln gegeben habe, an einen Bauern im Unterland, für den er Seelenmessen für einen Verstorbenen lesen lassen mußte, verloren habe. Er sagte, er wisse den Brief auswendig, und ich solle so schreiben: Dem Geistlichen sei, während er die Seelenmessen, welche der Fridolin bei ihm bestellt habe, gehalten habe, die Eingebung gekommen, daß zur Erlösung dieser armen Seele aus dem Fegefeuer noch 10 Messen erforderlich seien, und die Leute möchten dem Fridolin das Geld für diese Messen mitgeben. Friedli gab mir Namen und Unterschrift an, und ich war harmlos genug im Vertrauen auf den gar so frommen Wallfahrtsmann, diesen Brief zu schreiben. Erst später kam es mir zum Bewußtsein, daß ich zu einem Betrug mißbraucht worden sei.»[62]

Der Pfarr-Haushalt

War im bisher Gesagten von Beziehungen der Kirche und ihres Pfarrers zu der Gemeinde die Rede, so gab es auch eine Verflechtung in umgekehrter Richtung. Was kostete die Gemeinde ihr Pfarrer, und wie verlief in den Zeiten der Naturalabgaben dessen Löhnung?

Beide Konfessionen ernährten ihre Geistlichen durch Zinsabgaben und den Pfarrerzehnten, Regelungen, die in den einzelnen Regionen bis etwa in die Mitte des 19. Jahrhunderts auf die verschiedenste Weise abgesprochen und vorgenommen wurden. In Württemberg z. B. gab es einen ganzen Privilegienkanon, der die Sonderstellung des Geistlichen zwischen Staat und Kirche belegte.[63] Der Zehnteinzug verband den Pfarrer wirtschaftlich mit seiner Gemeinde, aber belastete auch oft das gegenseitige Verhältnis, das zwischen Ehrerbietung als Würdenträger und Verachtung als Empfänger von Nahrungsabgaben schwankte.

Außer den Abgaben und Verpflichtungen für Arbeitshilfe, falls eine kleine Landwirtschaft zum Pfarrhof gehörte, gab es ungeregelte Einkünfte wie Neujahrs- und Osterverehrungen, Teilnahme an der Metzelsuppe, Einladungen zu den großen häuslichen Festen. Wohl spielten sich diese Beziehungen im Rahmen des dörflichen *do ut des* ab – gib, damit dir gegeben werde –; Bringen und Büßen hingen eng zusammen, und «ohne

Erinnerungsfotografien eines Pfarrers mit seiner Frau, 1814–1889.

viel Phantasie läßt sich denken, in welch engem Verhältnis Wohlgewogenheit im Pfarrhaus und Umfang der Verehrungen gestanden haben mögen.»[64]

Noch nach der Umwandlung der Naturaleinkünfte in Geldabgaben bewahrte sich lange die Wechselwirkung zwischen den kommunikativen und materiellen Funktionen des Pfarrhauses:

«Der Herr Pfarrer lebt sehr glücklich mit seiner Frau ... einen Tag wie den andern, gleich langweilig oder gleich kurzweilig, wie man will. Noch mehr ist dies bei der Frau Pfarrerin der Fall... Die merkwürdigsten Tage sind ihr die Tage vor einem Abendmahl, die Neujahrswoche und die Krämermärkte in der Stadt... Die Tage vor dem Abendmahl und um das Neujahr herum sind der Frau Pfarrerin deswegen so lieb, weil sie da Präsente bekommt, Abendmahls-Präsente und Neujahrspräsente. Da kommt ein Weib und bringt Eier mit, da eine andere mit Kaffee, dort eine dritte mit Zucker, eine vierte mit einem Entchen, eine fünfte gar mit einem Gänschen ... und die Frau Pfarrerin nimmt alles liebreich an und heißt die guten Weiber sich setzen und läßt Kaffee machen und batscht mit ihnen den lieben langen Tag lang. Sie kann es auch wohl brauchen in ihrer Haushaltung, denn die Speisekammer ist oft verdammt leer, absonderlich wenn die verschiedenen Metzelsuppen ausbleiben, welche ohnehin immer kleiner werden, da man nun, statt der sonstigen viere, nur höchstens zwei bis drei Würste bekommt und keine mehr über eine halbe Elle lang... so lebt denn der Pfarrer hin, und seine Beichtkinder lieben ihn, obgleich er oft viel Streit wegen des Zehnten mit ihnen gehabt, und ... er hinterläßt nichts, als eine arme Witwe und viele Kinder.»[65]

Eine Beschreibung des Pfarrerzehnten aus dem Badischen:

«Das Einkommen der Pfarrei Buch am Ahorn bestand größtenteils, wenn nicht ganz, aus dem Ertrage des Zehnten und der Güten. Zwar ist der Zehnte schon in den fünf Büchern Mosis angeordnet, und die Römer hießen das eroberte Land rechts am Oberrhein die agri decumates, das Zehntland, aber trotz Mosis und der Cäsaren Gebot wollte den Bauern die Einrichtung wenig einleuchten. Es war der Zehnte eine unerschöpfliche Quelle von Ärger und Verdruß für Geistlichkeit und Bauernschaft. Beide empfanden fast allenthalben seine Ablösung, die auf den Antrag der zweiten Kammer in den dreißiger Jahren ins Werk gesetzt wurde, als eine Wohltat. – Das Gedächtnis des Zehnten ist nahezu erloschen, darum sei ihm ein Wort der Erinnerung geweiht; er hat mir als Knaben frohe Stunden bereitet.

War die Ernte- oder Herbstzeit gekommen, so meldete sich der Zehnter, dem das Eintreiben des Zehnten oblag, beim Pfarrherrn. Er kam mit einem mehr als mannshohen spitzen Stabe, dem Zehntstabe, und zeigte dem Geistlichen an, daß er aufs Feld gehe, um seines Amtes zu walten. Ich durfte ihn mitunter auf seinen Gängen begleiten. Die Bauern waren gehalten, die Getreide-Garben in Reihen, Flachs und Hanf in Büscheln, Heu und Oehmd, Kartoffeln, Rüben, Bohnen u. dgl. in Haufen und Häufchen bereit zu legen und liegen zu lassen, bis der Zehnter mit seinem Stab erschien, nachsah, und jede zehnte Garbe, jeden zehnten Büschel oder Haufen wegnahm, auf den Wagen lud und wegführte.»[66]

Noch anschaulicher beschreibt Karl Immermann die Zinsabgabe für Pfarrer und Küster in einem westfälischen Dorf, die brauchmäßig ritualisiert verlief, womit das Rechtmäßige des Vorgangs betont und das Geben seitens der Bauern zu einer Zeremonie überhöht wurde:

«Der Hofschulze trat in sonntäglichem Putze soeben aus der Türe, gegenüber aber hielt am Eichenkampe ein zweispänniger Karren, auf welchem ein Mann in schwarzen

Pfarrer-Besuch am Feierabend.
(Bilderbogen Nr. 530 aus dem Verlag Friedrich Campe, 1777–1846, Nürnberg)

Kleidern, anscheinend ein Geistlicher, zwischen mehreren Körben saß. In einigen derselben schien Federvieh zu flattern. Etwas hinterwärts saß eine Frauensperson in der Tracht des Bürgerstandes, welche steif vor sich hin auf dem Schoße ebenfalls einen Korb hielt. Vorn bei den Pferden stand ein Bauer mit der Peitsche, den Arm über den Hals des einen Tiers gelegt. Neben ihm hielt sich eine Magd, auch einen Korb, mit schneeweißer Serviette überlegt, unter dem Arme. Ein Mann in weitem, braunem Oberrocke, dessen bedächtiger Gang und feierliches Antlitz ohne Widerspruch den Küster erkennen ließ, schritt mit Würde von dem Wagen dem Hause zu, stellte sich vor den Hofschulzen hin, lupfte den Hut und gab folgenden Reimspruch von sich:

‹Wir sind allher vor Eurem Tor,
Der Küster und der Herr Pastor,
Des Küsters Frau, die Magd daneben,
Die Gift und Gabe zu erheben,
So auf dem Oberhofe ruht;
Die Hühner, Ei'r, die Käse gut.
So sagt uns an, ob alles bereit,
Was fällig wird zur Sommerszeit.›

Der Hofschulze hatte bei Anhörung dieses Spruchs den Hut tief abgenommen. Nach demselben ging er zum Wagen, verbeugte sich vor dem Geistlichen, half ihm in ehrerbietiger Stellung herunter und blieb dann mit ihm seitwärts stehen, mancherlei Reden wechselnd, während die Frau mit dem Korbe auch abstieg und sich nebst dem Küster, dem Bauer und der Magd wie zu einem Zuge hinter jenen beiden Hauptpersonen aufstellte. Der Jäger ging, um den Zusammenhang dieses Auftritts zu erfahren, hinunter, sah im Flur weißen Sand gestreut und die daranstoßende Stube mit grünen Zweigen geschmückt. Die Tochter saß darin, ebenfalls sonntäglich geputzt, und spann, als wolle sie noch heute ein ganzes Stück Garn liefern. Sie sah hochrot aus und blickte von ihrem Faden nicht auf, als schon der Zug der Fremden mit dem Hofschulzen die Schwelle vom Flure aus betrat. Voran ging der Geistliche, hinter ihm der Küster, dann der Bauer, dann die Küsterfrau, dann die Magd, zuletzt der Hofschulze; alle einzeln und ungepaart. Der Geistliche trat auf die spinnende Tocher, welche noch immer nicht emporsah, zu, bot ihr freundlichen Gruß...

Der Hofschulze und seine Tochter trugen die Speisen auf dem Tische, welcher in dieser Stube gedeckt stand, selbst auf. Da kam eine Hühnersuppe, eine Schüssel grüner Bohnen mit einer langen Mettwurst, Schweinsbraten mit Pflaumen, Butter, Brot und Käse, wozu eine Flasche Wein gestellt wurde. Alles dies wurde zu gleicher Zeit auf den Tisch gestellt. Der Bauer war von den Pferden ebenfalls hereingekommen. Als alles stand und dampfte, lud der Hofschulze den Diakonus höflich ein, es sich gefallen zu lassen.

Es war nur für zwei Personen dort gedeckt; der Geistliche, nachdem er ein Tischgebet gesprochen, setzte sich und etwas von ihm entfernt der Bauer... – ‹Hier ißt bloß der Herr Diakonus und der Kolonus, Sie setzen sich draußen bei dem Küster zu Tische.› Der Jäger ging in ein andres Zimmer, nachdem er noch zu seiner Verwunderung bemerkt hatte, daß der Hofschulze und seine Tochter auch die Bedienung jenes ersten und vornehmsten Tisches selbst übernahmen.

In dem andern Zimmer traf er den Küster, die Küsterin und die Magd um den dort gedeckten Tisch stehen und, wie es schien, mit Ungeduld ihres vierten Genossen warten. Auch auf diesem Tische dampfte dieselbe Speise wie auf der Pastorstafel, nur fehlten Butter und Käse, auch zeigte sich dort statt des Weines Bier. Mit Würde trat der Küster an den Oberplatz und ließ, die Augen in den Schüsseln, abermals folgenden Spruch vernehmen:

‹Alles, was da fleucht und kreucht auf der Erden,
Ließ Gott der Herr für den Menschen erschaffen werden;
Hühnersuppe, Bohnen, Wurst, Schweinsbraten, Pflaumen sind allerwegen
Gottesgaben, gib, o Herr, dazu uns deinen Segen!›

worauf die Gesellschaft Platz nahm, der Küster obenan. Dieser wurde von seiner

Gravität nicht verlassen, wie die Küsterin nicht von ihrem Korbe, den sie dicht neben sich hinstellte. Dagegen hatte die Pastorsmagd den ihrigen anspruchslos beiseite gesetzt. Bei dem Mahle, welches aus wahren Bergen auf den Schüsseln bestand, wurde kein Wort gesprochen; der Küster verschlang in ernster Haltung ungeheuer zu nennende Portionen, und die Frau blieb wenig hinter dem Manne zurück, am bescheidensten zeigte sich in diesem Punkte auch wieder die Magd.

Nach beendigtem Mahle sagte der Küster zu den beiden Mägden, welche diesen Tisch bedient hatten, feierlich schmunzelnd: ‹Jetzt wollen wir denn, geliebt es Gott, die allhier erfallende Gebühr und den guten Willen in Empfang nehmen.› Die Mägde hatten vorher schon den Tisch abgeräumt und gingen jetzt hinaus, der Küster aber setzte sich auf einen Stuhl mitten in der Stube, die beiden Frauenspersonen, die Küsterin und die Magd, setzten sich ihm rechts und links zur Seite, vor sich die neugeöffneten Körbe. Nachdem die Erwartung, welche diese drei ausdrückten, einige Minuten gedauert hatte, traten die beiden Mägde, begleitet von ihrem Herrn, dem Hofschulzen, wieder ein. Die erste trug einen Korb mit weitläufigem Flechtwerk oben, in welchem Hühner ängstlich gackerten und mit den Flügeln plusterten. Sie stellte ihn vor den Küster hin, und dieser sagte, hineinschauend und nachzählend: ‹Eins, zwei, drei, vier, fünf, sechs; es ist ganz richtig.› Darauf zählte die zweite Magd aus einem großen Tuche ein Schock Eier in den Korb der Pastorsmagd und sechs Stück runder Käse, nicht ohne genaues Nachzählen des Küsters. Dieser sagte, als es geschehen war: ‹So, nunmehro hätten der Herr Diakonus das Ihrige; jetzunder käme der Küster.› – Ihm wurden in den Korb seiner Ehehälfte dreizehn Eier und ein Käse zugeteilt. Sie prüfte jedes Ei durch Schütteln und Geruch, ob es auch frisch sei, und merzte zwei aus. Nach diesen Verhandlungen erhob sich der Küster und sprach zum Hofschulzen: ‹Wie ist es, Herr Hofschulze, von wegen des zweiten Käses, welchen Küsterei annoch vom Hofe zu gewärtigen hat?› – ‹Ihr wißt selbst, Küster, daß der zweite Käse vom Oberhofe nimmer anerkannt worden ist›, versetzte der Hofschulze. ‹Dieser angebliche zweite Käse ruhte auf dem Bauermannserbe, welches vor hundert und mehreren Jahren mit dem Oberhofe in einer Hand vereinigt war. Hernachmalen ist die Trennung wieder eingetreten, und es haftet demnach hier auf dem Hofe nur ein Käse.›

Über des Küsters rotbräunliches Gesicht hatten sich die stärksten Falten gelagert, welche dasselbe nur aufzutreiben vermögend gewesen war, und zerlegten es in mehrere bedenkliche Abschnitte von viereckter, rundlicher, winklichter Gestalt. Er sprach: ‹Wo ist das Bauermannserbe? Zersplittert und zerspellt wurde es in den unruhigen Zeitläuften. Soll Küsterei darunter leiden? Dem sei nicht so. Jedennoch, unter ausdrücklichem Vorbehalt aller und jeder Rechtszuständigkeiten wegen des seit hundert und mehreren Jahren strittigen, vom Oberhofe erfallenden zweiten Käses empfange ich und nehme ich hiemit an auch den einen Käse. Sonach wäre die Zinsgebühr an Pastor und Küster abgestattet, und es käme nunmehr der gute Wille.›

Dieser bestand in frischgebackenen Rollkuchen, wovon sechs in den Pastorskorb und zwei in den des Küsters gelegt wurden. Hiemit war das ganze Empfangsgeschäft beendigt. Der Küster trat dem Hofschulzen näher und sagte folgenden dritten Spruch her:

‹Die Hühner waren alle sechs richtig
Und die Käse alle vollwichtig;
Die Eier sind befunden worden frisch,
Und was sich gebührte, stand auf dem Tisch.

Deshalb der Herr Euren Hof bewahr'
Vor Hungersnot und Feuersgefahr!
Bei Gott und Menschen ist beliebt,
Wer Gift und Gaben richtig gibt.›

Der Schulze machte darauf eine dankende Verbeugung. Die Küsterin und die Magd trugen die Körbe hinaus und packten sie auf den Wagen. Zu gleicher Zeit sah der Jäger, daß die eine Hofesmagd aus dem Zimmer, worin der Geistliche gespeist hatte, Schüsseln und Teller auf den Flur trug und sie, indem jener auf die Schwelle des Zimmers trat, vor seinen Augen wusch. Nachdem sie diese Reinigung verrichtet, näherte sie sich dem Geistlichen, er holte aus einem Papiere eine kleine Münze und gab sie ihr. – Der Küster ließ sich indessen den Kaffee schmecken, und da auch für den Jäger eine Tasse hingestellt worden war, so setzte sich dieser zu ihm. ‹Ich bin hier fremd›, sagte der junge Mann, ‹und verstehe zum Teil die Gebräuche nicht, welche ich heute gesehen habe; wollen Sie mir dieselben nicht erklären, Herr Küster? Ist es eine Verpflichtung, daß die Bauern den Herrn Diakonus in Naturalien unterhalten müssen?› ‹Verpflichtung in betreff der Hühner, Eier und Käse, nicht der Rollkuchen, welche der gute Wille sind, jedoch auch jederzeit unverweigerlich abgestattet werden›, erwiderte der Küster höchst ernsthaft. ‹Zum Diakonat oder zur Oberpfarre in der Stadt sind drei Bauerschaften als Filiale eingepfarrt, und ein Teil der Pfarr- und Küstereieinkünfte besteht in der Zinsgebühr, welche von den einzelnen Hofesstellen alljährlich erfället. Diese nun, wie sie überall seit undenklichen Zeiten feststeht, einzusammeln, halten wir per Jahr zwei Gänge oder Fahrten, nämlich die gegenwärtige Sommer- oder kleine Fahrt und dann die Winter- oder große Fahrt kurz nach Advent. Bei der Sommerfahrt erfallen die Zinshühner, die Zinseier und Zinskäse, an dem einen Hofe so viel, an dem andern so viel; erstere Rubrik, nämlich die der Hühner, erfället jedoch nur pro Diaconatu, Küsterei hat sich mit Eiern und Käsen zu begnügen. – Im Winter erfallen die Kornzinsen an Gerste, Hafer und Roggen; da kommen wir mit zwei Karren, weil eine die Säcke nicht zu fassen vermöglich wäre. So halten wir denn zweimal per Jahr die Rundfahrt durch die drei Bauerschaften.› ...

‹Und die Sprüche, die Sie so laut und vernehmlich vortragen, Herr Küster, rühren diese auch von alters her?› fragte der Jäger. ‹Ja freilich›, versetzte der Küster. ‹Indessen›, fuhr er wohlgefällig fort, ‹habe ich einiges, was darin an die finstern Zeiten erinnerte, weggelassen oder verbessert, wie es sich für die Gegenwart schicken will. So lautet der Text in der Danksagungsrede eigentlich zum Schluß:

‹Wenn ihr aber uns verkürzen wollen,
So soll euch alle der Teufel holen,
Und fehlt am Käs' ein einzig Lot,
So kriegt ihr gar die schwere Not!›

Diese unschicklichen Reime habe ich nach und nach eingehen lassen, indem ich Jahr für Jahr einen nach dem andern bei mir behielt oder so tat, als ob ich den Husten dabei kriegte, und was dergleichen Anschläge mehr waren, denn mit den Bauern muß man freilich bei allen Neuerungen langsam zu Werke gehen. Es hat doch Widerspruch abgesetzt, und einige von den Dorfmicheln wollen durchaus diese Grobheiten nicht fahren lassen, weil sie sagen, daß selbige einmal dazu gehören. Sie entrichten die Zinsgebühr nicht, wenn ich ihnen den Teufel und die schwere Not nicht anwünsche; der Hofschulze ist darin vernünftiger.›»[67]

Dorfansicht aus Oberbayern. (Hans Best, 1874–1942)

War also der Pfarrer zwar materiell abhängig von den Bauern seiner Gemeinde, so umgab ihn doch die Aura seines heiligen Amtes und hob ihn jenseits der Besitzhierarchie über den Durchschnitt der Dorfbevölkerung hinaus.

Kirche und Friedhof

Im Kern des alten Dorfes stand die Kirche, erhabener Mittelpunkt eines überschaubaren Gemeinwesens. Das galt nicht nur im religiösen Sinne, und ihre Glocke erreichte die Bewohner nicht nur als Gläubige, es galt für das ganze Gemeindeleben. Die Kirche bildete äußerlich den Siedlungskern, wie auch im inneren Bezug weitgehend das geistige, wirtschaftliche, rechtliche, soziale und brauchmäßige Zentrum des Lebens im Dorf. Der Friedhof, in dessen Boden die Toten ruhen, bot auch den Lebenden Frieden, und seine Mauern umschlossen die Folge der Generationen. Berühmt wurden die Kirchenburgen in Siebenbürgen, wo sich eine ganze Bevölkerung in den Jahrhunderten der Türkenkriege derartige Fluchtburgen organisiert und immer von neuem verbessert und ausgebaut hatte. Bei Gefahr eine schützende Zufluchtstätte zu besitzen, gehört wohl zu den beherrschenden Wunschzielen des Menschen. Im Falle der Kirchenburgen verband sich das Sicherheitsgefühl noch mit dem Bewußtsein, in der christlichen Gnade zu stehen. Friede bedeutete ja im ursprünglichen Sinne, sich im Zustand der Schonung zu befinden, und der umfriedete, heilige Platz bei der Kirche war in diesem Sinne frei und voll Sicherheit.

Er forderte aber auch den Geist der Verantwortung und des Rechtes heraus, vollzog sich doch bei der Kirche in alten Zeiten die Rechtsprechung. Hier tagte zu bestimmten Terminen das Gericht. Weltliche und kirchliche Gerichtsbarkeit hatte sich dort kon-

Bäuerlicher Haussegen aus der Mitte des 19. Jahrhunderts.

zentriert. Sie gaben dem Raum das Odium des Unanfechtbaren für Schutz und Sühne. Wie in Bayern und Franken, so stehen auch auf hessischen Kirchenplätzen zuweilen noch alte Gerichtslinden mit breitausladender und vielfach gestützter Wipfelkrone, die an die Zeiten erinnern, da unter ihnen das Dorfgericht zusammentrat.

Die alte Kirche bildete auch den zentralen Platz des gemeindlichen Lebens, und soziale Fürsorge und Kranken- und Armenpflege hatten hier ihren Ort.

In der mittelalterlichen Lebenswelt waren Bettler, Krüppel und Sieche ein integrierter und, wie man dachte, naturgewollter Teil der Gesellschaft gewesen. Sie zu beschenken, zu pflegen und zu unterstützen bot den frommen Christen Gelegenheit, Gott wohlgefällige Werke zu tun. Das Prinzip: Helfen, war ein religiöses Prinzip. An den Kirchentüren zu betteln, gehörte zu den Rechten, ja fast zu den Pflichten der Armen. Die Lebensfülle, die die alte Kirche umgab, eine Lebensfülle, wie wir sie uns heute kaum noch vorstellen können, kulminierte zu bestimmten Zeiten des kirchlichen Kalenderjahres.

All diese Qualitäten kamen auch dem Ansehen des Pfarrers zugute – und fehlten dem sozialen Image des Lehrers.

Schule und Lehrer

«Meine erste Schule ist mir noch ganz gegenwärtig. In einem großen Raum war die ganze Schülerschar beisammen, von kleinen Kindern bis zu halberwachsenen Burschen und Mädchen: es galt bei uns in Schleswig-Holstein die Ordnung, daß Mädchen erst mit fünfzehn, Knaben mit sechzehn Jahren konfirmiert wurden und die Schule verließen. Die Einteilung der Gesamtheit in eine Ober- und Unterklasse war durch einen breiten Gang markiert, der den Raum halbierte. In der Oberklasse saßen wohl etwa 40–50 Knaben und Mädchen, nach Bänken getrennt, in der Unterklasse mochten

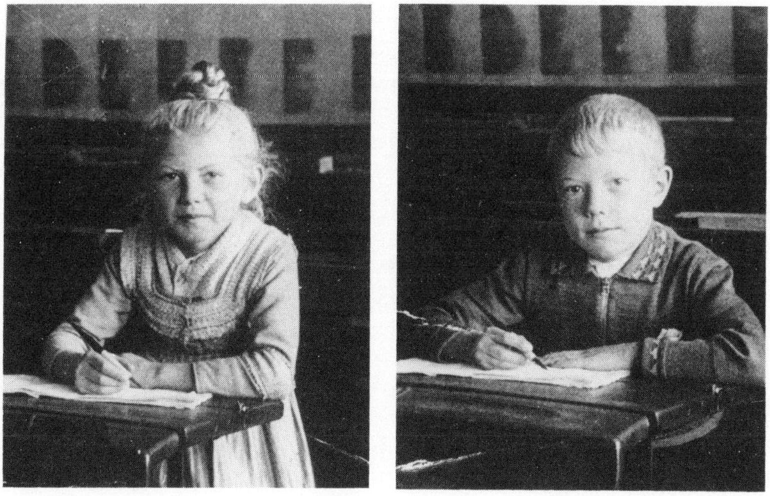

Schreibstunde in einer hessischen Dorfschule. (Foto Muth, Niederwetter 1934)

60–80 sein, Knaben und Mädchen in den Bänken durcheinander. So im Winter, im Sommer schmolz die Zahl auf die Hälfte und weniger zusammen. Der Unterricht geschah in der Weise, daß der Lehrer sich bald der einen, bald der andern Klasse widmete, meist natürlich der Oberklasse; währenddessen beschäftigte sich die andere Klasse still für sich, die Oberklasse z. B. mit Rechnen oder Schreiben, die Unterklasse vor allem mit Lesenlernen. Das Lesenlernen war damals noch eine ungemein schwierige Kunst, deren Erlernung in der Schule nach der alten Methode jahrelang in Anspruch nahm und von manchem, bei unregelmäßigem Schulbesuch war es fast Regel, nie zu einiger Sicherheit gebracht wurde. Die Übung geschah in der Weise: es wurden Tabellen an Gerüsten, die an den Tischen befestigt waren, aufgestellt; je zwei oder drei Schüler hatten mit einem ›Untergehülfen‹ als Lehrer, der einen Stock als Zeiger in der Hand hielt, eine zusammen. Zuerst eine Tabelle mit den Buchstaben; dann kamen Syllabiertabellen, a-b: ab, b-a: ba usw.; endlich Tabellen mit Wörtern: a-p: ap, f-e-l: fel, Apfel. Hatte sich einer in ein, zwei Jahren, es konnten aber auch drei oder vier und mehr werden, durch die Tabellen durchgearbeitet, dann kam er in den Katechismus, zuerst den kleinen, hierauf den großen, um nun endlich die Frucht der Lesekunst zu genießen: Das Auswendiglernen ...

Ein Schultag verlief nun etwa so: Er begann morgens und endete abends mit gemeinsamem Gesang und Gebet der ganzen Schule. Gesungen wurde stehend, oft bis zur Erschöpfung, und nicht bloß im figürlichen Sinn: ich bin wiederholt eigentlich zusammengebrochen, Hitze, Anstrengung und vor allem die unbequeme Stellung (man stand mit gebeugten Knien eingeklemmt zwischen Tisch und Bank) brachten mir ein paarmal einen Ohnmachtsanfall. Dann folgte der Religionsunterricht, an dem wieder die ganze Schule teilnahm, die Unterklasse mehr passiv, womit übrigens der Oberklasse nicht eben eine bedeutsame Aktivität zugeschrieben werden soll. Die Aufgabe bestand darin, die gegebenen Formeln des Katechismus herzusagen und die aufweisenden Erklärungen des Lehrers zu wiederholen, dazu Sprüche aus der Bibel aufzusagen oder aufzuschlagen und vorzulesen. Unser Ausdruck für dieses Ganze war: ‹Examel halten›. Ich sehe noch den Lehrer in dem breiten Mittelgang auf und ab humpeln, er hatte ein kurzes Bein und hinkte stark, und höre ihn mit etwas dröhniger Stimme die Formeln vorsagen und wieder einfordern, in denen Sünde und Buße, Gnade und Erlösung, ewige Seligkeit und ewige Verdammnis definiert wurden. Die ewige Seligkeit wurde uns als ein immerwährendes und immer wachsendes Vergnügen vorgestellt. Warum immer wachsend? Wenn sie gleichbliebe, gewöhnte man sich daran und hätte kein Vergnügen mehr daran.

Dann kam die Lesestunde: für die Kleinen das Buchstabieren usw., für die Großen das Bibellesen. Wer über die Tubalkain und Nebukadnezar ohne Stolpern hinwegkam, durfte schon immer ein wenig stolz auf seine Leistung sein. Eine besondere Übung war hier auch das Bibelaufschlagen: 2. Kor 7 V. 14, oder 1. Makkabäer 5,18: wer's am ersten hatte, durfte vorlesen. Was dort stand, war einerlei. Die Übung diente vor allem dazu, in der Reihenfolge der biblischen Bücher festzumachen.

Nach der Pause, in der erst die Mädchen, dann die Knaben entlassen wurden, folgte die Rechenstunde, wo natürlich wieder den verschieden Geförderten verschiedene Aufgaben gestellt waren, vom Zahlenlernen und Addieren bis zu Regeldetrie und dem Wurzelausziehen. In der Oberklasse wurde ebenso wie in der Unterklasse die Sache rein mechanisch vorgemacht.

Mit dem Mittaggebet um elf Uhr war der ersehnte Schluß erreicht. Alles rannte in eiligstem Tempo nach Hause, denn ein Frühstück gab es nicht mit in die Schule.

Der Nachmittagsunterricht begann mit der Schreibstunde. Die Kleinen schrieben auf die Schiefertafel, die Größeren nach Vorlagen, die ausgeteilt wurden, mit Tinte ins Buch. Die allein erlaubte Form der Feder war der Gänsekiel. Der Lehrer saß jeden Tag die erste Hälfte der Stunde und schnitt Federn, die von Zeit zu Zeit eingeliefert werden mußten, ebenso wie ein Tintenschilling. In der zweiten wurde das Geschriebene nachgesehen und verbessert. Aufregender pflegte die zweite Stunde zu sein: es war die Aufsagestunde: einmal in der Woche wurden die aufgegebenen Gesangbuchverse und Bibelsprüche oder der Katechismus abgehört, der Reihe nach, jeder kam dran. Und an jeden kam auch, bald öfter, bald seltener, je nach Begabung, für das Memorieren und aufgewendeten Fleiß die Reihe der Strafexekution. Bei manchem wußte man es vorher, er war stets unter denen, die sich ihre Last Prügel holten. Mit einer gewissen Spannung, gemischt aus Angst, Schadenfreude und der Aufregung, welche die Anwesenheit bei jeder schmerzlichen Operation gibt, sah man dem Augenblick entgegen, wo das Tau, ein dickes Schiffstauende, zum erstenmal in Wirksamkeit trat, um dann in der Regel bis zum Schluß der Stunde nicht mehr zur Ruhe zu kommen. Daß durch dieses Universalwerkzeug, es diente zur Abstrafung aller Sünden, die Fähigkeit, sich zu besinnen und das Gelernte hervorzubringen, gesteigert worden wäre, glaube ich nicht beobachtet zu haben; eher brachten Geschrei und Tränen der Heimgesuchten und Aussicht auf gleiches Schicksal wohl Assoziationshemmungen hervor, die auch den hereinfallen ließen, der unter heiterem Himmel mit seinem Vers glücklich durchgekommen wäre. Gerade die Fleißigen und Ängstlichen litten darunter, die Trägen waren bald so abgebrüht, daß es ihnen nicht mehr ausmachte als der Vorübergang einer Wolke vor der Sonne...

Ein andermal wurde die zweite Stunde zur Gesangübung verwendet. Auch das eine gefürchtete Stunde: zwar das Chorsingen machte keine Schmerzen; aber dann kam das Einzelsingen: auch hier der Reihe nach, ob Gott Stimme und Mut dazu gegeben hatte

Abstrafungen in einer einklassigen Dorfschule. (Ludwig Richter, 1803–1884)

oder nicht. Für manche war es die ärgste Pein, sich einzeln vor der ganzen Schule hören zu lassen und durch ihr Krähen sich dem Gelächter auszusetzen: nicht selten ließ sich einer eher abstrafen, als daß er einen Laut hervorgebracht hätte.

In dieselbe Stunde fiel wohl auch der deutsche Sprachunterricht. Es wurden Deklinations- und Konjugationsschemata hergesagt, Verhältniswörter mit dem zweiten, dritten und vierten Fall auswendig gelernt und vor allem anhaltend Sätze gebildet, mit denen die Rektion der Verhältniswörter eingeübt wurde: längs des Wassers liegt ein Stein; mittels des Essens werden wir satt usw. Ein Lesebuch besaßen wir nicht; wie wir denn auch kein Gedicht außer den verhängnisvollen Gesangbuchversen gelernt oder gelesen haben. Auch ‹Aufsätze› wurden gemacht, aber nur drei- oder viermal im Jahr, ein Brief oder eine Erzählung oder eine ‹Abhandlung›. Nachdem auf der Tafel jeder so viel oder wenig Sinn oder Unsinn, als er zusammenbrachte und zu Hause zusammenfragte, aufgeschrieben hatte, wurde dann die Musterleistung des Lehrers diktiert und in ein Buch eingetragen, das bei Prüfungen vorgelegt wurde...

Die letzte Stunde wurde für Geographie und Naturlehre verwendet. Der geographische Unterricht ging wieder vorzüglich auf das Auswendiglernen von Namen; in stereotyper Ordnung wurden Grenzen, Gebirge, Flüsse, Provinzen, Städte jedes Landes gelernt und aufgesagt.

Im Sommer wurde ein- oder zweimal ein Ausflug gemacht: dann durfte man dem Lehrer Pflanzen bringen und nach ihrem Namen fragen. Ob wir grade die botanisch richtigen erhielten, dafür möchte ich nicht einstehen. Übrigens kannten wir die, die uns was angingen, die Kräuter und Unkräuter, am Ende reichlich so gut als der Lehrer.

Wann ich in die Oberklasse gekommen bin, weiß ich nicht, es muß früh gewesen sein; dagegen erinnere ich mich noch wohl des Aufnahmeverfahrens. Es wurde eine Art öffentlicher Prüfung und Abstimmung vor der Oberklasse über die Würdigkeit zur Aufnahme abgehalten. Die Namen der Aspiranten wurden alle an die große Tafel geschrieben; darnach wurden die einzelnen vorgeführt: das Schreibheft wurde vorgezeigt, er mußte einen Abschnitt vorlesen, eine Aufgabe vorrechnen usw., in jedem Fach erhielt er ein Prädikat, das an die Tafel geschrieben wurde; aus der Klasse wurden Vorschläge dafür gemacht, der Lehrer schrieb an, was ihm angemessen schien. Dann wurde aus dem Ergebnis die Platzfolge ermittelt, und damit war der Akt beendet: man zog über den breiten Steig.

Der Lehrer gönnt sich eine wohlverdiente Pause. (Wilhelm Busch, 1832–1908, aus «Max und Moritz»)

Dann trat man zugleich in den Kreis derer ein, aus denen für jeden Tag ein ‹Obergehülfe› ernannt wurde...

In Abwesenheit des Lehrers hatte der ‹Obergehülfe› seine Vertretung auch in der Oberklasse; und das war die weniger dankbare Aufgabe: er oder sie, denn die Mädchen waren natürlich nicht ausgeschlossen, hatte dann die Ordnung überhaupt aufrechtzuerhalten und Übertreter oder Übeltäter an die Wandtafel zu schreiben zu nachfolgender Züchtigung. In was für Konflikten der Pflichten nicht nur, sondern auch der Fäuste dies gelegentlich führte, bedarf keiner Ausmalung. Und der Lehrer war oft abwesend; er ging häufig auf eine Viertelstunde hinüber, um sich zu rekreieren bei einer Tasse Kaffee oder einer Pfeife Tabak. Übrigens brachte er letztere sehr oft auch mit in die Schule, eine lange Weichselpfeife mit silberbeschlagenem Kopf; wenn sie ausging, z. B. über einer Exekution, dann zog er Stahl und Stein aus der Tasche und schlug sich Feuer. Wobei es am Preise des Schwammes nicht fehlte, er sei viel besser und zuverlässiger als die niederträchtigen neumodischen Zündhölzer, die damals eben aufzukommen begannen.»[68]

Diese Darstellung der Dorfschulsituation um die Mitte des 19. Jahrhunderts wird durchweg typisch für die damalige Zeit gewesen sein, ja – wahrscheinlich stellt sie sogar einen gehobenen Status der Möglichkeiten dar.

Im allgemeinen preußischen Landrecht von 1794 war als Abschluß einer längeren Entwicklung die Schule zur Sache des Staates erklärt worden.[69] Doch blieb die Schulbildung auf dem Lande, obgleich in Preußen eine allgemeine Schulpflicht auf dem Papier seit 1717 bestand, denkbar schlecht, und die Zahl der Analphabeten in der ersten Hälfte des 19. Jahrhunderts war noch erschreckend groß. Wenn auch in Preußen im Verhältnis zu den anderen deutschen Ländern viel für den Elementarunterricht geschah, so fehlte es einfach an ausgebildeten Lehrkräften. Man besetzte die Schulstellen mit ausgedienten Unteroffizieren, mit dem Schneider oder Leineweber des Dorfes, wobei dann häufig die Frau den Unterricht recht und schlecht neben ihrem Haushalt besorgte. Ein solches Beispiel der Doppelberuflichkeit schildert schon Jung-Stilling (1740–1817) in seiner Lebensgeschichte, als er als Schulmeister und Schneider zugleich die Vorbereitungen für seine Hochzeit trifft: «Wilhelm hatte vor der Zeit die Schule ausgesetzt; denn in solchen Zeiten ist man zu keinem Berufsgeschäft aufgelegt. Auch brauchte er die Tage notwendig, seiner Braut und ihrer Schwester neue Kleider auf die Hochzeit zu machen und sonst mancherlei zu hantieren. Stillings Töchter verlangten ebenfalls. Sie probierten öfters ihre neuen Wämser und Röcke von feinem schwarzen Tuch; die Zeit wurde ihnen Jahre lang, bis sie sie einmal einen ganzen Tag anhaben könnten.»[70]

Auch waren die Lehrerstellen oft jahrelang frei, wurden nur sporadisch einmal für eine Saison durch Wanderlehrer besetzt. Dort, wo die Einsetzung des Schullehrers Sache des Patronatsherrn war, sah dieser gern in der Dorfschullehrerstelle eine Art Versorgungsanstalt für einen alten Bedienten; das Bildungsniveau der Dorfjugend wurde dadurch zweifellos nicht gehoben. Ein großes Hindernis war die äußerst mangelhafte soziale und ökonomische Lage der Landschulmeister, die die Wahl dieses Berufes so wenig verlockend machte, daß sich häufig nur schwächliche Leute geringen Standes dazu bereit fanden. Erschwerend für die Erfolge der Landschule wirkte weiterhin der unregelmäßige Schulbesuch der Kinder, die im Winter durch die weiten schlechten Wege, im Sommer durch die Heranziehung zu Lohnarbeiten, namentlich zum Viehhüten, aber auch durch ihre häuslichen Pflichten beim Vertreten der auf dem Gute arbeitenden Mutter, von den Segnungen des Elementarunterrichts ferngehalten wurden. So berichtet Paul Deussen (1845–1919) von seinem Vater:

«Der Schulunterricht in der Dorfschule wurde nur im Winter betrieben, im Sommer wurde die Jugend teils zur Feldarbeit herangezogen, teils sich selbst überlassen. Oft noch erzählte mein Vater, wie er eine Kuh am Strick zu führen hatte, den Strick sich selbst ums Bein schlang und so auf einen Kirschbaum stieg, eine Verbindung des Angenehmen mit dem Nützlichen, welche ihm übel hätte bekommen können.»[71]

Wie ein engagierter Lehrer diesen Mißständen abhelfen konnte, freilich auf Kosten von ausreichendem Schlaf und freiem Kinderleben, schildert der Volksschullehrer Peter Lübke, geb. 1798, in seinen Lebenserinnerungen:

«Als nun der Frühling herankam, erklärten die Bauern und Tagelöhner, daß sie ihre Kinder im Sommer nicht zur Schule schicken könnten, denn im Sommer hätten sie nie Schule gehabt, und das müßte auch jetzt so sein. Die Gründe, die sie dafür angaben, bestanden darin, daß sie im Sommer der Herrschaft Dienste leisten müßten. Ein Kötter, der ein oder zwei Pferde hielt, mußte 18 Spanndienste, die Tagelöhner 18 Handdienste tun und zu jeder Zeit dazu bereit sein. Die Dienste dauerten von Morgens acht bis zwölf und am Nachmittage von zwei bis sechs. Ich sah wohl ein, daß die Eltern, wenn sie der Herrschaft dienten, ihre kleinen Kinder zu Hause nicht ohne Aufsicht lassen konnten; aber es lag auch klar am Tage, daß die Schüler das, was sie im Winter gelernt hatten, im Sommer wieder vergessen würden. Ich machte ihnen daher den Vorschlag, im Sommer von fünf Uhr morgens bis acht, und am Nachmittag von zwölf bis zwei Uhr Unterricht zu erteilen, womit sie ganz zufrieden waren. Es fehlte dann auch kein Kind in der Schule, und die Absentenliste hatte nie ein Kind zu verzeichnen. Die Kinder hingen mit ganzer Liebe an mir, und ich habe in 4½ Jahren nur einmal nötig gehabt, ein Kind körperlich zu bestrafen.»[72]

Doch solche von ihrem Beruf erfüllten Lehrkräfte waren wohl selten, und eine fachgerechte Lehrerausbildung stand noch in den Anfängen. Was das dörfliche Besitzdenken anbetrifft, so bewegten sich die Schulmeister auf den untersten Sprossen und hinterließen unversorgte Witwen und Waisen, wie Karl Gutzkow (1811–1878) von seinen Vorfahren erzählt:

«Der Großvater war Anfangs Patrimonialgerichtsschreiber in jener Zeit, wo zu den erlaubten Justizmitteln der ländlichen Gerechtigkeitspflege noch ein großes, dem Kinde oft geschildertes Faß gehörte, in dessen einem Boden ein Loch geschnitten war, groß genug, um den Kopf des Inquisiten durchzulassen, während die Beine durch zwei entsprechende Löcher im andern Boden hinlänglich Kraft zur langsamen Bewegung, somit in einer Art von Zwangsjacke, behielten. Der junggestorbene Großvater muß trefflich geschrieben haben. Er wurde ‹ob schwächlicher Gesundheit› Schullehrer ‹wie auch› Küster und scheint als solcher in Löckenitz, Klimpenow und Dortenwalde auf eine kräftige, männliche Handschrift ... gesehen zu haben. Der Brave starb, wie Schullehrer sterben. Sie hinterlassen ein liebevolles Andenken und das Elend der Ihrigen. Den Großvater überlebten eine kranke bettlägerige Witwe und zwei unmündige, kräftige, des Vaters ‹schwächliche Gesundheit› nicht dokumentierende Knaben. August und Karl rangierten als Schulmeisterswaisen gradezu mit den Vögeln unter dem Himmel und mit den Lilien auf dem Felde. Sie fanden ihr Brot wohl nicht bettelnd vor den Türen der andern Leute, aber wahrlich auch nicht in ihrer eignen Hütte. Ein auf Naturalien angewiesener Schulmeister ist schon an sich eine der verzweifeltsten Stufen des modernen Musen-Proletariats; aber eine auf Naturalien angewiesene Schulmeisterswitwe mit zwei hungernden gesunden Schulmeisterwaisen, da müssen die Engel selbst vom Himmel kommen, Herzen erweichen, Mehlkästen aufschließen, um mitten in unsrer Zivilisation keine Hungerleichen auf die Landstraße zu werfen. Ein Invalid Friedrichs des Großen, dem das Gnadenbrot einer Lehrerstelle die Schulranzen der benachbarten Dorfjugend zutragen durften, hatte doch noch seine Pension für einen bei Leuthen verstümmelten Fuß; aber ein Schulmeister, so von der Schreiberbank seines Wissens und wirklichen Könnens wegen weggenommen, ein wirklicher calligraphischer Dorfgelehrter hinterläßt seinen Kindern Regen und Schnee, Sturm und ‹Schlack›-wetter, Zittern und Frieren auf der Haide, wenn sie die Reihherum bei vermöglichen und milden Bauersleuten die Kost bekommen und wandern müssen Tag ein Tag aus von Löckenitz nach Klimpenow, von Klimpenow nach Dortenwalde, pochen müssen an Gehöft und Amthaus und Jägerhütte und Müllerhof, und abends doch wieder damit weit, weit nach Hause zurücktrollen müssen. Alle liebten die kranke Mutter und gaben ihr und den Jungen gern. Im Novembersturm und Jännerschnee, in Julihitze oder Augustgewitter aßen ihre Söhne reihherum bei einem Pfarrer, einem Jäger, einem Müller, einem Amtmann, drei bis vier Erbpachtbauern, jenen stattlichen fetten Bauern mit den silbernen Talerreihen auf den langen Röcken, die nach Berlin oder Stettin ihren Roggen, ihren Weizen, ihre Wolle oder Gänsebrüste führen. Die konnten es. Die Kinder dankten mit allen Belohnungen des himmlischen Lebens, gingen von dannen und pochten abends wieder, ob nun mit erfrornen Fingern oder durchweichten Röcken, an der Hütte der Mutter, die noch Bericht verlangte, Bericht vom Erlebten, und mit diesem Erzählenmüssen in ihren Söhnen eine so übergewaltige Phantasie weckte, daß ein leiser Schimmer davon in einem ihrer Enkel nachbleiben konnte.»[73]

Das waren demütigende Lebensbedingungen, und obgleich die Familie des verstorbenen Lehrers ja ein Anrecht auf Versorgung durch die Gemeinde hatte, ähnelte dieses Herumgeschicktwerden der Bettelei und verwandelte die Versorgung in Almosen. Aus Mecklenburg wird von gleichen Verhältnissen berichtet.[74] Aber auch in Schleswig-Holstein hing das Schulwesen noch bis ins 19. Jahrhundert vom Ermessen der Gutsherrn ab.

Das wichtigste Erziehungsmittel war der Rohrstock. Durch ihn lernten die Kinder von kleinauf, daß Schlagen und Geschlagenwerden zu den rechtmäßigen Mitteln der Macht gehören. (Johann Bernhard Schmelzer, 1833–189?)

«Irgendwelche Sorge war wohl schon auf allen Gütern seit längerer Zeit hiefür getroffen, aber die Lehrer waren der Mehrzahl nach unfähige Leute (invalide Handwerker, alte Dorfhirten) mit höchst kümmerlicher Einnahme, und die Kinder besuchten nur sehr unregelmäßig die Schule.»[75]

Aus der Rhön wird noch aus der zweiten Hälfte des 19. Jahrhunderts berichtet, daß der Lehrer wie Schäfer und Gemeindebeamte zu Neujahr und Walpurgi «geschüttet» bekam, d. h. pflichtgemäße Abgaben der Dorfbewohner in Naturalien.[76]

Immer wieder wird die schlechte Vorbildung der Lehrer bezeugt, die oft ausgediente Soldaten waren und mit ihren militaristischen Lebensauffassungen mehr Unheil anrichteten als Bildung vermittelten.

«Der Schulmeister war ein baumstarker Mann in den Fünfzigern, ein gedienter Soldat, hatte die Kriege als Reitersmann mitgemacht, vermutlich bei den badischen Husaren, die später in Dragoner umgewandelt wurden, und konnte lesen, schreiben und die vier Spezies rechnen. Deshalb wurde er wahrscheinlich zum Schullehrer für gut befunden. Wir waren nur wenige Kinder in der Schule, und es ist mir nichts anderes daraus geblieben als ein wenig biblische Geschichte vom König David und seinen Heldentaten wider den Riesen Goliath, die Philister und Amalekiter. Dazu erzählte der Alte uns begeistert, daß auch er beim Kriegshandwerk gewesen und wie er es in Feindesland gehalten habe. ‹Ich sag' euch, ihr Buben›, rief er uns grimmig zu, ‹es geht halt nichts in der Welt über einen rechtschaffenen Reitersmann im Krieg. Der steigt, wenn kommandiert wird, aufs Roß, reißt den Pallasch aus der Scheide, setzt die Sporen ein, und die ganze Schwadron reitet dem Bauern in den Klee oder die Frucht, wie es gerade kommt. Da schreit der Bauer, und die Bäuerin jammert, aber es hilft nichts und muß alles ruiniert werden. Und wenn sich der Bauer widersetzt, so fliegt ihm der rote Hahn aufs Dach, daß die Flammen an allen Ecken aus der elenden Strohhütte 'rausschlagen. So ist es recht, und so muß es im Kriege zugehen!› – Als ich meinem Vater erzählte, wie uns der Schulmeister biblische Geschichte lehrte, schüttelte er den Kopf und nahm mich aus der Schule.»[77]

Das waren merkwürdige Wissensstoffe für Bauernkinder. Peter Rosegger berichtet von ähnlichen Schulverhältnissen in den österreichischen Bergdörfern:

«Im Altenleuthäusel des Grubbauernhofes, dort, wo der Donnersgrabenbach zur Sandach stößt, war früher die Schule gewesen. Die Bauern hatten den Schullehrer – der Letzte war in Ermangelung eines besseren ein ausgedienter Feldwebel gewesen – selbst versorgen müssen, sie hatten ihm kein Geld gegeben, sondern ihn mit Lebensmitteln ausgerüstet. Die Auswanderungspest hatte auch diesen Feldwebel hinweggerafft. Er verdingte sich in eine Eisenhütte als Kohlenschlepper, da gab es Geld.

Um die Altenmooser Schule kümmerte sich keine Behörde mehr. Jetzt, da es so stand zu Altenmoos, war der Pechölbrenner-Ratz herfürgegangen aus seinem Donnersgraben und hatte dargetan, daß er die Buchstaben kenne, ja viele derselben sogar mit Kreide an die Wand zu schreiben wisse, auch die Ziffern, und ob er diese merkwürdigen Künste nicht den kleinen Leuten beibringen dürfe, so lange sie noch zu schwach wären, andere Arbeiten zu betreiben.

So hatten die wenigen Altenmooser Kinder wieder einen Schullehrer, und einen gar lustigen!»[78]

Immermann hat von seinem westfälischen Schulmeister erzählt, wie er bei Bauernhochzeiten gemeinsam mit dem Küster den Aufwärter machen mußte, und der junge Aspirant erkannte darin eine «Fügung des Himmels», denn er sah in dieser Dienstleistung einen gesicherten Weg in das geordnete Kommunikationssystem der Bauernschaft![79]

Freilich waren Lehrerbildung und Schulverhältnisse in der ersten Hälfte des 19. Jahrhunderts qualitativ sehr unterschiedlich, was hier nur angedeutet werden kann – in den ostelbischen Gutsprovinzen waren sie zum großen Teil verheerend.

Erschüttert von den Eindrücken im östlichen Preußen schreibt der Elsässer Knapp: «Und so blieb denn der Bauer immer und ewig auf der selben Stufe, grob, finster, unzufrieden, verworren in sich, knechtisch, nur dem Vogt gehorchend, ein unglückliches Mittelding zwischen Lasttier und Mensch».[80] Gegenüber dem düsteren Bild, das der sozial aufgeschlossene Wirtschaftshistoriker Knapp hier zeichnet, sieht das ländliche Bildungswesen im Sehwinkel Riehls freilich gänzlich anders aus. Er preist verallgemeinernd, wenn auch von südwestdeutschen Verhältnissen ausgehend und die alten Zustände idealisierend, in denen die Dorfschulmeister selbst «aus dem Bauernstande hervorgegangen» seien und «in und mit demselben» lebten, wobei ihre Lehre «eben auch nicht weit über die Bauernweisheit hinaus» ging. Dem seminaristisch gebildeten neuen Typ des «Herrn Lehrers» dagegen begegnet Riehl mit äußerstem Mißtrauen, da dieser, selbst im Zustand der «Halbbildung», die jüngeren Kräfte des «zähen alten Bauerntums» mit Reden, Zeitungsartikeln und Schriften zur sozialen Unzufriedenheit erzöge und sie «aus dem gewohnten Kreislauf der Sitte und des Herkommens herauszureißen» suche. Für Riehl ist dieser ehrgeizige, strebsame, pädagogisch bemühte Lehrer nichts anderes als ein aufrührerischer «Proletarier der Geistesarbeit», der den alten reinen naiven Zustand des Bauernvolks auflöst und zersetzt.[81] Die von den Gutsbesitzern aus Standesdünkel und Nützlichkeitsrücksichten geförderte Unwissenheit des Landvolkes wurde so auch von vielen verantwortlichen Gebildeten der Zeit in konservativer Verklärung der alten traditionsgebundenen Zustände gebilligt und gutgeheißen – sehr zum Schaden für das im Umbruch befindliche Bauernvolk. Wie schwer es jedoch einem kleinen Bauern fiel, auf die Mitarbeit des Sohnes zu verzichten und die Lebenschance einer besseren Ausbildung zu erkennen – also eine Interessenabwägung zwischen Vater und Sohn zu vollziehen –, geht aus einer Lebenserinnerung aus der Zeit um 1820 hervor. Der Lehrer erkannte die geistige Begabung des Knaben «und überredete schließlich meine Eltern, mich aufs Gymnasium zu tun, wozu es nicht wenig Überredung bedurft haben mag, denn einerseits waren meine Eltern dazu viel zu arm, andererseits mochten sie auch meinen Beistand nicht gern entbehren. Mein Vater besaß nämlich einige kleine Grundstücke, zu denen er zu Zeiten noch ein Stück Feld oder einen Garten pachtete. Der Ertrag dieser Grundstücke sowie zweier Kühe erhielt den ärmlichen, aber nie dürftigen Hausstand, zumal da mein Vater sehr fleißig und meine Stiefmutter sehr haushälterisch war. Ich wurde, da nur jüngere Schwestern vorhanden waren, von Jugend auf zu vielen häuslichen Geschäften gebraucht. Ich mußte Wasser holen, Milch austragen, Holz spalten und das Vieh beschicken, ferner graben, jäten, gießen. Ich habe manchen heißen Sommertag Getreide geschnitten und im Winter mit meinem Vater gedroschen. Auch lernte ich von ihm Bäume veredeln und manches Nützliche vom Feld- und Gartenbau.» Da war es schon ein Opfer, den Sohn in eine unbekannte Zukunft zu entlassen.[82]

Als dann die Bildungsfeindlichkeit allmählich überwunden wurde, als um 1850 tatsächlich die Mehrzahl der Bauern lesen und schreiben konnte, Lehrerseminare in größerem Umfang errichtet wurden und sich das Ansehen des Dorfschullehrerstandes hob, als die Zahl der populären landwirtschaftlichen Bücher und Schriften wuchs und überall Ackerbauschulen und landwirtschaftliche Vereine entstanden,[83] als soziale Bestrebungen den Bauernstand allmählich zum Bewußtsein seiner selbst zu führen suchten, da hatte sich oft die Einstellung der Dorfgemeinde gerade zu ihren Lehrern weitgehend verfestigt und deren Hungerleidersituation ihren sozialen Standort im Dorfe bestimmt. Wohl ist es richtig, daß von den zeitgenössischen Berichterstattern immer wieder die mangelhafte Schulerziehung und die Unzulänglichkeit der Lehrerausbildung für die große Rückständigkeit z. B. in vielen Gebieten Westfalens verantwortlich gemacht wurden. War diese nun gewiß unvergleichlich besser als unter entsprechenden Voraussetzungen in Ostelbien, so lag doch auch hier der Grund für die so häufig getadelte Gleichgültigkeit der Landbevölkerung in ihrem Mangel an Wissen. Günther Franz ist zuzustimmen, wenn er im Zusammenhang mit den 48er Ereignissen dem Bauern nicht, wie Riehl es tut, bewußte konservative Haltung, sondern lediglich politische Uninteressiertheit bescheinigt,[84] die ihre Wurzel eben im Nichtwissen und Nicht-Erkennenkönnen größerer Zusammenhänge hatte.

Gerühmt wurde das Volksschulwesen im Lande Hohenzollern, von wo kein lese- oder schreibunfähiger Rekrut an die preußische Armee abging(!),[85] eine Aussage, die für sich spricht. Im Gegensatz zum fortgeschrittenen Bildungswesen Württembergs und vornehmlich Hohenzollerns befand sich die Elementarschule Bayerns auf einem außerordentlich niedrigen Niveau. Obgleich auch hier offiziell seit Anfang des Jahrhunderts die allgemeine Schulpflicht eingeführt war, blieb deren Verwirklichung weit hinter dem theoretischen Stande zurück. Eine Statistik der Etatjahre 1861/62 aus den Regierungsbezirken Schwaben und Neuburg berichtet beispielsweise von 836 katholischen Schulen mit 61 182 Werktagsschülern und 735 «wirklichen Schullehrern».[86] Das bedeutet, 83 Kinder wurden durchschnittlich von einem Lehrer betreut und noch nicht einmal einem «wirklichen» – also ausgebildeten – Lehrer pro Schule! Für die protestantischen Schulen lagen die Verhältnisse nicht viel besser, und was die «Schulgehilfen» und «Lehrerinnen» anbetraf, so mochten immer noch weithin jene Regeln gelten, die Jean Paul (1763–1825) in seinem «Schulmeisterlein Wuz» für seine Wunsiedler Heimat ironisch zeichnete:

«Der Kirchenpatron, Herr von Ebern, drängte sich zwischen beide Gerüste und hielt seinen ausgedienten Koch an der Hand, um ihn in ein Amt einzusetzen, dem er gewachsen war, weil es in diesem ebensogut wie in seinem vorigen Spanferkel totzupeitschen und zu appretieren, obwohl nicht zu essen gab. Ich hab' es schon in Revision des Schulwesens in einer Note erinnert..., daß in jedem Bauernjungen ein unausgewachsener Schulmeister steckte... Eine Dorfschule sei hinlänglich besetzt. Es ist da 1. der Gymnasiarch oder Pastor, der von Winter zu Winter den Priesterrock umhängt und das Schulhaus besucht und erschreckt; – 2. steht in der Stube des Rektorats, Konrektorat und Subrektorat, das der Schulhalter allein ausmacht; – 3. als Lehrer der unteren Klassen sind darin angestellt die Schulmeisterin, der, wenn irgendeinem Menschen die Kallipädie der Töchterschule anvertraut werden kann, ihr Sohn als Tertius und Lümmel zugleich, dem seine Zöglinge allerhand legieren und spendieren müssen, damit er sie ihre Lektion nicht aufsagen lässet, und der, wenn der Regent nicht zu Hause ist, oft das Reichsvikariat des ganzen ... Schulkreises auf den Achseln hat; – 4. endlich ein ganzes Raupennest Kollaboratores, nämlich Schuljungen selber, weil daselbst ... die Schüler der oberen Klassen schon zu Lehrern der unteren aufgewachsen sind... Die Gemeinden lasen für ihre Lehrstühle lauter solche pädagogischen Steiße aus, die schon auf Weber-, Schneider- und Schusterschemeln seßhaft waren...»[87]

Aus alldem geht hervor, in welch mißlicher und oft zwiespältiger Lage sich der Lehrer befand. Zu seinem Amt konnte Orgelspiel und Vorsingen gehören, das Reinigen der Kirche, das Aufziehen der Turmuhr, Glockenschwingen und Schneeschieben. Seine geringen Einkünfte veranlaßten ihn aber auch zur Übernahme aller möglichen Nebenverdienste, oft übernahm er das Amt des Küsters und Organisten, des Schreibers von Briefen und Eingaben, aber auch des Zwischenträgers bis hin zum Kuppler:

«Der Dorfschullehrer, den Selmel jetzt nicht mehr nach Hause begleiten ließ, kam indessen noch oft zum Besuch, ohne daß seine ehemalige Schülerin ein Wort mit ihm sprach; er schrieb es ihrem Tiefsinn zu, allein es war Verachtung. Der Schullehrer machte nämlich den Kuppler; er hatte zehn Kinder zu ernähren und nur 300 Fr. von der Regierung und 200 von der Gemeinde; hier konnte er spielend 200 bis 300 Fr. auf einmal verdienen.»[88] Es war bei solchen Verhältnissen verständlich, wenn die Dorfschulmeister häufig in dem Ansehen standen, mit guten Gaben nicht nur erfreut, sondern auch bestochen werden zu können.

«Wird im Dorf ein Schwein geschlacht',
Seht nur, wie der Lehrer lacht,
Denn die größte Wurst ist sein,
dem armen Dorfschulmeisterlein!»

lautete ein Spottvers in Thüringen. Und Friedrich Oetker (1809–1881) berichtet in seinen hessischen dörflichen Jugenderinnerungen:

«Zu den sonstigen Vergnügungen der Schulzeit gehörte das ‹Flachsbier›, welches

Wohlhabender Bauer bringt seinen Sohn zur Schule mit einem ganzen Korb von Lebensmitteln für den devot sich verneigenden, mageren Schulmeister. (Johann Peter Hasenclever, 1810–1853)

unser Lehrer und Meister alljährlich zu veranstalten pflegte. Es beruhte das auf keinerlei ‹Regulativen›, sondern auf einem verschwiegenen, aber durchaus unverbrüchlichen Herkommen.

Die würdigen Jugendbildner des Orts hatten nämlich seit Jahren ihrem kärglichen Diensteinkommen dadurch etwas aufzuhelfen gesucht, daß sie zu gewissen Zeiten ‹Flachsbiere› gaben, d. h. die Kinder gaben ihnen Flachs und zwar in großen Diessen [Maßeinheit], und sie gaben ihnen Bier, d. h. nicht sowohl Bier, als vielmehr ‹Kaffe›, weil dieser für gesünder gehalten wurde und jedenfalls billiger war. Die Hauptsache für die Schüler aber bestand darin, daß abends einige Stunden getanzt wurde. Die Musik zu diesen Tänzen brachte nicht etwa das Klavier des Schullehrers hervor, das dazu viel zu schwach gewesen wäre, sondern die Geige des Dorfmusikus, und zwar in Verbindung mit einem ziemlich umfangreichen Basse.»[89]

Der reiche Bauer konnte den Lehrer in sein Haus zum Nachhilfeunterricht für die faule Tochter zitieren, wie es Anzengruber beschreibt:

«Ganz zuletzt kam dem Lehrer der Einfall, der vielleicht jedem anderen zuerst gekommen wäre, sich an den Vater seiner nachlässigen Schülerin zu wenden, aber für den ängstlichen Mann war es eben kein kleines, dem Angesehensten im Orte und weit in der Runde zu sagen, dein Kind ist weniger anstellig als die nächstbeste Kleinhäuslersrange, die mir mit bloßen Füßen in die Schulstube gerannt kommt.

‹Nichts für ungut, Grasboden-Bauer›, sagte er denn eines Tages, ‹aber ich kann dein'm Dirndl kein' Vakanz mehr verstatten, hm, hm, es ging wider mein Gewissen, sie bleibt mir hinter alle zurück, hm, hm, und wenn du sie prüfen ließest und sie bekäm ein schlecht Zeugnis, das wär' mir eine ewige Schand', hm, hm, ja, denn wie rechtschaffen du mich für mein' Sach' bezahlst, möcht's schier aussehen, als käm' ich nicht dafür auf, hm, hm, und da tät' ich wohl bitten, du verhielt'st mir's dazu, daß sie auch an Donnerstagen und Sonntagen Lehrstunden nimmt.»[90]

Die Kinder armer Leute dagegen hatten zusätzlich zu den Schwierigkeiten des Lernens gegen das Desinteresse der Eltern anzukämpfen, die den Wert der Schule nicht einsehen wollten oder auch in Anbetracht der Arbeitsüberlastung der gesamten Familie nicht konnten:

«Die notwendigsten Schulbücher hatte ich von meinem älteren Bruder, dem noch die Mutter welche beschafft hatte, geerbt, durfte aber niemals mich unterstehen, zu Hause eins zur Hand zu nehmen, oder sonstige aufgegebne Schularbeit zu verrichten. Das hatte mir der Vater von vornherein ein für allemal verboten, mit dem Bemerken, ein Pfarrer wirst du nicht werden, und was du verdienen wirst, das wirst du schon zusammen zählen können, dazu gehst ja nach der Schule, zu Hause hast du keine Zeit dazu.

Noch furchtbarer [als an mir] hat sich diese seine Auffassung an meiner Schwester gerächt. Diese hatte außer einer Fibel und einer Tafel, wie man sie Schulanfängern gibt, keine Bücher weiter bekommen, und da das Kind seit dem sechsten Lebensjahre, seit Mutters Tode, nie von einem Menschen ein freundlich Wort zu hören bekam, so wurde es, wie man es wohl nennt: verstockt und hat auch keine Lehre angenommen. So hatte ich später Gelegenheit, als sie im einundzwanzigsten Lebensjahre und kurz vor ihrer Verheiratung stand, sie bei mir zu haben. Und da wurde ich zu meinem großen Schreck gewahr, daß meine Schwester nicht einmal die Uhr, das heißt die Zeitangabe der Uhr, kennt... Und weiter, sie kannte da auch das Geld nicht, hatte aber bis dahin immer gedient, so kann man sich ungefähr ein Bild davon machen, wie sie ihre Dienstherrschaft immer abgespeist hatte.»[91]

Die Rolle von Lehrern und Schule im Dorf war also sehr ambivalent, zumal sie meist noch unter der Schulaufsicht des Ortsgeistlichen standen. Erst nachdem sich allgemein die seminaristische Lehrerausbildung durchgesetzt hatte und die Lehrer sich ihrer eigenen Würde bewußt wurden, konnten sie auch im Dorf eine andere Stellung einnehmen.[92] Dennoch blieb die bäuerliche Nichtachtung des Bücherwissens weiter bestehen. Noch für die Jahre nach dem Zweiten Weltkrieg beschreibt Franz Innerhofer (in seinem Buch «Schöne Tage») die ewig gleichbleibende Situation:

«Durch die Schulaufgaben erhoffte sich Holl die Befreiung von der Arbeit. Er kehrte mit Leo, seinem neuen Freund, und den anderen Haudorfer Kindern in die Siedlung zurück. Die alte Anna, die sich sehr um ihn annahm, holte aus dem Ofenrohr sein Mittagessen und stellte es vor ihn auf den Tisch. Nach dem Essen nahm er seine Schultasche und zog sich in die Stube zurück, setzte sich hinter den großen bleichen Tisch und breitete seine Hefte aus. Von der Bauernkammer herunter hörte er die Schritte der Stiefmutter. Draußen war es ruhig. Nicht einmal eines von den vielen Schneiderkindern, die sonst zu jeder Tageszeit durch Haudorf krawallten, war zu sehen. Der Gedanke, endlich nicht mehr Nachmittag für Nachmittag vor dem Pferd auf einem Feld umhergejagt zu werden, ließ Holl alles vergessen. Eine helle Stube erstreckte sich vor ihm. Durch die vier Fenster in den dicken Mauern fiel auf einmal so viel Licht auf die Gegenstände, die alle abgegriffen und bis auf zwei Stühle und den Tisch befestigt waren. Auf der wurmstichigen Tischplatte surrten und sprangen die Fliegen umher. Sie störten ihn nicht. Er hatte jetzt Zeit, alles in Ruhe zu beobachten. Er schlug ein Heft auf und vertiefte sich allmählich in seine Hausaufgabe. Er hörte nichts und sah nichts. Plötzlich ging die Stubentür auf, und der Vater stand da. ‹Was machst da?›, fragte er finster. ‹Die Hausaufgabe›, antwortete Holl mit zitternder Stimme. Der Blick des Vaters genügte. Holl packte sofort die Schulsachen ein und lief hinauf in den ersten Stock, hinein in die Bauernkammer, an der Stiefmutter und dem Kinderwagen vorbei, schlüpfte aus dem Schulgewand in das Werktagsgewand. Im Vorhaus wartete der Vater. Während Holl neben ihm her auf das Feld hinauslief, sagte der Bauer kein Wort. Die Heuarbeit war schon voll im Gange. Es war heiß und ganz finster. Am Abend oder in der Früh mußte Holl die Hausaufgaben machen. Um acht mußte er ins Bett. Um sechs wurde er geweckt. Sommer wie Winter.»[93]

Hirten und Schäfer

Eine Außenseiterstellung im Dorfganzen nahmen die Hirten und Schäfer ein. Kuh- und Schweinehirt wurden von der Gemeinde bestellt und entlohnt; die Schäfer arbeiteten entweder auch für die Gemeinde oder auf eigene Rechnung als Pächter. Ansehen und Geltung dieser Männer, die doch im wirtschaftlichen Dorfleben eine große Rolle spielten, wechselten im Verlauf ihrer langen Berufsgeschichte, aber auch von Region zu Region, was mit der historischen Entwicklung der Weidewirtschaft überhaupt zusammenhängt. Vor allem der alpine Bereich war mit Graslandflächen ausgestattet wie im Norden die Marschen, die Auwiesen der Flüsse, die Flachmoore, wozu das von den Dörfern kultivierte Grünland dazukam. Alle Flächen, die nicht dem Ackerbau dienten, nutzte man als Weide, und die abgeernteten Ackerflächen waren von besonderer Bedeutung für die Schafweide.

In den Meiereien Norddeutschlands und auf den Sennen der Alpenländer bildete die

Hirt aus dem hessischen Hinterland mit Ringelstecken. (Ferdinand Justi, 1837–1907)

Weidewirtschaft einen Hauptproduktionszweig und diente nicht nur der Deckung des eigenen Bedarfs. Der Bedeutung des Hirtenstandes z. B. in den Schweizer Alpen entsprach ihr Selbstbewußtsein, der Bewältigung ihrer gefährdeten einsamen Lebensform ihr Überlegenheitsgefühl gegenüber den Dorfbauern in ihren gesicherten Tälern, was zu manchen Konflikten und Auseinandersetzungen führte bis hin zu Überfällen berittener maskierter Berghirten in die Taldörfer unter Ausnutzung fastnächtlicher Brauchfreiheiten.[94]

Hier sei die Rolle der Hirten und Schäfer im Gemeindeleben des 19. Jahrhunderts nur gestreift. Nun setzten sich neue Methoden der Viehwirtschaft durch, und es steigerten sich die Produkte mit Futterbau und Pflege der Weiden und Wiesen. Die Schweinemast nahm mit der Entdeckung der Kartoffeln als Fütterung zu, und die Rinder verloren an Bedeutung als Hauptfleischlieferanten. Damit veränderten sich auch die Aufgaben des Hirten.[95] Die Tagweide herrschte vor, und zwischen dem 1. Mai und 1. September wurde im allgemeinen zweimal täglich ausgetrieben, um mittags das Melken im eigenen Stall zu ermöglichen. Nach Egidi (1. 9.) trieb der Hirt nur noch einmal aus, denn der Milchertrag ging zurück, und die Tage wurden kürzer.

Beim Austrieb meldete sich der Hirt mit einem Hornsignal, das die Herde zu bestimmten Stellen des Dorfes zusammenrief. Auf der Weide selbst hatte der Hirt eine geruhsame Zeit und beschäftigte sich gern, auf seinen Stab gestützt, mit Stricken, aber auch mit dem Schnitzen kleiner Gegenstände aus Holz und Horn.[96] In Notfällen versuchte er mit Peitschenknallen, das wie ein Schußsignal wirkte, Hilfe aus dem Dorf herbeizurufen. Das wollte geübt sein, und so gedieh das überlaute, kraftvolle Peitschenknallen zu einer beliebten Burschenkunst bei Hirten- und Fastnachtsbräuchen.

Wenn im Winter die Arbeit ruhte, ging der Hirt anderen Beschäftigungen nach wie Tröge und Mulden schnitzen, Drechseln, Besenbinden, Schuheflicken u. a. m. Er fing aber auch Maulwürfe, stach Dachse und befaßte sich besonders mit der Tierpflege wie Hörnerfeilen, Kastrieren, Geburtshilfe beim Kalben, als Metzger bei Notschlachtungen. Gelegentlich übernahm er auch die Aufgaben des Nachtwächters, Leichenbitters, Totengräbers und Gemeindeboten. Seine Pflichten und Rechte wurden in ausformulierten gemeindlichen Dienstverträgen festgelegt:

«Dienstvertrag der Gemeinde Eschenbach mit Hirt Johann Raum vom 25. April 1851:

Mit Zustimmung der Gemeinde wurde heute zwischen der Gemeindeverwaltung und dem Gemeindehirten J. Raum zu Hegendorf folgender Aufdingungsvertrag geschlossen. Die Gemeinde dahier nimmt besagten Johann Raum für das kommende Hütjahr 1. XII. 1851 bis letzten IX. 52 in Dienst als Gemeindehirten und hat derselbe bei zufriedenstellender Dienstleistung Aussicht auf längere Dienstdauer. Am Johannistag jeden Jahres findet die neue Aufdingung statt oder schlimmstenfalls die Dienstkündigung.

Als Lohn erhält der neue Hirt:

1. Die Wohnung im Gemeindehaus
2. Die Nutzung der sogen. Hirtenwiese
3. Abfallstreu in den unvertheilten Gemeindewaldungen
4. Von jeder Kuh, die geweidet wird
   a. von den Bauern 2 Hersbrucker Metzen Korn
   b. von den Köblern einen Hersbrucker Metzen Korn und ebensoviel Gerste

von jedem Kalb einen Metzen Dinkel
von jeder Kuh einen Bund kurzen Stroh
von jedem Schwein einen Metzen Korn.

Dieses Quantum wird gerichtet, wenn das Vieh vor Jakobi schon zur Weide getrieben wird. Nach Jakobi wird überall nur die Hälfte gegeben. Dabei übernimmt p. Raum seinen Stiefvater Adam Zitzmann in Kost und Wohnung ohne Entschädigungsanspruch; er hat für einen Gänsehirt zu sorgen und Aufsicht auf die Baumpflanzungen der Hütplätze zu üben. Daß er alle Obliegenheiten eines Hirten in treuer Fürsorge für die Herde erfüllen und gegen alle Gemeindeglieder sich anständig betragen werde, wird gewärtigt.

Vorstehender Vertrag wird doppelt gefertigt und unterschrieben und jedem der beiden Teile ein Exemplar zugestellt.»

(Aus dem Hirtenmuseum Hersbruck)

Die Hirtenkultur ist sehr vielfältig. Die Einsamkeit des Hirten und die verhältnismäßig geringe Anforderung an seine Kräfte motivierten ihn zu allen möglichen Kunstfertigkeiten, von denen das Schnitzen schon genannt wurde. Oft entwickelte er besondere Fähigkeiten auf musikalischem Gebiet, angeregt durch die Lockrufe für das Vieh.

Langhorn (Schalmei) und Rundhorn fertigte er sich meist selbst und verbesserte sie ständig. Aber er blies nicht nur auf der Weide und für das Vieh. In den Zeiten großer Feldarbeit, die auch die Frauen beanspruchte, gab er um 10 Uhr ein bestimmtes Zeichen, das die Frauen zum Kochen nach Hause rief; und in der Weihnachtszeit begleitete er die Kinder, wenn sie um Gaben im Dorfe heischten.

Aus dem Fränkischen wird in solchen Zusammenhängen das *Herdengeläut* erwähnt. Es bestand aus gegossenen Schellen und schön verzierten Schellenbögen und wurde vom Hirten als persönliches Eigentum erworben. Er vermietete diesen kostbaren Besitz an die Viehhalter gegen *Schellenstroh*. Auch die Herstellung und Pflege dieser wertvollen Schellenbögen gehörte zur Winterarbeit des Hirten.

Das Weiden der Schafe war bei ausreichender Anzahl die besondere Arbeit der Schäfer. Da die Schafzucht nicht nur in Südost- und Südeuropa, sondern auch in den mittleren Zonen eine bedeutende Rolle spielte, besonders wegen des Produktes Wolle, gehörte ein Schäfer unbedingt zum Dorfbild. Im Deutschland des hier behandelten Zeitraums handelte es sich um Standschäferei, um Wanderschafhaltung und um variable Zwischenformen.[97] Bei der Gemeindeschäferei wurde vor allem die Allmende beweidet, und der Schäfer verdingte sich ähnlich wie der Hirt durch einen Dienstvertrag. Als Gutsschäfer war er Angestellter des Gutsbesitzers. Zu einer Art von selbständigen Unternehmern entwickelten sich die Pachtschäfer, die die gemeindliche oder gutsherrschaftliche Herde mit vollem Risiko hüteten, sich aber durch den Geburtenzuwachs einen eigenen Viehbesitz erwerben konnten. Daß es bei der Zählung und Zuordnung dieses Neuerwerbs und bei dessen weiterer Vermehrung nicht immer ganz ehrlich zuging, daß bei Krankheiten und Seuchen oder sonstigen Unglücksfällen stets das Pachtvieh betroffen war und weniger des Schäfers eigene Herde, dies und manches andere war der Grund für den nicht selten schlechten Ruf der Schäfer – man schimpfte

Heimtrieb der Schafe. (Albert Heinrich Brendel, 1827–1895)

sie oft «unehrlich» – und für den Neid auf ihren zuweilen nicht unbeträchtlichen Reichtum. Diese Volksmeinung spiegelte sich in Redensarten und Rätseln wider wie dem folgenden von 1870 aus dem Schwäbischen:

«Warum hängen die Schaf' die Ohren runter, wenn sie durch's Dorf gehen? – Weil sie sich schämen müssen, daß der größte Spitzbub vorangeht!»

Die Rechtsstreitigkeiten zwischen Bauern und Schäfern wegen widerrechtlich beweideter Grundstücke oder die geschickte Tarnung eines Übertriebs als Wildschaden gehörte zu den listigen Machenschaften der Schäfer.

Andererseits waren sie wegen ihrer Kenntnisse in der Naturmedizin hoch geachtet, und mancher von ihnen wurde als «Wunderdoktor» verehrt. Berühmt machten sie ihre chirurgischen Künste bei der Trepanation, wenn einem Tier ein Drehwurm ins Gehirn gedrungen war.

Die gegenseitige Achtung, die Bauer und Schäfer einander bezeigten, lag sicher auch in der Qualität des Schäfers als Züchter und Scherer, der am Wollgeschäft interessiert und beteiligt war. So bildeten sich eigene Interessenverbände in der Form von Schäferzünften und seit der Mitte des 19. Jahrhunderts von Vereinen heraus, die das Ansehen der Schäfer den Bauern gegenüber wahren wollten. Sie erstrebten eine institutionalisierte Ausbildung entsprechend dem Handwerk vom Lehrling bis zum Meister. Ihr wachsendes Selbstbewußtsein zeigte sich in alljährlichen Treffen mit Hütewettbewerben und ausgeformten Bräuchen wie etwa dem Schäferlauf von Markgröningen.[98] Schutzpatron der Schäfer war der heilige Wendelin. Das Hauptarbeitsgerät des Schäfers aber: der gebogene Krummstab, mit dem ausbrechende Hammel am Hinterbein gefaßt wurden, ist als Hirtenstab und Bischofssymbol würdig in das Zeichensystem der Kirche eingegangen.

Der strickende Schäfer. (Holzstich um 1880)

Maß und Ordnung: Die gelebte und die gedachte Ordnung

In der für alle Teilnehmenden überschaubaren Größe des Dorfes gab es die offizielle Obrigkeit, die Schulze und Gemeinderat vertraten, und die gedachte Ordnung im Bewußtsein der Dorfbewohner – zwei Stränge, die nicht immer parallel laufen mußten. Aus einem rheinischen Dorf wird das in einem Text aus der ersten Hälfte des 19. Jahrhunderts anschaulich geschildert:

«Im Dorfe war viel Hin- und Herreden und das Haus mit dem Wacholdersträußchen ganz voll Bauern. Der neue Amtmann war aus dem Städtchen zum ersten Male hereingekommen, um das Dorf zu besichtigen und dem Pfarrer einen Besuch zu machen; jetzt grade war er dort, auch der Schulze, der ihn hingeführt. Diejenigen, welche den Amtmann noch nicht gesehn hatten, fragten nun eifrig, ‹wie er sich hielt›, d. h. wie er spräch und wie er aussäh und besonders, ob er einen dicken Bauch hätte. Das war ihnen stets ein notwendiges Requisit bei ihren Herren, und meist waren die dicken Herren auch immer die besten gewesen; ihren Schulzen hatten sie auch fast nur darum gewählt, weil er der Dickste im Dorfe war. Die, welche den Amtmann gesehen hatten, erzählten nun eifrig, und jeder wußte etwas Besonderes. Alle kamen indessen darin überein, daß er ein absonderlich-freundlicher Herr sei, wenn er auch gar keinen Bauch hätte, sondern lang und dürr ‹wie die Spritzenhausleiter› wär. Einer aber schüttelte dazu mit dem Kopf; das war ein Bauer aus dem Amt, wo der Amtmann hergekommen war, und als man ihn fragte, was das bedeuten sollte, meinte er bloß: ‹Hm! hm!› – ‹Ja, aber er lacht doch immer so freundlich›, sagte darauf der Bauer Klaus, und da erwiderte der andere: ‹Wann der lacht, dann kitzelt ihn der Teufel›; mit diesen Worten ging er fort, den Zuhörern überlassend, wie sie sich seine Worte deuten wollten. Die deuteten nun auch eifrig daran; aber ein jeder still vor sich hin, so daß es auf einmal ganz ruhig in der Stube war. Endlich meinte der Klaus: ‹Ich denk mir schon inwendig, was der gemeint hat, aber ich kann's nich e so herauslassen›, und das meinten nun alle und waren darum ganz mißstimmig geworden; der aus dem Amt da mußte ihn ja doch kennen, der hatte ja drei Jahre lang unter seinem Gericht verkehrt.»[99]

Hier wird etwas deutlich von jenem Wechselverhältnis von Einordnung und Unterordnung, das der philosophierende Pfarrer Georg Koch (1872–1957) aus überströmend positiver Sicht dem Bauerntum zugesprochen hat.[100] Es ist ihm darin zuzustimmen, daß die unreflektierte Ordnungsidee sowohl im Sachgebundenen wie im Sozialen das Weltdenken des Dorfbewohners bestimmte und sein Verhalten stützte. Doch ob das stets folgsame Sicheinordnen in das dörfliche Verhaltensschema wie ein Hinnehmen des «Gegebenen» im Sinne einer bäuerlichen Ethik zu verstehen sei, kann zunächst einmal nur ganz wertfrei als Feststellung notiert werden.

Da war vor allem die Hierarchie der dörflichen «Stände», auf die in diesem Zusammenhang nochmals verwiesen wird: Sie drückte sich nicht nur quantitativ als Besitzprestige aus, sondern auch qualitativ in der Vergabe der bevorzugten Rollen im Dorfe selbst:

«So unerfahren auch unser Aloys war, so waren ihm doch die Unterschiede der drei Stände wohl bekannt. Da standen zuunterst die Kühbauern, die von ihren Zugtieren auch noch Milch und Kälber ziehen müssen; dann kamen die Ochsenbauern, deren Zugtiere man doch noch mästen und schlachten kann, zuoberst aber standen die Pferdsbauern, deren Zugtiere weder Milch noch Fleisch geben und die doch das beste

Futter fressen und oft am meisten gelten. Ich glaube nicht, daß Aloys hierbei an den Nähr-, Lehr- und Wehrstand dachte.»[101]

Rechtsdenken – Rechtsbräuche

Vor diesem Hintergrund der hierarchischen Besitzordnung, die sich in ähnlicher Form in allen Dörfern wiederholte, entfaltete sich die bäuerliche Lebenswelt auch in ihrem rechtlichen Denken. Hier erscheint das nicht-institutionalisierte Recht als Rechtsetzen, als Recht-Empfinden, wobei manche Rechtsimpulse von Glaubensphänomenen mitgeprägt wurden.[102] So wird als Sinnbild des Weltaufbaus – «aller guten Dinge sind drei» – der Täufling dreimal mit Wasser besprengt, das Brautpaar dreimal von der Kanzel aufgeboten, dem Jubelgreis dreimal Hoch gerufen, und dem Toten werden drei Hände voll Erde ins Grab geworfen, womit jedesmal der Übergang in eine andere Lebenszone durch ein rechtliches Zeichen besiegelt wird. Durch solche Übergangsriten wurde besonders die Hochzeit wegen ihrer hohen familiären und wirtschaftlichen Bedeutung durch alte Rechtssymbole ausgezeichnet.

Den Kranz als festlichen Kopfschmuck aller Gäste kannte bereits die Antike. Mit Hochzeitsmaien wurde das Brauthaus geschmückt, und Darstellungen aus dem mittelalterlichen Hausbuch zeigen die Hochzeitsgäste und besonders den Bräutigam mit

Braut und Bräutigam beim Kirchgang im Schwarzwald, das junge Paar mit grünen Zweigen geschmückt. (Darstellung eines unbekannten Künstlers um 1850)

großen grünen Zweigen.[103] Neben der gemeinhin überlieferten lebenspendenden Kraft des Maien kann hier auch ein rechtsbräuchlicher, zeichenhafter Hintergrund durchscheinen: das Abbrechen, Tragen und Übergeben eines Zweiges bedeutete Aneignung und Besitzergreifung, wie Bächtold überzeugend ausführt.[104] Diese symbolische Handlung hat sich auch in Balladen und Liebesliedern erhalten, wie z. B. in «Es wollt ein Mädchen die Lämmlein hüten»:

Str. 3: «Sie gingen zusammen den Berg hinauf gar balde
und setzten sich nieder bei einem Baum im Walde;
er brach sich ab einen grünen Zweig
und machte das Mägdlein zu seinem Weib,
da lachte das Mädchen so sehre.»[105]

oder «Des abends wenn ich schlafen geh»

Str. 7: «Von einem Äpfelbäumelein,
da brach ich mir ein Reis:
aus einem wackern Mägdelein
da mach ich mir ein Weib.»[106]

oder «Das Lieben bringt groß Freud»

Str. 2: «Ein Brieflein schrieb sie mir,
ich sollt' treu bleiben ihr.
Drauf schickt ich ihr ein Sträußelein,
schön Rosmarin und Nägelein,
sie soll, sie soll,
sie soll mein Eigen sein.»[107]

In diesem letzten Beispiel ist der Rechtsanspruch nur noch andeutungsweise und gewissermaßen blumig verdeckt vorhanden, aber auch in den anderen Liedern hat er sich lediglich als formelhafte Metapher erhalten, was wiederum aus der Rechts- und Sozialgeschichte der Eheschließung zu erklären ist. Nur im germanischen und vorrömischen Recht war ja die Heirat gleichbedeutend mit der Besitzübergabe der Braut gewesen, war sie ein Rechtsvertrag zwischen zwei Sippen, in dem die Braut rechtlich wie eine Sache behandelt wurde, der Mann die Person des Weibes als Eigentum erwarb und die Schutzpflicht, die *munt*, bei ihrer Sippe verblieb. Erst das christliche Mittelalter setzte diesem dominierenden Sippengedanken das Eheideal der Monogamie und Treue entgegen, in dessen Bereich der Mann auch die Schutzpflicht über Frau und Kinder zu übernehmen hatte. Der Zweig als Symbol der Besitzergreifung verlor damit seinen Sinn und wurde in einer gefühlsbetonteren Epoche neu gedacht und neu empfunden zum Lebens- und Liebeszeichen. Das Kraut Rosmarin nun galt (wie die Petersilie) als wirkungsvoll auch in der Liebesmagie und wurde auf dem Lande erst spät durch die aus dem Mittelmeerraum importierte Myrte verdrängt, die zum «klassischen» Material für den Brautkranz wurde und damit – ganz im Geiste der christlichen Kirche – zum Zeichen jungfräulicher Reinheit, verbunden mit dem Kranz: «Wir winden Dir den Jungfernkranz!»

Hier setzten am ehesten die Sanktionen ein, die sich bei einer «leichtfertigen» Braut im Zeichen des Strohkranzes ausdrückten. Hier durchkreuzten sich das obrigkeitliche, an der Vereinnahmung von Strafgeldern interessierte Rechtsdenken, das kirchliche Moralempfinden und das mehr tolerante Empfinden der Dorfbevölkerung, der an Sanktionen wie dem Strohkranz nicht gelegen war, wenn man sie nicht «von oben» und von der Kanzel indoktriniert hatte.[108] Für das 19. Jahrhundert kann Hans Moser nur wenige Belege eines Strohkranzbrauches vorweisen, und er schließt daraus auf ein Schwinden dieses Zeichens als volkstümliches Diffamierungsmittel. Clemens Brentano (1778–1842) zitiert noch 1842:

> «Doch als 9 Monate gingen
> stets müder durch den Sand,
> den Strohkranz sie ihr bringen
> ans Haus ob ihrer Schand'.»[109]

Es sei an dieser Stelle ein Blick auf die Gegenwart gestattet und die Erzählung einer Tagelöhnerfrau aus einem evangelischen Dorf bei Marburg referiert, die am Beginn ihrer Schwangerschaft mit ihrem Bräutigam zum Pfarrer ging, um die Hochzeit zu bestellen. Hatte dieser schon beim Ehegespräch besonders der Braut die peinlichsten Vorwürfe gemacht, so goß er bei der Trauung die ganze Fülle kirchlicher Sanktionsmöglichkeiten über sie aus: Trauung nicht mit der Brautkrone, sondern nur in der Abendmahlstracht, – am Nachmittag und ohne Glockengeläute – und in der Trauungspredigt Veröffentlichung der sittlichen Verfehlungen und entsprechende geringere Feierlichkeit der heiligen Handlung.

«Vor uns wurde eine reiche Bauerntochter in allen Ehren und mit Glockengeläute getraut», erzählt die Frau, noch heute betroffen nach fast 40 Jahren: «Die kamen aus der Kirche in Prunk, und wir gingen hinein in Schande!»

Doch nun zurück ins Dorf des 19. Jahrhunderts. Den grünen Zweig als Rechtszeichen des Besitzes – hier des Hofbesitzes – benutzt sogar noch Auerbach in einem seiner Bauernromane:

«Der Vater stand auf, mit zitternder Hand brach er einen Zweig von einer Tanne, nahm dem Vinzenz den Hut ab, steckte den Zweig darauf, setzte ihm den Hut wieder auf's Haupt, reichte ihm die Hand und sagte: ‹Du bist der Furchenbauer, und dabei bleibt's, so wahr mir Gott helfe. Alban, du sollst nicht zu kurz kommen, dafür laß mich nur sorgen, und sei folgsam. Sei der Erste, der deinem Bruder Glück und Segen wünscht, und er soll allezeit brüderlich an dir handeln.»[110]

Wie die Kirche, so lag auch das Gemeindehaus meist in der Mitte des Dorfes. Das weist auf die räumliche Ordnung des Dorfes hin, die sich bis hinaus auf die Äcker und Fluren erstreckte, eine Ordnung, die zugleich auch die Rechtsbedeutung von Grenzen und Ortslagen betraf.[111] Die Verstöße gegen diese Ordnungen wurden sowohl vom öffentlichen Recht geahndet wie auch vom dorfeigenen ungeschriebenen Rechtsverhalten durch bestimmte Personengruppen und mit den zeichenhaften Mitteln der Dorfjustiz verfolgt.

Das heimliche Gericht

Besondere Wachsamkeit galt dem Schutz der besitzorientierten Ehestrategien und bei jedem Einbruch dorffremder Personenkreise.

Wie sich eine derartige Dorfjustiz abspielte, ausgeführt durch die Burschen an einem unliebsamen auswärtigen und standesfremden Freier eines beliebten, reichen und schönen Dorfmädchens, schildert eine elsässische Dorfgeschichte von 1840:

«Um Mitternacht stiegen drei Sechsmannskerle in das Zimmer des Präfekten, holten ihn aus dem Bette, drohten ihm mit dem Tode, wenn er einen Schrei täte, banden ihm einen Strick um den Leib, trugen ihn an das Ufer der Zorn und tauften ihn dreimal in der schaumigen Flut des Mühlganges. Darauf trugen sie ihn wieder ins Bett, deckten ihn warm zu und wünschten ihm guten Abend im Namen der Braut. Natzi war der Anführer gewesen.

Als den andern Morgen der Präfekt das ganze Haus verfluchte, mit einem Prozesse drohte, wozu ihm die Zeugen fehlten, und anspannen ließ, hatte sein Pferd kein Härchen mehr am Leibe, weder am Schweif noch am Kamm. Der Alte selbst lachte sich den Rücken voll, und der Präfekt erkrankte an einem Gallenfieber. – ‹Seht›, rief ihm Natzi nach, ‹so schafft man sich auf dem Dorfe die Freier vom Halse!›»[112]

Darin ist ein ganzer Katalog von Elementen burschenschaftlicher Dorfjustiz enthalten von der magisch-abwehrenden Dreizahl über die durch Schweigesolidarität gedeckte Sicherheit vor weltlichen Prozessen bis hin zur Verunstaltung des Pferdes als des Tieres, das den größten Stolz des Bauern ausmacht. So bedienten sich die Burschen im dörflichen Kommunikationsprozeß der allgemein bekannten Gedanken und Zeichen.

Das galt nicht nur bei solchen Ausnahmefällen, sondern weitgehend auch im alltäglichen Verhalten, z. B. bei den Sitzungen des Gemeinderates. Der Ablauf einer derartigen Gemeinderatssitzung wird etwa exemplarisch für Mecklenburg folgendermaßen beschrieben:

«Diese Bauernversammlungen geschehen zur Beratung über Gemeinde-Angelegenheiten. Bauern und Büdner nehmen an ihnen Teil. Früher schickte der Schulze zum Zwecke der Berufung einen geschälten Weidenstab im Dorfe herum, woher wohl die Redensart entstanden ist: ‹De Knüppel geit üm!› (Aufgepaßt!) Der geschälte Weidenstab spielte überhaupt früher in den Dorfordnungen eine große Rolle; man bediente sich seiner zum ‹Kaveln›, und noch kürzlich wurde z. B. die Wiesen in der Nähe von Doberan teilweise ‹verkavelt›. U. a. wird auch bei solcher Zusammenkunft der ‹Bullenvater› bestimmt, d. h. derjenige, welcher den Ortsbullen auf ein Jahr zu halten hat.»[113]

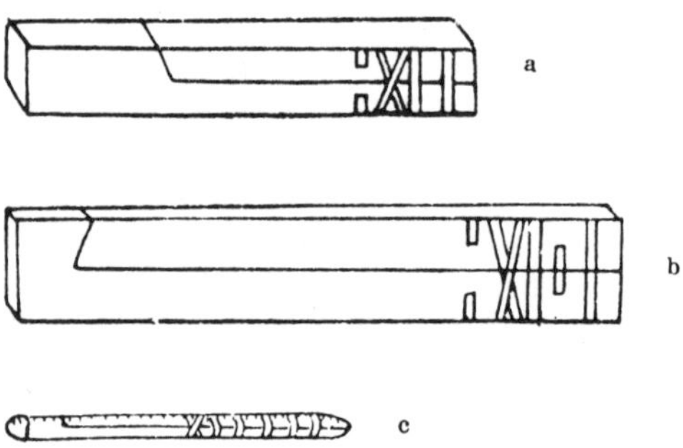

Kerbholz aus Altkirch bei Guttstadt.

Das umgehende Holz, das Kerbholz, wurde also sowohl für amtliche Mitteilungen rundgeschickt, galt aber auch als anerkanntes Abrechnungsmittel zwischen Herrn und Tagelöhner, Gläubiger und Schuldner. Aus Ost- und Westpreußen wird die Technik dieser Kerbholzinformationen genau überliefert:

«Sie bestehen stets aus zwei genau zu einander passenden und ineinander eingefalzten Teilen, gewöhnlich aus Buchenholz, die beide, um Verwechslungen zu vermeiden, mit dem Namen oder der Nummer des Arbeitnehmers versehen sind und von denen dieser den einen, die ‹Herrschaft› den anderen aufbewahrt. In der Regel bewirkt der Hofmann, der Kämmerer, der Meier, ein Aufseher oder auch der Herr Inspektor das Einschneiden der einander genau entsprechenden und mit demselben Schnitte hergestellten Kerben, die dann der Berechnung des Lohnes zugrunde gelegt werden und woher sich auch die bekannte ostpreußische Redewendung ‹den Kerbstock halten› in dem Sinne von ‹Leistung und Gegenleistung, Gefälligkeiten und dergleichen gegenseitig genau aufrechnen› herschreibt. Meist hat der Kerbstock quadratischen Querschnitt und ist dann nur etwa 30–40 cm lang, für längere Zeit bestimmt und von geschickten Leuten selbst hergestellt. Allgemein bezeichnen die durchgezogenen langen Striche einzelne Tage, die schrägen Kreuze je zehn Tage, die kurzen Halbstriche halbe Arbeitstage. War das Holz voll, so wurden die Kerben einfach abgehobelt oder abgeschabt, und so hielt es eine geraume Zeit vor, manchmal für mehrere Jahre. Vereinzelt ward aber auch ein einfacher Kerbstock vom Kämmerer täglich neugefertigt, und zwar besonders zur Zählung der Getreidefuhren, und bestand dann bloß aus einem gespaltenen runden Hölzchen, dessen beide Hälften in gleicher Weise mit Kerben versehen wurden.»[114]

Das alles waren Ordnungsprinzipien und -zeichen, die sich für die Gemeinde und den einzelnen als nützlich und einsehbar erwiesen. Was aber geschah, wenn überlieferte Rechtsvorstellungen einseitig gebrochen wurden und Macht über Recht einen traurigen Sieg errang? Wie sich dieses Mißverhältnis in Zeiten des Übergangs zwischen Leibeigenschaft und Bauernbefreiung auswirkte, beschreibt der Volksschullehrer Lübke für etwa 1820 aus Nordhessen:

«Die Bauern glaubten nun, ich könnte beim Grafen viel für sie auswirken, und dieser wünschte, ich möchte die Bauern von Prozessen zurückhalten, indem sie sich zu ihren Verpflichtungen oft gerichtlich anhalten ließen. Was ich für Recht hielt, tat ich, und mitunter auch mit Erfolg. Wenn ich einsah, daß die Bauern durch Prozessieren gegen den Grafen nichts ausrichten konnten, was um so schwieriger war, da sie vor dem gräflichen Patrimonialgerichte ihre Klagen anbringen mußten, so riet ich ihnen davon ab. Der Graf hingegen ließ von seinen Rechten gegen die Bauern kein Jota schwinden.»[115]

Wie aber sollten die Bauern die neuen Gesetze, die sich zudem oft mit den alten Machtkonstellationen verbanden, richtig verstehen und zu ihrem Nutzen einsetzen können? Dem dörflichen Rechtsdenken entsprachen viel eher die älteren, durch Haus, Raum und Besitz gesetzten Ordnungen des Friedens, und dafür bildeten sich die Bauern vielfach ihre eigenen Gerichtsbarkeiten. Der Jurist Karl Immermann hat in seinem Roman «Der Oberhof» ein solches Bauerngericht für die freien Bauerndörfer Westfalens vorgestellt. Er zitiert dazu aus Kindlingers «Münsterischen Beiträgen»:

«Westfalen bestund aus einzelnen Höfen, deren jeder seinen eigentümlichen und freien Besitzer hatte. Mehrere solcher Höfe machten eine Bauerschaft aus, die gewöhnlich den Namen des ältesten und vornehmsten Hofes führte. Es gründet sich in der ersten Anlage der Bauerschaften, daß der älteste Hof auch der erste im Range bleiben und der vornehmere werden mußte, wo von Zeit zu Zeit die davon ausgegangenen Kinder, Enkel, Hausgenossen zusammenkamen und einige Tage feierten und zechten. Der Anfang oder das Ende des Sommers war die gewöhnliche Zeit dazu, wo jeder Hofbesitzer etwas von seinen gezogenen Früchten und auch wohl ein junges Stück Vieh zum Bauermahl mitbrachte. Man besprach sich über mannigfaltige Gegenstände und nahm Rücksprache, Heiraten wurden da geschlossen, Todesfälle angezeigt, und der Sohn als eingetretenes Haupt seines väterlichen Erbes erschien dann gewiß mit volleren Händen und ausgesuchterem Viehe bei seinem ersten Eintritt in die Versammlung. An Zwisten konnte es bei solchen Freudentagen nicht fehlen, dann trat der Vater als Haupt des ältesten Hofes in die Mitte und legte mit Einstimmung der übrigen den Zank bei. Wurden einige Hofbesitzer während der andern Jahreszeit irgend einer Ursache halber uneins, so brachten beide bei der nächsten Versammlung ihre Beschwerde vor, und beide waren damit zufrieden, was ihre Mitgenossen für gut oder recht fanden. War alles aufgezehrt, der zur Feier bestimmte Baum ausgebrannt, so hatte das Fest, die Versammlung ein Ende. Jeder kehrte dann zurück, erzählte seinen zu Hause schon wartenden Hausgenossen die Begebenheiten des Festes und ward mit ihnen lebendige und stets fortdauernde Urkunde aller Vorfälle ihrer Bauerschaft.

Dergleichen Zusammenkünfte hießen *Sprachen, Bauersprachen*, weil sämtliche Hofbesitzer einer Bauerschaft, um sich zu besprechen, zusammenkamen, und *Bauergerichte,* weil hier die Irrungen der schon stillschweigend in einen Verein getretenen Männer beigelegt oder zurückgewiesen wurden. Da die Bauersprachen und Bauergerichte beim ältesten oder vornehmsten Hofe gehalten wurden, so hieß solcher Hof auch *Richthof,* und die Bauergerichte und Bauersprachen auch *Hofsprachen* und *Hofgerichte,* welche bis auf heutigen Tag noch nicht ganz verschwunden sind. Der älteste Hof, der Richthof, ward nun im vorzüglichen Sinne Hof genannt, womit man den Haupthof oder Oberhof in der Bauerschaft und dessen Besitzer als das Haupt oder den Hauptmann der übrigen bezeichnete.»[116] Dann läßt Immermann seinen alten Oberhofbauern dem «Herren von der Schreiberei», d.h. einem städtischen Richter, seine «Heimlichkeiten», also die Umstände des heimlichen Gerichts, erläutern:

«Und nach diesem gewöhnte ich mir selbst zuerst die Gedanken nach Hilfe von draußen ab, zahlte meine Steuern und trug meine Lasten; im übrigen aber hielt ich mich vor mich und ließ es mir lieber, wenn ein Malheur passierte, etwas saurer werden, als daß ich die Herren da draußen um Beistand angesprochen hätte. Hernacher gewöhnte ich es auch den Leuten um mich herum ab. Sie nahmen an mir ein Exempel, und so taten wir Nachbarn uns allmählich zusammen, sprangen einander bei, ordinierten unser Wesen für uns und kam von vielen Sachen, um die sie andererorten ein große Hallo erheben, nichts über die Gemarkung hinaus. Als aber die Sache erst einmal im Gang war, gelang sie immer besser; wenige Prozesse wurden in das Amt getragen und die meisten Frevel gar nicht angezeigt, sondern machten die Scherereien unter uns ab. Denn über Mein und Dein, und wem die Mauer gehört und jener Wiesenstreifen, kann man schon selbst mit seinem Bauernverstande fertig werden. Wenn aber wo eingebrochen ist, so kennt fast immerdar das Dorf den Dieb. Handhabten also selber Recht und Gerechtigkeit in allem Frieden und konnte uns niemand darum anfassen; denn wir taten keinem was zuleide, sondern gingen nur nicht mit dem Ungerechten und Frevelhaften um, wenn wir ihn in die Feime gesetzt hatten; es entstand aber weit größere Furcht dieserhalb unter den Leuten als vor Urteil und Gefängnis...»[117]

Wie ein solches Femegericht funktionierte, zusammentrat und auch neue Mitglieder vereidigte, wird zuvor ausgiebig und wohl historisch weitgehend zutreffend geschildert:

«Nicht lange nach diesem Auftritte wanderten zehn bis zwölf Bauern von verschiedenen Seiten die Pfade den Hügel hinauf nach dem Freistuhle. Es waren die reichsten Hofbesitzer der Umgegend. Die Gesichter dieser Leute waren ernsthaft und feierlich.

Ihre Schritte übereilten sie nicht, und wo auch zwei zusammengingen, wurde dennoch kein Wort gewechselt. Diese alten Freibankbauern trugen auch heute noch ihren Feierputz, und die großen breitkrempigen Hüte gaben ihnen ein schweres und würdiges Ansehen...

Als sie oben am Freistuhle angekommen waren, einer nach dem anderen, setzten sie sich schweigend und einander nicht begrüßend auf die Steine umher, die in der Einsenkung zwischen den Brombeergebüschen lagen, der größte aber unter den drei alten Linden blieb leer und für den Freigrafen aufbehalten. Sie saßen wohl eine Viertelstunde lang, ohne einander anzusehen, geschweige, daß sie zusammen geredet hätten. Jeder blickte starr und fest vor sich hin. Zuletzt kam der alte Bauer, welcher mit dem Hofschulzen gesprochen hatte, der Fronbote, nächst dem Besitzer des Oberhofes der Kundigste in den Sitten und Gebräuchen der Väter. Dieser stellte sich außerhalb des Kreises der Steine hin, auf seinen Knotenstock gestützt und nach der Gegend des Oberhofes hinuntersehend.

Von dieser Gegend kam nach einer Viertelstunde der Hofschulze heraufgegangen, der Freigraf. Neben ihm ging sein Eidam. Feiermäßig war sein Anzug, aber gebückt und kummervoll sein Gang. Den Eidam ließ er an einer über hundert Schritt vom Freistuhl entfernten Stelle zurückbleiben, das Gesicht von diesem abgekehrt. Der Fronbote ging dem Hofschulzen entgegen, führte ihn bis an den Kreis und sagte:

‹Herr Graf, mit Urlaub und mit Behagen
Tue ich Euch fragen:
Soll ich, Euer Knecht,
Euch den Königsstuhl setzen, wie Recht?›

Der Hofschulze erwiderte:

‹Alldieweil die Sonne mit Rechte
Bescheinet Herrn und Knechte
Und alle unsere Werke,
Spreche ich, das Recht zu stärken,
Den Stuhl zu setzen eben
Und rechte Maß zu geben.›

Der Fronbote ging hierauf durch den Kreis zu dem großen Steine unter den drei alten Linden, legte die Hand an denselben, als setzte er ihn wie einen Stuhl zurecht, stellte ein kleines Kornmaß, welches er unter dem Rocke hervorzug, vor den Stein, blieb selbst daneben stehen und rief dem Hofschulzen, der sich noch immer außerhalb des Kreises befand, folgenden Spruch zu:

‹Herr Grafe, lieber Herre,
Ich vermahne Euch bei Eurer Ehre,
Ich bin Euer Knecht,
Darum sagt mir für Recht,
Ob dieses Maß ist gleich
Für arm und reich,
Zu messen Land und Sand
Bei Eurer Seelen Pfand?›

Der Hofschulze antwortete:

‹Ich erlaube Recht und verbiete Unrecht
Bei Peen (Pein, Strafe) der alten erkannten Recht.›

Er ging nun auch in den Kreis, schritt, ohne von seinen Genossen begrüßt zu werden oder sie zu begrüßen, auf den Stein unter den Linden, den Königsstuhl, zu, setzte sich, stellte seine Füße auf das Kornmaß und entblößte das Haupt, welchem Beispiele die Bauern folgten. Dann zog er eine Flechte von Weidenzweigen aus dem Rockärmel und gab sie dem Fronboten, der sie auf einen tischartigen Stein vor dem Stuhle legte. Die Bauern murmelten, und einer fragte: ‹Die Wyd (aus Weiden geflochtener Strick als Symbol für die angedrohte Strafe) sehen wir; wo ist das Schwert?›

Der alte Freigraf zuckte zusammen, und der Fronbote antwortete statt seiner: ‹Es hat nicht gleich auf der Stelle gefunden werden können.› ‹Nachbarn›, sagte der Hofschulze zitternden Lautes, ‹es ist ein Malheur mit dem Schwerte von Carolus Magnus geschehen, und wenn ihr so wollt, stehen wir auf und gehen heim.›

‹Nein!› riefen die Bauern; ‹aber daß das Schwert mangelt, ist schlimm; denn es bedeutet das Kreuz, woran der Herr Christus gelitten hat.›

Sie blieben in nachdenklichen Stellungen. Auch ihr alter Vorstand hatte Mühe, seine Fassung zu behalten...

Jetzt redete der Hofschulze die Versammlung mit folgenden Worten an: ‹Ist es die rechte Stätte und die rechte Stunde, Ding und Gericht zu halten nach Freistuhlsrecht unter echtem römischen Königsbann?› – Die Bauern antworteten einstimmig: ‹Ja, sie ist es›, und der Hofschulze fuhr fort: ‹So warne ich euch vor Unlust, Keif, Scheltwort. Niemand soll sprechen denn mit Fürsprach, niemand scheiden vom Gericht denn mit Urlaub. – Dieweil –› setzte er hinzu –

‹Dieweil an diesem Tage
Mit eurer aller Behagen
Unter dem hellen Himmel klar
Ein frei Feldgericht offenbar,
Wo Notschöffen* keine,
Gehegt beim lichten Sonnenscheine,
Nicht in Schlüften,
Nicht in Klüften,
Zwischen sieben Uhr frühe
Und ein Uhr mittags; siehe!
Alle Mann auch nüchtern kommen sind,
Königsstuhl und Maß man recht befind't,
So sprecht das Recht ohne Witz und Wonne,
Weil scheint die Sonne.›

Die Bauern sprachen: ‹Wir wollen's.›

Der Hofschulze fragte abermals: ‹Was gibt dem Freischöffen Fug und Recht?›

Die Bauern murmelten dumpf: ‹Hebende Hand, blickender Schein, gichtiger Mund.› –

Darauf sagte der Fronbote: ‹Herr Grafe, es steht draußen ein Mann, der Begehr am Ding und Gericht hat.›

Der Hofschulze wandte sich wieder an die Versammlung und sprach: ‹Ist es euch genehm und zum Behagen, daß mein Eidam vom Jürgenserb', frei, keinem eigenbehörig, ohne Schimpf noch Schande, unverleumd't im Lande, wissend gemacht werde auf

* Notschöffen sind Leute, die sich als Schöffen bewerben, obgleich sie selbst mit einer Anklage zu rechnen haben.

roter offener Erde, fahe (empfange) Losung und Heimlichkeit, wie Kaiser Carolus gesetzt zu seiner Zeit?›

Die Freischöffen erwiderten: ‹Es geschehe.› – Der Hofschulze gab nun dem Fronboten einen Wink, dieser ging zu dem Eidam und führte ihn herbei. Der junge Bauer sah sehr stolz und freudig aus, als er in den Kreis trat, in welchem er die höchste Ehre von seinesgleichen empfangen sollte.

Der Fronbote gab ihm Anweisung; darauf entblößte der junge Bauer sein rechtes Knie, kniete bedeckten Hauptes vor seinem Schwiegervater nieder, legte die linke Hand auf die Weide, die ihm der Fronbote vorhielt, und empfing in dieser Stellung vom Hofschulzen die Vermahnung vor Eidbruch, die ihm unter schweren Verwünschungen erteilt wurde. Bei der Weide solle er denken an den Strick um den Hals, hieß es darin, und bei der Linde, die er sehe, an den Baum, der den Verräter trage. Vermaledeit sei dessen Fleisch und Blut, der Wind solle ihn verwehen, die Krähen, Raben und Tiere in der Luft sollen ihn verführen und verzehren. Noch schrecklichere Drohungen enthielt dieses Verwarnen. Der Eidam verzog aber keine Miene dabei. Hierauf nahm ihm der Fronbote den Eid ab, den der neue Schöffe nachsprach. Er schwor, die Feme zu hüten:

‹Vor Mann, vor Weib,
Vor Dorf, vor Traid, [Getreide]
Vor Stock, vor Stein,
Vor groß, vor klein,
Auch vor Quick [das lebendige Vieh]
Und vor allerhand Gottesgeschick,
Ohne vor dem Mann,
Der die heilige Feme hegen und hüten kann,
Und nicht zu lassen davon
Um Lieb noch um Leid,
Um Pfand oder Kleid
Noch um Silber noch um Gold
Noch um keinerlei Schuld.›

Als der Eidam den Eid geleistet hatte, wollte er aufstehen; der Fronbote hielt ihn aber in seiner knienden Stellung fest und sagte, sich vergessend und aus der feierlichen Redeweise in seine Bauersprache fallend: ‹Wollt Ihr denn wie das liebe Vieh Schöffe sein? Ihr kriegt ja erst die Losung.›

‹Auch gut!› rief der junge Bauer, dem die fürchterliche Verwarnung und der Eid ein Behagen erregt zu haben schien. ‹Her mit der Losung!› Der Hofschulze setzte den Hut auf, der Eidam mußte ihn abnehmen, und nun sagte jener: ‹Die Losung und das Notzeichen, das ich dich lehre, lautet: Stock, Stein, Gras, Grain.› [Zweig, Ast, was ein rechtliches Besitzzeichen war].

‹Gut›, versetzte der Eingeweihte. ‹Stock, Stein, Gras, Grain, das ist wohl zu behalten. Aber was bedeutet: Stock, Stein, Gras, Grain?› ‹Neige dein Ohr zu meinem Munde›, versetzte der Freigraf, ‹du sollst den heimlichen Sinn erfahren, den außer dir nicht einmal die Lüfte hören dürfen.›»[118]

Das Haberfeldtreiben

Hier tritt – wenn auch in etwas romantisch formalisierter Gestalt – das Gefüge des geheimen Gerichts in Erscheinung, das sich zum vermeintlichen Nachweis tradierter Rechtmäßigkeit auf das Schwert Karls des Großen stützen wollte. Von daher ist die Verbindung zu dem berühmtesten und berüchtigtsten Phänomen der Volksjustiz des 19. Jahrhunderts, dem bayerischen Haberfeldtreiben, leicht gezogen. Nachweislich lebte dieser Brauch nächtlicher Gerichtsbarkeit, belegt seit 1716 in ca. 180 aktenkundlichen Fällen, bis 1922,[119] als er wegen der aufgetretenen Exzesse polizeilich verboten, aber im geheimen noch weitergeübt wurde. Lena Christ beschreibt eine Aktion der Haberer noch für die Zeit nach dem polizeilichen Verbot:

«Die Rede, welche der Herr Pfarrer am Grabe unsers Hansl gehalten hatte, war wieder eine Verdammungsrede gewesen; eine noch schlimmere aber hielt er kurze Zeit danach dem Schmittbauern, dem reichsten der Gemeinde, den auch der Schlag getroffen. Dieser Mann war in der ganzen Umgegend wegen seiner Gutherzigkeit und Rechtlichkeit angesehen und beliebt; nur beim Pfarrer stand er schlecht angeschrieben. Einen besonderen Groll auf ihn hatte auch der Posthalter, der sich gern durch den Bau einer Straße berühmt gemacht hätte, daran aber durch einen Acker des Schmittbauern gehindert wurde, den dieser um keinen Preis hergeben wollte. Ein jahrelanger Prozeß war zugunsten des letzteren entschieden worden.

Nach der Beerdigung begaben sich nun damals die Leidtragenden, die in großer Zahl von nah und fern gekommen waren, zum Leichenschmaus beim Huberwirt. Nur einige waren noch am Gottesacker zurückgeblieben und hörten dort, wie der Posthalter mit Bezug auf die Rede des Pfarrers zum Lehrer sagte: ‹Recht hat er g'habt, der Herr Hochwürden! Dem g'hört 's net anderscht. Mit dene werdn ma aa no ferti; mir zoagn's eahna scho!›

Diese Worte hinterbrachten die Bauern, die sie gehört hatten, sofort den beim Leichentrunk Versammelten, und nun kannte die Erbitterung keine Grenzen. Zur Stund ward beschlossen, den Schmittbauern zu rächen. Am Samstag vor dem Fest Mariä Geburt erschienen bei anbrechender Nacht plötzlich etliche hundert Männer mit geschwärzten Gesichtern im Ort, zogen, mit Sensen, Dreschflegeln, Heugabeln und Äxten bewaffnet, durch das Dorf und sangen Trutzlieder auf die Geistlichkeit und besonders auf unsern Pfarrer. Dazu vollführten sie mit Johlen, Pfeifen und Zusammenschlagen der Äxte und Sensen einen höllischen Lärm. Vor dem Pfarrhof angelangt, schlugen sie dort die Fenster ein, beschmierten die Türen mit Schmutz, hieben die Obstbäume um oder rissen sie aus; sogar den Heustadel wollten sie in Brand setzen, doch zündete es nicht.

Danach zogen sie zum Posthalter und besudelten dem alle Fensterscheiben und Läden mit Menschenkot, den sie in einem großen Kübel mitführten, und schrieben an das große Tor der Einfahrt mit einem langen Pinsel, der mit demselben Schmutz getränkt war, diesen Vers:

Auf'n Pfarrer is g'schissn
Auf'n Posthalter damit,
Warum hants' so verbissn
Am Sebastian Schmitt.

Noch am andern Tag konnte jedermann diese Worte lesen.

Haberergericht in Bayern. (Philipp Sporrer, 1829–1899)

Von den Gendarmen hatte keiner gewagt, sich den Haberern in den Weg zu stellen, und eine Untersuchung, die man später einleitete, hatte nicht den geringsten Erfolg; denn keiner verriet den andern, weil man noch von Hausham her wußte, daß das Haberfeldtreiben sehr streng bestraft wurde.»[120]

Das Haberfeldtreiben richtete sich mit Höllenlärm und Katzenmusik, also mit improvisierten Instrumenten aus der bäuerlichen Arbeitswelt, dem Charivari,[121] im Sinne der gelebten Dorfmoral gegen Einzelpersonen; es vollzog Gruppensanktionen gegen einzelne, insbesondere im Zusammenhang mit deren sexuellem Fehlverhalten. Mögen in vergangenen Zeiten die Beschuldigten tatsächlich durch das Dorf in ein Haferfeld getrieben worden sein, so steht dann späterhin der Begriff *Haberfeld* lediglich als Synonym für das Austreiben aus dem dörflichen Raum des gemeinsamen Friedens und der Ehre.

Es soll jedoch hier keinesfalls einer Heroisierung dieses Brauches als «urwüchsiger traditionsreicher Dorfjustiz» das Wort geredet werden. Die zitierten Beispiele werden zeigen, daß die Mittel der Tradition oft zur ungehinderten Ausübung von Macht ausgenutzt wurden und der Dorfordnung vor allem im Sinne einer männlich-autoritären Konfliktbewältigung durch Gewalt dienten. Dabei mag es richtig sein, daß die ständige Erfahrung von körperlicher Kraft bei der Arbeit und bei Raufereien den dörflichen Alltag prägten.[122] Doch sollte die allzu positive Beurteilung dieser «alten Bräuche» doch bedenklich gegenüber einem Verhalten stimmen, für das die Androhung (und auch Ausübung) nackter Brutalität ein Mittel zur Bewahrung ländlich-bäuerlicher «Kultur» sein könnte.

Im dörflichen Kommunikationssystem hatte also das Haberfeldtreiben eine moralische Kontrollfunktion und verstand sich als Regulativ der einheimischen Normen und Werte. Das Femegericht bezog seine Legitimation aus seiner vorgeblichen Setzung durch Kaiser Karl im nahen Untersberg, also durch ein «unvordenkliches Alter». Die ausübende Gruppe bestand zum größten Teil aus Burschen, aber auch aus jungen verheirateten Männern, die in Form eines lockeren Geheimbundes bei gegebenem Anlaß zusammentraten, organisatorisch geführt von einem sogenannten *Meister.* Ihre nächtlichen Aktionen waren nicht improvisiert, sondern lange vorbereitet. Davon zeugen die wortreichen, drastisch obszönen Rügetexte in Knittelversen. Bei einem wüsten Treiben von 1841 in Irschenberg, das sich gegen den zuchtlosen Lebenswandel des dortigen Pfarrers richtete, hieß es z. B.:

«Pfarrer, steh auf und laß dir sagn,
heunt dain (tun) wir dir ins Haberfeld jagen.
Grad einer soit (sollt') ausa gr'
und soit sie wirn (sollte es wagen, sich zu wehren),
glei tun wir die Hurnresidenz im Sturm komadirn (kommandieren)!
Xaverl, treib eina!
Aufgrewelt (auf! Krawall gemacht!)
usw. usf.[123]

Aber neben solchen vagen Hinweisen auf Ausschreitungen im Schatten von Bräuchen existiert eine gewissermaßen legalisierte Gattung von Rügebräuchen. Diese Form der Volksjustiz im Rahmen einer sozialen Kontrolle hat besonders in den Fastnachtsbräuchen das verborgene Vergehen abgeurteilt, sei es als regelrechtes *Narrengericht,* – sei es als spottende (Schweizer) *Schnitzelbank,* als (Rottweiler) *Narrenbuch,* als (Elzacher) *Taganrufen.*[124]

Weitere tradierte brauchmäßige Rechtsmittel waren Wüstungen, Hauszerstörungen, Heimsuchungen (Schweiz), auch in Form des Dachabdeckens, oder das Verladen eines Pfluges, Mistwagens, Kinderwagens auf das Dach. Das geschah, wenn die gültige Norm verletzt worden war, besonders im Hause: bei Ehebruch oder wenn es offenkundig wurde, daß die Frau das Regiment im Hause führt! Rügebräuche sind nach Kramer «gemeinschaftliche oder gemeinschaftsbezogene Handlungen mit Straffunktion, die gegen Einzelne oder mehrere innerhalb der gleichen Gruppe bei Verstößen gegen die als allgemein verbindlich erachtete Sitte gerichtet sind.»[125]

Das Haberfeldtreiben zog sich in Bayern als großangelegter Rügebrauch durch das ganze 19. Jahrhundert und kulminierte 1893 in der historisch gewordenen Miesbacher Aktion mit mehr als 200 Teilnehmern.[126] Seit jener Zeit waren dann auch gedruckte Texte im Umlauf, was einerseits das Haberfeldtreiben als «bayrisch-ländliche Eigentümlichkeit» publizierte und damit folklorisierte, und was andererseits den behördlichen Verfolgungsmaßnahmen ganz andere Handhaben gab. Vom Funktionswandel des Brauches, den Interessendominanzen der Teilnehmer, die ihn als Instrument für verschiedene, auch ökonomische Zielvorstellungen einsetzten, soll im Zusammenhang mit der Technisierung der ländlichen Welt später noch die Rede sein. Im frühen 19. Jahrhundert jedenfalls wurde vor allem das Sexualverhalten von den Haberern gerügt. Was wird dabei deutlich z. B. über die Einschätzung der Frauen?

«Der Matheisbauer in Vagen hatte mit seiner Dirn unerlaubten Umgang und aus der Reihe seiner Ehebrüche drei Kinder gewonnen. Die Magd kam dann, als sie mit dem vierten Kinde schwanger ging, vom Hofe fort und verdingte sich in Riedberg. In dem kleinen Nest konnte natürlich ihr Zustand nebst Vorgeschichte – Vagen ist ja von Riedberg nicht weit entfernt – nicht lange verborgen bleiben.

Abschrift.

Das Haberfeldtreiben in Steinhöring Bezirks - Amts Ebersberg

in der Nacht vom 26. auf den 27. October 1895.

Nach einer stenographischen Aufnahme in Uebereinstimmung mit einem am Platze vorgefundenen Plakate.

Nachdem die Mannschaft im Kreise aufgestellt und für die schaffende Mannschaft als Deckung eine genügende Anzahl Posten ausgesetzt ward, begann nun sofort ein ca. 20 Minuten andauerndes Auflärmen, verbunden mit einer in Mitte liegenden Pause zum Zwecke der Richtung einiger Worte an die Zuhörer, um von der im Gang begriffenen, vorhandenen Sache Kenntniss geben zu können und einem gleichzeitigen Mahnen an selbe, den Haberern in keiner Art und Weise irgendwo zu nahe treten zu wollen, um dadurch alles Unglück wo möglich vermieden zu bleiben.

Vorgebliche «Urkunde» eines berühmten Haberfeldtreibens.

Die Haberer hatten Stoff für ein Treiben gefunden.

Dieser Stoff hätte sich allerdings in Vagen schon längst behandeln lassen, aber nach den bitteren Erfahrungen mit der Regierung konnten sich die Vagener nicht entschließen, ein Haberergericht ins Dorf zu rufen. Nun, da die Dirn in Riedberg war, mußte sie indessen den Haberern verfallen; denn die Riedberger hatten den interessanten Spektakel noch nie im eigenen Dorfe vernommen – sie waren begierig auf die Sensation und hatten noch keine unangenehme Erfahrung mit dem Landrichter gemacht.

Aber der Pfarrer machte den Bauern einen Strich durch die Rechnung. Während die habererfreundlichen Burschen die Möglichkeiten eines Nachtexzesses erwogen, bedachte der Seelsorger das Ärgernis, das durch eine ledige schwangere Weibsperson ins Dorf kommen mußte. Er hatte die Dirn, als er ihren Zustand sah, zu sich kommen lassen und in einem gründlichen Verhör die näheren Umstände erfahren. Das arme Weib fand beim Pfarrer nicht die Humanität, die ihr nottat. Der Pfarrer ging zum Gemeindevorsteher und verlangte dringend die Entfernung der Schwangeren. Suprema lex parochi voluntas – ‹zwisch'n heunt und vierzehn tag muaßt furt›, sagte der Vorsteher zu dem armen Geschöpf. Sie ging nicht. Wohin auch? Die bäuerlichen Eltern – wenn ihre Eltern noch lebten oder wenn es ihrer Geburt nicht an Legitimität gebrach – die bäuerlichen Eltern nehmen geschändete Töchter nicht erbarmend auf. Die Kinder der Töchter – ja. Die wachsen unter den andern auf und werden einmal wertvolle Hilfskräfte, die der Bauer immer brauchen kann, wenn sie abhängig und also billig sind. Aber das Wochenbett der Tochter ist im Vaterhause unerwünscht. Der Nachbar deutet mit dem Finger – das Mädel muß sich schon anderswo umsehen. Vielleicht hat sie eine verheiratete Schwester oder Freundin, die ihr in den Tagen der Not ‹aufwartet›. Das Elend der Frau war nie ungeheurer als in der guten alten Zeit, in der das Mitleid selten war.

Und so ist's begreiflich, daß die schwangere Dirn den Hof in Riedberg nicht verließ, selbst auf des Vorstehers Gebot nicht. Der Bauer warf sie nicht hinaus; vielleicht gebrach es seiner Bäurin an Brutalität. Jedenfalls ist es bezeichnend, daß das Machtwort des Pfarrers auf einem Bauernhof keine Folgsamkeit fand.

Der Ortsvorsteher kam nach Ablauf der 14 Tage und setzte eine letzte Frist von drei Tagen. Aber nach drei Tagen war das unglückliche Wesen noch auf dem Hofe. Da entdeckte man nahe dem Ort in einem Gesträuch eine alte Windmühle, was der Altbayer eben Windmühle nennt: ein lärmender Mühlenapparat mit Handbetrieb, der die Spreu vom Getreide zu sondern hat [‹Wehmühle› oder ‹Windfege› = eine der ersten landwirtschaftlichen Maschinen zum Kornreinigen].

Also stand ein Haberfeldtreiben bevor, dessen unentbehrliches Instrument die Windmühle mit ihrem Kreischen und Lärmen und Surren ist. Der Ortsvorsteher befand sich in heilloser Angst. Er mußte als grauer Kopf andere Anschauungen haben als die jungen Burschen, die sich nach Spektakel sehnten. Für ihn – wenn er auch dem Brauche freundlich gegenüberstehen mochte – war die Tatsache maßgebend, daß die Nachbargemeinden Vagen, Götting und Kirchdorf erst vor drei Jahren mit Bezahlung der Exekutionskosten fertig geworden waren und daß nebenbei der Advokat ein heilloses Geld verschlungen hatte, abgesehen von den Plackereien, die über die Gemeinde ergangen waren; – der Gemeindevorsteher sah sich verpflichtet, das Treiben zu vereiteln.

Er schlich zum Landrichter und schilderte den Fall. Der Landrichter konnte kein Interesse daran haben, hier endlich Haberer auf frischer Tat zu erwischen; er war mit seinem winzigen Polizeistabe dem Heer der Tumultuanten gegenüber ohnmächtig, und bis der Expreßbote München erreichte und bis Soldaten zum Sukkurs auf dem Plane erschienen, mußte das Haberfeld bereits erledigt sein. Und dann wieder die Schereien – die Schreibereien und die spitzigen Briefe von oben. Der Landrichter eilte in eigener Person nach Riedberg und befahl der Dirn, augenblicklich abzuziehen. Anderntags um's Elfeläuten würde der Gendarm zur Stelle sein.

Als der Büttel um's Elfeläuten kam, war die arme Dirn bereits nicht mehr im Dorfe. Es war aber am 29. Oktober des Jahres 1841. Die arme Dirn hieß Maria Meßner und war irgendwohin im Tölzer Bezirk zuständig.

Hätt' sich halt nicht verführen lassen sollen!»[127]

Die soziale Kontrollfunktion der Burschen mit ihren Sanktionen (und behördlichen Folgen) bezog sich also in diesem Falle auf die schutzlose Magd. In anderen Fällen – Dettendorf 1828 – wurde auch der Bauer «gehabert», «weil derselbe als verheiratet sich mit einer luderlichen Dirne abgegeben, das Ehebett entehret und hiedurch also und durch sein überhauptiges Betragen sich die Verachtung der nahen und fernen Umgegend zugezogen und den ihm gemachten Vorstellungen und gegebenen Aufträgen der Gemeinde, des Pfarramtes und des Landgerichts kein Gehör gegeben hat».[128]

Wurde in dem erstgenannten Fall das nonkonforme, «unsittliche» Verhalten total der abhängigen Magd angelastet, so traf das Dettendorfer Treiben auch den Bauern und zwar im Interesse des geschädigten Rufes der ganzen Gemeinde. Ettenhuber stellt fest,[129] daß im frühen 19. Jahrhundert vor allem Bauern- und Wirtstöchter die Zielscheibe der Habereraggressionen waren, also die Sozialschicht der in-Frage-kommenden Ehepartnerinnen für die Bauernburschen, an deren Ehrverhalten sie besonders interessiert sein mußten. Keinerlei Rücksicht nahmen sie auf die Mädchen aus der unterbäuerlichen Schicht. Georg Queri berichtet, wie eine gefallene Dirne von den jungen Burschen mit Geißelhieben durchs Dorf ins Haberfeld gejagt wurde und wieder zurück, und daß der «Schlankel», der sie verführt hatte, selbst mußte mit auspeitschen helfen.[130] An anderer Stelle wird der Fall einer Bauernmagd erwähnt, die ein uneheliches Kind erwartete. Deshalb kamen die Haberer auf den Hof des Bauern, bei dem sie diente, unter ihnen auch der Kindsvater, ein Bauernsohn. Daraufhin wurde die Magd entlassen, fand aber auch auf anderen Höfen keine Zuflucht, bis sie die Gegend verließ.[131]

Martin Scharfe[132] interpretiert derartige (Burschen-)Bräuche zusätzlich als gesellschaftlichen Trick seitens der Älteren, einen «Akt repressiver Toleranz, mit dessen Hilfe die noch nicht ganz Angepaßten, indem ihnen scheinbar Freiheiten zugestanden werden, schließlich voll adaptiert werden. Sie erlernen durch ein erlaubtes Spielchen die Spielregeln.» Die scheinbar Kontrollierenden werden damit unbemerkt zu den Kontrollierten. Das ist ein anregender Gedankengang, der nebenbei auch etwas über den Traditionsprozeß von Bräuchen aussagt. Er verweist die Rügebräuche in den Bereich des gruppenbestimmenden Sozialisationsprozesses mit dem Ziel der Anpassung. Doch wenn das richtig ist, so offenbart sich darin voll das frauenfeindliche Herrschaftssystem, dem solche Anpassungserziehung diente. Die geschilderten Aktionen des Haberer-Ehrengerichts erzwangen die Dorfmoral mit gnadenloser Brutalität. Die – erzwungene? – Beteiligung des Kindsvaters an der Demütigung der Schwangeren wirkt psychologisch fast sadistisch. Sozial rehabilitierte sie den Bauernsohn, schob der Magd die alleinige Schuld an der sittlichen Normverletzung zu und lud ihr die Folgen auf.

Die gesellschaftliche Konsequenz des Haberfeldtreibens war also für die weiblichen Personen und besonders für die Mägde viel härter als für die in das Gemeinwesen voll integrierten Bauern und Bauernsöhne, die meist mit einer Verwarnung davonkamen. Es fragt sich also, wie denn das «gesunde Volksempfinden» hier reagierte, wie es auf dem Dorfe mit der Einschätzung des Männlichen und des Weiblichen bestellt war.

Damit ist das Thema des folgenden Kapitels eröffnet.

III.
Arbeitswelt und Lebensform: Das Männliche und das Weibliche

Bauer und Bäuerin

«Lebendig steht er noch vor mir, der selige Weidhofer, wie ein knorriger, trutziger Baum, mit allen Bauerntugenden, die seine einzige Tochter, meine Kostmutter, von ihm rühmend berichtete. Er hatte den Weidhof schon als junger Bursch übernehmen müssen, nachdem ihm der schwarze Tod über Nacht die Eltern und das Gesinde weggeholt hatte. Er war damals gerade im Tirolerland gewesen bei einem Vetter, als ihm flüchtende Bewohner des Heimatdorfes die Hiobsnachricht zutrugen. Kurz darauf holte er sich eine Bäuerin aus der Umgegend, die ihm neben dem stattlichen Brautschatz auch einen sparsamen Sinn und ein Paar riegelsame Arme mitbrachte. Mit ihr hauste er 35 Jahre und war zufrieden und angesehen. Und als er ihr nachmals ein verschnörkeltes

Die Arbeitsteilung auf dem Bauernhof. (Johann Ludwig Ernst Morgenstern, 1738–1813)

Grabkreuz und den alten Efeustock auf ihren Hügel setzen mußte, half ihm eine einzige Tochter trauern und den Hof versorgen. Diese Tochter aber war meine Ziehmutter.»[1]

Mit diesem Porträt eines bayerischen Bauern aus der ersten Hälfte des 19. Jahrhunderts beginnt Lena Christ (1881–1920) ihren Roman: «Mathias Bichler». Die Rollen sind sogleich klar verteilt, und die nennenswerten Qualitäten der jungen Bäuerin beschränken sich auf einen stattlichen Brautschatz, einen sparsamen Sinn und zwei «riegelsame», d. h. fleißige Arme. Was für ein Mensch sie gewesen sei, äußerlich und innerlich, wird nicht erwähnt. Und ähnlich unindividuell beschreibt auch Peter Rosegger (1843–1918) das bäuerliche Bild von «Familie» in seiner steirischen Heimat:

«Wenn man in jener Gegend den Bauer nach der Anzahl der Bewohner seines Hauses fragt, so mag wohl folgende Antwort geschehen: ‹Bewohner? Ja, die muß ich mir selber erst zusammendenken. Da bin ich; – tut nur fleißig nachzählen – ich und mein Weib und unsere fünf Kinder und der Knecht und acht Rindviecher und die Magd.› Und er meint es nicht anders. Schützt sie doch allzusammen ein Dach, lebt doch Eines für Alle, wie Alle für Eines leben, und sie ernähren sich gegenseitig und erheitern sich das Leben, und die Kinder und die Kälber laufen lustig durcheinander herum.»[2]

Die Bauernfamilie erscheint hier in der alten Bedeutung des oikos, der Hausfamilie, die gemeinsam unter einem Dache lebt und gemeinsam ihre Produktionsmittel an Hof und Feld und Vieh bearbeitet. Das «Haus» war nicht nur Wohnung, sondern es bot seinen Insassen auch Recht und Schutz; in ihm herrschte besonderer Friede, der «Hausfriede». Das beinhaltete allerdings auch gewisse Machtbefugnisse des Hausherrn, Züchtigungsrechte sogar über das Gesinde, und andererseits seine politischen Rechte in der Gemeinde, die Rechte des Hausvaters für sein Haus und alle Innewohnenden.

Die so umschriebene Form des Hauses, die die Existenz von Randgruppen nicht ausschließt, umfaßte das bäuerliche Leben und die adlige Daseinsform, die leitbildhaft zumindest auf die großbäuerliche Lebensweise wirkte und weitgehend auch deren Kultur bestimmte. In idealisierender Weise beschreibt die «Hausväterliteratur»,[3] eine Sammlung von Sachbüchern für die Ordnung des täglichen Lebens, die familiäre Funktionsverteilung, wie sie für den Ackerbürger, aber auch für den größeren Bauern um 1800 galt: «Dieser Hausvater ist im würdigsten Verstande der Erste von der ganzen häuslichen Gesellschaft – d. h. der Weiseste und Beste, ein Muster jeder männlichen Tugend…, auf das alle männlichen Hausgenossen nur blicken dürfen, um sich auf das Männlichedelste nachzubilden. Neben den Hausvater tritt die Hausmutter, der die Leitung der innerhäuslichen Geschäfte obliegt. Ist der Hausvater für die männlichen Hausgenossen vorbildlich, so zeigt sie sich als Muster jeder weiblichen Tugend, auf das alle weiblichen Hausgenossen nur blicken dürfen, um sich auf das Weiblichedelste nachzubilden.»[4]

Der Hof

Konkreter schildert der spätere Berliner Philosophie- und Pädagogik-Professor Friedrich Paulsen das ineinander verschlungene, organisatorische Wunderwerk eines wohlgeleiteten (holsteinischen) Bauernhofes, ausgerichtet auf das Ziel einer möglichst weitgehenden bäuerlichen Autarkie. Dieses feingemalte und doch ganz unromantische Bild einer funktionierenden Bauernwirtschaft mit allen ihren Teilnehmern möge das Kapitel einleiten, das über das Männliche und das Weibliche auf dem Bauernhof handelt: «An der Ackerbestellung hab ich von klein auf teilgehabt. Zuerst wurde ich beim Pflügen als ‹Pflugjunge› gebraucht, der die Pferde lenkt. Manchen langen Apriltag habe ich mit dem Vater draußen die entfernten Haferfennen gepflügt; eine Mittagspause wurde kaum gemacht, die Kälte ließ es nicht zu, Pferde und Menschen futterten nur rasch das Nötigste. Dann hatte ich, während der Vater die Aussaat besorgte, die er nie aus der Hand gab, zu eggen, eine mir bitter verhaßte Arbeit: es gibt wohl kaum etwas Ermüdenderes, als über die Furchen des frisch gepflügten Ackers den langen Tag hinzustolpern. Später hab ich auch den Pflug selbständig geführt, eine Sache, die mir viel besser zusagte. Der Mai brachte die ersten Frühlingstage, freilich noch mit harten Rückfällen des Winters gemischt. Das Vieh, das bisher im Stall seinen Winterschlaf gehabt hatte, wurde auf die Weide getrieben: ein fröhlicher Tag, der als der eigentliche Sommeranfang mir in der Erinnerung steht. Auch von den Tieren selbst wurde der Auszug aus dem Stall mit ausgelassener Freude gefeiert, die sich in allerlei tollen Sprüngen und Ringkämpfen äußerte; manchmal ging bei dem Stoßen und Ringen ein Horn verloren, daher die Redensart: ‹sich die Hörner ablaufen›. Den Kälbern, die zum erstenmal auf die freie Weide kamen, pflegte die Bedeutung der Wassergräben in einer praktischen Lektion eingeprägt zu werden: sie wurden herangeführt und dann unversehens von der Seite hineingestoßen. Der ausgestandene Schrecken hielt sie für lange Zeit, manche für immer, von dem Versuch der Grenzüberschreitung ab. Andere fröhliche Frühlingstage waren die Tage der Schafwäsche und der Schafschur...

Nach der Frühjahrsarbeit trat gegen Mitte Mai eine größere Pause in der Feldarbeit ein, die bis Anfang Juli dauerte. Für mich war dann kaum etwas zu tun, und ich ging einstweilen wieder in die Schule, die meist auf einen kleinen Bestand zusammenge-

Der Bauer schärft die Heusense. (Fritz Boehle, 1873–1916)

schmolzen war. Die größeren Kinder, vom 12. Jahr ab, auch früher, Knaben und Mädchen, gingen nach Ostern entweder in Dienst auf den Sommer, oder sie wurden zu Hause verwendet. Die ärmeren wurden meist als Hütejungen vermietet, oft weit weg auf die Geestdörfer...

Im Juli begann die Ernte, zuerst die Heu-, dann die Kornernte. Sie brachte auch mir wieder Arbeit im Freien; es sind in meiner Erinnerung schöne glänzende Tage, vor allem die langen sommerlichen Tage auf den Wiesen beim Heumachen. Das Mähen begann meist in der ersten Juliwoche; mir fiel dabei die Rolle des ‹Vorstreichers› zu, d. h. ich hatte mit der Harke die gemähte Schwade umzuwenden, um für den Mäher den Anschlag wieder frei zu machen; es war nämlich bei uns nicht, wie sonst meist üblich, ‹aus dem Gras› zu mähen. Wenn ich mich nicht irre, habe ich im achten Jahr, vielleicht schon im siebten, mit dieser Tätigkeit begonnen und sie bis zum 15. regelmäßig zwei bis drei Wochen im Jahr geübt, anfangs für einen, später auch für zwei Mäher. Mit Sonnenaufgang wurde aufgebrochen, die Morgenzeit, wo das Gras vom Tau naß ist, ist für den Mäher die günstigste, oft war erst ein Weg von einer Stunde zu den entfernten Wiesen zu machen. Um acht Uhr war Frühstücks-, um elf Uhr Mittagspause. Der mitgebrachte Proviant, Butter, Brot, Speck und Käse, dazu ein Trunk kühlen Biers, schmeckte den auf dem frisch gemähten Gras Hingestreckten herrlich...

Länger als der Vormittag wurde oft der Nachmittag, die Hitze nahm zu, die Frische der Arbeiter ab, nicht selten ging an heißen Tagen das Getränk vor der Zeit aus; dann wurde ich wohl auf eine Wasserexpedition geschickt nach dem nächsten Hause oder fließenden Wasserlauf; auch das stehende lauwarme Wasser der sumpfigen Gräben wurde in der Not getrunken; es hat uns auch nicht geschadet. Um sechs Uhr, wenn die Betglocke schlug, wurde Feierabend gemacht, und nun kam noch der Nachhauseweg, oft allerdings nahm die Müden ein des Wegs kommender Wagen mit. Zu Hause gab's dann Mittagessen und frisches Bier, und nachdem man noch eine Stunde geplaudert oder den Garten heimgesucht hatte, in dem die Stachel- und Johannisbeeren jetzt reif wurden, ging's zu Bett. So folgte ein Tag dem andern.

Dazwischen kamen dann Tage, wo das Heu, das in der Regel fünf bis zehn Tage in Schwaden zum Ausdörren und Trocknen liegen blieb, zusammengebracht und entweder gleich auf Wagen verladen oder in Diemen aufgesetzt wurde, die man später nach Gelegenheit, zuweilen erst im Spätherbst holte. Zum ‹Schwälen› wurden auch Mägde und Tagelöhnerfrauen, soviel man ihrer kriegen konnte, mitgenommen; in hellen Kleidern und ‹Helgoländer› Hüten erscheinend, bildeten sie für die grünen Wiesen eine muntere Staffage, überhaupt pflegte es dabei sehr lustig zuzugehen; die Scherze wurden allerdings nicht auf die Goldwaage gelegt.

Außer dem Wiesenheu wurde noch meist etwas Außendeichheu für den Winter eingebracht; das kurze Gras von stark salzigem Geschmack wurde vor allem von den Schafen gern gefressen. Das breite Vorland vor dem Louisenkoog war für uns der Gewinnungsort. Im Juni wurden die ‹Nummern›, die durch Steinzeichen abgeteilt waren, auf das Jahr zum Mähen verpachtet; meist nahmen mehrere Haushaltungen eine zusammen. Früh um zwei Uhr wurde aufgebrochen, das zähe Gras läßt sich nur, solange es naß ist, mähen. Drei, vier Wagen voll Mäher stellten sich ein, und es entwickelte sich auf dem grünen Meeresboden auf kurze Zeit ein buntes und bewegtes Treiben... War es acht oder neun Uhr geworden, dann wurde das Gras, noch naß und grün, auf Wagen verladen und soviel als möglich gleich mit nach Hause genommen; denn immer drohte die Flut, die es wegschwemmen mochte...

Familienzusammenarbeit bei der Heuernte. (Foto Weller, um 1900)

Wenn die Heuernte sich dem Ende näherte, begann die Kornernte; Roggen, Gerste, Hafer machten den regelmäßigen Bestand. Weizen, Raps und Bohnen, wie sie in den Außenkögen gesät werden, gedeihen in der älteren Marsch weniger. Das Kornschneiden, das bei uns damals noch durchaus mit der Hand verrichtet wurde, überließ der Vater so gut wie ausnahmslos einer Tagelöhnerfamilie; ich habe daher die Sicht kaum mehr als handhaben gelernt, nicht aber eigentlich damit gearbeitet. Dagegen war ich beim Einbringen des Korns regelmäßig mit tätig; ich besorgte das Verladen der Garben auf den Wagen. Ich habe viele Hunderte von Heu- und Kornladungen aufgebaut, mit der Freude, die eine kunstsichere Hand an ihrem Werk empfindet. Die Sache ist nicht ganz so einfach, wie sie der Laie sich vorstellen mag; Blick für Gleichgewicht und inneren Verband ist notwendig, um ein hochbeladenes Fuder gegen Umwerfen oder Ausrutschen einzelner Stücke aus tief ausgefahrenen, schlingrigen Wegen zu sichern. Der erste Wagen, ich erinnere mich des Tages noch wohl, war eine Roggenladung, die ich mit Andres Niß aufbauen sollte; die glatten Garben rutschten mir wiederholt reihenweis zur Seite herunter, und er war nicht ein Mann von sehr elastischer Geduld: so kostete es viel Mühe und Tränen, bis wir schließlich glücklich den Baum auf das Fuder bringen konnten. Und dann kam das Malheur nochmals auf dem Wege nach Hause.

War die Ernte eingebracht, dann gab es für mich wieder eine Pause, die der Schule gehörte, etwa von Anfang oder Mitte September ab. Erst die Herbstbestellung der Äcker gab mir wieder zu tun, meist aber nur ein paar Tage. Dann kam allmählich der Winter heran. Das Vieh, das den ganzen Sommer auf der Weide zugebracht hatte, wurde am Anfang November aufgestallt.»[5]

Erntearbeit mit Sicht und Maathaken, wie es in Nord- und Westdeutschland üblich war: die Männer schlugen das Getreide, die Frauen banden die Garben. (Holzstich um 1860)

Ausführlicher schildert er das innerhäusliche Leben mit den vorwiegend weiblichen Arbeiten für die wirtschaftliche Autarkie:

«Ich möchte nun den Leser einladen, in den Arbeitsbetrieb, wie er in meinem Elternhaus sich darstellte, einen Blick zu werfen. Er hatte einen erstaunlichen Umfang, er umfaßte beinahe alle ursprünglichen menschlichen Künste und Fertigkeiten, nicht unähnlich dem vielbewunderten antiken Haushalt, dem griechisch-römischen Oikos mit seiner gepriesenen Autarkie... Im übrigen aber erzeugte das Haus in einer unendlichen Fülle komplizierter Tätigkeiten fast alle Güter, die darin gebraucht und verzehrt wurden... Der landwirtschaftliche Betrieb mit seinen beiden Zweigen, der Viehzucht und dem Ackerbau, lieferte fast alles, was im Haushalt verarbeitet und verbraucht wurde: Weizen und Roggen als Brotkorn; das Mahlen besorgte allerdings die Mühle, die jede Woche mit ihrem Wagen das Nötige abholte und in Gestalt von Mehl wieder ablieferte; ebenso Gerste und Buchweizen, welche die Grütze lieferten, die fast das ganze Jahr hindurch mit Milch oder Bier abends und morgens auf dem Gesindetisch erschien, den ich übrigens am Abend lange Jahre mit den Leuten geteilt habe, während die Eltern Tee tranken. Der Garten lieferte das Gemüse, Kohl, Rüben, Schoten, Karotten, Rote Beete, Petersilie, Zwiebeln, Schnittlauch, auch die ersten Kartoffeln; alles das wurde im Sommer jeden Morgen frisch geholt, für den Winter zum Teil in Sandkästen aufgehoben. Die Kühe, zeitweilig auch die Schafe, gaben im Überfluß die nötige Milch, das zwei- oder dreimalige Melken am Tag war ein wesentliches Stück der Mägdearbeit; alltäglich wurde abgerahmt, allwöchentlich, oder wie oft es notwendig schien, Butter gemacht; im Sommer, wenn die Milch reichlich war, kam die Käserei dazu. Drei Arten Käse verstand die Mutter zu machen: außer dem gewöhnlichen weißen Käse einen gekochten und einen delikaten gebackenen Käse...

Nicht minder war alles Fleisch und Fett, was auf den Tisch kam, Erzeugnis der eigenen Wirtschaft. Im Sommer wurde von Zeit zu Zeit ein Hammel, im Herbst ein Rind, gegen Weihnachten ein oder zwei Schweine geschlachtet; die Schweine waren im Frühjahr von dänischen Händlern, die ganze Herden von jungen Tieren unter großem Geschrei durchs Dorf trieben, gekauft, den Sommer über mit Milch und Grünfutter durchgebracht und im Herbst gemästet. Das Fleisch wurde eingepökelt oder sauer eingemacht oder geräuchert oder zu Wurst verarbeitet, von der es drei oder vier Arten gab. So war der Haushalt auf das ganze Jahr versorgt; um zur Abwechslung öfters einmal frisches Fleisch zu haben, tauschte man mit Nachbarn und Verwandten aus, wer geschlachtet hatte, teilte aus, um bei nächster Gelegenheit wieder zu empfangen. Auch mit dem Brot wurde es ähnlich gehalten. Eine große Abwechslung der Gerichte, von Tag zu Tag, von Jahreszeit zu Jahreszeit zeigte die Reichhaltigkeit ländlicher Kochkünste; zu den Fleischspeisen, die täglich auf den Mittagstisch kamen, gesellten sich mannigfache Mehlspeisen, Klöße und Pudding, Mehlbeutel und Pfannkuchen in allerlei Gestalt, nicht zu vergessen den herrlichen Ofenpfannkuchen, der beim Backen mit im Backofen hergestellt wurde: die Speckschnitte, in die knusprige Oberfläche eingebacken, gaben ihm einen besonders guten Geschmack. Gebacken wurde etwa alle drei bis vier Wochen, Schwarzbrot und Graubrot, beide aus Roggenmehl, beide frisch von ungemeinem Wohlgeschmack, wie ich es nie wieder gegessen habe. Meist fanden auch einige Brezeln (Kringel) und Pfeffernüsse für die Kinder mit Unterkunft im Ofen. Zu Weihnachten oder auch zu anderen Fest- und Besuchstagen wurde Backwerk und

Frauenarbeit am Dorfbackofen. (Max Liebermann, 1847–1935)

Kuchen aller Art gemacht, ein ganzer Ofen voll; zu Weihnachten durfte ich als kleiner Knabe helfen und die ausgewalzten Teigplatten mit einem Zahnrädchen in Stücke zerschneiden, sie dann durch einen Schlitz in der Mitte umzuwenden und so das krause Gebäck zustande bringen helfen, das um Weihnachten auf keinem Kaffeetisch fehlte.

Auch Getränke stellte das Haus selber her. Ich erinnere mich noch wohl, der Mutter beim Malzen und Brauen zugesehen zu haben. Der große kupferne Braukessel fehlte in keinem Bauernhause. Es wurde etwa alle vier bis acht Wochen ein Bräu getan; das Bier war leicht, durstlöschend, bekömmlich; in eine Tonne gefüllt, wurde es in den Keller gelegt und allmählich für den Gebrauch abgezapft, im Sommer in großen Steinkruken mit aufs Feld gegeben...

Gekocht wurde, das will ich noch hinzufügen, auf dem offenen Herd unter dem offenen Schornstein. Ein Feuerloch mit Zug war für kleinere Kessel und Töpfe bestimmt, daneben wurde auch auf der freien Herdfläche offenes Feuer angezündet, über das die größeren Kessel an einer nach oben und unten verschiebbaren Eisenstange, die an einem im Schornstein befestigten Querbalken hing, aufgehängt wurden. Ebenso wurde unter dreifüßigen Grapen und Pfannen freies Feuer gemacht. Als Feuerung diente ein sehr fester Torf, der im Sommer in langen Tagfahrten aus dem sechs Stunden entfernten Silleruper Moor geholt wurde; daneben auch ein lockerer, an der Oberfläche der Heide gestochener Torf, der vor allem gebraucht wurde, um ein langsames Feuer lange zu unterhalten: am Abend wurde damit auf dem Herd eine kleine Glut zugedeckt, die sich dann bis zum Morgen erhielt. War es trotzdem einmal ausgegangen, dann wurde bei der Nachbarin eine Glut geholt; die Phosphorzündhölzer kamen erst allmählich in den 50er Jahren auf, bis dahin hatte man ‹Schwefelhölzer›, kleine Holzspäne, die mit beiden Enden in flüssigen Schwefel getaucht waren und die von armen Leuten hergestellt und verkauft wurden. Sie zündeten aber nicht durch Reibung, sondern nur an glühender Kohle. Man hatte deshalb kleine Glutbecken auch nachts in der Nähe des Betts stehen, um Licht machen zu können; ebenso brauchten Raucher ein Kohlebecken, wenn sie nicht etwa Stahl, Stein und Feuerschwamm in der Tasche bei sich führten, wie es denn sehr gewöhnlich war. Wir hatten als Jungen beständig diese Dinge in der Tasche, sowohl um die Pfeife, die wir früh brauchen lernten, anzünden, als auf dem Felde Feuer anmachen zu können. Man versteht von hier aus die Bedeutung des Herdfeuers, es war in Wahrheit ein ewiges Feuer, das nie ausging, daher man die Größe der Dörfer nach ‹Feuerstätten› rechnete. Der Rauch zog durch den Schornstein ab, in dem die Speckseiten und Würste hingen, bis die ängstlichere Brandpolizei dies untersagte; es wurde dann auf dem Boden eine eigene Räucherkammer an den Schornstein gebaut...

Daß auch die Lichter im Hause gemacht wurden, erwähnte ich schon; die Mutter goß sie in einer Blechform: zuerst wurde ein Docht gedreht, dieser in die Form gespannt, dann geschmolzener Talg dazu gegossen. Im Hause meiner Tanten war noch eine ältere Herstellungsform in Übung, ein Großbetrieb: ein langer, schmaler, tiefer, hölzerner Kasten mit sehr dicken Wänden wurde mit geschmolzenem Talg gefüllt; in diesen Talg wurden ein paar hundert Dochte, die von einer Stange herabhingen, hineingelassen, wieder herausgezogen, aufs neue, nachdem eine dünne Schicht Talg darauf erstarrt war, hineingelassen und wieder herausgezogen, bis die gewünschte Stärke der Lichter erreicht war. Meine Mutter erhielt die dünnen Lichte für den Küchengebrauch von ihnen. Die Petroleumlampe, die am Anfang der 60er Jahre, zuerst in sehr unzulänglicher Gestalt ihren Einzug hielt, ist jetzt bis in die ärmste Hütte vorgedrungen...

Das Küchengerät, Kessel und Pfannen, Schüsseln und Teller, Tassen und Gläser, wurde natürlich gekauft. Eine Art großer grauer Töpfe, die besonders zum Sauereinmachen verwendet wurden, kamen aus Varde in Jütland. Sie wurden von umherziehenden Wagen gekauft und vorher mit prüfendem Finger beklopft, ob sie auch nicht ‹skrokk› seien, d. h. einen Sprung hätten, trotz des friesischen Sprichworts: skrokke Potte hule am longsten, – angestoßene Töpfe halten am längsten. Glas kam so gut wie gar nicht auf den Tisch, Bier wurde aus dem Napf, Wasser mit der Schöpfkelle aus dem Eimer getrunken, der in der Küche stets gefüllt stand. So wurden die paar Gläser, die sich fanden, viele Jahrzehnte alt; wie denn überhaupt die meisten Sachen ein höchst respektables Alter erreichten. Teller gab es in drei Formen: die ältesten bloße Holzkreise, auf solche wurde in altmodischen Häusern bloß das Fleisch aufgegeben, im übrigen langte jeder in die gemeinsame Schüssel, die jüngeren eine Art rohbemalter Steingutschüsseln, die alles faßten, endlich für Sonntag oder im feineren Haushalt einfache weiße Teller. Bei den Vaterschwestern fand sich noch manches feinere, gelb und blau bemalte Stück, das die seefahrenden Vorfahren aus Holland mochten mitgebracht haben. Auch ein chinesisches Porzellan-Teeservice war vorhanden, kam aber niemals auf den Tisch. Die Mutter hatte von einem verwandten Kapitän, der öfter zu uns kam, manches englische Stück. Silberne Löffel waren wohl in jedem nicht ganz armen Hause vorhanden, sie waren das regelmäßige Taufgeschenk und sammelten sich durch Generationen, sie kamen aber nur bei Besuch auf den Tisch, sonst wurde mit

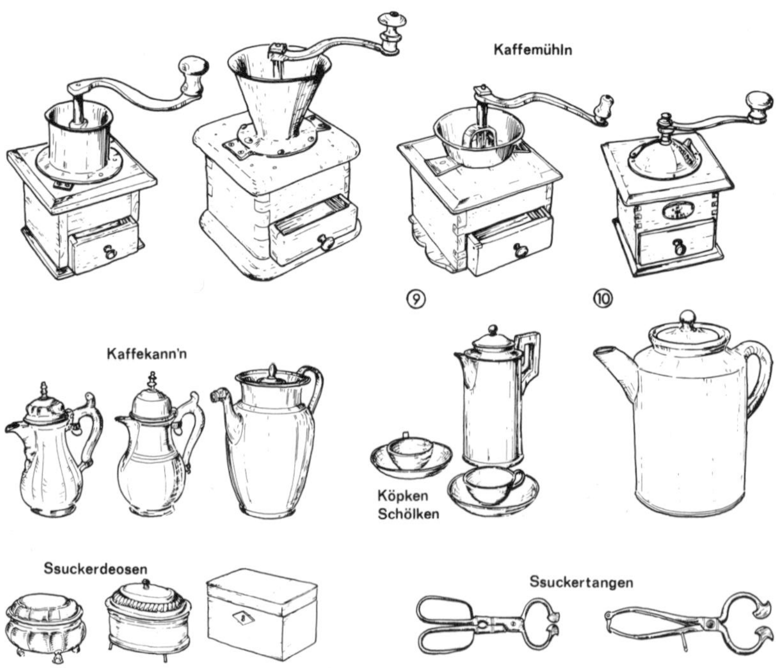

Tischgeräte auf den besseren Bauernhöfen. (Nach Wilhelm Hansen: Hauswesen und Tagewerk im alten Lippe. 1982, S. 95)

Holzlöffeln gegessen, die von umlaufenden Verkäufern aus den Geestdörfern eingehandelt wurden; jetzt sind sie wohl durch allerlei metallene Fabrikware ganz verdrängt.

Der Milchwirtschaft dienten zahlreiche flache Bütten, hölzerne, die der einheimische Böttcher herstellte, oder messingene, die beim Goldgießer in Bredstedt gekauft wurden. Das Buttern geschah auf die altherkömmliche Weise durch Stoßen des Rahms im Butterfaß, eine beschwerliche und zuweilen recht langwierige Arbeit, über die die Mutter oft geseufzt hat. Der Käse wurde in einer Holzform unter eine sehr primitive Presse gebracht; ein langes Brett, das an dem einen Ende unter einem Klotz an der Wand befestigt war, wurde am andern mit großen Steinen beschwert und der in ein lockeres Tuch gepackte und in die durchlöcherte Holzform gezwängte Quark dem Druck der Hebelwirkung ausgesetzt, bis die Molke herausgepreßt war. Die Käselaibe wurden dann in langer Reihe luftig aufgestellt und im Winter verzehrt, wenn sie ‹durch› waren, eine herrliche Zukost zu dem kräftigen Schwarzbrot. Käse wurde nur für den Hausgebrauch hergestellt. Dagegen wurde Butter in ziemlicher Menge verkauft. Jede Woche kam ein Aufkäufer, der sie abholte und nach Flensburg fuhr, wo er sie auf dem Markt oder in den Häusern freihändig verkaufte und danach den Bauerfrauen zu Hause verrechnete.

Hier mag auch des Gartens gedacht werden. Er war die Domäne der Mutter. Sie hatte ihn selbst angelegt; als sie einzogen, war es ein wüster Fleck Erde mit einigen Sträuchern gewesen. Sie machte daraus ein kleines Paradies mit unendlichen Schätzen und Herrlichkeiten für das Herz eines Kindes...

Wichtiger für den Haushalt war der Gemüsebau. Der Grünkohl nahm ein ganzes Viertel ein, er hatte die Aufgabe, dem Wintertisch grünes Gemüse zuzuführen. Ein anderes Viertel nahmen Frühkartoffeln ein; ich hab oft am Morgen, ehe ich zur Schule ging, der Mutter eine Schüssel voll für den Mittagstisch geholt und am Brunnen abgewaschen. Herrlich waren die Mohrrüben (gelbe Wurzeln)... Und natürlich Blumen. Da gab's vor allem vor dem Stubenfenster das runde ‹Krautbeet›: es war eingefaßt mit blühendem Lavendel; darin standen blühend nach der Jahreszeit Primeln und Aurikeln, Rosen und Nelken, Astern und Reseda. Der Blumengarten setzte sich vor den Fenstern des Hauses fort. Fuchsien, Levkojen, Rosen, Nelken, Passionsblumen, an zierlichem Spalier gezogen, füllten die Fenster, manche als jahrelange Hausgenossen...

Wie die Ernährung, so wurde auch die Bekleidung in der Hauptsache mit den eigenen Mitteln und Künsten des Haushalts bestritten. In meiner Jugend wurden fast nur eigengemachte Wollkleider getragen. Im Frühjahr wurden die Schafe erst gewaschen, dann geschoren, ein paar gute Schuren für den Eigengebrauch ausgesucht und der Rest verkauft. Es folgte die Verarbeitung meist im Winter; die Wolle wurde gekämmt, gekardet, gesponnen, auf der Garnwinde aufgewickelt, gewoben, das Zeug beim Färber gefärbt und endlich vom Schneider, der ins Haus auf Arbeit kam, zu Hosen, Jacken, Westen und Röcken verarbeitet. Der übliche Stoff, den die männliche Welt so gut wie ausschließlich trug, hieß ‹Web›: ein festes, sehr dauerhaftes, regelmäßig dunkelblau gefärbtes Gewebe, ähnlich dem preußischen Militärtuch, übrigens in verschiedener Stärke und Qualität. Frauen trugen einen ähnlichen, nur gestreift farbigen Stoff als Rock, dazu Schürze und Mieder aus anderem, häufiger gekauftem Stoff. Webstühle waren in vielen Häusern, so im Elternhaus des Vaters wie der Mutter, nicht in unserem; es fehlte an Zeit und auch an Raum dafür. Dagegen waren die

Spinnräder im Winter wohl in jedem Hause in schnurrender Bewegung: nachmittags und abends saßen die Mutter und das Mädchen regelmäßig am Spinnrad.

In meinen Jugendtagen war das Sofa noch ein unbekanntes Möbel, ein paar Armlehnstühle am Klapptisch und vielleicht in einem alten Haushalt eine Bank mit Kissen in der Ofenecke boten für die alten Leute ausreichende Bequemlichkeit...

Am Stricken hatten sich bis vor kurzem auch die Männer beteiligt; namentlich auf den Halligen war es üblich, daß im langen Winter, wo es für das Mannsvolk eigentlich nichts zu tun gab, wollene Jacken, Unterjacken, lange Kniestrümpfe, Zipfelmützen, Handschuhe und Halstücher angefertigt wurden. Ich hab auch noch Stricken gelernt, freilich nur zu raschem Vergessen, es war aus der Mode gekommen und galt nicht mehr für passend.

Wie die Kleidung, so war die Wäsche Erzeugnis des Hausfleißes. Die Mutter kaufte jeden Herbst einen ‹Stein› Flachs in Bredstedt ein. Er wurde von ihr eigenhändig ‹gehechelt›, erst durch grobe, dann durch feinere Kämme von Eisenstacheln gezogen und so von der ‹Heede› gesondert, in zierliche Bündlein aufgeknüpft und dann versponnen. Die Leinwand, die sie aus dem Garn von einer Nachbarin weben ließ, wurde auf der Wiese gebleicht und dann zu Hemden, Bettlaken, Handtüchern, Tischtüchern, Überkleidern verarbeitet. Daß die Reinigung der Wäsche im Hause selbst geschah, ist selbstverständlich. Hier und da wurde wohl auch noch Seife im Haushalt gekocht, doch habe ich das nicht gesehen. Hingegen waren die Betten durchaus ‹eigengemacht›: Das Inlett wurde gewebt, genäht und mit den Federn und Daunen gefüllt, die von den Gänsen, die in jedem Hause gehalten wurden, genommen waren; zweimal im Sommer wurden die im Frühjahr eingetanen Gänse nicht ohne Geschrei und Seufzen gerupft. Endlich gaben sie im Herbst, wenn sie geschlachtet wurden, auch die Flügel und Federn her, die Flügel dienten als Flederwische und Feueranpuster; die großen Federn wurden sorgfältig aufgehoben, um als Schreibfedern Verwendung zu finden...

Um das Gebiet der Kleidung zu absolvieren, bemerke ich noch, daß Knaben und junge Leute nicht Röcke, sondern Jacken von der Länge der Weste zu tragen pflegten. Nur Männer trugen Schoßröcke. Wer's dazu hatte, besaß außer dem Rock aus eigengemachtem Stoff für hohe Festtage auch einen Anzug aus gekauftem schwarzen Tuch; er reichte regelmäßig fürs ganze Leben, denn er kam nicht mehr als drei- oder viermal im Jahr aus dem Schrank, am Karfreitag, bei Begräbnissen und Hochzeiten. Die Kopfbedeckung war ganz allgemein die Mütze, sie war durch ihre Haltbarkeit bei dem beständig herrschenden Wind empfohlen, ebenso wie das stets getragene Halstuch durch den notwendigen Schutz gegen Erkältungen. Die Fußbekleidung war mannigfach: im Hause wurden meist ledergefütterte Holzpantoffeln getragen; draußen bei nassem und kaltem Winterwetter Holzschuhe, in die man ein Strohgeflecht legte; sie hielten die Füße ausgezeichnet trocken und warm, sie kamen aus Jütland und wurden am Anfang des Winters in ganzen Wagenladungen importiert. Bei trockenem Sommerwetter wurden Lederschuhe getragen; der Schaftstiefel gehörte mehr zur Sonntagstracht, außerdem wurde er im Winter bei grundlosen Wegen angezogen. Die Jugend erfreute sich im Sommer des Vorrechts, barfuß zu gehen.»[6]

Wenn Paulsen hier so ausführlich zu Worte kommt, so vor allem wegen der Anschaulichkeit seiner Darstellung eines holsteinischen Bauernhofes aus der ersten Hälfte des 19. Jahrhunderts. Dabei muß bewußt bleiben, daß er Jugendzeit und Elternhaus verklärt und in der Einmaligkeit der Alterserinnerung die Schwere des sich ständig wiederholenden Alltags nicht genügend betont. Auch idealisiert er wohl die bäuerliche Autarkie, die in der damaligen Zeit schon nicht mehr so ausschließlich gehandhabt worden sein dürfte. Er selbst hatte zudem die Möglichkeit des Ausbrechens aus dem Wiederholungsschicksal des Bauerseins als unausweichlichem Lebensplan: «Die gegebene und von den Eltern als selbstverständlich angesehene Bestimmung des einzigen Sohnes war natürlich, daß ich einmal ihr Nachfolger auf dem Bauernhof werden solle. Daß meine Natur und Begabung gerade hierauf gerichtet sei, ließ sich freilich nicht behaupten. Und auch meine Eltern täuschten sich darüber nicht; ich zeigte für Bücher seit langem ein lebhafteres Interesse, als es für einen Bauern sich zu schicken schien; dagegen war meine Teilnahme für Ochsen und Schafe und ihre Preise, meine Fähigkeit, die einzelnen zu erkennen und ihre Qualitäten zu würdigen, auch hinter mäßigen Erwartungen vielfach zurückgeblieben, so daß ich oft hatte in tadelndem Sinne hören müssen: aus dir wird im Leben kein rechter Bauer. Vor allem pflegte es mir so zu ergehen, wenn ich bei den Verwandten oder Nachbarn gewesen war und nun über das, was ich gesehen und gehört habe, über Stand der Äcker, Fortgang der Ernte, Gedeihen und Verhandeln der Pferde und Kühe zu berichten aufgefordert wurde und der Bericht dann ungenügend ausfiel; das Gespräch in diesen Kreisen dreht sich überhaupt fast ausschließlich um landwirtschaftliche Dinge und zwar durchaus im engsten praktischen Sinn; mir fehlte dafür mit dem Interesse das Gedächtnis, und so stand ich anderen Gleichaltrigen gegenüber als der Unwissende da, wurde wohl auch auf solche als ein der Nacheiferung würdiges Beispiel hingewiesen. Alles das erhöhte meine Neigung für diese Dinge nicht; auch wurden mir manche landwirtschaftlichen Arbeiten, so vor allem das Eggen, das mir meist zufiel, geradezu peinvoll und verhaßt: den ganzen Tag bei scharfem Wind über den Sturzacker hinstolpern und den Staub schlucken, den die Egge aufwühlt, gehört freilich nicht zu den Freuden des ländlichen Daseins; ich erinnere mich noch, wie ich einmal bei dieser Arbeit, mich unbeobachtet glaubend, vor Ungeduld, Zorn und Widerwillen laut aufschrie, was dann eine Nachbarsfrau hörte, die mich durch die Frage: was mir fehle? in Verwirrung und Scham versetzte.

So geschah es denn eines Tages, es wird in meinem 14. Lebensjahr gewesen sein, daß mir, als ich mit den Eltern beim Abendtee saß, wieder Vorhaltungen in jenem Sinne: ich werde nie ein tüchtiger Bauer werden, gemacht wurden. Mit unvermuteter, aber nicht unüberlegter Antwort sagte ich rasch dazwischen: Ich will auch gar nicht Bauer werden. Nun, was willst du dann werden? fragte die Mutter. Ich will studieren. Damit war denn auf lange Zeit das Thema für unsere Gespräche gegeben. Im ersten Erstaunen wurde meine Äußerung wohl kaum ernst genommen. Als ich aber beharrlich darauf zurückkam und mich mehr und mehr mit der der Jugend eigenen Hartnäckigkeit darauf versteifte, stieß ich auf nicht minder entschiedenen Widerstand. Vor allem war es die Mutter, die, mit rascherer Zunge begabt, alle möglichen Gründe solchem Vorhaben entgegenstellte, – sie wußte, die Vorzüge des Landlebens sehr lebendig darzustellen; vor allem kam sie immer wieder auf einen Punkt zurück: der Bauer ist der einzige freie Mann im Lande. Alle andern, vor allem alle Studierten, müssen andern dienen, er besorgt seine eigenen Angelegenheiten, und zwar so, daß ihm niemand dareinredet; wie er es für recht hält, so macht er es, und niemand fragt darnach. Dagegen müssen Beamte, Geistliche, Lehrer immer nach Geboten handeln und sich von andern ihre Leistungen beurteilen und kontrollieren lassen; und werden sie getadelt, dürfen sie nicht widersprechen.»[7]

Paulsen, der Aussteiger und Aufsteiger, hat die alte Hofstruktur genau wiedergegeben: Man produzierte möglichst alles, was man brauchte, selbst und darüber hinaus so viel an verkaufsfähigen Produkten, daß man auch am Konsum, so weit wie materiell notwendig und wie es dem Prestigegedanken entsprach, teilnehmen konnte. Diesem System ordnete sich nicht nur rein äußerlich die bäuerliche Wirtschaftsführung unter, sondern auch die gesamte familiale Struktur, die auf den Hof konzentriert war. Sie umfaßte die Arbeitsteilung, die Rollenzuordnung im patriarchal-autoritären Sinne, die Erziehung der Kinder im traditionell-konventionellen Lebensverständnis – aber auch die Heiratsvorschriften und die materielle Versorgung der alten Familienmitglieder. Es läßt sich denken, welchen Schock der Entschluß des einzigen Sohnes zu studieren auf einem so wohl geordneten Bauernhof bei den Eltern auslöste, und er mußte es als ein seltenes Glück ansehen, daß sie ihn schließlich aus dem vorgegebenen Lebensplan entließen.

Arbeitsteilung – Lebensteilung

Die Arbeiten, die dieses System stabilisierten, waren streng nach den Geschlechtern aufgeteilt: Der Mann versorgte Acker und Feld – und besaß ganz selbstverständlich die repräsentative Autorität über seinen Hof im Sinne des Schemas der Haushaltsfamilie; die Frau stand dem innerhäuslichen Bereich vor und dem Kuhstall, während die Pferde Männersache waren. Diese Ausschließlichkeit der Rollenverteilung wirkte zwar ordnend für das Hofgefüge, aber der absolute patriarchalische Anspruch konnte die eheliche Partnerschaft und den Generationenzusammenhang auch hemmend beeinflussen.

In der bäuerlichen Hofwirtschaft war also der Vater in jeder Beziehung die oberste Autoritätsperson und bestimmte sowohl die gesamten Arbeitsabläufe wie auch das Verhalten von Frau, Kindern und Gesinde und zwar innerhalb und außerhalb des Hofes. Das Besondere der bäuerlichen Familienwirtschaft bestand in dem Aufeinanderangewiesensein aller Teilnehmenden, in der bewußten gemeinsamen Teilhabe an einer Arbeit, die allen von kleinauf bekannt war und die dem Produktionsmittel der Familie, dem «Hof», diente.

Arbeits- und Freizeitleben standen mit dieser Wirtschaftsgröße in Beziehung, die der Vater repräsentierte. Der Bauer, der Mann, der Arbeitserfahrene und Familienverantwortliche trug auf diese Weise eine große Last, die jedoch durch die Gleichförmigkeit des dörflichen Lebens erleichtert wurde. Jeder Hofwirt im Dorf hatte die gleichen Probleme, folgte den gleichen Verhaltensgesetzen und Lebenszielen. Wenn Söhne Sorgen machten, dann höchstens durch Krankheit oder körperliche Schwäche, aber selten durch ein Durchbrechen der dörflichen Normen.

Mit der männlichen Geschlechtsrolle war also in der Bauernfamilie die Position des Betriebsführers mit allen Rechten über die in seinem Betriebe Arbeitenden – also auch seine Familie – verbunden. Der Hausvater organisierte die Arbeit, aber auch den Gehorsam. Und so war das Männliche in der bäuerlichen Partnerbeziehung ein biologisches, ein soziales und ein wirtschaftliches Merkmal. Hier drückte es sich nicht in erster Linie als Opposition zum weiblichen Prinzip aus, sondern als führende Kraft schlechthin: «Es versteht sich, daß Vater und Mutter die Häupter der Familie sind, in Hinsicht auf ihre Kinder und Untergebenen zwar zu gleichen Rechten, untereinander jedoch in Gemäßheit der höheren Ordnung nach dem Befehle Gottes: Und er soll dein Herr sein!»[8] Dem entsprach auch die Stellung des Hofwirtes als Vertreter seines gesamten Hauses in der Gemeindeversammlung, also in der Öffentlichkeit.

Arbeit mit den Tieren auf einem Bauernhof. (G. Bormann)

Und die Bäuerin? «Sie hieß Theres Heimrath oder vielmehr Resl, wie man sie in gewohntem Dialekt nannte, und war die vierte von neun Geschwistern. Zwei davon waren kaum halbjährig gestorben, bevor sie zur Welt gekommen war, und wiederum zwei, darunter der einzige Sohn, starben, als sie noch zur Schule ging. Man schrieb den 1. November 1857. Am Nachmittag dieses Allerheiligentages, da die Leute nach altem Brauch im Gottesacker des nahen Pfarrdorfes Aufkirchen die Gräber ihrer Verstorbenen aufsuchten, erblickte sie das Licht des Tages. Ihre Mutter soll, so wird erzählt, schon in den Wehen gelegen haben, als der Bauer und die Dienstboten das Haus verließen. Die religiöse Pflicht erschien ihnen wichtiger als bedrängte Mutterschaft und Kindsgeburt. Niemand war in der Ehekammer als die einjährige Genovev, die plappernd auf dem Boden herumkroch, manchmal ans Bett der Mutter kam, deren heiße, verkrampfte Hände betastete, verwundert aufschaute, erschreckt von den wimmernden Wehlauten der Gebärenden zu weinen anfing und wieder wegtappte. Zwischen Tod und Leben schwebend, betete die Heimrathin in ihrem Schmerz und überstand alles. Erst beim Hereinbruch der Dunkelheit kamen die Ihrigen zurück und fanden neben der erschöpften Mutter das neugeborene, schreiende Kind. Die kleine Genovev hatte sich unter einer Bettstatt verkrochen.»[9]

Diese realistische Schilderung einer Geburt auf dem Bauernhof, erlitten von einer angesehenen Bäuerin, beschreibt den äußersten Grad der Zurückgenommenheit alles Persönlichen, wie es im allgemeinen der Bauersfrau auferlegt war. Zwar ist das Lob der bäuerlichen Hausmutter in der Bauernliteratur viel besungen worden, sowohl im

Hausväterschrifttum des 18. wie in den Bauernromanen des 19. Jahrhunderts[10] und auch in der wissenschaftlichen Literatur und hier besonders durch Wilhelm Heinrich Riehl: «Die Bauersfrau bewahrt die Sitte des Hauses am treuesten und macht dadurch das Bauernhaus gar oft zu einem wahren Musterhaus, daran man dem Städter ein Exempel aufstellen kann. Aber dieses Leben in der häuslichen Sitte ist auch wieder passiv und unbewußt.»[11] Unmittelbar zuvor heißt es: «Sie ist der leibeigene Gehülfe des Mannes, recht eigentlich die ‹Männin› nach Luthers Ausdruck, die nicht aufkommen kann neben dem Manne, weil sie ihm gleich ist.» In seiner unpräzisen, doch größte Allgemeingültigkeit vortäuschenden Darstellungsweise betont Riehl hier zumindest ein entscheidendes Kriterium: die Bäuerin war einem ökonomischen Rollenmuster verpflichtet, und ihre Arbeitsbereiche gehörten zur Autoritätsverteilung auf dem Bauernhof, in die sie sich gehorchend und befehlend einordnete ohne Rücksicht auf ihre eigene Person.

«Um diese Zeit [Sommer] haben die Weibsleute draußen auf dem Lande gemeiniglich ihre großen Wasch- und Putztage; denn nach altem Brauch und Herkommen räumt man noch vor Beginn der großen Ernte mit dem ganzen rußigen Nachlaß des Winters gründlich auf. Da weißelt und tüncht man Stuben und Kammern, Kuchel und Speis, Hausflöz und Stall, verschönt den ganzen Bauernhof und putzt ihn säuberlich heraus, auf daß der Segen Gottes um so lieber Einkehr darin halten möcht. Und die Vorhänge und Polsterziechen, das Linnen und Bettzeug wird gewaschen und gebleicht, damit es wieder frisch und sauber ist und seine Schuldigkeit tut so lange, bis die Bäuerin das Kirchweihmehl in die Truhe siebt und das Schmalz ausgängt und siedet für Krapfen und Küchl.»[12]

Wie schon gesagt, unterstand der Bäuerin – das galt insbesondere für den größeren Bauernhof – das Innere des Hauses, Garten und Kuhstall, auch meist die Schweinezucht. Der Pferdestall, die Viehzucht und fast alle Feldarbeiten waren Männersache; der Frau verblieben das Essenbereiten, die Kinderaufzucht, die Herstellung und Pflege von Wäsche und Kleidung, der Garten, das Geflügel, das Futterbereiten und Melken. Dazu kamen das Legen der Kartoffeln, das Behacken und Jäten der Feldfrüchte – also mehr die Pflege der Kulturen – und der weibliche Anteil bei den großen Saisonarbeiten des Heumachens und der Ernte. Die häufigen Schwangerschaften brachten keine unterschiedlichen Bedingungen für dieses weibliche Rollenverhalten auf dem Bauernhof. Zudem blieb die Frau oft intellektuell von den größeren wirtschaftlichen Entscheidungen ausgeschaltet oder war nur informativ beteiligt.

«Ich habe immer gesagt: die Frau ist dem Bauern eine Frau für's Bett, eine Mutter für die Kinder und eine Magd zum Arbeiten!» So hörte es noch in unserer Zeit S. Becker bei seinen Befragungen im hessischen Hinterland.[13]

Das ist ein sehr grober Ausspruch, der aber Typisches zur Werteinschätzung der Frauenarbeit auf dem Dorfe ausdrückt. Zur Beschreibung des weiblichen Arbeitsanteils gibt es bisher viel zu wenig Darstellungen.[14] Abgesehen von regionalen Differenzierungen (wie z. B. dem Brauen in Norddeutschland, dem Hopfenpflücken und der Einzelpflege der Weinkulturen in Süddeutschland) ähneln sich die geschlechtsspezifischen Zuordnungen. Was Maria Bidlingmaier für die Zeit um 1900 in Württemberg recherchiert hat, dürfte als arbeitsteiliges Normverhalten auch 50 Jahre früher nicht viel anders abgelaufen sein. Sie definiert die bäuerliche Ehe als eine Produktionsgemeinschaft von zwei einander unentbehrlichen Produzenten, wobei der Mann die Arbeiten außerhalb des Hauses und die Produktion der Rohstoffe übernimmt, während der Frau

Als Frauenarbeit galt das Abhacken des Grünzeugs von den Rüben, was Geschicklichkeit und stundenlanges Bücken erforderte. (Schulwandbild 19. Jahrhundert)

das Hausinnere und die Weiterverarbeitung der Produkte obliegt. Damit seien zwei klar geschiedene Produktionssphären entstanden, wobei sich die weibliche mit der Mutterschaft vereinbaren müsse.[15] Hier würde sich das Männliche und das Weibliche nach der Schwere der körperlichen Leistung bestimmen, und die Rolle der Landfrau wird auch gerne so verstanden. Nach dem frühen Tod des Bauern stellte sich z. B. in einem oberbayrischen Dorf die Situation für die Bäuerin in folgender Weise dar: Es blieb ihr nichts weiter übrig, als «einen Verwalter ins Haus zu nehmen, der die ganze Arbeit und alles was damit zusammenhing, von Grund auf verstand und die Knechte regieren konnte. Einem alleinigen, verwitweten Weibsbild gegenüber hätten sie sich wahrscheinlich im Verlaufe der Zeit nicht mit dem nötigen Respekt benommen. Unleugbar, das Müllerische lag der Heimrathsbäuerin tief im Blut, grob und nüchtern war sie und wußte immer, was sie wollte. Sie konnte sich, wenn es galt, gegen jeden Widerstand durchsetzen. Um aber auf so einem großen Hof die rechte Ordnung aufrechtzuerhalten, dazu gehörten vier Augen und zwei Hirne. Ein Mann für den Stall und die Felder, ein Weib fürs Haus. Zudem waren fünf unmündige Töchter da, die sich zwar beständig besser einfügten und zunächst keine weiteren Sorgen machten, doch die meisten von ihnen waren, da sie ja durch ihre Arbeit fast stets mit ihm zu tun gehabt hatten, seit jeher mehr am Vater als an ihrer Mutter gehangen.»[16]

Die Bäuerin, mochte sie noch so tüchtig und energisch sein, trat also ganz selbstverständlich hinter die Mannesführung zurück, wie es zu dem patriarchalischen Hofdenken paßte. Dabei hatte sie oftmals nicht nur den notwendigen und hinreichenden

Die Frauenarbeit des Hopfenpflückens nach der Hopfenernte. (Karl Heinrich Dreber, 1822–1875)

Überblick, sondern verstand sich auch auf die Arbeiten. Es entspricht also mehr dem patriarchalistischen Vorurteilsdenken als den Tatsachen, die Frauen bei der ländlichen Arbeitsteilung nur als «Hilfsarbeiter» zu bezeichnen; ihr Bereich war – im Gegensatz zur physischen männlichen Kraft – oft durch größere Anforderungen an Geschicklichkeit bestimmt,[17] wie später noch für die Arbeitsbereiche Ernte und Flachs deutlicher ausgeführt werden wird. Besonderes Wissen und ausnehmende Sorgfalt erforderte die Arbeit mit der Milch, eine Arbeit, die sich auf dem Bauernhof viele Jahrzehnte hindurch gleich blieb. Aus einer großen Bauernwirtschaft oder einem kleinen Gut in Schleswig-Holstein wird eine Meierei um 1860 beschrieben:

«Die Mutter hatte ihre drei Mädchen in der Meierei, die molken, Holzgefäße scheuerten, spannen und ein wenig im Garten arbeiteten. Sie hatte ihre Köchin, hatte Haus- und Kindermädchen und vor allem die Meierin, die sie am liebsten mietete, wenn sie noch gar nichts konnte und ganz von ihr selber angelernt werden mußte. Diese Meierin war dann für vieles mitverantwortlich, zum Beispiel schalt sie nicht wenig, wenn sie in dem mächtigen Butterfaß, das, blütenweiß gescheuert, zum Lüften und Trocknen in der Sonne lag, erdige Spuren von den Füßen der Kinder oder gar diese selber fand, die sich arglos angesiedelt hatten wie in einem geräumigen Hundehaus.

Die Melkerin. (Martin Engelbrecht, 1664–1756)

In dieses Butterfaß, das dem ungefügen hölzernen Mühlenwerk verbunden war, wurde früh aus der Rahmstange im Keller der saure Rahm getragen – oh, wie ein kleines Kind wollte diese Rahmstange pfleglich behandelt sein. Sie mußte abends und morgens gemessen und durch hineingehängte lange Blechflaschen voll Wasser im Sommer gekühlt und im Winter gewärmt werden. Im tiefsten Teil des Kellers wurde im Troge, der ein ausgehöhlter Baumstamm war, die Butter geknetet, gewaschen und mit Salz bestreut in die sauberen Drittel aus Buchenholz geschlagen. Kaum war am zeitigen Vormittag diese vornehmste Arbeit getan, so kam das Käsen daran. Im riesigen Bottich wartete schon die lauwarme Milch auf das Gerinnen. Das grob gewebte Tuch füllte sich, hoch und weiß lösten sich später aus der Presse die viele Pfund schweren Käse. Sie stapelten sich in einer luftigen Kammer, wurden sorgsam beobachtet, mußten gewendet, gekniffen und beschnitten werden. Waren sie halbwegs reif, erschien der Aufkäufer, zahlte wenige Pfennige für das Pfund und bekam eine Wagenladung an das Schiff in Sieseby geliefert, mit dem er von seinem Wohnsitz in Angeln herübergesegelt war.

Zweimal am Tage mußte die Milch, die im Keller in vielen flachen, außen grün und innen rot bemalten Bütten ‹aufgeseiht› war, entrahmt werden – das war ebenfalls ein verantwortliches Amt, das die Mutter keinem anderen als der Meierin überließ: nie hätte sie gestattet, daß die Rahmkelle, ein flacher Teller an einem kurzen Stiel, zu unwürdigem Gebrauch in einen Küchentopf gesenkt würde. Hohe Kälte war eine rechte Plage für die Milchwirtschaft. Sobald die Milch im Keller ernstlich zu frieren drohte, mußten Kohlenbecken aufgestellt und Luken und Fenster mit Stroh abgedichtet werden.»[18]

Das waren freilich umständliche Arbeitsabläufe, die Wissen, Sorgfalt und Geschick erforderten. Alles, was mit dem Kuhstall zusammenhing, war also Frauensache. Vielleicht halfen Bauer oder Knecht beim Wasserholen und Tränken, aber mit den Kühen und der Milch zu wirtschaften, galt als unmännlich und war verpönt.

Die bisher beschriebene Arbeitsteilung auf rein ökonomischer Basis konnte jedoch so nur auf größeren Höfen mit genügend Arbeitskräften durchgeführt werden. Zwar unterstanden hier der Bäuerin die Mägde für die Hausarbeit, doch hatte der Bauer meist jederzeit die Macht, auch weibliches Gesinde für notwendige Außenarbeiten wie Holzsammeln oder Feldbestellung abzuziehen.

Zeigte sich also das Männliche und das Weibliche in den bäuerlichen Partnerschaftsbeziehungen vornehmlich als wirtschaftlich bestimmt? Die Verhältnisse lagen komplizierter, waren jedoch – das hat Wilhelm Heinrich Riehl richtig gesehen – in jedem Falle mit der wirtschaftlichen Lage der Betreffenden verknüpft. Riehl sah den Gegensatz der Geschlechter bereits in der bäuerlichen Familie auf das kleinste zusammengeschrumpft und die eheliche Liebe der bürgerlichen Gesellschaft auf dem Lande durch die Arbeitspartnerschaft ersetzt. Der Unterschied zwischen Mann und Weib sei umso weniger ausgebildet, je tiefer man in den Gesellschaftsschichten nach unten steige.

«Bei dem bäuerlichen Taglöhner und dem armen Kuhbauern schafft die Frau ganz das Gleiche wie der Mann. Auch die geistige Bildungsstufe beider wird völlig gleichartig sein. Beide arbeiten im Acker, lenken Pflug und Wagen gemeinsam, säen, ernten und verkaufen gemeinsam oder in zufälliger Abwechslung. Das Walten im Hause ist nur eine gelegentliche Zugabe für die Frau. Ja, männlicher und weiblicher Beruf findet sich auch hier oft ebenso ausgetauscht wie die Bezeichnung von Kappe und Haube...

Hier sei nun ferner daran erinnert, daß die Teilung des Berufs nicht bloß nach dem Geschlecht, sondern selbst nach den Altersstufen immer verwischter wird, je tiefer wir zu besitz- und bildungslosen Volksschichten hinabsteigen. Bei den armen Kleinbauern muß schon der Schulbube dem Vater die halbe Berufsarbeit abnehmen. Die Beschäftigung der Frau, der heranwachsenden Kinder und des Hausgesindes fällt in eins zusammen. In den Städten haben die Kinder, bis sie zu Jünglingen und Jungfrauen herangereift sind, ihre eigentümliche Kindertracht. Auf den Dörfern steckt der fünfjährige Bube schon in den verkleinerten Wasserstiefeln und dem Miniaturrocke des Vaters.»[19]

Das ist richtig beobachtet und zeigt, daß in den unteren bäuerlichen Schichten die männlichen und weiblichen Produktionssphären nicht mehr so klar unterschieden waren. Das existenzielle Wohlergehen der Familie verwischte solche Schranken der Geschlechter, und die Frau verstand sich meist auf alle Landarbeiten genauso wie der Mann. Die geschlechtslose Bezeichnung der Mägde und einfachen Landfrauen als «*das* (treue, fleißige...) Mensch» gehört in diesen Zusammenhang. Riehl glaubte also, bei den Frauen des Bauernstandes eine gewisse Unweiblichkeit feststellen zu können – gegenüber der Überweiblichkeit in der Aristokratie und dem gehobenen Bürgertum. Verbunden sei diese bäuerliche Frauencharakteristik aber zugleich mit ihrem Beruf in

Tagelöhnerin bei der Feldarbeit. (Foto Wolf Lücking 1955)

der Familie und damit in ihrem Stande, eben dem des Bauern. Wie schnell eine solche Verwischung der Geschlechtsunterschiede, das baldige Verblassen des Weiblichen in der arbeitsüberlasteten Gruppe der Tagelöhner ablief, hat Fritz Reuter (1810–1874) für Mecklenburg beschrieben: «Dies ist das gleiche Los aller Frauen unsers Tagelöhnerstandes. Arbeit, zum Teil schwere Arbeit im Freien bei jeglichem Wetter, der sie sich von Jugend auf unterziehen müssen; Sorge, zum Teil kummervolle Sorge, die sie in ihrer Häuslichkeit als verheiratete Frauen finden, streifen bald die Zauber der Jugend ab. O wie traurig, daß die Jugend, daß die Schönheit, dies von Gott gegebene Erbteil des Weibes, dem täglichen Brot zum Opfer fallen muß! Welch ein Wechselbrief, auf Glückseligkeit lautend, steht auf ihrem Antlitz geschrieben, wenn sie als Hofdirnen trotzig einhergehn in dem Gefühl ihrer Kraft, welches Gesundheit und Jugend gibt! Welch eine Derbheit und Sicherheit froher Hoffnung strahlt aus ihrem lachenden Auge, wenn sie dir in der Ernte das Strohband um den Arm binden oder ihrem Herrn den Erntekranz bringen mit Reim und Rede! – Und das ist alles dahin, in ein paar Jahren alles dahin! Die Ehe löset diesen Wechsel der unverheirateten Dirne nicht ein, das Gefühl von Kraft und Übermut muß der Sorge weichen, die frohe Hoffnung der traurigen Resignation. Auch die Männer altern schneller als die der andern Stände; aber die Kraft des Mannes wehrt sich tapferer als die Schönheit des Weibes; auch ist seine Lage nicht in dem Maße drückend wie die der Frau: muß er auch dem Worte des Herrn gehorchen, so gehorcht doch das Weib wieder seinem Wort. Mit ihr ist die Stufenleiter der Knechtschaft abgeschlossen, sie ist das letzte Glied in ihrer Kette, sie ist die Dienerin des Dieners. – Ein traurig Los, das jede eigene Entwicklung stört und am Ende die Willenlosigkeit auf den höchsten Grad bringt, wo sie keine Waffe hat als die Klage, die man in den Gesichtszügen liest, aus den Tönen, nicht bloß Worten, der Sprache hört und die jeden rühren muß, der nicht durch den täglichen Umgang mit diesen Leuten daran gewöhnt und dagegen verhärtet ist.»[20]

Reuter hat hier scharfsichtig die doppelte Abhängigkeit der Arbeiterfrauen erkannt: die selbstverständliche Unterordnung unter ihren Ehemann und auf diesem Wege auch unter den ihm übergeordneten Herrn. Hinter solch zwiefacher Zurücknahme der Eigenbestimmung geriet auch das Gefühl für die eigene Weiblichkeit völlig in den Hintergrund.

Mädchen am Herd. (Wilhelm Leibl, 1844–1900)

Besonders sichtbar wurde die Undeutlichkeit des «Weiblichen», wenn eine Frau aus den unteren ländlichen Schichten frühzeitig ihren Mann verlor und sich damit aus der üblichen Arbeitsstruktur ausgegliedert sah:

«Aber der Tod des Mannes hatte dennoch Einfluß auf das Leben der Zurückbleibenden. Die Frau war genötigt, selbst und allein für ihren Unterhalt zu sorgen, und es fiel ihr schwer. Sie hätte es vielleicht etwas besser haben können, wenn sie in den Steinbrüchen der gutsherrlichen Familie Handdienste hätte tun wollen; aber sie wies diesen Gedanken mit Heftigkeit zurück. Auch auf den Herrenhof selbst wollte sie nicht, wie ihr der Pfarrer bei seinem Besuch vorschlug und seine Fürsprache dazu anbot. Sie wollte weder als Arbeiterin noch als Magd dort abhängig sein, wie sie sagte, sondern selbst ihren Erwerb suchen, wo es und wie schwer es auch immer sei. Es war ihr in der Tat schwer, und sie darbten manchmal; aber die Frau murrte nicht. Sie tat Dienst bei den Bauern und im Wirtshaus des Dorfes; war die Zeit vorbei, wo sie hier Beschäftigung finden konnte, so suchte sie sich durch Besenbinden in der Nachbarschaft ihr Brot zu verschaffen. Die Leute gaben ihr wohl aus Mitleid, wenn sie konnten, in der Erntezeit und sonst zu tun; aus Mitleid ließ der Wirt im Dorfe die Gläser und Zimmer von ihr reinigen; aus Mitleid kaufte man ihr in der Nachbarschaft ihre schlecht gebundenen Besen ab. Es war eine traurige Existenz für die Frau.»[21]

Aber ihr Bedürfnis nach «männlich»-selbständiger Existenzbewältigung war wohl stärker als alle Demütigungen. Diese Belege und Beobachtungen, die wesentlich erweitert werden könnten, sagen etwas aus über die Vieldeutigkeit des «Weiblichen» in der agrarischen Gesellschaft. Auch die Bauersfrau war, wie die bürgerliche Hausfrau, zuständig für den Reproduktionsbereich (Familie, Haushalt, Kindererziehung); dazu kamen ganz selbstverständlich die traditionellen ländlichen Frauenarbeiten (Garten, Kuhstall, Aufzucht allen Jungviehs, Schweinemast, Geflügel); und dazu wiederum gesellten sich zahlreiche Teilarbeiten bei der Feldbestellung, wie es die alltäglichen Notwendigkeiten ergaben.[22] Die Arbeitsbereiche der Bauersfrau waren also polifunktional, traditionsbestimmt – und als «weibliche Hilfsarbeiten» wenig geachtet.

Die Märkte

Durch die Märkte wurde das geschlechtsspezifische Außen-Innen-Schema in mancherlei Richtung durchbrochen und den Frauen der «Außendienst», der Schritt in die Öffentlichkeit, nicht nur erlaubt, sondern in gewisser Hinsicht sogar zugeordnet:

«Drunten in Glonn wurlts von Menschen. Denn es ist Jahrmarkt und Viehmarkt. Auf dem Platz vor der Kirche stehen die fliegenden Stände der Händler, der ‹Prater› für die Kinder und der Wagen der berühmten Turmseilkünstler. Hinter dem Postwirtsgarten aber sind in langen Reihen Kühe, Ochsen und Pferde angekettet und harren gleich ihren Besitzern, die einen stumpfsinnig, die anderen aufgeregt, auf ihre Liebhaber und Käufer.

Die Kirche ist voll, und der Pfarer vermag sich kaum durchzuschieben durch die Menge, da er ihr den letzten Weichbrunn und Segen mit auf den Heimweg gibt.

In einem dichten Schwarm ergießt sich die Menge nun in den Gottesacker und hinaus auf den Marktplatz.

Laut lachend und stänkernd kommen als erste die Burschen, ernst und bedächtig redend die Männer, verstohlen kichernd und zu den Burschen hinschielend die Maidln, in seidenen Gewändern prunkend und über die schlechten Zeiten jammernd die

Bauernmädchen auf einem holländischen Büchermarkt beim Aussuchen von Bilderbogen. (Paul Meyerheim, 1842–1915)

Bäuerinnen und ganz zuletzt, mit sich selber schwatzend, den Rosenkranz in den knöchernen Fingern, die Alten. Und drunten beim Unterwirt dampfen die Lungenwürste und der Leberkäs, droben beim Oberwirt duften die Braten und Soßen, und drüben beim Posthalter rollt man einen Banzen um den andern auf den Ganter (Faßunterlage), und die Kellnerinnen rufen und schreien sich schier heiser: ‹Kriagst a Maß? Du aa oane? Os zwee aa a Maß?› Und hinten bei den Barren stehen die Bauern, greifen den Kühen an die Bäuche und den Ochsen an das Genick, schauen den Rössern ins Maul und befühlen ihre Fesseln und Hufe; indes vorne bei den Dultständen wiederum ein Anpreisen und Einladen, ein Markten und Schimpfen durcheinanderschwirrt, daß man sein eigenes Wort kaum hört.

Da plärrt die Lebzelterin: ‹An süaßen Honigzelten, an Lebzelten, a Busserl, a Platzerl hab i no! Einkaaft, einkaaft, gehts her und suachts was aus!›

Und die blecherne Geschirrfrau tut, als bete sie die Litanei von allen Heiligen: ‹Große

Bauernmarkt im Schwarzwald. (Stahlstich von 1843)

Degerl, kloana Degerl, weiße Schüsserl, blaue Schüsserl, Milliweidling, Suppenseiher, Hafadeckel, Nudlpfannen, was geht ab?›

Oder die tucherne Annemirl mit ihren Schätzen!

‹Scheene Schmieserl, feine Kragerl, guate Pfoad und warme Strümpf! Ausgsuacht, Leutln! Spitzerln, Knöpf und Hosentrager! Litzerl, Banderl, Fingerhüat!›

Und droben auf dem hohen Turmseil wiegt sich im rosenfarbenen Trikot ein üppiges Mädchen mit Papierrosen in den dunklen Locken und veranlaßt manche Bäuerin und manche Dirn, ihrem mit lüsternen Augen und wässerigem Maul dastehenden Begleiter einen derben Rippenstoß zu geben und eine Predigt zu halten: ‹Daß d' fei hänga bleibst do drobn an dem Strick! Schaamst di net! Dees nackate Weibsbild da drobn gafft er o. Aber inseroaner is dees ganz Jahr der Aff...› Und die alten Weiber bekreuzigen sich: ‹Bruader! Dees is aa so a Nazion! Da is der Antichrist nimmer weit, wenns jetzt scho nackat in Himmel auffa steign!›»[23]

Hier – bei Lena Christ – sind die Landleute als Käufer definiert: die Männer beim Vieh, die Frauen mehr bei der Kleidung, den Wirtschaftssachen und den angenehmen Sinnlosigkeiten. Bei anderen Gelegenheiten nahmen die Landleute die Rolle der Verkäufer ein:

«Am ‹Martinimarkt› konnten wir Knaben übrigens für unser Jahrmarktsvergnügen etwas mehr ausgeben. Es kamen da am Vorabend die ‹Breisgäuer› Bauern und brachten zahllose Wagen voll Krautköpfe zum Sauerkraut fürs ganze Tal. Wir Knaben spannten die Pferde aus, ritten sie in die Stallungen, luden die Wagen ab und setzten das Kraut in Pyramiden, pro Hundert um zwei Kreuzer. Mit zehn bis zwölf Kupferkreuzern in der Tasche verließen wir spät am Abend den Krautplatz; ‹der Fink hatte wieder Samen› und pfiff lustig in den kommenden Jahrmarkt hinein.»[24]

Die Landfrauen brachten Eier und Milchprodukte zum Verkauf, Gemüse, Obst und frische Blumen aus ihren Gärten. Die kunsthistorisch berühmt gewordenen Ausrufebilder[25] bezeugen dieses Wechselspiel zwischen Stadt und Land, das nicht nur dem Austausch von Waren diente, sondern auch den Begegnungen und den Wirkungen gegenseitiger Reize. Die ambivalente Bedeutung des Marktganges aus objektiver und subjektiver Sicht geht aus folgender Darstellung hervor:

«Auf dem Lande gibt es einen großen Übelstand für die Hauswirtschaften: Das sind die Marktgänge. Eine Bäuerin hat ein Viertel Eier, ein Dutzend Kohlhäupter und ein Schock Zwiebeln zusammen; sie braucht Geld, oder sie muß verkaufen, weil die Sachen ihr verderben. Sie läuft also mit einer kleinen Last in die Stadt eine Meile weit, kommt spät am Nachmittage zurück, hat vielleicht einen Gulden gelöst, aber einen Arbeitstag versäumt. Die Kinder sind nicht gewartet worden, im Hause hat die Aufsicht gefehlt, die Tiere haben ihr Futter nicht gehörig bekommen, und im ganzen Hauswesen ist zweimal mehr Schaden gestiftet als der Gulden wert war. In größern Haushaltungen ist es nicht viel besser, da man um des Marktgangs willen das Dienstmädchen fast einen ganzen Tag aus der Arbeit mißt. Allerdings sind Bauernfrauen und Bauernmädchen von dieser Wahrheit schwer zu überzeugen, denn den meisten ist der Marktgang, was den städtischen Damen die Kaffeevisite: Sie sehen die Welt, treffen ihre Bekannten, und unter dem Scheine, beschäftigt zu sein, auf den alle Weiber so viel geben, brauchen sie doch nicht zu arbeiten, gerade wie die vornehme Welt mit Stickereien ihre faulen Stunden entschuldigt. Allein, in Stadt und Land gibt es auch der braven Mütter viele, und auf diese baute die kluge Böhmin ihren Plan. Sie wollte mit Hilfe ihrer Töchter Zwischenhändlerin zwischen dem Dorfe und der nahen Universitätsstadt werden, indem sie die Bodenerzeugnisse einkaufte und dann auf ihre Rechnung zu Heidelberg feilbot. Damit verband sie das Geschäft einer Botengängerin, was oft gute Nebenverdienste mit sich führt, wenn es gewissenhaft besorgt wird. Sie verkaufte zwar etwas teurer als die Bäuerinnen selbst, allein, da es ihr Grundsatz war, nur gute Ware, reifes Obst und frische Gewächse feilzubieten, diese aber stets zu festen Preisen, so standen auch die städtischen Hausfrauen zuletzt bei ihr sich besser als bei dem langen Aussuchen und Feilschen, das den anderen Verkäuferinnen gegenüber nötig war. Obendrein war sie redlich; sowohl ihr Stolz als auch ihre einfach-herzliche Frömmigkeit behüteten sie vor jeder gemeinen Betrüglichkeit. In einem einzigen Sommer erwarb sie sich so viele städtische Kunden, daß sie schon täglich ihren Stadtgang machen konnte und in der Regel sogar eins oder zwei der Kinder mit Körben voll von Geflügel oder leichtem Gemüse mitnehmen mußte.»[26]

Mit den frischen Waren, die die Händlerinnen in ihrer ausdrucksvollen Tracht in die Vorstädte und Stadtmärkte brachten – so waren die Vierländer Erdbeeren in Hamburg berühmt –, schien ein Stück «unberührte Natur» das Stadtpflaster zu betreten. Die niedliche schlankfüßige Vierländerin, die vor einer Hamburger Stadttreppe ihre Blumen feilbietet, scheint «die Unschuld vom Lande» selbst zu sein. Doch brachten solche

Vierländer Bauernmädchen bietet in Hamburg ihre Waren feil. (Neuruppiner Bilderbogen, erschienen zwischen 1855 und 1860)

Kontakte über die kulturelle Diffusion in den Zeichen der Tracht Versuchungen mit sich, denen die Mädchen und jungen Frauen bei ihren gelegentlichen Marktbesuchen oft nicht gewachsen waren. Der Neuruppiner Bilderbogen von 1860 über die Vierländerin weist in seinem Begleittext auf solche Auswirkungen hin.

Ungebrochene Freuden vermittelten die großen Jahrmärkte den Kindern und öffneten besonders den Landkindern die Tore zu einer neuen ungeahnten Welt. ‹Was kann man auf dem Steimeler Markt kaufen?› fragte ich als sehr kleiner Knabe mein Kindermädchen. ‹Alles›, war ihre lakonische Antwort, und ich malte mir aus, wie schön es wäre, wenn ich mir auf dem Steimeler Markt eine Königskrone kaufen würde.»[27]

Tatsächlich begegneten hier den Kindern Menschen und Erscheinungen aus völlig anderen Welten. Friedrich Paulsen beschreibt in seinen Jugenderinnerungen den schrillen Zauber eines solchen Jahrmarkts:

«Doch eines Festes muß ich noch gedenken, es war eigentlich das Fest des Jahres: der Langenhorner Jahrmarkt, gegen Ende August. Lange Zeit vorher wurden die Tage abgezählt, die es noch bis zum Jahrmarkt sei. Dann begann die Vorfreude: am Sonnabend kamen die Dorfstraße entlang Pferdekoppeln, mit allerlei Aufputz an Schweif und Mähne, geheimnisvolle Kastenwagen, aus denen hin und wieder ein fremdartiges Gesicht zum Fenster hinausguckte, das Karussell, die Pferde und Drachen und Boote auf Wagen verpackt, einige Kunstreiterpferde mit aufgeputzten Reitern usw. Wir lagen auf dem Erdwall vor unserm Hof, und all diese Herrlichkeiten passierten, die Begierde weckend, vor unseren Augen vorüber. Am Sonntag nachmittag um vier Uhr wurde der Markt ‹eingeläutet›; natürlich waren wir schon zur Stelle: die Budenstadt, die auf unserem Spielplatz über Nacht entstanden war, wurde besichtigt, die Preise verglichen, die Obststände begehrlich angeschaut, das Karussell probiert, die Buden mit wilden Tieren sondiert, man wollte doch sicher sein, für sein Geld etwas zu haben, die Moritaten, die zur Drehorgel mit Demonstration an einem großen, in Felder geteilten Tableau auf Wachsleinwand abgesungen wurden, so lange gehört, bis man sie auswendig konnte: ich erinnere mich noch einer gräßlichen Schauertragödie mit sechsfachem Mord aus Spanien. Halbtot vom Getöse, Gedränge, Hitze, Staub und Gerüchen kam man am Abend nach Hause, und doch glücklich in dem Gefühl, daß ja die Herrlichkeit erst im Angehen sei. Der Montag war erst der Haupttag; da kamen die Besuche, Verwandte und Bekannte von außerhalb stellten ihre Wagen und Pferde ein; überall war der Tisch gedeckt; für die Kinder fiel ‹ein Jahrmarkt› in die Börse, und so zog man mit Krösusgefühlen dem Marktplatz wieder zu. Man erwog und teilte ein, um das Menschenmögliche zu erschwingen; die ersten Äpfel und Birnen wurden erstanden, zehn Stück für einen Schilling, sie waren meist noch unreif, der Geruch unreifen Obstes ist bei mir noch heute mit dem Langenhorner Jahrmarkt unlöslich assoziiert; der Seiltänzer, der vor der Kunstreiterbude sich sehen ließ, wurde bewundert, ein Feuerfresser vor der Wildentier-Bude angestaunt; noch stärker zog das Brüllen des Löwen oder das Brummen des Bären, das man aus dem Zelt heraus hörte, und so faßte man sich ein Herz und riskierte seine paar Schillinge. In einer anderen Bude zeigte sich ein Mann ohne Arme; er konnte aber mit dem Fuß schreiben: Ich habe noch das Blatt, auf dem er eine Rose gezeichnet hat mit der Umschrift: Keine Rose ohne Dornen. Und so ging das weiter, bis der Tag sich neigte. Leer am Beutel, krank am Herzen zog man endlich heimwärts, der längste Arbeitstag machte nicht so müde und zerschlagen als dieser Jahrmarktstag. Das hinderte nicht, daß man sich bald auf den nächsten zu freuen begann.»[28] Hier auf dem Jahrmarkt fanden Geschlechter und Altersgruppen ohne Unterschied ihr Vergnügen.

Rückkehr vom Markt mit der Fähre über den Main. (Fritz Bergen, 1857–1941)

Das Männliche und das Weibliche im Bauernleben des 19. Jahrhunderts ist also weniger leicht zu definieren als in der bürgerlichen Welt. Eindeutig zeigte sich die soziale Überlegenheit des Mannes, die als etwas Selbstverständliches erlernte Unterwerfung der Frau. In der Öffentlichkeit hatte sie keine Rolle zu spielen, und ihr einziger «Auftritt» außerhalb des Hausinneren waren die Kirche und der Markt, weshalb das große Vergnügen der Landfrauen am Marktgang verständlich wird.

Ihre gesellschaftliche Bedeutung kam mehr im Verborgenen zur Geltung – sie war allen bekannt, ohne jedoch in der öffentlichen Einschätzung deutlich benannt zu werden. Will man dem typisch Weiblichen im Landleben auf die Spur kommen, also den Dingen, die unverwechselbar den Frauen vorbehalten waren, ihren besonderen Fähigkeiten und Verhaltensstandards, so wird man an der Oberfläche des dörflichen Lebens nicht allzu fündig werden oder eben nur die sichtbaren Dinge wie Arbeitsteilung und physische Leistungsunterscheidungen entdecken. Aber schon ein Blick hinter die sozialen Grenzziehungen eröffnet andere Perspektiven. So war z. B. die Hilfe der Magd beim Kindbett der Bäuerin verpönt. Eine gleichgestellte Bäuerin, am besten die Nachbarin, mußte helfen. Eine bestimmte Situation erforderte also ein bestimmtes verbindliches Verhalten, das sich hier gegen die Solidarität des Weiblichen aussprach und dafür die Solidarität der Bäuerinnen und den Wert der Nachbarschaft betonte. Solche Regeln nahmen allerdings umso mehr ab, je irrationaler die Erscheinungen hinter der rationalen Alltagswelt wurden.

Geheime Kräfte der Frauen

Bei Not und Tod übersprang man die sozialen Schranken, und es waren oft gerade Frauen der unteren Dorfschichten, die die sympathetischen Schutz- und Trutzvorschriften, die Segen und Beschwörungen beherrschten. Da ärztliche Hilfe dem durchschnittlichen ländlichen Geldbeutel meist zu teuer erschien, waren die magischen Kräfte dieser Dorffrauen begehrt, und auf geheimen Verbindungskanälen sandten sie ihre Botschaften in die betreffenden Häuser. Hier traten besonders die Hebammen in Erscheinung, aber auch ungelernte «weise Frauen» oder «Brauchweiber», die die Bräuche des Heilens, zuweilen auch des Verderbens, kannten. Solche überdurchschnittlich begabten Frauen besaßen ein hohes und auch gefürchtetes Ansehen, unabhängig von ihrer sozialen Stellung im Dorf. Sie kannten sich mit den Sitten und Bräuchen des Dorfes «genau nach der Vorschrift» aus, wußten Reime und Sprüche für Kindtaufen, Hochzeiten und Begräbnisse zusammenzustellen und sorgten mit einem unerschöpflichen Repertoire von Trinksprüchen und Scherzen bei Hochzeiten für Stimmung. Da sich ihre spezielle Begabung meist auf das Gebiet der Volksmedizin erstreckte, auf magische Heilungen und Beschwörungen (im Süddeutschen volkssprachlich als *brauchen* bezeichnet), erklärt sich ihre Bezeichnung als Brauchweiber aus dem Doppelsinn, daß sie sowohl die Dorfsitten wie Magie und Sympathiezauber beherrschten. Wohl gab es auch Männer mit solchen Fähigkeiten, zumal diese Kenntnisse meist überkreuz von Mann auf Frau und umgekehrt übermittelt werden sollten. Aber die Frauen waren im allgemeinen doch mehr an diesen Praktiken beteiligt, zumal wenn die Patienten Frauen waren.[29]

War die Furcht des einzelnen – insbesondere seit dem 30jährigen Krieg – jeweils ganz konkret auf Epidemien wie Pest und Cholera oder Kriegsgeschehen gerichtet, so betrafen die kollektiven Ängste eine übergeordnete Sphäre von Ordnungslosigkeit, der man hilflos ausgeliefert war. Nur lückenhaft umfaßte ein Schutzring der Sicherheit das Leben, dessen vorzeitiges Ende an der Tagesordnung zu sein schien. Neben den Männern und Frauen der Kirche trat hier – gewissermaßen als ein Gegenpol – die Gruppe jener in Aktion, die magische Mittel wie ein Werkzeug gegen irrationale Gefahren beherrschten und gebrauchten, – und das waren vornehmlich die Frauen.

Wie viele weibliche Begabungspotentiale in solcher Weise irregeleitet worden sind, sollte man bei einem Rückblick auf das Dorfleben der Vergangenheit mitbedenken.

Knecht und Magd

Es war schon davon die Rede, daß sich die deutliche Definition des Männlichen und des Weiblichen, also gewissermaßen die Geschlechtspolarität, in ökonomischer Hinsicht zunehmend bei den unteren Sozialschichten der agrarischen Gesellschaft verwischte. Wie stand es nun damit beim Gesinde? Sozial- und wirtschaftsgeschichtlich sind zwei Tendenzen für die Zeit nach 1800 auszumachen: der Zuwachs an mehr oder weniger besitzloser lohnabhängiger Landbevölkerung und damit die Landarbeiterfrage[30] und beim Gesinde die wachsende hierarchische Schichtung vom Oberknecht oder Baumeister bis zum Pferdejungen, von der Wirtschafterin oder Großmagd bis zur Kleinmagd,[31] was zu der an sich schon scharfen Trennung der Rechte von männlichem und weiblichem Gesinde als vertikale Linie noch hinzukam.

Vita der heiligen Notburga aus Tirol als Patronin der Dienstboten auf einem Bilderbogen aus Altötting, Verlag Lutzenberger.

Wie ist das Gesindewesen des 19. Jahrhunderts zu definieren? Martin Scharfe hat – zunächst ausschließlich für das ländliche Gesinde – drei Merkmale festgelegt: die überwiegende Beschäftigung im landwirtschaftlichen Produktionsprozeß gegen ein bestimmtes Entgelt; den Vertragscharakter dieses Beschäftigungsverhältnisses; die Aufnahme in den Familienverband des Dienstherrn; und er fügt hinzu: «mit der Tendenz, diese Integration auf die Gewährung unentgeltlichen Wohnens und Essens zu reduzieren.»[32]

Dieses letzte Definitionskriterium, die Einbeziehung in die Bauernfamilie, soll im Mittelpunkt der folgenden Ausführungen stehen und damit das Beziehungsgeflecht um die patriarchale, ländliche Wirtschaftsfamilie überhaupt. Mir scheint, daß gerade an diesem Ort der sozialen Begegnungen mächtige traditionelle Verhaltensweisen über lange Zeit erhalten blieben und den wirtschaftlichen Entwicklungen zu Ende des Jahrhunderts entgegenstanden und so die sozialen Interaktionen belasteten.

Das begann eigentlich schon mit den Gesindeordnungen, die das familiäre Verhältnis zwischen Dienstherrn und Gesinde regeln sollten. Dabei erhebt sich sogleich die Frage, ob denn eine «Familie» schriftlich fixierter Ordnungsgesetze bedarf? Oder war der Charakter der Beziehungen zwischen Dienstherr und Gesinde tatsächlich nicht gar so familiär, wie es nach außen den Anschein haben sollte?

Gesindeordnungen – Gesindemärkte

Das Gesinde unterstand den regional unterschiedlichen und wechselnden Gesetzen und Ordnungen – 59 sind allein aus der ersten Hälfte des 19. Jahrhunderts überliefert,[33] die jedoch von den verschiedenen Dienstherrschaften durchaus nicht konsequent befolgt wurden. Die gegenseitigen Pflichten und Rechte fanden sich vorwiegend in der patriarchalischen Oben-Unten-Denkweise geregelt, und im Klagefall erwies sich der Wortlaut der Paragraphen gern als zugunsten der Herrschaft auslegbar. Das alte Rechtsbewußtsein setzte sich – besonders in Ostelbien auch nach der sogenannten Befreiung – noch länger fort. Für die Zeit um etwa 1840 heißt es aus Ostpreußen:

«Ausschreitungen der Gutsherrschaft gegen die Dienstboten kamen zwar überall vor, wurden aber nicht sehr übel genommen. Daß eine Magd ein paar Ohrfeigen erhielt, ein Knecht – wenn verschuldet – einen Buckel voll Prügel, verstand sich von selbst. Hatte ein solcher es gar zu arg getrieben, so wurde er gebunden auf einen Wagen gesetzt und ins Landratsamt nach Heiligenbeil gebracht, wo ihm der Wachtmeister eins aufzählte. Eine solche Strafe war durchaus nicht entehrend, der gezüchtigte Knecht kam ganz munter zurück, und alles war wieder gut.

Es wurde erzählt, daß in der früheren Zeit, namentlich während der Untertanenschaft, der bestrafte Knecht dem Herrn noch jedesmal die Hand geküßt und für gnädige Strafe gedankt habe...

Die Prügelstrafe kam später ab, namentlich, seitdem die meisten Knechte in dem Heere gedient hatten. Ich erinnere mich, daß der eine oder andere zu dem zornigen Herrn sagte: Herr, schlagen Sie mich nicht, ich bin Soldat gewesen. Das Verhältnis des Herrn zu den Dienenden und Untergebenen war bei aller Strenge ein durchaus patriarchalisches. Die Mägde nannten die Frau *Madamchen,* die Knechte und Instleute den Herrn *hochgeehrter Herr.* Die Mägde und Knechte wurden dafür mit Du angeredet...»[34]

In Norddeutschland stand sich das Gesinde allerdings besser als die besitzlosen Landarbeiter, denn es sah sich vertragsgemäß mit Unterkunft und Essen in seiner

Existenz doch wenigstens entsprechend den Wechselterminen das Jahr hindurch gesichert. Ganz selbstverständlich unterschieden sich auch hier die Löhne zu ungunsten der Mägde. So erhielt z. B. im Hannoverschen ein Knecht über 18 Jahre 18 Rheintaler im Jahr, ein Hemd und eine Hose – eine Magd dagegen nur 7–10 Rheintaler, ein Paar Schuhe und eine Schürze sowie eine Stiege Leinen.[35] Aber nicht nur eine Hierarchie nach Geschlechtern hatte sich auf dem Lande ungebrochen aus den vergangenen Jahrhunderten erhalten und wurde von den Mägden widerspruchslos hingenommen. Dazu kam die innere Hierarchie der einzelnen Gruppen.

Das Material über Knecht und Magd in den ersten zwei Dritteln des 19. Jahrhunderts ist uferlos und entspricht in seiner Vielschichtigkeit dem strukturellen Wirrwarr der sozialen Abhängigkeiten in den verschiedenen Regionen während und nach der allmählichen Auflösung der Leibeigenschaft und Patrimonialgerichtsbarkeit.

«Die Gesindeordnungen des Regierungsbezirks Cassel» z. B. wurden noch 1909 von der Elwertschen Verlagsbuchhandlung in Marburg als weitgehend bestehend neu gedruckt und wiederholten für die Städte Kassel, Marburg, Rinteln und Hanau, für die Landstädte und das Land und für das Großherzogtum Fulda die alten Vorschriften von 1797 bis 1816, die z. T. nach 1848 noch beträchtliche Verschärfungen erfahren hatten. Es ist aufschlußreich, sich zumindest die Überschriften der zahlreichen Paragraphen vor Augen zu halten: § 1. Vorschriften, um dem Mangel an Dienstboten abzuhelfen; § 2. Fortsetzung; § 3. Zeugnisse und Abschiede, deren Vorzeigung bei der Annahme von Dienstboten erforderlich, und welche beziehungsweise den angehenden Dienstboten zu ertheilen sind; § 4. Strafe der Ertheilung unwahrer Zeugnisse; § 5. Achtsamkeit der Ortsbehörden auf das aus dem Dienste entlaufene Gesinde; § 6. Lohn und Kleidung des Gesindes beruhen auf Übereinkunft; § 7. Aushalten der Dienstzeit. Aufkündigung nach deren Ablauf. Eigenmächtiges Verlassen des Dienstes. Streitigkeiten über nicht ausgehaltene Dienstzeit. Heirath des Dienstboten. Abschaffen der Dienstboten von seiten der Herrschaft vor beendigter Miethezeit; § 8. Strafe der Annahme des Miethgeldes von mehreren Brodherrschaften. Vorzug der ersten Vermiethung. Verbot des Abwendigmachens fremder Dienstboten. Zurechnung des empfangenen Miethgeldes auf den Lohn bei dem Verlassen des Dienstes vor Ablauf der bedungenen Dienstzeit; § 9. Zurückgabe des Miethgeldes, im Falle der Dienst nicht angetreten werden kann. § 10. Vergütung, welche dem gemietheten Dienstboten von der Brodherrschaft zu leisten ist, welche ihn nicht in den Dienst nimmt; § 11. Obliegenheiten des Gesindes während der Dienstzeit; § 12. Dienstboten, welche die gerühmten Kenntnisse oder Fertigkeiten nicht besitzen, können außer der Zeit abgeschafft werden; § 13. Treue des Gesindes und Strafe der Untreue; § 14. Veruntreuung von Eß- oder Trinkwaaren; § 15. Betrügerei des Gesindes und deren Strafe; § 16. Verbindung der Strafe der Untreue und des Betruges mit Ehrenstrafen; § 17. Verbot des Borgens der Dienstboten auf den Namen der Brodherrschaft; § 18. Sorgfalt in Aufbewahrung anvertraueter Sachen; § 19. Vorsicht mit Feuer und Licht; § 20. Obliegenheiten der Brodherrschaften gegen das Gesinde.»

Bei der Beurteilung dieser 20 Paragraphen bleibt zu bedenken, daß sie in einer Zeit wachsenden Dienstbotenbedarfs formuliert wurden, so daß man eigentlich schon aus diesem Grunde ein stärkeres Eingehen auf deren Interessen hätte erwarten können. Dennoch wendet sich lediglich der letzte Paragraph ausdrücklich an die Herrschaften und auch das nur in knappen Formulierungen christlicher Handlungsmuster, wobei das Anhalten zu fleißigem Kirchenbesuch obenan steht.

Die Gesindeordnungen für das Land unterschieden sich nur in geringen Varianten von den hier aufgeführten Paragraphen; für das katholische Fulda kam ein beachtenswerter § 16 hinzu, der besagte, daß die Herrschaft befugt sei, bei der Entdeckung einer Schwangerschaft den Dienstboten sofort aus dem Dienst zu schicken, Mietgeld und Lohn aber nur bis zum Tage der Entlassung zu berechnen. Bei längerer Beschäftigung allerdings soll die Herrschaft auf den Zustand des Dienstboten Rücksicht nehmen!

Diese Regelungen, die sich in allen Provinzen glichen, wurden erst 1900 durch das Bürgerliche Gesetzbuch in einigen Punkten geändert, wobei jedoch das Landesrecht noch lange fortbestand – zumindest bis 1918.

Das Gesinderecht disziplinierte diese Arbeitsgruppe nicht nur in einem ganz außerordentlichen Maße gegenüber anderen Gruppen der Gesellschaft – es versetzte sie zudem in eine Art von reglementiertem Kindschaftszustand. Nun war das landwirtschaftliche Gesinde meist jung und unverheiratet. Die jungen Leute verstanden ihren Dienst, wenn sie sich auf ein Jahr verdingten, als eine Art von Durchgangsphase zwischen Schulentlassung und Verheiratung nach Ankauf oder Erbe eines eigenen Besitzes.

In Fortsetzung ihrer eigenen Familiensituation und meist auf Wunsch der Eltern gelangten sie bei Antritt des Dienstes in die Wirtschaftsfamilie eines anderen Bauernhofes – und das oft in mehrfachem Wechsel. Sie hofften auf Heirat und ein wenig Selbständigkeit, auf das bescheidene Glück, «in ein kleines Höfle hineinzuschlupfen».[36] Sie sehnten sich nach dem Ende ihres Knechts- und Mägdedaseins, und nicht zufällig sind die Ausübenden der zahlreichen Losbräuche, die um die Andreasnacht herum ausgeführt wurden und den zukünftigen Arbeitsort und den Hochzeiter betrafen, meist die Mägde.[37] Nach ihrer Verheiratung wechselten sie in eine der anderen Sozialgruppen, in die der Kleinbauern oder Häusler oder Tagelöhner. Beliebte Gesindewechseltermine waren Lichtmeß (2. Februar) und Michaelis (1. Oktober), also Beginn oder Ende des bäuerlichen Wirtschaftsjahres, – auch Weihnachten und Neujahr selbst. Eine Ausnahme in dieser Gruppe machten die *Ehalten* in Bayern und Süddeutschland, Gesinde, das zum Hof gehörte und oft dort unverheiratet sein ganzes Leben verbrachte. – Die Löhnung schwankte zwischen Geld und Naturalien, und besonders mit Kleidung wurde oft zu Weihnachten ein Teil des Lohnes abgegolten.

Die Selbstvermietung fand auf den Gesindemärkten statt. Dort ging es wohl meist ähnlich «sachlich» zu wie auf andern Märkten, d. h. das Gesinde wurde mehr als Sache denn als Familienzuwachs betrachtet. Ein Bericht aus Thüringen um 1860 beschreibt die übliche Situation auf solchen Knechtsmärkten:

«Ein alter Gebrauch war auch der Gesindemarkt in Gera. Am sogenannten dritten Weihnachtsfeiertage stellte sich das Gesinde in zwei Reihen auf, in der einen die Knechte, in der andern die Mägde, und die Bürger und kleineren Gutsbesitzer kamen dann, um sich die ihnen zusagenden Personen auszusuchen und zu mieten. Dieser Markt hieß auch der Schlender- oder Schlenkermarkt.»[38]

Auf einem anhaltischen Knechtemarkt in Zerbst um 1900 spielte sich der Handel wie folgt ab:

«In dichtgedrängten Reihen und Gruppen stehen Knechte an der Nordseite, wo der Marktplatz am breitesten ist, mauergleich beieinander. Keinen Zollbreit weichen sie einem Entgegenkommenden aus. Heute sind die Knechte für einige Stunden Herren des Marktplatzes, und sie behaupten ihr Recht mit der Zähigkeit des deutschen Bauern.

Hat es doch der Behörde einen nicht kleinen Kampf gekostet, den Standpunkt der Knechte bis zum ‹Roland› vorzuschieben.

Wenn auch geschichtliche Notizen über Zeit und Entstehung des Zerbster Knechtemarktes in dem bisher geordneten Teile des Stadtarchivs leider nicht aufgefunden wurden, so ist es doch verbürgte Tatsache, daß seit alten Zeiten männliches Dienstpersonal im Kreise Zerbst fast ausschließlich auf dem Knechtemarkt am 27. Dezember gemietet wurde. Die Stadt hat sich entschieden auf dieses Ereignis vorbereitet. Alle Auslagen in den Schaufenstern entsprechen den Bedürfnissen der Marktherren des dritten Weihnachtstages. Auch ein paar fliegende Verkaufsstände etablieren sich mitten zwischen den schweigenden Scharen der Knechte.

Die Gutsbesitzer, Inspektoren, die reichen Voll- und Halbspänner, die Kossaten und Kleinbauern drängen sich zwischen den Knechten umher. Sie alle brauchen Groß-, Mittel- und Kleinknechte oder Enken (vgl. folgende S.), der fühlbare Mangel an Viehmägden macht die Nachfrage um tüchtiges männliches Arbeitspersonal noch dringender. Die Hausfrau hat ihre Not, wenn sie eine Magd mieten will; dem Hausherrn oder dessen Vertreter geht es mit dem Knechte nicht besser. Es wird gefeilscht und gehandelt, vor- und abgeschlagen, angeboten und zurückgewiesen, empfohlen, beschaut und abgelehnt, wie draußen vor der Stadt auf dem weiten Platze, wenn die bis in entfernte Provinzen rühmlichst bekannten Zerbster Märkte stattfinden. Hier handelt es sich um Arbeitskraft, Geschicklichkeit und Ausdauer, und diese lobenswerten Eigenschaften gibt der Knecht von heutzutage auch nicht mehr für billiges Geld, Kost und Bett hin. Goldglänzende Doppelkronen, harte Taler, schwer zusammengesparte Markstücke verlangt und erhält der Knecht.

Langsam, aber sicher löst sich Gruppe um Gruppe. Die harten Mietstaler gehen von einer braunen Arbeitshand in die andere. Auch die Zähesten bequemen sich noch gerade zur Annahme, und ein Handschlag besiegelt das getroffene Abkommen. Da, unter dem dreiarmigen Gaskandelaber, steht noch ein ungleiches Paar. Dem jungen, schmucken Ackergutsbesitzer sieht man an, daß er seine Einjährig-Freiwilligenzeit nicht in einem obskuren Erdenwinkel abgedient hat. Er steht schneidig da vor dem ungefügen Knecht, den nie eine Soldatenjacke beengte, der unter dem linken Arm ein umfangreiches Bündel trägt, während die frierende Rechte in der warmen Hosentasche Schutz gesucht hat. Auch dieser Handel scheint endlich zu gegenseitiger Zufriedenheit abgeschlossen worden zu sein, denn die Rechte verschwindet mit dem Mietstaler. ‹Also abgemacht, Peter›, sagt der Herr. ‹Ad'jis›. Peter hält es nicht mehr für nötig, noch einmal die Hand aus ihrer warmen Umhüllung zu ziehen. Er verlegt sein Körpergewicht auf das rechte Bein, stemmt mit dem linken Ellenbogen das Bündel fester gegen seine Hüfte, hebt die linke Hand ein klein wenig gegen seinen neuen Herrn, der sie auch flüchtig ergreift, und beide Teile verlassen in entgegengesetzter Richtung den Markt.

Durch die alten Stadttore hinaus auf die Landstraßen ziehen aber die Knechte, einzeln oder in Gruppen, nicht stetigen Schrittes und schweigsam, wie sie am Morgen kamen, sondern wankend, juchzend, mit biergelöster Zunge einander ihre erlangten Bedingungen und befriedigten Lohnansprüche mitteilend. So wandern sie am Abend dem breiten, strohgefüllten Kastenbette im Pferdestall ihrer Dorfherrschaft entgegen, die jungen Burschen vom Knechtemarkt zu Zerbst.»[39]

Nun also gegen Ende des Jahrhunderts hob sich das Selbstbewußtsein der Knechte, und sie wußten besser, was sie wert waren, denn infolge der Landflucht hatte sich der Markt wesentlich zugunsten des Gesindes verbessert. Verbunden mit diesen Veränderungen der Wirtschaftslage, mit der Technisierung der Landwirtschaft oder der Alternative einer lohnenden Arbeit in der Stadt entwickelte sich zögernd eine Solidarität des Gesindes untereinander, die in ihrer horizontalen Richtung dem vertikalen Oben-Unten-Mechanismus der ländlichen patriarchalen Gesellschaftsordnung entgegenstand. Die gesamte Struktur der Agrargesellschaft, unterstützt von der Kirche, war auf diesen autoritären Mechanismus mit dem Bauern oder Gutsherrn als Vaterfigur eingestellt und bildete ein Mentalitätsgefüge, das den Dorfmenschen von Kindheit an umgab. Eine Ausnahme machten lediglich in mancher Hinsicht die Burschenjahre, und damit in Verbindung standen auch gewisse Zusammenschlüsse der Knechte wie die Gruppe der *Enken,* besonders im Magdeburgischen, Anhaltischen, Braunschweigischen und der Provinz Sachsen. Sie verstanden sich als eine Art von ländlicher Männerorganisation der Dienenden und hatten ihre Denkweisen wohl dem städtischen Zunftwesen entlehnt. Jedenfalls bildeten sie eine Besonderheit im üblichen Knechtsverhalten mit seiner internen Hierarchie.

Das Wort *Enke* kommt vom ahd. *encho* im Sinne eines famulus rusticus. Nach Grimm (Wb. III, Sp. 483) stand der Enke unter elf Rangstufen des Hofgesindes an 5. und 6. Stelle: Oberenke, Unterenke vor Heimknecht, Kuhhirt usw. Aus diesem Standesbewußtsein heraus taten sie sich zu einer Bruderschaft zusammen: «Wer aus der Schule entlassen und konfirmiert war, konnte zum nächsten Martini um Aufnahme in die Bruderschaft bitten, mochte er Pferdejunge oder Lehrling sein. Am ersten Sonnabend nach Martini, also acht Tage vor dem Hänseln der Knechte, war z. B. in Niederndodeleben das Hänseln bei den Enken. Da hieß es: Heute hänseln die Enken.» Nach drei bis vier Jahren wurde er Knecht und meldete sich in die Knechte-Brüderschaft. – Im Verlauf des 19. Jahrhunderts ist dann der Enke auf die letzte Stufe in der Rangordnung des ländlichen Dienstpersonals herabgesunken, und das Bruderschaftswesen der Knechte und Enken brach in den 70er Jahren infolge der Mechanisierung und Industrialisierung ab, was die Berichterstatter als Zeichen für das zerfallende Gemeindeleben und die wachsende Zuchtlosigkeit der Jugend infolge der neuen ländlichen Wirtschaftsordnungen und -formen mißverstanden.[40] Die Bruderschaften waren ja nicht nur Disziplinierungsinstrumente gewesen, sondern auch der bescheidene Anfang einer Interessenvertretung. Hier hatte sich ein gewisses Zusammengehörigkeitsgefühl auf synchroner Ebene angedeutet, dessen zweifellos vorhanden gewesene Ausdrucksformen sozialwissenschaftlich noch nicht genügend aufgearbeitet worden sind. Wie stand es mit den non-verbalen Zeichensetzungen der Knechte und Mägde? Auerbach, der solche Knechtstraditionen kannte und vielfach in seine Dorfgeschichten aufgenommen hat, soll hier zu Worte kommen und zwar wohlgemerkt nicht als Quelle, sondern als erzählerischer Vermittler:

«Dominik kehrte nach der Stallkammer zurück, schnürte seine Gewandung noch fester zusammen, hob sie auf die Schulter und verließ den Hof, ohne sich noch einmal umzuschauen. Er hatte schon zu lange gezögert. Als er aber jetzt an das äußere Hoftor kam, wurde ihm doch eine Ehrenbezeigung zuteil. Die Knechte kamen mit Peitschen, an deren schwanke Spitzen sie rote Bänder geknüpft hatten, und nun begannen sie allesamt nach einer bestimmten Melodie zu knallen, daß es weithin schallte. Dominik dankte für dieses Ehrengeleit, denn wie man einem Soldaten in's Grab schießt, so gilt es als Ausdruck der Ehre und Liebe der Mitdienenden, daß man einem wandernden Dienstboten nachknalle.»[41] Hier benutzten also die Mitdienenden die Peitsche, das Zeichen des Pferdeknechts in der Knechtehierarchie, um ihrer Solidarität Ausdruck zu verleihen.

Männer und Frauen bei der Erntearbeit

Solidarität – Ja oder Nein? Damit ist eine schwankende Frage im Gesindeleben berührt, das doch so fest mit der bäuerlichen Wirtschaftsfamilie verbunden war. Knechte und Mägde konnten ihre Kraft als Gruppe gegenüber dem Herrn nur dann erproben, wenn dieser gänzlich auf sie angewiesen war, also besonders bei den großen Saisonarbeiten wie der Getreideernte und dem Drusch. Hier verlangte die Arbeit mit der Gerüstsense oder dem Dreschflegel ausdauernde Kräfte der Arme und der Hüftmuskeln. Wer in Reih und Glied im Großbetrieb mitarbeiten wollte, mußte hohen Ansprüchen genügen. Dazu kam als Bedingung eine gut ineinander spielende Arbeitsorganisation der Gruppe. Ich habe in meinem Buch über die Erntebräuche diese Zusammenhänge zwischen Arbeit und Recht, Extralohn – auch in Form von Alkohol – und Bewirtung beim Erntefest dargestellt und besonders die Zusammenarbeit zwischen Mäher und Binderin hervorgehoben.[42]

«Des Morgens in aller Frühe finden sich sämtliche bestellten Arbeiter, ihre Sensen und Harken auf der Schulter tragend, beim Wirte ein. Nach geschehenem Essen und Trinken begeben sie sich hinaus aufs Kornfeld. Jeder Mäher trägt einen Blumenstrauß an seiner Mütze. Diesen hat ihm seine Binderin gewunden und an dieselbe angeheftet. Mit Mut und frischer Kraft beginnt die Arbeit. Der Mäher voran, hinter ihm die

Schweizer Bauernmägde in halbfestlicher Tracht, wie sie beim Heumachen üblich war. (Münchner Bilderbogen Nr. 513)

Binderin, geht's das Kornfeld in die Höhe. Diejenige Strecke, welche ein Schnitter von einem Ende des Kornfeldes bis zum andern abmäht, wird *Schwad* genannt. Jeder Mäher hat ein gleich großes Schwad zu mähen und jede Binderin das abgemähte Korn auf demselben in Garben zu binden. Auch darf sie nicht hinten bleiben, weil der folgende Mäher ihr schon immer dicht auf der Ferse ist. Hinter sämtlichen Mähern und Binderinnen folgen Männer, welche die gebundenen Garben aufrecht hinstellen und *Aufsetzer* genannt werden. Sie stellen immer zwei und zwei neben einander, welche ein Paar ausmachen. Zehn Paar geben dann eine *Stiege*. Der Aufsetzer macht sich dadurch kenntlich, daß er seinen Blumenstrauß vorne an der Mütze hat, während ihn die Mäher an der rechten Seite derselben tragen. So mähen sie, einer dem anderen folgend, die ganze Strecke des Kornfeldes hinauf. Inzwischen werden die Sensen zum öftern mit einem *Striek* gestrichen, welches mit nassem Sande eingerieben ist. Dies Striek ist ein zu beiden Seiten glatt gehobeltes Stück Holz, und auf einem Ende ist ein Handgriff. Es ist am Sensenbaum befestigt und kann leicht davon losgemacht werden. Sobald jemand sein Schwad hinaus gemäht und seine Sense gestrichen hat, so geht er dieselbe Strecke zurück und fängt ein neues Schwad an.» (Kr. Köslin/Pommern um 1860).

Die landschaftlichen Unterschiede beim Vorgang des Getreideschneidens waren

Als das Getreide noch mit der Sichel geschnitten wurde, schnitten die Frauen, und die Männer banden dahinter die Garben. (Darstellung «Die Ernte» aus einem Kinderbuch des Biedermeier beim Verlag Schreiber, Esslingen)

ebenso mannigfaltig wie die bei der Garbenaufstellung, sowohl was die Tätigkeiten selbst wie ihre Bezeichnungen anbetraf. Bei den Stiegen und Mandeln handelte es sich ursprünglich um Zählbegriffe, nach denen man sowohl den Naturallohn der Arbeiter berechnete wie Fudergröße und Scheunenraum kalkulierte. Es ist erklärlich, daß sich derartige meßbare Leistungssteigerungen auf die Lohnverhältnisse auswirkten.

Welche Rolle spielte nun bei diesen Arbeiten die Frau? Fungierte sie lediglich als Helferin für alle leichteren vorkommenden Tätigkeiten, oder hatte sie ihren festen Platz auszufüllen in der streng geordneten Arbeitswelt des Erntefeldes?

Der erwähnte Strauß von Blumen war Bestandteil der Erntekleidung und -ausrüstung, die unmittelbar mit der Arbeitsteilung auf dem Felde zusammenhing. «Bei dem Beginn des Roggenmähens erhält jeder unverheiratete Mäher von seiner Geliebten oder seiner Binderin einen Blumenstrauß, den er sich vorne an den Hut steckt. Derselbe besteht mehrenteils aus den früher nur als Zierpflanze in den Bauerngärten, jetzt zum Segen des Futterbaues auf sandigem Acker in großer Ausdehnung angebauten gelben Lupinen, weißen Nelken und rot blühenden wohlriechenden Wicken» (Kr. Köslin). – «Ein jeder Mäher muß sich seine Binderin mitbringen, die den Roggen hinter seiner Sense gleich in Garben bindet», und diese schenkte ihm einen schönen Strauß für seine Mütze, mit roten Bändern und ‹Knistergold› verziert, wofür er ihr zum Dank die Harke ins Feld und wieder heimtrug. Mit dieser Harke nun, die die Binderin zum Abraffen benutzte (sie war bedeutend kleiner als der Heurechen), hatte es seine eigene Bewandtnis.

«Eigentlich ist es Sitte, daß sich Schnitter und Binderinnen untereinander bei Beginn der Ernte ‹versprechen› (d. h. die Schnitter gehen zu einem Mädchen und bitten es, hinter ihrer Sense zu binden) und dann beschenken, und zwar erhält die Binderin eine

Geschmückter Brautrechen für die Erntearbeit.

sehr zierlich gearbeitete, buntausgelegte und mit ihrem und des Schnitters Namen versehene Harke, wofür sie ihrem Schnitter einen mächtigen Strauß von gemachten Blumen schenkt, den er die Ernte hindurch an seinem Hute trägt.» Und aus Mecklenburg: «Wo sich irgend ein zärtliches Verhältnis zwischen Mädchen und Knechten gebildet, gab es sich beim Anmähen kund und zwar dadurch, daß das Mädchen zum Anmähen für sehr weiße Wäsche und einen Blumenstrauß für den Geliebten sorgte und der Knecht für das Mädchen zur Ernte eine Harke anfertigte, die mit schönen

Schnitzereien (Blumen und Buchstaben) versehen war. Beim Essen saßen beide dann an der Harke zusammen und gingen nebeneinander heim» (Warnitz).

Und aus der Rostocker Gegend wird berichtet: «Bei der Ernte selbst erscheinen die jungen Mädchen meistens in neuem Strohhute oder doch mit neuen Bändern auf demselben. Auch pflegen die Mädchen…, wenn sie verlobt sind, öffentlich oder heimlich, bei der Ernte mit Harken zu erscheinen, die der Bräutigam selbst verfertigt oder doch verziert hat. Sie sind gewöhnlich unten am sogenannten *Höwt* (‹Haupt›, d. h. das Querholz, in dem die Zinken stehen) mit blanken Nägeln benagelt und der Namenszug der Braut eingeschnitten und die Buchstaben mit roter oder grüner Ölfarbe gemalt, so daß das Ganze wie Emaille aussieht. Erscheint ein junges Mädchen mit einer solchen Harke, so weiß jeder, daß sie Braut ist.»

Diese Harke, die in der Volkskunstliteratur und in den Museen meist als «Brautharke» bezeichnet wird, hatte also ihren doppelten Sinn: sie wies den Mäher und seine Binderin als Liebespaar *und* als Arbeitspaar aus. Gleichzeitig war sie das Zeichen für eine Art von Arbeits- und Liebesprobe: das Mädchen, das mit der Harke des Mähers aufs Erntefeld kam und sich damit öffentlich zu ihm bekannte, mußte nun auch kräftig und geschickt genug sein, um die Bindearbeit hinter seiner Sense (mit Hilfe eben der Harke) zu bewältigen. Nur dann waren sie wirklich als Paar füreinander geeignet, denn die Einstellung zur Erntearbeit erfolgte fast immer paarweise, als *Pasch.*

Dies paarweise gleichberechtigte Arbeiten ist das auffallendste an den Berichten von den ostelbischen Erntefeldern. «Unter Jauchzen und Singen gehen die Schnitter mit ihren Gerüst-Sensen und die Binderinnen mit ihren Harken nach dem Felde hin. Der Hofmeister mäht voraus und die andern Schnitter hinterdrein. Es gewährt einen lieblichen Anblick, die in einer Reihe mähenden weißen Personen aus der Ferne zu

Paarweises Arbeiten während der Ernte: der Mann mäht mit der Sense, die Frau bindet hinter ihm die Garben. (Fibelbild aus dem Jahre 1904)

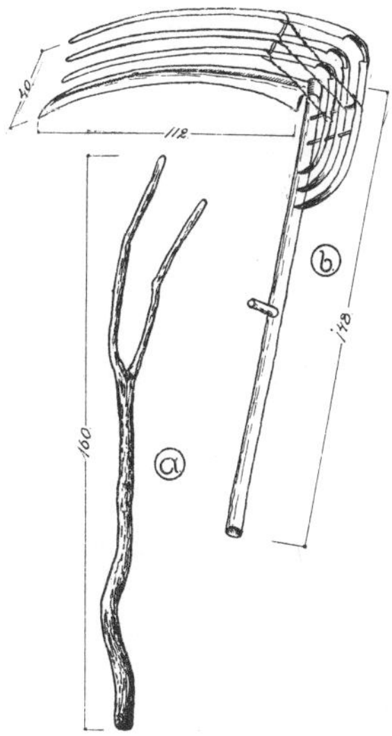

Große Gestellsense für den Roggenschnitt und Gaffel für die Dreschtenne. (Nach Wilhelm Bomann: Bäuerliches Hauswesen und Tagewerk im alten Niedersachsen. 1927, S. 137)

betrachten. Hinter den Schnittern her binden die Frauen und Mädchen, so daß auf jeden Schnitter eine Binderin kommt. Allen voran bindet das erste Hofmädchen», am Schlusse folgten die Tagelöhner mit ihren Frauen. Hinter je vier Binderinnen hatte immer ein Mann die Garben in Stiegen aufzusetzen. – Das Ziehen der großen Schleppharke, der Hungerharke, zum Nachharken war auch zuweilen Frauenarbeit, wenn es nicht von Pferden verrichtet wurde.

Bei der Ernte vollbrachten die Frauen also ganz eindeutig keine «Hilfsarbeiten», sondern gleichrangige schwere Arbeitsleistungen. Die Arbeitsteilung während der Ernte sagte, zumindest auf größeren Gütern mit viel Sensenschnitt, eine Menge aus über das Weibliche und das Männliche auf der Ebene des Gesindes und der Landarbeiter. Liebesbeziehung und Arbeitswissen erwiesen sich als unlösbar miteinander verbunden im Sinne des vorherbestimmten Lebensplans. Andere Talente als die Beherrschung der erforderlichen Arbeitstechniken waren kaum gefragt oder höchstens als Zugaben bei einer arbeitsamen Frau willkommen wie Singen, Tanzen, Nähen u. ä.

Solidarität und Etikette

Der Arbeitssolidarität des Gesindes entsprachen auch gewisse Aktionen, die z. B. die Einhaltung von Arbeitsverboten an Feiertagen betrafen und damit eine bescheidene zusätzliche Freizeit. So unterrichteten die älteren Knechte die jüngeren beim Einzug in einen neuen Dienst über traditionell verbriefte Freiräume:

«Also, Buam, paßt's auf, daß was kinnt's, bal's jetzt bei an neuch'n Bauern aufziagts. I will enk amal an Kalenda ausleg'n, denn de Wiss'nschaft kimmt oiwei mehra o, und die Bauern halt'n ganz weni auf den alt'n Brauch.

Laß di no außa, Sepp!

Mirkt's enk dös: alle Aposchtltäg san halberte Feiertäg; und dös laßt's enk it nehma, wei' da Mensch a Religion hamm muaß. Nacha steht g'schrieb'n: am Karsamschta soll die Erde ruhen. Ruhen, vasteht's?

Mir vastenga di scho.

Also! Net, daß oana außi fahrt und ackert! Dös sell waar a Frev'l. Und grad so is am erscht'n April. Da soll ma d'Arbet einschränken, sagt da Kalenda. Übahaupts an koan Samschtag an Mist fahr'n, sinscht hagelt's.

Woaßt na selle Täg aa, wo ma mehra arbet'n soll?

Naa. De hamm si de Bauern g'mirkt und waar'n guatding dreihundert.»[43]

Der Kampf um das Einhalten der Feiertage dem Bauernwirt gegenüber konnte also damals so etwas sein – in aller Bescheidenheit – wie heute eine Tarifrunde.[44]

Zwar war das Gesinde im allgemeinen aufgenommen in die Familie und häusliche Gemeinschaft und damit auch versorgt, geschützt und ausgestattet mit gewissen Sonderrechten gegenüber anderen unterbäuerlichen Gruppen. Doch beinhaltete dieses engere Verhältnis auch eine größere Abhängigkeit. Mit dem fast allgemein vorgeschriebenen Gesindezeugnisbuch konnten die Dienstherrschaften durch wertende Eintragungen moralischen Druck auf das Gesinde ausüben und ihm das Fortkommen in jeder Bedeutung des Wortes erschweren.[45] Hier hätte ein Zusammenstehen der Abhängigen oft hilfreich sein können, doch hatten die Mägde und Knechte ein solches Verhalten in der ständisch strukturierten agrarischen Gesellschaft nicht gelernt.

So stand der erstrebenswerten Solidarität des Gesindes oft eine interne hierarchische Gesinnung entgegen, die alle demokratischen Bemühungen zunichte machte. Dabei verhielt sich das Gesinde oft standesstolzer als die ältesten Adelsgeschlechter.

Elisa von der Recke (1754–1833) beschreibt die hierarchischen Dienstbotenprobleme auf ihrem baltischen Rittergut: «Recke hörte, daß meine Reicharten sich frischen Salat mit gebratenem Speck habe geben lassen; da war er entsetzlich böse und sagte zu mir, es wäre dummes Zeug, daß meine Kammerjungfer von der Tafel gespeist würde und noch nachts mahlzeiten täte; von nun an sollte ich es von ihr fordern, daß sie mit seinem Kutscher und Kammerdiener speisen möge. Ich sagte ihm ganz freundlich, das könne ich nicht tun, weil sie die Tochter eines Hofgerichtsadvokaten sei, weil sie das Versprechen hätte, von unserem Tische gespeist zu werden, aber wenn er wollte, so würde ich sie ganz abschaffen und gar keine Kammerjungfer halten ... Aber wollte ich eine gute Hausfrau sein, so könnte ich wohl verlangen, daß meine Kammerjungfer mit den anderen deutschen Leuten äße.»[46]

Hier wird schon sichtbar, wie streng die Rangordnung unter den Abhängigen war. Die Bezeichnungen lauteten wohl auf den Gütern überall etwas anders, meinten aber das gleiche. Die Rangordnung unter dem Gesinde war streng gegliedert und zeigte dem Anfänger, welche Aufstiegsmöglichkeiten es gab – aber auch, wem er alles zu gehorchen hatte:

Männlich	*Weiblich*
1. Bauknecht, Meisterknecht	
2. Großknecht – Pferdeknecht	Große Magd
3. Werkknecht	Mittlere Magd
4. Steiger (der die Äste für die Streu schnitt)	Küchenmagd
5. Der Kleine	Kaserin (Milcharbeit)
6. Stallknechte (vom Kuher zum Geißer)	Mädchen für alles

Die Hierarchie dieser Ränge zeigte sich bei der Arbeit und allen alltäglichen Begegnungen, besonders aber bei der Tischordnung. Das spielte sich auf einem großen Schwarzwälder Bauernhof um 1830 etwa folgendermaßen ab:

«Sie (die Mutter) war eine kleine schmächtige Frau mit einem mageren Gesicht, das einmal hübsch gewesen war; von zarter Gesundheit, fromm, sanft, häuslich, immer tätig und voll von Sorgen. Der Haushalt, dem sie vorstand, war in der Tat groß genug, um ihr wenig Ruhe zu lassen. Bei Tagesanbruch im Sommer und bei Lampenlicht im Winter war sie auf den Füßen, um zu sehen, ob das zahlreiche Gesinde, männliches und weibliches, an die Arbeit kam und sein Frühstück hatte. Da waren wohl nahezu zwei Dutzend Knechte und Mägde, die gelegentlich beschäftigten Tagelöhner nicht gerechnet. Das Gesinde, gewöhnlich *das Volk* genannt, versammelte sich zu den Mahlzeiten in einer zu ebener Erde gelegenen Halle, deren gewölbte Decke auf dicken steinernen Säulen ruhte. An der einen Seite befand sich der Herd mit großem Rauchfang. Mächtige Kessel hingen an eisernen Ketten und Haken über dem offenen Feuer. Dies war die allgemeine Küche des Hauses. Auf der anderen Seite der Halle stand ein langer Tisch, an welchem, auf hölzernen Bänken sitzend, das Volk seine Mahlzeiten nahm. Ehe sie sich niedersetzten, sagten die Kneche und Mägde, mit dem Rücken gegen den Tisch gewandt, ihre Gebete her. Dann brachte der Meisterknecht das Heft seines Messers mit lautem Schlag auf den Tisch, und das war das Zeichen zum sitzen. Ihre Suppe oder ihren Mehlbrei aßen die Leute mit hölzernen Löffeln aus großen hölzernen Schüsseln. Fleisch und Gemüse wurden vorgelegt auf langen, schmalen, weiß gescheuerten Brettern, die den Tisch entlang lagen. Teller gab es nicht. Eiserne Gabeln lieferte das Haus; zum Schneiden gebrauchten die Leute ihre Taschenmesser. Der Meisterknecht schnitt das Schwarzbrot vor, welches dann in großen Stücken herumgereicht wurde. Weißes Brot gab es nur an Festtagen. Während der Mahlzeit wurde kein Wort gesprochen. Sobald der Meisterknecht Messer und Gabel niederlegte, war die Mahlzeit zu Ende. Es verstand sich von selbst, daß er den Leuten Zeit ließ, sich zu sättigen. Nach diesem Signal standen alle auf, wendeten sich wieder mit dem Rücken gegen den Tisch, sprachen noch ein Gebet und gingen dann auseinander, jedes an seine Arbeit.»[47]

Ein Gewährsmann der Mannhardt-Befragung um 1865 aus der Uckermark berichtet von der gleichen Rangordnung:

«Wenn die Ackerknechte sich zum Frühstück setzten, so durfte sich kein Knecht unterstehen, sich nieder zu setzen, bevor der Großknecht es getan; beim Ausspannen durfte kein Knecht das Pferd besteigen, bevor der Großknecht darauf saß. Beim Frühstück der Mäher durfte kein Mäher den Kober eher schließen, auch wenn er gesättigt war, bevor es der Vormäher tat. Die Übertretung eines dieser Gesetze kostete dem betreffenden Individuum ein Quart Branntwein oder bei Zahlungsunfähigkeit eine Tracht Prügel. Ebenso durfte beim Mittagessen kein Knecht den Löffel anfassen, bevor der Großknecht den Anfang gemacht. Doch auch diese Gebräuche schwinden immer mehr, und zwar ist der Grund wohl darin zu suchen, daß die Herren bei dem jetzigen Arbeitermangel genötigt sind, blutjunge Knechte zu mieten, die so etwas nicht zu würdigen wissen.»[48]

Diese letzte Bemerkung des Berichterstatters belegt das etikettemäßige Normverhalten bis in die zweite Hälfte des 19. Jahrhunderts, wobei die non-verbale Kommunikation, das zeichenhafte Gemeinverständnis auffällig ist – wie auch der hohe Rang des Großknechts, der sich dem Bauern näher fühlte als den ihm untergeordneten Knechten.

Dienstbotenwechsel mit Hab und Gut

Beim Dienstbotenwechsel zogen Magd und Knecht in ihren neuen Dienst – zuweilen bloß mit ihrem Bündel unter dem Arm, oft aber auch mit ihrem erworbenen Kleidungsbesitz und sonstigem Hab und Gut in einem hölzernen Koffer oder – wie in Hessen die Mägde – in einer bemalten Truhe aus Thüringen.[49] Diese Behältnisse repräsentierten gewissermaßen alles, was das Ich des Dienstboten ausmachte, seine gesamte Individualität. Bogumil Goltz (1801–1870) hat in seinen Kindheitserinnerungen einfühlsam diese Qualität der Dienstbotenkoffer beschrieben:

«...Dann gab es aber auch kleine Bildchen auf kunstvoll gepreßtem und wie Spitzenzeug ausgeschnittenem Papier, mit gleißenden Farben und Metallfolien illuminiert, die in die Gebetbücher gelegt wurden und nicht selten an der inwendigen Seite der Kofferdeckel und der Wasch-Schränke befestigt sind... Unsere Dienstleute hatten an diesen Kunstschätzen keinen Mangel, und somit verfehlte ich denn nicht, mich bei ihnen alsbald einzufinden, wo ich sie nur an ihren Kisten und Kasten ersah, in denen sie, zumal an Sonntagen ihre Siebensachen durchwühlten. Außerdem fühlte ich schon als Kind so einem armen Dienstmädchen die Poesie und Augenweide in der Seele nach, die

Die Dienstboten versuchen, durch alle möglichen Orakel zu Neujahr ihre zukünftige Arbeitsstelle zu erraten; hier durch das Pantoffelwerfen in Pommern. (Friedrich Iwan, 1889–?)

Spitzenbildchen, wie sie für Gebetbücher, Stammbücher und Truhendeckel üblich waren. (Vgl. Adolf Spamer: Das kleine Andachtsbild. 1930)

sie sicherlich haben muß, wenn sie vor den paar Habseligkeiten verweilen darf, die ihr einziges Besitztum und ihren leiblichen Trost ausmachen, nämlich ihre körperlich, durch saure Arbeit, oft durch wirkliche Sklavendienste erworbene Bekleidung ... unser Herr Gott weiß alles und kennt darum auch die Andacht, die Poesie und die sittliche Repetition der Lebensgeschichte, die in dem Koffer einer armen Dienstmagd mit verschlossen liegt und am Tage des jüngsten Gerichts zugleich mit dem verschlossenen Gewissen tyrannischer Brotherrschaften geöffnet, gerichtet und zur Rede gestellt wird. Mir wenigstens ist bei einer so ärmlichen Habseligkeit allemal trübselig und leutselig zumute, und ich halte die Lade so einer hülflosen Dienstsklavin mehr für einen Gegenstand der menschlichen Teilnahme als das Juwelenkästchen einer Prinzeß.»[50]

Was im Deckel einer Schwälmer Dienstbotentruhe des 19. Jahrhunderts von Mädchenhand in schöner Bleistiftschrift an so manchem Sonntag eingetragen worden ist, möge hier als ein Zeichen dafür folgen, was diesen Mädchen wichtig war, wie sie sich ihren Anteil an Kultur in stiller Kammer formten; in unregelmäßigen Abständen, verziert mit Oblatenbildchen, steht da geschrieben:

«Blauveilchen bringe dir Lenz und Glück
und mir bald liebe Antwort zurück.
Erinnere mich doch, Herr, der Kürze meiner Zeit,
die schwarze Todesgruft, der Graun der Ewigkeit.
Das ist der alten Erde schönster Traum,
wenn jede Blume blüht und jeder Baum.
Das ist des Menschenherzens schönstes Leben,
wenn's liebend darf um Blütenschönheit schweben.
Wo du auch weilst, es soll dich grüßen
der holden Blumen froher Blick,
und wie sie blühn zu deinen Füßen,
so blüht auch deines Lebens Glück.
(Einige Worte unleserlich) ... dich mein Lieb geleiten,
wenn sich's dir naht, weis' nicht zurück
das liebe Wort, es heißet Glück!
(Einige Worte unleserlich) ... herzlich liebt,

ich war ganz still und traurig,
im Herzen tief bewegt, da fiel ein heißer Tropfen
herab auf meine Hand,
er kam aus ihrem Auge, ich hab ihn wohl erkannt,
schnell stand sie auf, die Mutter,
und sprach dabei ein Wort,
sie drückte meine Hände
und ging dann schweigend fort.
Nie will ich betrüben das gute Mutterherz,
nie soll sie wieder weinen um mich vor Gram und Schmerz,
ich habe sie verstanden, warum sie hat geweint,
ich habe sie verstanden, wie gut sie's mit mir meint.

Von Anna Elisabeth Geißel in Ransbach.[51]

In biedermeierlicher Stammbuchlyrik und Lesebuchpoesie wurden hier Gefühle und Empfindungen ausgedrückt, für die das schreibende Mädchen keine eigenen Worte fand. Verborgen im Deckel des Kastens konnten menschliche Beziehungen erträumt und auch erlitten werden, die es vielleicht so im realen Lebenslauf der Magd gar nicht gab. In der Möglichkeit, den harten Alltag durch den sentimentalen Ausdruck eines ersehnten «Glücks» zu lindern, waren die Mägde stärker als die Knechte.

Das führt zu den intimen Lebensbedingungen dieser Gruppe überhaupt, die sich ja durch die enge Bindung an die Hausgenossenschaft und ihre Rolle in deren Gefüge (Anrede, Subordination bis zur Züchtigung) in einer Art von Kindschaftsverhältnis befanden. Das hatte seine positiven und seine negativen Seiten. Was die Unterkunft des Gesindes anbetrifft, so fließen die Informationen erst dichter für das Ende des 19. Jahrhunderts.[52] Für das frühe 19. Jahrhundert mag ein Hinweis über die «Leutekammer» stehen, der aussagekräftig genug ist:

Schwälmer Dienstbotentruhe mit Schablonenbemalung auf meist blauem Grund; sie wurden in Thüringen hergestellt und vor allem in Hessen an das Gesinde verkauft.

Rekonstruktion von Dienstmädchen-Schlafstätten im Freilichtmuseum Brede bei Kopenhagen, doch ähnlich auch sonst auf dem Lande im 19. Jahrhundert.

«Ich vermietete mich unter Zustimmung meiner Vormünder als Knecht bei einem Bauern, bei Thies Claußen in Rösthusen, Kirchspiel Marne, als Knecht diesmal, trat Ostern 1797 in Dienst und gönnte meiner Zukunft die Zeit einer längeren Überlegung. Mein Dienst hat nur ein halbes Jahr gewährt, allein es ist mir ein köstliches halbes Jahr gewesen. Der Bauer war freundlich gegen mich, doch die Arbeit mußte ich tun, und auch den Herrn, den ich bis dahin gespielt hatte, mußte ich unterdrücken, mußte gleich, da ich in's Haus trat, nach der Leute Kammer gehen, da die täglichen Kleider hingen, trocken und naß, da Stiefeln und Schuhe standen, ungeschmiert und geschmiert, da auch kein Schlagfenster war und nur so viel Luft hereinkam, als hereindringen konnte, wenn wir abends vor dem Schlafengehen die Kammertür eine kleine Weile offen stehen ließen.»[53]

Die Unterbringung der Knechte war häufig der Pferdestall oder eine Kammer über dem Kuhstall, um kalbenden Kühen rechtzeitig beistehen zu können oder bei anderen Vorfällen gleich zur Hand zu sein. Vom Begriff «Wohnen» kann also kaum die Rede sein; seine Freizeit verbrachte das Gesinde im bäuerlichen Wohnraum, die Knechte zuweilen im Wirtshaus.

Die Mägdekammer war etwas besser ausgestattet; sie schliefen zu zweit in einem Bett in einem meist ungeheizten Raum. Aber sie hatten doch immerhin ein paar Stühle und ihren Koffer dort stehen und konnten sich ihre Kammer ein wenig wohnlich machen. Den Feierabend verbrachten sie mit Spinnen in der Wohn- oder Spinnstube und im Sommer oft auf der Gasse.

Das gemeinsame Schlafen zweier Mägde in einem Bett hatte auch eine Schutzfunktion vor unerwünschten nächtlichen Besuchen, denen sie oft bei lieblos aufgeschlagener Bettstelle hinter einer Holzwand ausgesetzt waren. Damit wird das Unehelichenproblem berührt und die Frage der Sexualität in dieser Schicht.[54]

Sexualität und das Problem der ledigen Mütter

Die neuen Wirtschaftsformen des 19. Jahrhunderts erforderten eine größere Zahl erwachsener Arbeitskräfte. In den Bauernlandschaften führte das zur Vermehrung des Gesindes, in der Gutslandschaft zur Aufnahme von Landarbeitern und Tagelöhnern in den ständigen Dienst. Aber ihr unsicherer und niedriger Verdienst und die üblichen Heiratsverbote erlaubten meist keine Hausstandsgründung, so daß immer mehr Dienstboten auf immer längere Zeit in einem hausrechtlichen Abhängigkeitsverhältnis standen, das ihrem persönlichen Status als erwachsene Menschen nicht entsprach. Dazu kam noch die Mobilität der Zeitarbeiter, die sich der sozialen Gemeindekontrolle entziehen konnten.

Das weist bereits hin auf die unvergleichlich schlechtere Lage der Mägde in dieser Situation. Da es hier nicht um statistische Daten, sondern um das Verhalten geht – und zwar um das Verhalten der Betroffenen und der sie umgebenden Gesellschaft –, sei ein «Fall» aus dem Österreichischen referiert, der eigentlich alle Haupt- und Begleitprobleme einer unehelich schwangeren Magd beschreibt:

«Die Tonibauern Reserl vom Oberhaselberg war von ihrem Bauern auch für ein weiteres Jahr ‹verleihkauft› worden. Daß sie, obwohl ledig, ein Kind zu erwarten hatte, kam dabei nicht weiter in Betracht. Damit hatten sich die Bauern abzufinden, und sie fanden sich damit ab, wo hätten sie dann den Nachwuchs an den so notwendig gebrauchten ländlichen Dienstboten hergenommen?

In den Wintermonaten, in denen die Arbeit für die Landwirtschaft nicht allzu sehr drängte, konnte man eine tüchtige Dienstmagd für die Zeit des Wochenbettes schon entbehren. Wenn man nur bestimmt damit rechnen konnte, daß sie dann wieder fröhlich, munter und tatkräftig zupackte. Und dies war bei der Reserl zu erwarten. Sie hatte auch für die Zeit ihrer Niederkunft einen außergewöhnlich günstigen Zeitpunkt

Eine grübelnde Bauernmagd. (Fritz von Uhde, 1848–1910)

getroffen. Um den 2. Februar herum, wenn der Wechsel der Dienstplätze vor sich ging, war es mit der Arbeit, die über das alltäglich Notwendige hinausging, meist ohnedies nicht weit her. Das von der Reserl erwartete Kind konnte daher ohne große Unannehmlichkeiten für die werdende Mutter zur Welt kommen.

Die Brotträger Kathl, Reserls Mutter, hatte sich nach dem ersten Schrecken, daß es nun auch mit diesem Dirndl, obwohl noch nicht 20 Jahre alt, so weit sei, mit dem unabänderlich Gewordenen abgefunden, und es war selbstverständlich [da die Mutter auch unehelich war], daß Reserl für die zu erwartende schwere Stunde zu ihr ins Haus kam. Für die Reserl stand es daher, allgemein genommen, gar nicht schlimm, und sie war lustig und guter Dinge bis zur letzten Minute, wo sich die Wehen einstellten. Der Geburtsakt vollzog sich ohne Komplikationen, und ein Kind war da, zur Freude der Mutter und auch der Großmutter, der alten Brotträger Kathl.

Geboren am 3. Februar 1877, in St. Thomas, Gemeinde Pattigham, Bezirk Ried i. I., in Oberösterreich.

Dies war die Registraturmarke, welche im gesamtstaatlichen Interesse der alten Donaumonarchie Österreich-Ungarn dem neugeborenen Kinde mit auf seinen Lebensweg gegeben wurde. Es war ein Knabe und wurde auf die beiden Namen Josef und Nikolaus getauft. Josef, weil dies der Bruder der Reserl war, und Nikolaus, weil sein Vater so hieß. Als Familienname war, weil unehelich, der Name der Mutter zu führen, der im Innviertel öfter vorkommende Bauernname Jodlbauer. So waren die Formalitäten erfüllt, die notwendig waren, damit die menschliche Gesellschaft einen neuen Zuwachs ordnungsgemäß zur Kenntnis nehmen konnte.»

Das Kind kam in Pflege zur Großmutter. «Diese Brotträger Kathl war, so wie ihre Mutter, ein außereheliches Kind ländlicher Dienstboten. Und weil die Liebe in dieser Zeit wohl das einzige Freudige im Dasein ländlicher Dienstboten war, hatte sie gleich vier außerehelich geborene Kinder aufzuweisen. Eheliche Kinder konnte es nicht geben, denn zum Heiraten gab es in der damaligen Zeit für ländliche Dienstboten keine Möglichkeit. Die katholische Geistlichkeit wetterte manchmal in den sonntäglichen Predigten gegen diese ‹Unchristlichkeit›. Aber was nützte es?

Über die Kinder unverheirateter Bauernmägde werden keine Tagebücher geführt. Sie kommen in den ersten Wochen ihrer Geburt irgendwohin in Pflege. Sie sind dann den Müttern, die sie geboren, und dem Vater, der sie gezeugt, in neunzig von hundert Fällen selten mehr als eine Last, an der sie finanziell schwer zu tragen haben. Das Pflegegeld, das für ein solches Kind gezahlt werden muß, ist, gemessen an dem kargen Geldlohn ländlicher Dienstboten, ein schon sehr ins Gewicht fallender Betrag. Ihn für lange Jahre leisten zu müssen, legt den Betroffenen harte Verzichtleistungen auf.

Kein Wunder, wenn in den Kreisen ländlicher Dienstboten nicht jene Pflegeeltern in hohem Ansehen standen, wo diese Kinder am besten gediehen, sondern vielmehr jene Pflegeeltern, bei denen die meisten dieser Kinder bald starben. Diese ‹Engelmacher› durften nur nicht so ungeschickt sein, kriminell zu werden. Sehen durfte es keine unzuverlässige Person, wenn ein kleiner, erhitzter Schreihals noch dazu heißen Tee bekam, und dann zur Abkühlung nachts bei offener Tür oder offenem Fenster in die kalte Nachtluft hinaus gehalten wurde. Eine so herbeigeführte Lungenentzündung zu kurieren, kam der eventuell herbeigeholte Landarzt meist zu spät.

Für eine solche ‹besondere› Pflege wurde nicht selten auch noch ein besonderer, oft nicht kleiner Pflegebetrag bezahlt. Nichts Böses hatten die Mütter und Väter ihren Kindern selbst getan. Ihre Hände waren frei von jeder Schuld. Ja, sie hatten nach ‹christlicher› Vorstellung, in dem kleinen Engel noch einen dauernden ‹Fürbitter im Himmel›, auf den sie sich beim Scheiden aus dieser Welt verlassen konnten.

Sepperl hatte es für seine erste Lebenszeit gar nicht schlecht getroffen. Allerdings waren es nur zwei Wochen, an denen er sich an einer prallen Mutterbrust satt trinken konnte. Er blieb dann bei seiner Großmutter. Diese, die drei Mal in der Woche ein ziemlich weites Gebiet mit dem Brotkorb am Rücken abzugehen hatte, konnte sich an diesen Tagen tagsüber wenig um ihn kümmern. Aber in dem Badhaus lebten noch mehrere alte Frauen, die ledig auch einmal Kinder gehabt hatten... So weit sie es tun konnten, betreuten sie Sepperl in Großmutters Abwesenheit recht mütterlich. Am Abend dann, wenn Großmutter heimkam, ja, da sah die Brotträger Kathl schon selbst nach dem Rechten. Weil dies alles unentgeltlich geschah, war Sepperl auch nicht die harte Last für seine Erzeuger, wie es der Fall gewesen wäre, wenn Pflegegeld hätte bezahlt werden müssen. Er gedieh prächtig, und seine Mutter hatte mit ihm eine große Freude. Zweimal im Monat kam sie in der Regel den weiten Weg vom Oberhaselberg nach St. Thomas zu Fuß gegangen, um sich ihres so prächtig heranwachsenden Erstgeborenen zu erfreuen. Der Vater, der Nickl, Großknecht beim Bauern am Sachsenberg, hatte inzwischen schon alles Interesse an der schönen Reserl wieder verloren. Sich um das von ihm gezeugte Kind zu kümmern, fiel ihm noch viel weniger ein. Es gab noch viele Kammerfenster, die ihm noch nicht aufgemacht wurden. Sich an diesen zu versuchen, erschien ihm viel, viel wichtiger, als sich um die Mutter und ihr Kind zu kümmern. Viele Mannsleut hielten es so, und Nickl hielt es eben mit vielen! Diese vielen waren mit ihrem Denken vielleicht nicht so ganz persönlich verantwortlich zu machen. Ihr Denken war zum Teil ja ein Produkt wirtschaftlicher, gesellschaftlicher und politischer Umstände. Die Bauersleute und die wenigen Kleinhäusler, ja, die konnten heiraten, konnten ihre Kinder ehelich zur Welt bringen und für sie sorgen. Sie hatten ein Heim! Heimatlos aber war die große Zahl der in der Großbauerei des Innviertels beschäftigten landwirtschaftlichen Dienstboten. Für die Bauern aber waren die Kinder von Mägden eine wirtschaftliche Notwendigkeit, weil sonst ein nicht tragbarer Mangel an landwirtschaftlichen Dienstboten eintreten mußte. Es war ja auch nur der kleinere Teil dieser Kinder, welcher der ‹Engelmacherei› zum Opfer fiel, der andere Teil wurde auf verschiedenen Wegen doch groß und konnte der Landwirtschaft nützlich gemacht werden...

Vom Sagenhören war dem Sepperl später bekannt geworden, daß seine Großmutter, als er zweieinhalb Jahre alt war, starb.

Nachher mußten auch für ihn fremde Pflegeeltern gefunden werden. Sie fanden sich in dem Ehepaar des Gemeindedieners in Taiskirchen. Diese Leute hatten, obwohl selbst schon in etwas fortgeschrittenem Alter, keine eigenen Kinder. Bei der armseligen Bezahlung, welche diese Landgemeinde ihrem Gemeindediener alljährlich über Gemeinderatsbeschluß aussetzte, mußte die Betreuung von Pflegekindern eine finanzielle Aufbesserung bringen. Weil aber, wenn es in der Landwirtschaft viel zu tun gab, die Frau des Gemeindedieners auf Arbeit ausging, bestand hier eine Vorliebe für Pflegekinder, die sich bereits im schulpflichtigen Alter befanden. Diese gaben weniger Arbeit als Kleinkinder, auch konnten sie bereits zu kleineren Botengängen verwendet werden, die weniger wichtig waren.

Es hat der Reserl mehrere Vorsprachen und die Opferung des größten Teiles ihres jährlichen Geldlohnes gekostet, bevor sich das Ehepaar herbeigelassen hat, ein Kind, das erst zweieinhalb Jahre alt war, in Pflege zu nehmen. Vom Tag der Übernahme in diese Pflege behielt Sepperl aber bis in sein höchstes Alter eine Sache unvergeßlich im Gedächtnis. Die Wohnstube war klein. Außer dieser stand nichts als eine schwarze Rauchküche zur Benutzung. Andere Räume gab es nicht. Es waren bereits drei größere Pflegekinder vorhanden. Reserl hatte ihren Sepperl wirklich lieb und erkundigte sich, nach Erlag eines ansehnlichen Teiles des jährlichen Pflegebetrages im voraus, ziemlich eingehend um alles, was ihr wichtig schien. Sie vermißte anscheinend die notwendige Anzahl von Schlafgelegenheiten für so viele Personen und fragte, wo denn die Schlafstelle für Sepperl sein wird. Da zog die Frau die untere Lade einer großen Kommode heraus und zeigte selbstzufrieden, daß diese bereits herrlich für den Ankömmling zurecht gemacht sei. Sepperl betrachtete dieses Bett mit großem Interesse und horchte dabei aufmerksam auf das zwischen seiner Mutter und der neuen Pflegemutter geführte Gespräch. Dieses drehte sich unglücklicherweise um einen Vorfall, der sich nicht sehr weit weg von Taiskirchen abgespielt hatte. Dort war das Kind einer Kleinhäuslerin, das auch in einer solchen Lade zu schlafen hatte, erstickt, weil unglücklicherweise aus irgendeinem Grunde die Lade vorübergehend zugemacht wurde und man dann vergessen hatte, sie wieder zu öffnen. Natürlich gab es die feierlichsten Versicherungen, daß sich so etwas hier nie ereignen könne. Reserl ging bedrückt und weinend fort.

Erstickt in dieser Lade ist Sepperl nicht. Taiskirchen wurde aber für ihn doch recht verhängnisvoll. Noch nicht drei Jahre alt, wurde er, wenn die Pflegemutter ausging und die anderen Pflegekinder in der Schule waren, allein in die Wohnstube gesperrt. In dieser Lage kam es einmal, daß er von heftigen Bauchschmerzen befallen, sich nicht helfen konnte und das Höschen voll machte. In dem Bestreben, sich von der unangenehmen Sache zu befreien, beschmutzte er sich über und über. Als die Pflegemutter zurückkam, machte sie kurzen Prozeß. Sie riß ihm alles an Kleidern vom Leibe und splitternackt wurde er, heulend und schreiend, trotz des eisigkalten Dezemberwindes zu dem am Hause vorbeifließenden Bache geschleppt und zitternd und frierend, zwetschkenblau am ganzen Körper, gründlich gewaschen. Zwei Tage später lag er, an einer Lungenentzündung erkrankt, fiebernd in seiner Lade der Kommode. Eine mitleidige Nachbarin, die den Vorgang am Bach gesehen hatte und von den Folgen dieser Handlung erfuhr, sandte einen Boten zu Sepperls Mutter. Sie kam sofort. Ließ den Arzt holen. Wachte Tage und Nächte am Bette ihres Kindes, bis er transportfähig war, und nahm dann, kurz entschlossen, Sepperl mit zum Tonibauern in Oberhaselberg, wo sie bedienstet war. Die drei Geschwister, die auf dem Tonibauernhof wirtschafteten, hatten gleich anfangs nichts dagegen, daß ihnen so spontan und unverhofft ein Kind auf den Hof gebracht wurde. Vielleicht auch deshalb nicht, weil keines von ihnen zu einem anderen Kind in irgendeinem Pflichtverhältnis gestanden hat. Ja, sie bekamen Seppel bald sehr lieb. Er bekam ein großes Federbett, wie es die Bauersleute selbst hatten, und ein blaues, emailliertes Krügerl, mit dem er in der Melkzeit in den Stall zu den Kühen ging, um dort nach Herzenslust zur Wiederherstellung seiner Gesundheit kuhwarme Milch zu trinken.»[55]

Diese Geschichte, in der vom Kindesvater kaum die Rede ist, zeigt die Alleinverantwortlichkeit der Magd für ihren «Fehler» und alle Folgen. Für die Bauern galt die ganze Angelegenheit als wirtschaftliches Problem und das Kind als zukünftige Arbeitskraft. So wurden auch Verhältnisse des Bauern mit der Magd, wenn die Bäuerin krank, schwanger oder im Wochenbett war, durchaus geduldet. Solch scheinbare Toleranz offenbart aber auch einen gewissen Grad der Verachtung gegenüber diesem weiblichen Teil der Dorfbevölkerung, eine Einstellung, die unempfindlich machte für die Manipulationen der Pflegeeltern und für die uneheliche Mutter eher beleidigend als hilfreich war.

Daß von der katholischen Kirche keine Hilfe kam, sondern nur das moralisierende Gegenteil, auch wenn es sich um eine Bauerntochter handelte, ist oft geschildert worden: «Die Schullerin stand ihrer Tochter in den schweren Tagen bei und ließ sie kein unrechtes Wort hören. Sie erwies ihr mehr Liebes als zu anderen Zeiten, denn das liegt im guten Wesen der Frauenzimmer.

Und als die Hebamme das Kind zur Taufe in die Kirche trug, ging die Schullerin mit, gerade so, als sollte ihr rechtmäßiger Enkel in die Christenheit aufgenommen werden. Es zwang sie etwas dazu; sie wußte selbst nicht was. Vielleicht die Erinnerung an ihr eigenes Kind, dem so unachtsam das Paradies verscherzt worden war.

So ging sie tapfer neben der Hebamme her in die Kirche. Der Pfarrer ließ sie lange warten.

Wie er kam, sagte er, daß er vor der Taufe eine Erklärung abgeben müsse. Er werde diesem Knäblein den Namen Simplizius beilegen. Wieso, fragte die Schullerin, es sei ausgemacht, daß er Andreas heißen solle.

Darauf käme gar nichts an, und er kümmere sich um kein Ausmachen und um keinen Wunsch, sagte der Pfarrer strenge. Das Knäblein sei am 2. März geboren, und das sei der Tag des heiligen Simplizius. Er habe es so festgesetzt, daß die ledigen Kinder die Namen der Heiligen tragen müßten, an deren Tagen sie zur Welt kämen.

Das sei aber kein rechter Name, meinte die Schullerin, kein Christenmensch heiße Simplizius, und das klinge gerade so wie Simpel, und der Bub' hätte sein Leben lang das Gespött. Wenn ein frommer und verehrungswürdiger Papst den Namen führte, sagte der Pfarrer, hernach könne ihn wohl auch ein Bub' tragen, der keinen Vater habe. Und überhaupt, er lasse keinen Widerspruch zu und werde dieses Knäblein auf den Namen Simplizius taufen.»[56]

Die «Bekehrung» des Kindesvaters zu einer Eheschließung oder zumindest zum Anerkennen der Vaterschaft war oft nicht leicht und setzte das Mädchen demütigenden Verdächtigungen aus – Einschätzungen, die im Gegenzug etwa für die unehelichen Väter nie in Frage kamen. So wird von einer oberbayerischen Alm herab der Hütebub ins Tal geschickt, um die Niederkunft der ledigen Sennerin u. a. auch dem Vater zu vermelden:

«Also machte ich mich auf den Weg und traf den Pauli grad auf dem Rübenacker vom Staudenweber, Blätter für seine Stallhasen rupfend. Pfiff ihm also, daß er erschrocken in die Höhe fuhr, und schrie ihm zu: ‹He, Pauli! Ich soll einen Kinihasen auf d'Weidhoferalm bringen, Kindstauf gibt's!› Er kam langsam, wie lauernd näher: ‹Ha moanst?› ‹Wie ich mein, fragst!› schrie ich ihm da in die Ohren, als wenn er stocktaub wäre. ‹Na, ich mein, und ich weiß und soll dirs sagen, daß d'Vater worden bist heut nacht; 'n Buben hat's, die Hosennandl vom Weidhof; wirst ja schon gutding wissen jetzt, was d' zu tun hast.›

Damit wollte ich gehen; der Pauli aber hielt mich am Ärmel fest: ‹Daß i net wüßt, Bua! – Is mir nix bekannt! – Gar nix! – An Buam sagst? – Naa, gar nix bekannt! – Soo, heunt nacht, sagst? – Woaßt, mi gehts ja nix o, i kenn mi aa net o als Vatern; naa, gar net! – Wenn hat's denn schon? – Ja so, heunt nacht – ja – no – sagst halt, es is scho recht. I werd mirs überlegen.› Damit bückte er sich wieder und rupfte weiter, wie wenn nichts gewesen wär; ich aber rief ihm noch zu: ‹Ist auch gescheiter, du überlegst dirs, Pauli. D'Nandl hat ein hübsches Geldl und ist auch sonst gar net übel!›»

Zwar läßt Lena Christ in ihrem Roman die Nandl schließlich doch noch heiraten, aber durch ihre abweichende Brautkleidung im Vergleich zu der gleichzeitig «ehrenhaft» hochzeitenden Bauerntochter muß sie der Dorfsitte gemäß ihre Situation gewissermaßen veröffentlichen.[57]

Nun soll es nicht so aussehen, als wäre das Ledige-Mütter-Problem auf die Alpenländer konzentriert gewesen. Es hing, wie gesagt, mit der Heiratsfähigkeit des Gesindes zusammen.[58] Auf einer groben statistischen Übersichtskarte für die Zeit um 1900 übersteigt zwar die Zahl der unehelichen Geburten in Bayern alle übrigen Provinzen, aber auch die Gutslandschaften Norddeutschlands haben beträchtliche Prozentzahlen aufzuweisen.

«Auch auf die Liebesangelegenheiten der Mädchen hatte die Mutter ein verantwortliches Auge. Kamen sie vom Sonntagstanz, war es ihr allemal tröstlich zu bemerken, wenn gleichzeitig Licht aufflammte im Pferdestall, wo die Knechte hausten. Denn nun durfte man hoffen, daß mit dem Zusammensein zur heilsamen Zeit Schluß gemacht war. Trotzdem konnte sie es nicht hindern, daß hin und wieder eine Jungfrau in die Wochen kam, sogar die prachtvolle Emma, von der man so was doch eigentlich nicht gedacht hätte! Derlei Kindlein wurden in irgendeinem Tagelöhnerkaten aufgepäppelt, nicht selten bei den Großeltern im Vereine mit jüngeren Geschwistern ihrer Mutter. Heiratete diese, was niemals ausblieb, wurde der kleine Balg mit in die Ehe gebracht und vom Manne, mochte er nun ein neuer oder der richtige Vater sein, ohne weiteres übernommen. Oftmals war so ein Würmlein das einzige Heiratsgut des Mädchens; hatte sie ohne Beihilfe für seine Pflege aufkommen müssen, war es ihr niemals möglich, den althergebrachten großen grünen Koffer oder gar das eigene Bett zu erwerben. Eine Schande bedeutete ein uneheliches Kind nicht gerade, aber das Mädchen war dumm gewesen; dies trug ihr Spott und Nachrede ein.»[59]

Diese betuliche Schilderung von schleswig-holsteinischen Gutsverhältnissen um 1860 wirft noch einmal ein Licht auf die Kindschaftssituation, in der die Herrschaft das Gesinde gerne sah – mit bürgerlichen Moralauffassungen und einem eher ironischen Verständnis für die sexuellen Nöte des Gesindes. Wenn man diese Dinge für die Agrargesellschaft näher bedenkt, so ergeben sich Schlußfolgerungen, die von der Wissenschaft vielleicht bisher noch nicht genügend beachtet worden sind. Das – von Riehl so sehr gepriesene – Hausvaterverhältnis, das in der Gemeinde entsprechend dem Besitzstand erweitert wurde, beinhaltete ja nicht nur den Geist der Vaterschaft als Schutz- und Machtprinzip mit Lohn und Strafe, Belobigungs- und Züchtigungsrecht. Es versetzte doch gleichzeitig auch die Mitglieder der Haushaltsfamilie – und dann in sozialer Übertragung auch die Besitzlosen des Dorfes – in einen lang andauernden Kindheitszustand, d. h. einen Zustand der Abhängigkeit und Unselbständigkeit. Wenn Magd und Knecht aus wirtschaftlichen Gründen lange Zeit nicht heiraten konnten und abhängig blieben, so war ihnen damit im Dorfdenken auch das sexuelle Erwachsensein verwehrt, das z. B. für die gleichaltrige verheiratete Bauerntochter nicht als anstößig galt. Dazu kamen die in gleicher Richtung laufenden Moralordnungen der Kirche.

Welche brutalen Formen das sexuelle Verhalten auf dem Lande annehmen konnte, ist aus dem Jahrhundert der Harmonisierung und der Vorliebe für die ländliche Idylle nur selten bekannt geworden. Von einem westpreußischen Gutsdorf erfährt Lily Braun (1865–1916) durch ihre Großmutter, die Gutsherrin, daß uneheliche Geburten an der Tagesordnung waren und überliefert einen erschütternden Beweis von Roheit:

«Da gab es z. B. ein armseliges Weib – Großmamas Hauptschützling –, das als ganz junges Ding von ein paar Burschen betrunken gemacht und im Straßengraben vergewaltigt worden war; nachher hatten sie ihr ein paar Eimer eiskaltes Wasser über den Kopf gegossen, und als sie zu sich kam, war sie halb gelähmt und blödsinnig. Sie erholte sich so weit, um die Puten hüten und – fast alljährlich – ein neues elendes Würmchen in die Welt setzen zu können. Der Kindergarten nahm sie alle auf und brachte ein bißchen Sonnenschein in das dunkle Leben der Kleinen, etwas Freude in das graue Leben der Mutter. Wo sie meine Großmutter sah, den einzigen Menschen, der ihr anders begegnete als mit Fluchen, Schelten und Spotten, humpelte sie von weitem schon eilig auf sie zu, um ihr die Hand zu küssen; dabei huschte über ihr blödes Gesicht ein seliges Lächeln, und ein Blick grenzenlosen Erbarmens antwortete ihr aus den Augen ihrer Wohltäterin. Als aber nach einiger Zeit die fromme Schwester, die Leiterin des Kindergartens, ihn selbst um ein kleines, schreiendes Baby vermehrte, wurde trotz aller Gegenvorstellungen meiner Großmutter der Anlaß benützt, ihn aufzulösen. ‹Du siehst, wohin solche Sentimentalitäten führen, dadurch wird die Unsittlichkeit nur unterstützt – die Leute verdienen's eben nicht besser!› hieß es, und die armen Kinder kamen wieder zurück in den Schmutz und das Elend des Elternhauses. Nicht einmal die Schule, in der nur neue und andere Qualen ihrer warteten, befreite sie daraus.»[60]

Für Hessen hatte der Landgraf von Hessen-Kassel im Jahre 1791/92 in Marburg ein Spital ausdrücklich für uneheliche Geburten errichten lassen. Bei Strafe mußten ledige Mütter, besonders aus dem Gesindestand, die Einrichtung aufsuchen, und dieser obrigkeitliche Zwang trug seinerseits zur abschätzigen Einstellung dem Spitalwesen gegenüber bei. Die ehrbare Bauersfrau gebar ihr Kind im Ehebett des Bauernhauses, jedoch die Ehrlose, Unbehauste mußte ins Spital gehen. Die unhygienischen Verhältnisse, die dort – wie überliefert – herrschten, trugen nicht gerade zur Lebensfähigkeit der Neugeborenen bei. Und wenn dann die junge Mutter zu jeder Jahreszeit nach etwa einer Woche mit dem Kind kilometerweit in ihr Dorf zurückwandern mußte, so wird auch das kaum die Gesundheit von Mutter und Kind gefördert haben. Erschütternde Nachrichten über die Nöte lediger Mütter sind archivalisch festgehalten.[61]

Insgesamt ergeben diese Zeugnisse eine Polarität des Männlichen und des Weiblichen, die sich fast durchweg deutlich zu ungunsten der Frauen auswirkte. Gehörten sie als Mägde schon an sich zu einer besonders abhängigen dörflichen Sozialgruppe, so multiplizierte ihr weibliches Geschlecht noch diese untergeordnete Situation. Das betraf sowohl die materielle Seite, also den meist um ein Drittel geringeren Lohn, wie auch den humanen Aspekt. Im Ansehen des Dorfes blieben sie «das Mensch» und durften keine besondere Achtung erwarten. Aber in sexueller Hinsicht lag die gesamte Verantwortung bei dem Mädchen, das auch für die Folgen aufkommen mußte. «Die Schande» hatte der weibliche Teil zu tragen.

Das «ganze Haus», also das Zusammenleben auch nicht verwandter Personen unter einem Dach, brachte sexuelle Probleme mit sich. Herr und Magd, besonders während der Schwangerschaft der Bäuerin, erwachsene Söhne im Haushalt und die tägliche gemeinsame Arbeit von Knechten und Mägden konnten zu mancherlei illegitimen Verhältnissen führen.

Auffallend ist dabei die mangelnde Solidarität der Frauen untereinander. Hierarchische Rangordnung und die kirchlich geförderten Normen des «Bravseins» waren meist stärker als zwischenmenschliches Mitleid und Hilfsbereitschaft.

Das Flachsbrechen – eine Frauenarbeit

Nur in einer bestimmten Phase der ländlichen Arbeit hielten die Frauen und besonders die Mägde zusammen und erprobten für ein paar Tage, was auf solche Weise möglich war: bei der Flachsernte und -bereitung.[62]

Stationen der Flachsarbeit. (Münchner Bilderbogen Nr. 475 von Braun & Schneider)

Diese ländliche Arbeit gehörte ausschließlich in den Bereich der Frauen: von der Saat bis zum Spinnen. Ökonomisch machte es vielfach einen festen Teil des Lohnes der Mägde aus, ein Stück Flachsfeld zur eigenen Bearbeitung zu erhalten, und damit war die ganze Flachsbereitung eine spezielle Tätigkeit der Mägde, Teil ihrer Existenz und deshalb Gegenstand ihres besonderen Interesses und Arbeitsstolzes. Sie beanspruchten den Flachs und was mit ihm zusammenhing als ihnen zugehörig, als könnten sie sich damit für alle sonstigen Benachteiligungen rächen. So wurde die Flachsbereitung zu einer der wenigen Gelegenheiten, bei denen sich die Frauen durch Bräuche solidarisch miteinander erklärten.

«Der Flachs geht neunmal durch des Menschen Hand, bis er ihn als Leinwand auf dem Leibe trägt», sagt der Volksmund und kennzeichnet damit den umständlichen Arbeitsprozeß um diese Anbaupflanze. Entsprechend der großen Bedeutung, die einst die Flachsarbeit in der autarken bäuerlichen Arbeitsorganisation für den gesamten Kleidungsbereich besaß, umgaben sie die Frauen mit einer Fülle von Bräuchen, deren äußere Form sie zum Teil aus anderen Brauchkomplexen übernahmen wie dem der Ernte.

Die Ähnlichkeiten begannen bei der schweren Arbeit des Flachsraufens. Auch hier wurde wie beim Getreideschnitt ein fremder Besucher des Flachsfeldes mit einem Flachsseil «verschnürt» und mußte sich mit einem Trinkgeld «lösen». Oder es wurden ihm zu diesem Zweck die Schuhe abgestaubt. Aus dem zuletzt gerauften Flachs flochten die Frauen einen dicken Zopf und verehrten ihn spöttisch dem Bauern oder Gutsbesitzer, der ihnen daraufhin einen Liter Kornbranntwein spendieren mußte. Und am Schluß des Flachsraufens erhielten die Arbeiterinnen ganz allgemein ein Festmahl als ihr tradiertes Recht. Auch das Hänseln des Neulings bei der Arbeit wird vielfach bezeugt. Das waren also allgemein übliche Arbeitsbräuche. Außerdem aber vollzogen die Flachsarbeiterinnen eine Reihe von Handlungen, die das Spezifische der weiblichen Gruppe kennzeichneten. Zunächst einmal wurde auf dem Flachsfeld weibliche Solidarität gefordert.[63]

In den Berichten aus der späten Mitte des 19. Jahrhunderts hieß es: «Der Flachs wird mit den Händen herausgerupft. Dabei mußte jede vorübergehende weibliche Person mitarbeiten, d.h. ihre 3 *Himpel* (= Handvoll) reffen, damit sie bei der Kirchweih tanzen darf! – Jedes Frauenzimmer, das vorüberging, wurde angerufen, um eine Handvoll Flachs auszurupfen. Wer sich weigerte, würde die Krätze kriegen! Dem letzten Besucher des Flachsfeldes wurde eine Schürze vorgebunden, um auf diese Weise ein Trinkgeld zu erhalten.»

Es bestand eine Fülle derartiger Vorschriften, die die Ausnahmestellung der Frauen auf dem Flachsfeld ausdrückten, ihre angemaßten und auch bewilligten Rechte für diese Situation: Den Vorübergehenden wurden Schimpfnamen nachgerufen, und mancher reiche Bauer mußte sich Dinge anhören, die ihm sonst niemand ins Gesicht zu sagen gewagt hätte. Die mit dem Einernten des Flachses beschäftigten Frauen und Mädchen mußten von den Vorübergehenden in ehrenden Formulierungen begrüßt werden: «Gott grüß Euch, Ihr Jungfrauen und Ihr Weiber, Euer Flachs soll werden wie Samt und Seide!» Die Mädchen, die den Flachs an einem Tag brachen, hießen «die Herren»; sie nahmen den vorübergehenden Männern die Mütze vom Kopf, die diese für ein Trinkgeld zurückkaufen mußten. Oder die Männer, die am Flachsfeld vorbeigingen, mußten den Hut ziehen, sonst wurden sie von den Arbeiterinnen dazu gezwungen.

Geriet der Flachs gut, so ließ ein Reicher ihn auf einmal brechen und schwingen und dingte dazu so viele Mädchen, daß er an einem Tag fertig wurde, hieß es aus dem

Rheinland. Diese Mädchen wurden «Herren» geheißen und kamen leicht in sonderbare Konflikte mit den Dreschern. Gelangten sie in die Scheuer, wo gedroschen wurde, so entstand ein wildes Ringen. Sie suchten, den Dreschern Mütze und Hut abzunehmen, und bewarfen sie mit *Ahnen* (Flachsabfälle), die gerne ankleben. Erwischten aber die Drescher einen solchen «Herrn», so wurde «er» ohne Gnade in ein Bund Stroh gebunden und mußte sich still verhalten.

Was sollte damit gesagt sein? Jede der miteinander wettstreitenden Gruppen benutzte als Kampfmittel den Rückstand des Materials, mit dem sie arbeitsmäßig beschäftigt war: Flachsabfälle und Stroh – also gewissermaßen die Abschlußzeichen der Tätigkeit, für die sie kompetent waren. Doch handelte es sich dabei gleichzeitig auch um sexuelle Zeichen. Die Flachsarbeiterinnen wählten sich zum Kampf im Arbeitswettbewerb eine Gruppe, die genau wie sie auf kurze Zeit für eine bestimmte schwere Arbeit eingesetzt war und diese Arbeit als Kollektiv der «Könnenden» mit einer Art von Berufsstolz vollbrachte: die Drescher. Mit dieser Auswahl des Gegners ist eine Homogenität des Arbeitsbewußtseins ausgedrückt, die die Männer, die Drescher, durchaus akzeptierten. Die Mädchen als «Herren» bewarfen sie nicht nur mit Flachsabfällen (als Zeichen für männlichen Samen), sondern nahmen ihnen auch Hut und Mütze ab, den Vorübergehenden die Peitsche, – also erotisch-sexuelle Symbole ihrer Männlichkeit. Damit erhoben sie sich über die ihnen sonst überlegene Männergruppe, die ihrerseits die Flachsarbeiterinnen jetzt als «Herren» grüßen mußte. Die Drescher dagegen wickelten die von ihnen erwischte Frau in Stroh, das Zeichen ihrer erfolgreichen Arbeit, und verlangten von ihnen mit dem Sprechverbot Unterwerfung. So entstand eine «Verkehrte Welt» nicht nur auf der sozialen, sondern vor allem auf der geschlechtlichen Ebene.

Waren auch die Traditionen einer patriarchal organisierten Lebensordnung im allgemeinen zu mächtig, die sozialen Bewegungen auf dem Lande zu schwach, als daß es von seiten der Frauen und Mädchen eine wirkungsvolle Auflehnung gegen Ungerechtigkeiten hätte geben können, so machte doch die Flachsarbeit dabei eine Ausnahme. Hier auf dem Flachsfeld durften die Frauen für kurze Zeit beweisen, was sie alleine ohne männliche Hilfe vermochten, mit welcher Geschicklichkeit sie zu dem vorgegebenen Termin (auch das ist Teil des Arbeitsbrauches) das Flachsfeld abernten, die Bunde brechen konnten. Dieser Arbeitprozeß war eine Ausnahmesituation, erhöhte ihre Position über das Alltägliche hinaus und gab ihnen kurzfristig Macht über die ihnen sonst überlegenen Männern.

Die Deutung der Flachsbräuche läßt sich also vornehmlich auf die Opposition Frauen – Männer konzentrieren, womit nichts geringeres gesagt ist, als daß Bilder und Zeichen einen inneren Zusammenhang verraten und verbergen. Der Flachsanbau und seine Bearbeitung war eine seltene Gelegenheit, um auf dem Lande Geschlechts- und Arbeitspolarität in deutlichen Zeichen Ausdruck zu geben.

Denn auch die Frauenarbeit Spinnen wurde zuweilen von den Männern kontrolliert, wobei der Bauer das Maß für die Arbeit setzte, der Oberknecht jedoch die Kontrolle ausführte. Aus Norden im Bezirk Aurich im Königreich Hannover schrieb der Beantworter des Mannhardt-Fragebogens für die Zeit vor 1865: «Wenn ein Bauer größeren Flachsbau betreibt, so stellt er die Dienstmagd unter folgenden Bedingungen ein: jede muß im Winter wöchentlich zwölf Stück Flachs = zehn Bund zu 60 Faden zu ca fünf Fuß spinnen. Hat nun eine Magd bis Sonnabendnachmittag um vier Uhr ihre zwölf Stück noch nicht gesponnen, so setzt sie der Großknecht auf den Mistkarren, fährt sie auf den Misthaufen und wirft sie dort mit dem Karren um. Das ist ein großer Schimpf, und da sich viele dem nicht unterwerfen wollten und beim Gericht wegen der brutalen Behandlung klagten, verschwindet diese Sitte.»

Das war nun freilich eine nicht nur grobe, sondern demütigende «Sitte» und der Protest der Mägde ein vager bescheidener Schritt zu einer gewissen Emanzipation. Das Verhalten des Oberknechts, der sich zum Handlanger des Hofbauern machen ließ, statt der Magd zu helfen, war sowohl frauenfeindlich wie unsolidarisch und entsprach damit dem allgemeinen Bild von männlich und weiblich auf der Ebene des Gesindes.

Die weitere Bearbeitung des Flachses schildert eine Gewährsfrau aus Ostpreußen:

«... meine Mutter konnte es noch sehr gut. Ich habe noch einen Zopf Handzwirn. Er war sehr fest, nur mußte man ihn gut einwachsen, da er leicht faserte. In meiner Mutter Jugendzeit 1850–1870 war das Selbst-spinnen noch gang und gäbe. Zuerst wurde der Flachs gehechelt. Die Hechel war ein Brett auf einem Gestell und oben viele Zinken. Der Flachs mehrmals durchgezogen, so daß alle Fäden, die etwas quer lagen, entfernt wurden. Zum Feinspinnen mußten alle Fasern gleichlaufen. Der Abfall, das Werg, wurde zu Sackleinwand versponnen. Auf der linken Seite hatte man einen gedrechselten Holzstab auf einem Dreifuß. Obenauf einen kurzen Stab zum draufstecken. Auf diesen der Flachs ganz lose draufgewickelt. So konnte mit beiden Händen der Faden herunter gezogen werden und in das Spinnrad gleiten. Das Spinnrad drehte ihn etwas und wickelte ihn auf eine Spule. War die Spule voll, wurde der Faden auf die Werft gespannt. Das war ein 80 cm langer Holzstab. Oben und unten ein Querstab, aber übers Kreuz angebracht. Je 12 Faden wurden mit einem Querfaden gebunden, damit sie sich nicht verwirrten.

... Damals hieß es, wenn eine Frau heiratete und 12 Hemden hatte, so reichten sie ihr bis zu ihrem Ende.»[64]

Burschen und Mädchen

Die Spinnstube

«Im Hause seiner Mutter kamen die Mädchen oft in die Karz, oder wie man es hier nennt ‹zu Licht›. Die Mädchen wählen zu diesen abendlichen Zusammenkünften immer am liebsten eine jung verheiratete Gespielin oder eine freundliche Witwe; die älteren Hausherren stören das harmlose Treiben doch zu sehr. So kamen die Mädchen auch oft zur Mutter Marei, und die Bauernburschen kamen wie immer uneingeladen dazu.

Die Mädchen saßen im Kreise, ein jedes hatte seine Kunkel (Spinnrocken) mit dem goldschaumbedeckten Knaufe vor sich stehen, an der der Hanf mit einem farbigen Bande befestigt war; sie netzten den Faden aus ihrem Munde und spannen mit der Spindel, die sich lustig auf dem Boden drehte [also eine Handspindel und kein Spinnrad zum Treten? WK]. Es war dem Aloys immer wohl, wenn er ‹etwas zum Annetzen›, eine Schüssel voll Äpfel oder Birnen für die Mädchen auf den Tisch stellen konnte, und er stellte die Schüssel immer nahe zu Marannele, damit sie auch tapfer zugreifen konnte.

Anfangs Winter tat Aloys den ersten mutigen Schritt seiner Großjährigkeit. Das Marannele hatte eine neue, mit Zinn eingelegte, schöne Kunkel bekommen. Als es nun

Spinnstube in Baden. (Kupferstich von Benjamin Zix, 1772–1811, als Illustration zu J. P. Hebels «Alemannischen Gedichten», 1850)

zum ersten Male damit in die Spinnstube kam und sich zum Spinnen gesetzt hatte, trat Aloys vor, erfaßte die Kunkel oben und sagte den alten Spruch:

‹Jungferle, derf i eu' bitte:
Lent [lasset] mi euere Engerle [d. i. die Holzfaser aus dem Hanf] schüttle,
Die kleine wie die große
Auf deren Jungfere Schoße.
Jungfer, warum seind ihr so stolz?
Eure Kunkel ischt doch nau von Holz,
Wenn sie wär mit Silber b'schlage,
No wett [nachher wollt] i eu' was andres sage.›

Nach alter Sitte ließ es darauf Spindel und Wirtel (ein Ring von beinhartem Holz oder Stein, den man an das Ende der Spindel steckt, damit man sie so beschwert besser drehen kann) auf den Boden fallen, der Aloys hob beide Gegenstände auf, und das

Marannele muß ihm für die Spindel ein Knöpfle (schwäbische Mehlspeise) und für den Wirtel ein Fastnachtsküchle versprechen. Das beste aber kam zuletzt. Aloys gab die Kunkel frei, und als Ablosung gab ihm das Marannele einen rechtschaffenen Kuß.»[65]

Mit dieser sentimentalen Beschreibung einer Schwarzwälder Spinnstube ist immerhin ein Eindruck von ihrer dörflichen Funktion vermittelt. War die Flachsarbeit eine engagiert verteidigte Frauensache gewesen, so gehörte das Spinnen zwar auch zu den speziellen Frauenarbeiten, aber die Spinnstube war ein Ort der Verbindung von Arbeit und Geselligkeit und des «Anspinnens» erotischer Beziehungen zwischen Burschen und Mädchen, was oft die Eheeinleitung bedeutete.

Ihre Geschichte reicht weit ins Mittelalter zurück und – verwandelt zur Stick- und Strickstube – bis in die Neuzeit,[66] was ihren sozialen Charakter beweist. Allerdings darf bei einer derartigen Betrachtung des Spinnstubenphänomens nicht übersehen werden, daß die Mägde eine große Spinnverpflichtung hatten und auch die Bauerntöchter bis zur Herstellung ihrer Ausstattung viel Spinnarbeit bewältigen mußten.[67]

Wie sich dieses Spinnsoll auf einem schleswig-holsteinischen Gutshof aus dem Blickwinkel der Herrschaft ausnahm, zeigt der folgende «joviale» Bericht über den Tageslauf der in der Meierei tätigen Mädchen, die morgens, «nach Landessitte» schon um 3 oder gar 2 Uhr aufstehen mußten zum Melken:

«Bevor die Weckuhren in Gebrauch waren, mußte abwechselnd eine von ihnen während der Nacht aufsitzen, damit früh die Zeit nicht verschlafen wurde, was das Rad des ganzen Tages außer Schwung gebracht hätte. Ob solch einsame Wächterin immer stramm die Augen offen hielt, mag dahingestellt bleiben; zum festen Schnarchen war jedenfalls der Stuhl zu unbequem. Auch war ein gewisser Anreiz vorhanden, aufrecht bei der Talgkerze hinterm Spinnrade sich munter zu halten und die schlummernden Gefährtinnen hinters Licht zu führen, indem man auf solche Weise schon nachts mit seiner ‹Zahl›, das heißt mit den Metern Leinengarn, die man wöchentlich abzuliefern hatte, fertig wurde. Dann konnte man nachmittags für sich selber stricken und spinnen

Gedrechseltes Spinnrad mit Wocken und Wockenband aus Niedersachsen. (Museum für Deutsche Volkskunde Berlin)

oder weit über die bewilligte Zeit schlafen, wobei das Schwatzen, Singen und Radschnurren ringsum nicht im mindesten störte.

Die Mutter lehnte es ab, ihre Untergebenen auszuhorchen oder zu belauschen. Gern erschien sie unvermutet in der Spinnstube, forschte freundlich, ob die Bewohnerinnen sich sauber gewaschen hätten, ob Schürzen und Strümpfe heil seien und vor allem, ob keine losen Haare oder gar Zöpfe herumlagen.... Die Mutter hinderte, was zu hindern war. Gegen die zärtlichen Bündnisse mit den Pferdeknechten, die allabendlich für eine Weile aus dem Stall in die warme Spinnstube herüberkamen, war im Grunde nicht viel zu wollen. Sie wärmten sich, trockneten ihre Kleider, ließen sich die Strümpfe stopfen und ‹klotzten› dafür die Pantoffeln der Mädchen, das heißt, sie nagelten Holz und Lederstückchen unter die Sohlen. Ein besonders Geschickter übernahm es auch wohl, mit einer glühenden Nadel Löcher für die Ohrbummeln in die rosa Läppchen seiner Auserwählten zu brennen, wobei die Bewohner von Stall und Spinnstube mit Wonnegrausen gegenwärtig waren.»[68]

Da gab es harte Pflichten, die auch außerhalb der Spinnstube erfüllt werden mußten; die gesellige Zusammenkunft am Abend erscheint hier als ein körper- und herzerwärmender Moment in einer sehr strengen Arbeitsordnung. Die Zurückhaltung der Berichterstatterin, die als Kind der Gutsfrau von diesem Ort der freien Sitten ferngehalten wurde, verrät etwas von den dort üblichen und auch geduldeten Umgangsformen. Daß es zuweilen wüst hergegangen sein mag, zeigen alte Bilder und kirchliche Verbote aus dem Beginn des 19. Jahrhunderts.[69] Aber solche Reaktionen rührten wohl auch her aus moralisierendem Mißverständnis und einer Verkennung der sozialkulturellen Funktion dieser Einrichtung besonders für die Jugendlichen: das gesellige Singen, Erzählen und Spielen – auch Vorlesen und Diskutieren.[70] Für die Eheeinleitung war es zuweilen üblich, einer Braut aus dem Kreise der Mädchen einen «Brautrocken» zu spinnen, der dann für alle sichtbar auf dem Brautwagen stand.[71] Geschmückt wurde der Rocken mit dem Rockenblatt, dessen Verfertigung besondere Künste erforderte:

«Übrigens brachte sie [eine alte verwachsene Lediggebliebene] jede freie Stunde damit zu, sogenannte Rockenblätter zu fabrizieren, die Bogen aus dünner Pappe, die die Spinnerinnen um den Flachs legen, damit er nicht vom Rocken abfällt. Es war eine Industrie, die aus wertlosen Überbleibseln, aus Nichts noch etwas Wertvolles zusammenbrachte. Von den Tapezierern erhielt Pforten-Riekchen die Abfälle der Tapeten, aus den Tapetenfabriken die verdruckten Stücke, die Abschnitte, von den Papierhandlungen Fleckiges oder Eingerissenes, von den Buchbindern Goldborten-Reste, und bunte Bilder von überall. Das alles wußte sie geschickt zu sortieren, zusammenzustellen und damit die Pappdeckel zu bekleben und zu verzieren. Damals gab es noch keine künstlerisch illustrierte Zeitschriften, keine solche Buchhändlerannoncen; aber man war auch genügsamer, und ein paar Bilderbogen von Gustav Kühn in Neuruppin reichten hin, eine Masse von Rockenblättern zu verschönern und anlockender zu machen, die dann großweise von den Händlern für die Jahrmärkte abgeholt wurden [Ein Groß = 12 Dutzend = 144 Stück]. Ich habe den geschickten Händen oft zugesehen bei dieser Arbeit und manchen Beitrag zum Material geliefert, namentlich an Bildern, wie ich sie, bei Seite geschoben, in den Ferien im Elternhaus fand. Pforten-Riekchen hatte dann ein kindisches Vergnügen, denn diese Beschäftigung machte ihr Freude, vielleicht die einzige, die sie im Leben hatte, mehr als der Verdienst, der zwar sehr gering war, sich aber doch im Laufe vieler Jahre zu einer ansehnlichen Summe ansammelte.»[72]

Mit einer solchen Aufwertung des Spinngutes stilisierten die Mädchen gewissermaßen ihr Produkt als etwas besonderes und sich selbst wiederum als die Flachs- und Spinnkompetenten. Auf der einen Seite war das als weibliches symbolisches Kapital der Mädchengruppe innerhalb des strukturellen Systems der Dorfgesellschaft zu werten.[73] Auf der anderen Seite hatte die Arbeit des Spinnens kein großes Ansehen im Dorfleben: «Nach der Stallarbeit, nach dem Nachtmahl und Gebet pflegten im Herbst und im Winter die Bäuerin und ihre zwei ältesten Töchter, die Genovev und die Resl, noch etliche Stunden zu spinnen. Wenngleich dadurch der Faden für das feste, grobe Leinen gewonnen wurde, das die Töchter später einmal in die Ehe mitbekommen sollten –, diese beschauliche Beschäftigung, wobei man sitzen konnte, galt im Haus nicht viel. Man hielt sie für eine Art spielerisches Ausruhen.»[74] Im Zusammenhang dieses Abschnitts ist jedoch hauptsächlich die Spinnstube der ledigen Mädchen gemeint, die sich aber oft noch sozial teilte in Spinnstuben für Bauerntöchter und für Mägde, so daß die Burschen sich den «passenden» Ort für ihre Eheeinleitungen aussuchen konnten.

Immer wieder fällt die Organisation des Dorflebens als eines Systems von Relationen nach den für die Agrargesellschaft wichtigen Prinzipien ins Auge. Das waren neben der Besitzhierarchie die Altersklassen, und so fanden sich auch die ledigen Mädchen sonntags nach dem Mittagessen und zuweilen am Feierabend nach Schulabgangsjahren zusammen und gingen im Sommer singend «in der Reih» – oder wie sie es sonst nannten – eingehängt durchs Dorf. Für die Beherrschung und Tradierung eines oft umfänglichen Repertoires von Liedern, die gerne mehrstimmig gesungen wurden, waren die Vorsängerinnen zuständig, die ihre Kompetenz als gute Sängerinnen auch in der Kirche unter Beweis stellten und oft die besten Tänzerinnen bei den Dorfvergnügungen waren.[75]

Bei diesen Mädchenzusammenkünften spielte aber die Altersgruppe die entscheidende Rolle und nicht die soziale Schichtung.

Die Burschenschaft

Das gleiche galt für die Burschenschaft, die – im Gegensatz zu den späteren Interessengruppen der Vereine – die gesamte schulentlassene männliche Dorfbevölkerung umfaßte. Mit der Heirat fand das Burschenleben seinen Abschluß.

«Ostersonntag. Man läutete mit allen Glocken, und das Hochamt war zu Ende. Die jungen Burschen eilten zuerst aus der Kirche und standen in Gruppen beieinander. Es gab noch etwas zu sehen, wenn die Mädeln in hochbepackten Körben das Geweihte heimtrugen. Da lagen obenauf die buntgefärbten Eier, daneben saftige Schinken, Brot, Fleisch und Salz, und wer ein übriges tun wollte, setzte auf die schmackhaften Dinge ein schneeweißes Osterlamm aus Zuckerteig. Die Burschen musterten die Körbe und ihre Trägerinnen und sagten jeder etwas Lustiges. Die älteren Leute schritten langsam durch den Friedhof; die Männer sahen über die Mauer weg auf die Felder, deren Saatfurchen sich in langen Reihen die Hügel hinaufzogen.»[76]

Entsprechend der Patriarchalität der dörflichen Gesellschaft erprobten die Burschen frühzeitig ihre männliche Führungsrolle. In dieser Altersklasse waren sie die absolut Herrschenden, und die soziale Stellung des einzelnen trat – wenn auch nicht gänzlich – vor seiner Qualität als Bursche zurück. Die Hauptfunktion der Burschenschaft lag in der Organisation und Ausübung der Dorfbräuche vom Faschingstreiben über das

Maibaumpflanzen bis zum Kirmesbegraben. Sie gaben sich selbst bei all diesen Brauchhandlungen den Auftrag, so etwas wie eine soziale Balance zu vertreten.[77]

Das Auftrumpfen eines Burschen aus unterbäuerlicher Schicht, der sich durch Forschheit und Geschicklichkeit an die Spitze zu setzen weiß, wird in folgender Dorfgeschichte dargestellt:

«Der Hammeltanz war nahe. Große Vorbereitungen wurden dafür getroffen... Nach der Mittagskirche war Jubel im ganzen Dorfe. Auf dem Schloßhofe wurden Pfähle in einem Kreise aufgesteckt, um die ein Seil gebunden war. In der Mitte des Kreises stand ein schöner Hammel mit einem roten Bande geziert, auf dem Tische daneben stand eine blinkende zinnerne Schüssel. Die Musik ging voraus: ein jeder der Burschen, sein Mädchen an der Hand, hinterdrein. An dem Schloßtor war eine Schlaguhr angebracht, und zwar so, daß man sie nicht sehen konnte. Punkt zwei begann der Freitanz. Die Musik spielte einen Marsch, die Paare gingen in strenger Ordnung rings um das Seil. Ein altertümlicher Säbel war in einen Pfosten gehackt, einer der Burschen nach dem anderen zog ihn heraus und hackte ihn in den nächstfolgenden Pfosten. Als Florian mit Creszenz an den Säbel gelangte, stellte er die Waffe aufrecht auf seine unteren Zähne und schritt so lange ohne zu wanken bis zur nächsten Station... So wandelte nun alles im Kreise, jubelnd und lachend. Als Florian den Säbel wieder in der Hand hielt, schlug es plötzlich drei. Ein allgemeines Hoch erscholl. Das Seil wurde eingerissen und dem Florian der Hammel, das Band und die Schüssel gebracht. Die Mädchen kamen herbei, glückwünschten der Creszenz und flochten ihr das neue Band in das Haar. – Der Buchmaier hatte als Schultheiß eine alte Sitte wieder erneuert... Am Vorabend hatte er alle Burschen, die das achtzehnte Jahr zurückgelegt hatten, zusammenkommen und sie zwei sogenannte Tanzburschen wählen lassen... Der dritte sollte sein, der den Hammel gewänne... Nun war Florian der dritte Tanzbursche, der, wie die anderen, ein weißes Band um den linken Arm erhielt. Die Drei mußten für die Aufrechterhaltung der Ordnung bürgen, jede Störung fiel ihnen zur Last.»[78]

Es könnte so scheinen, als hätte sich in den dörflichen Burschenschaften eine gewisse Demokratisierungstendenz Bahn gebrochen, die zumindest in den Jugendjahren das starre Besitzdenken überdeckte. Das geschah freilich nicht in Richtung auf ein humaneres zwischenmenschliches Verhalten, sondern weil die Dorfgesellschaft dieser männlichen Jugendgruppe ein Ausleben der autoritär-patriarchalischen Tendenz über die besitzhierarchische hinaus gestattete, männerbündisch anmutende Initiationsriten erlaubte – wie z. B. die Mädchenversteigerung.[79] So erscheinen die Burschenschaftsaktivitäten als geduldete demonstrative Ventilsitten für dörfliche Mannbarkeit, ehe mit der Verheiratung der große Anpassungsprozeß an die – wiederum patriarchalischen – Normen der agrarischen Gesellschaft einsetzte. Doch zuvor waren die Militärjahre abzuleisten als «Schule des Mannestums» und zumeist als erster Schritt in eine Welt außerhalb des Dorfes.

Militärdienst

«Daran war besonders des alten Schultheißen Knecht schuld, der seit der Ernte in das Dorf gekommen war. Es war ein schöner, schlanker Bursch mit einem trotzigen Gesichte, das durch den rötlichen Schnurrbart noch eine besondere Auszeichnung hatte. Jörgli, so hieß der Knecht, war Kavallerist und trug fast immer seine Soldatenmütze. Wenn er sonntags in seiner geraden, kecken Haltung, die Füße auswärts setzend und die Sporen klingen lassend, die Soldatenmütze auf dem Kopfe, mit den lederbesetzten Reithosen angetan, das Dorf hinaufging, da sagte sein ganzes Wesen: ‹Ich weiß, daß sich alle Mädle in mich vergucken›.»[80]

Eine so hohe Einschätzung des Militärdienstes und seiner männerbildenden Wirkung war ja neu im 19. Jahrhundert, an dessen Wende noch die Söldnerheere mit den entehrenden Strafen des Spießrutenlaufs, der Stockprügel und Lattengefängnisse gestanden hatten.[81] Erst mit der Einführung des Volksheeres in den Befreiungskriegen und dem Anwachsen des Nationalismus gewann der Militärdienst ein populäres Ansehen: Es ist so schön, Soldat zu sein! Das steigerte sich dann nach 1870/71 zu einem über die Maßen starken vaterländischen Militärprestige.[82] (s. S. 356ff.)

Die Auswirkungen des Militärdienstes auf die Landbevölkerung waren groß, wenn auch zwiespältig in ihrer positiven und negativen Einschätzung seitens der Männer und Frauen, der Jungen und Alten. Schon die Tatsache, ob einer, wenn «seine Zeit» mit etwa 20 Jahren herangerückt war, «gezogen» wurde oder nicht, entschied über sein Ansehen zumindest bei der Dorfjugend. Die Rekrutierung spielte sich ungefähr folgendermaßen ab:

«Im Wirtshause zum Engel wartete der Schultheiß auf seine Ortskinder, und als sie alle beisammen waren, ging er mit ihnen nach dem Oberamt. Der Schultheiß war ein ebenso dummer als anmaßender Bauer. Er war früher Unteroffizier gewesen und bildete sich große Stücke auf seine ‹Charge› ein; er behandelte gern alle Bauern, ältere und jüngere, wie Rekruten ...

Als Aloys vor das Rad hinging, war seine Haltung fast herausfordernd keck. Mehrere Lose kamen ihm in die Hand, als er in das Rad griff; er drückte die Augen fest zu, gleich als wolle er nicht sehen, was er nehme, und zog eines heraus; zitternd reichte er es hin, denn er fürchtete, daß es eine hohe Nummer sein könne. Als er aber den Ausrufer ‹Numero 17› rufen hörte, da johlte er so laut auf, daß man ihn zur Ruhe verweisen mußte.

Die Burschen kauften sich nun Sträuße aus gemachten Blumen mit roten Bändern daran, und nachdem sie noch einen tüchtigen Trunk genommen, zogen sie heimwärts. Unser Aloys johlte und sang am lautesten ...

Es waren noch sechs Wochen bis zur Visitation, und darauf kam ja eigentlich alles an. Mutter Marei nahm einen großen Ballen Butter und einen Korb voll Eier und ging zu der Frau Doktorin; die Butter schmierte sich trotz des kalten Winters doch recht gut. Mutter Marei erhielt die Versicherung, daß ihr Aloys frei werden solle; ‹denn› sagte der gewissenhafte Arzt: ‹der Aloys ist ja ohnehin untauglich, er sieht ja nicht gut in die Ferne, und darum ist er ja manchmal so tappig›.

Der Aloys aber kümmerte sich gar nicht um all diese Geschichten, er war ganz verändert, schwenkte sich und pfiff immer, wenn er das Dorf hinaufging.

Der Tag der Visitation kam, die Burschen gingen diesmal etwas stiller nach der Stadt.

Als Aloys in das Visitationszimmer gerufen wurde und er sich entkleiden mußte, da sagte er keck: ‹Kusperet mich nur aus, Ihr werdet kein Untätele an mir finden; ich hab keinen Fehler, ich kann Soldat sein.› Er mußte sich unter das Maß stellen, und da er es vollauf hatte, wurde er als Soldat eingetragen; der Arzt vergaß Kurzsichtigkeit, Butter und Eier bei der kecken Rede des Aloys ...

Nach der erlangten Gewißheit ihres Soldatenstandes brachten die Burschen mit Trinken und Singen und Johlen ein, was sie zuvor zuwenig getan zu haben glaubten.

Der Urlauber besucht seine bäuerliche Familie in Tirol und erzählt von seinen Erlebnissen, während die Mutter den Kaffee bereitet. Auch die Nachbarstochter hört bewundernd zu. (Franz von Defregger, 1835–1921) © VG-Bild-Kunst, Bonn 1987

Als der Aloys heimkam, gab ihm das Marannele weinend einen Rosmarinstrauß mit roten Bändern daran und nähte ihm denselben auf die Mütze. Aloys aber zog seine Pfeife heraus, rauchte flott durch das ganze Dorf hinauf und zechte mit seinen Kameraden bis tief in die Nacht... Noch ein dritter schmerzlicher Tag war zu überwinden, es war der Tag, wo die Rekruten nach Stuttgart einrücken mußten...

Der Jörgli hatte seine Pferde an den Wagen gespannt, um die Rekruten einige Stunden weit zu führen, und so fuhren sie nun singend durch das Dorf; des Bäckers Konrad, der die Klarinette blies, saß mit auf dem Leiterwagen und begleitete die Liederweisen. Man fuhr im Schritt. Von allen Seiten drängten sich noch die Freunde herbei und reichten eine Hand oder auch einen Abschiedstrunk.»[83]

Zwei bis drei Generationen später hatte sich an diesem Verhalten der männlichen Dorfjugend kaum etwas geändert, an der Aufwertung des «Männlichen» durch den Militärdienst: «Er kaufte sich einen neuen Anzug, einen neuen Koffer und viele Dinge, die er allem Anschein nach beim Militär zu brauchen glaubte. Am Tage seiner Ausmusterung zum Militär kam er mit den andern, gleichalterigen Burschen laut krakeelend von Unterberg herauf. Jeder war übermütig und hatte schon einen leichten Rausch. Jeder trug ein dünnes Spazierstöckchen, das mit bunten Bändern in den bayerischen Landesfarben umwunden war. An der Brust eines jeden prangte irgendein Abzeichen, darauf stand entweder ‹Infanterie›, ‹Kavallerie› oder ‹Pionier›. Der laute Haufen sprang unausgesetzt herum, juchzte, fuchtelte, stampfte wie wild und schrie wie besessen. Sie rempelten die alten Leute an und griffen jede Dorfschöne, die vorüberkam, zudringlich ab. Immer wieder blieben sie stehen und grölten irgendein patriotisches Lied.»[84]

Eine inhaltliche Reflektion des Soldatischen fand kaum statt, am ehesten noch von seiten der Frauen, die die lange Abwesenheit von Mann, Sohn und Arbeitskraft beklagten.

Die weitgreifenden Auswirkungen des Militärdienstes auf die Dorfbevölkerung können hier nur angedeutet werden: Da war das Kennenlernen neuer Orte, meistens Städte, und Lebensverhältnisse, das Erlernen anderer Sprachebenen durch die Vorgesetzten und ihre Befehle und den Stadturlaub; da waren Kleidungsordnungen und hygienische Maßnahmen, von denen man auf dem Dorf keine Ahnung gehabt hatte. Da waren aber auch Einsamkeiten und Randgruppensituationen, schlechtes Essen und harter Drill, die manchen Soldaten zur Desertation oder doch dem Wunsch danach führten. Die Soldatenklagen der Liedersammlungen des 19. Jahrhunderts sprechen dazu eine deutliche Sprache.[85] Da war auf der anderen Seite die Soldatenkleidung, Stiefel und Uniformen aus guter Qualität und mit den Rangabzeichen, die dem hierarchischen Denken der Dorfburschen entsprachen. So ist es erklärlich, daß gerade das Uniformwesen fast alle Männertrachten nach Schnitt und Farbe beeinflußt hat, ehe sich diese in der zweiten Jahrhunderthälfte zumeist dem bürgerlichen Kleidungsstil anpaßten. Mit dem Militärcharakter der Burschen- und Männertrachten verband sich ein Eindringen militärischen Verhaltens in die Dorfbräuche, besonders für das Schützenwesen. Damit vermännlichte sich das ländliche Brauchleben in zunehmendem Maße; die Militärmusik begann, eine entscheidende Rolle zu spielen, und der Aufmarschcharakter prägte mehr und mehr den Brauchablauf, besonders bei Jubiläen und historischen Gedenktagen. Die Militärparade bildete das große Vorbild, die Ranghierarchie das Organisationsmuster vieler Bräuche.[86]

Und so kam es, daß von daher die Frauen und Mädchen auch bei den Dorfbräuchen auf Rand- und Hilfsfunktionen abgedrängt wurden. Die Burschen waren die hauptsächlichen Brauchträger und besetzten die führenden Rollen – zur Not auch die weiblichen.[87]

Es geht aus alldem hervor, daß die Definition des Männlichen und des Weiblichen auf dem Dorfe nicht für alle Gruppen und alle Zeiten absolut zu definieren ist. In langwierigen und komplizierten Prozessen wandelten sich die Beziehungen der Geschlechter im Ausdruck ihrer kulturellen Zeichen.

Bedeutend bleibt im Hintergrund aller Erscheinungen die Arbeit bestehen, die letztendlich das männliche und weibliche Verhalten bis in den Feierabend bestimmte. So möge dieses Kapitel ein rührender Bericht aus der Zeit um 1870 beschließen:

«Des Abends, wenn's draußen dunkel geworden ist und man Abendbrot gegessen hat, dann findet sich die Dorfjugend je nachdem wie stark vertreten in einer oder in mehreren Kolonnen zu gemeinsamer Arbeit nach Geschlechtern getrennt, oder auch Burschen und Mädchen gemeinsam, die ersteren mit ihrem Netzstrickzeug, einem kleinen Bock, der sehr wenig Platz einnimmt, einer Stricknadel, die jeder aus etwas hartem Holz mit einem Messer sich leicht anfertigen kann und dem nötigen Garn, – die Mädchen mit ihren Spinnrädern und dem aufzuspinnenden Flachs zusammen. Man geht zu jedem sich daran Beteiligten seine Behausung einen Abend, und wenn man die Tour rum ist, so fängt man beim ersten wieder an. Ist man zusammen gekommen, so setzt man sich im Kreise um die Hängelampe zurecht, und die Spinnräder setzen sich in ihre surrende Bewegung, ebenso die Stricknadeln der Burschen lassen ihr leises schrumm, schrumm hören, und ohne die Arbeit irgendwie außer acht zu lassen, werden vielerlei schauerliche Räuberpistolen, Spukgeschichten erzählt und auch manche Hexe-

Votivtafel aus Niederbayern, mit der das Leben des kämpfenden Soldaten der Maria anverlobt wurde.

rei geheimnisvoll erwähnt; es wird gescherzt, die Mädchen senden auch irgend einem vor kurzem eingezogenen Liebsten – Rekruten einige Abschiedslieder nach, und so vergeht der Abend viel schneller, als man's will, wenn die Uhr auf elf oder gar zwölf zeigt, in keinem Falle früher, bricht man dann auf, um die kurze Nachtruhe aufzusuchen, denn um drei oder spätestens um vier Uhr muß man wieder aufstehen um das neue Tagewerk zu beginnen, und zwar die Mannsleute mit einer Laterne auf der Dreschdiele, und die Frauensleute bis zur Morgendämmerung am Spinnrad.»[88]

Im Gegensatz zu den Lebensumständen von Bauer und Bäuerin traten also die Jugendlichen des Dorfes, besonders die Burschen, frei in das Licht der Öffentlichkeit, ja: ein solches Verhalten gehörte zum erklärten Charakteristikum ihres Status. Insbesondere die Burschen ordneten als Veranstalter zahlreicher Bräuche die Initiation in ihre Vereinigung, die Burschenschaft, und ritualisierten die Werbung und die Geschlechterbeziehungen.[89] Sie vertraten ihre Gemeinde in Bräuchen des Wettkampfs gegenüber den Nachbargemeinden und verteidigten die eigenen Rechte und Traditionen z. B. bei dem Brauch der hochzeitlichen Wegsperre. Daß dabei das Männliche im

Erlernen einer weitgehenden Trinkfestigkeit eine übergroße Rolle spielte, ist eine der negativen Seiten ländlich gesellschaftlichen Lebens.[90] Der Burschentreffpunkt war meist ein bestimmtes Wirtshaus, zu dem die Mädchen keinen Zugang hatten. Deren Treffpunkt dagegen, die Spinnstube, war von einem verabredeten Zeitpunkt ab auch den Burschen zugänglich.

Beide Gruppen flanierten am Sonntagnachmittag auf den Dorfgassen, wobei hinter der vorgegebenen Funktion des gemeinsamen Singens das Miteinander-Bekanntwerden und die Eheanbahnung stand. Die verheiratete Bäuerin dagegen zeigte sich nur bei zweckbestimmten Wegen auf der Gasse und beim Kirchgang, am liebsten in Begleitung.

So scheint es also, als sei das freie Sich-Bewegen im öffentlichen Leben der dörflichen Gesellschaft ein Vorrecht der Jugend gewesen, ehe ihnen die Eheschließung andere Verhaltensnormen vorschrieb.

Kalenderblatt der Druckerei Schreiber/Esslingen, auf dem die männlichen und weiblichen Arbeiten des Dreschens und Spinnens für den Monat Dezember dargestellt sind.

IV.
Jung und Alt

War im vergangenen Kapitel das Männliche und das Weibliche als kennzeichnend hinter den Erscheinungen der dörflichen Lebensformen gesucht worden, so treten nun die Altersgruppen auf den Plan. Auf den Bilderbogen,[1] aus Neuruppin für den Osten Deutschlands, aus Weißenburg für den Westen, aus Nürnberg und München für den Süden, die lange Zeit als Wandschmuck und Stallsegen in den Bauernhäusern fungierten, war als ein Lieblingsmotiv die Lebenstreppe dargestellt mit der Hochzeit im Zenit.[2] Dieses Schema entsprach der Altersordnung des Dorfes, dem normierten und vorgeschriebenen Lebensbogen.

Davon war schon in anderen Zusammenhängen die Rede, wie überhaupt in dem hier gezeichneten Bild des Landlebens wohl die Schatten und Lichter wechseln, aber kaum die Gegenstände. Wenn jetzt die Altersgruppierung als Leitmotiv erscheint, so ist an deren beherrschende Ordnungsfunktion bei sämtlichen öffentlichen Auftritten der Dorfgesellschaft zu denken: beim Kirchgang, bei Hochzeit und Begräbnis und bei allen religiösen Umgängen und Prozessionen. Die Kinder voran, die Jugendlichen hinterher, dann die Musikkapelle, dahinter das Brautpaar mit den Paten und danach die verheira-

Lebensstufen der Frau. (Bilderbogen aus der 2. Hälfte des 19. Jahrhunderts)

teten Paare und schließlich die Alten: so formieren sich auch heute noch die Hochzeitszüge auf den Dörfern. Aber das ist ein fast additives demographisches Bild, ein äußerliches Ordnungssystem, bei dessen Betrachtung sich die Frage aufdrängt, wie sich denn die inneren Beziehungen der Altersgruppen untereinander gestalten. Sollen die Letzten die Ersten sein oder die Ersten die Letzten? Oder ist es nicht vielmehr so wie bei den Bilderbogentreppen: der Aufmarsch nach Jahrgangsgruppen umfaßt zwar die Gesamtheit, aber der Bedeutungsschwerpunkt im Dorfsinne liegt in der Mitte bei den Verheirateten.

Die Generationen in ihrer Beziehung zueinander

Der Hofbesitzer und seine Hausfamilie

«Ich linste durchs Fenster: auf einer Ofenbank, von Tonnen eingerahmt, die verschiedene Federsorten bargen, ein Sieb auf dem Schoß, saßen die drei Dudeitöchter und sangen, während sie Federn rissen, und ihnen gegenüber, tonangebend, in hochsitzigem Armstuhl, saß Frau Dudei und riß, wenn auch etwas nachlässiger, ebenfalls Federn. Wenn hier ein Wind hereingelangt hätte, ein überfallartiger Nordost: das Stiemwetter hätte jedes Schneetreiben übertroffen, und obendrein hätte es einem die Kleider mit tausend Kielen gespickt, die nackt für sich in einer Blechwanne lagen... Zuviel Federn, meinen Sie? Wenn Sie wüßten, mein Lieber, was das Bett bedeutete damals, wie planerisch gerissen und gestopft wurde! Die erste Forderung an ein masurisches Mädchen hieß ja: Von fünfzig Jänsen Daunen fein – stäck in das Brautbätt dir hinein. Waren Unterbett, Kissen und so ein Mittelgebirge von Oberbett für den Eigengebrauch fertig, dann mußten weiter Federn gerissen werden für das Bett, in dem der Gast angenehm druseln sollte, für die Kinder, die man eines Tages erwartete, für den Bruder vielleicht, und schließlich für das Elternbett, das irgendwann wohl ersetzt werden mußte. Federn reißen: das war alles andere als Zeitvertreib in einem Land, in dem man, wenn es brannte, die Betten noch vor der Kassette mit dem Ersparten in Sicherheit brachte.»[3]

Was hier über die meist weibliche Gemeinschaftsarbeit des Federnreißens mit der Zeichensetzung: Familienbetten beschrieben wird, trägt etwas in sich vom Bild des ländlichen Generationenzusammenhangs, in dem das Bett als Brautlager, als Kindbett und als Sterbestätte seine entscheidende Funktion innehatte. Doch davon später.

Für die bäuerliche Familie galt der Hof als Symbol generationenverklammernder Pflicht und Kontinuität.[4] Er war Motiv und Hintergrund für das eigene Leben und das der Eltern und Voreltern, und das ständige Bewußtsein vom Hoferhalt wurde auch den Kindern und Nachkommen als verpflichtendes Denkmuster anerzogen. Die Erinnerung an früher, als die Existenzbewältigung viel schwerer war, wertete zugleich die Leistung der vorangegangenen Generationen auf, eine Leistung, die stets mit dem Hof als Familienbesitz zusammenhing, denn ausschließlich die durch den Hof gewährte Existenzgrundlage ermöglichte die Familiengründung.

Hausgesellschaft beim Gänserupfen. (Anna Ancher, 1859–1935)

Die Tischordnung

Die patriarchale Struktur der Familie unter Einschluß des Gesindes wurde schon mehrfach betont. Sie fand ihren besonders sichtbaren Ort bei den großen gemeinsamen Mahlzeiten, die die Bauernfamilie am Tisch in der Stubenecke einnahm. (Der zentrale Platz des Eßtisches in der Stubenmitte ist eine späte bürgerliche Innovation.)

Exemplarisch sei hier die Tischordnung im alten mecklenburgischen Bauernhaus beschrieben.

«Männer und Frauen saßen getrennt am Tisch, die Männer auf einer wandfesten Bank hinter dem Tisch entlang der Fensterwand, die Frauen auf einer beweglichen, oft lehnelosen Bank vor dem Tisch.»[5] Der Bauer nahm einen Sonderplatz am Kopfende des Tisches ein. Im übrigen spiegelte die Tischordnung die Rang- und Arbeitsordnung auf dem Hof wider. Dem Bauern zur Seite saß der Großknecht als Zeichen seines Vorranges vor dem anderen Gesinde. Auf größeren Höfen folgte dann der Mittelknecht, der z. B. auch hinter dem Großknecht pflügte – und dann kam der Kleinknecht, der die Nebenarbeiten zu besorgen hatte. Den Abschluß auf der Männerbank bildete meist der Junge, der hauptsächlich zum Viehhüten gemietet war. Ähnlich folgte auch auf der Frauenbank die Abstufung der weiblichen Arbeitsdifferenzierung: Neben der Bäuerin saß die *Grotdiern,* die als *Butenmäten* vornehmlich für die Außenarbeiten zuständig war, auch für die Milch. Die *Lüttdiern* ging als *Stubenmäten* der Bäuerin im Hausinnern zur Hand.

Tischrunde bei einer bayerischen Bauernfamilie. (Foto etwa 1920)

Wenn die Jungen größer wurden und in der Arbeitshierarchie aufstiegen, hatten sie auch bei Tisch auf den ihnen gebührenden Platz Anspruch. Der Bauer schnitt und verteilte das Brot, und die Männerseite war privilegiert. Mancherorts kam es vor, daß die Mädchen beim Essen stehen mußten und die Burschen streng auf die Einhaltung dieser Tradition sahen, auch wenn es sich um die Töchter des Bauern handelte. Lange Zeit war es in Mecklenburg üblich, daß die Kinder beim Essen zu stehen hatten, was zuweilen vielleicht auch mit einem Mangel an passenden Sitzgelegenheiten zu tun hatte. Erst nach der Konfirmation durfte der Anspruch auf einen Sitzplatz beim Essen verwirklicht werden. Zuweilen wurde die Rolle von Hausvater und Hausmutter auch durch das bevorrechtigte Sitzen auf Stühlen hervorgehoben, während alle anderen auf Bänken saßen. Das entsprach den aristokratischen Etiketten, innerhalb derer der Stuhl – und dann noch gar der Armlehnstuhl – eine besondere Bedeutung hatte. Der Bauer führte in jedem Wortsinne den Vorsitz. Die Auflösung der traditionellen gemeinsamen Tischordnung in späterer Zeit brachte dann das getrennte Essen von Familie und Gesinde mit sich – erst an zwei Tischen, später auch in getrennten Stuben. Damit verband sich die Benutzung unterschiedlicher Eßgeräte, aber auch die Verwendung getrennter Speiseordnungen. Baumgarten bringt diese Entwicklung mit der Vererbpachtung in Verbindung, die den Bauern gesellschaftlich gegenüber dem Gesinde anhob und ihn damit zur Imitation aristokratischer Verhaltensweisen animierte.[6]

Die patriarchal-hierarchische Tischordnung lief wohl überall ähnlich ab. «Die große, bemalte Schüssel mit den Knödeln stand schon auf dem Tisch, als wir eintraten. Knechte und Mägde standen darum, und der Weidhofer betete eben um Gottes Segen zu Speis und Trank und um Gnade und Gedeihen dazu. Der Weidhoferin ihr Platz war

Mahlzeit in einem niederdeutschen Bauernhaus mit offener Diele. (Max Liebermann, 1847–1935)

noch leer, und alle blickten nach dem Tischgebet noch unschlüssig, ob sie sich setzen könnten, da gemeiniglich die Sitte bei den Bauern ist, daß erst der Bauer und die Bäuerin niedersitzen und auch als erste in die Schüssel langen.»[7]

Erst mit der Verbürgerlichung der alten Lebenssitten auf dem Lande traten durchgreifende Veränderungen ein. Die Etiketten der Tischordnung waren jedoch keineswegs gleichbedeutend mit einer bäuerlichen Eßkultur. Sie regelten nur die sozialen Beziehungen der Teilnehmenden. Im übrigen war es wohl das Äußerste, sich vor dem Essen wenigstens die Hände zu waschen. Für Mecklenburg um die Mitte des 19. Jahrhunderts dürfte folgende Beschreibung gelten:

«Jene Gleichgültigkeit gegen die Reinlichkeit der Nahrung ist übrigens um so auffallender, als nicht leicht einer zu Tische gehen wird, der nicht vorher die Hände, oft auch das Gesicht im Viehtroge gewaschen hätte. Wir sahen nicht selten, wie die Hausmutter mit ihrer keineswegs reinen Küchenschürze den Tisch abwischte und dann das Brot auflegte, welches doch allgemein das ‹liebe› Brot genannt wird. Beim Mittags- und Abendessen wird gewöhnlich ein Tischtuch aufgedeckt, an dem man Finger und Mund abwischen soll. Darauf wird eine große Schüssel gestellt, welche das zusammengekochte Essen enthält und aus welcher jeder mit dem Löffel direkt in den Mund ißt. Teller werden zwar gewöhnlich gleichfalls aufgesetzt, nicht aber, um sie aus der Speiseschüssel zu füllen und aus ihnen zu essen, sondern nur damit sie das etwa vom Löffel abfallende aufnehmen. Gabelspeisen ißt man überhaupt nicht gern, sondern mit dem Löffel das dicksuppig Zusammengekochte. Nach der Mahlzeit leckt man den

Löffel von Holz oder Zinn ab, wischt ihn am Tischtuch rein und steckt ihn an einen in der Wand befestigten Riemen.»[8]

Es ist von Bedeutung, sich die durchschnittlichen, oft sehr bescheidenen Nahrungsverhältnisse zu Anfang des 19. Jahrhunderts vorzustellen, wie sie in dem folgenden Text für Waldeck um Arolsen von einem Dorfschullehrer Peter Lübke (geboren 1798) beschrieben worden sind:

«Die Lebensweise der Bauern war eine sehr dürftige und einfache. Von Martini bis Weihnachten wurden alle Tage zweimal bloß Rüben gegessen, die zu Mittag gekocht und am Abend wieder aufgewärmt wurden. Einige Bauern kochten für die halbe Woche auf einmal. Von Weihnachten bis Ostern wurden in derselben Weise täglich zweimal Erbsen gegessen, die mit Rüböl mundgerecht gemacht waren, und von Ostern, bis die frischen Gemüse herankamen, zweimal Linsen. Fleisch wurde nur an den vier Hauptfesten gegessen. Am Morgen wurden Kartoffeln gerieben, mit Salz gewürzt und an den Ofen geklebt; waren sie von einer Seite gebacken, so wurden sie umgedreht. Solche Kuchen nannte man Waffelkuchen. Während des Backens der Kuchen briet man Erbsen und Roggen in einem Tiegel braun, mahlte die Mischung auf einer Kaffeemühle, goß Wasser darauf und fabrizierte so den Kaffee, wozu dann die Waffelkuchen gegessen wurden. Anderes Brot kannte man in den meisten Häusern fast nicht; denn die kleinen Bauern, wenn sie auch zwei Pferde hielten, produzierten nur so viel Korn, als sie dem Gutsherrn als Pacht abliefern mußten. Eier und Geflügel, das man auferzog, mußte nach Arolsen zum Markte wandern. 20 Eier kosteten 2 1/2 Sgr. Wer ein Schweinchen schlachtete, brachte Schinken und Speck nach Arolsen und begnügte sich mit den Würsten, die dann eine Sonntagsspeise wurden.

Ein Pfund Hirschfleisch kostete 1 Sgr., denn man hatte keinen Absatz dafür. Im Dorfe konnte niemand davon kaufen, weil dort gar kein Verdienst war. Ein Mann bekam täglich bei eigener Kost 3 Sgr. Tagelohn, eine Frau 1 1/2, und doch fanden sie keine Arbeit. Das einzige Verdienst, was die Leute dort hatten, bestand darin, daß sie im Sommer Flachs zogen, diesen zu Garn spannen, das Garn zu Leinwand verwebten – in jedem Hause war ein Webstuhl – und die Leinwand nach Arolsen verkauften.»[9]

Das waren freilich andere Verhältnisse, als sie für die gleiche Zeit Karl Immermann von den Freibauern des benachbarten Westfalen beschreibt. Ein reisender Jäger kommt auf den Oberhof und erlebt folgende Tischszene:

«Die Mittagshitze, der Anblick des vor ihm stehenden reinlichen Mahls und sein eigener Hunger riefen in dem Jäger die Frage auf: ob er nicht hier für Geld und gute Worte Essen und Trinken und bis zur Abendkühle Obdach erhalten könne? – ‹Für Geld nicht›, versetzte der Hofschulze, ‹für ein gutes Wort aber Mittagessen und Abendbrot dazu und Rast, solange es dem Herrn beliebt›; ließ einen spiegelblanken zinnernen Teller, Messer und Gabel und Löffel, ebenso blank wie der Teller, aufsetzen und nötigte den Gast zum Sitzen. Dieser sprach dem kräftigen gekochten Schinken, den großen Bohnen, den Eiern und Würsten, woraus die Mahlzeit bestand, mit allem Appetite der Jugend zu und fand, daß die weit und breit als böotisch verschriene Landeskost gar so übel nicht sei. Geredet wurde von den Wirten wenig, denn der Bauer spricht während des Essens nicht gern.

Die Knechte und Mägde, welche gesondert von den Herrenplätzen am andern Ende der langen Tafel saßen, waren ganz stumm und blickten nur auf die Schüssel, aus welcher sie mit ihren Löffeln die Speise zum Munde führten. Nachdem sie aber abgegessen und sich die Mäuler gewischt hatten, trat eines nach dem andern vor den

Herrn und sagte: ‹Baas (Herr), meinen Spruch›. – Der Hofschulze teilte hierauf jedem eine sprichwörtliche Redensart oder eine Bibelstelle mit. So sagte er zum ersten Knechte, einem rothaarigen Kerl: ‹Jach sein zum Hader, zündet Feuer an, und jach sein zu zanken, vergießt Blut›; zum zweiten, einem dicken, langsamen Menschen: ‹Gehe hin zur Ameise, du Fauler, sieh ihre Weise an und lerne›; zum dritten, einem kleinen schwarzäugigen, verwegen blickenden Gesellen: ‹Besser ein Sperling in der Hand als ein Reiher auf dem Dache.› – Die erste Magd empfing den Spruch: ‹Hast du Vieh, so warte sein, und trägt dir's Nutzen, so behalte es›; und zur zweiten sagte er: ›Es ist nichts so fein gesponnen, es kommt endlich an die Sonnen.›

Nachdem jeder auf solche Weise bedacht worden war, gingen alle zu ihren Arbeiten, der eine gleichgültig, der andere betroffen aussehend. Die zweite Magd war von ihrem Spruche blutrot geworden. Der Jäger, welcher allgemach den ortsüblichen Dialekt verstehen lernte, hatte diesem Unterrichte mit Erstaunen zugehört und fragte nach dessen Beendigung, was er bezwecke. ‹Daß sie darüber nachdenken›, sagte der Hofschulze. ‹Wenn sie heute abend hier wieder zusammenkommen, so sagen sie mir, was sie sich bei den Sprüchen gedacht haben. Die meiste Arbeit auf dem Lande ist derart, daß die Leute nebenbei noch allerhand Gedanken haben können, und da fallen ihnen denn alle die schlechten Sachen ein, die hernachmals in Liederlichkeit, Lug und Trug ausbrechen. Beim Pferdefüttern denken sie, wie sie Hafer auf die Seite bringen können, und wenn die Magd die Kuh melkt, so steht ihr immer der Liebste vor Augen. Kriegt aber der Mensch so einen Spruch auf zu raten, so ruht er nicht eher, als bis er die Moral davon heraus hat, und derweile ist die Zeit vergangen, ohne daß ihm etwas Übles in den Sinn kam.›»[10]

Diese moralisch-philosophische Darstellung entlarvt die patriarchale Erziehungshaltung des Bauern seinem Gesinde gegenüber. Er setzte grundsätzlich Betrug und Liederlichkeit voraus und vermeinte, mit seinen Sprüchen die jungen Leute auf die rechte Bahn zu bringen, ihnen durch harte Arbeitsaufgaben die Zeit für die Schlechtigkeiten zu nehmen. Daß er sie damit als erwachsene Menschen entehrte und sie in eine andauernde Position der kindmäßigen Abhängigkeit drängte, ohne die Möglichkeit zu einer selbständigen Entwicklung – das kommt dem alten Hofschulzen nicht in den Sinn. Dieses patriarchal-autoritäre Verhalten war die Norm, und als Franz Innerhofer mehr als 100 Jahre später seinen österreichischen Bauernroman schreibt, hat er die gleichen Beziehungsmuster beobachtet, aber er spricht es deutlich aus, wie der Bauer seine Dienstboten mit seinen Herrschaftsmitteln «zurechtrückt» in die Nichtigkeit:

«Nach dem Beten bekreuzigten sich alle, und der Bauer und der Bauknecht gingen allen voran zum Tisch, setzten sich und warteten, bis alle ihre Plätze eingenommen hatten. Dann forderte der Bauer die Dienstboten und Taglöhner auf, tüchtig zuzugreifen. Er sagte in die Tischrunde, es sei genug zum Essen da. Am Essen habe es auf dem Hof 48 nie gefehlt. Es müsse alles ausgegessen werden.

Nachdem der Bauer jedem Taglöhner etwas in die Hand gedrückt und ihn gebeten hatte, am nächsten Tag wiederzukommen, schloß er hinter ihnen die Stubentür und ging langsam auf die Knechte zu, denen er befohlen hatte, in der Stube zu bleiben. Sein Gesicht kehrte wieder eine ernste Miene hervor, wie er sie bei den Dienstboten nicht duldete. Es war das Nachspiel, die Geschichte mit dem rostigen Draht. Während man den Bauknecht draußen dengeln hörte, begann der Bauer leise zu sprechen. Die Knechte kannten diesen Ton. Obwohl sie jetzt zu fünft dem Bauern gegenüberstanden, schlug sie der Bauer mit bloßen Worten auseinander, jeden einzelnen in seine schreckliche Kindheit zurück, die bei jedem einmal in dieser Gegend angefangen hatte. Es war immer ein mit allen Mitteln betriebenes Zurechtrücken in die Nichtigkeit, ein Zurückstauchen auf die ersten Züchtigungen. Der Bauer schrie. Es dauerte nicht lange, dann brach er mit einer Drohung ab und verließ die Stube. Als die Knechte fünf Minuten später vor das Haus traten, kam der Bauer vom Stall herüber und brachte den Jüngsten in Verlegenheit, indem er ihn nach dem Wetter fragte. Das war ja ein Witz, dem Vierzehnjährigen in Gegenwart der ihm übergeordneten Knechte eine Frage zu stellen, der alle Dienstboten aus Angst vor dem kommenden Tag nach Möglichkeit auswichen. Der Vierzehnjährige errötete und brachte kein Wort hervor.»[11]

Die große Rolle, die das kräftige Essen für die arbeitende Landbevölkerung spielte, ist kaum zu überschätzen. Aber daß es wiederum Feste gab wie die steirische «Gürtelsprenge», die die Knechte als hirnlose Fresser denunzierten, das sagt etwas aus über die Grobheit der Umgangsformen und gegenseitigen Einschätzungen:

«Das Fest der Gürtelsprenge.

Mir ist aus jener Zeit, in der ich solche Feste noch mitmachte, ein Geschichtchen in Erinnerung. Ich war noch im Hefelrainhof beim Vieh. Die Heue war vorüber, und unser Knecht hatte zwei Tage lang fast nichts gegessen, um sich auf den nahenden Genuß gebührend vorzubereiten. Es waren Stunden aufgeregter Erwartung, bis am dritten Tage zum späten Mittag der Bauer das weiße Tuch, mit dem roten Streifen in der Mitte, über den Tisch zog. Dann legte er die glänzend gefegten Messer und Gabeln und Löffel auf ihre Plätze. Dann begann er in gehobener Stimmung – er hatte heute auch reine Wäsche an – Weißbrot aufzuschneiden. Ich stand neben dem Tisch und sah, wie der Haufen der Brotspalten immer mehr anwuchs und anwuchs. Hansjörgl, der Knecht, beobachtete diesen Vorgang nicht ohne Mißtrauen; – wozu das viele Brot hier? Soll das etwa bestimmt sein, die Haupträumlichkeiten zu füllen, auf daß feinere Bissen nicht sollen untergebracht werden können? – Endlich kam der dampfende Milchtopf, und der Tisch ächzte, und die Massen der Brotspalten wurden hineinversenkt, so wie sich bei Erdrevolutionen Berge versenken in die Tiefen des Meeres. Wir beteten, dann setzten wir uns alle zu Tische.

Der Knecht begann zu essen, still und langsam, mit einer ehernen Ruhe. Als die Milch und das darauffolgende Speckkraut abgetan war und die Lasten der Roggenknödeln erschienen, fühlte ich die früher so mächtigen Sympathien für die Gegenstände nach und nach schwinden – ich war gesättigt. Ich sah nur sinnend zu, wie die bedeutsamen Reihen der Gerichte vorüberzogen, die Butterschnitten und die Rahmstrudel und die Fleischnudeln, und das Schottenkoch und die Milchkrapfen und das Schmalzmus. Sie aßen und redeten dabei von Dingen, die sich früher bei dem Feste der Gürtelsprenge zugetragen hatten und in der Zukunft noch zutragen können. Der Knecht redete nicht, er saß und aß still und langsam, mit einer ehernen Ruhe. Es kamen noch fernere Gerichte und fernere Gerichte, und der Knecht aß still und langsam fort. Als sie bei den Butterkrapfen waren, hörte man ein leichtes Schnalzen – es war sein Gürtel auseinander gesprungen. Der Knecht ließ ihn auseinandergesprungen sein, blieb in seiner Ruhe und aß.

Endlich aber blieb die geleerte Schüssel auf dem Tisch stehen, und es kam nichts mehr. Der Knecht blickte befremdet auf; – wo spannt sich's denn? ja, gehts denn nicht allweg so fort? – Er war schwermütig, er dachte an das Los alles Zeitlichen, er erhob sich, er ging in das Freie, er stand eine Weile still und sah hinaus in die Berge und Täler, er stieg empor zum Heuboden, er legte sich in sein Bett.»[12]

«Verschwendung» hieß das Zauberwort, das wie eine goldene Überschrift über festlichem Gebaren stand. Verschwendung an Nahrungsmitteln und Alkohol, aber auch an Zeit und Kraft zum Fressen und Saufen – wie auf Bruegels Kirmesbildern –, Verschwendung schließlich an Trachten, Putz und Schmuck: das waren die quantitativen Kulturelemente, die immer wieder als Höhepunkte der agrarischen Lebenswelt erschienen.

Das Wohnen

«An der Südseite jener langen und scharf ausgeprägten Gebirgskette, welche das deutsche Hügelland gegen Nordwest beschließt, lag, von eignen grün umhegten Äckern, Wiesen und Weiden umgeben, ein weitläufiges Gehöfte, stellenweise mit alten Eichen und Buchen und mit jungem Anwuchs bestanden. Ein klares Bergwasser, zu einem mäßigen Teich gestauet, rauschte hindurch, inmitten erhob sich das stattliche strohbedeckte Haus, in mächtiges Fachwerk von Eichen gebälkt, bunt von Ziegeln erbaut. Seitwärts von dem gewölbten Tor des Vordergiebels standen die Pferde, dann auf beiden Seiten der lange Dehle die Kühe in offenen Ställen, im Hintergrunde, wo ein Kreuzgang, an der Seite mit kleinern Türen und hellen Fenstern, das Haus durchschnitt, lag in der Mitte auf bunt gepflastertem Grunde der niedrige Herd, von dessen starkem Gebälk der große Kessel herunterhing. Hier an diesem traulichen und schönen Platze, der das ganze Haus übersah, sammelten sich abends Mann und Weib, Kind und Gesind; dahinter lagen die Stuben und Kammern mit den Webstühlen, rechts vom

Niederdeutsches Hallenhaus mit offenem Herdfeuer, links die Pferdeställe, rechts die Rinder. (Otto Dörr, 1831–1868)

Herde in der freien Halle, *Luchtvort* genannt, stand der gemeinsame Eßtisch von blankem Eichenholz, wo Herrschaft und Gesinde gemeinschaftliches Gebet und gemeinschaftliches Mahl hielten. Über den Ställen befanden sich kleine Böden und Kammern, Bühnen genannt, an dem Herdende war das Schlafgemach der Mägde, bei den Pferden das der Knechte, und die Kammer des Bauern und seiner Frau hatte ihre Fenster nach dem Herde hin, so daß auch zur Nachtzeit das Auge des Hausherrn überall sein konnte. Das ganze Gebäude war bedeckt von einem ungeteilten Heu- und Kornboden, und der gewöhnliche Aufladeplatz befand sich auf der Tenne, welche vierspännig befahren werden konnte.»[13]

Diese idyllisch anmutende Schilderung eines westfälisch-niederdeutschen Hallenhauses aus dem Jahre 1842 erinnert an Justus Möser (1720–1794), den Osnabrücker Landesadvokaten, und seinen oft zitierten Lesebuchtext über das niederdeutsche Bauernhaus.[14] Wohl ist das niederdeutsche Einhaus eine Holzarchitektur von imponierendem Pathos, und die norddeutschen Freilichtmuseen[15] überliefern diesen Baustil mit dem Stolz der traditionsreichen Denkmalspflege. Ob jedoch die Vereinigung von menschlicher Wohnung, Ställen und Wirtschaftsräumen unter einem Dach tatsächlich eine hohe Wohnqualität bedeuteten, darf inzwischen aufgrund medizinischer Zeugnisse und authentischer Lebensberichte füglich bezweifelt werden. Dagegen spricht bereits die Einrichtung einer «Stube» hinter dem offenen Kochraum seit dem 17./18. Jahrhundert, d. h. seit Einführung der Öfen – also eines gewärmten Wohnraumes. Zumindest für die Feiertage war mit der Bewohnung der heizbaren Stube doch ein wenig «Gemütlichkeit» verbunden.

Das Bauernhaus gehört seit eh und je zu den sichtbarsten und meßbarsten Objekten volkskundlicher Forschung und erfuhr von daher frühzeitig eine kulturgeographische Einordnung: das niederdeutsche Einhaus, die mitteldeutschen Gehöftanlagen als Drei- und Vierkanthöfe und das oberdeutsche Haus als Einbau (Tirol, Schwarzwald) und als Zwiehofanlage.[16]

Es sollen hier jedoch nicht ethnische Konstruktionstheorien vorgeführt und die Vielfalt der Haustypen eingehend erklärt werden, sondern von der Funktion her wird nach dem ländlichen Wohnverhalten gefragt und nach seiner Aussage über das zwischenmenschliche Beziehungsgeflecht im Bauernhaus. Auf Klima, Volksschlag und Boden, auf alte Territorialgrenzen und Erbrechtssatzungen kann dabei nur andeutungsweise verwiesen werden.

Das Wohnen will hier als ein sozialer Prozeß verstanden sein, der von der Produktionsweise und dem ökonomisch-technischen Stand der Gesellschaft bestimmt ist.[17] Solche Zusammenhänge kann das Beispiel des Schwarzwaldhauses erhellen.[18] Unter langgestrecktem Wohndach vereinigen sich Wohnung und Stall und Scheune, doch jedes mit speziellem Eingang und nicht mit nur einer großen Einfahrt wie beim norddeutschen Hallenhaus. In einem Untergeschoß unter der Wohnung beherbergt das badische Schwarzwaldhaus die Ställe, dann kommt ein geräumiges Wohngeschoß mit Eingang von der Seite her, und da sich die Häuser meist mit der hinteren Giebelseite an den Berg lehnen, befindet sich hier die große Einfahrt, und man fährt von dieser Seite unmittelbar Getreide und Heu in die Scheuern, die hinter und über dem Wohngeschoß liegen. Diese Einbauten verdanken ihre Entstehung wirtschaftlichen und klimatischen Forderungen. Bei vorherrschender Viehzucht war eine möglichst enge Verbindung von Wohn- und Stallbau geboten; starke Regen- und Schneefälle machten eine bequeme Begehung der Ställe erforderlich. Aber auch die Futtermittel mußten gut erreichbar

Die Nachbarinnen beim Spinnen in einer niederdeutschen Stube. (Max Liebermann, 1847–1935)

sein, und wenn der Bauer seinen Reichtum an Getreideernte unter demselben Dach aufbewahren konnte, so hatte er alles Nötige beisammen. Eine solche Anordnung wurde zusätzlich begünstigt durch die Unebenheit der Bauplätze, die engen Täler mit reißenden Bächen u. a. m. Genannt seien z. B. die großen Waldbauern-Einbauten des Wolfach- und Kinzigtals, wo sich ein von altersher freier Bauernstand eine stolze Repräsentationsform für Reichtum und Wohlhäbigkeit schuf. Seit dem 16. Jahrhundert trug der blühende Holzhandel (Rhein – Holland) zum Reichtum dieser Schwarzwaldbauern bei. Es gelang ihnen, trotz der Gegenmaßnahmen der Schifferschaften und auch der Grundherren in hartnäckigen langwierigen Prozessen ihre Rechte auf Holzschlag und Flößerei zu behaupten, wie überall Zeugnisse in den Gasthöfen beweisen. Auch der Obstbau vermehrte ihren Reichtum, Geld kam in die Täler und damit das Vorbild städtischer Bauanregungen. So fällt hier vor allem die Weitläufigkeit der Häuser auf. Die Dachlasten sind auf die Außenwände übertragen, womit eine große hallenförmige Bühne entsteht und neue Raumgedanken sowohl vorne die Wohnräume wie hinten die Heubühne und den Getreidespeicher bestimmten. Der Dachraum verläuft stützenlos von einer Seite zur anderen und zeigt die Schutzfunktion des gewaltigen Halbwalmdaches!

Der Repräsentationscharakter dieser architektonischen Prachtbauten ist augenscheinlich[19] – und damit die Selbstdarstellung als dörflicher Kommunikationsvorgang. Das bedeutete jedoch keine persönliche Identifikation, sondern die Selbstdarstellung einer gewichtigen Gruppe im Dorfe – also ein vorwiegend unindividuelles Vorweisen des eigenen sozialen Standortes durch die allen verständlichen Zeichen der dörflichen Bau- und Wohnweise. Selbst das Übersteigen der Grenzen, die die Gesetze einer gewissen Gruppenrepräsentation erlaubten und die schichtenspezifisch auch der mittlere und kleine Bauer anwendete, vollzog sich wiederum in einem standardisierten Stil, der sich in Bauweise (Stuck) und Einrichtungsgegenständen (Wandschmuck[20]) jeweils «nach oben» orientierte.

Bei solchen Betrachtungen erhebt sich die Frage, ob denn die Funktion «Wohnen» überhaupt so allgemein beschrieben werden kann, und ob das ländliche Wohnen nicht zunächst einmal grundsätzlich von dem städtisch-bürgerlichen abgesetzt werden müßte entsprechend dem völlig anderen Wohnverständnis der städtischen und der ländlichen Familie. Während sich in der Stadt mit der Industrialisierung Arbeitsplatz und Wohnort voneinander trennten und damit eine gänzlich neue kulturhistorische Epoche begann, verblieb die Landfamilie bis heute in der Struktur der gemeinsam wirtschaftenden Haushaltsfamilie unter einem Dach.[21] Das wirkte sich ganz selbstverständlich auch auf das jeweilige gesamte Wohnverhalten aus. Das Wohnen diente auf dem Dorf dem Schutz für das Zusammenleben einer Wirtschaftsfamilie, ihrer Produktionsmittel und -erzeugnisse (auch wenn es sich nur um ärmliche Tagelöhnerverhältnisse handelte).

Eine strukturalistische Oppositionsbildung würde für das Wohnen folgende Gegenüberstellung ergeben:

Wohnen	*Nichtwohnen*
Innen	Außen
Schutz	Gefahr
Privatheit	Öffentlichkeit
Freizeit	Arbeit
verschlossenes Wohnen	offenes Draußen
begrenzt	unbegrenzt
vertraut	unvertraut
zwanglos	gezwungen (z. B. in der für außen üblichen Kleidung)
selbstgestaltet	von außen gelenkt
familiärer Kontaktzwang	anonym

Für das bäuerliche Wohnen ergeben sich einige Änderungen bei Freizeit und Arbeit, die beide oft auf dem gleichen Platz ablaufen – und dementsprechend auch für die anderen Positionen: vor allem endet das Innen der familiären Behausung, und damit des Hausfriedens, nicht wie beim Bürger an der Wohnungstür, sondern außen an der Hofgrenze. Bei der Heirat besitzt deren Überschreitung für den einheiratenden Teil eine rechtliche Qualität; beim Tode segnet der Geistliche nochmals den Sarg, wenn er über die Schwelle des Hoftores gehoben wird.

Aber auch innerhalb der Stube existieren – anders als im Bürgerhaus – sozialrechtliche Grenzen: zwar ist das Eintreten in die Stube erlaubt, – das Platznehmen auf einem Stuhl bedeutet jedoch bereits eine tiefere Teilhabe am Schutz des Hauses und darf erst nach Aufforderung durch den Besitzer erfolgen. Noch deutlicher wird diese Raumordnung bei der Behandlung von Bettlern und Fremden, wie sie Béla Gunda für Südosteuropa dokumentiert hat:[22] Bis hierhin und nicht weiter! war der nonverbale Befehl des

Bettlerbalkens, dessen unsichtbare Trennlinie im ersten Drittel der Stube der Bettler nicht überschreiten durfte (vgl. S. 336).

Der physische Abstand war also gleichbedeutend mit dem sozialen, und damit war auch das Raumempfinden sozial bestimmt. Die Beobachtung, die Norbert Elias für die höfische Gesellschaft so formuliert, daß sich die Hof-Familie in ständiger räumlicher Nähe, aber sozialer Ferne befunden habe,[23] trifft in gesellschaftlicher Umsetzung auch auf die bäuerliche Hof-Familie zu, wenn man ihre innerhierarchischen Ordnungen bedenkt. Kochen, Heizen, Schlafen, Körperreinigung und häusliche Arbeit, ferner Muße (also Regeneration), Gastlichkeit und Repräsentation werden als die acht ‹Ideen des Wohnens› bezeichnet, denen, wo es möglich war, auch eigene Stätten im Hause oder im Einraum wenigstens eigene Plätze entsprachen.[24] An der Ausgestaltung des einen oder anderen Raumes ließ sich jedoch nicht nur der besondere Lebens- und Wirtschaftsstil einzelner Landschaften und Zeiten ablesen, sondern auch Reichtum und Armut der Dorfbewohner.

Es muß dabei die große Differenziertheit der sozialen Standards bewußt bleiben, von der z. B. die musealen Inszenierungen meist keine Vorstellung vermitteln: sie zeigen besonders gerne, was putzt oder die zusammengestellten Überbleibsel qualitätsvoller Handwerksarbeit, die in dieser Einheitlichkeit kaum jemals eine Synchronität des Wohnens gebildet haben dürften.[25] Der Tagelöhner hatte nicht im entferntesten die Wohnmöglichkeiten des Bauern, so daß es nach den mehr allgemeinen Beschreibungen bäuerlicher Wohnweise angemessen ist, aus Augenzeugenberichten den Blick in eine norddeutsche Tagelöhnerkate aus der holsteinischen «Grafenecke» zu werfen:

«Die Katen gewährten in ihrem Gesamtbilde nun zwar einen nicht ganz so verwahrlosten Anblick wie die pommerschen Jammerlöcher dieser Art, immerhin sahen auch sie armselig genug aus. Alt, baufällig, windschief lagen die Hütten in kleinen Abständen nebeneinander; der Rauch spielte über den krummen Linien ihrer geflickten Strohdächer. Auch hier gab es in den undichten Fenstern der meisten Wohnungen Scheiben, die keine Scheiben mehr waren; vielmehr hatte man ebenfalls – wie in Pommern – zu Papier und Mehlkleister seine Zuflucht genommen und die überzähligen Öffnungen verklebt.

Diele und Flur bestanden aus hartgestampftem Lehm, fast ebenso holperig und löcherig wie in Pommern; auch die querteiligen Türen hinkten vor Altersschwäche in ihren rostigen Angeln. Ein einziges Tagelöhnerhaus, in dem drei Familien wohnten, konnte man als leidlich menschenwürdige Wohnstättte bezeichnen. Es war dies ein neues Häuschen mit Pappdach und Zementflur, das auch die ungewöhnliche Ausstattung einer Bretterdiele aufwies. Seine Entstehung verdankte es einem Stallbrande, bei dem das alte Hüttchen durch Flugfeuer mit vernichtet worden war. Nun beherbergte das neue dafür auch den Oberschweizer, den Gutsschmied und den Gutsstellmacher; gleichzeitig waren auch die Werkstätten der beiden letzteren mit in ihm untergebracht. Die übrigen Katen aber konnten sich samt und sonders in baulicher Beziehung tatsächlich auch nicht entfernt mit den gutsherrlichen Schweineställen messen.

Auch die innere Einrichtung der Tagelöhnerwohnungen entsprach im wesentlichen deren äußerer Beschaffenheit. Hier vielleicht ein Stück Stuhl oder Kasten mehr wie dort, ja wohl gar eine polierte Kommode oder ein gebrechliches Sofa unbestimmbarer Herkunft, sonst aber überall derselbe ärmliche Hausrat, das gleiche bißchen Armut wie in Pommern. Dabei herrschte jedoch allenthalben eine wohltuende Reinlichkeit. Es schien fast, als sei jede Tagelöhnerfrau bewußt bestrebt, die Dürftigkeit ihrer Stubeneinrichtung durch Ordnung und Akkuratesse möglichst zu verdecken. Selbst an dem vergilbtesten Fenster hing ein Fähnchen Gardine, und die wurmstichige Kommode schmückte eine weiße Auflage mit kleinen billigen Porzellanzieraten darauf. Dagegen fand ich nirgends mehr, wie noch in meiner Heimat, einen Webstuhl.»[26]

Man müßte (aus Hinterlassenschaftsinventaren und persönlichen Berichten) feststellen können, was in einzelnen Regionen und Epochen als Minimum und auch als Maximum an Einrichtungsgegenständen gerechnet wurde – seit wann z. B. ein Sofa auch in die Tagelöhnerküche gehörte oder ein gepolsterter Ohrensessel für den Großvater, wie es z. B. das Freilichtmuseum Kommern in der Eifel dokumentiert. Um dem aufgeputzten Bild der meisten musealen Bauernstubeninszenierungen entgegenzuwirken, sei hier noch ein Bericht des Arztes Rudolf Virchow (1821–1902) aus dem Spessart von 1852 zitiert, der anläßlich seiner Krankenbesuche realistische Wohnverhältnisse der armen ländlichen Bevölkerung wiedergibt:

«Es war ein kleines, altes, baufälliges Haus, das unten einen Stall mit einem schon verpfändeten, mageren ‹Stierchen› enthielt und dessen hintere Wand ganz in den Berg hineinging. Über eine ziemlich hohe Stiege kletterte man zu dem sonst einstöckigen Hause hinauf, das einen ganz kleinen Vorplatz mit Küche, ein einziges, enges und niedriges Zimmerchen und ein dunkles, feuchtes und kaltes Kämmerlein umschloß. Die Wände des letzteren waren fast ganz naß und auch die des Zimmers von Rauch und schwärzlichen Schimmellagen überdeckt. Enge, niedrige Fenster mit verschiebbaren und demnach zu öffnenden Flügeln, und ein großer, tönerner Ofen mit Ofenbänken bildeten die weitere Ausstattung des Zimmers, das zum großen Teil von einem nicht ganz sauberen, aber mit dicker Federdecke versehenen Bett, einem alten Tisch und einer Fensterbank ausgefüllt wurde. Ein zweites, aber sehr schmutziges und ekles Bett nahm einen nicht unbedeutenden Raum des Kämmerleins weg. In diesem Raum hatten die 6 Menschen gehaust, in den beiden Betten geschlafen, so daß der 13jährige Sohn des Hermann bei der Schwägerin, welche in der Kammer ihr Lager hatte und welche ‹ihn sehr lieb hatte›, mit im Bette lag.»[27]

Doch genügen die Unterschiede zwischen reicher und armer Stubenausstattung nicht zur Charakterisierung des ländlichen Wohnverhaltens. Über die verschiedenen Standards hinaus sind – zumindest für die ältere Zeit – noch andere Zeichensetzungen durch Möbel zu beobachten. Fast nie hat ein Einrichtungsgegenstand nur eine praktische Funktion, sondern dazu auch meist eine rechtlich soziale, die zur Regulierung der persönlichen Beziehungen innerhalb des Hauses beiträgt.

Das Bett

Im Hessischen (aber ähnlich auch in anderen bäuerlichen Regionen) galt das Ehebett mit Betthimmel (üblich seit dem 18. Jahrhundert) in der großen Erdgeschoßstube als ein Rechtssymbol mit deutlichen Prestigezeichen.[28] Dort schlief der Bauernwirt mit seiner Frau, so lange er die Herrschaft auf dem Hofe innehatte. Im norddeutschen Raum ersetzte die *Butze* das Himmelbett, ein Einsteigbett, das in die Wandtäfelung des Hauses eingebaut war. Auch hier hatte die Bettnutzung im Wohnraum einen Prestigewert.

Solche Einsichten beruhen auf der historischen Tatsache, daß auch die Vitalfunktionen und -bedürfnisse wie das Schlafen sozialgeschichtlich bedingt und wandelbar sind. So ist Gleichmann[29] zu folgen, der erst seit der Zeit um 1900 eine allgemeine Konzentration des Schlafens auf spezielle, dafür vorgesehene Räume feststellen möchte. – Noch

Himmelbett mit geschnitztem Fußstück und Vorhängen nach hessischem Muster. (Märchenillustration von Otto Ubbelohde, 1867–1922)

bis zum Ersten Weltkrieg war das Einzelbett pro Person in den städtischen Unterschichten und weitgehend auf dem Lande nicht allgemein üblich.[30] Entsprechend den verschiedenen Baukonstruktionsstilen in den deutschen Hauslandschaften entwickelte sich die Ausgliederung einzelner Wohnfunktionen unterschiedlich. Die Abtrennung der Schlafzellen von den Wohntrakten ist aber nicht nur als Ausdruck der Veränderung der Scham- und Peinlichkeitsschwelle zu interpretieren,[31] sondern hängt wohl auch mit der Verlagerung des rechtlichen Stellenwertes zusammen, den zuvor das Schlafen im ehelichen Himmelbett ausgezeichnet hatte. Anrecht auf ein Bett durften Bauer und Bäuerin, Alte und Kranke beanspruchen, und die Inventarlisten des 18. und frühen 19. Jahrhunderts berichten nur von einer geringen Anzahl von Schlafmöbeln. Die Kinder schliefen zusammen oder in ausziehbaren Kastenbetten, die Kleinsten in der Wiege oder der Kommodenschublade. Noch ärmer als der Strohsack war das Laubbett:

«Auf der Schwäbischen Alb wachsen die Buchen höher und schöner als irgendwo sonst. Wenn das Laub nach den ersten Stürmen so um Martini und um die Kirchweih herum fußhoch auf dem Boden lag, gingen die ärmeren Leute und alle, denen es am Stroh gebrach, mit Laubsäcken und Rechen hinaus in den Herbstwald. Man rechte dann vorsichtig die oberste trockene Schicht auf große Haufen, und wenn genug beieinander war, fing man an, die langen Säcke zu stopfen. Man legte sie, wenn sie ein Stück weit herauf voll waren, auf den Boden, legte sich auf den Rücken, schlüpfte mit den Beinen in den Sack, hielt ihn oben fest und stampfte, so fest man nur konnte. Nachfüllen, stampfen, nachfüllen, stampfen. So ging es, bis der pralle Sack ganz hart und voll war und zugebunden werden konnte. Es konnte eines leicht zwei solcher zusammengebundener Säcke auf dem Rücken heimtragen. Hinter dem Haus oder auf einer benachbarten Wiese wurde das Laub noch ein paar Tage ausgebreitet, damit es ganz trocken und rösch wurde, und dann wurde es wieder zusammengerecht und in die frisch gewaschenen Bettsäcke gefüllt. Das wurden dann ganze Bettwolken, hoch und rund und weich. Sie wurden einfach auf Querbretter in die Bettladen gelegt und mit einem Leintuch überzogen. Wenn der Laubsack wieder frisch gefüllt war, mußte man wirklich ins Bett steigen. Auch ich mußte das an jenem Abend tun, an dem ich zum erstenmal auf dem Laubsack schlief, wenn er auch nicht frisch gefüllt, dafür aber um so kräftiger aufgeschüttelt worden war. Die Buben hatten mir zum Spaß ein kleines Leiterchen ans Bett gestellt. Sie schliefen zu zweit im andern Bett, der eine unten, der andere oben...»[32]

Die Mägde schliefen in Kammern und Verschlägen und die Knechte im Stall. Bis hierhin drang also die historische Entwicklung der Intimitätsschwelle nicht vor. In diesem Zusammenhang ist die rührende Geschichte einer Dienstmagd, des Nährikele, zu erwähnen, das sich als glühenden Wunsch ein eigenes Bett erträumt und jeden Pfennig für dessen allmähliche Anschaffung opfert.[33]

Stuhl und Möbelausstattung

Bewegliche Stühle wurden erst spät (18./19. Jahrhundert) in das bäuerliche Mobiliar aufgenommen. Vorher gab es nur Bänke und feste dreibeinige Hocker. Doch hatten auch die neuen einzelnen Sitzmöbel eine regulierende Funktion im Rechtsdenken der Bauernfamilie, das an aristokratisches Etiketteverhalten anschloß: es kam dabei weniger auf die Sache an als auf das, was sie in Beziehung auf bestimmte Personen bedeutete.[34] Das galt für den Bauern ganz so wie für den höfischen Adel. Diese Parallelität um den Prestigewert des «Sitzes» drückt sich z. B. in der Einschätzung des Schwälmer Brautstuhls aus als einem Rechtszeichen für Sitz und Stimme im neuen Heim.[35] Form und Konstruktion entsprachen dem mittelalterlichen Sesseltyp und verbürgten damit seine feierlich rechtliche Funktion. Es dürfte kein Zufall sein, daß sich dieses Möbel, nachdem es in anderen Regionen verschwunden war, gerade in der altbäuerlichen hessischen Schwalm mit ihrem strengen Anerbenrecht erhalten hat – ja, sogar eine Belebung erfuhr. Motive und Glückssymbole entwarfen die hessischen Schreiner neu als Zeichen einer großbäuerlichen Lebenswelt, in der sich Besitzstolz und praktizierte Etikette vereinten. Die Organisation des Hochzeits-Zeremoniells der Schwalm wird am Beispiel der Tracht eine weitere Analyse erfahren. Der Wunsch nach der Aufrechterhaltung solcher Etiketten entsprach also zugleich dem Bestreben nach

«Der Schneider im Himmel» hat seinen Zylinder auf einen Schwälmer Brautstuhl gelegt. (Märchenillustration von Otto Ubbelohde, 1867–1922)

Bestätigung der eigenen sozialen Einstufung – auch innerhalb der bäuerlichen Familie und des Hauses.

Die Aufzählung solcher Möbelfunktionen könnte fortgesetzt werden, wobei für das 19. Jahrhundert im Hinblick auf die bäuerliche Mittelschicht ungefähr von folgendem Inventar auszugehen wäre:

In der Kammer:	Bett(en), Kleiderschrank, Truhe, Wiege,
in der Stube:	Tisch, Bänke, Hocker, wenige Stühle, eventuell Bett,
in der Küche:	Wirtschaftsschrank, Geschirrbord, dazu eine Uhr und kleine Hängeschränke, Sofa (variierend nach Vermögen und Landschaft).[36]

Das hört sich so an, als wären die Möbelausstattungen über Generationen hinweg in den Familien verblieben, was aber nur selten geschah. Meist war es üblich, daß bei jeder Hochzeit der einheiratende Teil, also meist die Braut, eine traditionell vorgeschriebene Grundausstattung von Möbeln einbrachte, wozu auf jeden Fall, auch bei ärmeren Verhältnissen, das Bett gehörte, aber auch Truhe und Kasten.[37] Diese Dinge ersetzten die Austattung der Altbauern, die zuerst mit ins Altenteil wanderte und dann einen sozialen Abstieg erfuhr: Kleidertruhen degenerierten zu Mehlkästen, Betten gelangten zum Verkauf oder in die Dienstbotenkammern.[38] Wurden jedoch hier und da Möbel von der älteren Generation übernommen, so erfuhren sie eine Umprägung durch Übermalung der Initialen, denn jede Möbel-Grundausstattung war durch Inschriften und Bildzeichen an die Besitzer, das Brautpaar, gebunden und meist vom Dorfschreiner auf Bestellung angefertigt.[39]

Diese Erscheinungen sind meist als Zeichen autarkischen Bauernstolzes zitiert worden. Was aber sagen sie über das ländliche Wohnen aus, über die Mentalität des bäuerlichen Menschen? Einerseits drückte sich in der persönlichen Zuordnung der Möbel durch ihre Qualität als Mitgift und die aufgemalten Initialen eine Art von Individualität aus – etwa in dem Sinne: *das* sind die Sachen der Katharina Rhiel, geborene Sturm, die 1853 den Johannes Rhiel in X. geheiratet hat! Aber trotz dieser Persönlichkeitsmarke unterschied sich die Beziehung zum eigenen Mobiliar sowohl vom Repräsentationsgeist der modebewußten Feudalgesellschaft wie vom Häuslichkeitssinn der kultivierten Bürgerschicht. In den Städten ging man im Verlauf des frühen 19. Jahrhunderts, besonders des Biedermeier, mehr und mehr zu einem selbstgewählten und selbst gestalteten Milieu der Gemütlichkeit über, in dem auch ererbte Einzelstücke ihren hochgeschätzten und geliebten Platz haben konnten. Auf dem Lande herrschte eine andere Wohngesinnung.

Die junge Bäuerin brachte – meist auf dem Brautwagen – das an Möbeln in die Ehe ein, was sich nach dem Dorfdenken für ihren Stand gehörte, also z. B. polierte Möbel nur bei den größeren Bauern, aber nicht bei den Tagelöhnern. Diesem Besitzdenken entsprachen auch die aufgemalten Initialen als Hinweis auf die Persönlichkeiten der Jungverheirateten, die nun sofort oder doch bald das Sagen haben würden auf dem Hof. Auch der Standort der Möbel in der Stube war durch die dörfliche Norm vorgeschrieben und ein individueller Einrichtungsstil undenkbar. Zudem hatte die spezielle Ausstattung der Wohnräume durch das jeweilige junge Ehepaar nur eine begrenzte Dauer: zwei bis drei Jahrzehnte vom Eheantritt bis zum Umzug ins Altenteil, wenn die folgende Hofgeneration die Ehrenplätze im Hause einnahm und der soziale Abstieg des alten Mobiliars begann. So konnte es geschehen, daß eine schön geschnitzte Truhe während mehrerer Generationen ihre Funktion wechselte über die Mehltruhe in der

Speisekammer, die Futtertruhe im Stall, die Alte-Kleider-Truhe auf dem Boden, bis sie schließlich absank zur Hundehütte auf dem Hof. Wenn zuweilen ein Stück überdauerte, vererbt und übermalt wurde, so meist aus Mangel oder gar Armut, aber nicht aus bäuerlichem Traditionsbewußtsein, wie es eine romantische Volkskunde lange glauben machen wollte. Gerade das Traditionsgefühl, die Einstellung zu überliefertem Besitz als Qualität im Sinne des Aufbewahrens alter Kulturgüter scheint in der Bauerngesellschaft am schwächsten ausgebildet zu sein. Traditionsgüter sind für den Bauern keine sozialen Vorbilder und Werte, und die Auffassung vom stetigen bäuerlichen Beharren in festen Überlieferungen muß man, was die Gegenstände anbetrifft, stark bezweifeln dürfen.[40] Stattdessen gingen und gehen auch die Landleute mit «der Mode», verstanden im Sinne der kollektiven Zwanghaftigkeit des gerade zeitgemäß Üblichen. Diese Mode aber hängt auf dem Dorf von dem sozialen Leitbild ab, dem die Gruppe im Zeitpunkt ihrer kulturellen Aktivitäten folgt: ist es der aus der eigenen Gruppe gewählte große Bauer, dessen Besitzdenken die Formen der bäuerlichen Repräsentationskultur bestimmt? Oder ist es – wie seit dem späten 19. Jahrhundert – mehr und mehr die bürgerliche Welt der Städte, deren anheimelnde Versatzstücke durch Verkehr, Mobilität und Konsumerweiterung in den Gesichtkreis der Dörfer gelangten und als etwas «Neumodisches» auch den Ärmeren erreichbar wurden? Gerade mit den kleinbürgerlichen Details, gestickten Wandbildern, Öldrucken, Polstermöbeln, dem Vertiko, mit Steinguttöpfen und Nippes hielt jene «Gemütlichkeit» Einzug und zwar zunächst in die ärmeren Bauernhäuser, vollzogen sich Innovationen, die die steife Inszenierung großbäuerlicher Möbelausstattung nicht vermitteln konnten. «Wohnen» im üblichen Sprachverständnis ist eine bürgerliche Qualität. Das soll kein Werturteil sein und keine Disqualifizierung der bäuerlichen Lebenswelt, sondern nur die strukturelle Unterschiedlichkeit beleuchten. Wenn die Dauer des Möbelbestandes in zahlreichen bäuerlichen Gebieten nur die «Regierungszeit» des jeweiligen Hofbauern von seiner Eheschließung bis zur Übergabe des Hofes an seinen Sohn umfaßte, so darf das nicht vom bürgerlichen Verständnis her als Kulturmangel und Achtungslosigkeit gegenüber den schönen alten Sachen interpretiert werden. Vielmehr ging ein solches Verhalten von der Einsicht aus, daß der *Hof* im Familienbesitz überdauert und den Namen fortführt und daß nur die Generationen wechseln. Wie bei einer Kette folgt ein Glied dem anderen, gibt ein Geschlecht dem anderen die Gewalt über feste und bewegliche Habe in die Hand. Als sichtbare Zeichen dieser Geschlechterfolge fungieren auch die Möbel, folgt eine Generationenausstattung der anderen. So wandelt sich die scheinbare Nichtachtung des oft durchaus noch ansehnlichen Mobiliars der Voreltern zu einer Achtungshaltung vor der Generationenkette und ihrem jeweiligen hierarchischen Auf- und Abstieg, und das ist eine merkwürdig eindrückliche Zeichensetzung bäuerlicher Lebensauffassung und Ästhetik.

Wie sich solche Möbelerbschaften vollzogen, hat Adolf Spamer 1939 für Hessen beschrieben:

«Im Verlauf der letzten vier bis fünf Jahrzehnte ging, unter dem Vortritt Rheinhessens, der größte Teil der alten Ausstattung des hessischen Bauernhauses zugrunde, so daß völlig stilreine Wohnräume selten sind. Wachsender Wohlstand, hygienische Aufklärung und der Siegeszug der Industrie bewirkten, daß wohl nirgends mehr aufgezogene Schubladen einer Bankkiste den Kindern als nächtliche Lagerstätten dienen und man auch in den entlegensten Gebirgsdörfern von Tellern statt aus den in den Tisch geschnittenen Napfvertiefungen ißt. Doch findet man im Vogelsberg, der

Rhön, dem Westerwald, dem Hinterland und der Schwalm den alten Einrichtungsstand in seinen Grundzügen noch in einem Umfang vorhanden, der nach den Erfahrungen in Rheinhessen und Starkenburg überrascht. Bestimmen auch die Verschiedenheiten der wirtschaftlichen Lage und der Wohnkultur die Gestaltung und Einrichtung der Wohnung, so ist doch das Ausmaß der Unterschiede ziemlich gering...

Hauptraum ist die durch Fenster von zwei Seiten belichtete Wohnstube, in deren einer Ecke das Bett steht, sofern es nicht in einen Alkoven eingebaut ist. Auch war in Oberhessen schon früh eine Teilung von Wohn- und Schlafstube üblich, indem man durch den ursprünglichen, auf ein paar Treppenstufen zu erreichenden Einheitsraum eine betürte Bretterwand zog, die in ihrem oberen Teil längs der einen Türseite einen Durchbruchsfries in schlichter, aber geschmackvoller Sägearbeit aufwies. An das Bett schließt sich entweder der gußeiserne, früher oft vom Hausgang bzw. der Küche geheizte Ofen oder eine Bank, unter der die Hühnerlade angebracht ist. In der anderen Zimmerecke steht vor zwei zusammenlaufenden Bänken der Tisch mit den Stühlen. Truhen und Schränke werden in der Oberstube aufbewahrt als Sammelraum alles wertvolleren Hausinventars, das hier vielfach in einem wenig liebevollen Nebeneinander aufgereiht ist. Die ebenerdige Küche ist oft so klein, daß Küchenschrank oder Geschirregal in dem Hausgang Aufstellung finden. Hinter der Küche befindet sich meist die ziemlich dunkle Dienstbotenstube; doch schliefen die Knechte früher im Stall... Unter den Möbeln zeigen die Bänke größtenteils schlichteste Formen und sind bald der Wand verbunden, bald frei beweglich...

Der gewöhnliche Stuhl des althessischen Bauernhauses ist, abgesehen von den rücklehnenlosen, mehr und mehr in den Hintergrund getretenen Schemeln, die vor dem 18. Jahrhundert meist die einzige Sitzgelegenheit des Haushaltes, außer der Bank, waren, unveränderter Typus seit Alters: ein vierkantiges Sitzbrett, verzapft mit vier schrägen Beinen und einer Rückenlehne. Zuweilen ist die Lehne mit sparsamem Schnitzschmuck oder Punzung verziert, immer aber in Sägearbeit ausgeschnitten, und stellt mit Vorliebe ein Paar sich gegenüberstehender Tiere dar. ...

Von den Tischen erhielt sich bis ins letzte Drittel des 19. Jahrhunderts der spätgotische Kastentisch mit zwei durch ein Querholz verbundenen Wangen, auf denen ein flacher Kasten ruht. Sofern dieser nicht eine eigene Schublade enthält, ist die Tischplatte zugleich aufklappbarer Deckel. Unter diesem Behältnis sitzt, schräg zurückweichend, ein zweiter umfänglicherer Kasten, der meist nur von oben zugänglich, zuweilen aber auch eigens ausziehbar ist. Daß solche Kastentische oft selbst auf der Rückseite Intarsien- oder Schnitzschmuck tragen, bezeugt ihre Schätzung. Neben ihnen finden wir schlichte kasten- und schubladlose Wangentische gleicher Bauart und Kreuzbeintische...

Lehnen hessischer Bauernstühle. (Karl Rumpf, 1885–1968)

Das wichtigste Altmöbelstück des bäuerlichen Hausrates war immer die Truhe, und ihrer Ausschmückung wandte man von je besondere Liebe zu. Zwar legten manche alten, prächtig mit Wappen, biblischen und mythologischen Darstellungen geschmückten Truhen, wie die Münzenberger oder die Neustädter Truhe, einen weiten Weg vom Schloß bis zur Haferkiste des Bauernhaushaltes zurück, aber auch aufs reichste eingelegte Stücke sind erweislich eigens für diesen geschaffen. Waren doch stets die Truhen Prunkstücke des bäuerlichen Hochzeitsgutes. ...

Konkurrent und Erbe der Truhe, die schon im bürgerlichen Stadthaushalt des 17. Jahrhunderts an Bedeutung verlor, ist der Schrank, der gleichfalls in erster Linie der Aufbewahrung der Kleider und Leinwandbestände dient; doch behielt in der Schwalm die Truhe ihre Stellung als Kleiderlade bis ins 20. Jahrhundert.

Ein Gebilde jüngerer Zeit, in der Wetterau immerhin schon über ein Jahrhundert alt, ist der Küchenschrank in Form eines geschlossenen Unterschrankes und eines Aufsatzes mit Glasfenstern. Seine Ahne war das einfach gebretterte Schüsselregal, dem man indessen früh einige Schubladen zur Aufnahme der Messer und Gabeln einfügte, während die Löffel anfänglich durch Löcher im Gesims aufgesteckt wurden.

Außer dem Küchenschrank findet sich zuweilen noch ein weiteres, kleines, oft im Hof aufgehängtes Wandregal, auf dem die im täglichen Gebrauch befindlichen Milchtöpfe aufgereiht sind, sofern man sie nicht zusammen mit dem Nachtgeschirr auf dem Gartenzaun aufspießt. Auch benutzt man mancherorts die alte Hinkelslade zur Aufbewahrung der vollen Milchtöpfe und übertrug auf sie den Namen ‹Dippebank›...

Sehr reich ist der Zierrat des alten Bauernbettes, das fast immer neben den Truhen, und diese übertreffend, Hauptprunkstück des bäuerlichen Haushaltes war. Wir finden es in der Form unseres heutigen Bettes, vor allem aber als ‹Himmelbett›, das die schon im späten Mittelalter gebräuchlichen fürstlichen Baldachinbetten kopierte. Die Kopfwand ist meist hochgezogen, die vier den ‹Himmel› tragenden Ständer sind mit dem Schnitzmesser reich verziert oder geschmackvoll gedrechselt, die Bettladen geschnitzt und bemalt, gelegentlich auch mit kunstvollen Eisenbeschlägen versehen. Die dem Zimmer zugewandte Breitseite schließt ein Leinenvorhang in Blaudruck ab. Schnitz- und Bildschmuck des Bauernbettes weisen in buntem Wechsel frommer Sinnbilder mit solchen des Liebeslebens die in der ländlichen Volkskunst üblichen Motive auf. Meist werden sie durch den Namen des Besitzers, die Jahreszahl und aufgemalte Sprüche ergänzt; z. B.: ‹Ich lege mich jetzt schlafen nieder / Gott erweckt mich morgen wieder – Johann Jacob Uebel von Weibelshausen 1847› (Museum Wetzlar).

Eines der in Schnitz-, Mal- und Sägearbeit am reichsten verzierten Möbelstücke war das Kleinstkindbett, die Wiege, die im Westerwald meist auf einem Tragegestell ruht und sowohl als Längs- wie als Querwiege auftritt. Trudenfüße und Sechszackensterne, zur Abwehr bösen Zaubers, zieren sie nicht selten, und beiderseitige Seitenzapfen ermöglichen gleichermaßen die Umschnürung des Bettzeuges wie die Befestigung des Wiegeseils. Auch die auf Rollen stehenden Kinderwägelchen weisen oft reizvolle Sägearbeit auf.»[41]

Diese Möbelinventare ähnelten sich in den Grundzügen für die bäuerliche Welt. Austauschbar von Generation zu Generation waren vor allem die Betten und Truhen oder Schränke.

Es sollten hier also keine erschöpfenden Darstellungen bäuerlichen Mobiliars gegeben, sondern ländliche Wohngedanken interpretiert werden, die den Vorstellungen vom Generationenzusammenhang entsprachen und der Würde des bäuerlichen Ehele-

Vogelsberger Bauernstube im alten Stil. (Foto Walter Stolle, 1970)

bens als Hofbesitzer Nachdruck verliehen. Wohnen im Bauernhaus hatte keinen individuellen Charakter. Für den Bauern blieb also das Rollendenken entscheidend: der Hof war stabil, nicht die Einzelperson.

Die Hofübergabe

«Also, net wahr? Jetzt hamm ma so lang mitanand g'haust, und z'weg'n wos soll'n denn nacha mir auf oamal z'kriagt sei? I tua mei Sach', und du werscht g'wiß it sag'n kinna, daß i net gern arbet, und du muaßt it sag'n, daß mir d'Zung außahängt vo lauta Gier nach'n Sach. Daß i gern auf'n Hof kam, dös sell is amal g'wiß, und weil mi aa gar nia was anderst g'wiß hot, und weil dös aa da Brauch is, daß mi's Sach' vo de Eltern kriagt, und hot mi aa seine bescht'n Johr' dahoam zuag'setzt, durch dös, daß ma's gar it anderst g'moant hot, aba desweg'n is durchaus it da Fall, daß i di mit G'walt weg hamm möcht' oda daß i dir dei G'sundheit it vaguun.»[42]

(Hochdeutsch: Also, nicht wahr? Jetzt haben wir so lange miteinander gehaust, und weswegen sollen wir denn auf einmal zerstritten sein? Ich tu meine Arbeit, und du wirst gewiß nicht sagen können, daß ich nicht gern arbeite und auch nicht, daß mir die Zunge heraushängt vor lauter Gier nach dem Hof. Daß ich gern Hofwirt wäre, das ist wahr – weil man ja auch garnichts anderes weiß und weil das der Brauch ist, daß man den Hof von den Eltern kriegt. Man hat ja auch seine besten Jahre daheim hineingesteckt, weil man es ja garnicht anders kennt. Aber deshalb möchte ich dich doch nicht mit Gewalt weg haben oder dir deine Gesundheit nicht gönnen.)

Bäuerliche Familienszene am Feierabend mit drei Generationen. (Johann Andreas Engelhart, 1801–1835)

Dieser Text spiegelt deutlich die Ambivalenz im Generationenverhalten aus Anlaß der Hofübergabe wider.

Nun war man nicht mehr der Hofbesitzer, sondern der Austragler, wie es in Bayern hieß, und sogar der Hofname stand den Alten nach der Übergabe im Dorfzusammenhang eigentlich nicht mehr zu: «Das heißt, die geweste Dachserin von Flinsbach, denn seit sie mit ihrem Manne übergeben hatte, konnte sie eigentlich den stolzen Namen nicht mehr führen, sondern war nichts mehr als die Kreszentia Wiechel, Austraglerin in Erlebach, die nichts mehr zu tun, aber auch nichts mehr zu sagen hatte.»[43]

Also die Hofübergabe war nicht nur ein Lebenseinschnitt; sie bedeutete auch so etwas wie einen sozialen Abstieg, den Ausstieg aus dem eigentlichen Bauernleben, und es war nicht zu verwundern, wenn es um den Termin dieses entscheidenden Vorgangs so häufig lange Überlegungen und Streitereien gab.

In den Gebieten größerer und selbständiger Bauernwirtschaften in Mittel- und Norddeutschland, im Westen und Süden lebte und wirtschaftete die Bauernfamilie in traditioneller Weise. Doch bedeutet das keineswegs, daß im Zusammenleben und -wirtschaften der Generationen stets ein harmonisches Gemeinschaftsleben herrschte, wie es von Familienwochenschriften, Lesebüchern und den Schriftstellern der Agrarromantik gern geschildert wurde. Die Übergabeverträge, *Aufsätze* und *Ausbehalte*, die meist bei Abgabe des Hofes an den Hoferben notariell abgefaßt wurden, zeigen, wie präzise jede Generation ihre Interessen wahrte und gegen diejenigen der anderen abgrenzte. Da ist genau das Altenteilszimmer im Obergeschoß mit seiner Einrichtung beschrieben und die zu reinigende Treppe; da ist die Verköstigung bis auf jeden Liter Milch und jedes Ei im Sommer und im Winter festgelegt und jede Sonderleistung im Krankheitsfall; da werden pedantische Vorschriften erlassen über einen verbliebenen Ackerrest oder Weingarten und seine Bewirtschaftung; da wird jede Unsicherheit beseitigt über die Reinhaltung der Stuben, ihre Instandsetzung und Beheizung. Diese Übergabeverträge sind objektive Quellen für die soziale Lebenswelt auf dem Lande und ihre realen Zeichen. Sie sagen etwas aus über das Leben der älteren Generation in Altenteilerstuben bei ärmeren Verhältnissen und in *Leibzuchthäusern* (Westfalen) oder *Ellerhäuschen* (Hessen) oder dem *Ausgedinge* (Österreich) bei etwas wohlhabenderen, über Verbindung und Trennung der Generationen im Familienverbande. Sie zeigen, wie die Versorgung der älteren Generation innerfamiliär geordnet wurde entsprechend dem autarken Denken und Wirtschaften im Bauernhof. Der Hof war zur Versorgung der Kinder und der Alten verpflichtet. Als Beispiel folgt im Wortlaut eine derartige Übergabeordnung von 1883 aus dem damaligen Österreich so, wie sie ähnlich auch in den meisten deutschen Bauerndörfern üblich war:

«Aufsatz:
Mathias Fischer gibt seiner Tochter Susanna Fischer 2800 Gulden, sage zweitausend achthundert Gulden österreichischer Währung. Und zwar den ersten Termin bis 1. Jänner 1885. II. Termin, dann bekommt Susanna Fischer 1 Feder Bett, 1 Milch Kuh, 1 Kleiderkasten.

Anton Schwengler übergibt seinem Sohn Nikolaus Schwengler (Hausnummer 298) mit einer ganzen Session (32 Joch Feld), vier angeschirrte Pferde sammt Wagen, Pflug, Egge und kurtz was zur Bauernarbeit gehört, dann noch einen großen Schrank, drei Stück magere Schweine.

Dafür haben die jungen Eheleute 3 Jahre Dienst zu leisten; für Liedlohn (Jahreslohn) bekommen sie 1 Joch Winter- und 1 Joch Sommerfeld frei verarbeitet. Sollten die jungen Eheleute sich 2 Joch ankaufen, hat der Vater durch 3 Jahre frei zu verarbeiten. Nach verflossenen 3 Jahr bekommen sie 12 Metz Brotfrucht Samen für 8 Joch Frucht anbauen, für 8 Joch Hafersamen 30 Metz Futter, dann im Jahre 1886 zwei Joch Kukurutz (Mais) von Vater oder Mutter frei.

Sollten die jungen Eheleute eins' oder das andere ohne Leibeserben mit Tod abgehen, so hat der längst Lebende an den Verstorbenen seine Familie zweitausend Gulden österreichischer Währung retour zu zahlen; das sämtliche Vermögen bleibt dann ungestört. Dem längst Lebenden hat Anton Schwengler oder Mutter das Hausz unter den 3 Jahren auszubessern; dann bekommen die jungen Eheleute 2 Schweinställe. Die jungen Eheleute haben an Vater und Mutter dreitausenddreihundert Gulden österreichischer Währung zu zahlen und die Gebühr gemeinschaftlich zahlen.

Ausbehalt (lautet):
Beide Eltern Anton und Barbara Schwengler hat lebenslänglich 18 Ctnr. Frucht, 9 Ctnr. Kukuruz, 9 Ctnr. Hafer, ein Joch Ackerfeld in der großen Wiesen gegen Ort. Sollte Vater und Mutter sich noch 2 Joch ankaufen, dann sind beide 3 Joch frei zu verarbeiten, das Nöthige vermahlen und den Überrest zu Markt verführen. Eine halbe Klafter Brennholz zu Hausz führen, Feld für 1/4 Hanfsamen, dann 300 Hühnereier und sechs Stück Händeln, ein Schweinstall, den halb Hausgarten und halben Weingar-

Alte Bäuerin in ihrer Austraglerstube. (Hans Best, 1874–1942)

ten, auch die Fechsthum (Ernte) zu Hausz führen, hinlängliches Brennstroh, Stallung für 2 Kühe und Futter. Den Wohnsitz in der Kammer, die Speise an der Kammer, die halbe Kugel (Küche), den Boden über dem Vorterenzimmer. Von der Gerechtigkeit (= Hof) 10 Klafter durch und durch gegen Nachbar Nr. 326.

Billet, am 21. Oktober 1883»

Dieser Ausbehalt stammt aus dem damals k. und k. österreichischen Banat. Doch sind derartige gerichtlich festgelegte Abmachungen in ähnlicher Form aus den meisten deutschen Landschaften bis weit in die Gegenwart, bis zur Einführung einer Bauernrente nachzuweisen. Der Ausbehalt eines mittleren Hofbesitzers bestand etwa aus folgenden Abgaben:

300 Eier jährlich
2 Hühner monatlich
1 Joch bebautes Feld jährlich
50 kg Mais jährlich
50 kg Weizen jährlich
1/2 des Ertrags des Weingartens
300 Bund Stroh jährlich
1 Wagen Streu jährlich
1 Wagen Weizenstreu jährlich
1 gemästete Kuh jährlich
1 gemästetes Schwein jährlich.

Ein Gutsübergabevertrag aus Oberhessen um 1900 hatte die Versorgung des Vaters und aller ledigen Kinder zum Inhalt:

An Schneider Herrn Heinrich Heuser/Cölbe

Gutsübergabe-Vertrag 30. 1. 1900 – Cölbe b. Marburg

Zwischen den Erben der verstorbenen Ehefrau des Martin Heuser, Catharina, geb. Brunnet zu Cölbe

1. Jost Heuser
2. Anna Catharina Heuser
3. Heinrich Heuser,

sämmtlich zu Cölbe, ist heute nachstehender Vertrag zu Stande gekommen:

§ 1

Der älteste Bruder Jost Heuser übernimmt das obengenannter Person gehörige elterliche Gut, bestehend aus sämmtlichem Grundeigenthum nebst den dazu gehörigen Gebäuden sowie sämmtliches Schiff und Geschirr und das vorhandene Vieh zum Anschaffungspreis von 6000.– Mark, in Anrechnung darauf übernimmt derselbe auch die vorhandenen Schulden, auch die, welche nach dem Toder der Mutter Cath. Heuser, geb. Brunnet von den Beiden Anna Catharina Heuser und Heinrich Heuser mit unterzeichnet sind. Diese Schulden hat fortan der Gutsübernehmer allein zu tragen.

§ 2

Die Schwester Anna Catharine Heuser erhält als Abfindungssumme an baarem Gelde 500 Mark (fünfhundert Mark), an Möbel zwei vollständige Betten, eine Commode mit Glasschrank, einen Tisch, sechs Stühle und einen von den gepolsterten Stühlen, die der Mutter gehörten, zwei Kleiderladen, die von der Mutter sind, einen Kleiderschrank, einen Zuber, zwei Eimer, ein Spinnrad, ein Haspel, ein Schwingstock, eine Flachsbreche, ein Hechelstuhl und sonstige Hausgeräthschaften, da die meisten Gegenstände vorhanden sind, müssen dieselben nur einer Ausbesserung unterworfen werden und den bis jetzt vorhandenen Flachs, der sich im Gehöfte vorfindet; außerdem erhält sie noch eine Ziege. Die bedungenen fünfhundert Mark sind sogleich mit 3% zu verzinsen und nach vierteljährlicher Kündigung anstandlos auszuzahlen, ebenso sind die Möbel, wenn sie verlangt werden, zu überliefern, – sie behält während des Ledigen Standes den Einsitz in der Stube über der Wohnstube.

§ 3

Der Bruder Heinrich Heuser erhält ebenfalls an barem Geld 500 (fünfhundert) Mark, an Möbeln einen Kleiderschrank, eine Commode, sechs Stühle und einen von den gepolsterten Stühlen, die der Mutter gehörten, ein Tisch, zwei vollständige Betten, drei Jahre lang jährlich 1/2 Mesten Lein gesäet, drei Steigen Tuch und eine Ziege, außerdem während des Ledigen Standes freien Einsitz in der Stube über der Wohnstube, freies Licht und Heizung, Verköstigung am gemeinsamen Tisch, freie ärztliche Behandlung und Verpflegung in Krankheitsfällen, bei etwaigem Todesfalle Beerdigung nach Landessitte. Das Vermögen von fünfhundert Mark ist sogleich mit 3% zu verzinsen und nach vierteljährlicher Kündigung anstandslos auszuzahlen, ebenso sind die Möbel, wenn sie verlangt werden, zu überliefern.

§ 4

Der Vater Martin Heuser erhält Einsitz in der Stube über der Wohnstube, Verköstigung am gemeinsamen Tisch, freie ärztliche Behandlung und Verpflegung in Krankheitsfällen, ferner Waschen und Flicken und anständige Kleidung, freies Licht und Heizung und den Aufenthalt in der Wohnstube, außerdem hat derselbe mit Kräften am Gute mitzuarbeiten und nicht anderswo Arbeit zu nehmen, beim Tode für denselben Beerdigung nach Landessitte.

§ 5

Weiter erhält der Vater einen Nothauszug, im Falle sein Sohn Jost Heuser vor ihm sterben sollte und er unter fremden Menschen zu leben hätte, jährlich acht Mark baares Geld, acht Pfd. Speck, 5 Pfd. Wurst, 3 Pfd. Butter, 10 Eier, im Falle er sich extra Kaffee machen sollte, ist die nötige Milch zu gewähren; diesen Auszug kann derselbe nur verlangen, wenn er nach dem Tode seines Sohnes Jost Heuser Zeugen bringt oder es selbst durch Eid beweisen kann, daß er es bedürftig sei, oder daß es ihm schlecht ginge.

§ 6

(gestrichen)

§ 7

Die Schwester Anna Catharina Heuser erhält außer dem freien Einsitz freie Heizung und Beleuchtung der Einsitzstube, Verköstigung am gemeinschaftlichen Tisch, freie ärztliche Behandlung und Verpflegung in Krankheitsfällen, nach dem Tode anständiges Begräbnis.

§ 8

Die Kosten trägt Jost Heuser.

Marburg, den 27. April 1900.

Zu vorstehendem Vertrag ist der Inhalt des § 6 vollständig gestrichen, ebenso in § 1 zehn Worte und in § 3 ein Wort.

Unterschriften Jost Heuser, Anna Catharina Heuser, Heinrich Heuser

Dieser Vertrag über eine verhältnismäßig bescheidene Hofübergabe hat auch gewissermaßen die Angaben von einer Mindestausstattung erwachsener Kinder und eines verwitweten Vaters zum Inhalt – dazu die Ausrüstung der Tochter mit allen Flachsgeräten, die eben zur Frau gehörten. Dabei tritt der Hof, das «Gut», der «gemeinsame Tisch» als der Versorger aller deutlich in Erscheinung. Der Hof mit dem dazu gehörigen Haus gewährte allen, Jungen und Alten, «Einsitz», und garantierte bei einem eventuellen «Notauszug» des Vaters, § 5, dessen Auskommen. In § 1 zeigt die Übernahme der gemeinsamen Schulden durch den Erben, daß diese das «Gut» betreffen und nicht einen einzelnen, individuellen Menschen.

Durch solche dokumentarischen Belege tritt die materielle Basis der alten Bauernfamilie in ein deutliches Licht. Es kam vor, daß drei und zuweilen sogar vier aufeinanderfolgende Generationen von einer Hofstatt leben mußten, denn die Eltern des jungverheirateten Paares, die oft nicht älter als 50 Jahre waren, mußten ja zuweilen noch ihre eigenen alten Eltern dem «Ausbehalt» folgend versorgen. Aus diesem ökonomischen Familiensystem ergaben sich auch die äußeren Formen der Hofanlage, die Einteilung der Stuben und Böden oder der Bau eines besonderen Altenhauses im

Hofbereich. Das Zusammenleben war also in erster Linie durch die Ökonomie bestimmt und entsprach dem Typus der Haushaltsfamilie, die patriarchalisch organisiert war. Der Vater blieb auch nach der Übergabe zuweilen der Herr im Haus und hatte alle Möglichkeiten, die jungen Leute zu leiten, aber auch zu tyrannisieren, was oft auf Gegenseitigkeit beruhte. Andererseits war er es, der – zumindest vor Einführung der Maschinen – seine landwirtschaftlichen Erfahrungen weitergeben konnte, und wo ein gutes Verhältnis in den Familien herrschte, dort halfen die Großeltern den Jungen, das bäuerliche Wirtschaftsleben zu bewältigen, hing doch vom Gedeihen des Hofes auch ihr eigenes Wohlergehen ab. Einem derartigen Denken in wirtschafts- und arbeitsorga-

Eine bäuerliche Familie genießt ihren Feierabend. (Anton Clemens Evers, 1802–1848)

nisatorischen Bezügen folgte auch das bäuerliche Selbstverständnis darüber, was denn «Familie» sei – nämlich alle diejenigen, die gemeinsam im Hause lebten und wirtschafteten.[44]

Mit diesem Abschnitt über die Hofübergabe an die nächste Generation ist die Grenze beschrieben, die den aktiven Hofbauern vom Alter trennte – weniger dem Alter nach Jahreszahlen als nach der bäuerlichen Arbeitsfunktion. Es handelte sich dabei um eine sehr scharfe Grenze, bestimmt von den Lebensgesetzen des Hofes. Nach ihrer Überschreitung gab es kein Zurück.

Das Kapitel über Jung und Alt wurde gewissermaßen mit dem Mittelteil begonnen, dem Zenit des Lebensbogens – mit jenen Jahrzehnten, auf die das gesamte Bauernleben abgestimmt ist. Die objektiven Zeichen, die diesen Lebensabschnitt von wenigen Jahrzehnten auszeichnend begleiten, wie die Wohnausstattung, sagen etwas aus über seine große und überragende Bedeutung im Bauernleben. Ein anderes untrügbares Zeichensystem für den Lebensbogen war die dörfliche Kleidung, die Tracht.

Die Kleidung als soziales Zeichen

«Breit an den Lindenbaum hingelehnt saß der Großbauer da und stemmte die Fäuste auf den Tisch. Er hatte eine kohlschwarze Fellhose an, die von den Knien ab mit steifem Leder besetzt war bis nieder zu den beschlagenen Bundschuhen; dann eine schwarze Weste mit einer Reihe großer Silberknöpfe. Und er hatte eine kurze Jacke aus dunkelbraunem Tuche an und einen schwarzen seidenwolligen Hut mit schmaler eingeringelter Krempe auf. An seinen Ohrläppchen blinkten zwei goldene Scheiblein. Um den Bauch trug er einen breiten, mit weißer Seide ausgesteppten Ledergurt, auf dessen Schild unter vielem Zierat die Buchstaben F. G. standen. Das war der Guldeisner Franz in seiner Großbauerntracht.»[45]

Mit den Zeichen der Kleidung präsentierte sich hier ein steirischer Großbauer. Und erstaunt beobachtete ein Berliner Stadtkind, die spätere Kammersängerin Frida Leider (1888–1975), welche Plagen ihre Lausitzer bäuerliche Tante auf sich nahm, um würdig am Sonntag in der Kirche ihrem Stande gemäß aufzutreten:

«Die friedlichen Sonntage, an denen die Landbevölkerung in ihren heimatlichen Trachten von nah und fern in der Kirche zusammentraf, brachten etwas Abwechslung. Ich mußte meine Tante auf den sonntäglichen Kirchgängen begleiten und jammerte viel über den langen, ermüdenden Weg bis zur Kirche, die in Dolzig lag. Zwei Stunden mußten wir in der Sommerhitze zu Fuß gehen, bis wir endlich in dem idyllisch gelegenen Ort ankamen ... Meine Tante, die sich in ihrer geschnürten Taille und den vielen übereinander gezogenen schwarzen Taftröcken sicherlich viel ungemütlicher fühlte als ich, redete mir immer wieder zu und erklärte mir, daß man im Sommer nicht mit Pferd und Wagen zur Kirche fahren könne, da die Pferde auch ihre Sonntagsruhe brauchten.»[46]

Hier kann nicht ein Überblick über die Volkstrachten im deutschen Sprachgebiet gegeben werden.[47] Vielmehr geht es um den Zeichencharakter der Tracht für Jung und Alt, um ihre Rolle im Mentalitätshaushalt des Dorfes, um bäuerliche Anmut und Ästhetik, die aber nie einen einzelnen betraf. Vielmehr umfaßte sie immer Mitglieder einer Gruppe im materiellen oder im altersmäßigen Sinne: ein Kind, eine reiche Braut, eine Tagelöhnerin, einen behäbigen Altbauern.

Ehepaar in Spreewälder ländlicher Kleidung. (Franz Krüger, 1797–1857)

Zunächst ein paar Worte zur Definition des Begriffes «Tracht» im Unterschied zu «Modekleidung» oder «Kostüm». Solange die Aristokratie die internationale Mode bestimmt hatte, also etwa bis zur Französichen Revolution, ähnelten sich Bürger- und Bauernkleidung in den Städten und den sie umgebenden Regionen, ohne daß sich bereits spezielle Dorftrachten herausgebildet hätten. Der Kleidungsstil der ländlichen Gebiete variierte bis 1800 zu dem der Städte weniger in Form und Schnitt, als vielmehr in der Verwendung mehr oder weniger kostbarer Materialien, feiner Stoffe, Pelzbesatz und Schmuck. Kleiderordnungen – im Sinne von obrigkeitlichen Vorschriften – hatten bis dahin eventuelle Übertretungen der Standesgrenzen mehr oder weniger geregelt.

Im 19. Jahrhundert übernahm nun das Bürgertum die Modeführung in Europa; die Kleidungsformen auf dem Lande entwickelten sich also anders als in der Stadt. Die Städter trennten sich in ihrem Kleidungsverhalten von den ländlich-regionalen Sitten und folgten einem zusehends bürgerlich bestimmten internationalen Modetrend, wie es in den vorhergehenden Epochen die Aristokraten gegenüber den Bürgern getan hatten. Adel und Bürger hoben sich also von den landschaftlich bestimmten Kleidungsstilen ab. Dadurch blieb die Landbevölkerung mit ihren unterschiedlichen Regionaltrachten auf sich selbst gestellt. Im Verlauf des 19. Jahrhunderts veränderte sich dann das dörfliche Kleidungsverhalten ganz allmählich in zwei Richtungen: zum einen paßten sich die Landleute, besonders die Männer (auch infolge des Militärdienstes) nach und nach den städtischen Kleidungsformen an, so daß zuerst die Männertrachten und später auch, vor allem in Industriegebieten, manche Dorftrachten überhaupt verschwanden. Das geschah besonders dort, wo kein Bedürfnis nach einer hierarchischen Besitzdemonstration durch Kleidung vorhanden war. In entgegengesetzter Verhaltensweise entfalteten jedoch andere Regionen eine große Farb- und Formenfreudigkeit und entwickelten eigene ländliche Kleidungsgestaltungen, die bis zu extremen, exotisch anmutenden Schwell- und Schwundformen reichten und den speziellen Charakter von Regionaltrachten nach außen vorstellten.

Die erste strukturelle Frage heißt also: Was ist – oder was war – eine Tracht? Tracht kommt von Tragen. Sie war nicht die Summe einer Reihe ländlicher Kleidungselemente, sondern Schnitt und Stoffwahl, Farben und Formen, Gestik und Gang bildeten ein Kleidungssystem als zeichenhaften Ausdruck einer dörflich-bäuerlichen Lebensordnung mit den bestimmenden Werten des Besitzes, der Altersstufen, des Familienstandes. «Tracht» umschloß also eine ganze Fülle von wirtschaftlichen und sozialen Tatsachen. Sie erstarrte nicht in einer bestimmten Form, sondern blieb eine wandlungsfähige, den Dorfmoden folgende Bekleidungsweise, aus der viel über den «Stand» ihrer Träger zu entnehmen war. Allerdings vollzogen sich die Veränderungen innerhalb der Dorftrachten nicht mit dem raschen Tempo der Stadtmoden, so daß oberflächlich gesehen für das Dorf der Eindruck des Traditionell-Dauerhaften entstand, bemerkten doch die fremden Besucher kaum etwas von diesem langsamen und nur am Detail zu beobachtenden Wandel. Grundsätzlich ging es bei der Tracht immer um Einzelheiten der Kleidung in Farbe, Form und Zahl der Elemente.

Im Gegensatz zu der von einem Zentrum – Paris, London oder Berlin – gesetzten und kommerziell geplanten Stadtmode war also Tracht der formalisierte Ausdruck von Gruppendenken. Stets enthielt sie Zeichen einer dörflichen Hierarchie, und solange die Regeln des Abstandes von Besitzgruppen, Altersstufen, Geschlechtern gleich blieben, änderte sich wenig Grundsätzliches an den Trachten. Auch die Konfessionen der Trachtenlandschaften spielten für die Bekleidung, besonders für die Farben, eine bedeutende Rolle. Das galt vor allem für die Festtrachten. Aber noch andere Motive begründeten eine Vielfalt der Trachtenausstattung. Das dörfliche Leben war in seinem Kleidungsverhalten auch durch den Jahresrhythmus von Arbeit und Fest gegliedert, und innerhalb dieser beiden Oppositionen gab es wiederum eine Menge von Variationen; so bei der Festtracht: die einfache sonntägliche Kirchenkleidung, die Abendmahlstracht, die große Festtracht für Ostern oder Fronleichnam, die Tanz- und Kirmestracht und als Höhepunkt die Hochzeitstracht und endlich die eindrucksvoll differierende Fülle der Trauertrachten. Auch die Arbeitskleidung war keineswegs gleichförmig und sah anders aus bei der Heu- oder Getreideernte als beim Stallausmisten oder beim Dreschen, trug man doch zur Ernte wegen der Hitze weiße Leinensachen von fast festlichem Zuschnitt.

Aus dieser skizzenhaften Vorstellung einer breiten Skala von Trachten zu allen Gelegenheiten geht bereits hervor, welche Fülle von sozioökonomischen Daten notwendig wäre, um jeweils den Kontext des spezifischen landschaftlichen Kleidungsverhaltens im dörflichen Leben ausreichend darzustellen.

Für Hessen hat Adolf Spamer die Sprache der Zeichen und Farben, die sich in den Trachten äußern, anschaulich interpretiert:

Alter Mann auf der Lahnbrücke bei Marburg in Kittel, Kniehosen und Dreispitz. (Adolph Menzel, 1815–1905)

«Spiegelt die Festtracht des bäuerlichen Menschen unverhüllt seinen künstlerischen Geschmack, so offenbart das Schmuckbedürfnis mit seiner landschaftlichen Abstufung von ernster Zurückhaltung bis zu hemmungsloser Prunksucht allgemeinere seelische Züge. Aber auch im Äußerlichsten zeigt sich die Tracht als eine durch Sitte und Brauch streng geregelte sinnbildhafte Abstempelung ihrer Träger. Schon an den Farben der Kleidungsstücke wie ihrer Zierate unterscheidet man das junge Mädchen (rot) von der jungen (grün), älteren (blau, violett) und alten Frau (schwarz), in der Schwalm auch den Knaben vom Jüngling und Mann (durch grüne, rote und schwarze Achselstücke) und selbst das ‹gefallene› Mädchen vom jungfräulichen. Im Hüttenberg waren früher auch Zusammenstellungen von Hellblau und Kirschrot für unverheiratete Mädchen und Grün und Veilchenblau für junge Frauen beliebt. Diese Farbenskala wirkt sich in allen

Einzelheiten der Kleidung bis auf die Knöpfe (Schwalm) und Schuhlaschen (Hinterland) aus. Volltrauer (Schwarz und Weiß), Halbtrauer und Abtrauer mit genauer Abstufung nach den Verwandtschaftsgraden regeln Werktags-, Festtags- und Brauttracht. Die trauernde Schwälmerin trägt Strümpfe, deren Muster im Gegensatz zur rechtsmaschigen Ornamentik der Freudenstrümpfe linksmaschig gestrickt sind, und in der Tracht westlich Marburgs wurden früher die Schuhe der trauernden Frau mit schmalem statt breitem Band gebunden. Auch vertauschen die Schwälmer Neuverheirateten am ersten Ehetag die viereckigen ‹Freudenschnallen› der Schuhe mit den ovalen ‹Trauerschnallen›, da der Ernst des Lebens begonnen, und die junge Hüttenberger Frau schnürt ihr Mieder im Zickzack statt parallel, wie sie es als Mädchen tat. Den Wohlstand kennzeichnen die Größe der Stickereien und die Anzahl der Bänder, vor

Zwei Generationen auf dem Weg zum nächsten Dorf in der Marburger evangelischen Tracht. (Adolph Menzel, 1815–1905)

allem aber die Zahl der Röcke, ja selbst die Breite der blauen Streifen an den Erntetüchern und Leinensäcken des Schwälmer Haushaltes. Das reichste Mädchen von Schrecksbach trug 16 Röcke [zur Kirmes], während im Hüttenberg des vorigen Jahrhunderts nur ein Dutzend für die Braut bezeugt ist. Auch die Zahl der im Kreise Biedenkopf früher in die Strümpfe eingenähten Wülste soll Gradmesser des Wohlstandes der einzelnen Mädchen gewesen sein. Ebenso hoben Einzelzüge der Festtracht den Schwälmer Stammhalter aus seinen Brüdern hervor. Der Unterschied von Werktags- und Sonntagstracht erstreckt sich auf alle Einzelheiten der Kleidung bis zu den Strumpfbändern. Doch geht die Sitte in ihren strengen Unterscheidungen noch weiter. Trägt der Schwälmer Bauer zum Abendmahlsgang den schwarzen Rock, so ist das ‹Kamisol›, der lange dunkelblaue Tuchrock mit violetter Stickerei, das Kleidungsstück für den zweiten Kirchgang am Abendmahlstag, das indessen nach dem Tode eines Kindes nie mehr getragen werden darf. Die weißen Leder- und Leinenhosen der Schwälmer Burschen sind Kirmestracht, aber die einzelnen Kirmestage lassen erneut die Kleidung wechseln, die am Samstag am reichsten ist. So ist alles in der ländlichen Tracht alten Schlages nach strenger Sitte geregelt und die Kleiderordnung nur Ausdruck der allgemeinen Lebensordnung, die nicht selten das einzelne Trachtenstück aus allgemeineren Vorschriften der Haltung und des Benehmens erklärt. Erst der vorschriftsmäßige gebeugte Gang des Trauergeleites, früher im Gänsemarsch, heute zu zweien, verleiht dem Trauermäntelchen die volle Wirkung.»[48]

Will man solche Kleidungsgesetzmäßigkeiten auf den bäuerlichen Lebensbogen übertragen, so ergibt sich – z. B. für die hessische Schwalm – eine ausdrucksstarke Farbenskala:

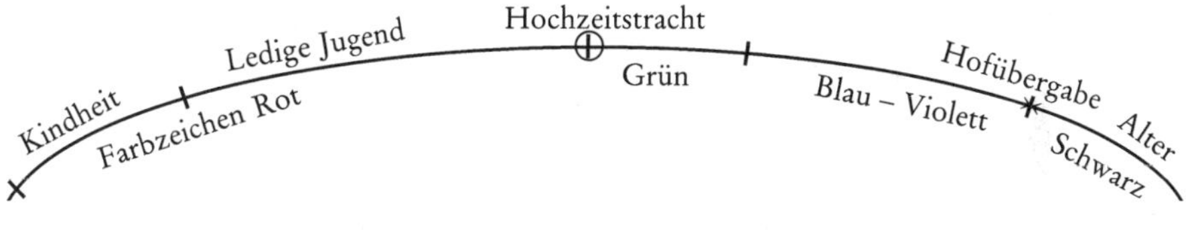

So staffelte sich der Lebensbogen vor allem der weiblichen Dorfbevölkerung im Zeichen ihrer Kleidung – oft fast im System der Regenbogenfarben. Es gab im Dorf der Kleidung nach nur Ledige und Verheiratete – und später Verwitwete. Für unverheiratet Gebliebene kannte die Tracht kein Zeichen, es sei denn dunklere Farben und – wenn auch in bescheidenem Maße – irgendwie die Anbringung der Ledigenfarbe Rot – wie eine Stigmatisierung. Auch die auffälligste Farbe der Kindertrachten war Rot, nicht als Zeichen der Kindheit, sondern dafür, daß bereits das Kleinkind nach der allerersten Hätschelphase in die Gruppe der Ledigen gehörte. Alles Denken und Verhalten war auf die Vorbereitung hin zur Heirat ausgerichtet.[49]

Die Kinder bildeten in diesem Zusammenhang also nur eine Untergruppe der Ledigen, und das war – wie noch zu zeigen sein wird – typisch für die Einstellung gegenüber den Kindern überhaupt. In der Kleidung offenbarte sich, wie man auf dem Lande das Kindsein einschätzte: als eine Vorbereitung auf das Erwachsenenleben –

Schwälmer Kindertracht. (Walter Waentig, 1881–?)

nicht als einen eigenen Status wie doch zunehmend seit dem 19. Jahrhundert in der bürgerlichen Gesellschaft.[50] Rigide war für die Kinder auf dem Dorf die Kleidungseinteilung nach den Geschlechtern, fließend nach den Altersgruppen. Es ging vor allem darum, die Kinder «groß zu machen», und so konnten es die Mädchen kaum erwarten, in das «stolze» Rot der Kirmestänzerinnen gesteckt zu werden, was in der Schwalm Heiratsfähigkeit bedeutete.

Die Kinder als die schwächste Gruppe der Dorfbevölkerung hatten sich am strengsten in die sozialen Ordnungen einzufügen ohne die Möglichkeit eigener Gestaltungswege. Der Oben-Unten-Mechanismus der Bauernfamilie als einer Arbeitsorganisation wirkte sich für sie am stärksten aus. Mit dem Anlegen der kleinen Trachten, die selten abgetragen und meist für die Nächstjüngeren aufgehoben wurden, schlüpften die Kinder in die bäuerliche Dorfordnung, die sie nun nicht mehr entließ. Kinderkleidung bedeutete hier in einem besonders deutlichen Maße unweigerliche Anpassung an die Welt der Erwachsenen, an die Bauernwelt, der man nun unentrinnbar verhaftet war.

«Schon mit fünf Jahren sah sie wie eine Erwachsene aus. Sie trug die gleichen glockenförmigen, bis zu siebenfach übereinanderliegenden Röcke, wie ihre Mutter, die gleiche Schürze, die gleichen wollenen Strümpfe, die gleichen Lederpantoffeln oder gestrickten, lederbesohlten Patschkern, das gleiche Leibchen, das gleiche Umschlagtuch, das gleiche Kopftuch. Das alles konnte nur mit Ruhe und einer gewissen Gravität getragen werden; andererseits verlangten die Glockenröcke, die beim Gehen läuten sollten, nach einer wiegenden, leichten Gangart. Besondere Rücksichtnahme erforderte auch das Tragen der Frisur, die wie eine nicht zum Körper gehörende Kostbarkeit auf dem Kopf saß und nicht herunterfallen durfte. Die Mutter verbrachte Stunden damit, sie mit Hilfe von großen und kleinen Kämmen, Spangen, Haarnadeln, Zuckerwasser und Öl zuwege zu bringen, und das Gesteck, das Nest, das so aus großen und kleinen Zöpfen entstand, verlieh dem Gesicht jenen Ausdruck von Genauigkeit und vorsichtiger Innigkeit, den es auch dann beibehielt, als die Tollheit des übertriebenen Frisierens längst den Fluß der Zeit hinabgetrieben war. Noch bevor sie lesen und schreiben lernte, konnte sie schon tanzen, Walzer, Rheinländer, Polka, Mazur, rechtsrum, linksrum. Das brachte ihr die Großmutter bei, die genauso gekleidet war wie sie, nur alles in Schwarz, und die selber noch imstande war – und das auch sein mußte, wenn sie ihren Rang in der Gesellschaft behaupten wollte –, auf Strumpfsohlen zur Blechmusik walzend jeden Tanzsaal blankzufegen.»[51]

Sobald sich die Kinder einigermaßen sauber hielten, wurden sie also in die Tracht gesteckt. Nun traten sie ein in das Kleidungssystem der Erwachsenen, denn die Kindertracht stimmte weitgehend in Schnitt und Material mit der allgemeinen Dorftracht überein. Eine kindliche Eigengesetzlichkeit der Trachten gab es nicht. Die Jungen trugen Kniehosen und Kittel, bis die Männertrachten auf dem Lande ganz allgemein der städtischen Kleidung wichen und damit auch die Dorfjungen Kleinbürgeranzüge bekamen. Für die Mädchen dauerte die Trachtenzeit viel länger, auf hessischen Dörfern bis in die fünfziger Jahre unseres Jahrhunderts, aus denen es noch Klassenfotos mit vielen Trachtenkindern gibt. Bei Schuleintritt erhielten sie z. B. im katholischen Mardorf bei Marburg ein sogenanntes *Kirchenwerk* mit breitem Samtband am Saum und einem *plüschern Motzen.* Mit der Ausstattung dieses meist von der Patin genähten Geschenks wurden sie auch bereits in die soziale Hierarchie des Dorfes eingeordnet. Die gesamte Gewandung der kleinen Mädchen entsprach weitgehend, wie gesagt, derjenigen der Unverheirateten. In manchen Dörfern waren an die Leibchen und unter die Röckchen schon wattierte Hüftpolster eingenäht, also eine weibliche Figur vorgetäuscht, damit die Röcke richtig «standen». Das entsprach der verfrühten Erotisierung der Kinder, wie sie das Rokoko gekannt hatte, oder, von der Dorflogik

Schulklasse in einem hessischen katholischen Dorf um 1920.

her gesehen, dem Überspringen des Kinderstatus zugunsten einer frühen Einübung für die Welt der Erwachsenen.[52] Hosen trugen die kleinen Mädchen ebensowenig wie ihre Mütter. Nur Kopfbekleidung und Frisur wurden verhältnismäßig kindlich gehalten. Nach dem Ersten Weltkrieg verschwanden die ältlichen Hauben von den Kinderköpfen, und in den katholischen Dörfern bei Marburg flocht man Schläfenzöpfchen, wie sie einst die Biedermeier-Kindergesichter so niedlich umrahmt hatten. Diese Frisuren trugen die Mädchen bis zur Schulentlassung. Wie sehr die Landkinder in ihrer Kleidung kleinen Erwachsenen glichen, hat Peter Rosegger auch für die Steiermark beschrieben:

«An einem hellen Maitag war's, als ich von dem Berge niederhüpfte und hinausging die Waldstraße des Alpsteigs gegen das breite Mürztal. Wer nach dem Kleide frägt: ein dunkelgraues Lodenhösel hatte ich an und Kuhlederschuhe, hübsch mit eisernen Nägeln beschlagen, daß die Sohle geschützt war, und trug eine braune, grün ausgeschlagene Lodenjacke. Der Brustfleck war aus rotgefärbter Leinwand, das Hemd aus grauer; letzteres hatte am Halse einen breitumgeschlagenen Kragen, der mit einem blauen, etwas zu wulstigen Tuche zusammengebunden war, so daß der Hals nicht viel dünner aussah, als der Kopf. Auf dem Kopfe saß meines Vaters Hut, der ging mir bis über die Augen herein und tanzte stets ein weniges, so oft ich mich rasch wendete. In der einen Hand trug ich das Bündel mit dem Brote und dem Straubenlaib, das mir die Mutter mitgegeben hatte... In der anderen Hand trug ich den Stock, den ich das einemal fest in den Boden stieß, das andermal lustig in den Lüften schwang, so wie es die Handwerksburschen machen, wenn sie die Welt durchwandern.»[53]

Bezopftes Bauernkind. (Wilhelm Busch, 1832–1908)

Als die kleine siebenjährige Lena Christ von ihrem bayerischen Dorf zur Mutter in die Stadt zog, wurde sie von der Großmutter in eine halbdörfliche Erwachsenentracht gekleidet, die auch für die Stadt passen könnte:

«Also kam die Näherin auf die Stör [d. h. ins Haus], und ich wurde mit Stoffen behängt und mit Nadeln besteckt und mußte den ganzen Tag stillstehen. Und als der Morgen der Abreise gekommen war, badete mich die Großmutter und zog mir, nachdem der Großvater mit zufriedenem Schmunzeln meinen Rücken und das rundliche Bäuchlein befühlt und beklopft hatte, ein neues Hemd und die ersten Unterhosen an. Als ich in den Spiegel sah, ärgerte mich der hintere Hemdzipfel, der nicht in der Hose bleiben wollte, sondern wie ein Hennenschwanz starr und steif herausstand. Doch verschwand er bald unter einem roten Flanellröcklein, worüber ein grünes Bareschkleid kam, das mir bis auf die Fersen ging und dessen Spenzer mit bunten Glasknöpfen besetzt war. Am Ende band mir die Großmutter noch ein himmelblaues Fürta [Fürtuch = Schürze] und eine gestickte Halsbarbe um und steckte in das in zwei Zöpfen aufgemachte Haar einen silbernen Pfeil.»[54] Dazu bekam sie noch einen großen schwarzen Strohhut aufgesetzt mit roten Blumen und karierten Bändern.

Wie tief die Vorstellung vom Kind und Jugendlichen als kleinem Erwachsenen im Dorfglauben verwurzelt war, beweist die makabre Sitte der Totenkronen bei Ledigenbegräbnissen, die bis etwa 1870 in allen Teilen des deutschen Sprachgebietes bestanden hat.[55] Einen verstorbenen Ledigen, Mädchen oder Knaben, wie Braut oder Bräutigam geschmückt zu Grab zu legen, ist das deutlichste Zeichen für die dörfliche Vorstellung vom ungebrochenen Lebensbogen: hatte der junge Mensch den Zenit mit der eigenen Hochzeit noch nicht erreicht, so sollte dieser Mangel wenigstens symbolisch nachgeholt werden – und zwar waren es die Jugendgenossen des Verstorbenen, zuweilen auch die Paten, die für den Brautschmuck sorgten.

«Wenn junge Leute, unverheiratete Burschen oder Mädchen, vorzeitig ihre irdische Laufbahn vollendeten, spendete man Totenkronen. Starb ein junger Mann, so steuerten die jungen Mädchen zusammen und schenkten eine Krone, im umgekehrten Fall die jungen Männer.»[56]

Die Kronen waren meist aus künstlichen Blumen und Myrtenzweigen, doch in ihrer Form sehr verschieden. Aus Anhalt heißt es: «Kinder und junge Mädchen erhielten eine Krone. Sie war aus künstlichen Blumen, meist Rosen, künstlichen Fichtenzweigen, Glasperlen, Muskatnüssen, Filigran, kleinen vergoldeten oder versilberten Glaskugeln hergestellt. Ein Wachsengel bildete meist die Spitze der Krone. Ihm zu Füßen oder von ihm gehalten befindet sich eine kleine, oft in Herzform ausgeführte Tafel aus einer Art Marienglas (Gipsart), die die Anfangsbuchstaben des Namens der Toten trägt. Solcher Kronen gibt es in Anhalt noch etwa 60 Stück im Zerbster Stadtmuseum ... Ein Teil der Zerbster Totenkronen ruht auf einem Atlaskissen, es sind das wohl, auch ihrer ganzen Ausführung nach, Kronen, die für Wohlhabende bestimmt waren. Zu den Blättern der künstlichen Blumen benutzte man Fischschuppen sowie Draht, an den sie gereiht wurden. – Diese Kronen wurden auf das Leichentuch über dem Sarg gelegt und später in der Kirche unter Glas aufbewahrt. Meist wurden sie in der Empore angebracht. Hatte jedoch jemand einen eigenen Kirchenstuhl, so stellte er die Krone auf ein Brett, das neben seinem Stuhl an der Kirchenwand befestigt war (Straguth). Es kam wohl auch vor, daß geizige Frauen die farbigen Seidenbänder von den Kronen abschnitten und an ihren Schürzen trugen, wenn sie meinten, die Kronen hätten lange genug gelegen. Die seidenen Bänder scheinen auch zuweilen Geschenke des Bräutigams an die Braut gewesen und als solche mit in dem Glaskasten aufbewahrt worden zu sein (Pulspforda). In Gr.-Kühnau waren die Kronen aus frischen oder gemachten Blumen hergestellt, mit einem Kranz versehen und mit schwarzen Bändern behängt. Die Krone lag dem Toten auf der Brust. Kinder erhielten hier keine Krone. Nach dem Begräbnis wurden die Kronen in der Kirche in der Außenseite der Empore untergebracht und, wenn vertrocknet, in einen Winkel der Kirche geworfen.»[57]

Dieser Ledigenbrauch, der meist mit dem Anlegen der Brauttracht einherging, mutet ergreifend an, zumal er eine rührende Solidarität der Altersgruppe beweist, die übereinstimmende Überzeugung von der überragenden Bedeutsamkeit des Heiratsgeschehens. Die alte christliche Sinngebung von Totenkrone und -kranz als Siegeskranz der Keuschheit war längst übergegangen in die dörfliche Vorstellungswelt mit der Hochzeit im Zenit des Lebensbogens. Hier vollzog sich etwas überaus Zartes, eine Seltenheit in der sonst so handfesten bäuerlichen Ästhetik. Im 7. Kapitel des 3. Bandes seines autobiographischen Romans «Der grüne Heinrich» beschreibt Gottfried Keller (1819–1890) die Beisetzung eines jungen Mädchens, der Schulmeisterstochter Anna, mit der ganzen Poesie des trauervollen Anlasses:

«Am folgenden Tage wurde die Ärmste in den Sarg gelegt, von allen Blumen umgeben, welche in Haus und Garten augenblicklich blühten; aber auf die Wölbung des Sarges wurde ein schwerer Kranz von Myrtenzweigen und weißen Rosen gebreitet, welchen die Jungfrauen aus der Kirchengemeinde brachten, und außerdem noch so viele Sträuße blasser herbstlicher Blüten aller Art, daß die ganze Oberfläche davon bedeckt wurde und nur die Glasscheibe frei blieb, durch welche man das weiße zarte Gesicht der Leiche sah.

Das Begräbnis sollte vom Hause des Oheims aus stattfinden, und zu diesem Ende hin mußte Anna erst über den Berg getragen werden. Es erschienen daher Jünglinge aus dem Dorfe, welche die Bahre abwechselnd auf ihre Schulter nahmen, und unser kleines Gefolge der nächsten Angehörigen begleitete den Zug.»[58]

Es galt als unvollständiges Leben, wenn eine Frau starb, ohne Braut gewesen zu sein. Und so erzählt noch heute die bayerische Bäuerin Anna Wimschneider vom letzten Wunsch der alten ledigen Tante:

«Meine drei Verstorbenen wurden alle im eigenen Haus aufgebahrt. Die alte Tante freute sich schon bei Lebzeiten darauf, daß sie meinen Brautschleier ins Grab mitbekommen sollte. Sie war nie verheiratet und war dann auf dem Sterbebett Braut.»[59]

Von den Bauernhochzeiten war schon früher im Zusammenhang mit der Vereinigung zweier Familien zu einer neuen dritten die Rede gewesen (S. 65 ff.). Hier geht es nun speziell um die Hochzeitstrachten.[60]

Das Ankleiden der Braut nahm oft Stunden in Anspruch und konnte nur mit der Hilfe spezieller Ankleiderinnen bewältigt werden. Das wichtigste war der Kopfputz, das Aufsetzen der Krone für die jungfräuliche Braut.

Die kunstvolle Tätigkeit von Näherinnen und Stickerinnen, die großen Auslagen für teure französische Seidenbänder, Tücher und Borten: das alles bezeugte die außerordentliche Bedeutung dieses Tages im dörflichen Leben, wo doch das Geld sonst so festgehalten wurde. Als optisches Beispiel möge die besonders prunkvolle Schwälmer Hochzeitstracht gelten (Schwalm = Landschaft in Oberhessen), bei der ein gold-grün gestickter Bruststecker die Braut zum ersten Mal mit der Farbe Grün als junge Frau auszeichnete. Stand sie nach drei Stunden fertig angezogen von ihrem Stuhle auf, so war ihre Körperlichkeit tief unter der Kleiderpracht verborgen und von einem individuellen

Beglückwünschung des Brautpaares in der hessischen Schwalm. (Wilhelm Thielmann, 1868–1924)

Ich nur noch die kleine Fläche des Gesichts erkennbar. Kein freier Blick war möglich, keine spontane Bewegung. Alle Gestik folgte einer vorbestimmten Ordnung. Der strenge Bauernsinn der Agrargesellschaft mit ihren moralbewußten, aber auch besitzstolzen, prunksüchtigen und standesstarren Verhaltensnormen und Ausdrucksformen hatte diese Bauerntracht geprägt. Für alle sichtbar ging nun eine tugendhafte und reiche Braut zur Kirche.

Es sind mit dieser Darstellung nochmals die hauptsächlichen Höhepunkte betont, die das agrarische Leben bestimmten und sich in dessen Zeichensetzung vermischten: sich überhaupt zu verheiraten – und sich *gut* zu verheiraten!

Um bei dem zeichenreichen Beispiel der Schwalm zu bleiben: Die Schwälmer vererbten Hof und Grund nach dem Anerbenrecht, während sonst fast überall in Hessen die Realteilung vorherrschte, d. h. der Grund unter alle Kinder gleichmäßig aufgeteilt und der Feldbesitz dadurch immer kleiner wurde. In der Schwalm aber erbte zumeist der älteste Sohn und mußte dann freilich seine Geschwister auszahlen. Dennoch blieb das Gut in einer Hand und die Besitzhierarchie des Dorfes stabil. Das bedeutete aber auch, daß sich die dörflichen Heiratsstrategien nach dem Besitzstand richteten und die Kinder von kleinauf dazu erzogen wurden, die Zeichen des Besitzes zu kennen und zu erkennen. Der bäuerliche Wertmaßstab, an dem alles gemessen wurde, ist die Quantität der Dinge: Feld und Vieh, Feld- und Viehprodukte. Ja, es gibt wohl kaum einen vorindustriellen Beruf, bei dem die Quantität mit der Qualität so identisch ist wie der des Bauern. Diesem Denken entsprachen in der Schwalm auch die kulturellen Symbole, also zum Beispiel die Zahl der Röcke bei der Sonntagstracht der Mädchen. Das reichste Mädchen von Schrecksbach trug, wie wir hörten, 16 Röcke!

Das waren sichtbare und zählbare Signale z. B. für einen jungen Bauern auf Brautschau. Kein Wunder, wenn man diesen Vorzeichen für einen behäbigen Lebensablauf so viel Beachtung schenkte. Deutlicher kann ein Signal innerhalb eines Kommunikationssystems kaum funktionieren.

Es verband sich also mit der Freude über den erreichten Höhepunkt des bäuerlichen Lebensbogens der Stolz auf die Zeichen des Besitzes und der Macht im Dorf. Daß hier das Prinzip der Quantität die Symbole bestimmte, entsprach dem bäuerlichen Denken. Karl Immermann hat seinem reichen Oberhofbauern die Erklärung solch quantitativer Kleidungsprinzipien ironisch in den Mund gelegt: «Der Spielmann vertrat ihm den Weg. Erlaubt, sagte er, daß ich Euch noch einen Augenblick betrachte. Ihr seid trefflich gekleidet. Der Rock kostet seine Mandel Taler. Aber eine Sitte will mir nicht gefallen, die mit den neun Jacken. Neun Jacken, eine unter der anderen – darin könnt Ihr Euch ja gar nicht rühren und werdet müssen, besonders beim Essen, eine Hitze ausstehen, nicht zu ertragen.

Für Pläsier wird dergleichen überhaupt nicht angezogen, antwortete der Hofschulze feierlich. Sondern weil ich neun Jacken bezahlen kann, so trage ich neun Jacken, und weil es so hergebracht ist seit hundert und mehreren Jahren und die gute Sitte es erfordert, und mein Vater und mein Großvater immer neun Jacken trugen auf allen Hochzeiten und Kindelbieren. Wie viele sollte ich denn nach Eurem Rate anziehen, Kaspar? Der Patriotenkaspar dachte nach und sagte dann: etwa sechs. Gut. Also die siebente, achte und neunte lege ich ab, wenn ich Eurer Meinung folge. Nun kommt aber einer, dem die sechste Jacke nicht gefällt, und ein anderer, dem die fünfte mißbehagt, und wieder einer, dem die vierte anstößig ist. Dieses geht nun so fort. Es werden sich, wenn ich erst bis zur dritten Jacke herunterprozessiert bin, stets Leute finden, die mir diese, und Freunde, die mir die zweite widerraten. Kein vernünftiger Grund ist aber vorhanden, warum ich diesen Leuten abschlagen soll, was ich Euch gewährte. Jetzt trage ich also noch eine Jacke und meinen Rock darüber. Weil ich jedoch einmal in das Ausziehen gekommen bin, und weil mir in der Sommerwärme überhaupt alles und jegliches Zeug auf dem Leibe Beschwernis macht, ei, so bleibe ich vielmehr in der Übung, werfe erst den Rock ab und dann die letzte Jacke und gehe dann also splitterfaselnackt umher wie ein gerupfter Sperling, was eine Schande ist und nicht gut läßt. In allen Sachen muß man daran halten, wie sie eine Ordnung und ihren Bestand haben und des Herkommens sind...

Ihr seid bis zum Leierkasten heruntergekommen, und ich trage noch immer meine neun Jacken. Wer dazu die Macht und Gewalt hat, der soll sich auch die neunte nicht abdisputieren lassen, denn er weiß wohl, womit er anfängt, aber nicht, wo er aufhört, und dieses ist die Moral von der Sache.»[61]

Mit der Anzahl der Röcke und Jacken konnte also der Bauer nachzählbar Reichtum demonstrieren, und das war gleichbedeutend mit seiner Machtstellung im Dorfe. Aber wo fing der Reichtum an und wo die Armut?

Wiederum war es, wie bei der Möbelausstattung, die Heirat, also der Höhepunkt des bäuerlichen Lebenslaufes, bei der die Tatsachen sichtbar wurden, gewissermaßen veröffentlicht im Dorfzusammenhang. Noch für die Zeit um den Ersten Weltkrieg herum konnte in den Schwalmdörfern Holzburg und Schrecksbach die Skala der Quantität von Heiratsaussteuern zwischen Reich und Arm erfragt werden – also für eine Zeit, in der die formalisierte Sprache der Bräuche dort noch allgemein üblich war und verstanden wurde. Die Auswertung des erfragten Materials ergab die Möglichkeit, «Arm und Reich» kontrastierend einander gegenüberzustellen, wie sie sich zeichenhaft in der Brautausstattung in den genannten Dörfern ausdrückten.[62] Schrecksbach war mehr ein Tagelöhnerdorf mit vielen armen Leuten, mit Gutsbetrieb und einer starken Saisonarbeiterbewegung nach Westfalen und dem Rheinland, während in Holzburg mehr mittlere und größere Bauern lebten. In einer Synopse des bräutlichen Besitzstandes ließen sich deutlich untere und obere Werte als materielle Oppositionen ableiten. Die Informanten waren 2 Pferdebauern und 11 Kuhbauern, die andern sämtlich ohne Großviehbestand, mit 1–2 ha Land und einige auch ohne jeden Besitz an Grund und Boden. Der größte Hof, der in der gesamten Gruppe vorkam, umfaßte 16 ha. Ein Tagelöhner oder Knecht verdiente in der ersten Nachkriegszeit etwa 600,-- Mark im Jahr, seine Frau als Magd 450,-- Mark, wozu unterschiedliche Mengen an Naturallohn hinzukamen. Die vorwiegend bescheidenen Lebensverhältnisse spiegeln sich in den sehr präzisen Erinnerungen wider, die die meisten Frauen an ihre Brautausstattung bewahrt hatten. Dabei zeigt sich der Unterschied insbesondere in der Quantität des Besitzes, weniger in der Qualität der einzelnen Gegenstände.

Wenn man das erfragte Antwortenmaterial in eine untere und eine obere Gruppe ordnet, so besaßen bei der Heirat:

Eine arme Braut wenigstens		*Eine reiche Braut bis zu*
	An Leinen	
4	Bettbezüge	40
4	Bettlaken	40
4	Kissenbezüge	80
6	Handtücher	60
3	Tischtücher	20
0	Bettvorstecktücher	6
0	Paradehandtücher	4–8
2	Federbetten	8
2	Säcke	40
2	Steigen Leinen	6
	An Möbeln	
2	Stühle	12
1	Schränke	4
1	Tische	3
1	Paar Bettstellen	3
	An Kleidung	
5–6	Hemden	30–40
18	Röcke	61
3–4	Schürzen	15

6–8	Paar Strümpfe	40
3	Leibchen	10
0	seidene Kopftücher	17
0	seidene Halstücher	30
3	Hauben	15–16
1–2	Paar Schuhe	6–7
2	Mieder	12
2	Jacken	19
2	Paar Handschuhe	12
0	gestickte Tanzecken	2
2	Paar Strumpfbänder	15
1	Abendmahlshaube	4
0	gestickte Bruststecker	2
0	Brautkrone mit Brett	1

Die teueren und luxuriösen Ausstattungsgegenstände wie Paradehandtücher, silber- und goldgestickte Tanzecken, Bruststecker, seidene Halstücher, alles Dinge, die man kaufen oder bei kunstfertigen Stickerinnen bestellen mußte und die bei den reichen Bräuten in unvernünftig großer Zahl vorhanden waren, fehlten bei den ärmeren Bräuten des Dorfes völlig. Das gilt insbesondere für die Brautkrone mit *Brett* (= viele aneinandergeheftete Bänder), denn nur eine reiche Bauerntochter ging im eigenen *Schappel* zur Kirche. «Man ging ja stolz», erzählte eine Informantin aus der oberen Schicht, «das gehörte sich so!» – 13–14 Röcke schickten sich bei der «stolzen» Brauttracht. «Es war ja Quatsch, so viele Bänder an den unteren Röcken zu haben», sagte eine andere Gewährsfrau, «man sah sie doch nicht, aber das machten nun mal die reichen Mädchen!» Die ärmeren Mädchen mußten sich das Schappel borgen oder heirateten in Abendmahlstracht und Kappe.

In solchen Aussagen aus der zeitlichen Distanz bestätigt sich die einstige strenge und auch vordergründige Denkweise. Mit dem Eintritt in die Ehe erhielt die Frau erst ihren endgültigen Status innerhalb des Dorfganzen, wurde ihre Geltung sichtbar bestätigt. Vielleicht ist es daher verständlich, daß Bauernmädchen so selten unter ihrem «Stande» nach Neigung heirateten – wäre doch damit für ein ganzes Leben ihre geringe Stellung im öffentlichen Leben des Dorfes entschieden gewesen. Ein alter donauschwäbischer Bauer erzählt:

«Ja, es gab schon Schwierigkeiten, aber nur, wenn die Kinder nicht gefolgt haben. So wie meine liebe Schwester, die hat einen Schönen, einen Armen heiraten wollen, und da hat meine liebe Mutter einen schönen Teller und einen garstigen vor sie beim Essen nebeneinander gestellt. In den schönen hat sie zwei Kartoffeln 'nein gelegt, und in den garstigen tat sie gebratenes Fleisch und Bratwürst 'nein. Da hat meine liebe Mutter gesagt: ich übe keine Grobheit über dich. Wennst den Schönen willst, bekommst doch dein Erbteil, aber gleich kannst gehen! Mutter brauchst nicht mehr zu mir zu sagen! Und hat meine Mutter bitterlich angefangen zu weinen. – Ja, meine Schwester hat nimmer gesagt, sie will den Schönen.»[63]

Dieses Einlenken in die Normen des üblichen Familiendenkens war «richtig» innerhalb des herrschenden Systems. Die Eltern bestimmten, wie man sich zu verhalten hatte, und man mußte ihnen folgen, wenn sich auch zuweilen das Gefühl dagegen sträubte. Auch in diesem Zwang zum Ebenbürtigen – das wurde schon früher gesagt –

zeigte sich die von Riehl betonte mentale Nachbarschaft zum Adel, und wenn jetzt Berthold Auerbach mit seiner Geschichte aus dem späten Biedermeier zu Worte kommt, so lediglich als Beobachter badischer Bauernsitten, die er passend in seine Dorfgeschichten einzubringen wußte:

«Freilich, stolz und eigenmächtig war der junge Furchenbauer schon damals: hatte er ja dem armen Brosi einen Taglohn dafür geben wollen, wenn er mit Tanzen und Singen die Hochzeitsgäste erlustige; schon damals blickte der Furchenbauer mit einer stillen innern Verachtung auf Jeden herunter, der ihm nicht gleichstand und hielt es nur selten der Mühe wert, in Wort und Mienen das auszusprechen. Aber warum soll ein junger Baron in schwarzem rot ausgeschlagenen Samtrock, roter Weste und Lederhosen nicht eben so stolz sein wie einer mit Epauletten und goldbesticktem Halskragen? Der Furchenbauer konnte sich neben jedem Ritterbürtigen sehen lassen. Er war alleiniger Erbe, oder wie man es hier zu Lande noch heißt, der Lehnhold des großen Gutes von der langen Furche, das sich in Wald und Feld weit über Berg und Tal ausbreitet; er hatte acht Roß im Stall, eben so viel Ochsen und die Doppelzahl Kühe und Rinder, und alles war schuldenfrei, denn er heiratete die Tochter des reichen fetten Gäubauern, des Vogts von Siebenhöfen, der den ehrenvollen Unnamen ‹der Schmalzgraf› hatte, und von dem Beibringen der Frau konnte die ausbedungene Losung der einzigen Schwester, die nachmals den Gipsmüller heiratete, blank ausgezahlt werden! ...

Mit einem stolzen gesättigten Behagen sah der Christoph, oder wie er jetzt hieß, – da ihm seine Würde erst den rechten Namen verlieh – der Furchenbauer am Morgen nach

Bauer mit der Zipfelmütze in der Marburger evangelischen Tracht.
(Adolph Menzel, 1815–1905)

seiner Hochzeit zum Fenster hinaus. ... Das eigene Leben der Bäuerin durfte rasch an ihr vorüberziehen. Ohne Neigung, aber auch ohne Widerstreben hatte sie als reiche Bauerntochter den gleichbegüterten Furchenbauer geheiratet. In den bald vierzig Jahren ihrer Ehe hatte sie es nicht vergessen, daß ihr das herbe und schroffe Wesen ihres Mannes viel Herzeleid gemacht, aber sie hatte sich daran gewöhnt.

Es mag hart klingen, aber es ist doch wahr und erweist sich bei näherer Betrachtung auch milder: bei den Bauern, besonders aber bei den Großbauern, ist die Ehe vielfach nur ein Vertragsverhältnis in der ausgedehntesten Bedeutung des Wortes. Erkennen die Eheleute, daß die Verschiedenartigkeit ihrer Naturen sich nicht zur Einheit verschmelzen läßt, so tritt ein gegenseitiges selbständiges Gewährenlassen ein. Hier, wo die Hausfrau gleichmäßig mit dem Manne für den Besitzstand zu arbeiten hat, erfüllt ein Jedes den Kreis seiner Pflicht ohne weitere Anforderung...

Offene Zerwürfnisse oder gar Trennungen aus Mangel an Liebe kommen darum im Leben der Großbauern fast nie vor. Nur selten, zu einem Jahrmarkt, zu einer Gevatterschaft oder Hochzeit verließ man den Hof, und die Bäuerin hörte überall mit Befriedigung, wie hochgepriesen sie und ihr Mann waren und wie sie als eine Zierde der ganzen Gegend galten, so daß es immer hieß: solche Bauersleute seien schon lange nicht in der Gegend gewesen. Die Bäuerin hörte solchen Lobpreis immer mit ruhigem Behagen an, sie hatte sich von ihrem Mann angewöhnt, auch kein übrig Wort zu reden. Nie kam es ihr in den Sinn, von ihrem Reichtum einen andern Genuß haben zu wollen als den, ihn zu erhalten und zu vermehren und wie sich's gebührt, den armen Leuten der Gegend ihre Gaben zukommen zu lassen.»[64]

Doch zurück zu den hessischen Schwälmern und ihrer zeichenhaften Tracht. Nach der Hochzeit, wenn alles gesellschaftlich seine Ordnung gewonnen hatte, verloren sich die grellen Zahlen- und Farbsymbole, die bei den Mädchentrachten so etwas wie die Auszeichnung zur Schau gestellter Waren bedeutet hatten. Die Beziehung zur Tracht war für die Frauen von kleinauf eine Beziehung zur Kleidung überhaupt, denn sie kannten die Frauenkleidung ihrer sozialen Schicht nur im Zusammenhang mit Tracht. Dazu kam die Aufwertung und Stilisierung der Schwälmer Tracht von außen, vor allem zumindest seit der Mitte des 19. Jahrhunderts über den Willingshäuser Künstlerkreis und mittelbar durch die Kunstkonsumenten der Produktion dieser Künstler von Ludwig Emil Grimm (1790–1863) bis zu Otto Ubbelohde (1867–1922).[65]

Die weibliche Kleiderausstattung für das Leben als Verheiratete bestand neben den Arbeitstrachten aus verschiedenfarbigen Kostümen, die den Altersstufen entsprachen, neu angefertigt und auch vererbt wurden: Grün für die Jungverheiratete, dann Blau, Violett und schließlich Schwarz. Berühmt waren die zeichenreichen Muster der weißen Zwickelstrümpfe, die schon die Kinder stricken lernten.

Die männliche lebenüberdauernde Kleiderausstattung bestand meist aus 2–3 Röcken, von denen der erste zur Konfirmation geschenkt wurde, der zweite zur Hochzeit angeschafft – und darin wurde der Verstorbene auch ins Grab gelegt.

Die Trauertrachten der Schwalm waren ganz besonders differenziert ausgeprägt und zwar für alle Altersstufen. In zwei bis drei Trauerjahren mit ihren vorgeschriebenen Trachtenvarianten demonstrierte der Trauernde, auch mit einem gewissen Stolz, den nahen Verwandtschaftsgrad zu einem Verstorbenen, der im Dorf Bedeutung besessen hatte. Man gehörte – das zeigte die Trauertracht an – zu dessen engerem Verwandtenkreis und setzte sich von ärmeren Verwandten ab, die aus Mangel an nötigem Kleidungsbesitz beim «richtigen» Traueraufwand nicht mithalten konnten.[66]

Im katholischen Mardorf bei Marburg/Hessen galten für die Trauer drei verschiedene Verwandtschaftsgrade: Bruder, Schwester, Sohn, Tochter als Verwandte ersten Grades; Großeltern, Enkelkinder, Onkel, Tante, Neffe, Nichte als Verwandte zweiten Grades; alle anderen Verwandte dritten Grades. Die Trauertracht war entsprechend diesen Verwandtschaftsgraden gestaffelt: Für Verwandte ersten Grades wurde drei volle Jahre getrauert und erst im vierten Jahr mit der Austrauer begonnen. Beim Tod eines Verwandten zweiten Grades sowie des Taufpaten war nur ein Trauerjahr vorgeschrieben. Derartige Zwänge des dörflichen Trauerbrauches bezeugen nicht nur eine außerordentlich intensive Trauerarbeit, sondern auch eine persönliche Einengung, unter der der einzelne oft sehr zu leiden hatte. Manche Frau kam durch vielerlei Todesfälle jahrelang aus der schwarzen Kleidung nicht mehr heraus – auch das eine Konsequenz des so ausschließlich auf Kommunikation eingestellten Dorflebens.

Es waren aber nicht nur die Stationen des Lebenslaufes, die sichtbar durch die Zeichen der Tracht charakterisiert wurden – auch nicht nur die Unterschiede von Arm und Reich innerhalb des Bauernstandes. Die Zeichensprache der Kleidung erfaßte gleichfalls die unterbäuerliche Schicht, die geringen Leute schlechthin, und die Bauerntochter hob sich beim Kirchgang durch die Breite der auf den Rock aufgenähten Samtstreifen deutlich ab von der Magd.[66]

Das Landkind und seine Erziehung

In einem Kapitel mit dem Obertitel «Jung und Alt» ist es legitim, jenen Abschnitt an den Anfang zu stellen, der das Zentrum bäuerlichen Lebens ausmacht: die Zeit von der Eheschließung bis zur Hofübergabe an die nächste Generation, also die Herrschaftsepoche von Bauer und Bäuerin. Es gehört zu den tragischen Konsequenzen der dörflichen Lebensordnung, daß für die unterbäuerlichen Schichten dieser Wunschzustand, Herr auf eigenem Grund und Boden zu sein, nicht erreichbar war. Doch davon wird noch im nächsten Kapitel gesprochen. Jetzt sei von dieser Epoche der Lebenshöhe zunächst einmal zurückgeblendet auf die ländliche Kindheit mit ihren Normen und Werten – und später vorausgeblickt auf das Alter. Das bedeutet jedoch nicht nur ein Sich-Bewegen in den Lebenszyklen der Familie, sondern auch ein Hinterfragen der Rollen, die diese Altersgruppen im Dorfganzen spielten – spielen wollten und spielen durften.

Wie gering der Kindheitsstatus auf dem Lande von den Erwachsenen eingeschätzt wurde, hat schon die Tatsache gezeigt, daß sie die Miniaturtrachten der Großen trugen und eine kindgemäße Kleidung nicht existierte. Noch stärker wird die Problematik der kindlichen Lebenswelt auf dem Dorfe dadurch verdeutlicht, daß die Kinderjahre der Vorbereitung und Einübung der bäuerlichen Arbeitstechniken und des Bauernwissens gewidmet waren.

«Mein Vater hatte im ganzen Hauswesen eine Klassifikation von Geschäften und Arbeiten, die unter den Kindern verteilt waren, eingeführt. Mit jedem Jahr stieg jedes Kind zu einer höheren Klasse. Das brachte eine vollkommene Ordnung in das Hauswesen. Jedes Kind wußte schon, sobald es frühe aufgestanden war, größtenteils, was es den Tag über zu tun hatte. Man gewöhnte sich so zu der bestimmten Arbeit, daß von Seiten der Eltern kein Zwang, keine Drohung, kein Schelten nötig war. Es bedurfte oft nur eines Winkes, um jedes Kind unverdrossen bei seiner Arbeit zu sehen. Es hatte

Drei Generationen einer Bauernfamilie in ihren Funktionen und ihrem Zusammenleben. (Caspar Johann Ritter, 1861–1923)

auch noch die gute Folge, daß man die höhere Klasse von Arbeiten als eine ehrenvolle Auszeichnung ansah und sich auf das folgende Jahr, da man höher stieg, freute. Ich wenigstens erinnere mich noch genau, wie sehr mich diese Art von Ehrgeiz belebte. Ich konnte oft die bestimmte Zeit nicht erwarten, da gewisse Arbeiten an mich kamen. So bat ich einst meinen Vater dringend, mir, da ich damals kaum acht Jahre alt war, zu erlauben, daß ich bei der Ernte mit meinen älteren Geschwistern das Getreide abschneiden dürfte. Als es mir erlaubt wurde, ging ich mit Freuden auf einen Gerstenacker, um mit denselben die Arbeit des Schneidens vorzunehmen. Ich wollte dabei meine Schwester, die drei Jahre älter war als ich, übertreffen, und schnitt daher so eilfertig, daß mir die Sichel in die Spitze des kleinen Fingers der linken Hand fuhr und einen Teil davon abnahm. Nun wurde mir das Getreideschneiden verboten, bis nach der gemachten Einteilung die Ordnung an mich kommen würde. Aber eine andere Art von Arbeit, zu der ich mich auch zu früh hingedrängt hatte, wurde mir nicht abgenommen: und das war das Dreschen. Da ich schon mit dem sechsten Jahre anfing Musik zu machen, so ergötzte mich vorzüglich der genaue Takt, der beim Dreschen beobachtet wird. Ich wollte daher versuchen, ob ich den Takt bei diesem Geschäfte auch treffen könnte. Ich bat daher meinen Vater um die Erlaubnis, mit dreschen zu dürfen. Als es mir erlaubt wurde, so fand ich mich gleich in den nötigen Takt, der nach der Anzahl der Dreschenden verschieden ist. Das gefiel mir eine Zeitlang sehr; aber endlich wollte ich doch wieder austreten, was mir aber nicht gestattet wurde. Ich mußte sogar zur Nacht mit aufstehen und an dieser Arbeit teilnehmen, ob ich gleich kaum acht Jahre alt war.»[67]

Die hier beschriebene extreme Arbeitspädagogik wird zwar nicht typisch gewesen sein, wirft aber ein bezeichnendes Licht auf ländliche Kindheiten. Neben dem Autoritätsanspruch der Erwachsenen, besonders des Vaters, der keinen Widerspruch duldete, bildeten die wachsenden Arbeitsanforderungen an die Kinder die Grundmuster der Erziehung.[68] «Kindheit» war in diesem Zusammenhang nichts anderes als das physische Unvermögen, alle bäuerlichen Arbeiten leisten zu können, und das Heranwachsen bedeutete eben die Zunahme an Arbeitsvermögen und Geschicklichkeit. «Mit der Wertung der Personen nach der von ihnen geleisteten Arbeit waren die Muster vorgegeben, die das Verhalten der Kinder in Bezug zur Arbeit determinierten. ‹Kind› war der, welcher in der Arbeitsorganisation noch nicht als vollwertige Arbeitskraft eingesetzt werden konnte, ein ‹geringes Märche (geringes = schwaches Mädchen)›, ein ‹hieres Deangk (kleines Ding)›. ‹Gieh naus, stell dich ean Sonnrā, dā wēsde noch (Geh hinaus, stelle dich in den Sonnenregen, dann wächst du noch)›, wurden die Kinder gemahnt. Das Erwachsenwerden wurde ihnen stets als Ziel vor Augen gehalten, geschätzt wurde der, der ‹kurand (courant)› war, der stets ‹in die Arbeit hineinsprang›.»[69]

Erwachsensein war also identisch mit Erfahrung haben, und das wiederum galt als Grundbedingung der sozialen Geltung. Dagegen konnte zuweilen der größte kindliche Fleiß nicht aufkommen: «In der Kornernte, wenn die Leute meines Vaters, und er voran, der Reihe nach am wogenden Getreide standen und die ‹Wellen› herausschnitten, mußte ich auf bestimmte Plätze die Garben zusammentragen, wo sie dann zu je zehn in ‹Deckeln› zum Trocknen aufgeschöbert wurden. Mir war das nach dem steten Viehhüten ein angenehmes Geschäft, umsomehr, als mir der Altknecht oft zurief: ‹Trag' nur, Bub', und sei fleißig, die Garbenträger werden reich!› Ich war sehr behend und lief mit den Garben aus allen Kräften; aber da sagte wieder mein Vater: ‹Bub›, du laufst ja wie närrisch! Du trittst Halme in den Boden, und du beutelst die Körner aus. Laß dir Zeit› . . .»[70]

Dorfkinder. (Ludwig Emil Grimm, 1790–1863)

Spielen

Der Hof als materieller Besitz, die Arbeit als ständige Funktion dieser Tatsache bestimmten das Leben der Bauernfamilie, und die Kinder sollten von kleinauf ihr Denken und ihre Interessen diesem Beziehungssystem unterordnen. Die typisch kindliche Tätigkeit des Spielens konnte in einer so einseitig orientierten Arbeitswelt kaum einen anerkannten Platz finden.

«Wir mußten unsere Freuden in der Arbeit der Erwachsenen, im Zuschauen und Nachahmen finden, denn Spiele und Spielzeuge, die so trefflich auf die Phantasie der städtischen Buben wirken sollen, hatten wir nicht. Wir kamen darum nicht zu kurz. Es gab bei den Handwerkern im Dorfe viel zu sehen, bei der Arbeit im Felde fanden wir unsere Lustbarkeit, auf allen Fuhrwerken durfte ich aufsitzen, und da ich auf Worte und Gebärden acht hatte und sie gerne nachahmte, eignete ich mir nicht lauter Wohlgesittetes an.»[71]

Daß die Landkinderspielzeuge nicht unbedingt nur mit der Arbeit zusammenhingen, sondern auch mit Wettbewerb und Geschicklichkeit, hat Friedrich Paulsen aus seiner Dorfkindheit berichtet; aber selbstgemacht waren sie zum größten Teil und zumeist eben doch phantasievoll verbunden mit der ländlichen Lebenswelt: «... die eigentlichen Spielzeuge machten wir uns selber; die Mädchen machten sich ihre Puppen und zogen sie mit farbigen Läppchen an, sie strickten sich ihre Bälle, ein Kork diente als Unterlage, er wurde mit altem Wollgarn rund gewickelt und dann die Decke darauf ‹geflammt›, je bunter, desto schöner. Wir Knaben machten uns Bogen und Pfeile aus

Dörfliches Spielzeug aus Naturstoffen. (Aus Geist-Mahlau: Spielzeug. 1971, Tafel 1)

Weidenzweigen und Rohr mit Eisenspitze, zu der ein Nagel verarbeitet wurde; doch erhielt ich später einmal, vom Nachbar Rademacher angefertigt, einen richtigen Flitzbogen mit Lauf, aus dem mit Murmeln oder geschwänzten Pfeilen geschossen wurde. Aus einem Lederstück mit zwei Schnüren daran wurde eine gefährliche Schleuder hergestellt, die wohl einmal einem Schaf ein Bein gekostet hat. Ein prachtvoll fernreichendes, wenn auch nicht ferntreffendes Werkzeug war auch eine schmiegsame Gerte, auf die eine kleine Kartoffel gesteckt und weggeschleudert wurde. Natürlich fehlte es nicht an Windbüchsen und Wasserspritzen, Hollunderzweige wurden dazu ausgehöhlt. Ein Blasrohr hab ich mir noch gemacht und mit gefiederten Pfeilen versehen, als ich schon die ersten lateinischen Vokabeln lernte. Wind- und Wassermühlen waren an jedem Hause und jedem Wasser, das Gefälle hatte oder aufgedämmt und zum Fließen gebracht wurde. Einen kleinen Schiebkarren, den wir so notwendig für die Bewegung von Steinen und Erde brauchten, machte mir der Onkel Ketel. Sehr beliebt waren Schaukeln und Wippen, jene in der Scheune, diese über einem Erdwall oder einem Hecktor angebracht. Im Herbst wurden Drachen gebaut, bis zur Lebensgröße, nur die Schnur dazu mußte gekauft werden, sonst machten wir alles selbst, Gestelle und Beklebung und auch den Kleister, womit sie befestigt wurde.»[72]

«Es wurde die Morgensuppe vorgesetzt; das Käthele schnitt mir Brot hinein, und dabei flüsterte es mir zu, ob ich heute nicht mit ihm wolle hingehen in die Geißhalde. Ich ging mit, und das Mädchen machte mich bekannt mit den Ziegen und mit seinen Spielplätzen. Das Käthele hatte unter einem Felsvorsprung eine Sennerei; aus Baumrinden hatte es einen Stall aufgezimmert, unter diesem stand eine Reihe dürrer Fichtenzapfen, das waren die Kühe. Das Mädchen lehrte mich von diesen Kühen die Namen und schob sie auf die Weide und wieder in den Stall.»[73]

«Im Frühling lag draußen vor der Hofeinfahrt ein großer Wiedhaufen, den die Mutter mit dem Hackl in Bündel hackte. Da spielten wir Kinder, krabbelten auf dem Haufen herum, da wimmelte es nur von Kindern. Die Zapfen von den Fichten, das waren unsere Rosse, die Reigerl von den Föhren unsere Kühe, die Eicheln unsere Schweine. Aus den großen Rindenstücken wurde dann ein Hof gebaut. Rindenstücke waren auch unsere Wagen, an die mit einem Faden oder einer leichten Schnur unsere Tiere eingespannt wurden. Als Getreide nahmen wir Spitzwegerich, Breitwegerichblätter waren unser Geld, und alle möglichen Gräser hatten ihre Bedeutung und machten unseren Spielzeugbauernhof reich.»[74]

Aber trotz des anmutigen Eindrucks, den solche Spielbeschreibungen vermitteln, wurde das Spielen von den Landkindern doch anders erlebt als von den Bürgerkindern der gleichen Epochen. Es ging weder um spielendes Lernen noch um kindlichen Zeitvertreib.

Kleine Arbeitsgeräte in Kindergröße wie bunte Heurechen, die von Sammlern und in Museen oft als dörfliches Spielzeug mißverstanden worden sind, objektivierten für das Kind vielmehr den Anspruch des Eingewöhnens in die Arbeitstechniken, waren ein Zeichen auf dem Weg zum Erwachsenwerden. «Ich hatte auch ein Kinderrechelchen, so ein kleines, das hatte mir ein Mann aus dem Dorf gemacht. Dann halfen wir halt so mit, aber wie oft wurden wir dann gescholten, wenn wir, wie die kleinen Kinder so sind, im Gewandten (Heu) herumtappten, aber damals hatte man ja noch keinen Verstand. ... Wenn wir das erste Mal mit hinaus gingen (= zur Feldarbeit, hier Heuernte), bekamen wir einen bunten Rechen geschenkt, meistens zum Geburtstag oder Christtag. Der hatte noch die hölzernen Bogen.»[75]

Arbeiten

Es ging hier nicht um eine verniedlichte Mikrowelt der Arbeit, sondern um die Handlichkeit für das Kind und auch um die Schonung der Geräte der Erwachsenen. Kindliches Spiel hatte kaum einen positiven Stellenwert im Leben der Landfamilie; alle Erwartungen richteten sich auf die Fähigkeiten, ein guter Bauer oder eine tüchtige Bäuerin zu werden, und das erlernte das Kind in der familiären Arbeitsgruppe. Die Absolutsetzung der Landarbeit konnte oft so weit gehen, daß der Hausvater technische Verbesserungen wie den eisernen Heurupfer verbot, um die Jungen möglichst ausdauernd mit ihrer Hände Arbeit zu beschäftigen und damit ein sparsames Verhalten zu fördern.[76]

Die «Ordnung» des Hofes war die übergeordnete Instanz für alle, auch für die jungen Kinder. Das galt übrigens nicht nur bei den großen Bauern, sondern in jeder noch so kleinen Wirtschaft – und bis weit in die Gegenwart, besonders wenn die Mutter fehlte: «Der älteste war der Franz, noch nicht dreizehn Jahre, dem hat die Nachbarin das Melken gelernt, der zweitälteste war der Michl, elf Jahre, der mußte den Stall misten. Eine andere Nachbarin kam, um mir das Kochen und Flicken zu lernen, und wie ich mit den kleinen Kinder umgehen muß. Ich war acht Jahre. Der drittälteste, der Hans, mußte auch mithelfen. Zum Futtereinbringen fürs Vieh mußten wir größeren Kinder alle hinaus. Um fünf Uhr war Aufstehen, der Vater nahm die Sense, ein Bruder die Schubkarre, wir Jüngeren hatten Rechen dabei. In einer Stunde war das Futter mit dem Schubkarren eingebracht, die Kleinsten haben noch geschlafen. Franz hat die beiden Kühe gemolken, die leicht zu melken waren. Die Nachbarin die anderen zwei, denn die waren zäh. Ich habe Feuer gemacht und die Milch gekocht, in die Schüssel gegeben, ein wenig Salz dazu und dann Brot eingebrockt. Dann standen wir alle um den Tisch herum, beteten das Morgengebet, den Glaube-an-Gott und ein Vaterunser für die Mutter. Manchmal war auch eines von den kleinen Geschwistern schon aufgestanden, um das mußte ich mich kümmern, so daß ich kaum zum Essen kam. Nach dem Essen beteten wir das Dankgebet und wieder ein Vaterunser für die Mutter. Die Buben hatten sich schon gewaschen und gekämmt, so konnten sie noch den Gottesdienst vor Schulbeginn erreichen. Ich dagegen mußte erst die Kleinsten aus dem Bett holen, ihnen beim Bisseln helfen, sie anziehen und füttern. Manchmal haben sie geweint, weil sie mit mir wohl nicht zufrieden waren. Großvater blieb noch im Bett. Ich konnte mich erst dann zur Schule fertigmachen, wenn der Vater von der Stallarbeit hereinkam. Nun lief ich, so schnell ich konnte, die vier Kilometer zur Schule. Dabei mußte ich oft anhalten, weil ich in der Seite ein starkes Stechen hatte, und oft kam ich erst an, wenn die erste Pause war. Da lachten mich die anderen Kinder aus.»[77]

Auffällig und entscheidend für die gesamte ländliche Einstellung zur Arbeit ist die frühzeitige Rollenzuordnung der Geschlechter, von Anfang an verbunden mit einer Minderbewertung der weiblichen Arbeitsbereiche. Besonders in Haushalten, wo die Mutter frühzeitig gestorben war, galt die Überbeanspruchung der Mädchen als selbstverständlich: «Anfang des vierten Schuljahres mußte ich zur Meieredermutter gehen, um jetzt Brotbacken und Großwäschewaschen zu lernen. Wir machten es dann daheim genau so, der Vater und ich. Wir hatten auch den gleichen Waschzuber wie die Meieredermutter. Erst haben wir die Wäsche über Nacht eingeweicht, dann wurde sie von mir und Vater ausgewrungen, aufgelockert und in den Zuber gelegt. Oben auf die Wäsche kam ein großes Leinentuch, in das Birkenholzasche gestreut wurde, dann

Kleines Mädchen beim Kartoffelschälen. (Josef Israels, 1824 bis 1911)

wurde kochendes Wasser draufgeschüttet, das war die Lauge für die Wäsche, Waschpulver hatten wir keines. Nach einigen Stunden wurde diese Lauge unten aus dem Zuber gelassen und die Wäsche auf der Waschbank mit Kernseife eingerieben und gebürstet. Ich stand auf meinem Schemel, denn ich war zu klein für die Waschbank.»[78]

Aber es gab auch gerade in den ärmeren Wirtschaften eine Fülle von Arbeiten, die je nach Gelegenheit Kindern beiderlei Geschlechts übertragen wurden. Von den Feldarbeiten war bei den Kindern wohl am unbeliebtesten das Ochsenleiten beim Pflügen. Das war ein lästiges und mühevolles Geschäft, dazu in der Arbeitshierarchie das unterste, so daß sich, während die Mädchen beim Ochsenleiten verblieben, jeder Junge in die nächsthöhere Kategorie des Pflügers wünschte:

«Außer diesem Pflughaber ist zum Gefährte auch noch ein Fuhrmann nötig, der die Ochsen leitet, so daß im Paare der eine stets in der Furche, der andere auf dem Rasen schreitet. Dann muß endlich ein Nachhauer sein; das ist zumeist eine Magd, welche mit einer Haue dem Pfluge folgt, nicht gut umgelegte Sohlen niederkehrt, fehlerhafte Furchen aushaut – kurz, den Korrektor des Pfluges abgibt.

Man sieht, daß die Sache nicht einfach ist. Es gehört ein langer Tag dazu, um mit einem Pfluge ein Joch hängigen Ackerlandes umzukehren. Nun, und wie ist's dabei dem jungen Pflughaber ergangen? ... Die Rinder zogen an. Mich schleuderten die Handhaben nach rechts und nach links, der Pflug wollte aus dem Geleise steigen, und meine Barfüßlein kamen etlichemal unter die Erdsohle. Er ist zu gering beim Steiß! hörte ich den Vater und den Knecht noch lachen; das Wort weckte mich. Es handelte

Mutter und Kinder beim Kartoffelnsammeln. (Christian Rand, 1865–1930)

sich um meine Ehre, um meine Mannbarkeit. Nicht mehr der Halterbub' wollt' ich sein, der am Tisch bei der untersten Ecke sitzen mußte, der nirgends ein Wörtlein mitsprechen durfte, der – wußte er was Gescheites – dasselbe mit den Kälbern und Schafen bereden konnte. Mein Sinn stand nach dem Höchsten; groß, stark und selbständig wollte ich sein wie der Weidknecht. Und siehe, der Mensch wächst mit seinen höheren Zwecken! Ich führte den Pflug und schnitt eine leidliche Furche. Die ausgeackerten Regenwürmer hoben verwundert ihre Köpfe zu sehen, wer heute ackere!«[79]

Die Fülle kindlicher Hilfsarbeiten auf dem Lande kann hier nur angedeutet werden. Max Weber und Johannes Rehbein nennen als erhebliche Kinderarbeit das Jäten und Akkordleistungen beim Rübenhacken und Kartoffellesen:

»Bei der diesmaligen Kartoffelernte wurden nun auf den umliegenden Gütern ausnahmsweise viel Arbeitskräfte gebraucht. Schon in der Schule hatten die Lehrer bekannt gegeben, daß, wer von uns jetzt einen guten Groschen verdienen wolle, sich dort und dort melden könne. Dies war der Grund für meine Mutter, sich in diesem Herbste nicht bei den Ackerbürgern zu verdingen, sondern aufs Gut zu gehen. Ich sollte mit helfen. Mit dem Vogt von Friederikenhof, der am Wochenmarktstage die ‹Leute› annahm, hatte sie bereits gesprochen. Alles war in Ordnung, wir konnten anfangen.

Ganz erfreut war meine Mutter über die Höhe des Lohnes. Während es in den vorigen Jahren für Erwachsene nur einen Tagelohn von 45 Pfennigen und für Kinder 20 Pfennige gegeben hatte, betrug er jetzt 50 und 25 Pfennige. Dafür aber, daß meine Mutter in mir noch einen Helfer gestellt hatte, wurde ihr außerdem noch die Extraver-

Junge beim Kuhführen, während der Vater mit dem Pflug Kartoffeln anhäufelt. (Foto Peter Weller, um 1900)

günstigung gewährt, sich jeden Abend einen Armkorb voll Kartoffeln mit nach Hause nehmen zu dürfen. Zudem erhielten die ‹städtischen Leute› des Mittags freien Kaffee vom Gutshofe geliefert, damit sie auch am Tage ‹was Warmes in den Leib› bekämen und nicht selbst auf dem Felde zu ‹kochen und prösseln› brauchten, was einmal recht umständlich sei und dann auch unnützen Zeitverlust erfordere. Somit hatten die Leute ‹nur› für ihren täglichen Brotbedarf zu sorgen; warmes Abendbrot konnten sie sich zu Hause kochen ... Der Gutsvogt erwartete uns schon mit mehreren Tagelöhnern auf dem Plan. Gleich darauf kamen auch vom Gut her eine Anzahl von Tagelöhnerfrauen mit ihren Kindern. Von den letzteren waren nur wenige älter wie ich, dagegen sah ich mehrere, die erst in einem Alter von 8 bis 9 Jahren standen. Alle erhielten wir nun unsere Kartoffelreihen angewiesen; die Erwachsenen zwei, wir Kinder je eine, wobei die Kinder rechts und links neben die Erwachsenen verteilt wurden. Wie uns der Vogt sagte, hatte der Herr Inspektor schon am Sonntag von den Knechten so viel Acker umpflügen lassen, daß wir jetzt am Montagmorgen rechtzeitig und ohne Aufenthalt mit dem Sammeln beginnen konnten. Jeder hatte nun seinen Korb oder eine Kiepe vor sich und durchwühlte mit den Händen fleißig die von der Pflugschar umgelegten Stauden, um die Knollen aufzulesen.»[80]

Hier wird etwas von dem durch Existenznot bedingten Selbstverständnis der landarbeitenden Familie deutlich, für die die arbeitsmäßige Ausnutzung der Kinder ohne Reflektion vollzogen wurde.

Andere Kinderarbeiten, von denen die Autobiographien berichten, erscheinen dagegen fast spielerisch, wenn man sich über deren zwanghaften Charakter und die Anstrengungen stundenlanger ununterbrochener Tätigkeit auch keine falschen Vorstellungen machen darf. Da war das mühsame Beerenpflücken – nicht zum eigenen Genuß, sondern als Gelderwerb:

«Geburten und Sterbefälle wechselten bei uns beständig ab. Die anderen Kinder wurden größer und verlangten mehr. Mein Vater wurde brustkrank und verdiente immer weniger. Zu Ziegen, Schweinen und Hühnern langte das Geld nicht mehr. Das graue Elend zog ein. Von da ab besorgte ich das ganze Brennmaterial, welches ich aus den Wäldern holte. Aber es langte immer noch nicht. Da beschlossen meine Mutter und wir, durch Pflücken von Wald- und Preißelbeeren eine Nebeneinnahme zu verschaffen. Jede freie Zeit wurde von da ab dazu verwandt, in die Wälder zu gehen und Beeren zu pflücken. Bis zu drei Stunden Weges sind wir da gelaufen. Der Verdienst belief sich da, die Verkaufszeit mit gerechnet, auf ca. 10 Pfg. die Stunde. Müde zum Umfallen kehrte man heim. Dann mußte man noch Schularbeit machen. Vor den Ferien hatten wir fast eine Angst. Dann ging es den ganzen Tag los. Öfter im späten Herbst, wenn dicke Eisklumpen an den Trauben der Preißelbeeren hingen, standen wir schon frühzeitig morgens im Walde und zitterten vor Kälte. Die Hände steif gefroren. Wir konnten keine Beeren mehr fühlen. Wir weinten. Auch wurde uns schon vom Waldbesitzer der ganze Arbeitsertrag des Tages abgenommen. Mein kleines Herz empörte sich gewaltig über eine solche Gesellschaft. Die Beeren sollten verfaulen und wir, wir sollten verhungern. Meine Mutter besorgte meistens den Verkauf.»[81]

Da war das Sammeln und Trocknen von Kräutern für den Apotheker, das – meist verbotene – Fischen, aber auch alle möglichen Heimarbeiten: «Die Entdeckungsfahrten in Wald und Feld übten den stärksten Reiz auf mich aus. Wir Kinder sammelten die Blüten der Königskerze und das Tausendgüldenkraut, die dann getrocknet an die Apotheken in der Stadt verkauft wurden, holten von den Wiesen die Zittergräser für Winterkränze. Im Moor nahmen wir den armen Kiebitzen die Eier weg. Sie wurden in der Stadt gern gekauft. Auch das verbotene Fischen in der Elbe wurde mit Grundangeln betrieben. Im Frühjahr zogen die Brüder nächtens an einen breiten und tiefen Graben zum Hechtstechen. Die Fische wurden durch ein Licht angelockt und dann mit einem langen Stab mit zwei stählernen Zinken aufgespießt. Aus den Wäldern trugen wir die Kieferäpfel und Tannenzapfen in Säcken nach Hause. Sie boten guten Ersatz für Holz und Kohle. So machte uns die Not erfinderisch und wirtschaftlich, und mehr als andere konnten wir mit vollstem Recht sagen, daß wir uns vom Busen der Natur ernährten. Die Mutter arbeitete in der Tuchfabrik. Ich malte einige Wochen Bleisoldaten, bis die Mutter merkte, daß die vom Geschäft gelieferten Farben beinahe den ganzen jämmerlichen Verdienst wieder verschlangen.»[82] An die gesundheitsschädigende Arbeit mit dem Blei wurde kein Gedanke verschwendet.

Ein beliebter Verdienst, wenn auch mit allen möglichen Gefahren verbunden, war der Wirtshausposten des Kegeljungen: «Wenn ich für die Schule ein Heft brauchte, gab mir Mutter ein paar Eier mit. Dafür gab mir dann der Greißler Heft, Feder oder was ich sonst noch brauchte. Als ich neun bis zehn Jahre alt war, nahm mich der Vater zum Kegeln in das Dorf mit. Nicht etwa, daß er es sich hätte leisten können, mit den Bauern zu kegeln, vielmehr sollte ich als Kegelbube fungieren. Denn für den Kegelbuben, der die Kegel immer wieder aufstellen mußte, gab es immer Trinkgeld. Manchmal verdiente ein Kegelbube in zwei bis drei Stunden mehr als der Vater, wenn er den ganzen Tag schwer arbeitete.»[83]

Die Reihe solcher Beschreibungen von unkontrollierbarer Kinderarbeit auf dem Lande wäre noch fortzusetzen. Doch mag das Gesagte genügen und nur noch etwas ausführlicher von einer typischen Tätigkeit die Rede sein, für die fast jedes Landkind für längere oder kürzere Zeit herangezogen wurde: das Viehhüten.

Die Hütekinder

Die Kinder im Sommer mit der Arbeit des Viehhütens zu beschäftigen, gehörte für fast alle Schichten des Dorfes so sehr zu den Regeln des Jahresablaufes, daß man diese Tätigkeit beinahe als Zeichen der ländlichen Kindheit überhaupt einordnen könnte, allerdings mit dem Unterschied, daß die Kinder der größeren Bauern das eigene Vieh auf die Weide trieben, die der mittleren und kleinen Wirtschaften und die Tagelöhnerkinder aber fremdes Vieh um Lohn zu hüten hatten. Das bedeutete gleichzeitig weitgehend den sommerlichen Schulausfall, wenn nicht mehr. Eine frühe anschauliche Schilderung der kindlichen Hütetätigkeit in der Schweiz des 18. Jahrhunderts ist in Ulrich Bräkers «Der arme Mann im Tockenburg» nachzulesen, wo sowohl der Freiraum des Hütekindes wie seine ständige Gefährdung zur Sprache kommen:

«Ja, ja, sagte jetzt eines Tages mein Vater, der Bub wächst... Sobald er an die Arbeit muß, weiß ich nicht mehr, was er tut. Aber von nun an muß er mir die Geißen hüten, so kann ich den Geißbub abschaffen. Ach, sagte meine Mutter, so kommst Du um Geißen und Bub. Nein, nein! Er ist noch zu jung. Was jung? sagte der Vater, ich will es drauf wagen, er lernt's nie jünger, die Geißen werden ihn schon lehren; sie sind oft witziger als die Buben. Ich weiß sonst doch nichts mit ihm anzufangen. Mutter: Ach, was wird

Kind beim Pflücken von Walderdbeeren. (Albert Anker, 1831–1910)
Die Kinder Ulrich Bräkers aus dem Toggenburg. (Joseph Reinhart, 1769–1829)

mir das für Sorg und Kummer machen. Sinn ihm auch nach! Einen so jungen Bub mit einem Fasel Geißen in den wilden einöden Kohlwald schicken, wo ihm weder Steg noch Weg bekannt sind und's so gräßliche Töbler hat. Und wer weiß, was vor Tier sich dort aufhalten, und was vor schreckliches Wetter einfallen kann. Denk doch, eine ganze Stunde weit! Und bei Donner und Hagel, oder wenn sonst die Nacht einfällt, nie wissen, wo er ist. Das ist mein Tod, und du mußt's verantworten.

Ich: Nein, nein, Mutter! Ich will schon Sorg haben und kann ja dreinschlagen, wenn ein Tier kommt, und vorm Wetter untern Felsen kreuchen und, wenn's nachtet, heimfahren, und die Geißen will ich, was gilt's schon paschgen (meistern). Vater: Hörst jetzt! Eine Woche mußt mir erst mit dem Geißbub gehen. Dann gib wohl Achtung, wie er's macht, wie er die Geißen alle heißt und ihnen lockt und pfeift, wo er durchfahrt, und wo sie die beste Weid finden.

Ja, ja! sagt ich, sprang hoch und dacht: Im Kohlwald, da bist du frei, da wird der Vater nicht immer pfeifen und dich von einer Arbeit zur anderen jagen.»[84]

Dann schildert Bräker die Freuden und Leiden des jugendlichen Hirtenlebens und schließlich auch die fragwürdige Kameradschaft mit anderen Hirtenbuben, die ihre eigenen Gesetze des Zusammenlebens entwickelten. In dieser Darstellung wird bereits etwas deutlich von den engen Beziehungen zwischen dem Leben der Kinder und der Hirten, auch von ihrer sozialen Nachbarschaft: das Kind ist noch nicht voll in die Dorfgesellschaft integriert – der Hirt steht von seiner Arbeit her außerhalb. So lernten die Kinder beim Hüten eine neue Welt kennen mit neuen Verantwortungen, neuen Kenntnissen – aber auch mit neuen Freiräumen für unkontrollierte und frühreife Spiele und freilich auch neue Gefahren in einer ungeschützten Bergwelt.

Schäfer mit Kindern beim Herrichten eines Reisigfeuers. (Eduard Leonhardi, 1826–1905)

Die wirtschaftlichen Vorteile des kindlichen Hüteverdienstes für die Familie und die psychologischen und kulturellen Nachteile durch ein monatelanges Fernbleiben von der Schule hat Max Weber in seinen Enquêten (Ende des 19. Jahrhunderts) nüchtern und sachlich beschrieben. Es folgt hier exemplarisch der Bericht für den Regierungsbezirk Gumbinnen in Ostpreußen: «Arbeit schulpflichtiger Kinder, im allgemeinen solcher über elf, mindestens über zehn Jahre, kommt ganz überwiegend bei mittleren Wirtschaften vor und zwar zum Zweck des Viehhütens, hier in den Kreisen Ragnit, Pillkallen, Stallupönen, Gumbinnen, Insterburg in erheblichem Umfang, gegen festen Sommerlohn, von 20–50 Mark,wo neben Wohnung und Kost und mehrfach Kleidung (2 Anzüge) gewährt wird. Die Hütezeit dauert ca. sieben Monate, von Anfang April bis Anfang November. Daneben kommt die Verwendung von Kindern zu leichter Feldarbeit, Jäten, Steinsammeln, aber auch zu Akkordarbeiten in der Kartoffelernte, vor, wobei im Kreise Stallupönen erhebliche Löhne gezahlt werden, so daß ein Kind bis zu 1 Mark pro Tag verdienen kann bei einer Arbeitszeit von bis zu 12 Stunden. Kann diese Erscheinung nicht ohne weiteres als unbedenklich bezeichnet werden, so ist andererseits die Wirkung auf den Schulbesuch mehrfach problematisch. Aus dem Kreise Darkehmen wird lebhaft über die angesichts des drückenden Arbeitermangels ‹schwer empfundene Rigorosität› der Schulbehörden geklagt, anderwärts im gleichen Kreise gestattet die Schulbehörde die Verwendung der Schulkinder zum Viehhüten, noch anderwärts im Kreise Insterburg gehen die betreffenden Kinder, welche übrigens dort einen relativ niedrigen Lohn (20–30 Mark pro Sommer) beziehen, wöchentlich 8–10 Stunden in die Schule, stellenweise auch nur zur Religionsstunde (Kreis Gumbinnen), oder der Arbeitgeber engagiert den Jungen bereits im Februar und schickt ihn bis zum 1. Mai noch, aber nicht länger, in die Schule (Kreis Pillkallen), um ihn sich zu sichern. – Die Generalberichte bestreiten, daß Schulversäumnisse durch die Kinderarbeit häufig herbeigeführt würden. Der Schulbesuch sei ein sehr guter und regelmäßiger, und die Arbeiter seien ausnahmslos im Stande, fließend zu lesen und zu schreiben, im Gegensatz zu vielen alten Wirten.»[85]

Waren die zitierten Fälle mehr oder weniger organisierte und institutionalisierte Formen legalisierter ländlicher Kinderarbeit, so gab es eine Variante, die an Sklavenhandel erinnerte und ein Verbrechen an den Kindern bedeutete: der Kindermarkt der Tiroler und Vorarlberger Kinder in den Städten am Bodensee, der das ganze 19. Jahrhundert hindurch – ja vereinzelt bis 1930 – gehandhabt wurde. Jedes Jahr zu Ende März vollzog sich eine Kinderwanderung aus den genannten armen, aber außerordentlich bevölkerungsreichen österreichischen Bergbauerntälern hin zum Nordufer des Bodensees, um «im Ausland» Arbeit zu suchen, d. h. sich auf einem Markte den Sommer über als Hütekind zu verkaufen und dann im Oktober wieder heimzukehren. Der Bedarf an Hütekräften nahm in Schwaben wegen der wachsenden Rindviehhaltung und des reichen Wiesenbestandes zu, aber auch wegen der Arrondierung der Felder und der damit zusammenhängenden Einödung.[86]

Die Situation dieser Hütekinder in Schwaben entsprach etwa der von Fremdarbeitern, wie wir sie aus den Weltkriegen kennen. Sie waren meist auch noch anderer Konfession, und ihre soziale Lage wurde verschärft durch die Hilflosigkeit des jugendlichen Alters. Die Kinder waren zwischen neun, ja sieben und fünfzehn Jahren alt und litten unter der Empfindung, von daheim verstoßen und im «Ausland» mißachtet zu sein. Wie es auf den Kindermärkten am Bodensee zuging, ist aus Erlebnisberichten alter ehemaliger «Hütekinder» bekannt: So erzählte Peter Hainz in

Landeck (1969): «Beim Kindermarkt (um 1880) hat der Bauer sich aus den Kindern den herausgesucht, den er haben wollte, der Bub selbst hat nichts dazu sagen können, er mußte eben mitgehen.»

Adolf Thurnes in Serfaus erinnerte sich (März 1973): «Auf dem Kindermarkt in Friedrichshafen standen die Kinder (1897) zwischen Seilen aufgestellt; der Bauer lupfte ein Kind, das ihm gefiel, über das Seil und nahm es mit.»

Otto Wenzl in Imst, der 1909 zum erstenmal im Schwabenland war, in den folgenden Jahren bis 1913 alljährlich, ist wohl das einzige «Schwabenkind», das schriftliche Aufzeichnungen gemacht hat. Freilich war er bei seiner ersten Ausreise schon 15 Jahre alt. Er berichtete 1972 von seinen Erlebnissen: «... kaum waren wir vom Schiff, dann ging der Lohnhandel los. Buben und Mädchen wurden gefragt, wieviel Lohn sie verlangen und was alles an Schuhen und Kleidung dazukam. Was ausgemacht wurde, das wurde von unserem Pfarrer Gaim schriftlich festgehalten.»

Die «Marktwirtschaft» funktionierte uneingeschränkt, das Verhältnis von Angebot und Nachfrage bestimmte und veränderte die Lohnsätze. Die württembergische Armen-Kommission stellte 1822 fest, daß die «einigen Gulden an Geld», je nachdem ob mehr oder weniger eingewandert sind, sich verringern oder vermehren. Das Intelligenzblatt von Ravensburg meint 1847, als eine besondere Notlage die Kinder schon im

Kindermarkt in Ravensburg. Auf einer idyllisierenden Lithographie aus der «Gartenlaube», Berlin 1895, ist der Markt für die Tiroler und Vorarlberger Hütekinder im Frühjahr am Bodensee dargestellt, wenn auch ihr Aussehen und ihre Kleidung sowie die freundlichen Gesten der «Käufer» im Vergleich zu den realistischen Berichten geschönt sein dürften.

Februar nach Ravensburg trieb, die Bauern «werden jetzt wohl das notgedrungene baldige Erscheinen benützen und den Kindern einen kargen Lohn reichen.»[87]

Beck schreibt: «Auf diesem Markt wird gemarktet und gehandelt, daß es nur so eine Art hat, wie auf einem Jahrmarkt. Die Bauern suchen sich aus der langen Reihe der Verkaufslustigen das entsprechende Stück (!) aus. Einige sind schon mit entgegenziehenden Bauern ‹handelseins› geworden; die Bauern fragen: ‹Bist du schon verkauft?›, und die Jungen umhüpfen den Dienstgeber mit der Einladung: ‹Kaufet mich, kaufet mich!› Dann wird um den Preis gehandelt wie bei einem Stück Ware.»[88]

Muther schildert es so: «Nicht ohne Mühsal und Leiden langten die Kinder endlich im Schwabenland an und wurden in den Straßen oder auf den Marktplätzen von Ravensburg, Tettnang etc. aufgestellt, ein förmlicher Menschenmarkt, ein Sklavenmarkt, eine Sklaverei, welche allerdings in einer bestimmten Zeit wieder aufhörte. Da standen denn z. B. in der Bachstraße vor dem Gasthof zur Krone in Ravensburg oft mehrere Hundert solcher Kinder an einem Wochenmarkttage des Frühjahres beisammen, in weißen Leinwandhöschen und Jäckchen die Knaben, in duftigen Röckchen die Mädchen, das Gewand bei allen so dünn, daß der Wind durchspielte. Von Schuhen und Strümpfen oft keine Spur, ebenso fehlte jede Kopfbedeckung. Mit nackten, rotangelaufenen Füßen, erfrorenen Nasen und bloßem Kopfe harrten sie an einem noch oft sehr rauhen Märztage des Schicksales, das ihrer wartete. ... lauter stämmige Hofbauern begannen die Kinderschar zu mustern. ... ‹Was kostet das magere Büblein da?› ‹Sechs Gulden!› war die Antwort. ‹Seid Ihr bei Trost, der Bub ist ja nicht einmal groß genug, um einem Kalb in die Augen sehen zu können!›»[89]

Die Erlebnisberichte vermitteln den Eindruck, daß allmählich eine Art von Gruppenbewußtsein unter den Kindern entstand, eine Solidarität in psychologischer und ökonomischer Hinsicht. Mehrfach wird erzählt, daß ein Ringkampf zwischen Buben dem Bauern die Wahl erleichtern sollte, indem sich dabei der Stärkere erwies. Ein bleibendes wahres Anekdötchen ist die Erzählung von dem «schlechten Bauern», der vergeblich um Buben warb, weil keiner zu ihm gehen wollte. Auch die noch lebenden Schwabenkinder bestätigen, daß sich bald ein Brauch eingeführt hatte, den man bis ans Ende der Kindermärkte fortsetzte, daß nämlich die «Routiniers» unter den Schwabenkindern, die in den Vorjahren Erfahrungen gewonnen hatten, ihre neuen Kameraden instruierten, jeder schlechte Bauer werde auf dem Rücken mit einem Kreidestrich gekennzeichnet. Das geschah wirklich und hatte zur Folge, daß diese Leute sich vergeblich um ein Schwabenkind bemühten. Zum erstenmal hat davon Pfarrer Schranz von Ischgl erzählt, wie ein dreizehnjähriger Tiroler Bub seinen Dienstherren vom Vorjahr, den Ringbauern, mit einem Kreidering auf dem Rücken kennzeichnete, als dieser ihn wieder mieten wollte, so daß der Ringbauer bei jedem Kind ein ‹I geah nitta!› hörte, auch wenn er noch so oft ‹Höllsakra› schimpfte.»[90]

Die Auswirkungen dieses Lebens auf die seelische Entwicklung der Kinder wurde zumindest von den Eltern und ihrer näheren Umwelt nicht bedacht.

«Eine Verwüstung von wertvollem Kindermaterial [!] und planvolle Verleitung zur Demoralisation in großen Ausmaßen bieten die Transporte von Hütekindern, die alljährlich aus dem Vorarlberg und Tirol nach dem badischen und württembergischen Schwarzwald und im Herbst wieder zurück nach der Heimat des Kindes gehen. In Friedrichshafen findet ein regelrechter Kindermarkt statt. Ein Augenzeuge berichtet: ‹Vielen Kindern konnte man einen erschreckenden Grad von Roheit und sittlicher Verwahrlosung an den Augen ablesen. Wer jedoch weiß, wie und unter welchen

Verhältnissen die Kinder fern vom Elternhaus den Sommer verleben, wird dies begreiflich finden. Alle Kinder, die wir fragten, erklärten, daß sie jeden Tag um 1/2 4 Uhr früh, während der Heuernte um 3 Uhr aufstehen mußten und zwischen 8 und 9 Uhr abends erst schlafen gehen durften. Jeden Tag unausgeschlafen und zumeist im Stall beschäftigt, beobachten diese sinnlich gereizten Kinder viel zu früh das Geschlechtsleben der Tiere, und wenn man dabei an das schlechte Beispiel denkt, das die erwachsenen Dienstboten durch unflätige Redensarten den Kindern geben, kann man sich die Vorgänge selbst vorstellen, die sich auf einsamen Weideplätzen und in den geschlossenen Unterstandswagen zwischen Hütebuben und Mädchen abspielen.»[91]

So warnte Rühle schon zu Ende des 19. Jahrhunderts. Zu Recht macht er die Gesellschaft auf den völligen Mangel an Sensibilität aufmerksam, der allgemein auf dem Lande gegenüber den Problemen der geschlechtlichen Entwicklung der Kinder herrschte.

Pubertät, Aufklärung und Sexualität

«Sie war in diesem Mai aus der Schule gekommen und nunmehr dreizehn Jahre alt. Sie war voll erblüht, weit kräftiger als ihre Schwestern, und sie sah auch beträchtlich älter aus. Ohne ihr Zutun, einzig und allein durch die Art ihrer täglichen Arbeit und durch das ständige Zusammensein mit älteren Leuten hatten sich ihr die scheinbar geheimnisvollen Dinge des Lebens auf natürliche Weise enthüllt. Arglos sahen die Kinder zu, wenn der Stier auf die Kuh gelassen wurde, wenn der wiehernde Hengst sich ungeschlacht über die Stute wölbte oder der Hahn beinahe gravitätisch auf eine Henne sprang. Oft und oft hatte die Resl beim Kälberziehen mitgeholfen, und sie hatte mit ihren Schwestern neugierig und lustig schwatzend am Roß-Stand gestanden, wenn die Männer sich an der gebärenden Stute zu schaffen machten. Endlich entquoll dem aufgeblähten Leib des unruhig schnaubenden Pferdes eine rotzige, haarige Masse, bewegte sich kurz darauf und war auf einmal ein Fohlen, das linkisch seine klebrigen, stelzigen Beine streckte. Der Knecht trug es aus dem umplankten Stand, legte es auf frisches Stroh und wusch es mit warmem Wasser. Die Stute schaute danach, und alle freuten sich über ihre zärtlich besorgten Augen. Aufmerksam – vom schmatzenden Aussaugen des Mutter-Euters bis zum ersten Austrieb – wurde das Aufwachsen des Jungviehs verfolgt.

Ebenso deutlich erinnerte sich die Resl an die Zeit, da ihre Mutter noch manchmal dicker und dicker geworden war, sie entsann sich der Worte ihres verstorbenen Vaters, der dann meistens lächelnd sagte: ‹Jetzt wird bald wieder einmal der Ofen einbrechen.› Ohne geringste Nebengedanken begriffen die Kinder, daß mit ‹Ofen› der unförmige, schwere Leib der Mutter gemeint war, und sie fanden nichts dabei, wenn der Bauer sie bat, sie sollten der Schwangeren die schweren Arbeiten abnehmen und sie möglichst in Ruhe lassen, damit – wie er sich ausdrückte – ‹sie was Festes und Gesundes austragen könne›. Der Mensch war nichts anderes als das Tier. Die Pflanzen des Gemüse- und die Bäume des Obstgartens, der Wald, die Äcker und Felder unterlagen denselben Wandlungen. In dieser Allgegenwart von Keimen, Reifen und Vergehen lebten die Aufhauser Kinder seit Anbeginn, und jahrauf, jahrab nahmen der Sinn und das Auge diesen ewigen, gleichmäßigen Wechsel ohne Staunen und ohne Ergriffenheit wahr. Eins nur schien ihnen unwandelbar: das Bild von Vater und Mutter.»[92]

War schon die frühe Kindheit auf dem Lande nichts anderes gewesen als das langsame

Erwachsenwerden, die allmählich niedriger werdende Stufe zum Großsein, so vollzog sich auch die körperliche Reifung weniger als Ende der Kindheit, sondern vielmehr als der Eintritt in ein weitgehend bekanntes Gelände. Die Jungen überquerten diese Grenze fast unmerklich – je früher, desto besser, wie man vielfach im Dorfe meinte: «Es kam vor, daß die Mutter drei Schwestern gleichzeitig im Dienste hatte, manchmal auch eine Folge von Schwestern. Ähnlich ging es dem Vater mit dem Schweinejungen, den durch Jahrzehnte die gleiche Familie lieferte: jedes dritte Jahr ein frisches Kind. In den Tag so eines zwölf- oder dreizehnjährigen Bengels, der auf jedem Gute nötig war, mußte mehr hinein als in den manches Erwachsenen. Frühmorgens wurde er aus seinem Winkel im Knechtebett hochgescheucht, um lange vor Tag das Pferd in der Buttermühle zu treiben. Vor der Schule noch sollten die Schweine gestreut werden, nachmittags gab es bei jedem Wetter Buschholz kleinzumachen; nach Feierabend mußten die Pflugscharen zum Schmied gebracht, Füllen von der Weide geholt, der Schleifstein gedreht oder gar aus dem Dorfkruge für die Knechte Schnaps geholt werden. Dafür genoß er dann sein Teil von den derben Gesprächen, mit denen die jungen Burschen sich, auf ihren Betten hingeflegelt, noch lange munter hielten. In der Schule brachte der Schweinejunge es meist nicht weit, besonders weil der einsichtsvolle Küster den Übermüdeten, ohne ihn mit Fragen zu quälen, auf seiner Bank schlafen ließ. Aber für das Leben war er aufs beste vorbereitet, er wurde geschickt und findig, lernte sich seiner Haut wehren, ließ sich hier ein bißchen stoßen und da ein bißchen verwöhnen. Wenn er nach der Einsegnung bei einem Bauern als Kleinknecht in den Dienst trat, war er bald mit jedem Handgriff und mit jeder Arbeit vertraut.»[93]

Dazu kamen die Initiationsrituale der dörflichen Burschenschaften beim Maibaumsetzen, Kirmesfeiern und den Mädchenversteigerungen, die den Fünfzehn-

Dörfliche Tanzstunde mit einem ambulanten Tanzmeister. (Benjamin Vautier, 1829–1898)

jährigen ihre sexuelle Vormachtstellung und den «Wert» des Alkohols drastisch vermittelten.[94]

Die Mädchen waren körperlich und seelisch mehr betroffen. «Eines Tages, ich war 14 Jahre alt, war meine Hose naß, na sowas, ich muß ja gar nicht aufs Klo, ich schaute nach und erschrak ganz furchtbar. Mein Gott, nun muß ich sterben, dachte ich und erinnerte mich an die Mutter, die auch so geblutet hat und dann gestorben ist. Ich habe mich an einem sicheren Platz versteckt und bitterlich geweint. Nach einer Weile suchten sie mich überall, im Stall, in der Scheune, im Haus. Da kam ich dann aus dem Versteck hervor, und alle sahen, daß ich sehr geweint hatte. Da fragten sie mich, warum. Ich sagte, ich habe so große Schmerzen im Bauch. Der Vater sagte, so schlimm ist es wohl nicht, du wirst nicht gleich sterben. Ich schwieg. Nun machte ich mir aus einer alten braunen Decke eine Einlage, die ich mit Sicherheitsnadeln befestigte, und das Bluten verging von selbst wieder. Da hab ich alles gewaschen und heimlich unter der anderen Wäsche getrocknet und wurde wieder fröhlich, weil ich nicht gestorben bin. Aber nach einer Zeit kam das wieder, nun war es nicht mehr so schlimm, weil ich ja beim erstenmal auch nicht gestorben bin. Einmal kam ich zur Krämersfrau um ein Pfund Zucker. Die war auch Hebamme. Sie fragte mich nun aus, ob ich Blutungen habe, und klärte mich insoweit auf, daß das alle Frauen haben. Sie schenkte mir auch einen Gürtel und sechs Damenbinden, nun war ich gut ausgestattet und wieder ein Stück aufgeklärt.»[95]

Diese hygienischen Hilfsmittel besaßen die Dorfmädchen des 19. Jahrhunderts nicht. Sie behalfen sich, indem sie das Hemd zwischen den Beinen feststeckten, alte Lappen benutzten oder gar, wie mir bei den Donauschwaben berichtet wurde, abgeribbelte Maiskolben als Bindenersatz verwandten. Von den gesundheitlichen Schäden, die dieses hilflose Verhalten oft nach sich gezogen haben mag, ist selten gesprochen worden. Deutlich wird nur daraus, wie unberaten man die pubertierenden Mädchen bei diesem Übergang zum Frauenleben ließ; die Beobachtung der Tiere bei ihren sexuellen Praktiken konnte doch die menschliche Erfahrung und Erkenntnis der körperlichen Reifung nicht ersetzen.

«Eines Nachts kam ein Bursch an mein Kammerfenster. Es war gegen Mitternacht. Meine Schwester schlief auch in meiner Kammer. Eine Weile ließ ich ihn klopfen und rufen. Weil aber keine Ruhe wurde, öffnete ich doch das Fenster. Wir redeten eine Weile miteinander, dann fing der Bursche an zu jammern, daß ihm so kalt sei und ihm die Zehen frieren, ich möchte ihn doch in mein Bett lassen, damit er sich aufwärmen könne. Zwar wollte ich das nicht recht glauben, er aber ließ nicht nach. Er war aus der Nachbarschaft, und ich kannte ihn gut. Schließlich ließ ich ihn doch herein. Da waren wir bald schön warm im Bett, und er rückte mir immer näher und wurde handgreiflich. Da nahm ich von der Außenseite das Leintuch und wickelte mich darin ein, so war er von mir abgeschnitten. Da blieb er nicht mehr lange, zog sich an und ging heim. Meine Schwester schlief so fest und hat nichts gehört, auch der Vater nicht. Am nächsten Morgen war Sonntag, und ich ging zur Kirche. Auf dem Kirchplatz standen die Burschen und lachten ganz laut über mich und auch über den Burschen, weil ich mich ins Leintuch eingewickelt hatte.»[96]

Über das Problem der unehelichen Mütter ist schon an anderer Stelle (S. 178ff.) gesprochen worden. Hier soll nur nochmals im Zusammenhang mit dem mangelnden Verständnis für die Entwicklungsjahre der Mädchen darauf verwiesen sein. Der Grund für frühe Schwangerschaften lag vor allem in dem zunehmenden Kinder-«segen», besonders bei den ärmeren Schichten in den Dörfern, der – wie schon die Situation der

Hütekinder gezeigt hat – eben gerade zu deren allzu frühem Unbehütetsein führte. Die Moralanweisungen der Kirche boten keine Hilfe.

«Die meisten Leute hatten damals kein Geld, um ein Haus errichten zu lassen. ... Die große Kinderschar in jedem Haus oder Häusl hat bestimmt auch zu dieser unerhörten Not beigetragen. ... Abtreiben konnte sich niemand leisten. Es war auch eine schwere Sünde, wenn Frau und Mann Geschlechtsverkehr hatten, ohne ein Kind zu zeugen. ... So gab es viele arme Leute. Die Kinder mußten mit zwölf Jahren oder auch schon sehr viel früher als Hüterbuben oder Kindermädchen zu Bauern, nur fürs Essen und ein Leinenhemd im Jahr.»[97]

Der Arzt Rudolf Virchow (1821–1902) hatte in seiner Spessart-Enquête bereits 1852 solche fürchterlichen Zusammenhänge zwischen Armut, Moral und Krankheit festgestellt, was die Volkskundler seiner Zeit nicht zur Kenntnis nahmen: «Die Beispiele, welche uns fast in jedem Orte von der Ausdehnung sexueller Immoralität entgegentraten, waren zum Teil im höchsten Maße abstoßend. Witwen sowohl als ledige Frauenzimmer mit drei, vier und mehr unehelichen Kindern und zwar so, daß gleichzeitig Mutter und Tochter in dieser Weise produzierten, gehörten nicht zu den Seltenheiten. Das Äußerste, was wir erfuhren, war die Erzählung, welche uns ein Gemeinde-Vorstand von einem Manne mitteilte, der im öffentlichen Wirtshause von einem seiner Brüder gesagt hatte, er sei eigentlich sein Schwager, weil er (der Bruder) ihre Schwester beschlafen habe, und von einem anderen Bruder, derselbe sei auch sein Schwager, weil sie beide dasselbe Mädchen gebraucht hätten. Zustände dieser Art finden, wie schon gesagt, ihre teilweise Erklärung in der Enge und Überbevölkerung der Wohnungen. Wenn es fast Regel ist, daß alle Bewohner eines Hauses in demselben Raum schlafen oder höchstens in zwei dicht zusammenstoßenden, daß in jedem Bette 2–3 Personen liegen, daß z. B. Knaben und Jünglinge mit der Tante in demselben Bette schlafen, Kinder zweier Familien durcheinander gebettet sind, daß die Jungen die geschlechtlichen Genüsse der Alten unmittelbar vor Augen haben, so ist es nicht zu verwundern, daß der Sinn für geschlechtliche Erregungen früh geweckt und bei günstiger Gelegenheit früh zur Äußerung gebracht wird. Kommt dazu eine gewisse moralische Schlaffheit, Gleichgültigkeit gegen ein überdies nicht strenges öffentliches Urteil, Häufigkeit des Beispieles, so ist es gewiß nicht zu verwundern, wenn frühzeitige und zahlreiche Vermischungen stattfinden und eine verhältnismäßig große, ja zum Teil überraschende Zunahme der Population stattfindet. Es ist nicht nötig, dann noch ein besonderes Erregungsmittel in dem exclusiven Kartoffelgenuß zu suchen, obwohl sich solche direkten Reizmittel der Geschlechts-Erregung nicht abweisen lassen. Allein es darf wohl nicht verschwiegen werden, daß der niedrige Stand der öffentlichen Meinung, die allgemeine Gleichgültigkeit und Indolenz, der Mangel an Erziehung und sittlicher Gewöhnung angeklagt werden müssen als die wichtigsten Beförderungsmittel solcher Zustände.»[98]

Wenn hier auch mit den Augen des sozial engagierten Arztes extreme Verhältnisse beobachtet worden sind, so zeigt sich dennoch darin die Vielgestaltigkeit dörflichen Lebens im 19. Jahrhundert bis hin zu seinen elendesten Varianten.

Virchow erkannte neben vielen anderen Gründen für das Absinken der ländlichen Moral, deren Folgen besonders die Mädchen betrafen, auch die völlige Unzulänglichkeit der Schlafgelegenheiten der Kinder. Die nächtliche Unterbringung für Kinder war freilich landschaftlich sehr verschieden, und die norddeutschen Kinder in den *Butzen* fühlten sich dort vielleicht besser geschützt als in anderen Landschaften.

«Als eine ganz neuartige Erscheinung in den Einrichtungen dieses Bauernhauses – die ich erst später natürlich als ganz allgemein verbreitet fand – erschienen mir vor allem auch die Schlafstellen. Stehende Bettladen nach hinterpommerscher Art gab es hier nicht, dagegen herrschte hier das System der Bettkasten. Diese sind längsseits der Wand angebracht und mit einer von oben bis nach unten reichenden Holzverkleidung versehen, in der sich verschiebbare Luken befinden. Sind die Luken geschlossen, so ist von dem Bett überhaupt nichts wahrzunehmen, das Ganze sieht dann aus wie ein großer unförmiger Wandschrank. Will man hineinschlüpfen, so zieht man die Luken zur Seite. Wer erst drin liegt, ist geborgen; herausfallen kann er nicht. Schade nur, daß das Bettzeug in diesen licht- und luftarmen Höhlungen fast immer feucht und klumpig ist. Sonst aber haben die Bettkästen ihre nicht zu leugnenden Vorteile: Einmal schläft man dadrin schön versteckt wie ein Murmeltier; dann braucht das Bettzeug nicht so oft gewaschen zu werden, weil's bei Tage ja doch niemand anders zu sehen bekommt wie die Hausfrau oder die Deern, und schließlich bildet solch Kasten mit dem vielen Stroh darin eine geradezu ideale Niststätte für Mäuse, die immer dafür sorgen, daß man des Morgens nicht die Zeit verschläft.»[99]

Aber in anderen Gegenden, besonders in Süddeutschland, schliefen die Kinder nicht so geborgen. Sie flüchteten im Sommer, ebenso wie die Mägde, aus den überfüllten Schlafkammern auf die Heuböden, wo sie unkontrolliert die Monate bis weit in den Herbst hinein verbrachten – ohne Komfort, aber doch in Freiheit. So berichtet eine Frau aus ihrer Kärntner Kindheit, daß sie vom Frühjahr an «unter Dach» schlief, «wohin man nur von außen her über eine Leiter gelangte». Erst wenn es die Mutter erlaubte, durfte sie im Herbst wieder in die Schlafstube kommen. «Der Herbst kam früh und kalt. Eisige Stürme fegten mir, mit Hinterlassung von Schneeanwehungen, auf meinem Bette über das Gesicht, aber Mutter... sagte noch immer nicht, ich solle in die Stube schlafen kommen. Als es mir oben unerträglich wurde, bat ich sie, in Urbanes Stall [dem alten Ziegenstall] schlafen zu dürfen. Wie von einer Qual erlöst, gab sie froh und freundlich ihre Einwilligung.»[100]

Findelkinder

So ging das Leben der Landkinder ohne einschneidenden Übergang in den Zustand des Erwachsenseins über. Die Schule spielte keine große Rolle und dementsprechend auch nicht die Schulentlassung. Wurde gar zu früh ein uneheliches Kind geboren, so galt auch das meist nicht als Katastrophe, und in den mittleren und unterbäuerlichen Schichten gab es genug Pflegeeltern, die sich für Geld und gute Worte solcher Kinder annahmen.[101] Deren Zahl stieg im 19. Jahrhundert ständig an, und die Verfemungsstrategien seitens der katholischen Kirche, selbst beim Tod eines solchen Kindes, waren weder für die Betroffenen, noch für das Dorfganze eine Hilfe:

«Am nächsten Morgen, ganz früh, wie es sich für solch armes uneheliches Kind gehörte, beerdigten wir das Bilbele. Nur ihre Mutter und ich waren dabei. Sie hielt meine Hand fest in der ihren, und ein Strom mütterlicher Sorge glitt über mich hin.»[102]

Die jungen unehelichen Mütter waren oft froh, wenn sie ein solches unerwünschtes Kind als Findelkind wieder loswerden konnten, und dann durfte sich die Gemeinde ihren christlichmenschlichen Pflichten nicht entziehen:

«Allmählich begann ich aber doch, das Gittele näher zu betrachten. Es war ein armes Gemeindekind, dessen Gesichtsausdruck und dürftige Kleidung mich etwas an Bilbele mahnten. Ein Jahr älter als ich, hatte Gittele weder Vater noch Mutter gekannt, wußte überhaupt nichts von ihnen. Es aß im Laufe des Jahres abwechselnd in allen Häusern sein nicht immer gütig gegebenes, aber durch seine Arbeit stets überzahltes Brot. Da aus dieser Zeit alle exakten Eintragungen fehlten, haben wir ihren Zusammenhang mit dem Dorfe auch in späteren Jahren nie erfahren können. Hochaufgeschossen, mager, schwarzhaarig und kirschäugig lebt sie von damals in meiner Erinnerung.»[103]

«Zu all dieser Arbeit zog die Großmutter, wie ich schon sagte, Kostkinder auf, welche die Gemeinde ihr wegen ihrer Gewissenhaftigkeit und Sauberkeit übergab. Es waren die Kinder von Bauerndirnen, von ledigen Gemeindeangehörigen, die wer weiß wo weilten und ihre Kinder der Gemeinde aufbürdeten; aber auch Kinder von Gauklern, die diese einfach den Leuten vor die Tür legten. So war es auch einmal um die Weihnachtszeit. Draußen lag tiefer Schnee, und wir saßen in der Wohnstube beisammen, und jedes hatte seine Beschäftigung: der Großvater band einen Besen, die Großmutter spann, und der Hausl baute mir ein Haus aus großen Holzscheiten. Da klopft es mit einem Male ans Fenster. Erschreckt schreit die Großmutter auf; der Großvater aber geht hinaus zu sehen, wer so spät noch Einlaß begehrt. Er sperrt auf und tritt vor die Tür; im gleichen Augenblick aber hören wir ihn rufen: ‹Heiliges Kreuz! a Kind!›, und herein bringt er ein kleines Bündel und legt's auf den Tisch.»[104]

Lena Christ hat aber nicht nur die gütige Art ihrer Großeltern beschrieben, die eine ganze Schlafstube voll Kostkinder aufzogen, sondern auch die Versteigerung von Findelkindern, wie sie so wohl oft in den Dörfern üblich gewesen sein mag: «Nun ward wieder mit der Glocke geläutet: Gute Leut sollten sich melden, die einen von uns Waislbuben um Gotteswillen aufnehmen wollten. Aber da war niemand, der sich erboten hätte, und so sollten wir, altem Herkommen gemäß, am Tag darauf als Gemeindelümmel versteigert werden.

In den Gemeindestuben wurde noch ein jeder ausstaffiert mit einem rupfernen Hemd, ein Paar Holzschuhen und einem Tüchlein, darein diese Hab gebunden war.

Nach diesem sollten wir uns auf dem Marktplatz einfinden, um öffentlich ausgeboten zu werden. Da waren unser aber bloß noch zwei; – die anderen hatten sich fein bedankt für die Gab und waren danach eilends aus Sonnenreuth entwichen, darüber bei den Bauern ein großes Gelächter, beim Aktenlippel aber wilder Zorn ausbrach. Wurde also erst der Fritz ausgeboten: ein großes, handlichs Bürschl ist zu verdingen um den Jahrlohn von fünf Gulden und einem Hemd! Niemand wollte bieten. Um vier Gulden und ein Hemd! schrie der Lippel wieder; wer bietet vier Gulden? Keiner bot, und dem Fritz liefs blutrot über die Wangen, während ich bei mir dachte: Lieber Himmel! Wenn sie schon für den baumlangen Burschen nicht vier Gulden wollen bieten – was wird dann wohl mit mir armseligem Häuflein Elend geschehen!

Da schrie der Lippel voll Gift und Galle: Geh, schaamts enk do, Manna! Habts denn gar koa Erbarmnis mit dem Bürschl? Mag'n denn wirkli koana? Zum Hausanzünden! sagte da ein alter Bauer, schüttelte abwehrend beide Hände und ging weiter. Der Fritz aber hatte kaum das Wort vernommen, als er auch schon dem Lippel sein Päcklein vor die Füße warf und ohne ein Wort aus dem Kreis ging. Niemand hielt ihn auf, niemand sagte eine Silb des Schimpfs oder Unwillens, und auch der Gemeindeschreiber fand keine Red des Zorns.

Mir aber schnürte es den Hals zu, als ich dieses sah und hörte; wollt auch gern dem andern folgen, wenn mich nur meine Füße hätten tragen mögen. So aber war ich keiner Bewegung mächtig und mußte es also leiden, daß mich der Lippel um das Gebot von drei Gulden und einem rupfernen Hemd ausrief. Alle lachten, und etliche Bauern sagten: Viel Geld für so ein hoalos Krischperl! Is ja zu nix z' brauchen als zum Fressen und Schlafen! Um zwee Gulden fuchzg Kreuzer! schrie der Lippel dazwischen. Is niemand da, der das Büabl nimmt! – Kann Vieh hüten, s'Kindmensch machen, d'Floign ertöten.... Wieder lachte die Menge, während ich meine Seligkeit hätt hingeben mögen um ein Mausloch, mich drein zu verkriechen. Hätt mich willig vom Teufel holen lassen, wenn er mich nur in dem Augenblick hätt wegführen wollen. Also, Manna, was is's? fragte der Schreiber noch einmal; mag'n neamd um dös Geld? Da trat der Lackenschuster vor: I nimm 'n auf d'Alm um zwee Gulden dreißig Kreuzer. Gibst mir'n um dös, nachher nimm' i'n glei mit. Da gab mich der Lippel hin, nahm die dreißig Kreuzer als Drangeld in Verwahrung und schlug mit einem hölzernen Hammer auf sein Tischl: Also nimmt 'n der Lackenschuster, was ihm Gott gsegnen mag!

Wandte sich danach an mich und fuhr mich an: Daß d' eahm dankbarli bist und koa Schand machst, deinem Bauern! – Verstanden! Worauf mich der Lackenschuster an der Achsel faßte und sagte: So, geh nur jetzt! Arbat gibts grad gnua für di! Und schob mich also aus dem Haufen, indes die Bauern sagten: Is a guata Mo, der Anderl, a christlicher Mo!»[105]

So sah die christliche Gesinnung des Dorfes aus dem Blickwinkel der betroffenen Waisenkinder aus. Lena Christ schildert freilich auch, wie diese Kostkinder noch leichtherziger als die andere Dorfjugend durch ihre Pflegeeltern vom Schulbesuch «befreit» und dadurch noch eindeutiger auf die unterste Stufe der sozialen Treppe festgebannt wurden: «Zu meiner Kinderzeit hat man in Sonnenreuth den Schulzwang noch nicht gekannt; daher auch der Weidhofer, mein Kostvater, seine Pfleglinge, um an Schulgeld zu sparen, kaum sie ein paar Tafeln zerschlagen hatten, wieder von dieser gelehrten Stätte hinwegholte und an die Arbeit spannte. Da mußte denn ein jedes, sei es nun im Stall oder draußen im Feld und Wald gewesen, aus sich selber die Bildung des Verstandes und der Seele vollenden. Zum besseren Gedeihen dieses Werkes gab mir die Ziehmutter eine zerschlissene Fibel, eine alte Legende und das Evangeliumbuch mit auf die Alm, daraus ich dann oftmals meinen hölzernen Freunden in der Höhle vorgelesen und gepredigt habe. Da geschah es wohl bisweilen, daß das Vieh, während ich in dem Verstecke mit mir selber Jahrmarkt oder Christenlehre hielt, auf und davon ging, so daß ich großen Fleiß brauchen mußte, es wieder zusammenzubringen.»[106]

Alle Kinder des Dorfes erwarteten sehnsüchtig das Ende der Kindheit, also der absoluten Abhängigkeit, und den Übergang in die Jugendjahre, was ihnen doch ein wenig mehr Selbständigkeit und vor allem einen gruppenmäßigen Zusammenhalt verhieß. Dieser Übergang – nach der Schulentlassung – wurde zuweilen zeremoniell markiert und damit seine Geltung für den Jugendlichen zeichenhaft festgelegt. In protestantischen Regionen verband sich der Übergang von der Kindheit zur Adoleszenz, also der Eintritt in die Gruppe der anerkannten und funktionsreichen Dorfjugend, nicht nur mit der Schulentlassung, sondern auch mit der Konfirmation. Die Erstkommunion der Katholiken fand früher statt. Lange Hosen und längere Kleider bildeten für die Tracht-tragenden Landkinder weniger das äußere Zeichen dieser Übergangsrituale als in der Stadt. Dagegen kannte die Tracht eigene Kleidungsformen zu diesem Anlaß, und es begann eine prachtvollere Kleideraustattung. Bei den Mädchen bedeutete das den Eintritt in das heiratsfähige Alter mit allen dazugehörigen Symbolen, Freiräumen, Teilnahme an Tanzereien und neuen Verpflichtungen im Haushalt; bei den Burschen neue Rollen im Dorfleben mit seinen Bräuchen und

Tanzfesten, neue sexuelle Freiheiten, aber auch neue Arbeitsfelder – bis zur Ableistung der Militärzeit – und danach die Vorbereitung zur Heirat, dem Höhepunkt des bäuerlichen Lebensbogens.[107]

Dieser Höhepunkt und die Phase der Herrschaft auf dem Hofe, also jener wichtige Lebensabschnitt, auf den alles vorhergegangene hinzielte, sind bereits beschrieben worden – gewissermaßen als Kern- und Herzstück eines «Jung und Alt» überschriebenen Kapitels. Nun folgt der Ausblick auf den letzten Abschnitt des Lebens auf dem Lande und seine Normen und Werte im dörflichen Zusammenhang.

Das Alter

«Er tauchte den Kamm ins Wasser und strich sich damit die Haare nach vorne. Wurden auch schon dünn, sackerisch dünn, und der graue Esel schaute überall heraus. Vierundfünfzig Jahre. In der Stadt heißen sie es das beste Alter, aber heraußen denken sie

Alter Bauer mit Samtkappe. (Albert Anker, 1831–1910)

anders. Wird bald Feierabend sein, Bauer; und eine Zeit kommt, die nicht schön ist. Im Austrag sitzen, jeden Brocken vorgezählt kriegen und überall im Weg und zu nichts mehr nutz sein. Kann sich einer ja ausrechnen, wie der Herr Sohn sich aufspielt, wenn er erst einmal am Regiment ist. ... Was erwartete ihn denn daheim in Kollbach? An jedem Zahltag ein Schimpfen über den unverschämten Austrag und Jammern, daß es der Sohn nicht erschwingen könne. Jedesmal der Versuch, was abzuzwacken oder Schlechtes für Gutes herzugeben, und die selbigen Kunststücke, mit denen man die unliebsamen Fresser in stille Wut bringt, daß sich ihre Tage verkürzen. Nur nicht angewiesen sein auf den guten Willen der Kinder! War eine Frau im Hause, hernach hetzte sie beim Schlafengehen und Aufstehen, wußte alle Tage was Neues zu finden und den jungen Bauern wegen seiner dummen Gutmütigkeit zu schelten. Und gab acht, daß verwässerte Milch und abgestandene Eier und immer das Schlechteste als Deputat hergegeben wurden. Streitest dann, ist der Teufel erst recht los, und du hast vielleicht den glücklichen Umstand, mit deiner Prozeßpartei Tür an Tür zu leben und einen heimlichen Krieg mit der Schwiegerin zu führen, der hundert Bosheiten einfallen, bis du selber auf eine einzige kommst.»[108]

Diese melancholische Aussicht auf den letzten Teil des Lebens, die Ludwig Thoma hier einem Austragler in den Mund legt, darf als typisch für viele ähnliche Fälle gelten. Noch nicht im üblichen Sinne alt, war für sie dennoch das aktive Leben und die Zeit ihrer Herrschaft über den Hof beendet. Die Jungen übernahmen das Regiment, und die Alten hatten sich den für sie gültigen Dorfnormen zu fügen. Auch an diesem Phänomen wird wiederum die Macht des Hofes deutlich. Der Beginn des Alters als Lebensphase war weniger biologisch oder physisch bestimmt als vielmehr ökonomisch. Das galt allerdings mehr für die besitzenden Bauern als für die unterbäuerlichen Schichten und Lohnarbeiter, die ihr Leben lang für ihre Existenz zu arbeiten hatten und bei Arbeitsunfähigkeit der Gemeinde zur Last fielen.

«Es gab auch viele arme Erwachsene, z. B. alte Bauernknechte oder Mägde. Es wurde für sie nichts eingezahlt, und so bekamen diese Leute keine Rente. Die Gemeinde mußte für sie sorgen. Sie kamen in die ‹Einlage›, so nannte man das. Jeder Bauer mußte diese Männer oder Frauen einige Tage im Jahr in Kost und Quartier nehmen, je nach Größe des Hofes bis zu einem ganzen Monat. Die Männer haben auch gearbeitet, wenn sie Muße hatten. Im Winter banden sie Besen, machten Holzschuhe und besserten Körbe aus. Frauen machten Handarbeiten, spannen Wolle, was halt so anfiel. Aber Geld hatten sie keines. Schaden hatten die Bauern keinen durch diese Menschen, die meisten arbeiteten, so lange sie konnten. Aber so mancher mußte doch richtig arm und verlassen bis zum Tod dahinsiechen.»[109]

Man kann sich die soziale Schichtung im Dorfe mit ihren kulturellen Auswirkungen nicht scharf genug vorstellen. Doch davon wird im nächsten Kapitel noch ausführlich die Rede sein. Während also die unterbäuerlichen Schichten in ihrem Alter in außerordentlicher Armut lebten, versorgten die Bauern ihre Alten selbst entsprechend ihrem ökonomischen Status – Regelungen, die notariell beglaubigt und damit nicht nur menschlich, sondern auch rechtlich verpflichtend waren.

Aus eigener familiärer Erfahrung hat Oskar Maria Graf das zwischenmenschliche Für und Wider dieser Austraglersituationen geschildert und dargelegt, wie wichtig für die Alten die rechtliche Festlegung ihrer Altersversorgung war, da sie eine sentimental begründete Fürsorge nicht als selbstverständlich erwarten konnten:

«Oft in der Nacht stand sie noch einmal auf und ging in den Holzschuppen, um nachzusehen, ob die Sau nicht gestohlen worden sei, denn die Not der Armen war groß, Einbrüche und Diebereien gab es nicht selten. Eine Weile blieb sie, über die Bretterplanke des viereckigen Stalles gebeugt, in der frischen Mondnacht stehen und schaute zufrieden auf die schnarchende, dick daliegende Sau. Dann drehte sie sich endlich um, schaute zum sternenübersäten Himmel empor, machte ein Kreuz und ging langsam wieder zu Bett. Ihre Frömmigkeit, von der sie nie ein Aufhebens machte, wirkte immer noch gleichermaßen als gelassene Lebenskraft in ihr. Vor zirka fünfundfünfzig Jahren, als sie noch ein Schulkind gewesen war, hatten ihre Eltern sie in die Erzbruderschaft ‹Maria zum Troste› aufnehmen lassen. Sie trug noch immer den dünnen ledernen Gürtel um den bloßen Leib und betete täglich die vorgeschriebenen zwölf ‹Vaterunser›. Sie verschwieg das alles, fast so, als schämte sie sich, aber mit jener nüchternen Derbheit, die ihr eigen war, erledigte sie all ihre religiösen Pflichten.

Ich besuchte sie öfter, und das schien ihr stets wohl zu tun. Mutter? fragte ich sie einmal lächelnd, jetzt sag mir doch einmal – du hast doch vor lauter Arbeit zu nichts Zeit, und wenn du dich hinsetzt, fallen dir die Augen zu – sag mir doch einmal, wann betest du denn eigentlich deine zwölf Vaterunser am Tag? Obgleich sie wußte, daß wir über ihren Glauben manchmal spöttelten, nahm sie das nie im geringsten übel. Sie lächelte und rief auf meine Frage erstaunt: Tja, hm, jetzt bist du gut! ... Ich hab doch einen guten Stuhlgang! Ich begriff nicht, wieso ein guter Stuhlgang mit ihrer religiösen Vorschrift zusammenhängen konnte, aber sie kam mir zuvor. Wo will ich's denn beten, die zwölf Vaterunser! sagte sie, als wäre das das Selbstverständlichste von der Welt, aufm Häusl (Abort) halt! ... Da hab' ich doch am besten Zeit dazu! –

Pius, der neue Mann von der Moni, war sehr schlecht auf unsere Mutter zu sprechen. In seinem verschlagenen Geiz wollte er ihr das gerichtlich festgelegte Ausgedinge streitig machen. Er gehörte zu jenem weitverbreiteten bäuerlichen Typ in unserer Heimat, der die Ansicht vertritt, ein ‹Austrägler› hätte eigentlich nicht mehr allzuviel zu suchen auf der Welt, und am besten wäre es, man würde ihn möglichst ‹kurz› halten, damit er bald abkratze. Es gab an jedem Monatsersten Reibereien, die sich schließlich so zuspitzten, daß Maurus an Mutters Stelle gegen ihn prozessierte. Er kam damals oft zu mir in die Stadt, und wir suchten einen Anwalt auf. Es gab mehrere Gerichtsverhandlungen. Wütend und verdrossen kehrte der Maurus stets nach Hause zurück und erzählte, daß noch nichts entschieden sei. Pius hatte es verstanden, durch allerhand Machinationen die Sache stets vertagen zu lassen und in die Länge zu ziehen. Unsere Mutter wurde von Mal zu Mal unruhiger und betrübter. Seit eh und je mißtraute sie ja allen Ämtern und Gerichten und erwartete nie etwas Gutes von ihnen. Am liebsten hätte sie auf alles Ausgedinge verzichtet, nur um die Feindseligkeiten und Streitigkeiten loszubekommen.»[110]

Die häufigen Berichte über die unguten Beziehungen zwischen der «herrschenden» mittleren Bauerngeneration und den Alten werfen kein gutes Licht auf die humanen Qualitäten der Bauernfamilie. Sie reichen von dem eindrucksvollen Märchen der Brüder Grimm «Der alte Großvater und der Enkel»[111] bis hin zu den Heimatromanen um 1900. In einem feindlichen Diskurs zwischen Austragler und Schwiegertochter beginnt der Alte: «Ich glaub's schon, daß du mich gerne vom Hof hättest, aber ich brauch' anderswo keinen geschenkten Unterstand, da hab ich meinen, das ist mein Recht, zum Hof' gehör' ich, das ist mein Recht', und Unterhalt und Pfleg' heisch' ich, das ist mein Recht. Das ist mein Recht – mein Recht – mein Recht, spottete die Bäuerin nach und schlug dabei jedesmal mit einem Stücke Holz auf die Herdplatte. Ich sag ja nichts dagegen, ich tu' nur meinen, wie das schön wäre, wenn dich dein Herzblättel zu sich nähm' und du dein Recht da dahinter ließest; mein Seel', es käm mir nicht darauf an, vor Freud' gäb ich dir all meine Spargroschen mit auf den Weg. Da sagte der Bauer giftig: Was kannst du dir in ein halb' Jahr und drei Wochen viel erspart haben, ohne deinen Bauer zu betrügen? Die Bäuerin wurde im Gesicht glutrot und geriet außer Rand und Band. Du Krippenmandel, schrie sie, daß ich mich nicht an dir vergreif'! Du unnütz Maul auf der Schüssel, du Blumendieb! Leopold trat aus der Stube. Was gibt's denn schon wieder? fragte er. Ganz närrisch ist er heute, der Alte. Nicht genug, daß er daherredet, als ob wir ihm Briefe von der Leni stehlen möchten, er sagt mir auch ganz offen ins Gesicht, daß ich mir wohl unrechterweis' was beiseite schaff' –. Sie hat angehoben, sagte entschuldigend der Alte. Und wenn gleich, sagte Leopold, du hättest sollen den Gescheiteren machen und deiner Wege gehen, dazu bist du doch wohl alt genug! Und, daß wir uns darüber nur einmal ausreden, Vater, denn es liegt mir schon lang auf, du hast immer etwas gegen die Seferl, das taugt nicht, du weißt recht gut, daß Ordnung sein muß auf einer Wirtschaft, zuerst kommt der Bauer, zu zweit die Bäuerin, und unter denen stehen alle anderen ohne Ausnahm' und ohne Unterschied, davon darf keines aufbegehren, das gäb' ein übel Beispiel, und das darf man nicht leiden. Du bist der Seferl nicht gut, das kann ich nicht ändern, daß du es aber zur Schau tragst, das muß ich dir verwehren! Du suchst offen mit ihr Streit, du tragst es heimlich unter dem Gesind' herum, daß dir die Wirtschaft nicht taugt, die Kost zu schlecht ist und die Behandlung nicht ansteht, das ist nicht recht; dafür, daß du kein Fleisch mehr beißen kannst und je älter je krittliger wirst, kann sie nicht, sie nimmt dir keinen Zahn aus dem Maul und legt dir kein Jahr auf den Rücken; wenn aber auf einer Wirtschaft etwas vorwärts soll, so bleibt keine Zeit, daß man auf eines ganz extra schaut, extra kocht, extra ihm nachfragt und extra mit ihm umgeht. Die Seferl ist einmal Bäuerin da am Hofe, und der ist nicht schlechter bestellt wie unter der Mutter selig, wenn dir nun durchaus die Bäuerin oder die Wirtschaft, eins oder das andere, oder gar alle zwei nicht taugen wollen, so müßt' ich dir wohl, so leid mir ist, den guten Rat geben, daß du dir wo anders besseres suchen sollst!›»[112]

Wenn das Verhältnis zur Bäuerin sich meist am schwierigsten gestaltete, so hing das mit deren innerhäuslicher Produktionssphäre zusammen, in die auch die rechtmäßige Versorgung der Alten fiel. Wenn noch beide Eltern lebten, so konnten sie im Oberstock, im Ellerhaus oder wohin immer die dörfliche Norm die Altenteiler aussiedelte, ihre eigene bescheidene Wirtschaft führen, und in vielen Familien mag das Zusammenleben gut verlaufen sein und das Erfahrungswissen der Alten wie auch ihre reduzierte Arbeitskraft sich eine eigene Geltung bewahrt haben. Auch für die Kinderbetreuung behielten die Großeltern eine Funktion. Das alles entsprach dem bäuerlichen Wertsystem und dem üblichen Dreigenerationenhaushalt, bei dem meist die mittlere Generation die Führung des Hofes innehatte. Schwierig wurde es oft erst dann, wenn der Vater allein übrig blieb und die Fürsorge für ihn zu einer tatsächlichen Überlastung der Bäuerin führte oder von dieser so bezeichnet wurde, womit sie dem Alten seine letzten Jahre erschwerte und die zwischenmenschliche Situation verschärfte. Das waren die Folgen der innerfamiliär geordneten, wenn auch notariell festgelegten Altersversorgung, die eben ein beträchtliches Maß gegenseitiger Toleranz und Hilfsbereitschaft voraussetzte. Das Prinzip Helfen wollte erlernt sein, hatte aber innerhalb der patriarchal geordneten bäuerlichen Lebensführung keinen hervorragenden Platz eingenommen. Dazu kamen noch die Unterschiede und wechselnden Regelungen bei Anerben-

und bei Realteilung. Im ganzen ist zu sagen, daß für die Alten wie für die Jungen in der Bauernwirtschaft der Hof die entscheidende Instanz für ihre Lebensqualität bildete. Die Leistungsfähigkeit im Rahmen der Hofarbeit bestimmte das ganze Leben hindurch den menschlichen «Wert» der Beteiligten. Es spielte sich kein Prozeß der Individualisierung, der persönlichen Reifung ab, geschweige denn eine Entfaltung eigener Talente. Das soll nicht heißen, daß solche psychischen Entwicklungen nicht stattgefunden hätten. Aber sie galten nur wenig im Dorfleben. Der ältere Mensch bewegte sich für alle erkennbar auf den absteigenden Stufen der Lebenstreppe, und weder durften die anderen viel von ihm, noch er vom Leben etwas erwarten.

Die Dinge bekamen ein anderes Ansehen in Not- und Kriegszeiten. Ausnahmesituationen durchbrachen die oft harte Generationenordnung, und die Alten gewannen an Wert für das Zusammenleben. Fielen die eigenen Eltern durch Krankheit oder widrige Umstände aus, so traten ganz selbstverständlich die Großeltern an ihre Stelle und errangen dadurch eine neue Stufe der sozialen Bedeutung in der Familie:

«Aber vorher bekam Vater seinen Einberufungsbefehl, denn es war Krieg. Seine Eltern waren alt und nicht mehr fähig, die kleine Landwirtschaft zu bearbeiten und mich, den drei Monate alten Säugling, zu betreuen. Also trug mich der Vater, von seiner Schwägerin begleitet, den drei Stunden langen Fußweg nach Krennwald, zu den Eltern

Altes Ehepaar beim Bibellesen. (L. A. Ring, 1854–1933)

meiner Mutter, mit der Bitte um gnädige Aufnahme. Am nächsten Tag brachte er die Gattin in das Krankenhaus, und am Tag darauf mußte er einrücken. Da sowohl der Vater wie meine Mutter auch ihre Mütter schon im Kindesalter verloren hatten, waren es beiderseits meine zweiten Großmütter – den Namen Stiefmutter verwende ich absichtlich nicht.

Die Heidinger Großmutter in Krennwald hatte sich mit der großen Kinderschar, welche sie bei ihrer Heirat übernahm, eine schwere Last aufgebürdet. Sie hatte trotz ihres Alters auch selber noch zwei Kinder aufgezogen, und dennoch erbarmte sie sich unser und nahm mich an wie ihr eigenes Kind, was für sie zu einer schweren Aufgabe

Großvater und Enkel. Die positive Rolle der Alten auf dem Bauernhof. (A. E. Schoelck)

wurde, denn ich war lange Zeit krank. Dann die große Sorge um meine Mutter im Spital, die vier Söhne und der Schwiegersohn im Krieg.

Meiner Mutter mußte der kranke Fuß abgenommen werden. Sie starb dann am 15. Dezember 1915, als ich kaum ein halbes Jahr alt war. Auf ihrem Sterbebildchen steht der Spruch: Liebster Gatte an der Front! Liebes Kind, Eltern und Geschwister! Fern von Euch muß ich verscheiden, doch mußt zuvor ich vieles leiden, mußte schwerer Operationen mich unterziehn, doch vergeblich war das Mühn. Der liebe Gott hat anders es beschlossen. Er nimmt nach meinem kurzen Lebenslauf mich in seinen schönen Himmel auf.»[113]

Bei den Krankheiten der Kinder wurde das liebevolle Erfahrungswissen der Großeltern gern beansprucht, ihre Geschicklichkeiten mit allen möglichen Hausmitteln oder gar Sympathieverfahren.[114]

Krankheit und Tod

In der Familie wurden Krankheiten als selbstverständliche Begleiterscheinungen des Alters empfunden und so wenig wie möglich an teuren Arztkosten dafür ausgegeben. (Das änderte sich übrigens schnell mit der Einführung der allgemeinen Krankenversicherung, als «Kranksein» im Dorf plötzlich einen sozialen Prestigewert erhielt und man sich lebhaft für die Krankheiten der anderen und die eigenen und die anzuwendenden Heilungsmaßnahmen zu interessieren begann.[115] In der alten Bauerngesellschaft versuchte man, sich mit allerhand Hausmitteln zu behelfen, trank z. B. bei Schwindsucht Schneckenbrühe oder schlief eine Zeitlang im Kuhstall.[116] Die Selbstverständlichkeit, mit der man das Phänomen Krankheit den üblichen Alterserscheinungen hinzurechnete, zeigte sich besonders in einem verbreiteten Krankheitsbild, das als allgemeine Frauenkrankheit hingenommen und erlitten wurde: offene Beine, genannt *Kindsfüß*:

«Am Nachmittag des andern Tages kam der Maxl zufällig beim Heimrath vorüber. Er hatte seine Schnupftabakdose vergessen gestern, meinte er, und er wolle nicht aufhalten. Er brachte der mürrischen Bäuerin vier schöne Semmeln und redete etliche Worte mit ihr. Als er fortging, spähte er flugs über den Hof. Zufrieden war sein Gesicht. Die Bäuerin war diesmal ausnahmsweise nicht grob und ungut gewesen. Die Semmeln mußten sie gefreut haben. Allerdings, der Maxl hatte sie auch in einer etwas heiklen Lage angetroffen, in welcher sie gezwungenermaßen verbleiben mußte, solange er sich in der Kuchl aufhielt. Die bis zu den Knien entblößten Beine der Bäuerin steckten in einem niederen Holzschaff warmen, dampfenden Wassers, in welchem ausgekochte Kamillen schwammen. Der ganze Raum roch danach. Die Heimrathin hatte ein schmerzverzogenes Gesicht, das sich erst allmählich ausglich. Der Maxl störte sie nicht sonderlich. Sie streifte lediglich ihren Rock ein wenig kniewärts. Auch der Maxl war nicht weiter verblüfft und sagte sogar mitleidig: Hergott, Bäuerin, und mit so wehen Haxen rackerst du von früh bis in die Nacht hinein? Mein Gott, mein Gott! – Sie aber überhörte den menschlichen Ton seiner Worte und sagte nur: Jaja, höllisch brennen sie heut wieder! Ich glaub', es wird bald wieder ein anderes Wetter. – Ihre Beine nämlich waren nach einer hierzulande üblichen Bezeichnung ‹offene Kindsfüße›, welche fast jede Bäuerin bekam, die viele Geburten hinter sich hatte und meistens schon etliche Tage nach der Niederkunft wieder schwer arbeitete. Unter der Biegung der Knie wucherten dicke Krampfadern. Die angeschwollenen Waden waren rot und blau angelaufen, und an den Knöcheln hatte sie schrecklich aussehende, fransige, unregelmäßige Löcher, die das pure, feuchte Fleisch bloßlegten. Um den zehrenden, unausgesetzten Schmerz zu lindern, nahmen die Bäuerinnen manchmal, wenn sie Zeit dazu fanden, ein Kamillen-Fußbad, bestrichen die Wundränder mit etwas Schmalz oder Butter, drückten ein frisch gepflücktes, kühlendes Huflattichblatt darauf und wickelten die Beine erneut mit grobleinenen Binden. Lang lebten solche ‹Kindsfüßlerinnen› oft, und nie klagten sie über ihre Leiden. Einen Doktor holten sie höchstenfalls, wenn der *Rotlauf*, die Blutvergiftung, das kranke Bein bedrohte. Aber sie mißtrauten den Ärzten und achteten geradezu ängstlich darauf, daß die Wundlöcher nicht verheilten, nicht zuwuchsen, denn, hieß es, ‹da kann der schlechte Saft aus dem Leib, und wenn er keinen Auslauf mehr hat, dann stirbt man›. Warum sollte also der Maxl, der diese Dinge kannte, verwundert sein!»[117]

Der volkstümliche Name *Kindsfüß* für diese schwere Erkrankung hat etwas Rührendes, bezeichnet er doch die Tatsache der zahlreichen, oft jährlichen Geburten der Frauen und der mangelhaften Pflege der Wöchnerin als eine Selbstverständlichkeit in der ländlichen Rollenverteilung. «Kindsfüß» waren immer noch besser als der Tod im Wochenbett, der eine Schar von Kindern unbeschützt zurückließ:

«Wir warteten. Dann zogen wir die Stiege hinauf in die obere Stube. Es begegneten uns zwei Männer in weißen Kitteln. Zwei Nachbarinnen standen da, und der Vater und alle weinten. Die Mutter lag im Bett, sie hatte den Mund offen, und ihre Brust hob und senkte sich in einem Röcheln. Im Bettstadl lag ein kleines Kind und schrie, was nur rausging. Wir Kinder durften zur Mutter ans Bett gehen und jedes einen Finger ihrer Hand nehmen. Später wurden wir wieder zum Spielen hinausgeschickt. Am Abend

Auf einem österreichischen Votivbild von 1853 ist eine Familie mit 18 gestorbenen Kindern dargestellt. (Österreichisches Museum für Volkskunde, Wien)

kamen die Nachbarn und viele Leute zum Rosenkranzbeten. Die Mutter lag im Vorhaus, in der Fletz aufgebahrt. Ihre schönen rötlichen Haare waren in Locken gekämmt, wie sie dies immer vor dem Spiegel getan hatte. Sie hatte ein schwarzes Kleid an, und Schuhe hatte sie auch an. Wir Kinder fragten, warum hat die Mutter Schuhe an? Die Nachbarin sagte, daß das ein alter Brauch ist, denn eine Wöchnerin muß auf Dornen in den Himmel gehen. Die Nachbarn beteten einen Rosenkranz, dann bekamen sie Brot, und ein Trunk wurde gereicht. Dann wurde noch ein Rosenkranz gebetet. Das war zwei Abende so. Am Tag, als die Mutter starb, nahm den Kleinsten gleich die Taufpatin mit, obwohl sie nie ein Kind gehabt hatte und selbst schon alt war. Wir hatten alle Hunger und nichts zu essen. Statt dessen lagen die jüngsten Vier auf dem Kanapee, zwei nach hinten, zwei nach vorn, Joppen als Kopfkissen und als Zudecken. Wir größeren haben auch irgend welche Kleidungsstücke zusammengesucht und uns auf die Holzbänke gelegt, die rund um die Stube gingen. Wir haben geweint, weil wir die Mutter nicht mehr hatten, und sind vor Hunger und Kummer eingeschlafen. Der Vater hat uns dann schlafend ins Bett getragen.»[118]

Was der reiche «Kindersegen» für die Frauen bis ins hohe Alter für gesundheitliche Folgen hatte, wird am Beispiel der Frauenkrankheiten allzu deutlich. Die katholische Kirche belastete sie noch zusätzlich mit schlechtem Gewissen und Schuldgefühlen, und nur allmählich gelangten die Frauen gegenüber all diesen Traditionen und Vorurteilen zu einem Bewußtsein ihrer selbst:

«Da hat uns der Pfarrer dann befragt, zuerst nach dem Namen, bei den Verheirateten dann besonders nach der Kinderzahl und nach dem Alter des jüngsten Kindes. Es kam dann schon auf, ob der Kindersegen verhütet worden ist, und das war eine Todsünde. Da kommt man im Fall eines plötzlichen Todes gleich in die Hölle. Meine Mutter ist beim letzten Kind gestorben, weil sie nicht in die Hölle kommen wollte. Der Doktor hat schon gewarnt, aber die Mutter wollte das nicht auf ihr Gewissen nehmen. Unsere Mutter hat sich aber aus der Ewigkeit um uns Kinder gekümmert, und es sind alle große und richtige Leute geworden.

Bei der Beichte sind aber auch andere Weiber gewesen. Einmal hat eine ganz laut gesagt, ich bin doch kein Backofen, wo ein Laib herausgezogen und der andere hineingeschoben wird. Die bekam keine Absolution und mußte so gehen. Weil aber die anderen so nahe standen und auch der Aushilfsbeichtstuhl offen war, hörten das die anderen, und es wurde herumgeredet.»[119] Frauenkrankheiten und -sorgen waren also immer die gleichen. Oft traten sie erst im Alter richtig in Erscheinung.

Die Darstellungen von Alter und Krankheit, so trübe sie den Leser anmuten mögen, zeigen aber doch das Bild einer gewissen Ordnung, auch unter den widrigsten Umständen. Äußerstes Elend ist in der heimatgeschichtlichen Literatur meist nicht geschildert worden. Dazu bedurfte es der medizinischen Enquêten eines Arztes, Rudolf Virchow, der – naturwissenschaftlich nüchtern und menschlich tief betroffen zugleich – um die Mitte des 19. Jahrhunderts die Zusammenhänge zwischen Hungersnot und Krankheit erforschte und dabei auch das Bild von Alter und Krankeit als einen Zwillingstopos entdeckte: «Die Frage, welche vor allem an uns gestellt war, ob nämlich aus dem Hunger heraus eine unmittelbare Reihe von Krankheitszuständen sich entwikkelt haben, konnten wir ohne Bedenken auf die relativ kleine Kategorie von Fällen beschränken, welche ich zuletzt besprochen habe. In der Tat sahen wir einen gewissen Zustand der Erschöpfung, der Schwäche, der Resistenzlosigkeit entstanden, der die Prädisposition zu Erkrankungen in sich trug, einen Zustand, den ich früher als

Die letzte Tröstung. (Carl Ludwig Jessen, 1833–1917)

Hungerzustand (status famelicus) bezeichnete, und in dem die Leute auch bei leichten Störungen in einer relativ heftigen Weise erkrankten. In diesem Zustande, welcher überall den Charakter des chronischen an sich trug, fanden wir die Leute schwach, arbeitsunfähig, abgemagert, hohläugig; sie hatten angehaltenen Stuhl, Schmerzen im Leibe, eine trockene, schmutzige, meist kühle Haut, einen matten, häufig fieberlosen Puls, eine meist reine und feuchte Zunge, aber fast alle kamen drin überein, daß sie über Kopfweh und Eingenommenheit, über Sausen und Glockenläuten, zuweilen über Gesichtsstörungen klagten, und daß sie einen heißen Kopf, injicirtes Gesicht, namentlich eine helle Injection der Conjunctiva bulbi zeigten. Manches von diesen Erscheinungen, namentlich wo sie durch Komplikation irgendeiner ernsthaften Lokalaffektion den febrilen Charakter annahmen, erinnerte es uns an leichte Formen des Typhus, und es konnte die Frage entstehen, ob man dieses nicht als Anfang des Hungertyphus bezeichnen sollte. Der Erfolg scheint uns gerechtfertigt zu haben, wenn wir uns dagegen aussprachen: Die Anlegung von Suppenanstalten, die Verteilung von Brot, Reis etc. hat fast überall genügt, sofort diese Zustände zu beseitigen...

Bei manchen Leuten bestanden schon längere Zeit hindurch chronische Krankheiten, welche an sich, indem sie die Arbeits- und Erwerbsfähigkeit minderten oder ganz aufhoben, den Eintritt der Not beschleunigten und sie schneller zu bedeutenderer Höhe steigerten. Manche lagen fast ganz hilflos und verlassen da; man glaubte auf sie bei der gegenwärtigen Untersuchung um so weniger die Aufmerksamkeit richten zu dürfen, als sie ja schon so lange krank seien, und wir mußten oft genug wieder und wieder die Frage stellen, ob nicht noch Kranke im Orte seien, bevor man uns zu diesen führte.»[120]

Dem Sterben wurde mit einer bemerkenswerten Fassung und Selbstverständlichkeit entgegengesehen:
«*Thomas:* bekümmert: Muatta, moanst d', du werst gar nimma?
Mariann: schlicht: Na, Thomas. Und es is g'scheiter aa, wenn's bald z'End geht. Schau, was is denn? Zu der Arbet taug i do nix mehr, und i mach dir grad Kosten.
Thomas: Daß du jetzt weg muaßt!
Mariann: Sag selber, was tua i do, wann i zu nix mehr nutz bin? Mi bekümmert's a so, daß du für'n Dokta so viel zahl'n muaßt.
Thomas: Wer red't von dem?
Mariann: Und mei Leich kost' di no mal a schöns Geld.
Thomas: Da braucht di nix reu'n. ... Wia lang san mir beinander g'wesen, alte Mariann?
Mariann (mit einem guten Lächeln): Auf Martini san's sieb'nadreiß'g Jahr g'wesen, und etla Woch'n davor hast du's Sach übernomma g'habt.
Thomas: Mit viel Schuld'n, han? Und hast di do traut mit mir?
Mariann: Und du di mit mir. I hab ja aa nix g'habt als a Paar feste Händ.»[121]

In diesem Dialog aus Ludwig Thomas Drama «Magdalena» spricht jenes dem Hofe zugewandte Normdenken bis zur letzten Stunde in einer eindrucksvoll würdigen Form. Mußte auch das Gebanntsein auf den dörflich festgelegten Lebensbogen oft als Zwang und Hemmnis empfunden werden, so zeigte es sich in dieser letzten Lebensphase als segensreiche Stütze. Die Selbstverständlichkeit, mit der man dem Tod entgegensah, hing auch mit dem verhältnismäßig frühen körperlichen Verbrauchtsein dieser Menschen zusammen.

«Die alte Stellmacherin gab endlich diese Lektionen auf. Sie war müde und dämmerte dem Absterben entgegen. Manchmal sprach sie davon und meinte zufrieden: Jetzt hat ja alles Hand und Fuß. ... Was tu' ich da noch auf der Welt? Sie löschte eines Tages aus wie ein stumpfes, schwach gewordenes Licht, und nachdem man sie in die Erde gesenkt hatte, ließ der Maxl den Grabstein der Familie Graf im Aufkirchener Gottesacker setzen. Er bestand aus einem hohen grauen Sandstein mit einem Kreuz darauf. Eine schwarze Marmorplatte ist in seine Mitte gelassen, darauf sind in goldenen Lettern die Namen und Daten der Verstorbenen eingraviert. Rankender Efeu zieht sich auf beiden Seiten hoch. Noch heute ragt dieser Stein aus der stummen schwarzen Erde des Grabgevierts ...»[122]

Auch in den Träumen und Todesvorhersagen spielte diese selbstverständliche Erwartung des Sterbens eine beinahe beruhigende Rolle. So berichtet ein junger Mann vom Traum seiner alten Großmutter:

«Ein Zug schwarzgekleideter Männer sei, einem Sarge folgend, durch das weitgeöffnete Hoftor hinausgeschritten, immer zwei nebeneinander. Einer nur, eine hohe und hagere Gestalt, sei ohne Nebenmann gewesen, und einer habe statt des üblichen schwarzen Zylinderhutes einen grauen mit breitem Trauerflor getragen. Als die letzten die weiße Mühlenbrücke überschritten hätten und in der Lindenallee verschwunden wären, sei sie in die Veranda gegangen. Von dort aus habe sie im Garten Gruppen von Frauen und Kindern erblickt, die auf den verschiedensten Wegen alle dem Friedhofbrücklein an der Tannenallee zugestrebt hätten. Ihr selber sei ganz merkwürdig froh und leicht zumute gewesen, und sie habe das zuversichtliche Gefühl gehabt, daß dieses alles sie gar nichts angehe und daß sie sich um nichts zu bekümmern und auch niemand zu begrüßen brauche. Übrigens habe sie auch keinen gekannt, nur der im grauen

Zylinder habe sie an einen längst verstorbenen Jugendfreund erinnert, der aber solche Kopfbedeckung niemals getragen habe. – Gewiß werde der liebe Gott sie nun bald abrufen, und sie wolle auch gerne sterben, wenn sie ja freilich viel lieber noch so lange leben möchte, bis ich das Gymnasium und sie verlassen würde. Ich solle sie nicht vergessen, und wenn ich nun bald ihr keine Freude mehr machen könne, so solle ich meinen Eltern um so mehr machen und immer denken, daß sie sich im Himmel darüber mitfreuen werde. – Einige Wochen später ist die beinahe Achtzigjährige sanft entschlafen, nachdem sie nur wenige Tage krank gewesen.

Am Nachmittag vor der Beerdigung ließ Heinrich sich von Mamsell Knilling den Ärmel seines hellbraunen Staatsrockes und die Peitsche mit Flor schmücken, den die Tante für solchen Zweck noch selber eingekauft hatte. Dann mußten Hektor und Zilla des öftern zum Bahnhof traben, um Trauergäste abzuholen, und es gab seltsam fremde Begrüßungen zwischen entfernt Verwandten, von denen manche sich hier zum erstenmal und wohl auch zum letzten Male sahen.»[123]

Für die nahe und unsentimentale Beziehung zum Tode spricht auch die oft überlieferte Tatsache, daß sich die alten Leute den Sarg bereits zu Lebzeiten anschafften, Leichenhemd und Sterbekleid bereitlegten, damit auch hierin alles seine Ordnung hatte. Der Sarg, als Teil der bäuerlichen Dingwelt, als Heimstatt nach dem Tode war so etwas wie das objektive Zeichen in der auf einen «anständigen» Lebensabschluß orientierten Vorstellungswelt der Alten. Die innerdörflichen Beziehungen zeigten sich nun in der Rolle des Sargschreiners, der als erster Fremder das Trauerhaus betrat, um Maß zu nehmen für den Sarg. Er hatte meist einen Sarg vorrätig, den er nach Wunsch anstrich, mit einer Gänsefeder marmorierte und mit den entsprechenden Beschlägen – später aus plastischem Pappmaché – verzierte. Auf zwei Seiten wurde ein versilberter Spruch wie «Ruhe sanft» oder «Auf Wiedersehen» angebracht. – Der Schreiner ging aber auch im Trauerzuge mit, gehörte oft traditionsgemäß zu den Sargträgern, wenn dazu nicht nahe Verwandte bestimmt waren, und erwies so seinen Kunden die letzte Ehre.[124]

Der Tod selbst in der Familie, das bewußte Abschiednehmen und der Dank für ein lebenslanges Zusammensein glich in der Bauernstube oft einer Szene von großer anrührender Würde. Auch die Totenwache der Nachbarn besaß oft noch etwas von diesem kollektiven Geist gemeinsam zu ertragenden Schicksals. Andererseits konnte sich für ernsthaft trauernde Familienangehörige der Zwang der Bräuche auch quälend auswirken, wie hier aus den Kindheitserinnerungen eines österreichischen Jungen beim Tod seines Vaters, eines Dorfschreiners, erzählt wird:

«Dieser Bräuche bei Todesfällen gibt es so viele, als ob es gerade darauf abgesehen sei, die Bewohner des Trauerhauses auch nicht einen Augenblick zu sich selber kommen zu lassen. Vom Morgen bis zum Abend währt das Kommen und Gehen derjenigen, welche ein Seelenalmosen – gewöhnlich ein Kleidungsstück des Verstorbenen – wie einen ihrer Armut schuldigen Tribut in Empfang nehmen, wofür sie den trauernden Spendern gewöhnlich eine endlos lange, ungemein peinliche Trostrede halten. Abends, nach dem Nachtessen, versammelt sich so ziemlich das ganze Dorf in allen Räumen des Hauses, um für den Verstorbenen einen Psalter, aus drei Rosenkränzen bestehend, zu beten ... Man will es dem Toten nicht antun, ihn ganz allein liegen zu lassen, und man sagt, daß so eine fromme Versammlung für die Überlebenden recht tröstlich sei. Diesen kommt es freilich nicht so vor, wenn sie es einmal ausstehen müssen, aber sie dürfen nichts sagen, und so bleibt es immer bei der alten Plage. Uns wenigstens tat es recht in der Seele

Aufbahrung der Leiche in einer norddeutschen Bauernstube. (Anna Ancher, 1859–1935)

weh, als wir die von des Vaters Hand noch an ihren Platz gestellten Werkzeuge, den Schraubstock, die Hobelbank und alles aus der Stube entfernen, im ganzen Hause das Unterste zu oberst räumen mußten, um für die vielen Andächtigen, Teilnehmenden und Neugierigen etwas Platz zu bekommen. Weh tat uns auch das Lachen der jungen ungezogenen Leute und ihr dummes Geschwätz vor und nach dem Psalter. Über alles mögliche unterhielt man sich da, die Pfeifchen der vielen Raucher dampften, bis ein Qualm entstand, welcher endlich die meisten heim trieb. Nur etwa noch ein Dutzend junger Leute aus unserer Verwandtschaft blieben zurück und halfen uns die Nacht durchwachen. Noch einmal wurde ein Psalter gebetet. Die übrige Zeit vertrieb man sich mit Kaffeetrinken, Spielen und Plaudern. Uns kam es vor, als ob wir gar nicht mehr da zu Hause waren. Wieder und wieder flohen wir zum Sarge des Vaters, auf welchem neben einem Kruzifix zwei Lichter brannten. Die Nacht war endlos lang, doch konnten wir trotz aller Müdigkeit nicht schlafen. Wenn uns die Augen zufielen und wir uns allmählich an den Lärm in der Stube gewöhnten, kam uns auf einmal wieder in den Sinn, warum die da draußen versammelt waren. Erschrocken fuhren wir dann auf. Ein unaussprechlicher Schmerz, der uns durchzuckte, schien furchtbar schnell die wenigen Minuten des Vergessens und der Erholung wieder einbringen zu wollen. Das laute Weinen des einen schreckte auch das andere wieder auf, bis endlich – und doch noch zu früh – der Morgen kam, an dem wir den Sarg zunageln, die schwarze, hart gefrorene Erde ins Grab fallen hörten. Ja, das Alles hab' ich gehört, und die Glocken läuteten dazu so ernst, und alles weinte.»[125]

In diesem Memorat wird etwas vermittelt von der Ambivalenz zwischen dem brauchmäßig verpflichtenden Verhalten (dessen Zwänge ja oft sehr nützlich gewesen sein mögen) und dem Wunsch nach einer individuellen und ganz persönlichen Trauerarbeit für einen geliebten Verstorbenen, die durch die Bräuche eher gestört als gestützt wurde. Je angesehener der Verstorbene war, umso mehr mußten die Bräuche eingehalten und der Öffentlichkeit Genüge getan werden. Besonders beim Leichenzug zeigte sich dann noch einmal, welche soziale Stellung der Entschlafene im Dorfe eingenommen hatte. Bei wohlhabenden Bauern wurde zuweilen vorher ein Leichenbitter durchs Dorf geschickt, der zur Totenfeier einlud. In Hessen heißt das bis heute: «Das Leid ansagen!», und der Kreis, der sich zu Begräbnis und anschließender Bewirtung versammelt, überwölbt die sonstigen Grenzen sozialer Kluft oder persönlicher Feindschaft. Aber auch andere Kreise profitierten von einer «großen Leiche», so der Lehrer oder Küster mit dem Kirchenchor – wie hier in einem schleswig-holsteinischen Dorf:

«Am wichtigsten und einträglichsten war der Leichenkondukt. Man unterschied ‹stille Leichen› und solche, bei denen Hausandacht und Gesang der Schüler gefordert wurde. Das letztere war noch das Gewöhnlichere, namentlich in den abgelegeneren und kirchlicheren Teilen der Gemeinde. Die Zahl der Schüler wurde bestellt, sie wechselten von 6–16; der Küster wählte sie aus, die beiden ‹Kirchendiener› waren immer dabei, so daß ich in einem Jahr wohl 20–30 Leichen habe zu Grabe singen helfen. Wir fanden uns etwa eine halbe Stunde vor dem Beginn des Akts im Trauerhause ein, traten in die Tür des Pesels, wo der Tote, regelmäßig im noch offenen Sarg, aufgebahrt lag, und sprachen ein leises Gebet. Dann wurden wir in einen anderen Raum geführt, wo Warmbier mit eingebrocktem Weißbrot auf dem Tisch stand, neben seinem Teller fand jeder einen großen Wecken, und in diesen war der Obolus für die zu erwartende Gesangsleistung gesteckt, er variierte zwischen einem dänischen Vierschillingstück und einer Mark (etwa 9–40 Pfennig). Vor der Ansprache des Geistlichen (der Abdankung) wurde gesungen, ebenso zum Schluß. Währenddem wurde der Sarg geschlossen und auf den bereitstehenden Wagen, den ein Nachbar stellte, getragen. Nun setzte sich der Küster oder sein Stellvertreter mit den Schülern an die Spitze des Zuges; unter Gesang wurde der Hof verlassen und auch auf dem Wege zur Kirche von Zeit zu Zeit ein Vers gesungen. Vor dem Kirchhofstor wurde haltgemacht, der Sarg von den Trägern, als welche wieder die Nachbarn des Gestorbenen fungierten, die ihm auch nach Anweisung des Küsters das Grab gegraben hatten, auf die Bahre gesetzt und zweimal um die Kirche getragen unter Vorangang des Sängerchors; dann wurde der Weg zur Grabstätte eingeschlagen und unter Gesang des Verses: ‹Begrabt den Leib in seine Gruft› der Sarg hinabgelassen. Hierauf Gebet und Segen des Geistlichen, nochmaliger Gesang, und nun ging's in die Kirche, wo die eigentliche ‹Leichenpredigt› stattfand, der regelmäßig ein kurzer Lebenslauf des Toten eingefügt wurde. Natürlich fehlte es nicht an Gesang vor und nach der Predigt. War die Entfernung des Trauerhauses von der Kirche groß, so konnte es über alledem ziemlich spät werden, und wir verzehrten dann wohl, dem Hunger zu wehren, den eingesteckten großen Wecken während der Predigt.»[126]

Von der Seite eines aufmerksam beobachtenden protestantischen Pfarrers in der Mark Brandenburg, des späteren Hofpredigers Büchsel, sah die Sache um die Mitte des 19. Jahrhunderts anders aus, und er entdeckte auch in den Totenfeiern die alte Rangordnung des Dorfes und weniger die christliche Erkenntnis, daß der Tod alle gleich mache:

Trauerfeier auf Föhr. (Otto H. Engel, 1866–1949)

«Ein Todesfall, er mag nun lange erwartet oder plötzlich eintreten, bringt immer eine Bewegung in die Gemeinde, und es wird viel darüber gesprochen. Es ist jedesmal eine Bußpredigt an die Lebendigen. In der Mittagsstunde, nachdem der Tod eingetreten ist, werden drei Pulse geläutet, so daß es im Ganzen eine Stunde dauert. Am Tage, da die Gruft gegraben wird, werden wieder drei Pulse geläutet, und am Tage des Begräbnisses werden die Glocken fast während der ganzen Leichenfeier gezogen. Fast das ganze Dorf folgt der Leiche in Trauerkleidung, wie sie während der Passionszeiten getragen wird. Vorne an geht der Pastor und der Küster mit der Schule, dann kommen die Träger mit dem Sarge, hinter dem die nächsten Leidtragenden folgen, und dann die ganze Gemeinde. Die Art und Weise, wie die Leichen bestattet werden, ist sehr verschieden. Mit einer Leichenpredigt wurden nur die Bauern und unter diesen besonders der Schulze, die Gerichtsmänner, Kirchen- und Schulvorsteher bestattet. Andere wurden mit einer Leichenrede vor dem Altar begraben, selten wurde eine Leiche still und ohne Glocken und ohne Gesang beigesetzt. In der Regel steht der offene Sarg auf dem Flur des Trauerhauses, der Küster mit der Schule und der größte Teil des Gefolges sind vor der Tür versammelt. Ein Sterbelied wird gesungen, dann liest der Küster einen Abschnitt aus der heiligen Schrift. ... Es folgt wieder ein Lied, und darauf zieht der Zug feierlich und langsam unter Gesang und Geläut nach dem Kirchhofe. ... Die Träger der Leiche sind die Standesgenossen, die Bauern tragen den Bauer, die Büdner den Büdner etc. Diese Ordnung ist selten in einem Dorf ebenso wie in dem andern, es wurde aber streng am Herkommen festgehalten.»[127]

Das hierarchische Denken des Dorfes überdeckte also die Trauer der Familie und die Ehrfurcht vor der menschlichen Würde des Einzelnen.

Von der Trauerkleidung im Zusammenhang mit dem dörflichen Öffentlichkeitsverhalten wurde schon gesprochen (S. 242f.). Auch das Leichenmahl im Hause des Verstorbenen gehörte zu diesem Öffentlichkeitsbezug und bildete den Abschluß eines Lebens, und auch die Trauerfeier galt weithin als Zeichen dafür, daß das Erbe angetreten wurde und das Leben weiterging. Es ist hier vornehmlich von der sozialen Seite des dörflichen Todesfalls und seinen kulturellen Zeichen die Rede gewesen. Das Gesamtbild der Bräuche ist reicher[128] und variiert nach den verschiedenen Konfessionen und Regionen.

Die rechtlichen Folgen, wenn der Hofbesitzer gestorben war, richteten sich nach den verschiedenen dörflichen Traditionen: ob Anerbenrecht herrschte, – oder Realteilung.[129] Diese Regelungen gehörten zum Normensystem des dörflichen Zusammenlebens, wobei sich freilich die Erbgesetze nach dem Besitzstand hierarchisch außerordentlich unterschieden. Das Recht der kleinen Leute war schon schwieriger festzulegen, und so beinhaltete das Recht-haben auch zugleich einen Machtstatus im Dorf, der sich beim Antritt eines Erbes besonders klar verdeutlichte.[130] Aber es kam noch etwas Weiteres hinzu: das Recht der Bauern in allen ihren sozialen Abstufungen war Familienrecht, betraf die gesamte wirtschaftende Familie, ganz besonders bei der Verteilung des Erbes. Je tiefer man die soziale Treppe der Dorfgesellschaft hinabstieg, umso geringer wurde der Halt durch die Familie, die Hinterlassenschaft einer alten Tagelöhnerwitwe oder Dienstmagd hatte mit irgendeinem Generationenzusammenhang kaum noch etwas zu tun. Das Beziehungssystem zwischen den Generationen war in der bäuerlichen Gesellschaft also immer mit Arbeit, Wirtschaft und Besitz verbunden. In diesem Kontext und nicht als Einzelpersönlichkeiten wurden die Partner gesehen, die Kinder und die Alten. Die Landbesitzenden aber waren der Kern der agrarischen Gesellschaft, zwischen denen eine Fülle von Vermittlergruppen die Kommunikation belebte.

Das Modell der hier beschriebenen ländlichen Lebensläufe gehört in die Vormoderne,[131] und das ist der sozialhistorische Ort der alten Dorfgesellschaft. Die subjektiven Biographien waren dem Zwang der innerdörflichen Institutionen unterworfen; nur vereinzelt konnten sich individuelle Interessen durchsetzen gegenüber der vorgeordneten Realität des objektiven Lebensplans. Die jeweilige soziale Stellung im Dorf und die damit verbundenen kulturellen Traditionen als bestimmende Faktoren erlaubten dem einzelnen nur einen geringen persönlichen Handlungsspielraum. Dazu kam die hier geschilderte Organisation der alten Dorfgesellschaft nach Altersklassen, deren Übergänge wohl Veränderungen für Macht und Prestige mit sich brachten, aber doch mehr als kollektives denn als individuelles Ereignis erlebt wurden.

Alte Frau am Spinnrad unter Heiligenbildern und den Fotografien ihrer verstorbenen Angehörigen. (René Reinicke, 1860–1926)

V.
Hoch und Nieder – Oben und Unten – Reich und Arm

«Hoch und niedrig, besonders Gutsherr und Bauern gehörten zusammen. Zur Taufe meines zweiten Bruders, des ersten Sohnes, der meinem Vater als Besitzer von Schönhausen geboren wurde, waren beide Gemeinden: Schönhausen und Fischbeck, als Paten geladen, und beide Schulzen haben als Vertreter derselben auch am Taufmahl teilgenommen.»[1]

Diese freundliche Erinnerung einer alten Aristokratin sagt doch Realistisches aus über die engen Beziehungen zwischen Gutsherr und Dorf, aber wenig über das Wie und die Bedingungen dieser Beziehung. Wurde im Dorf des 19. Jahrhunderts die Form einer Klassengesellschaft sichtbar? Sicher nicht im klassischen marxistischen Sinne, wonach sich eine Gruppe die Arbeit einer anderen ausbeutend aneignet, – eher in dem Sinne, daß das unterschiedliche Eigentumsverhältnis an gesellschaftlichen Produktionsmitteln das gesamte Struktur- und Beziehungssystem des Dorfes bestimmte. Im ganzen verliefen die historischen Prozesse außerordentlich differenziert infolge der zunehmenden sozialen Schichtung innerhalb der verschiedenen dörflichen Gruppen (vgl. Kap. I).

In der Magdeburger Börde z. B. betrug um 1840 der bäuerliche Anteil innerhalb der dörflichen Sozialstruktur nur noch 15,9%, derjenige der Kossäten, Häusler und Landarbeiter aber 84,2%.[2] Doch waren auch diese letzteren Gruppen, wenn man das damalige Deutschland überblickt, wiederum in regionaler Vielfalt klassenmäßig differenziert, und es wäre gewiß ebenso falsch, die größeren Bauern insgesamt als «Ausbeuterklasse» den anderen Dorfbewohnern gegenüberzustellen, als das Gegenbild völliger Harmonie der «Dorfgemeinschaft» zu zeichnen. Die Dinge waren im Blick auf die unterschiedlichen oder gar oppositionellen Normen- und Wertsysteme doch komplizierter.

Die Dorfgesellschaft bestand aus einem System von Relationen, dessen Funktionieren ein bestimmtes Verhalten, eine spezifische *Mentalität* erforderte. Den Kontext bildeten stets die wirtschaftlichen Verhältnisse, und vor allem auf dieser Basis formte die Dorfgesellschaft die Normen ihres Miteinander und auch ihres Gegeneinander. Dabei wird deutlich, daß die Normbedingungen unter zwei Aspekten zustande kamen: dem klassenbildenden Besitzdenken stand das sozialformende Familiendenken gegenüber, die gemeinsam wirtschaftende Hausfamilie mit Weib und Kind und Ingesind, verbunden durch ihr Interesse am Wohl des Hofes, das ihr eigenes Wohl begründete. Auch Häusler und Tagelöhner gehörten in einem erweiterten Sinne in diesen Kreis.

In den vorhergehenden Kapiteln konnte gezeigt werden, daß sich diese Lebensform keineswegs nur positiv und angenehm für die Beteiligten auswirkte; sie waren aber, wie auch immer, «beteiligt» und leisteten keine entfremdete Arbeit. Doch auch hier muß wieder gründlich nach Schichten differenziert werden. Im Augenblick will ich nur den komplexen und auch emotionalen Charakter des ländlichen Gemeindelebens hervorheben.

Der Gutsherr mit seiner Familie besichtigt seine Felder. (Carl Spitzweg, 1808–1885)

«Hoch und Nieder»! Selbst in einem so antagonistisch akzentuierten Kapitel, das die dörfliche Hierarchie, die sozialen Oppositionen und ihre kulturellen Zeichen behandelt, wird zuweilen etwas durchschimmern von Stolz und Freude sozial ganz entgegengesetzter Gruppen über Gemeinsames, über Leistungen und Produktivitäten, auch wenn man ihre Ergebnisse materiell nicht besitzt. Es wird also hier nicht im absoluten Sinne vereinfacht von einem Gegensatz gesprochen, etwa in der Formel «Herr und Knecht».

In jedem Kapitel begegnet von neuem die Ambivalenz zwischen dem patriarchalischen Geist der alten Hausfamilie auf der einen Seite mit ihren utopischen Prinzipien der Ordnung nach Maß, Zahl und Gewicht und natürlich auch nach dem festgefügten «Stand» der Personen zueinander – und auf der anderen Seite dem ungerechten und oft harten, von Willkür gelenkten Oben-Unten-Mechanismus, bestimmt vom Macht- und Besitzdenken und unberührt von humanen Qualitäten geistiger oder künstlerischer Art, von Intelligenz, Kunstfertigkeit, Geschicklichkeit, die «nichts» einbringt.

«Neben diesen allgemeinen politischen Gefühlen wurde meine Kindheit auch von sozialen bewegt. Nämlich von der scharfen Scheidung, die damals zwischen den Bauern auf der einen Seite, den Handwerkern und Tagelöhnern auf der anderen bestand. Diese Scheidung, ja Feindschaft innerhalb des Kirchspiels, zwischen Nachbar und Nachbar, erschien meinem empfindlichen Kindergemüt um so rätselhafter, ja unheimlicher, als ich erkannte, daß die ‹Hofbesitzer›, wie damals der Name war, weder durch Geist noch Fleiß, noch Sittlichkeit über die Tagelöhner hinausragten, und erlebte, daß viele ein leichtsinniges, ja, nicht wenige ein unsinniges Leben führten.»[3]

Das entscheidende Kriterium der Wertschätzung in der alten Agrargesellschaft war also die Quantität an Besitz, die Erweiterung des familiären Prestiges durch Addition.

«Die Männer traten nun in das Haus und ohne viel Umstände in die große Stube. Da war Niemand. Sie setzten sich an die Wandbank, und der Sepp und der Rodel stopften ihre Pfeifen an. Der Jakob rauchte nicht, er schaute für sich in der Stube umher und dachte: Schöner, als die meinige, ist sie nicht. Aber größer ist sie. Tische stehen hier zwei, weil einer für die vielen Leute zu klein wäre. An der Stubenecke sind die Heiligenbilder nicht anders, wie bei mir. An der Wand bei den Tischen in Lederheftlein herum stecken die Löffel nicht anders, wie bei mir. Nur ihrer viel mehr. Sechsundzwanzig Löffel, und große! Das braucht was, jeden Tag in so einem Haus! Sechsundzwanzig Löffel! Und was sie erst mit der Gabel essen! Und mit den Fingern! Und was sie trinken! Schlecht, hört man, wird nicht gelebt beim Guldeisner. Er selber versteht's, und seinen Leuten gönnt er auch was. Soll unter seinem jungen Gesinde ja viele nahe Verwandte haben, der Guldeisner. – Nu, ist recht.»[4]

Reichtum – das wurde schon deutlich bei der Kommentierung von Kleidung als sozialem Verhalten –, Reichtum bedeutete zu zeigen, daß man gerade *das* in Mengen hatte, woran der darunter Stehende Mangel litt: angefangen bei den 16 Röcken der Schwälmer Bauerntochter und den 9 Jacken des Oberhofbauern bis zu den zahlreichen Gängen und überflüssigen Mehlspeisen bei einer Hochzeit.

Das scheinen zunächst ganz vordergründige und vergleichsweise harmlose Verhaltensweisen gewesen zu sein. Doch wird sich an den folgenden Beispielen zeigen, daß die besitzhierarchischen Eingrenzungen, das dörfliche Standesdenken über das Persönliche hinaus harte Konsequenzen haben konnte, die das Bild vom harmonischen Dorfleben zerstören. Wo begegneten sich Hoch und Nieder, Reich und Arm im Dorfe? Welches waren ihre gemeinsamen und ihre entgegengesetzten Interessen, ihre Berührungspunkte und ihre Berührungsängste, ihre Arbeitsgemeinsamkeiten und -konflikte? Wie äußerten sich Hilfsbereitschaft und Wohltätigkeit zu gegebener Zeit und bei anderer Gelegenheit Unterdrückung und Verständnislosigkeit, physische Nähe und sozialer Abstand? Aus solchen Beziehungskreisen des vom hierarchischen Prinzip bestimmten dörflichen Zusammenlebens sollen nun Geschichten erzählt und mit ihnen das Netzwerk der alten Dorfgesellschaft sichtbar gemacht werden.

Gutsherrschaft und Untertanen

Die naive Darstellung schlesischen Gutslebens um 1800 aus der Feder eines Gutsbesitzersohnes, Wolfgang Menzel (1798–1873), beschreibt die Verhältnisse noch zu Zeiten der Leibeigenschaft in einem ethnischen Grenzgebiet mit all den Zeichensetzungen hierarchisch fixierter Pflichten und Rechte:

«Das gemeine Landvolk, welches ich hier kennen lernte, unterschied sich in der Mundart, in der Tracht und im Charakter von unserem Gebirgsvolk. Es hatte, obgleich es nicht mehr slavisch redete, doch noch manchen slavischen Zug an sich.

Der reichere Bauer trug den dreieckigen Hut des Deutschen; auf dem Kopf der geringeren Leute sah man öfter die polnische Pelzmütze. Der Rittergutsbesitzer war Patronatsherr der Kirche und übte die niedere Gerichtsbarkeit und Polizei. Die Pferde haltenden Bauern waren ihm zu Spanndienst, die Kühe haltenden Freigärtner zu Handdiensten, aber nur dreimal im Jahre, beim Heumachen, in der Ernte und beim Holzmachen im Winter, alle aber zu Naturalleistungen in Zinshühnern, Eiern, Flachs etc. verpflichtet. Etwa ein halbes Dutzend s. g. *Hofgärtner* hatten zwar ihr eigenes Häuschen und Gütchen, mußten aber Tag für Tag zu drei Personen der Herrschaft dienen oder fronen. Das eigentliche Hofgesinde hatte eine strenge Gliederung. Unter dem Schaffner standen alle männlichen, unter der *Schleußerin* (Beschließerin) alle weiblichen Dienstboten. Die ersteren waren der Groß-, Mittel- und Kleinknecht bei den Pferden, der Groß-, Mittel- und Kleinknecht bei den Ochsen, der Knecht und Junge bei den Schweinen. Das weibliche Gesinde bestand aus einer Groß-, Mittel- und Kleinmagd bei den Kühen und einer Gänsemagd. Das ganze Gesinde aß gemeinschaftlich, und zuerst holte sich der Großknecht seinen Teil aus der Schüssel, dann die anderen, jeder nach seinem Range. Diese Etikette wurde auch beim Tanz eingehalten. Wehe dem Ochsenknecht, der dem Großknecht der Pferde den Vortanz hätte abgewinnen wollen. Ausnahmsstellungen und abgesonderte Menagen hatten der Schäfer und der Jäger mit dem ihnen untergeordneten Dienstpersonal.

Als meine treffliche und fein gebildete Mutter keinen ihrer neuen Untertanen mehr prügeln lassen wollte, sah sie sich bald gezwungen, den schlechten Teil der Erwachsenen wie gewisse Kinder behandeln zu müssen, die absolut nicht gut tun, bis sie Schläge bekommen. Es sind mehr als sechzig Jahre seitdem verflossen. Das Prügelsystem ist verrufen und verschollen und hoffentlich das Ehrgefühl in der Nation so weit gediehen, daß es der Prügel nicht mehr bedarf. Damals aber, kann ich versichern, wäre man ohne Prügel noch nicht ausgekommen; der, welcher sie verdiente, hätte den ausgelacht, der sie ihm nicht gegeben hätte. Wie naiv die Zustände noch waren, mag man aus dem Umstand erkennen, daß in jedem *Kretscham* (Dorfwirtschaft) auf dem mit fingerhohem Schmutz bedeckten Stubenboden an einer der vier gewöhnlich von Rauch kohlschwarzen und tropfenden Wände ein s. g. *Stock* angebracht war, eine niedere Wand von dicken Bohlen mit Löchern, in denen irgend ein Delinquent oder mehrere beide Füße stecken hatten. Das war die gewöhnliche Strafe außer dem Prügeln und der Strafort immer das Wirtshaus, wo die Übeltäter sich, während sie ihre Strafe absaßen, mit den Gästen vertraulich unterhielten.»[5]

Dabei ging das Hierarchiegefälle vom Gutsbesitzer über den reichen Bauern bis zum Schweinejungen, aber innerhalb dieser Gruppen auch von Männern zu Frauen und von Deutschen zu Polen. Das Gefühl der Selbstverständlichkeit von Prügelstrafen ist nicht nur erschütternd, sondern sagt auch etwas aus über das Patriarchal-Familiäre der Beziehungen – zumindest auf diesem Gebiet des unbedingten Gehorsams. Denn das Verprügeln von Kindern und Abhängigen gehörte damals noch ganz allgemein zur Sozialisation.

Die Erziehung der auf dem Dorfe lebenden Kinder durch alle Schichten hindurch wird hier – im Zusammenhang des Themas Hierarchie – noch einmal zusammengefaßt. Die Schule hätte in demokratisierendem Sinne ausgleichend wirken können, aber das geschah nur selten. Den Weg einer geistigen oder geistlichen Ausbildung gingen nach der Dorfordnung meist die Schwächlichen, nicht in erster Linie die Begabten:

«Als ich eben das 8. Jahr zurückgelegt hatte, kam eines Tages ein Stiefbruder meines Vaters, Dominik Schöttner, Schullehrer zu Weißkirchlitz (bei Teplitz) zu uns und machte den Eltern den Vorschlag, meinen Bruder Dominik oder mich zu ihm zu geben; er brauche einen Knaben, der ihm bei Versehung des Messnerdienstes und als Chorsänger behilflich sein und dabei sich selbst zugleich zum Schullehrer heranbilden könne. Die Eltern gingen auf den Vorschlag ein, indem sie hauptsächlich auf den zarter gebauten, zu gröberer Arbeit minder geeigneten Bruder Dominik reflektierten. Als aber der Vetter dann betonte, er möchte doch lieber mich nehmen, da Dominik schon beinahe 11 Jahre alt sei, mithin sich nicht mehr so leicht abrichten lassen werde, willigten sie endlich ein, und somit wurde ich gegen eine mäßige Entschädigung für die Kost nach Weißkirchlitz gegeben.»[6]

Nicht unzitiert soll eine Geschichte bleiben, die der spätere Freiheitskämpfer Ernst Moritz Arndt (1769–1860) aus seiner Jugend auf Rügen erzählt und die zeigt, wie sich ein Großknecht durch das Auftreten seines klugen Schützlings, der sich den dümmeren Kindern der Hochgestellten gegenüber bei der Katechismusprüfung hervorgetan hatte, selbst geschmeichelt fühlte:

«Keinen Sonntag ward die Kirche ohne den gültigsten Grund versäumt, bei schlechtem Wetter hingefahren, bei schönem und im Sommer hingegangen, wo der Vater denn seine älteren Buben neben sich herlaufen ließ. Diese durften aber auch bei keiner Katechismusprüfung in der Nachmittagskirche fehlen, sondern mußten zum zweiten Male über Feld laufen. Wenn der Vater dann nicht mitging, so gab er uns seinen alten Großknecht zum Führer, einen christlichen biblischen Mann, Jakob Nimmo mit Namen, der mein besonderer Beschützer war. Weil ich kleiner zehnjähriger Junge mich nämlich damals eines sehr guten Gedächtnisses erfreute und großen Eifer und viel Belesenheit in der Heiligen Schrift hatte, so prangte ich durch die Stelle, die mir der Herr Magister eingab, bei der Kinderprüfung in der Kirche in der obersten Stelle und hatte viel größere Jungen und Dirnen, unter anderen auch meinen älteren Bruder Karl und ein paar große Fräulein mit mächtigen Lockengerüsten, eine von der Lanken und eine von Barnekow, unter mir. Weil ich nun beim Aufsagen und beim Vorlesen große Zuversicht hatte und es da, wie blöde ich auch sonst war, wie aus einer Trompete aus mir herausklang, so rechnete der alte treue Jakob sich das gleichsam zu seiner Ehre an und ging wie triumphierend mit mir nach Hause.»[7]

Diese Jugenderinnerung zeigt übrigens die enge Begrenzung damaliger Intelligenztests auf das Auswendiglernen religiöser Texte. Daß unter besonders günstigen Umständen ein begabtes Dorfkind auch einmal von seinem vorgeschriebenen Weg abweichen konnte, hat der Arzt Adolf Kußmaul (1822–1902) von seinem Vater beschrieben:

«Soellingen war lutherisch. Mein Vater besuchte bis zum 14. Jahre die Volksschule und half der Mutter in Haus und Feld. Im Herbst hütete er mit den andern Dorfkindern, wie es Brauch auf dem Land, das Vieh auf den Wiesen. Eines Tags ging der Pfarrer des Orts ... spazieren und sah den Knaben, ein Buch in der Hand, bei den Kühen. Verwundert trat er zu ihm und besah das Buch, es war das lutherische Gesangbuch der baden-durlachischen Markgrafschaft. Sein Erstaunen wuchs, als er sich überzeugte, daß der junge Mensch, der eben aus der Schule entlassen war, sämtliche Lieder des Gesangbuchs auswendig hersagen konnte. Dieser ungewöhnliche Trieb zu lernen und das gute Gedächtnis des Knaben machten einen solchen Eindruck auf ihn, daß er sich seiner annahm, ihm lateinischen Unterricht erteilte und Lehrbücher schenkte. Nach einiger Zeit tat er noch mehr. Weil der Knabe Wundarzt zu werden wünschte, benahm er sich mit dem befreundeten Amtschirurgen in Durlach und interessierte ihn für seinen Günstling.»[8]

Aber solche günstigen Protektionen waren doch verhältnismäßig selten. Im allgemeinen mußten die Verhältnisse innerfamiliär geregelt werden, was z. B. bei 9 Söhnen nicht einfach war, wollte man sie nicht gänzlich aus ihrem Stande fallen lassen:

«Mein Großvater, erblicher Besitzer des Eilers'schen Stammhauses, hinterließ neun Söhne. Der älteste erbte in hergebrachter Weise den Bauernhof, der folgende, ein sinniger mit Dichtertalent begabter Mann, blieb im väterlichen Hause, der dritte, Johann Dietrich, war mein Vater, der sich durch eigene Betriebsamkeit mit Hilfe seines ältesten Bruders und seines wohlhabenden Schwiegervaters ein nicht ganz unbedeutendes bäuerliches Besitztum erwarb, der vierte siedelte sich ebenfalls im Dorfe an und arbeitete sich durch Urbarmachung einer größeren Strecke wüsten Landes zu einem selbständigen Bauer empor, der fünfte, ebenfalls ein stiller Mann, wohnte bei meinem Vater, der sechste widmete sich dem Schreiberwesen und wurde Amtsschreiber in Rastede, der siebente wanderte aus, der achte mußte von seinen Brüdern unterhalten werden, der neunte endlich lernte das Bäckerhandwerk und verband mit diesem Geschäfte Schenkwirtschaft und Krämerei.»[9]

Hier blieb also alles sozusagen «in der Familie», es fanden keine großen Ausbrüche und Umschichtungen statt, und diese Tendenz zum Festhalten an den traditionellen Sozialbeziehungen kennzeichnete die gegenseitigen Verhältnisse bis in die Gegenwart, wenn Elisabeth von Plessen vom Manne einer Schulkameradin schreibt:

«Die Einstellung ihres Vaters, sein Statusdenken hatten ihren Weg vorgezeichnet: Oberschule, Abitur, Universität. Finanzielle oder psychologische Hindernisse lagen nicht vor. In der Familie ihres Mannes stand es anders. Sein Vater war Landarbeiter in einem hessischen Dorf, Knecht und Hufschmied, seine Mutter Melkerin auf demselben Gut. Ihr Mann war mit den Söhnen des Gutsbesitzers aufgewachsen. Sie waren zusammen in die Dorfschule gegangen, Hermann, Lores Mann, ging sogar mit einem von ihnen in dieselbe Klasse. Sie saßen nebeneinander auf der Schulbank. Hermann, der gut lernte, sagte ihm ein. Sie waren Freunde – spielten zusammen, schossen zusammen Spatzen. Als die vier Volksschuljahre um waren, schickte der Gutsbesitzer seinen Sohn aufs Gymnasium. Hermanns Eltern hätten ihren Sohn auch gern aufs Gymnasium gegeben, aber sie trauten sich nicht. Sie empfanden es als unzulässig, Hermann mit dem Sohn des Chefs weiter auf einer Schulbank zu lassen. Finanziell hätten sie es schaffen können. Sie hätten sich eben sehr einschränken müssen.»[10]

Diese Scheu vor unkonventionellen Bildungswegen, das Zurücktreten in die Reihe, in die man «eigentlich» gehörte, – das zu tun, was «sich schickt», hat vielen Begabten aus der ländlichen Gesellschaft den Weg verbaut und so manche Bildungsreserven ungenutzt verkümmern lassen. Doch zurück zu den sozialen Dorfhierarchien des 19. Jahrhunderts. Je höher eine Gesellschaftsschicht sich fühlte, umso dichter schloß sie die Grenzen um sich herum und setzte deutlich die Zeichen ihrer Elitestellung, die von der darunterstehenden Schicht in zuweilen lächerlicher Weise respektiert wurden: «Freilich mußte der Standesunterschied zwischen dem Grafen und dem Pächter immer im Auge behalten werden. Mein Großvater war ein nach damaligen Begriffen ziemlich wohlhabender Mann, der sich wohl einige Bequemlichkeit hätte gestatten können. Aber ich hörte im Familienkreise nicht selten darüber sprechen, daß, wenn dieses oder jenes geschähe, es im gräflichen Hause wie eine Anmaßung erscheinen und Ärgernis erregen möchte. So durfte der *Halfen* [= Großbauer], um damit zur Stadt oder zu Besuchen oder zu den festlichen Gelegenheiten des Landes zu fahren, sich eine zweirädrige Chaise halten, aber keinen vierrädrigen Wagen. So mochten auch die Frau und die Töchter des Halfen hübsche Mützen und Hauben tragen, mit immer so kostbaren Spitzen geziert, aber keine städtischen Damenhüte. Der Graf pflegte, wenn er seine Treibjagden hielt, meinen Großvater und seine Söhne, sowie die Honoratioren des Dorfs, z. B. meinen Vater, dazu einzuladen. Ich erinnere mich deutlich, den stattlichen alten Herrn gesehen zu haben, wie er zu Fuß mit seiner Gesellschaft in den Wald zog – er selbst im grauen Jagdrock, mit einem altmodischen Feuersteingewehr bewaffnet – denn solch neuen Erfindungen, wie Perkussionsschlössern und Zündhütchen, traute er nicht. Seine nicht adligen Gäste behandelte er dann aufs freundlichste. Aber als mein Großvater selbst in der Nähe eine Feldjagd pachtete, um seine eigenen Hasen und Rebhühner zu schießen, so hieß es, man sei doch im gräflichen Hause im Zweifel, ob der Burghalfen damit nicht ein wenig zu weit gegangen sei. Indes blieb es bei dem heimlichen Zweifel bewenden. Im ganzen war die gräfliche Familie dem Burghalfen und den Seinigen stets höchst liebenswürdig gewesen. Die alte Gräfin galt zwar für stolz, aber auch dies verhinderte nicht, daß man ohne besondere Förmlichkeit miteinander verkehrte. Wir Kinder wurden freundlich zum Weihnachtsbaum eingeladen und beschenkt; und wenn es in der Familie meines Großvaters einen Krankheitsfall gab, so zeigte die gräfliche Familie stets die wärmste und werktätigste Sorge.»[11]

In dieser Kindheitserinnerung des Demokraten und Freiheitskämpfers der 48er Jahre Carl Schurz (1829–1906) steht die stolze Abgehobenheit des aristokratischen Wesens neben der selbstgefälligen Freude an aktiver Wohltätigkeit, eine – nach alter christlicher Weltordnung – menschlich moralische Pflicht. Keiner hat das Ambivalente dieser Almosentätigkeit – ohne alle Polemik – besser erfaßt als Theodor Fontane in seinem märkischen Roman «Vor dem Sturm»:

«Nun war auch der zweite Vers gesungen, und die Weihnachtsbescherung an die Armen und Kinder des Dorfes, wie sie in diesem Haus seit alten Zeiten Sitte war, nahm ihren Anfang. Niemand drängte vor; jeder wußte, daß ihm das Seine werden würde. Die Kranken erhielten eine Suppe, die Krüppel ein Almosen, alle einen Festkuchen, an die Kinder aber traten die Mägde heran und schütteten ihnen Äpfel und Nüsse in die mitgebrachten Säcke und Taschen. Das Gabenspenden war kaum zu Ende, als die große, vom Flur aus in die Halle führende Flügeltüre von innen her sich öffnete und ein heller Lichtschein in den bis dahin nur halb erleuchteten Flur drang. Damit war das Zeichen gegeben, daß nun dem Hause selbst beschert werden solle. Der alte Vitzewitz trat zwischen Türe und Weihnachtsbaum, und Lewins ansichtig werdend, der am Arm der Schwester dem Festzug voraufschritt, rief er ihm zu: ‹Willkommen, Lewin, in Hohen-Vietz.› Vater und Sohn begrüßten sich herzlich; dann setzten die Geschwister ihren Umgang um die Tafel fort, während draußen im Flur die Kinder wieder anstimmten:

Lob, Ehr und Preis sei Gott,
Dem Vater und dem Sohne,
Und auch dem Heiligen Geist
Im hohen Himmelsthrone.

Der Zug löste sich nun auf, und jeder trat an seinen Platz und an seine Geschenke. Alles gefiel und erfreute, die Schals, die Westen, die seidenen Tücher. Da lagerte keine Unmut, keine Enttäuschung auf den Stirnen; jeder wußte, daß schwere Zeiten waren, und daß der viel heimgesuchte Herr von Hohen-Vietz sich mancher Entbehrung unterziehen mußte, um die gute Sitte des Hauses auch in bösen Tagen aufrecht zu erhalten.»[12]

Großmütigkeit – aber nicht zu viel, – Teilhabe an der Kultur der Herrschenden – aber nur bis zum entfernten Anblick des strahlenden Weihnachtsbaumes; und bei allem nicht zu vergessen das *do ut des:* nützliche Geschenke auf der einen Seite und der dankbare Kinderchor auf der anderen. Fontane führt die Darstellung dieser Wohltätigkeit auf Gegenseitigkeit so weit, daß er die sterbende Gutsbesitzerin diesbezügliche Klauseln in ihr Testament aufnehmen läßt:

«Sechstens: Faulstich, dem ich mein Miniaturbild mit der Rubineneinfassung hinterlasse, soll eine Kantate dichten, und Nippler (der ein Douceur von zehn Dukaten empfängt) soll diese Kantate komponieren. Sie mag, je nach Befinden, am Grabe oder aber in der Guser Kirche am dritten Sonntage nach meinem Begräbnis gesungen werden.

Siebentens: Am dritten Tage nach meiner Beisetzung und dann alljährlich an meinem Todestage sollen die Schulkinder gespeist und zwölf Dorfarme neu gekleidet werden.

Achtens: Mit Ausführung dieser Bestimmungen betraue ich meinen Bruder Berndt von Vitzewitz, ehemals Major im Dragonerregiment von Knobelsdorff, Erbherr auf Hohen-Vietz.»[13]

Auch andere sichtbare Zeichen wohltätiger Beziehungen sind überliefert, so im Mecklenburgischen das Geschenk einer zinnernen Schüssel mit auf dem Boden eingeritztem Storchenmotiv, das jede Tagelöhnerfamilie nach der Geburt des ersten Kindes erhielt.[14]

Das waren freundliche, wenn auch gönnerhafte Zeichen der Verbundenheit, die ganz faktisch der Grund und Boden vermittelte – als Besitz der einen, als Arbeitsfeld der anderen Seite. Es ist kein Zufall, daß diese Bilder besonders aus den ostelbischen Gutsländern und aus den mittel- und westdeutschen Freibauernbezirken überliefert sind, standen sich doch hier die verschiedenen Gruppen am nächsten und kannten einander im positiven wie im negativen Sinne.

Diese Form des Zusammenlebens mit dem Bewußtsein des Auf-einanderangewiesenseins zeigte sich in schöner Figuration z. B. etwa beim Begräbnis des Gutsherrn, wie es Hedwig von Bismarck (1815–1910) beschreibt:

«Noch sehe ich, wie im Jahre 1821 alle Männer aus den Höfen kamen, um meinem Onkel Ernst, der ein Bruder vom Vater des Fürsten war, die letzte Ehre zu erweisen, wie der Schönhauser Schulze Kunow die Seinen sammelte, und wie dann aus Fischbeck, dem dazugehörigen Dorfe, der Schulze Lindstaedt an der Spitze seiner Gemeinde erschien. Alle blieben vor dem Herrenhause stehen, bis die Glocken läuteten, und es wurden die Männer gewählt, die den Sarg tragen sollten. Mich quälte damals der Gedanke, wie die Seele hätte zum Himmel fahren können, da doch alle Fenster geschlossen waren. Mancher, der älter ist als das sechsjährige Kind, quält sich noch heute mit dem ‹Wie›, mag auch das Fenster weit offen stehen. Der Sarg wurde, von dem großen Geleite gefolgt, in den Garten getragen, wo die Beerdigung stattfand. Zwei ältere, früh verstorbene Geschwister des Fürsten, Alexander und Luise, sind auch dort mitten in einem Gebüsch begraben; ich habe beide Gräber bei einem späteren Besuch in Schönhausen wiedergefunden. Bestattungen im Garten waren damals sehr gebräuchlich, und ich glaube kaum, daß die Grabstätte des Onkels Ernst vorher durch kirchlichen Segen geweiht wurde.»[15]

Es war ja nicht irgendeine Person aus einer abgehobenen Schicht, die hier zu Grabe getragen wurde, sondern ein Angehöriger der Gutsherrschaft, an die man auf Gedeih und Verderb gebunden war:

«Den dritten Tag danach war von Mittag ab ein stilles, aber rühriges Treiben auf dem Bahnhofe von Klein-Haldern. Eine dicht neben dem Stationshause befindliche Pforte wurde mit Tannenzweigen umwunden, Oleander und Lorbeerbäume standen, eine Hecke bildend, in Front, und an den Querbalken der Pforte hing ein großer Immortellenkranz, dessen Öffnung das Haldernsche Wappen zeigte. Hinter dem Stationshause hielten mehrere herrschaftliche Wagen, die Kutscher mit einem Trauerflor um den Hut, in einem als Ausläufer des Perrons sich hinziehenden Gartenstreifen aber schritten ein Dutzend schwarzgekleidete Personen auf und ab, Dorfleute von mittleren Jahren, und sprachen ernst und leise miteinander.»[16]

Die ostelbischen Gutshäuser konnten mit den schloßähnlichen Wohnsitzen süd- und westdeutscher Grundherren meist nicht wetteifern. Sie boten einen verhältnismäßig schlichten Anblick. Als Exempel folgt hier die Beschreibung eines Herrenhauses in der Priegnitz der Familie von Putlitz, aus der auch die Vereinfachung des Stils nach dem feudalen Überschwang des Rokoko deutlich wird – eine gewisse Tendenz hin zum Bürgerlichen, ohne freilich die aristokratische Attitüde gänzlich zu verlassen:

«Wie bescheiden aber das Haus meines Großvaters ausfiel, wird meine Schilderung desselben beweisen. Das Herrenhaus lag mit den Wirtschaftsgebäuden mitten im Dorf, nach der Rückseite nur durch ein schmales Gärtchen von der Dorfstraße getrennt. Es war einstöckig von Holzfachwerk und hatte ein für die niedrigen Wände unverhältnismäßig steiles Ziegeldach. Jeder äußere Schmuck fehlte. Durch die Haustür trat man in einen großen Vorflur, von dem eine Treppe nach dem Dachboden und den Giebelzimmern führte; sonst war der mit ausgetretenen Ziegelsteinen gepflasterte Flur leer. Eine Tür neben der Treppe führte in die Küche und die Dienstbotenzimmer, eine andere rechter Hand in die sogenannten Gesellschaftsräume, eine linker Hand in das Wohnzimmer meines Großvaters.

Alle diese Räume sind mir noch gegenwärtig, obgleich ich die rechter Hand nur selten und stets mit einer verwunderten Scheu betreten habe. Sie wurden auch selten geöffnet, und nur am Geburtstag des Großvaters versammelte sich die Familie in denselben zum Mittagessen. Zuerst kam ein größerer Saal, der durch die ganze Tiefe des Hauses ging; die Wände waren im Rokoko-Stil mit Holzwerk bekleidet, weiß mit goldenen Verzierungen, und ebenso waren die Möbel. In den freien Feldern des Holzwerkes war roter chinesischer Seidendamast eingelassen, und von demselben Stoff waren die Gardinen und Polster. Der Stoff, so erzählte man uns, stammte noch von der Ausstattung meiner Urgroßmutter, Frau von Winterfeld, geborene von Katte, der Tochter des Feldmarschalls Grafen von Katte und Schwester des Freundes Friedrich's des Großen, der, wegen des mit dem Prinzen versuchten Fluchtversuches, in Küstrin enthauptet wurde. Hinter diesem Saal war die nicht unbeträchtliche Bibliothek in zwei Räumen auf hohen Bücherregalen aufgestellt.... Wie vieles ist von dem Schmuck jener Zeiten verloren gegangen in den Jahren, in denen man alles, was aus der Rokoko-Periode stammte, verachtete und aus seiner Umgebung verbannte! Es war das nicht allein die Folge des veränderten Geschmacks, des Überdrusses an dem verschnörkelten Stil, sondern es lag ein, vielleicht unbewußtes, politisches Motiv zu Grunde. Man fühlte, und nicht mit Unrecht, daß dieser Stil, in der Zeit des Luxus, der Verschwendung, der Sittenlosigkeit entstanden, die der französischen Revolution vorangegangen war, diese hervorrief und dann indirekt das tiefe Elend Preußens unter Napoleon begründete. Die Erhebung der ganzen Nation, das Opfer, das sie brachte an Wohlstand, an Leben und Kraft, um das Joch abzuschütteln, kontrastierte zu grell mit dem Schaumgold des vergangenen Jahrhunderts, mit dem unechten Zierat, deren kokette Überladenheit ohne eigentlichen Kunstwert und in langweiliger Einförmigkeit nur dem Auge schmeichelte. Man fiel in das Extrem, und die schmuckloseste Einfachheit trat an die Stelle. Was etwa noch erhalten blieb und was später eine Modeliebhaberei wieder aufspürte, hatte nicht der Geschmack daran, sondern die Pietät für die, die es einst besaßen, gerettet.... Wir treten gleich in das Wohnzimmer meines Großvaters, das er

Gutshaus Beynunen in Ostpreußen – ein exemplarischer Prospekt ostelbischer Herrensitze. (Holzschnitt von Robert Budzinski, 1874–1955)

in den letzten Jahren seines Lebens nur noch verließ, wenn er sich zur Nachtruhe in das anstoßende Schlafzimmer begab. Neben der Eingangstür ein Tisch und Stühle, dann der mächtige Kachelofen auf vier Beinen. Unter diesem liegen drei bis vier schwarze Teckelhunde auf Kissen oder kleinen Polsterstühlen und freuen sich der behaglichen Wärme des Ofens, der durchs ganze Jahr, im Winter und Sommer, geheizt wird. Auf der zweiten Wand, zwischen Ofen und Tür, die über einen kleinen Nebenflur zur Küche führt, steht des alten Herrn Schreibschrank, sehr unbequem den Fenstern gegenüber. Er ist nicht eigentlich im Rokoko-Stil, aber doch kunstvoll in verschiedenen Mustern in Holz ausgelegt. Auf demselben steht die Uhr unter einem hölzernen Gehäuse mit Glasscheiben, das fast die Gestalt eines kleinen Gardinenbettes damaliger Zeit hat. Die Uhr aber ist schön und geschmackvoll. Zu beiden Seiten des Gehäuses vortrefflich in Holz geschnitzte Figuren; links die Zeit, ein Greis mit der Sense, rechts eine weibliche Gestalt, die einem Genius ein aufgeschlagenes Buch zeigt, das auf ihrem Schoße ruht, vielleicht die Geschichte bedeutend. Auf der Uhr zwei Kindergestalten, die sich umschlingen. Das Gehäuse ist weiß, die Figuren in mattem und glänzendem Gold. Der geheimnisvolle Schrank, die Uhr mit ihrem allegorischen Schmuck regten die Kinderphantasie mächtig an. Nun habe ich beide seit vierzig Jahren im eigenen Zimmer in Gebrauch, und etwas von dem alten Zauber ist geblieben, ja mir ist es, als flüsterten sie mir Kunde zu von dem Raum, den ich beschreiben will, und ergänzten meine Erinnerung. An der nächsten Wand stand nur das Sofa, auf dem der Großvater allein den Platz inne hatte, und in den beiden Fenstern der letzten Wand Stühle, zwischen ihnen eine geschweifte Kommode, darüber der Spiegel mit vergoldetem Rahmen, geziert mit dem Medaillon-Porträt Friedrichs des Großen. In der Mitte des Zimmers ein großer Eßtisch. Das war der Raum, den der Greis ausschließlich bewohnte, in dem er schrieb, las, seine Mahlzeiten hielt, Besuch um sich versammelte, ja in dem Geschäftsleute und Ortsangehörige ihm ihre Anliegen vortrugen und die Gerichtstage abgehalten wurden in der Zeit, in der der Gutsherr zugleich der Gerichtsherr über die Insassen seines Grundbesitzes war.»[17]

Ein bis zwei Generationen später sah die Aussteuer einer jungen Frau, die in ein schleswig-holsteinisches Gut einheiratete, noch weit mehr nach Bürgerhaushalt aus, wenn auch nach behäbigem:

«Marie brachte ihren neuen Mahagonihausrat, aus der Mutter Stube den geliebten dunkelroten Sekretär mit dem Bronzebeschlag, dazu die alabasterne Venus und die bescheiden zierlichen Urvaterlehnstühle. Sie brachte ihre Wäschekiste voll Linnen und Damast, darunter das Tischgedeck für sechsunddreißig Gäste; das feinfädige Tafeltuch mit dem Bild einer Maisernte war in einem Stück gewebt. Sie vergaß nicht ihr uraltes perlmuttausgelegtes Kästchen mit Nadeln und Garn, das eine verkappte Spieluhr war, die mit Silberstimme gerade zwei Liedchen zwitschern konnte. Und schließlich war diese selbe junge Frau es, die in der Gegend die bis dahin unbekannte Nähmaschine einführte und wenige Jahre später die Hängelampe, sehr zu ihrer eigenen seelischen Entlastung. Kinder, spielend und tobend unter und über dem Tisch, daraufstehend ein brennendes Petroleumlicht, das hatte ihr niemals im gleichen Raume taugen wollen.»[18]

Aber diese Interieurs der Oberschicht blieben im allgemeinen den Untertanen verschlossen, die nur bei seltenen Gelegenheiten einen Blick hineinwerfen konnten: bei Hochzeiten, Taufen, Jubiläen, zu Weihnachten und vielleicht beim Erntefest. Arbeit und Feier in den großen Güterlandschaften hatten freilich ein sehr verschiedenes Aussehen, je nachdem, von welcher Seite man sie betrachtete:

«Ganz ausschwingen konnte diese Linie dann, wenn wir in den Sommermonaten nach Mecklenburg kamen oder auch auf die Güter unserer mütterlichen Verwandten. Meine Eltern gehörten zu jenen, die ganz für ihre Kinder lebten, die aber auch ihre Kinder für sich beanspruchten: mein Vater ging in dem Wunsch, die Erziehung selbst in den Händen zu behalten, so weit, daß er, wenigstens für seine beiden Töchter, die Schule lange ablehnte. Seinen Sohn allerdings gab er früh ins Kadettenkorps. Diese Unabhängigkeit von der Schule bedeutete natürlich ein sehr großes Maß von Freiheit, Sorglosigkeit und Ferien. Wir waren zuweilen monatelang auf dem Lande. Da rutschte man die Strohmieten hinunter, da saß man beim Einfahren oben auf dem Heuwagen, man wurde nach altem Schnitterbrauch während der Roggenernte ‹gebunden›, man half junge Enten hüten und die Habichte vertreiben, man fütterte Fohlen und Hirsche, man fuhr mit dem Ponywagen durch die feierliche Monotonie meilenweiter Kiefernwälder, über deren Lichtungen sich die Teppiche der blühenden Erika breiteten.»[19]

Solchen poetischen Reminiszenzen stehen die konkreten Daten gegenüber, die ein gleichaltriger Landarbeiterjunge mit der Gutsarbeit verband:

«Die folgenden Jahre waren Ewigkeiten der Not und Sorge. Alle Tage und die halben, vielfach auch die ganzen Nächte waren erfüllt von Arbeit. Die Gutsarbeit dauerte im Sommerhalbjahr von fünf Uhr morgens bis abends sieben Uhr mit drei Stunden Pause. Sie wurde mit siebzig Pfennigen im Tag belohnt. Das Winterhalbjahr forderte Arbeit von Tagesgrauen bis zur einbrechenden Dunkelheit, ungefähr um fünf

Die Erntezeit. (Ausschnitt aus einem Münchner Bilderbogen von Braun & Schneider, Nr. 192, gezeichnet von Emil Fröhlich, 1862–1950)

Uhr. Dann erhielt die Mutter täglich sechzig Pfennig. Wir waren drei Knaben und ein Mädchen. Für jedes Kind erhielt die Mutter wöchentlich fünfzig Pfennig Gemeindeunterstützung. Die Arbeit auf dem Gut war schwer, für eine Frau in besonderem Maße. Die Mutter trug alles in einer aufopfernden Weise, die mir heute noch Bewunderung abringt. Wenn sie abends nach Hause kam, nähte sie für sich, für uns Kinder und andere Leute, oder sie fertigte Kränze aus getrockneten Blumen, die wir im Sommer gepflückt hatten oder während der Blütezeit von den Bauern für wenig Geld kauften. Auf diese Art gelang es der Mutter, uns zwar karg aber ehrlich zu nähren und zu kleiden.»[20]

Fritz Reuter (1810–1874) hat in seinem autobiographischen Roman «Ut mine Stromtid» (Das Leben auf dem Lande) die Scheinheiligkeit gutsherrlicher «Güte» mit ihren zuweilen fragwürdigen Wohltaten sarkastisch und für Mecklenburg wahrheitsgetreu geschildert. Als auch unter den Mecklenburger Tagelöhnern in den achtundvierziger Jahren in Verbindung mit städtischen Arbeiterrevolten eine Art Reformbewegung entstand mit dem Ziel auf eigenen Grund und Boden, kamen nur Beschwichtigungsversuche seitens der Gutsbesitzer als Antwort. Der neureiche Gutsherr Pomuchelskopp läßt sich auf einer Reformversammlung folgendermaßen hören:

«Als er sich in die Tonne hineingezwängt hatte, begann er: ‹Meine Herren!› – Nun macht es immer einen großen Eindruck, wenn ein blauer Frack mit vergoldeten Knöpfen einen Tagelöhnerkittel und einen geflickten Handwerkerrock mit ‹Herren› anredet, und so ging denn auch sofort ein Murmeln durch den Saal: ‹Der Mann hat recht!› – ‹Er weiß, was uns zukommt.› – ‹Meine Herren!› sagte Pomuchel noch einmal, als sich das Murmeln gelegt hatte, ‹ick bün kein Redner, ick bün ein einfacher Landmann. ... aber meine Herren! Nicht die Reden haben mich zu Ihnen gezogen, sondern die Gesinnung, die ich hier finde.› – ‹Bravo, bravo!› – ‹Meine Herren! Ick bün ganz for Freiheit, ganz for Gleichheit, ganz for Brüderlichkeit! Ich danke Ihnen, daß Sie mich in diesem edlen Vereine aufgenommen haben.› – Hier zog er ein blütenweißes Taschentuch heraus und legte es neben sich hin. ‹Meine Herren, Sie sprechen hier über die Armut. Manche stille Stunde habe ich damit hingebracht, darüber nachzudenken, manche schlaflose Nacht habe ich mich abgemüht mit der Frage, wie diesem Übel zu steuern wäre› – hier wischte er sich mit dem Taschentuch den Schweiß ab, offenbar um zu zeigen, wie sauer ihm die Sache geworden –, ‹das heißt, meine Herren, wegen der Armut in den kleinen Städten, denn unsere Tagelöhner auf dem Lande, die kennen keine Armut.› – ‹So?› rief eine Stimme von hinten, ‹Krischan, nu is't Tid, nu red!› – ‹Unsere Tagelöhner›, fuhr Pomuchelskopp fort und ließ sich nicht beirren, obwohl er die Stimme nur zu gut kannte, ‹erhalten: freie Wohnung mit einem Garten, freie Weide für eine Kuh, Heu und Stroh dafür, Holz und Torf und Kartoffel- und Leinland, soviel sie gebrauchen, umschichtig für die Woche einen Scheffel Gerste, einen Scheffel Roggen oder einen Taler, und denn all das Dröscherkorn, und die Hausfrauen können sich noch täglich fünf Schilling verdienen. – Nun frage ich Sie, meine Herren, steht sich ein Tagelöhner in der Stadt so gut? Kann ein Tagelöhner überall mehr verlangen?› ‹Nee, nee!› riefen die städtischen Tagelöhner. ... ‹Meine Herren›, fuhr Pomuchelskopp fort, ‹sehn Sie, so sünd unsere Taglöhner gestellt, und denn die Behandlung! – Jeder Tagelöhner kann zu jeder Zeit kündigen und sich eine andere Stelle suchen; ist das nicht aller Ehren wert? Ist das nicht genug?› ‹Meine Herren›, rief Pomuchelskopp nun mit erhobener Stimme und gelangte zum Schluß, ‹wegen der Gesinnung und grade wegen der Armut in den kleinen Städten bin ich diesem edelen Vereine beigetreten, und Sie sollen sehen – ich bin kein reicher Mann –, aber was ich tun kann, soll getan werden. Und nun, meine Herren, fordere ich Sie noch zum gegenseitigen Schutz auf. Wenn Stadt und Land treu zusammenhalten, dann wird Ordnung sein, und wir werden alles in friedlicher Weise in diesem schönen Reformverein abmachen und einrichten können. – Es lebe der Rahnstädter Reformverein!› ‹Hurrah! – Hoch! – Vivat, hoch!› rief es nun aus allen Ecken und Winkeln heraus. – ‹Der Herr Pomuchelskopp soll leben!› riefen auch noch einige, und Muchel begab sich unter Verbeugungen und mit seiner freundlichst lächelnden Miene zu seinem Sitz. Als er sich umdrehte, war sein Platz auf der Rednerbühne schon wieder besetzt, und Zacharias Bräsigs gerötetes Antlitz leuchtete ihm von dort entgegen, nicht friedlich wie Sonne und Mond, sondern wie eine Feuerkugel, die unser Herrgott zum Zeichen seines Strafgerichts auf die Menschheit losläßt.

‹Mitbürger!› rief Bräsig, ‹Mitbürger! Wenn der Herr Zamwell Pomuchelskopp ruhig auf seinen Meß in Gürlitz sitzen geblieben wäre, ich hätt nichts nich gesagt. Wenn er mir nicht hier in diesem Saale geduzt hätte und hätte nicht an diesem erhabenen Vaterlandsorte› – dabei schlug er aufs Kühlfaß – ‹ausgestunkene Lügen in Vortrag gebracht, ich hätte auch nichts nich sagt ... Mitbürger, ich hätte nichts nich sagt, denn ich halte es for eine Unpaßlichkeit for jeden Ökonomiker und andern Menschen, wenn er die Tagelöhner gegen den Herrn aufhitzt, aber wenn sich einer ... auf diesem Altare der Brüderlichkeit aufstellt, daß er die hiesige Reform mit Lügen unter die Augen gehen und sich weiß brennen und ne falsche Einbildung von das Glück seiner Tagelöhner in Ümswang setzen will, denn will ich auch mal reden. – Mitbürger! Mein Nam ist Entspekter Zacharias Bräsig!› – ‹Bravo! bravo!›

‹Der Herr Zamwell Pomuchelskopp hat euch gesagt, daß auf dem Lande keine Armut zu finden sein täte, indem daß er alle Elemente aufregaliert hat, die der Tagelöhner eigentlich haben soll – bonus! wie unser geehrter Herr Presendent Rein sagt –, aber, Mitbürger, mit die Tagelöhner-Elemente ist es grademang so as mit Rindfleisch un Plummen: sie smecken sehr gut, aber wir krigen sie man nich. Zum Exempel und bloß so präter propter, mit die Wohnung: Gleich rechtschen in Gürlitz steht ne Art von Sweinstall, was ne Wohnung bedeuten soll, da wohnt Willgaus drin – is Willgaus hier?› – Willgaus war nicht hier. ‹Schad't ihm auch nicht. Das Dach ist seit drei Jahr nicht dicht gemacht, und oben läuft der Regen piplings hinein, und wenn en ordentlichen Gewitterregen kommt, denn läuft den Mann die Stub' voll, daß seine kleinen Würmer, weildeß er mit der Frau in den Aust [Ernte] ist, als die Poggen darin herumrasen. Und als er sich darüber beswerte, sagte der Herr Pomuchelskopp: er hieße ja Wildgans und för Gäns' wäre das Wasser ja angenehm.› – ‹Pfüi! pfüi! – Das hätt er nicht sagen müt!›

‹Und nun mit die freie Weide und das Heu für die Kuh! Wo is denn die Weide! ne halbe Meile von dem Dorf, auf dem Außenacker, wo nichts as Bocksbart waßt, und in die Dannen, und da sollen die Hausfrauens dreimal auf den Tag zum Milchen gehen? – Na, drei haben's man noch nötig, denn achtzehn Tagelöhner von die einundzwanzig haben ihre Kühe an Rückenblut und Rotwasser, und was weiß ich, verloren und haben keine mehr.

Und die drei, die noch da sünd, sünd wohre Danzmeisters. Mit das Holz und den Torf: Der Torf is Moostorf aus dem Bruch un krümelt ausenander und hat keine Hitz, und das Holz sünd Dannenzweig un Sammelholz, was die Kinder auf dem Puckel nach Hause tragen müssen. Und dann das Kartoffel- und Leinland! Wo ist's? Im Außenakker, auf dem abtragen Slag. – Wer mist's?: Der Vogel mist's, und wenn einer denn im Herbst das bischen Kartoffeln sieht, slägt er die Hän'n übern Kopp zusammen und sagt: Gott, du bewohre! Davon soll die Fomilie und das Swein den Winter über von leben! Aber sie leben nich davon, denn sie stehlen. Bei den Herrn Pomuchelskopp stehlen sie nich, denn das würd sie slecht bekommen, sie stehlen in der Nachbarschaft, und was ne Freundin von mir ist, die Madam Nüßlern, hat Ordre ausgegeben, so drad ein Gürlitzer Daglöhner bei ihr Kartoffelmieten attrapiert würd, sollt man ihn laufen lassen, denn er tät's aus Not, und es wär ein Jammer!›

‹Fru Nüßlern hoch!› rief Jehann Bank. – ‹Hoch!› rief es ‹und noch einmal hoch!›

‹Und nu das Lein!› sprach Bräsig weiter, ‹so lang!› und markierte an seinem Arm eine Fußlänge, ‹daß schon selbst der Herr Notorjus Schlitzohr, was doch ein namentlicher Freund von Herrn Pomuchelskopp sein will, in meiner Gegenwart den slechten Witz gemacht hat: derowegen trügen die Frauensleut in Gürlitz so kurze Hemden, indem daß das kurze Lein zu lange Hemden nich reckte.›

‹Mitbürger!› begann Bräsig aufs neue, ‹ich will man sagen: die Wohnung, die Kuhweide und das Holz und Torf und das Kartoffel- und Leinland, das sünd for den Tagelöhner auf dem Lande sein Rindfleisch un Plummen. Sie smecken sehr gut, aber sie krigen's man nich, und daher stammt sich die Armut auf dem Lande.›»[21]

Erntezeit

Die persönlichen Begegnungen der obersten und untersten Schichten fanden besonders in der Erntezeit statt, z. B. bei den Bindebräuchen, die Gertrud von Le Fort erwähnt. Damit war die scherzhafte Fesselung des Gutsherrn oder eines fremden Besuchers gemeint, wenn diese zum ersten Male während der Erntezeit das Feld, also den Arbeitsplatz betraten. Sie mußten sich mit einem Trinkgeld oder einer Runde Schnaps (Bier, Wein) für die auf dem Felde Arbeitenden loskaufen. Der Brauch wiederholte sich in ähnlicher Weise bei der Kartoffel- und Weinernte, beim Hausbau und anderen Gelegenheiten. Wenn hier die Schnitter die (arbeits-) fremden Besucher gewissermaßen wie die Garben behandelten und banden, wenn sie also bei dieser Gelegenheit im Bewußtsein ihrer Wichtigkeit für den Ablauf der Ernte ihr «Platzrecht» beanspruchten, so vollzog sich damit eine kurze Begegnung gewissermaßen von Gleich zu Gleich: von Feldbesitzern mit Arbeitskompetenten, die diesem Verhältnis in einem Brauchspiel Ausdruck gaben. Das Material von Texten und Beschreibungen, insbesondere aus den Gutslandschaften Ostelbiens, ist unendlich groß und zeigt, wie freudig eine solche

Altenburger Gutsbesitzer besucht sein Feld bei der Kornernte und führt einen auf beiden Seiten spöttischen Dialog mit den Erntearbeiterinnen. (Radierung von 1838)

Gelegenheit der gegenseitigen «Anbändelei» benutzt wurde, um ein bißchen Branntwein zu erhalten.

Es finden sich Sprüche beim «Binden» und «Streichen» des Besuchers, die diesem in mehr oder weniger liebenswürdiger Weise gewissermaßen die Spielregeln beibringen und ihm erklären sollten, wie er sich zu lösen habe; z. B.:

Ich habe vernommen,
Herr N. N. ist gekommen.
Ich werde Sie binden
Mit lieblichen Dingen,
Mit lieblichen Sachen,
Viel Komplimente kann ich nicht machen.
Diese Bande kann nur gelöset sein
Mit Geld oder mit Branntewein. (Schmelzdorf/Pommern)

Oder Sprüche, die Begrüßung und Glückwunsch enthalten, wie z. B.:

Diesen groben Band
Bind ich um Ihre feine Hand;
Ist der Band gleich schlecht,
So ist der Wunsch doch recht.
Gott geb' Glück zu jeder Stund';
Das wünsch ich Ihnen von Herzensgrund.
(Umgebung von Strelitz/Mecklenburg)

Oder Sprüche und Handlungen, die in teils versteckter, teils drohender Form die direkte Forderung nach Trinkgeld und Freitrunk enthalten und die Erntearbeiter als Herren des Feldes und Besitzer des Platzrechtes ausweisen wie z. B.:

Wir binden Kaiser, König, Grafen und Fürsten
Und trinken, wenn wir dürsten.
Ist es gleich Bier oder Wein, –
Es soll auf Herrn N's Gesundheit sein! (Krs. Löwenberg/Schlesien)

Die Sprüche waren teils von der Handlung des Bindens mit einem Korn- oder Seidenband, meist durch die Vorbinderin oder das hübscheste junge Mädchen, begleitet – teils durch die doppelte Pression des Bindens und der Sensen-Streichmusik der Mäher. Dazu ein authentischer Bericht aus Mecklenburg um 1860: «Wenn die Ernte begonnen hat, ist es in Mecklenburg Sitte, daß die Tagelöhner, wenn während der Arbeit der Herr oder ein Glied der herrschaftlichen Familie, die Ökonomiebeamten oder auch Fremde aufs Feld kommen, auf den Ankömmling zueilen und sich im Kreis um ihn herum stellen, wobei sie die Sensen in der Stellung halten, wie sie es tun, wenn sie dieselbe schärfen wollen mit dem sogenannten *Strik*, woher der Name Streichen. Wenn der Kreis geschlossen, so fangen alle an, die Sensen zu streichen, was einen eigentümlichen Klang hervorbringt. Darauf tritt einer vor, gewöhnlich der sogenannte Vormäher, d. h. der die Aufsicht beim Harken und Pflügen führt, und hält eine gereimte Rede, nach deren Beendigung den Leuten dann ein Geschenk gegeben wird. Der Herr selbst gibt den Leuten gewöhnlich bald darauf ein kleines Tanzvergnügen. Natürlich geschieht diese Zeremonie nur einmal bei jeder Person, nur einmal wird man gestrichen. Mit dem Streichen ist gewöhnlich auch das Binden verbunden, wo man von den weiblichen Arbeitern unter Hersagen eines Liedes mit bunten Bändern oder auch Ährenkränzchen am Arm geschmückt wird.»[22]

Das Sensenstreichen, dessen akustische Wirkung von großer Eindrücklichkeit gewesen sein muß, zeigt, daß es sich hier nicht um einen Bettelbrauch handelte, sondern um einen rechtmäßigen Anspruch auf wohlverdienten materiellen Lohn in der Sprache des Brauches.

Ähnliches ist zu den Bräuchen bei der Überreichung der Erntekrone festzustellen. Ihr Variantenreichtum war unendlich und zeigt die Bedeutung dieses festlichen Abschlusses einer wichtigen Arbeitsphase für die Erntearbeiter, die den zu erwartenden Lohn als den Höhepunkt des Arbeitsjahres empfanden.[23] In Rützow/ Pommern stellten sich die Schnitter in Frontlinie vor dem Gutsgebäude auf und strichen ihre Sensen. Die Binderinnen standen dahinter mit hochgehaltenen Harken, die mit roten Bändern oder Tüchern geschmückt waren. Dann trat der Hofmeister vor, überreichte den Erntekranz und begann sein Gedicht mit folgenden Worten:

Unser Begehr ist in diesem Haus,
Daß wir gehen können frei ein und aus,
Denn wir sind gewesen auf der Jagd,
Daß wir dasselbe haben vollbracht. ...

Dieser mit allem Stolz inszenierte Auftritt leitete oft über zu einem Spiel, in dessen Verlauf die Schnitter sich ihr festliches Mahl unter Androhung des Kohlabschneidens erkämpften. Aus dem Krs. Greifswald wird erzählt, wie die Schnitter aus den letzten Ähren die geschmückte Ernte-Garbe, die *Austgarw*, verfertigten und dann gemeinsam damit ins Dorf eilten, wobei die Binderinnen auf ihren Harkenstielen ritten. Beim Überreichen der Garbe sprach die Vorbinderin:

«Hier komme ich mit allen meinen Brüdern und Schwestern. Nun haben wir alles aufgebunden: Roggen, Weizen, Gerste, Hafer, Erbsen und Wicken. Wenn wir nu nich kriegen, watt datt Hus vermag, denn gahn wie na'n Gorn (Garten) unn meign (mähen) unn binn'n de Fru all den grönen Kohl aff!

Wir haben die Garbe in Ehren gemacht,
Wir haben sie dem Herrn und der Frau zugedacht.
Sie möchten es nicht übel nehmen,
Mit Ihrer Hand sie uns abzunehmen.»[24]

Bei dem notorisch schlechten menschlichen Verhältnis, das in Pommern zwischen Landarbeiterschaft und Gutsbesitzern herrschte, dürfen diese Aktionen der Schnitter und Binderinnen, so bescheiden sie aus unserer zeitlichen Distanz erscheinen mögen, in ihrer Bedeutung für ihr damaliges Leben nicht unterschätzt werden. Verarmt und ausgenützt, bedrückt und schlecht ernährt, gewannen sie für diese kurze Ernteperiode, umgeben vom schützenden Mantel der Bräuche, ein neues Gefühl menschenwürdiger Unabhängigkeit. Es vollzog sich also in der Begegnung von Gutsherrschaft und Erntearbeitern im Verlaufe des 19. Jahrhunderts ein Wandlungsprozeß, der sich besonders in der Sprache der Bräuche Ausdruck verschaffte.

Wenn sich dieser Prozeß am klarsten auf den großen Gütern zeigte, so hatte das seinen Hauptgrund in der Umwertung, die dort die Arbeit erfahren hatte. Die Landarbeiter waren zu jener Zeit neben den Wanderarbeitern die einzige landbewohnende soziale Gruppe in Deutschland ohne Landbesitz (wenn wir vom Gesinde als Durchgangsberuf absehen). In dem Augenblick aber, da nicht mehr ihr Besitz an Acker und Vieh ihre Einstufung in der Bewertungsskala ihrer Gruppe bestimmte, mußte eine neue Größe an dessen Stelle treten: ihre Arbeitskraft, die ihnen nun als einziges Produktionsmittel verblieb und die in der Erntezeit einen Wertzuwachs über die Lohnhöhe hinaus in ethische Bereiche erfuhr. Je mehr aber die Arbeit organisiert, je komplizierter das Ineinanderspiel der Arbeitsteilung, je erfolgreicher das damals moderne Gerät, die Sense, von der Hand des Kundigen geführt wurde, je schneller im Zuge des Akkordsystems der Schnitt vorangetrieben werden mußte, um so mehr wuchs der Stolz der Arbeitenden auf ihre Leistung und ihre Kenntnisse. War einst der Getreideschnitt eine von vielen Arbeiten des ländlichen Jahreslaufs gewesen – wenn auch eine besonders wichtige –, so wechselte er nun zu einer Art «Berufsarbeit» der Schnitter und ihrer Binderinnen, die gelernt sein wollte.

Aus diesem Geist sind jene Formen des Arbeits- und Festbrauches bei den Erntearbeitern auf den großen Gütern zu erklären. Auch dabei gab es graduelle Unterschiede. Die Kraft der Brauchübungen ließ dort nach, wo sich die Schnitter einem gar zu weit entfernten Partner gegenübersahen: gesellschaftlich etwa den schlesischen Großmagnaten und in der Denkweise den städtischen Besitzern der Provinz Sachsen mit ihren Rübengütern. Dort fanden sie kein Ohr für die tradierte Bildsprache ihrer Brauchhandlungen, deren Angriffsrichtung gewissermaßen ins Leere zielte, und die Gegenleistung der Gutsherrschaft entartete zum formlosen Lebensmittel- und Gelddeputat. Die nordostelbischen Gutsbesitzer hingegen, deren eigene Lebenswelt ja auf Traditionsbewußtsein ruhte, verstanden die Sprache der Bräuche ihrer Arbeiter. Das führte zu dem Phänomen, daß sich die Erntebräuche dort am reichsten belebten und entfalteten, wo der Antagonismus der «Sozialpartner» am stärksten ausgebildet war.

Ein holsteinisches Erntefest, populäre Darstellung, auf der das Gegenüber von Gutsherrschaft und Landarbeitern in Kleidung und Gestik deutlich wird. Die Erntekrone wurde soeben in der Mitte des festlichen Saales aufgehängt. Auf den umgebenden Bildszenen ist der Tanz von in jeder Beziehung ungleichen Paaren wiedergegeben, wie er beim Erntefest Sitte war. (Illustrirte Zeitung, Leipzig 1856)

Forst und Jagd

«Der Hofschulze rückte mit seinem Antrage hervor, welcher dahin ging, daß der Jäger täglich ein paar Stunden gegen das Wild im Felde liegen solle, welches seinen Kornbreiten, besonders den die Hügel hinaufsteigenden, manchen Schaden zufüge. ‹Dort in den Bergen›, sagte der alte Bauer, ‹sind die großen Jagden der Edelleute; die Kreaturen haben mir schon in den vergangenen Jahren Saat genug abgeatzt und daniedergewälzt, aber in diesem ist es erst recht schlimm geworden, denn der junge Graf drüben ist auch ein scharfer Jäger und hat seinen Wildstand vermehrt, so daß die Hirsche und Rehe wie die Schafe aus dem Walde treten und mein' Mühe und Schweiß verruinieren. Ich verstehe mich nicht auf die Sache, und den Knechten mag ich es nicht gerne erlauben, weil sie unter dem Vorwande, sich auf den Anstand zu stellen, mir leicht unordentlich werden können, darum haben die Bestien mitunter gewirtschaftet, daß sich einem das Herz im Leibe umwenden mußte. Nun kommen Sie mir gerade zupaß, und wenn Sie mir diese vierzehn Tage bis zur Ernte die Höllenteufel aus dem Korne halten, so sollen Sie damit Ihr Quartier bezahlt haben.›

‹Was? Ich ein Wildschütz? Ich ein Wilddieb?› rief der junge Mann und lachte so herzlich und schallend auf, daß er den Hofschulzen ansteckte. Noch lachend strich dieser über das feine Tuch, aus welchem die Kleidung seines Gastes gemacht war, und sagte: ‹Eben darum, weil es bei Ihnen wohl keine sonderliche Gefahr haben wird, wenn Sie auch attrapiert werden. Sie werden sich schon eher loszumachen wissen als so ein armer Knecht. Die Fliegen fangen sich in den Spinnweben, die Wespen schlüpfen durch. Doch was ist das überhaupt ein Verbrechen, sein Eigentum gegen die Ungetüme, die es fressen und zugrunde richten, zu verdefendieren!› rief er, indem plötzlich der lachende Ausdruck seines Gesichts in den des loderndsten Zornes überging. Die Stirnadern schwollen ihm an, das Blut trat dunkelrot in seine Wangen, die Augäpfel verloren ihr Weißes und wurden rötlich; man hätte vor dem Alten erschrecken können.

‹Ihr habt recht, Vater, es gibt nichts Unvernünftigeres als die sogenannten Jagdgerechtsame›, sagte der Jäger, um ihn zu beruhigen. ‹Deshalb will ich die Sünde über mich nehmen, zum Frommen Eures Gutes am Wildbann der hiesigen Edelleute zu freveln.›»[25]

Hier hat der Jurist Immermann ein Thema aufgegriffen, das zu den heikelsten in der Beziehung zwischen adliger Herrschaft und Untertan gehörte. Bei der Erntearbeit hatte trotz aller sozialen Abstufung die Interessendominanz übereingestimmt, wenn sich auch die physische Arbeitsbelastung einseitig auf die Schultern der Erntearbeiter senkte; ein guter Ernteertrag war das gemeinsame Ziel aller Beteiligten. Bei der Jagd hingegen standen sich zwei gegensätzlich betroffene Parteien gegenüber: die Herren waren wegen ihrer Jagdfreuden an einer Vermehrung des Wildbestandes interessiert, galt doch die Jagd als ritterlicher Sport und bildeten die Jagdeinladungen die großen gesellschaftlichen Ereignisse zwischen den Schlössern und Herrensitzen.[26] Die Bauern litten unter dem Schaden, den Hasen und Rotwild ihren Äckern zufügten, und wurden als Wilderer bestraft, wenn sie zur Selbsthilfe schritten. In einer Dorfgeschichte aus dem Vormärz wird diese Situation aus der Sicht der Bauern plastisch geschildert:

«Er wollte sich nämlich Mut trinken, um beim Amtmann die Sache vorzubringen; das war nämlich wegen der unmenschlich vielen Hasen, die den Feldern des Dorfes ungemeinen Schaden zufügten. Der Landesvater hatte noch das Gehegerecht; d. h. sein Vater hatte es eingerichtet und er behalten und erweitert, denn er war ein leidenschaftlicher Freund der Jagd. Der Schullehrer im Dorfe meinte darum einmal: ‹Die hohen Herren haben so ihre Passionen; der hält sich Tänzerinnen, der macht Gedichte, jener baut Klöster und hegt Jesuiten, dieser hält Reden und macht Orden usw., je nachdem die Leibesbeschaffenheit eines jeden ist; ja, lieber Gott! etwas müssen doch auch die Herren zu tun haben; wenn es nur nicht meist auf Kosten des gesunden Menschenverstandes oder Bürgerrechtes oder (was den Leuten leider am schlimmsten deucht, weil es am nächsten steht) des Volkes Geldbeutel geschah.› Das letztere war bei dem Wildgehege besonders der Fall (wenigstens dachten dabei die wenigsten noch an etwas anderes); wenn auch nicht direkt, so doch indirekt; denn was das gehegte Wild fraß, war doch eigentlich für die Bauern bares Geld (abgerechnet den Verlust der Freude, so ein Bauer an einem recht vollen Getreidefeld als Belohnung seiner sauren Arbeit hat); und sie bekamen bloß ersetzt, was die Hirsche und Rehe abfraßen, und zwar sehr schlecht, wobei sie noch obendrein der Parteilichkeit und Laune des taxierenden Försters anheimgestellt wurden; dann dauerte es auch immer noch eine lange Zeit, ehe das taxierte Schadgeld – von zwei dutzend Händen berechnet, revidiert und wer weiß was noch – angewiesen wurde, und zuletzt mußten die Bauern es selbst vom Amte holen, natürlich nur an einem Werkeltage, da ging dann noch ein ganzer Tag verloren, und so ein bestimmter Tag war ihnen oft sehr kostbar, je nachdem Witterung und

Hasenjagd in des Bauern Kohlgarten. (Franz Krüger, 1797–1857)

nötige Arbeit sich anließen. Was die Hasen abfraßen, wurde gar nicht ersetzt; und da es Gegenden gab, wo fast nur Hasen, aber in ungeheuerer Menge, waren, so kam darin die allerhöchste Passion des Landesvaters dem Volke am teuersten zu stehen; und wehe dem, der einem Hasen beim Verjagen nur ein Bein entzweiwarf, und wehe dem, der bei einem Treibjagen sich nicht unentgeltlich zum Treiben stellte, wenn es einigen hohen Herren beliebte, die wertgehaltenen Hasen gütigst niederzuschießen. Das war denn auch immer prächtig anzuschauen, wenn die vornehmen Herren in pelzverbrämten Röcken, mit weichen, warmen Handschuhen, durch und durch wattiert, dastanden, und die Kanaillen von Bauern in zerrissenen Schuhen, oft ohne Strümpfe, in den dünnen blauen Kitteln durch Schnee und Dreck, Gebüsch und Dorn, von den Förstern selbst wie Hasen gejagt, daherkeuchten, und die von den Früchten ihres Schweißes wohlgenährten Tiere zum Schuß jagten, mit erstarrten Händen die Klapper schwingend. Und je mehr vor den Schuß kamen und je wohlgenährter sie waren, desto mehr schmunzelten die vornehmen Herren, desto mehr lobten sie die Förster, und hatten sie genug der edlen Waidmannskunst gepflegt, dann lagerten sie sich auf dicken, weichen Decken und Polstern, aßen die besten kalten Gerichte und tranken dazu die herrlichsten Weine; auch die Hunde wurden sorglich gepflegt, und hinten standen die gehetzten, müden, wunden, durchfrornen, hungrigen Bauern.»[27]

Darstellungen solch bauernfeindlicher Jagdzeremonien, wie sie hier aus dem Rheinland überliefert sind, könnten vielfach aus allen Regionen für das 19. Jahrhundert wiederholt werden. Eine ähnliche Geschichte aus der weit entfernten Steiermark erzählt Peter Rosegger in einem seiner Romane unter der Überschrift: «Herrensünde – Bauernbuße»: Die Jagdzeit bezeichnet er als die einzige Jahreszeit, da der Herr früher aufsteht als der Bauer!

«Für die Rehe und Hirschen wurde das ganze Jahr gesorgt, alles Gute und Liebe wurde ihnen angetan, damit sie gesund blieben, bis man sie erschießen konnte. In den Wäldern und Gebirgskaren standen geborgene Heuhütten, und wenn die Fütterung war und das Heu und die aus weiter Ferne herbeigebrachten Kastanien ausgestreut wurden, da kamen die Tiere von allen Seiten herbei.

Zur Brunstzeit erschollen die Wälder von Hirschgeröhr. Kein Liebeslied der Kreatur ist so schauerlich, so offen Elementargewaltiges kündend, als das wilde Röhren der Hirsche zur Brunstzeit. Im Jägerherzen wird bei solchem Schall zweifache Lust wach: Die zu beleben und die zu töten...

Nahte die Jagdzeit, so wurden neue Wege angelegt, daß die Herrschaften fahren konnten, so weit es möglich war. Es kamen hohe Herrschaften, aber alle waren in verschossenem, verschlissenem Bauerngewand. Es gibt Leute, die am Werktage Herren und am Feiertage Bauern sein möchten. Und Feiertag machen sie, wann sie wollen. Das Jagdvergnügen, es kostet den Herren viel und den Bauern mitunter noch mehr. Daß sich die Herrenjäger in Bauerngewand stecken, ist ein merkwürdiges Zugeständnis, als ob der natürliche Jäger – der Bauer wäre. Der rechte Bauer wird die Tiere töten, weil sie sein Feind sind...

Auf der Knatschel-Ebene, die hoch oben mitten im Walde lag, wurde im Freien gekocht und geschmort. Schon tagelang früher waren Arbeiter beschäftigt gewesen, Hütten, Feuerstätten, Faßgestelle, Tische und Bänke aufzurichten. Alle Waldarbeiter und Häusler der Gegend – die Untertanen der Herrschaft geworden waren – wurden als Treiber aufgeboten. Auch dem Jakob war bedeutet worden, sich als Treiber zu stellen; der ließ zurücksagen, er sei selber ein Gehetzter. Die Treiber bekamen nach der Hetze auch ihr reichliches Essen und Trinken, aber seitab von der Gesellschaft, weit seitab. ‹Versteht sich ja,› meinte einer der Holzhauer, ‹wir Treiber sind zweibeinige Jagdhunde, nur daß wir nit bellen dürfen.› Und diese zweibeinigen Jagdhunde, die nicht bellen durften, liefen so gut wie die vierbeinigen über Jakob's Wiesen, Felder und Saaten und stampften Gras und Korn in den Grund. ‹Wir sind selber Schuld,› sagte der Pechöl-Natz zum Jakob. ‹Wieso das?› ‹Weil wir ein armer Kleinbauer sind und nicht zweihundert Joch Grund haben. Sonst könnten wir selber jagen.› ‹Ein Bauer, der Wild hegt, um es nachher aus Lust totzuschießen, schadet und schändet seinen Stand.›...

So und ähnlich redeten sie manchmal miteinander, der Jakob und sein alter Genosse. Dem Kampelherrn, wenn er des Weges kam, wichen sie aus, der Jakob trotzig, der Natz scheu. ... Eines schönen Tages hatte zu Altenmoos eine Hochwildjagd begonnen. Die Treiber hatten über Berg und Wald einen großen Ring gezogen, in welchem die Hirsche und Rehböcke immer mehr in die Enge getrieben, angstvoll hin und her liefen. Das Gewehrfeuer knatterte, und die schönen Tiere stürzten zu Dutzenden. Es war eine wahre Waldschlacht. An demselben Tage wollte der Reuthofer mit seinen Schnittern in sein hinteres Haferfeld hinaufgehen, um den Rest einzuernten, denn die Luft, die vom Gebirge her zog, roch nach Schnee. Als sie gegen den Schachen kamen, durch den der Weg führte, stand dort der Waldmeister Ladislaus und deutete lebhaft mit dem Arm, sie sollten umkehren, heute sei es nichts mit dem Haferschneiden, heute sei dorten Jagd. Jakob's Leute, besonders der Rothschiagl, wollten sich der Weisung

Der Gutsherr weist seiner Familie stolz die Jagdbeute vor. (Fotografie 1893)

widersetzen, sie begriffen es nicht, daß der Bauer auf seinem Grund und Boden nicht nach Belieben sollte seinen Hafer schneiden dürfen. Aber der Jakob sagte zu ihnen: ‹Ja, Leute, da läßt sich nichts machen. Der Jäger hat das Recht, und es ist seine Schuldigkeit, daß er uns zurücktreibt, sonst könnten wir niedergeschossen werden. In der Begier kennt so ein Stadtschütz Hirschen und Menschen nicht auseinander. Kehren wir um.›»[28]

War also bei den Herrenjagden das Verhältnis zwischen Herrschaft und Untertanen in der Rollenverteilung Jäger – Treiber festgelegt, so gab es seitens der Dorfbewohner auch eine unerlaubte Beziehung zur herrschaftlichen Jagd: das Waidwerk der Wildschützen. Aber auch hier muß unterschieden werden zwischen dem kriminellen Wildern mit z. T. tierquälerischen Mitteln wie Schlingen und Fallen und den Wildschützen, die aus materieller Not oder sozialem Protest handelten und vom Volk gern mit dem Glorienschein des edlen Räubers versehen wurden.[29] Ein edler Räuber war, «der von den Reichen nahm, um den Armen zu geben und der niemals tötete außer in Selbstverteidigung oder gerechter Rache.»[30] Der «bayerische Hiasl» und der «Stülpner Karl» waren solche – Robin Hood nicht unähnliche – Gestalten.

Diese Protesthandlungen betrafen Jagd, Fischfang und Wald als herrschaftlichen Besitz, dem sich die kleinen Bauern und geringen Leute als Nichtbesitzer gegenübersahen. Daß jedoch der Reiche solche Naturgüter wie Wald und Fluß und See besitzen und nutzen durfte und der Arme an diesen Gottesgaben keinen Anteil haben sollte – ja, für Jagd und Fischfang und Holzholen noch als Frevler bestraft wurde: das erweckte den Zorn der Unterdrückten und die Lust auf Zuwiderhandlungen, die sie nicht als Unrecht empfanden. Wie sich solche Aktionen auch mit politischen Bewegungen verknüpfen konnten, erzählt Paul Deussen (1845–1919) aus dem Westerwald der achtundvierziger Jahre:

«Von alters her behaupteten die Oberdreiser und einige Nachbargemeinden, ein Anrecht auf den zu ihrer Gemarkung gehörigen Wald zu haben, welchen der Fürst zu Wied, der ehemalige, aber seit 1806 mediatisierte Landesherr, in dunklen Zeiten durch nicht ganz klare Manipulationen an sich gebracht hatte. Auf dem Wege des Prozesses war bisher nichts zu erreichen gewesen, und um einen solchen wieder in Gang zu bringen, zogen eines Morgens auf Verabredung alle Familienhäupter der drei Gemeinden in den fürstlichen Wald, und ein jeder holte sich dort gleichsam als Zeichen der Besitzergreifung eine kleine Fuhre Holz. Sogleich erhoben sich warnende Stimmen, und die Leute brachten denn auch am folgenden Tage das Holz in den Wald zurück; aber der Frevel war begangen und noch dazu in einer Zeit, wo es ohnehin den Potentaten etwas warm auf ihren Sitzen wurde; die Bestrafung blieb nicht aus: jeder Familienvater sollte ein halbes Jahr, die weniger belasteten ein viertel Jahr ins Gefängnis wandern. Hier fand nun mein Vater Gelegenheit, seine großen Gaben zum Wohl der

Die abenteuerliche Tracht der Miesbacher, Vorbild zum «Miesbachisch gehen». (Münchner Bilderbogen Nr. 466)

Gemeinde zu verwenden. Er reiste nach Berlin, erbat bei Friedrich Wilhelm IV. eine Audienz und stellte ihm vor, daß die Abwesenheit aller Ernährer für eine halbes Jahr den Ruin der ohnehin armen Gemeinden herbeiführen würde. Der König zeigte sich entgegenkommend, erklärte aber, daß nicht er, sondern der Fürst zu Wied der beleidigte Teil sei, und daß ohne diesen nichts geändert werden könne. Der Fürst zu Wied aber verweilte fern von dem Schweiß und der Not seiner ehemaligen Untertanen in Paris. Ohne sich lange zu besinnen, reiste nun mein Vater auch nach Paris und erreichte endlich, daß die Strafe nur zur Hälfte und zu gelegener Zeit, wie namentlich im Winter verbüßt wurde.»[31]

Solche Verhältnisse sind heute kaum noch vorstellbar und die Verbitterung über einen derartigen «Herrn» wird verständlich, der keine persönliche Beziehung zu seinem Besitz, geschweige denn zu den mit ihm verbundenen Menschen hatte.

Der Holzdiebstahl war so verbreitet, daß sein «krimineller» Charakter den Kindern mithilfe von Schulaufsätzen ins Bewußtsein geführt werden sollte und z. B. die Lehrer im Kreis Wittgenstein seit 1840 auf Anordnung des Schulinspektors schriftlich das Thema ausarbeiten mußten: «Warum und wie soll die Schule dem Holzfrevel entgegenarbeiten?»[32]

Die Jagd und alles, was bis zum Wildschützmythos damit zusammenhing, hatte besonders in den Alpenländern einen hohen Stellenwert: Das begann mit der Kleidung, dem «Miesbachischgehen» der Männer in kurzer Lederhose und Joppe mit grünen Krägen, was den Unwillen der bestallten Forstleute wegen ihrer ähnlichen Berufskleidung heraufbeschwor.

«Auch in der Kleidung gab es kaum Unterschiede, bei den Weibern so wenig wie bei den Mannsbildern. Zum Prangen an hohen Festtagen, bei der Prozession oder bei Hochzeiten hatte jede einen Hut mit Goldschnüren und ein verziertes Mieder, das Miesbachischgehen der Männer in Joppe und kurzer Lederhose war von den Holzknechten und Jägern eingeführt worden. Mein Großvater erzählte, daß seinerzeit der Landrichter die grünen Krägen an den Joppen verbot, weil es Forstleute nicht leiden wollten. Reiche Bauern, die mit ihrem Einflusse überwogen hätten, gab es in meinem Heimatdorfe nicht; zwei hatten Grundbesitz übers gewöhnliche Maß, und auf dem einen Hofe hieß man es auch: Beim Herrnbauern, aber alle zwei hatten tüchtige Schulden und mußten sehen, wie sie herumkamen...

Die Jagd bildete das Um und Auf lebhafter Interessen, gab Ursache zu Streit und Verdruß und nicht selten zur Vernachlässigung der Wirtschaft. Von Pächtern und Herren wollten unsere Bauern nichts wissen, und sie schätzten das Recht, mit der Büchse hinauszugehen, höher als Profit und Einnahmen. Einer machte den Hauptpächter, und acht oder zehn andere, darunter auch mein Vater, waren mitbeteiligt. Was geschossen wurde, sollte abgeliefert und der Ertrag gerecht verteilt werden. Aber darin gab es immer Streitereien und schlimme Mutmaßungen, und einer sagte dem andern nach, daß er ein Stück verschwiegen und mit dem redlichen Vertrauen Mißbrauch getrieben habe. Indessen war man stets einig, wenn man gemeinsam über die Grenze der anstoßenden Staatsjagd lief oder zur verbotenen Zeit eingewechseltes Hochwild erlegte.»[33]

Solchen Aktivitäten einer selbstbewußten bayerischen Bauernschaft entspricht der folgende Bericht: «Am 27. Oktober 1863 wurde einem Baron, der sich in Hohenburg bei Miesbach niedergelassen hatte, ins Haberfeld getrieben. Der Baron hatte mit für die damalige Zeit unerhörten Geldmitteln Tausende von Tagwerk an Wiesen und Wäldern angekauft und, um den Holzreichtum zu Geld zu machen, Sägemaschinen aufgestellt. Die Flößer und Säger der Gegend sahen sich durch diese industriellen Unternehmungen gefährdet, und die Bauern begannen für die Zukunft zu fürchten, als Hof um Hof in den Besitz des Barons überging. Zu dem Treiben hatten die Haberer ein außerordentliches Aufgebot erscheinen lassen; jedenfalls hatten sich die Waldbauern und Sägewerksbesitzer wider den Baron verschworen und den Plan gefaßt, durch ein großes Haberfeldtreiben dem Manne den Aufenthalt in Hohenburg zu verärgern. (Sehr oft hatten ja die Haberergerichte den Erfolg, daß der Gerichtete in kurzer Zeit die Gegend verließ, in der er geächtet war.) Die Akten über dieses merkwürde Treiben sind leider mangelhaft. Es ist lediglich zu konstatieren, daß der Baron gewarnt war und daß man eine kleine Gendarmeriewache in den Ort gelegt hatte. Dieser gesellte sich auch der Nachtwächter des Dorfes bei. Er schien der Mutigste unter der kleinen Mannschaft zu sein; denn als die Haberer um Mitternacht anrückten, trat er augenblicklich hervor – um schon eine Kugel in seinen rechten Arm zu erhalten. Er zog sich zurück, und die Gendarmen blieben auch weislich in ihrem Zimmer, als die Posten der Haberer jeden mit Erschießen bedroht hatten, der das Haus verlassen würde. Das Treiben endete mit der Drohung, daß, im Falle der Baron nicht innerhalb sechs Wochen abziehe, ‹der rote Vogel› auf sein Dach gesetzt werde. Dann machten sich die Haberer noch den Spaß, einen Mistwagen zu zerlegen, auf dem Dach des Hauses wieder zusammenzusetzen und dort mit Mist zu beladen, eine Zeremonie, die ein Höllenlärm begleitete.

Wenn man sich einigermaßen in die Situation hineinzudenken vermag: der Lärm um Mitternacht, mehrere hundert Burschen, die nach Herzenslust – scharf – schießen und zu jeder Gewalttat bereit sind; die Androhung der Brandlegung und die Erkenntnis der Tatsache, daß diese Drohung vielfachen Beispielen gemäß keine leere war: dann versteht man, warum der Baron seinen Herrensitz, noch ehe die sechs Wochenfrist verstrichen war, verließ.»[34]

Neben solchen sozialen Fronten gab es auch andere freundliche Beziehungen zur Herrschaft. Durch Verpflichtung zu Hilfsarbeiten entstand zuweilen eine Verbindung zwischen Häuslerkind und Herrschaft, typisch für das mangelnde Kindheitsverständnis auf der einen und das absolute Herrendenken auf der anderen Seite. Ein (oberösterreichisches) Häuslerkind erzählt:

«Ein Jahr lang arbeitete ich im Stollen. Damals war ich zehn Jahre alt. Dann kam ich zu Förster Schöninger als Laufbursche. Der war aber nicht gut und schrie immer fürchterlich mit mir, darum weinte ich oft. Graf Larisch mit Tochter und Enkelkindern war jeden Sommer bis in den Spätherbst bei uns in Hüttschlag. Ihm gehörte die ganze Jagd. Die junge Gräfin sah, wie mich der Förster schikanierte und sagte, ich solle sofort mit ihr gehen. Ich blieb als Laufbursche bei ihr. Jeden Tag mußte ich um 5 Uhr früh von Hüttschlag nach Großarl (8 km) zur Post. Es war aber schon eine schöne Zeit, da ich gutes Essen bekam und mit den Komtessen spielen durfte. Die Komtessen hießen Henriette, Diane und Bobby. Wir spielten oft im Kuh- oder Schweinestall, und die schönen Kleider der Mädchen wurden sehr schmutzig. Sie mußten sich oft umziehen. Meine Mutter schimpfte mich, da sie für die Herrschaften wusch. Es blieb immer viel Essen von den Herrschaften übrig, welches in den Abfallkübel kam. Ich fragte die Gräfin, ob ich für meine drei Halbgeschwister, die bei den Eltern wohnten, etwas haben könne, da diese immer Hunger hätten. Sie willigte sofort ein, und die Köchin gab mir jeden Tag einen Topf voll Essen mit. Die Kinder waren sehr froh darüber.

Jedes Jahr im Frühjahr kamen vor den gräflichen Herrschaften die Dienstboten und

Der alte Oberförster, wie er seit jeher im Buche steht. (Foto Wolf Lücking, Bayern 1958)

der Kutscher. Wenn die Herrschaften eintrafen, mußten die Kutscher und ich die Kutsche und den Leiterwagen nach St. Johann zum Zug fahren. Bevor der Zug ankam, wuschen wir die Kutsche und trockneten sie ab. Als die Herrschaften ankamen, bat der Kutscher den alten Grafen, die Kutsche zu kontrollieren. Dieser zog seine weißen Handschuhe an und wischte überall ab. Beim linken Hinterrad hatten wir nicht gut genug abgetrocknet, und seine Hand wurde etwas naß. Da schrie er: ‹Ihr Schweine, hier steige ich nicht ein›, und wir mußten die ganze Kutsche nochmals waschen.

Der alte Graf war ein guter Jäger und schoß jedes Tier ‹nur auf der Flucht›. Er hatte vier Träger, die vom Krieg enthoben waren, da er immer in der Sänfte zur Jagd getragen wurde. Einmal rutschte ein Träger aus, und der Graf fiel zu Boden. Er tobte und wollte sie alle vier einrücken lassen. Doch der Oberjäger sagte, daß die Männer durch den ewigen Hunger so geschwächt wären. Von da an bekamen sie jeden Tag in der gräflichen Küche zu essen. Ich mußte immer sein Gewehr und seinen Mantel tragen. Wenn er etwas erlegt hatte, gab ich ihm einen Tannenzweig auf seinen Hut.

Vor Schulanfang gab die junge Gräfin immer ein Kinderfest. Es gab eine gute Jause, und es durften alle Kinder vom Dorf und der Umgebung kommen.»[35]

Auflehnung und Protest

Diese Erinnerungen fallen schon in den Anfang unseres Jahrhunderts, zeigen aber bei aller Freundlichkeit das gleiche Herrschaftsdenken wie Generationen zuvor. Die härtesten Protesthandlungen sind aus den ostelbischen Gutslandschaften überliefert, in denen der Gutsherr zwar nah und allgegenwärtig war, aber sozial so weit entfernt und zuweilen durch seine Rücksichtslosigkeiten den kaum «befreiten» Bauern so verhaßt, daß es – wenn auch selten – zu brutalen Ausbrüchen kam, die in der Volkstradition noch über Generationen weiterlebten. Von Fritz Reuters Epos «Kein Hüsung» wurde schon gesprochen. Hier seien Vorgänge um 1840 zitiert, die der Volkskundler Richard Wossidlo (1859–1939) noch nach fast 100 Jahren aus der mecklenburgischen mündlichen Überlieferung aufgezeichnet hat:

«1839 in Matzdorf/Mecklenburg: (3 Sagenvarianten)

a) in Matzdorf hat ein Edelmann gewohnt. Der hat den Vater seines Kutschers in den Stall gebracht, dort hat er mit den Schweinen fressen müssen. Wenn die Leute gebacken haben, hat er den Teig den Schweinen gegeben. Den haben seine eigenen Leute totgeschlagen. Da ist ein Schreiber gewesen, den hat er auch immer geschlagen. Der hat den Leuten Branntwein gegeben: Sie sollen da sein, wenn er ein Zeichen gibt. Die Leuteköchin hat Wein heraufholen müssen. Auf den Scherben hat er sich tottanzen müssen, und mittrinken hat er auch immer müssen. Der Vater des Kutschers hat ihm den letzten Schlag gegeben mit dem Absatz.

b) Haberland in Matzdorf ist so häßlich gewesen gegen seine Leute. Wenn die Frauen haben Brot backen wollen, und er hat gewußt, daß sie Sauerteig gemacht haben, hat er alles umgestoßen. So hat er sie auf alle mögliche Art und Weise schikaniert. Da haben sie alle beratschlagt, der Inspektor ist der Anführer (dabei) gewesen. Sie sind auf den Hof gegangen und haben sich Wein aus dem Keller geholt. Die Frau ist weggelaufen oder weggefahren gewesen. Der Sohn hat hinterm Ofen gesessen. Sie haben die Weinflaschen entzweigeschlagen, und er hat so lange auf den Scherben tanzen müssen, bis er tot gewesen ist. Mit der Peitsche haben sie ihn angetrieben (wie er es mit ihnen gemacht hat). Ein alter Mann ist auf Krücken gegangen, der hat ihm mit seiner Krücke den Rest gegeben. Der Blutfleck hat im Fußboden gesessen und ist nicht wegzukriegen gewesen.

c) Haberland in Matzdorf. Die Tagelöhnerfrau hat arbeiten gehen müssen. Einmal haben sie gebacken, der Müller hat gerade Wind gehabt und Mehl gebracht. Da haben die Frauen backen wollen, sie haben ja den Teig nicht verderben lassen wollen. So sind sie (an diesem Tage) nicht zur Arbeit gegangen. Da hat Haberland den Backtrog umgerissen und den Teig in die Stube geworfen. Da haben sie sich zusammengetan. Der Lehrer ist der Anführer gewesen. Der Kutscher hat die Frau und die Kinder Haberlands nach Friedland gefahren gehabt. Ihn haben sie eingesperrt und Wein aus dem Keller geholt und sich tüchtig eingeschenkt. Die Flaschen haben sie in Scherben geworfen. Ihn haben sie nackt ausgezogen. Da hat er sich auf den Scherben tottanzen müssen. Ein alter Mann mit Krücken hat ihm den letzten Schlag geben müssen, damit er endlich tot war. Der Lehrer ist der Anführer gewesen. Sie haben sich selbst dem Gericht gestellt. Da haben sie nur vier Wochen bekommen.»

Der Variantenreichtum an Sagen und Liedern über diesen Leuteschinder war groß und übertrug sich auf andere grausame Gutsherrn, besonders in den achtundvierziger Jahren. Eine ganze Reihe von Sagentypen berichtet von der Grausamkeit einzelner

Gutsherrn und der Rache der Bauern, wobei die Frauen dank ihres Geheimwissens als die Listigen in Erscheinung traten und in solchen Konfliktsituationen ihre magischen Techniken anzuwenden wußten:

«Einmal ist der Damshagener Edelmann so hart gewesen. Seine Leute haben ihn auf dem Feld erschlagen (Damshagen und Stellshagen hat ihm gehört). Er ist ein ganz Scharfer gewesen. Die Frauen haben früher pflügen müssen. Eine Frau hat es ihm nicht recht gemacht. Da hat er die Hundepeitsche genommen und ihr damit über den nackten Arm geschlagen. Er ist auf einem Schimmel geritten. Der Schimmel ist voll Blut gewesen, so ist er, ohne Reiter, vor der herrschaftlichen Tür angekommen. Nun wird ja nachgeforscht. Der Herr liegt auf dem Felde. Da wird einer geholt, der hat um den Schlag herumgehen und ihn besprechen müssen, damit keiner von dort wegkommen könnte und flüchten. Da hat eine Frau dem, der den Edelmann erschlagen hat, geraten, er solle zusehen, daß er eine Brombeerranke anträfe, die an beiden Enden in die Erde hineingewachsen wäre, und darunter solle er durchkriechen, dann könne er rauskommen. Und wenn er bei Dassow über die Brücke wäre, wäre er frei, dann könnte ihm kein Gesetz mehr etwas anhaben. So hat er es gemacht und ist freigekommen.»[36]

Diese Zeugnisse eines äußersten Antagonismus' zwischen oben und unten, trotzdem oder gerade weil man sich persönlich nahe war, belegen sicher seltene Ereignisse und sind gerade deshalb so lange im Volksgedächtnis haften geblieben, überliefert in den krassen Bildern traditioneller Märchenstrafen. Sie belegen aber auch die extremen Möglichkeiten, die dieses hierarchische System erlaubte.

Die Bauern und die anderen

«Unter den Letzten kamen die Honoratioren von Erlbach. Der Lehrer, der Schulgehilfe, der Postexpeditor und der Stationskommandant mit seiner Frau. Sie redeten von dem Verlaufe des Hochamtes, und Herr Stegmüller fragte, ob man nichts gemerkt habe, daß die Schallmaier Zenzi beim Kyrie eleison viel zu spät eingesetzt habe. Er könne ihr das nicht abgewöhnen, denn sie habe eigentlich kein gutes Musikgehör. Die Frau Kommandant sagte, sie habe es wohl bemerkt, und sie glaube auch, daß es dem Pfarrer aufgefallen sei, denn er habe seinen Kopf umgedreht und zum Chor hinaufgeschaut. Schad' sei es, sagte der Hilfslehrer, daß der Herr Mang nicht mitgesungen habe. Im vorigen Jahr habe es so schön geklungen, das Solo beim Agnus Dei. Er selber habe es lang' nicht so gut herausgebracht. Das ließ Frau Kommandant nicht gelten, und ihr Mann stimmte bei, daß der Hilfslehrer ebenfalls eine ausgezeichnete Stimme habe.»[37]

Hier sind als «Honoratioren» die außerbäuerlichen Personenkreise aufgezählt, die wegen einer dem Dorf fremden Bildung und auch oft Herkunft als etwas Besonderes galten und als Angehörige dieser abgesonderten Ebene vom Dorf behandelt wurden und miteinander umgingen (s. auch Kap. 2, S. 84). Im folgenden soll jedoch von anderen Gruppen die Rede sein, von der außerbäuerlichen und unterbäuerlichen Schicht, die zwar auch irgendwie abseits standen, aber durch ein wirtschaftlich und sozial geknüpftes Geflecht gemeinsamer Interessen eng mit dem Dorfe verbunden waren.

Der Müller

Zu den außerbäuerlichen Schichten gehörten die Handwerker (vgl. S. 63 ff.), auch der Müller, der oft reicher war als die Bauern und eine Zwischenstellung einnahm, aber doch meist kein Land besaß. Die Müller galten gern als «anrüchig», weil sie ihren Lohn in natura empfingen und deshalb im Verdacht der Unehrlichkeit standen;[38] daher machte sie die Dorfphantasie oft zum Gegenstand von Spottliedern und Schwänken. Der Konkurrenzkampf war bei einem solchen Handwerk besonders stark, und Oskar Maria Graf hat in seinem autobiographischen Roman geschildert, wie sein Vater, ein Müller und Bäcker, wegen seiner Tüchtigkeit im Kundenwerben von dem alteingesessenen Müller angefeindet wurde:

«Der Müller März, der mit einer prallen Fuhre Weizen den Berg herunterfuhr, bekam, als er ihn erblickte, eine verschlossene Miene, beugte sich schnell unter die Fuhre und drehte die Wagenbremse ein paarmal. Der Maxl merkte die Absicht wohl und schrie keck in das Ächzen und Quietschen der gehemmten Räder: ‹Brems nur fest! Mich hast nicht aufhalten können!› Der Angerufene tat, als habe er die spitze Andeutung nicht gehört, und trottete finster neben seinen Pferden her. Freilich konnte der Maxl sein verärgertes Gesicht nicht sehen, aber er dachte sich's, daß sein Hieb getroffen hatte, denn der Müller schaute nicht mehr um. Vor noch gar nicht langer Zeit hätte der dem frechen, lumpigen Notschnapper, der an einem so schönen Werktag, während die ordentlichen Leute arbeiteten, im guten Gewand spazierenging, eine hämisch-derbe Antwort gegeben; nun aber haßte er ihn nur noch giftig und verschwiegen. Echte Bauern finden die Not bei andern verächtlich, dulden sie aber herablassenderweise. Kommt aber ein solcher Armer durch eigene Kraft in die Höhe, überflügelt er gar manchen eingesessenen Bauern an Wohlhäbigkeit, dann hält man ihn insgeheim für einen tief unreellen Kerl, der rücksichtslos jeden Schwindel betreibt. Sicher erinnerte sich der Müller des Ausspruchs, den seine verstorbenen Eltern über die Stellmachersippschaft geprägt hatten: ‹Sie wimmeln wie die Wanzen und saugen sich, wenn man nicht achtgibt, an jedem fest.› So war es beim Kastenjakl und so beim Maxl. Diese Gauner schienen ständig auf der Lauer zu liegen und jede günstige Gelegenheit auszunutzen, wozu ehrliche Leute gar keine Zeit hatten. Wo mochte der Maxl, so sonntagsmäßig angezogen und erheitert, dahergekommen sein? Vielleicht wirklich aus dem königlichen Schloß! Und mit dem besten Auftrag womöglich! Der März knirschte mit den Zähnen. Seine Mühle und sein Wohnhaus lagen straßenbreit entfernt vom Schloß, aber er und seine Söhne und Töchter waren noch nie in dasselbe gekommen, von ihm bezog der ‹Hof› kein Mehl. Die Welt war ungerecht. Die Zeit war schlecht geworden. Das Alte und Ehrliche wurde nicht mehr geachtet. Auch der Zusammenhalt der Bauern und Eingesessenen war erstorben. Einige Nachbarn holten tatsächlich schon manchmal Semmeln oder einen Brotlaib beim Bäcker-Maxl.»[39]

Leichter wurde man mit den ärmeren Schichten fertig. Doch auch die sozial Schwachen waren in den Dörfern in verschiedene Gruppen gegliedert, die sich zum Teil durch alle möglichen Dienstleistungen selbst erhielten, zum Teil der Gemeinde zur Last fielen.[40] Allgemein gültige Regeln der Sozialversorgung gab es auf dem Lande im 19. Jahrhundert kaum, weshalb hier nur Modelle folgen, die ein Bild von den Möglichkeiten unterbäuerlicher Lebensweisen vermitteln können. Man darf vielleicht vorausschicken, daß diesem Personenkreis eine ambulante und vielseitig facettierte Daseinsform zu eigen war, die ihm eine dürftige Existenz überhaupt erst ermöglichte. Die Mehrberuflichkeit, wenn man es so nennen will, die bereits bei den kleinen Dorfhandwerkern erwähnt wurde (S. 59), war hier noch viel verbreiteter und auch notwendiger.

Post- und Botenwesen

«Hoppenmarieken war eine Zwergin. Wo sie eigentlich herstammte, wußte niemand mit Bestimmtheit zu sagen. Die älteren Hohen-Vietzer erzählten, daß sie vor etwa dreißig Jahren ins Dorf gekommen und als eine halbe Landstreicherin, wie manche andere vor ihr und nach ihr, mit wenig günstigen Augen angesehen worden sei. Der damals lebende Gutsherr aber, Berndt von Vitzewitz's Vater, habe Mitleid mit ihr gehabt und die entgegenstehenden Bedenken mit der halb scherzhaften Bemerkung niedergeschlagen: ‹Dafür haben wir den Forstacker› (Armenviertel). Schon damals, so hieß es, habe sie so ausgesehen wie jetzt, ebenso alt, ebenso häßlich, habe dieselben hohen Wasserstiefel, dasselbe Kopftuch getragen und sei, damals wie heute, schon auf weithin kennbar gewesen durch den roten Friesrock, die Kiepe auf ihrem Rücken und den mannshohen, krummstabartigen Stock in ihrer Hand. Hoppenmarieken, so viel stand fest, hatte sich seitdem auf dem Forstacker eingebürgert und war in der ganzen Südhälfte des Oderbruchs die allergekannteste Person. Dafür sorgte neben ihrer Erscheinung auch ihr Geschäft. Sie hatte deren mehrere. Zunächst war sie Botenläuferin. Dreimal die Woche, wie immer auch Weg und Wetter sein mochten, brach sie je nach dem Posteingange, früh morgens oder spät abends auf, empfing Briefe, Zeitungen, Pakete und kehrte zwölf Stunden später, sei es von Frankfurt oder von Küstrin, nach Hohen-Vietz zurück. Und dieser Botendienst, wie er sie überall bekannt gemacht hatte, machte sie schließlich, trotz allem, was dann und wann gegen sie laut wurde, auch wohlgelitten. Jedes freute sich, Hoppenmarieken über den Hof kommen und durch

Der Großvater hat einen versiegelten Brief erhalten, dessen Lektüre der Briefträger wißbegierig verfolgt. (Emil Ebers, 1807–1884)

Alte Botenfrau, die mit dem Rückentragkorb über die Dörfer wandert, Aufträge erledigt und Nachrichten vermittelt. (Ludwig Knaus, 1829–1910)

eine eigentümliche Bewegung ihres Stockes, die etwas Tambourmajorhaftes hatte, angedeutet zu sehen: ‹Ich bringe Neuigkeiten›. Alle Landposten sind wohlgelitten.

Diese Botendienste bildeten aber nur die Basis ihrer Existenz; wichtiger für sie oder doch wenigstens einträglicher war das Kommissionsgeschäft, das sie nebenbei betrieb. Der Eierhandel aller Dörfer anderthalb Meilen um Hohen-Vietz herum lag eigentlich in ihrer Hand, wobei sie sich doppelter Provisionen zu versichern wußte. Dies ermöglichte sich dadurch, daß das ganze Geschäft auf Tausch beruhte. Eine Bauerfrau in Zechin oder Wuschewier, die sich ein neues Kopftuch wünschte, setzte sich, wenn Hoppenmarieken des Weges kam, mit dieser in Verbindung, packte ihr einen bereitgehaltenen Hahn samt ein paar Stiegen Eier in die Kiepe und überließ es nun ebenso ihrem Genius wie ihrer Diskretion, das Kopftuch zu beschaffen. Es kam vor, daß in diesem oder jenem Artikel Hoppenmarieken den ganzen Markt bestimmte. Man sah in diesen Vorteilen, die ihr zufielen, einen ehrlichen Verdienst und hatte recht darin. Aber nicht all ihr Verdienst war so ehrlicher Natur. Auf dem Forstacker wohnten Leute, die, selbst übelbeleumdet, ihr böse Dinge nachsagten. Aber auch im Dorfe selbst wußte man davon zu erzählen. Die liederlichen Dirnen schlichen sich abends in ihr Haus; sie wahrsagte, sie legte Karten. Sonntags war sie immer in der Kirche und sang mit ihrer rauhen Stimme die Gesangbuchlieder mit, von denen sie die bekanntesten auswendig wußte.»[41]

Diese Beschreibung gilt etwa für die Zeit um 1810. Zwar gab es das Taxissche Postwesen seit dem Ende des 15. Jahrhunderts, aber das diente doch vornehmlich den fürstlichen Bedürfnissen und denen der großen Handelshäuser. Erst ab 1815 errichtete der Fürst von Thurn und Taxis ein länderübergreifendes Postnetz (Einführung von Briefmarken), das sich im Verlauf des 19. Jahrhunderts immer besser organisierte, aber auf dem Lande behielt der Postverkehr noch lange einen mehr privaten Anstrich, und man darf wahrscheinlich Ludwig Anzengrubers Darstellung aus einem bayerischen Dorf als realistisch Glauben schenken:

«Der Föhrndorfer Briefbote war ein alter Mann und betrieb sein Amt mit Verstand. Er sichtete genau die ihm anvertrauten Briefschaften, ehe er sie in seine Ledertasche steckte, nicht nur nach ihren Adressen, denn das verstand sich ja von selbst, daß er seinen alten Beinen kein unnötiges Gelaufe zumutete und alles hübsch ordnete, wie es der Straße und der Nummer nach lag, sondern er unterschied sie auch ihrer Art nach. Postkarten händigte er ohne Bedenken den auf der Straße spielenden Kindern der Adressaten ein, denn die Postkarte galt ihm als der ‹Arme-Leut-Brief›, und wo die Kunden mit dem Porto sparten, da durfte es wohl auch der Bote mit den Schritten halten. Dagegen verabsäumte er nie, einen rechtschaffen frankierten und ordentlich geschlossenen Brief den Leuten selbst ins Haus zu tragen und – seine zwei Kreuzer Botengebühr in Empfang zu nehmen. Aber auch da unterschied er zwischen den nur zugeklebten und den mit einem Siegel versehenen Schreiben. Die ersteren nahm er für leichte Ware, die kamen von fremd wo her, waren Allerweltsbriefe; wer wichtiges und obendrein an die Freund- und Verwandtschaft zu schreiben hatte, der sparte wohl die paar Tropfen Lack nicht und drückte seine Petschaft darauf, dann wirkten schon außen die bekannten Wappen oder Buchstaben des Siegels wie ein Gruß, und auch die Farbe des Lackes hatte ihre Bedeutung. An dem Tage, wo der Alte vom Posthause wegging, den Langendorfer Brief an ‹Magdalena Reindorfer, bedienstet bei Kaspar Engert, genannt der Grasboden-Bauer› in der Tasche, bewahrte er Weges über eine ernste, besorgliche Miene, denn er hatte es wohl in acht genommen, daß das Schreiben ein schwarzes Siegel trug.»[42]

Der Nachtwächter bei seiner Dorfrunde. (Theodor Hosemann, 1807–1875)

Der Nachtwächter

Die Boten- und Postgänger waren also ausgeprägte Teilnehmer am dörflichen Gemeinschaftsleben, was ganz selbstverständlich auch für den *Nachtwächter* galt.

«Im ganzen Dorf war Jammer und Wehklage über den so jähen Tod des Uribasche, ein Jedes wollte sein bester Freund gewesen sein und hatte schöne Taten von ihm zu erzählen, besonders die Frauen, die sich auch hier am zahlreichsten einfanden, stimmten darin überein, daß man solch' einen braven Nachtwächter nie mehr bekomme. Diese hatte er immer pünktlich geweckt, wenn sie große Wäsche hatte, jener hatte er eine verlaufene Gans heimgebracht und einer andern ein vergessenes Stück Tuch von der Bleiche geholt. ...

Ein Amt, und sei es auch das geringste, gibt doch alsbald auch eine Würde. Brosi ließ sich durch kein Zureden und Versprechen dazu herbei, selber mit zu jubeln und tolle Streiche zu machen; er störte die Lustbarkeit der anderen nicht, aber er selber blieb in Amt und Würde. Oft hatte er noch die besondere Sendung, den Kappelbauer heim zu geleiten. Dieser zechte und kartelte oft Nächte hindurch mit dem Auerhahnwirt, und die leichten Karten spielten nach und nach ganze Morgen Hochwald in die Hände des Wirts. Der Kappelbauer war kinderlos, hatte aber dafür eine Frau, die mehr Lärm machen konnte als zehn Kinder in der Abenddämmerung. Wenn nun der Kappelbauer seinen richtigen ‹polnischen Rausch› hatte, wie er es nannte, stützte er sich auf die befreundete Macht Brosi und begann in mehr als liebevoller Hingebung zu klagen, welch eine böse Frau er habe.»[43]

Der Hausierer hat seine Waren ausgebreitet. (Adam Wolfgang Toepfer, 1766–1847)

Die Nachtwächter als von der Gemeinde bestellte Personen hatten die Stunden anzusagen und auf Diebe und Feuer zu achten. Dieser Posten war von den Armen begehrt wegen des festen Lohnes; doch wurde er allerdings nur an zuverlässige Leute vergeben. Dienstleistungsberufe verstanden sich zwar als Positionen in absoluter Abhängigkeit von der dörflichen Gemeinde, doch waren sie zugleich mit einer gewissen persönlichen Würden- und Ehrenstellung verbunden, die ihre Inhaber über ihr an sich niedriges soziales Niveau hinaushob.

Die Hausierer

Anders stand es mit den Hausierern, die meist unabhängig waren und nicht aus dem Dorfe stammten, aber doch eine wichtige Rolle im Alltagsleben der Bewohner spielten. Da gab es einmal die Aufkäufer bestimmter Produkte, die den Weiterverkauf für die marktungewohnten Bauern übernahmen: «Wieder einmal kam ein Eierkarrer zu uns, um die Eier aufzukaufen. Er hatte einen alten Kinderwagen dabei, an den er einen großen Hund eingespannt hatte. Der Hund trug ein schönes Geschirr, wie ein Pferd, er zog den Wagen ganz allein, gut gefüttert war er auch.»[44]

Eine Zwischenstellung zwischen Kleinhandwerker und Hausierer nahmen solche Holzschnitzer ein, wie sie hier Hermann Dalton (1833–1913) aus dem Hessischen beschreibt:

«In dem geräumigen, an das Wohnhaus stoßenden Hof hauste in einer leerstehenden

Der Eieraufkäufer mit seinem Hundewagen. (Emilie von der Embde, 1816–1904)

Scheune ein armer fleißiger ‹Holz- und Waldbauer›, wie es deren drüben im bergigen baumreichen Westrich viele gab. Den ganzen Winter über saß er unverdrossen an seiner Hobelbank und schnitzte aus angekauften Stämmen Holzpantoffeln, Löffel und sonstige Küchengeräte, wovon sich bis zum Frühjar ein tüchtiger Vorrat anhäufte. Kamen dann die langen und warmen Tage, so lud er die gefertigten Siebensachen auf einen großen Leiterwagen, der ihm auch wochenlang als Unterschlupf zu dienen hatte, mietete für den Sommer ein paar kräftige Pferde und zog hausierend von Ort zu Ort, von Hof zu Hof, bis er all seine Kunstwerke abgesetzt und im Herbst mit dem bescheidenen Erlös in seine Scheune zum Beginn der neuen Winterarbeit heimkehrte.»[45]

Die eigentlichen Hausierer, deren Besuch eine Sensation für das Dorf darstellte und die all das an Gebrauchs- und Luxuswaren offerierten, das man nicht selbst herstellen konnte, waren oft böhmische Juden, die regelmäßig kamen und auf ihre Weise zum Dorfleben dazugehörten. Bogumil Goltz (1801–1870) hat in seinen Kindheitserinnerungen die Aufregungen geschildert, die mit dem Besuch des «Pindel-(Bündel-) Juden» verbunden waren:

«Kaum, daß ein wütendes Hundegebell die Ankunft eines solchen Volksfavoriten, Dorfmerkurs und jüdischen Erdenwallers avertierte, so stürzte alles, was über zwei gangbare Beine disponierte, zum Fenster und demnächst zur Türe hinaus, dem Überbringer der Weltneuigkeiten und des Städteluxus entgegen, ihn in's Haus zu ziehen und die Meute von ihm abzuwehren; und es war in der Regel die höchste

Zeit. ... Den Inhalt dieses Pindels, das in einem mit Stricken beschnürten, schmutzigen und groben Sack bestand, endlich ganz nah zu beaugenscheinigen, war nunmehr unser sehnsuchtsvollstes Verlangen, und unserer desfallsigen Neugierde ward auch länger keine Qual angetan; denn in die Stube genommen, ward der schwarze Sack aufgetan, und herfür wie durch Zauber quoll nun ein Jahrmarkt von gleißenden Atlasbändern in allen Regenbogenfarben, im goldlügenden Orangegelb, im feuerglühenden Karmesin, im Blitzblau und Donnergrün. Über die Dielen breiteten sich Tücher, Mützen, Spitzen und buntgedruckter Kattun. Aber jetzt war's um meine Augen, um meine fünf Sinne geschehen. Ich stierte in all die Historien hinein, als sollten mir die Augen in den Sack fallen. Jetzt kamen die Quincailleriewaren ans Licht, eine, wie es meiner gärenden Phantasie deuchte, unermeßliche Menge von Messern, Spiegeln, Kämmen, Scheren, Bleifedern, Nadelbüchsen, gläsernen Petschaften, bleiernen Taschenuhren, Uhrketten und tombakenen Petschaften mit Achat, Schnupftabaksdosen aus gebrannter Pappe mit historischen Portraits, aber auch aus Zinn, mit durchsichtigen Firnisfarben verziert und inwendig mit Goldlack vergoldet und mit Spiegelglas ausgelegt. Heiliger Gott, was enthielt dieser schmutzige Sack nicht alles in einem Atem für blanke und wunderschöne Sachen, und wieviel mochte nicht noch darin sein; denn man konnte ihm noch lange nicht auf den Grund sehen. Und dazu schien dieser Sack kein Sack wie andere Säcke, sondern es war eine Art von Wünschsack, und der Pindeljude konnte daraus hervorholen, was und wieviel er eben wollte. So kam mir wenigstens die Sache vor, und die Läden in Paris und London haben mir weiterhin armselige Illusionen gemacht im Vergleich mit dieser im Sackpindel getragenen Herrlichkeit.»[46]

In einer Erzählung aus der Vor-48er-Zeit kommt die Ausnahmestellung des Hausiererjuden, der während seines Dorfaufenthaltes meist bei einer befreundeten Familie wohnte, noch deutlicher zum Ausdruck. Er brachte nicht nur mit seinen erstaunlichen Waren, sondern auch durch seine Erscheinung ein Stück fremde Welt ins Dorf, und durch sein Wissen und manche außerdörflichen Erfahrungen konnte er den introvertierten Bauern Ratschläge geben und ihre Konflikte beurteilen:

«In diesem Zustand traf die Leute der Hausierer Moses, der mit seinem Warenpack auf dem Rücken in die Stube trat. Die jüdischen Hausierer sind eigentümliche Erscheinungen in den böhmischen Dörfern. Fremde durch Religion, Manieren, Physiognomie und leicht erkennbares Idiom, wissen sie sich doch durch Schlauheit und Geschick einheimisch und beliebt in diesen Dörfern zu machen, wo doch sonst alles Fremdartige so schwer Eingang findet. Sie kommen gewöhnlich Montag früh aus den benachbarten Städten und verweilen in den Dörfern bis Freitag, da der angehende Sabbat sie in ihre Gemeinde ruft. Jedes große Dorf hat seinen gleichsam adoptierten Hausierer, von dem man allein allen Hausbedarf kauft, den nicht Hof und Feld liefert. Die schmucke Braut glänzt in Stoffen, die er vor kurzem auf dem Rücken ins Dorf getragen; die Trauringe hat er herbeigeschafft, der große Pfeifenkopf mit silbernem Deckel und die dicke Taschenuhr, welche den wohlhabenden Bauernsohn so sehr beglücken, kamen aus seinem Warensack. Der Handel mit ihm macht sich um so leichter, als er seine steten Kunden nicht betrügt und übervorteilt und überdies von ihnen kein bares Geld verlangt, das so rar ist in der Hütte des böhmischen Mannes; denn an ihn verkauft man wieder die Schafwolle, die etwaigen Felle von Schafen und Kälbern und manches andere, was das Dorf liefert. Nebenbei mischt er sich geschickt in die kleinen Angelegenheiten der Landleute, versöhnt erbitterte Nachbarn, stiftet Ehen, empfiehlt Ärzte und Advokaten aus seiner Geburtsstadt. Der böhmische Bauer ließe sich wohl nicht

Der böhmische Ratzimausifallen-Händler als erzgebirgisches Räuchermännchen. (Hergestellt von Kurt Füchtner in Seiffen)

zweimal bitten, einen Kreuzzug gegen die Juden zu unternehmen, wenn ihn der Pfarrer dazu aufforderte; aber den Hausierer seines Dorfes würde er gewiß verschonen, wohl gar verteidigen. Unser Jude nennt er ihn, wenn von ihm gesprochen wird. ‹Der würde gewiß den Herrn Jesu nicht gekreuzigt haben!› sagt jedes Dorf von ‹seinem Juden›.

Der Hausierer Moses hatte es in seinem Dorf gar hoch gebracht. Seit zwanzig Jahren verkehrte er mit den Bewohnern, Männer und Weiber hatten ihn als Kinder gekannt, die Greise hatte er altern sehen. Die Weiber liebten ihn wegen seiner gemütlichen Galanterie, die Männer schätzten ihn wegen seines überlegenen Verstandes und seiner guten Ratschläge in Sachen des Ackerbaues und der Viehzucht. Sie hätten ihn deshalb fast für einen Zauberer verehrt, wenn nicht Moses, ein Feind jedes Aberglaubens, ihnen wiederholt bewiesen hätte, daß er seine richtigen Ansichten und Erfindungen der Landeszeitung verdanke, die er aus der Hauptstadt beziehe. Man sah in Moses gar nicht mehr den Juden, denn er aß mit den Leuten, blieb öfter über den Sabbat im Dorfe und ging sogar zuweilen zur Predigt in die Kirche. In der Tat liebte Moses die Bewohner des Dorfes wie seine Kinder und Verwandten. Vierzig Jahre alt, unverheiratet und als Ungläubiger im Zwiespalt mit seiner heimischen Gemeinde, hatte er in dem Dorfe eine wohltuendere Heimat und freundlichere Umgebung gefunden. Gewiß hätte ihm jeder Bauer gerne seine Tochter zur Frau gegeben, aber Moses' unbeugsamer Freigeist stieß die Dogmen der Kirche wie die Vorschriften der Synagoge zurück, und die beschränkenden Staatsgesetze erbitterten ihn zu sehr, als daß er durch ein lügenhaftes Bekenntnis sich die vorenthaltenen Rechte hätte erkaufen mögen.

Moses schacherte nur noch aus Gewohnheit; er hatte hinreichendes Vermögen erworben und brauchte wenig. Er nahm auch geringen Profit von den Bauern, ließ bei den Ärmeren manche Schuld jahrelang stehen und half sogar Verunglückten mit barem Geld, ohne Zinsen zu fordern. Nur die Leute im herrschaftlichen Schlosse mußten ihm seine Waren teuer bezahlen. Diese taten aber das gern, denn Moses war ein witziger Kopf und brachte stets allerlei interessante Neuigkeiten aus der Stadt mit.»[47]

Die Hausierer vermittelten auch die Begegnung mit unbekannten «Völkerschaften» und erweiterten den Gesichtskreis der Landbewohner. Das galt besonders für die Bosniaken mit ihren gezwirbelten Schnurrbärten, deren Topos als Mausefallenhändler und Rastelbinder in die sächsische Volkskunst (Räuchermännchen) eingegangen ist.[48] Sie waren eine besondere Attraktion für die Kinder, denen sie die beliebten Taschenmesser mit buntem Holzgriff verkauften:

«Waren die Handwerksburschen irgendwo furchteinflößend, so stellten die Bosniaken mit ihren Bauchläden eine gewisse Anziehungskraft für uns Kinder dar. Sie kamen aber auch dann, wenn alle im Haus waren, nämlich um die Mittagszeit. Sie wollten ihr Geschäft machen und wußten, wann die Bauersleute anzutreffen waren. Kam also ein Bosniak ins Haus, wurde er oft von uns Kindern umringt. Wir bestaunten nicht nur seinen schwarzen Schnurrbart, sondern vor allem den Inhalt seines Bauchladens. Es interessierten uns weniger die Gummibandeln, Hafteln, Hosenknöpfe und Zwirnspulen als die Taschenfeiteln in allen Größen und Farben. Von diesen konnten wir einen erhoffen, denn der wurde ja einem nützlichen Zweck zugeführt, zumal der vom Vorjahr ohnehin längst ausgedient hatte; eine lange Lebensdauer konnte man kaum erwarten, wenn man berücksichtigt, wie er beim Rübenabschneiden traktiert wurde. Die Qual der Wahl war nur, welcher Griff es sein sollte für die nächste Saison, rot, grün oder blau. Abgesehen von der Größe und der Farbe des Griffs war einer wie der andere. Auf die verschiedenen Mundharmonikas oder Pfeiferl äugten wir vergebens, für Spiel und Tand fehlte das Geld.»[49]

Die Hausierer gehörten im allgemeinen keineswegs zu den Armen, sondern waren im Gegenteil oft recht vermögend. Doch galten sie – durchaus im positiven Sinne – als Außenseiter, die man keiner der bekannten Dorfschichten zuordnen konnte.

Für den süddeutschen Raum muß hier noch eine besondere Art von Hausierhandel erwähnt werden, die von großer Bedeutung für die Dorfbewohner war und ihre Beziehung zu der Welt des Irrationalen betraf, zu Hilfe und Beistand der überirdischen Kräfte. Es handelt sich um die Heiligenbildmaler und Exvotomacher. Der Maler Hans Thoma (1839–1924) hat aus seiner Jugendzeit im Schwarzwald seinen Onkel als einen solchen Maler von «Muttergottestafeln», besonders für die Wallfahrten, authentisch geschildert mit seinem ausgedehnten Hausierhandel, für den er sogar arme Landgänger als Gehilfen einsetzte.[50] Wie sich die Beziehung zwischen den bäuerlichen Tafelbestellern und den Hausierern gestaltete, beschreibt Lena Christ für Bayern aus eigener Anschauung:

«Von Zeit zu Zeit aber wurden die fertigen und gerahmten Tafeln in eine hohe Kirm gepackt; der alte Thomas holte seinen Knotenstock aus der Ecke, setzte einen hohen, spitzen Hut auf und ging auf die Märkte: bald nach Schliersee oder Miesbach, bald nach Tegernsee oder Tölz, indes ich daheim die Hütte mit den Tieren versorgte und auf das Tägliche acht hatte, bis der Vater nach etlichen Tagen wieder zurückkam und mir ein kleines Angebind auf den Tisch legte.

Doch hätt sich solch ein Reisen wohl nicht ausgetragen und gelohnt, wenn der Vater Thomas nicht schon längst als Exvotomacher einen guten Namen und eine gewisse Kundschaft gehabt hätte. So aber bracht er zu allen Zeiten reichlich Verdingungen heim. Da brauchte die Reiserin von Miesbach eine große Tafel; sollt auf den Birkenstein zu unserer lieben Frau kommen, mußt eine Kindlstuben als Bild haben und drunter die

Exvoto-Tafel von einem schweren Unglück mit dem Leiterwagen aus dem Jahre 1755. (Museum für Deutsche Volkskunde, Berlin)

Inschrift: Anno 1802 den heiligen Christtag hat Creszentia Reiserin zu Miesbach dies Bild hierher bringen lassen als eine Dankgab unserer lieben Frauen für Hilf in schweren Kindsnöten. Hatte dem Alten einen Silbergulden dafür gezahlt und ein Häflein mit Honig dazu für seinen kelzenden Husten. Der Angerer von Hausham brauchte auch ein Taferl, darauf er selbst abkonterfeit sein sollte, liegend unter dem Leiterwagen; und sollt ein starks Gewitter sein und die Rosse sich gar wild aufbäumen, drüber die heilig Jungfrau und drunter eine Danksagung zu finden. Gab dafür einen halben Gulden und einen Ranken geselchts Fleisch von der Christtagsau. Also kamen unsere Bildertafeln überall hin: nach Altenötting, auf den heiligen Berg zu Andechs, zu unserer lieben Frau vom Birkenstein, ins Mariazell und auf Herrgottsruh; und es zeigte ein jeds Stück ein anders Leid und Gebrest, Unglück oder Anliegen. Standen auch allerhand Sprüch und Danksagungen drunter, die das Unglück meldeten und auch die wunderbare Hilf; und es hat sie alle der gut Vater Thomas selber ausgedacht und draufgemalt auf die Tafeln. Hab mir ein etlichs paar davon in meinem Gedächtnis aufgeschrieben und kann nicht umhin, sie hierherzusetzen und mich noch einmal daran zu ergötzen und zu erbauen:

Anno 1803 im Maien ist
Eine große Plag im Land gewesen,
Da ham die Mäus das ganz Gedraid z'sammgfressen,
Ham's abgebutzet auf dem Feld, Als wär es abgemaht;

In solcher Drangsal uns Die Mutter Gottes geholfen hat,
Daß unser Feld und Acker Unversehret blieb,
Indem sie solche Mäus Ins Schwabenland hintrieb.
Bei uns ist widrum Ruh, Indes man z'Augsburg klagt,
Maria für dein Hilf Sei Dank gesagt!

Diese Tafel wurde gestiftet von den Bauern zu Länggries in die Wallfahrtskirch zu Andechs und wurde dafür dem Vater die Summe von sieben Gulden als Lohnung gegeben.

Eine andere, unserer lieben Frauen zu Altenötting geweihte Exvototafel hieß also:

Sitzen alle daheimt im Haus,
Grad der Michl ist noch drauß',
Hat sein Sensen an Eichbaum glaihnt!
Und ein Unglück nit vermeint,
Da kömmt ein Blitz und Dunnerklapf,
Der Michl stürzet mit großer Klag.
Doch hat ihm die schwarz Mutter das Leben geschenkt
Deswegen ist allhier diese Tafel aufgehenkt.

Muß auch noch einer Tafel gedenken, die unserer lieben Gottesmutter zu Ebbs im Tirol gestiftet wurde.

Die Steinmüllerin zu Ebbs
Muß neunzehn Kinder gebärn.
Heilige Mutter Gottes hilf,
Daß sie alle selig wern!
Der Steinmüller hat 22 Frischling
Von einer Sau,
Sind all glücklich davonkommen
Mit Hilf unserer lieben Frau.

Ein altes Weiblein aus dem Landl ließ für die Mutter vom Birkenstein auch ein Täflein machen, und es sollt dieser Dankspruch drunter kommen:

Walburga Märzin verlobt sich mit offenen Füßen,
Maria hat geholfen – Gott sei gepriesen!

Zahlte auch willig zwölf Kreuzer Lohnung für das Bild und wünschte noch tausend Vergelts Gott als Dreingab. So brachte sich also der alt Beham Thomas mit seinem Handwerk gut durch und sagte manchesmal zu mir: ‹Es is do schad um mi, daß i nit gheirat hab; ich woaß wirkli nit, für wen daß i arbat. Kunnt oana leicht amal schön erbn von mir; aber so – so muß i s' halt selber umbringen, meine Kreuzer! – Und du kannst mir dabei helfen!› Weiß Gott, das hab ich auch getan und hab's mir gut gehen lassen bei dem alten Thomas.»[51]

Ein solches Verhältnis bedeutete eine Aufwertung der Armen gegenüber den Reichen auf künstlerischer und vor allem religiöser Ebene. Daß die Exvoto-Tafeln oft aussagekräftige Dokumente für das Familien- und Arbeitsleben der Bauern waren, geht aus einer derartigen Schilderung deutlich hervor.[52]

Dorfarmut

«Wie ich nun so Kolon und Hofesbesitzer war, da ging der rechte Verdruß erst an. Denn ich konnte es gar nicht vertragen, daß die Großen besser sein wollten als wir Kleinen, und daß so ein Hofschulze es wie eine Gnade ansah, wenn er mit einem Kötter trank. Denn ich dachte: Ich baue so gut mein Feld wie ihr, was habt ihr denn also voraus? Ich setzte mich also dreist zu ihnen, wenn ich im Kruge mit ihnen zusammentraf, ich sprach bei ihnen ungefordert ein. Wenn ich an einem der Großen vorüberging, tat ich so, als müsse er mich zuerst grüßen, und meinte, es wohl mit ihnen durchsetzen zu können. Aber man setzt dergleichen mit den Menschen nicht durch; denn man ist immer nur einer, und sie sind viele, und das hält zusammen wie Pech und Schwefel. Grob behandelten sie mich, wenn ich sie besuchte, im Kruge rückten sie von mir weg, und wollte ich von ihnen auf Landstraße und Nachbarweg zuerst gegrüßt sein, so lachten sie mir unter die Nase, und keiner lupfte den Hut. Vor allen aber war der Hofschulze im Oberhofe der Gröbste und Stolzeste und Schlimmste; denn er ist immer unmenschlich reich gewesen und hat großes Ansehen von jeher gehabt.

Also den Hofschulzen nahm ich mir apart aufs Korn und dachte: Du sollst mir daran glauben. – Er hatte aber eine Tochter aus erster Ehe; denn drei Frauen hat der alte Kerl

Heruntergekommenes Tagelöhnerhaus mit eingesunkenem Dach. (Anonymer Holzschnitt aus dem Anfang des 19. Jahrhunderts)

begraben lassen, und zum letztenmal, woraus nun die ist, die gestern Hochzeit machte, freite er, wie er schon ziemlich in den Jahren war. Die Tochter sah recht gut aus, und ich war ihr auch recht gut; aber die Hauptsache, daß ich mich an sie machte, war doch der Stolz, und weil ich mir einbildete, ich könne alles durchsetzen, was ich wolle, und werde das Mädchen schon 'rumkriegen, wenn ich es nur recht anzufangen wisse. Ich hatte schon gemerkt, daß sie auf Tänzen und Kindelbieren nach mir hinhörte, wenn ich so erzählte von meinen Fahrten, und darauf baute ich meinen Ratschlag und sah sie unaufhörlich starr an, wenn ich ihr nahe kam, so daß sie nicht wußte, wo sie die Augen lassen sollte. Fing auch an, mich über mein Vermögen schön zu kleiden, das beste lichtblaue Tuch mußt ich zum Rocke haben und ließ mir an die Jacken silberne Knöpfe setzen, die kein anderer von den Kolonen hatte, wodurch ich in die Schulden geriet. Eines Sonntags geht die Magdalis an mir vorüber, wie ich besonders herausgeputzt war, und sagt: ‹Ihr zieht Euch doch an wie keiner sonst, Kaspar.› – ‹Das geschieht ganz allein um Euch, Magdalis›, antwortete ich, ‹und wenn ich all mein Hab und Gut zusetzte, so wollte ich mich doch schöner kleiden, wofern es Euch nur gefiele.› – Sie wurde rot, und damit hatte ich sie weg. Denn wenn man den Mädchen sagt, daß man um ihretwillen einen neuen Rock angezogen hat, so sind sie kaputt.

Also die Sache kam in Gang, die Magdalis gab zu, daß ich an ihr karessieren durft', und war alles bald zwischen uns in Richtigkeit, wie es die Ordnung ist unter Liebesleuten. Auch die Magdalis dacht' in ihrer Dummheit, daß der Vater, weil es einmal so weit gekommen, werd' ein Auge zudrücken müssen. Deshalb nahmen wir beiden Gimpel die Absprache zusammen, daß ich um sie anhalten solle. – Aber – da kam ich schön an, wie ich die Sache vortrug bei dem Alten. Denn selbst mußte ich sie vortragen; ein Freiwerber wollte sich dazu nicht verstehen. In meinem Leben ist mir kein grimmigerer Mensch vorgekommen als der Hofschulze, wie er sich benahm, da ich meinen Spruch herausgesagt hatte. Ich wurde mit einem solchen Zorn und Hohn angelassen, daß mir die Knochen bebten vor Ärgernis. Es fehlte nur, daß er mich fortpeitschen ließ, und noch heut am Tage weiß ich nicht, wie ich vom Hofe gekommen bin.

Gut, dachte ich, willst du sie mir nicht zur Frau geben, so soll sie – – Der Alte hielt sie eingesperrt, und sein Sohn, der Fritze, auch aus der ersten Ehe, paßte mir auf. Aber man kann die Leute schon belauern, wenn man nur will. Was nicht bei Tage geht, das geht bei Nacht, und darf man nicht zur Tür 'rein, so steigt man über die Mauer. Ich war denn also alle Nächte, die Gott werden ließ, bei der Magdalis, zu der ich durch das Fenster gelangte. – Doch sie kamen dahinter, der Alte und sein Sohn. Und nun machten sie zusammen einen Plan auf mich, mir aufzulauern und mir das Leben zu nehmen. Also, eines Abends, wo es ganz dunkel war und ein schweres Unwetter heraufzog, komme ich auch von meinem Erb' da herüber meinen gewöhnlichen Weg geschritten. So höre ich etwas rascheln in der Dunkelheit, und ehe ich noch meine Gedanken zusammennehmen kann, springt das, ohne einen Laut von sich zu geben, auf mich zu, und ich habe einen Schlag mit einem Knüppel über den Kopf und einen Stoß in das linke Auge weg, daß mir beinahe Hören und Sehen vergeht. Im Auge ist's mir, als ob ein Dutzend Messer darin umgedreht würden, Nasses läuft mir über die Backe – ich aber denke, hier geht's noch um Haut und Haar, ist's Auge schon weg – und kriege meinen Kujon zu packen und reiße ihm den Knüppel weg, denn ein Mensch, dem sie das Auge ausschlagen, hat fürchterliche Kräfte – und gebe ihm die Erwiderung auf seinen Schädel, daß er aufgrölzt und ich an der Stimme den Fritz erkenne. Er bettelt um Gnade, aber ich schreie: ‹Meine Gnade sollst du gleich spüren!› reiße ihn in die Höhe;

‹du verfluchtiger Augenmörder!› rufe ich und stoße so lange den Bengel mit dem Kopf gegen den Stein hier, bis er stumm wird. Einen Ohrring hatte ich ihm bei der Balgerei abgerissen (denn er trug welche), den hielt ich in der Hand, wußte nicht, was damit anfangen, konnte ihn freilich nur wegwerfen, aber der Mensch ist bei solcher Gelegenheit wie von sich.»[53]

Der Betroffene erzählt weiter, wie er zwar nicht gerichtlich belangt, aber auf Veranlassung des Hofschulzen im ganzen Dorfe verfemt wurde, so daß ihm niemand mehr, in welcher Notlage auch immer, zu Hilfe kam und er allmählich sozial immer tiefer sank, in Schulden geriet und schließlich zum bettelnden Leierkastenspieler wurde. Damit endete er auf der untersten sozialen Stufe und gelangte gleichzeitig in die Gruppe der Mobilen ohne Haus und Hof.

Ist nun hier auch ein extremer Fall der Konfrontation zwischen Reich und Arm geschildert, so bleibt er doch gleichwohl exemplarisch. Die Endogamie des Besitzes durfte nicht durchbrochen werden und der wenig Besitzende nicht durch Heirat aufsteigen. Und auch etwas anderes wird hier sehr deutlich, daß die Macht im Dorfe immer in den Händen der Reichen lag. «Pauper» hieß nicht nur arm sein, sondern bedeutete auch, keine Macht zu haben und sich statt dessen in politischer Rechtlosigkeit zu befinden.

Als Gegenbild zu diesem Burschen, der es wagte, sich gegen die machtvolle Oberschicht des Dorfes aufzulehnen, steht die affirmative Darstellung von Dorfarmut durch den Pfarrer und Volksdichter Jeremias Gotthelf (1797–1854), für den es selbstverständlich war, daß die Armen in Demut der christlichen Weltordnung folgten.

«Es scheint schrecklich, daß der Arme dem Reichen helfen muß, sein Vieles retten, statt daß der Reiche dem Armen zuerst hilft, sein Weniges aus dem Boden machen... So scheint es theoretisch... Indessen sieht dieses viel grausamer aus, als es wirklich ist.

Idyllische Darstellung des Arme-Leute-Lebens auf Münchner Bilderbogen Nr. 604 der Firma Braun & Schneider.

Vor allem darf man das patriarchalische Verhältnis, welches gottlob noch öfter stattfindet, als man denkt, nicht vergessen. Der Reiche, welchem der Arme arbeitet, wird vom Armen betrachtet als seine sichtbare Vorsehung, welche ihn nicht im Stiche läßt, und der Reiche ist's auch. Bedarf der Arme was, Geld, Holz, Zug, Taufzeugen, so ist's bei seinem Bauer nie Nein, wie er sagt, und sagt jener: ‹Ich sollte morgen absolut daheim sein!›, so sagt der Reiche: ‹Es ist lätz, es ist mir zwider, aber wenn du es nicht anders machen kannst, so sei's, aber übermorgen komme mir, du weißt, was zu tun ist.› Nun betrachtet sich der Arme auch als dem Reichen notwendig, er glaubt, ohne ihn könne es dort nicht gehen, das ist sein Stolz. Er betrachtet seinen Verdienst als die Hauptsache, die eigenen Pflanzungen als eine Nebensache, welche durch Frau und Kinder zu beschicken sind, und wenn Not an Mann kömmt, so sagt er: ‹Meister, wenn du die Frau oder die Kinder brauchen kannst, so sag's, sie müssen auch kommen; was die daheim zu machen haben, können sie immer noch machen.›

Ferner hat der fromme Arme, welcher seine Abhängigkeit von einem höhern Willen täglich erkennt und bekennt, zumeist mehr Ergebung und Geduld als der Reiche, welchem mehr Mittel zu Gebote stehen, den eigenen Willen durchzusetzen, welcher mehr zwängen kann. ‹So bös, wie man sagt, wird es kaum gehen, der liebe Gott wird wohl noch an die armen Leute denken. Und wenn's ist, wird man es ertragen müssen, bis es besser kömmt, wer weiß, für was es gut ist.›»[54]

Mit solchen Beschwichtigungsformeln ließ sich freilich leicht umgehen, doch ernsthafte Konflikte und materielle Sorgen konnten damit wohl kaum bewältigt werden.

Von den Dorfarmen ist in diesem Buch schon in verschiedenen Zusammenhängen die Rede gewesen, auch von den kulturellen Zeichen ihrer sozialen Situation wie z. B. der Kleidung.[55] Die Pflegekinder wurden erwähnt, die wenig kosteten, billige Arbeitskräfte und im Erbfall keine Konkurrenten waren.[56] Als gänzlich arm galt, wer kein Haus, keinen Herd, keinen «Rauch» sein eigen nannte, keine Familie hatte, die für ihn aufkam, und damit bei Arbeitsunfähigkeit auf die Gemeinde und die christliche Nächstenliebe des Pfarrhauses angewiesen war. Von einer schwäbischen Pfarrerstochter wird erzählt:

«Auch daß sie, als die Magd starb, die Stelle derselben ersetzen, Frühstück und Essen bereiten, Wasser und Holz tragen, Gefäße und Zimmer putzen, und was derartige Geschäfte mehr waren, zu besorgen hatte, machte ihr nicht viel aus. Sie war so kräftig und so gesund, daß keine Arbeit sie ermüdete. Ja selbst als der Großpapa nach seiner Lebensauffassung verlangte, sie solle ihre bisherige Kleidung, die sie als Pfarrerstochter zu tragen pflegte, ablegen und dagegen jetzt ‹die deutsche Tracht›, d. h. Bauernkleidung anlegen, weil diese zu ihrem jetzigen Stande besser passe, so konnte sie sich auch darein finden, schon weil der Großvater und ihm nach auch die Mutter es so haben wollte. Daneben suchte sie sich im alltäglichen Leben in der Willigkeit zum Dienst gegen Jedermann zu üben und an Werke der Liebe immer mehr zu gewöhnen, wobei ihr ihre Mutter als ermunterndes Beispiel voranleuchtete. So brachte sie z. B. in Verbindung mit ihrer Mutter einen großen Teil ihrer Zeit damit zu, für alle armen Frauen des Orts warme Unterkleider für den Winter anzufertigen, wozu rohe Baumwolle gekauft und zu Watte verarbeitet wurde, um damit das Unterkleid zu füttern.»[57]

Die Gemeinden freilich taten sich schwer mit «ihren» Armen und halfen sich mit dem Herumschicken der Ärmsten, was diese zu ihrem Elend hinzu auch noch heimatlos machte. «Sie war blind, und man hatte der Armen gesagt: Wenn's der lieb' Herrgott so haben will, so ist kein anderes Mittel als wie geduldig leiden! Und zu diesem Mittel hat sich die Jula bequemt. Weniger Geduld hatten andere Leute, welche wohl sehen konnten, aber allzuschwarz sahen. Das waren die Vordersten der Gemeinde; diese taten dar, daß sie ohnehin schwer belastet seien, daß die Mutter der Jula nicht in ihrem Bereiche geboren, daß sie aus der Waldgemeinde Alpel gekommen war, und daß die Blinde nun in die Gemeinde Alpel zuständig sei. So wurde sie von ihrem Kinde hinweggeführt und in unsere Waldgemeinde eingelegt. Hier sollte sie als ‹Einlegerin› von Haus zu Haus wandern und in jedem eine bestimmte Anzahl von Tagen oder Wochen behalten und verpflegt werden. In mein Vaterhaus kam sie, von einem Boten des Nachbars begleitet, die erste Zeit des Jahres zweimal, und wir hatten sie jedesmal zwei Wochen lang zu behalten. Sie hatte einen Buckelkorb, in welchem sie ihre Habseligkeiten aufbewahrte und den sie sich nie vom Boten tragen ließ, sondern auch dann noch selbst schleppte, als sie schon gar alt und mühselig geworden war. Ferner besaß sie einen Handstock, der am Griffknorpel ein Riemlein hatte, den sie außer Haus immer und überall bei sich trug, den sie zur Nachtzeit neben ihrem Bett mit ängstlicher Sorgfalt aufbewahrte, und der ihr wirklich mehr Gutes getan hat, als je ein Mensch auf dieser Erde. Dann hatte sie in ihrem Mieder stecken einen Blechlöffel, bei dem die Verzinnung schon fast weggewetzt war und überall die schwarzen Stellen hervorschauten. Was man ihr vorsetzte, das aß sie nur mit diesem Löffel. Endlich besaß sie ein ledernes Geldtäschchen, in welchem sie stets – wenn irgendwo eine Not war – was vorfand. Denn in der ehrwürdigen Kirche zu Krieglach steht der steinerne Opferstock für die Armen, der über Kreuz und Quer mit Eisen beschlagen ist, nicht umsonst. Etliche mal des Jahres brachte der Richter vom Alpel aus diesem steinernen Behälter Geld mit in die Waldgemeinde und verteilte es dort unter die Armen. Die Jula wurde jedesmal unruhig, wenn es hieß, der Richter komme. Zum öfteren male freilich war es ganz vergeblich, wie sie sich auch um ihn herum zu schaffen machte. Er fragte wohl stets: ‹Na, Jula, wie gehts? Halt alleweil fleißig? Brav, brav!› Nur gar selten, ‹zu allen heiligen Zeiten einmal›, wie die Bauern sagen, setzte der Richter noch bei: ‹Schau, Du, ich hab' was für Dich, Jula. Da – lang' her. So, heb's gut auf!› Da tat sie denn jedesmal bitten: ‹Nur keine Sechser nit! alles Kreuzer sind mir lieber. Recht vergelt's Gott! will schon fleißig beten.›

Mancher Bettelmann hat es erfahren, warum ihr die Kreuzer lieber waren als wie das ‹große Geld›. Ihr war's um's Austeilen zu tun.»[58]

Auf diese Weise kam eine sehr dichte soziale Nähe zwischen den Bauern und den Armen zustande, wenn auch sicher oft ungewollt. In anderen Dörfern gab es besondere Armenviertel, Dorfteile, in denen nur Arme wohnten, und es ist aufschlußreich, wie sich die Beschreibungen solcher Dorfquartiere bei Fontane für die Mark Brandenburg zu Anfang und bei Graf für Bayern zu Ende des Jahrhunderts ähneln; Fontane erzählt von dem Armenviertel eines märkischen Gutsdorfes um 1810:

«Die Straße dorthin wurde von den Hohen-Vietzern immer als etwas Fremdes angesehen, stand rechtwinklig zu dem eigentlichen Dorf, nahm hundert Schritt hinter dem Mühlengehöft ihren Anfang und stieg hügelan, in Parallellinie mit der mehrerwähnten, die Auffahrt zum Herrenhause fortsetzenden Nußbaumallee. Es war das Armenviertel von Hohen-Vietz, zugleich die Unterkunftsstätte für alle Verkommenen und Ausgestoßenen, eine Art stabil gewordenes Zigeunerlager, das Abgang und Zuzug erfuhr, ohne daß sich die Dorfobrigkeit im einzelnen darum gekümmert hätte. Der ‹Forstacker war immer so›. So ließ man es gehen und griff nur ein, wenn ein grober Unfug eine Bestrafung durchaus erforderte.»[59]

«‹Vilz› (Armenviertel). Er mußte als Taglöhner sein bißchen Brot verdienen und ... hatte das Häusl gegen lebenslanges Wohnrecht einem Nachbarn verkauft. Er machte aber, seit er beim Heimrath arbeitete, von diesem Recht keinen Gebrauch mehr. Er schlief in der Aufhauser Knechtkammer, und eigentlich hätte seinetwegen der Krieg ewig dauern können, denn bis jetzt war es ihm ganz gut gegangen. Er bangte nur davor, nach der Heimkehr der Knechte vielleicht wieder in sein kahles, kaltes Stübchen zurückzumüssen. Die jetzigen Besitzer seines Häuschens erwarteten das auch kaum noch und begegneten ihm, wenn er zufällig an einem Sonntagnachmittag daherkam, mit so bedenklich unguten Mienen, daß er schnell und gern wieder davonging. Selbst ein verbrieftes Recht bedeutete für einen armen Menschen nichts anderes als Ärger und Enttäuschung. Schon einmal hatte der Girgl um seinen Posten beim Heimrath gezittert. Das war im vorigen Herbst, als die Bäuerin den anderen ‹Vilzler›, den Gauzner-Michl, deswegen, weil er etliche Male kleine Kornsäcke heimlich mitgenommen hatte, kurzerhand vom Hof jagte. Schon längst wußte der Girgl von diesen Diebstählen, doch er verriet nichts, er spielte den Verwunderten, als alles ruchbar wurde und tat auch leicht empört, wenn der Michl es nicht sah und hörte. Als dieser weg mußte und er bleiben durfte, dankte der Girgl – der nie ein allzugroßer Beter gewesen war – dem Herrgott aufrichtig dafür, daß er zum Glück auch Diebe geschaffen hatte. Seither war er vollauf zufrieden, denn was wollte er eigentlich mehr?»[60]

Diese Armenviertel waren also eine Art Dorf im Dorfe, auch zuweilen Zufluchtsstätte bei kriminellen Notlagen, aber man tat ihren Bewohnern sicher Unrecht, wenn man sie als Ganzes verfemte. Die statische Gesellschaftsordnung des Dorfes hatte diesen Menschen ihren Ort zugewiesen und erlaubte kaum je einen Ausstieg nach oben. Wie es wohl meist in den Häusern aussah, hat Virchow exemplarisch für den Spessart beschrieben:

«Wohin man kommt, sieht man im Spessart relativ kleine Häuser, die über einem meist ganz überirdischen Keller ein einziges Wohnzimmer mit engem Kämmerlein und eine kleine Küche enthalten. Man steigt über eine steinerne Treppe zu einem kleinen Vorplatz herauf, der geradeaus in die Küche, an einer oder auch zu beiden Seiten in die Wohnzimmer, nach oben auf den Vorratsboden führt. Unter demselben Dache ist häufig auch der Viehstall und die Scheune. Ringsum und namentlich vor dem Hause sind Mistlachen, und an einer Seite gewöhnlich stößt ein kleiner Garten heran. Nur im Kahl-Grunde sind die Häuser meist geräumiger, oft zweistöckig, gewöhnlich auch freundlicher und reinlicher. Allein auch hier fehlt noch der Schornstein, und der Rauch strömt von der Küche gewöhnlich durch den Vorplatz und durch die in der Mitte quergeteilte Tür zum Hause heraus, indem er natürlich alle inneren Räume mit durchdringt. Im Innern einer solchen Wohnung haust eine fast immer sehr zahlreiche und mit Kindern gesegnete Familie. Zuweilen sind mehrere Generationen gleichzeitig, zuweilen auch mehrere fremde Familien zusammen darin vorhanden. Insbesondere häufig ist es aber, daß Seitenverwandte mit Kindern zugleich dieselben Räume mitbewohnen. Die meist sehr schmutzigen und, wo es möglich ist, dicken und heißen Betten stehen in geringer Zahl sowohl im Zimmer selbst als in dem oft dunkeln und dumpfen Kämmerchen, so daß es gewöhnlich ist, wenn 2–3 Personen, selbst von verschiedenen Geschlechtern in demselben Bette schlafen.»[61]

Für ihre Ernährung spielten die Kartoffeln in jeder Form die Hauptrolle. Darüber ist viel geschrieben worden;[62] so möge hier ein bezeichnendes Rezept für Armennahrung aus dem Odenwald genügen:

«Ofenplätze; das geht so zu: Die Kartoffeln werden roh gerieben (bei den ganz Armen ungeschält); die Wohlhabenderen tun dann Milch und Eier dazu, die andern nur Hafermehl und Salz; dann wird der ungeheuer große, viereckige Ofen (meist sind darin Figuren aus der biblischen Geschichte, besonders aus der Geschichte vom verlornen Sohn, eingegossen) tüchtig geheizt, mit einer Speckschwarte, bei den ganz Armen mit einem Ölläppchen beschmiert und nun der Kartoffelteig aus freier Hand dagegen geworfen, bis der ganze Ofen damit bedeckt ist; jede Handvoll bildet einen ‹Ofenplatz›, und ist der nun auf der einen Seite so braun gebacken, daß er abzufallen droht, so wird er mit einem großen breiten Messer abgelöst und mit der anderen Seite an den Ofen geklatscht. Stück für Stück wird dann auf den Tisch geworfen und zuletzt (mit Butter oder Birnkraut oder Schmalz oder mit nichts, je nachdem der Wohlstand ist, bestrichen) zum Mohrrüben-, Eichel- oder Zichorienkaffee gegessen; wenn von montags an achtzehn solcher Mahlzeiten gehalten sind, dann ist Sonntag.»[63]

Es wurde gern gesagt, daß es für die Armen nur zwei Auswege aus ihrem Elend gäbe: die Auswanderung nach Amerika,[64] die bereits bei Fritz Reuter die armen Unterdrückten hoffnungsvoll als Fluchtweg wählten, – und der Hausierhandel. Wichtig für die Mentalität dieser Bevölkerungsgruppe ist tatsächlich ihre Beweglichkeit, ihre unerschrockene Mobilität, die sie den behäbigen Bauern oft ganz unheimlich erscheinen ließ. Lena Christ hat aus ihrer tiefen Kenntnis des bayerischen Volkslebens so ein Armutsschicksal beschrieben:

«Als der jüngste von vierzehn Geschwistern war er im Tirolerland geboren; sein Vater war ein Kraxenkrämer gewesen, der mit der Kirm am Buckel landaus, landein zog und den Leuten um etliche Kreuzer allerhand verkaufte: Wunderbalsam, Klufen und Nadeln, Bänder und Litzen, Haarpfeile und Pudelhauben, silberne Fingerringlein und goldene Hutschnüre. Seine Mutter war ein Kräutlweib und brachte die Zeit, da ihr Ehemann auf der Wanderung war, mit dem Ansetzen von Schnäpsen und Sammeln von Kräutern und Wurzeln hin und gebar dazwischen die Kinder und erzog sie in der Notdurft und Armseligkeit ihrer Umständ, bis ein jedes für sich selbst sorgen konnte.

Kam der Vater von seinen Reisen heim, so brachte er meist jedem was mit aus den fremden Orten und von den Jahrmärkten, oder er wußte irgendein glückhaftes Schanzlein, eine gute Dienststell oder einen Lehrplatz für seine Kinder. Wurde also gemach eins ums ander hinausgeschickt in die Fremd, sein Brot zu suchen, dabei ihnen dann der alt Beham, ihr Vater, noch viel gute Reden und ein kleins Lederbeutlein mit zwölf Kreuzern als Aussteuer mit auf den Weg gab. Und da nun alle längst dahin und im Land zerstreut waren und nur noch er, als der Nesthocker, der Jüngst, vom Tisch der Eltern aß, so kam endlich auch an ihn die Reih und sagte der alt Vater zu ihm: ‹Thomas, jetz werds Zeit, daß du auch ein wengl in der Welt umaschaugst; bist eh schon ein Mordshannacken hier und frißt für zwee!› Schnürte ihm also sein Ränzl, gab ihm als dem Kleinsten seinen väterlichen Segen mit einem Weichbrunn und dafür bloß zehn Kreuzer zur Aussteuer.

Die Mutter aber legte sich auf ihre Lagerstatt, ward krank und sterbend und brauchte kurze Weil darnach den Totengraber und drei Schäuflein Erde für die ewige Ruh.»[65]

Die Wohn- und Lebensverhältnisse der Armen ähnelten sich in Nord- und Süddeutschland, ob sie nun von einem evangelischen Pfarrer aus der Mark Brandenburg oder von einer katholischen Tagelöhnerenkelin aus Österreich erzählt werden:

«Die ehelichen Verhältnisse bei den Armen sind ganz anderen Gefahren ausgesetzt als bei den Reichen. Schwere Arbeiten und drückende Sorgen machen den Menschen mürrisch, verdrießlich und verzagt. Die armen Kinder wurden, wie ich meinte, zu hart und zu lieblos behandelt. Die Unreinlichkeit und das Ungeziefer in den Wohnungen, der unerträgliche Geruch in den niedrigen Stuben, in denen die Betten den meisten Raum einnahmen – denn in den Stuben wohnten oft zwei Familien – auch der Schmutz hinter und vor dem Haus und das sittliche Elend, die Trunksucht, Unzucht, das Fluchen und dergleichen machten es mir oft schwer, meiner Pflicht nachzukommen. Wenn ich aber hörte, der Mann oder die Frau oder einer von den Alten sei krank, dann ging ich fleißig hin. Die Pflege der Kranken war oft den kleinen Kindern überlassen und daher sehr dürftig. Ein Arzt wurde von der Gutsherrschaft gehalten, aber die Befolgung seiner Anordnungen war sehr mangelhaft.»[66]

«Der Adlitzbauer hatte neben seinem Gehöft ein kleines Haus, das sogenannte ‹Söllnerhaus›. Söllner waren landwirtschaftliche Hilfsarbeiter, die verheiratet waren und auch Kinder hatten. Sie konnten beim Bauern ein wenig Feldfrüchte anbauen, z. B. Kartoffeln, Bohnen, Rüben oder Gerste; sie durften auch das Gras am Feldrain abmähen. Die Söllner hatten meistens ein paar Ziegen und manchmal auch ein Schwein. Als Gegenleistung für das Anbauen der Feldfrüchte mußten die Söllner fast den ganzen Sommer beim Bauern arbeiten. Bei diesem Adlitzbauern wohnten meine Großeltern als Söllner. Dort kam meine Mutter zur Welt. Sie hatte eine Menge Geschwister. Natürlich konnten meine Großeltern diese vielen Kinder nicht selbst ernähren. Die Kinder wurden in frühem Alter zu den umliegenden Bauern gegeben. So wurde meine Mutter eine Bauernmagd. Meinem Vater erging es nicht anders – auch er wurde im Kindesalter zu den Bauern gegeben. Zu Hause reichte die Nahrung nicht für die Kinder. In diesem Söllnerhaus beim Adlitzbauern wohnten nun der Knecht und die Dirn, die inzwischen geheiratet hatten, bei den Eltern der Dirn, bei meiner Großmutter also. Sie standen nun in keinem direkten Arbeitsverhältnis mehr zum Bauern, sie waren Taglöhner. Sie arbeiteten ein paar Tage bei diesem oder jenem Bauern. Die Wohnung bestand aus einem kleinen Raum mit drei mal vier Metern.»[67]

Aus diesen Berichten ergibt sich die Frage der Armen-Kindererziehung, ihrer durch frühzeitige Arbeitsbelastung bedingten Unbildung und daraus folgenden Unfähigkeit, sich selbst aus ihrer Notlage zu befreien. Sie gingen selten zur Schule und waren meist nicht viel mehr als Analphabeten, ohne daß die Eltern die damit verbundene Selbstbeschränkung erkannten:

«Daß der erste Lehrer der kurz vorher eingeführten Neuschule im Dorfe ihr sagen ließ, sie müsse mich in den Unterricht schicken, empfand sie als schwere Beleidigung. Er bekam es zu hören, was sie über solche ‹Unverschamtheiten› dachte. Und ich als Ursache dieser Beleidigung erhielt, versteckt vor dem Schmiedvater, die Prügel, die das verdiente. Der tappige, alte Wachtmeister, der als erster Lehrer im Dorfe fungierte, stellte leider nach einiger Zeit dieses unerhörte Ansinnen noch einmal an sie. Da band sie ihre weiße Großfeiertagsschürze um, das Staatstuch auf den Kopf und ging mit großen Schritten, daß alle Enden ihrer Kleidung um sie wehten, in die Schule, mitten in den Unterricht hinein. Die Kinder erzählten, sie sei so zornig gewesen wie der Erzengel Michael, und dem Lehrer seien die Schweißtropfen auf der Stirne gestanden, als er sich immer und immer wieder auf ‹Verordnungen› berief. Zum Schluß habe er geschrien: ‹Aber der Kaiser will es.› Da sei sie auf einmal noch größer geworden und habe gesagt: ‹Sag' Er dem Kaiser, er kriegt seine Steuern zum Regieren, und er soll sich ums Lumpenpack scheren. Was ehrliche und ordentliche Leit mit sich und ihren Kindern machen, geht ihn gar nix an. Verstanden, Er, Hallodri, Er!»[68]

Der Lebensweg dieser Kinder war vorgezeichnet, und auch der Pfarrer folgte dem dörflichen Denken:

«Nachmittags kamen die Konfirmierten, um sich vom Pfarrhaus zu verabschieden. Da hieß es denn: ‹Du bleibst doch zu Hause?› Und zu einem anderen: ‹Du wirst ins Dienen gehen?› An dem Unterschied zwischen reich und arm waren seither die Kinder achtlos vorübergegangen; jetzt wurden ihnen plötzlich die Augen aufgetan; die einen blieben sitzen auf ihrem künftigen Eigentum, die anderen zogen hinaus, um den Vermöglicheren dienstbar zu sein.»[69]

Die Wohltaten von Lehrer und Pfarrer bestanden gern in der Abfassung von Bittschriften an die Behörden, wozu die Armen selbst nicht fähig waren:

«Der Vater ließ mich auch im Namen bedrängter oder verunglückter Untertanen Bittschriften, vorzüglich an das hohe Domkapitel Augsburg, verfassen. Er gab mir einige wohlgeschriebene Bittschriften zu lesen, damit ich mich mit den Titulaturen und dem gebräuchlichen Stile bekannt mache, sagte mir, daß in der Bittschrift nichts anderes vorkommen dürfe, als was in dem vorliegenden Zeugnis des Ortspfarrers und Gemeindevorstandes stehe, daß es aber wohl mit andern Worten gesagt werden könne. Er sah dann meinen Aufsatz durch, verbesserte ihn und hieß mich, so zierlich ich es vermochte, ihn abzuschreiben.

Da war nun, zum Beispiele, ein armer Tagwerker, der den Fuß gebrochen hatte, lange Zeit nichts mehr verdienen konnte und nicht imstande war, die Kurkosten zu bezahlen; da kam eine arme Witwe, die ihre einzige Kuh durch die Seuche verloren und kein Geld hatte, eine andere zu kaufen; da ein Knabe, der das Schreinerhandwerk lernen wollte, dessen äußerst arme Eltern aber das Lehrgeld nicht aufzubringen wußten. Diese und ähnliche Bedürftige hätten nun die erforderliche, von ihnen zu unterzeichnende Bittschrift von einem Advokaten machen lassen sollen, wofür sie damals dreißig Kreuzer hätten bezahlen müssen. Ich machte sie aber umsonst und bildete mir nicht wenig darauf ein, wiewohl im Namen anderer, an ein hohes infuliertes Domkapitel schreiben zu dürfen. Die Schrift wurde mit einem Beiberichte des Amtes nach Augsburg geschickt. Alle diese Bitten wurden großmütig erhört, und es kann nicht genug gerühmt werden, wie gnädig und wohltätig das Domkapitel sich gegen bedrängte Untertanen bewiesen habe. Die Leute waren hoch erfreut, wenn mein Vater ihnen die gnädigst bewilligte Summe ausbezahlte. Sie wollten mich in der Freude ihres Herzens beschenken. Er aber verbot mir, auch nur einen Heller anzunehmen. ‹Freue dich vielmehr›, sagte er, ‹zur Hilfe Notleidender durch eine kleine Bemühung beigetragen zu haben. So kann man auch, ohne Geld zu besitzen, Almosen geben.›»[70]

In aller physischen Deutlichkeit macht der kleine Pfarrerssohn Albert Schweitzer (1875–1965) die beschämende Erfahrung wohlgenährter Überlegenheit über den armen Klassenkameraden:

«Ich war nicht händelsüchtig. Aber ich liebte in freundschaftlichem Raufen meine Körperkräfte mit andern zu messen. Eines Tages, auf dem Nachhauseweg von der Schule, rang ich mit Georg Nitschelm, der größer war und für stärker galt als ich, und bezwang ihn. Als er unter mir lag, stieß er hervor: ‹Ja, wenn ich alle Woche zweimal Fleischspeise zu essen bekäme wie du, da wäre ich auch so stark wie du!› Erschrocken über dieses Ende des Spiels wankte ich nach Hause. Georg Nitschelm hatte mit böser Deutlichkeit ausgesprochen, was ich bei anderen Gelegenheiten schon zu fühlen bekommen hatte. Die Dorfknaben ließen mich nicht ganz als einen der ihrigen gelten. Ich war für sie der, der es besser hatte als sie, das Pfarrerssöhnle, das Herrenbüble. Ich litt darunter, denn ich wollte nichts anderes sein und es nicht besser haben als sie. Die Fleischsuppe wurde mir zum Ekel. Sowie sie auf dem Tisch dampfte, hörte ich Georg Nitschelms Stimme.»[71]

Zum Schluß dieses Abschnittes über die Situation von Kindern in Armutsverhältnissen sei eine autobiographische Notiz des späteren Königsberger Professors Dr. Peter von Bohlen (1796–1840) zitiert, aus der hervorgeht, wie die Ungebundenheit und Mobilität eines armen Dorfkindes diesem zum Glück werden konnte, als es in einer Zeit beginnenden liberalen Denkens von seiten der französischen Besatzungsarmee eine unerwartete Aufstiegschance erhielt; regional handelt es sich um ein ostfriesisches Bauerndorf:

«Ich bin geboren am 13. März 1796, meine ältere Schwester, Beke Catharina, im Jahre 1800 und die jüngere, Anna Catharina, 1804. Die letztere war kaum anderthalb Jahr alt, als der Vater starb, und die Gemeinde mußte sich sofort ins Mittel schlagen, um der Mutter mit drei unmündigen Kindern fortzuhelfen. Es geschah dies meist durch Beiträge von Wohlhabenden, wobei sicherlich die Verwendung des edlen Pfarrers das meiste tat; mir wurde freie Schule gewährt, die ich schon einige Jahre besucht hatte.... Bei allen diesen Feldarbeiten war ich nun tätig, um meiner Mutter einige Groschen zu verdienen, während sie selber durch Nähen und Waschen sich einen spärlichen Unterhalt erwarb. Es fingen damals gerade die bedrückten Zeiten an: durch französische Einquartierungen und Contributionen litt der Ärmere mehr als der Wohlhabende, und da außerdem die freie Ausfuhr des Getreides gehemmt war, so wurde das Ländchen in weit kürzerer Zeit ausgesogen als andere Provinzen.

... Man riet mir wohlmeinend, zu dem Schneidermeister Joh. Stelzer in die Lehre zu gehen! Lebe wohl nun meine fröhliche Kinderzeit –; großer Gott, ein Schneider! ... Plötzlich schien im Jahre 1810 mein Los eine andere Wendung erhalten zu wollen, indem nämlich ein Dekret Napoleons alle Waisenknaben von vierzehn bis zwanzig Jahren nach Jever berief, damit sie zum Kriegsdienste ausgewählt werden sollten. Meine Mutter war gestorben, und nichts band mich mehr an die Heimat; im Gegenteil, sollte der sehnlichste Wunsch, in die weite Welt wandern zu dürfen, in Erfüllung gehen. Ich wurde mit noch sechs andern Knaben auf einen Leiterwagen gepackt und nach der Stadt abgeführt, ich kann wohl sagen mit einer Freude, welche merkwürdig gegen die Traurigkeit meiner Gefährten abstach; denn wir waren ja alle noch Kinder und stellten uns von den gehaßten Franzosen das Schlimmste vor. ... Am andern Morgen wurden wir in das Schloß geführt, und zwar traf es sich so, daß man die aus den fernsten Gegenden zuerst aufforderte, vielleicht, damit die unbrauchbaren desto eher heimgesandt werden konnten. In einem großen Saale wurden wir in Reih und Glied gestellt und von oben herunter erst besichtigt, etwa wie man den Pferden ins Gebiß sieht; wenigstens mußten wir unter andern auch den Mund aufmachen. Da die Herren mit Sternen, Bändern und goldgestickten Kleidern uns freundlich begegneten, so verlor sich auch allmählich die Scheu, und ich zum mindesten muß den musternden General heiter angeblickt haben, denn er sah oft nach mir her und kam einmal heran, indem er mir die Backen kniff und einige französische Schmeichelworte sagte. Jetzt fing man von oben wieder an, uns zu messen...

Der General sah mich einige Male lächelnd an, blieb, als alles vorbei war und er uns noch einmal flüchtig übersah, bei mir stehen und ließ mich durch den Präfekten von Aurich fragen, ob ich zu ihm kommen wolle. Natürlich wurde dies mit lautem Ja beantwortet. Man führte mich nun in ein anderes Zimmer, woselbst der Adjutant des

Generals am Schreibtische saß. Es wurden ihm einige Worte gesagt, worauf er eine Klingel zog und dann zu mir kam. O der biedere Fromont! sein erstes Wort an mich, welches ich nicht verstand, muß ein Wort der Liebe gewesen sein, so wie es auch sein letztes war. Sein Diener François trat herein und führte mich durch eine Menge Galerien und Gänge, so wie durch einen Garten in die Wohnung des Generals und zwar zuerst zum Koche Mr. Boucher, der mich mit Speise erquicken mußte. Den General sah ich nicht, aber nach einiger Zeit ward ich vor Mr. Fromont geladen, der mir die Frage dolmetschen ließ, ob ich etwa Verlangen trage, noch einmal nach meinem Dörfchen zurückzukehren. Der Wunsch, meinen Schwestern Lebewohl zu sagen, siegte; indessen war die Warnung des sich wichtig machenden François ziemlich unnötig: daß Gendarmen mich holen würden, im Falle ich ausbleiben sollte. Fromont griff in die Tasche und gab mir ein Dutzend holländischer Gulden. So reich war ich in meinem Leben noch nicht gewesen. Hierauf führte mich Franz zum schwarzen Bären; aber ach! mein Wagen war bereits fort und alles Nachforschen, Bekannte zu finden, vergeblich. Da entschloß ich mich kühn, bei den tiefen und herbstlichen Umwegen eine Reise von sechs Meilen zu Fuße zu beginnen, ohne daß ich noch bis jetzt recht weiß, wie ich sie ausgeführt habe. Ich watete barfuß immer der Landstraße nach und wurde allenthalben in den Wirtshäusern, wohin durch Heimkehrende die Mär gelangt war, als ein Glückskind begrüßt, denn man stellte sich mein Los im Vergleiche mit dem der rekrutierten Knaben als ein beneidenswertes vor, wie es wirklich dies auch war, und manche gingen so weit, keine Bezahlung von mir annehmen zu wollen. Nach drei Tagen kam ich zum Erstaunen aller in Wüppels an, nahm eilig Abschied und steckte von meinen Habseligkeiten nur das Nähgerät zu mir, von welchem ich den Ring noch jetzt als ein Heiligtum bewahre. Man bepackte mich mit Lebensmitteln, mein alter Pfarrer, der mich mit Segnungen entließ, gab mir einen Brief an seine Verwandten in Wittmund, und so verließ ich mein Dörfchen auf einem leichten Wagen, der gerade bis Jever fuhr.

Von hier gelangte ich in zwei Tagen nach Aurich und trat keck und wohlgemut, so schmutzig ich war, zu meinem General ein. Es mußte gleich ein Schneider kommen, damit ich so schnell als möglich von Kopf zu Füßen gekleidet würde, und die erste Ausstattung mag meinem Herrn nicht wenig gekostet haben; denn ich kann wohl sagen, daß mir meine neue Kleidung von den feinsten Stoffen fast fürstlich vorkam und ich mir gar keinen Begriff machen konnte, wozu man doch zwölf Hemden gebrauche. Am aller unbequemsten waren mir die Stiefel, denn ich trug auf unserm Dorfe höchstens nur weite Wasserstiefel und sollte jetzt die Füße in enge Modestiefel zwängen. Mein Herr lachte häufig über den plumpen Jungen, wenn ich die ungewohnten Treppen halb hinunterfiel.»[72]

Immerhin hat es der arme Waisenjunge auf diese Weise zum Universitätsprofessor gebracht, eine ganz sicher nicht typische Laufbahn, von der hier wegen der unbekümmerten Sicherheit berichtet wird, mit der der intelligente Knabe seine Chance ergriff. Auf die wohlhabenden Bauern dürfte diese Art der Karriere mit dem Kopf kaum Eindruck gemacht haben.

Bettelarm

Der Arme hat in irgendeiner Form Anspruch auf gemeindliche Fürsorge. Die «natürliche» Armut[73] – und das bedeutete im Denken der damaligen Zeit das Eingeordnetsein in die christlich-soziale Stufenleiter – war eine Aufgabe für die Gemeinde, die diese oft

Ährenleserinnen, die wegen ihrer Armut das Recht haben, die nach der Kornernte liegengebliebenen Ähren aufzusammeln. (Jean François Millet, 1814–1875)

sehr belastete. Man unterschied zwischen arbeitsfähigen und nicht-arbeitsfähigen Armen, und ihre Situation wiederum unterschied sich je nach den Möglichkeiten der Dörfer. Sie gehörten aber stets irgendwie «dazu» und waren, wie der vorige Abschnitt zeigte, in die hierarchische Struktur des Dorfes integriert. Sie befanden sich innerhalb seines sozialen Netzes. Das machte sich auch in verschiedenen ungeschriebenen Rechten bemerkbar, die die Armen für sich beanspruchen durften. Besonders in der Erntezeit, wenn der Segen des täglichen Brotes für das kommende Jahr auf den Feldern eingesammelt wurde, galt es als allgemein üblich, für die Armen eine Ecke des Ackers stehen zu lassen oder die liegengebliebenen Ähren nicht mit der großen Hungerharke zusammenzuraffen. Jean François Millets (1814–1875) berühmtes Gemälde «Die Ährenleserinnen» gibt diese Situation der aufsammelnden armen Frauen wieder. Wilhelm Mannhardt (1831–1880) fragte in seiner Enquête von 1865 unter Nr. 12 und 13 nach dem «Letzten» an Korn oder Garben auf dem Getreidefeld, freilich mit dem wissenschaftlichen Ziel, Informationen über mythologische Zusammenhänge mit dem «Korngeist» oder mit heidnischen Opferbräuchen zu erhalten, wie es in der Nachfolge der Grimms üblich war. Statt dessen teilten ihm viele seiner Informanten mit, daß dieses «Letzte» den Armen zustünde; einige Beispiele aus dem Mannhardt-Material:

«Fromme Leute lassen das Feld nicht mit der sogenannten Hungerharke rein harken, sondern die zerstreuten Ähren zum Aufsammeln für die Armen liegen. Doch wird soviel Mißbrauch dabei getrieben, daß diese Sitte mehr und mehr abkommt.»

(Pommern: Kreis Rügenwalde)

«Beim Setzen der Stiege setzen manche nicht 20, sondern 22 Garben; die beiden überzähligen Garben ‹gehören den Armen›.» *(Pommern: Strelowhagen)*

«Bei jeder Getreideart unterbleibt das Nachrechen auf einem Stück Acker nach dem Binden, und die Armen dürfen sich die Ähren auflesen.»

(Schlesien: Kreis Löwenberg)

Aus dem gleichen schlesischen Bezirk schrieb ein Gewährsmann, daß beim Abmähen einer jeden Getreideart einige Halme «für Petrus» stehengelassen wurden, wobei man folgenden Vers sprach:

«Petrus, hier hast Du das Deinige,
laß einem jeden das Seinige.»

Darin lag sowohl ein Versöhnungsangebot an den für die Ernte so wichtigen Wetterheiligen wie an die Armen als Vermittler des Segens. Diese Gedanken kehren in den Fragebogenantworten aus allen deutschen Landschaften stets wieder, zuweilen als schöne brauchmäßige Formulierungen:

«Ein vor einigen Jahren verstorbener Ackerbesitzer hatte die Gewohnheit, daß er an einer Seite des Ackerstücks etwas Getreide für die Armen liegen ließ und außerdem der ersten Witwe, welche zum Ährenlesen auf seinem Acker erschien, einen Arm voll Getreide mit den Worten hingab: ‹Gott wahre deiner Armde› (Armut). Mehrere Herren geben ihren Arbeitern ein Stück von jeder Getreideart zum Ährenlesen ein, bevor die ‹Sausterbe› (Hungerharke) darüber geht und auch zu diesem Zwecke einen halben Tag Befreiung von der Arbeit.» *(Sachsen: Arnstein)*

«Bisweilen lassen die Gutsherren, namentlich in guten Jahren, einen Strich Getreide oder eine Ecke des Feldes unabgemäht für die Armen stehen. Besonders läßt man gern auf dem letzten Felde, welches abgeerntet wird, ein paar Wische oder auch Garben Getreide liegen, damit die Armen bei ihrem Ährenlesen, welches nach absolvierter Ernte auf den meisten Äckern erlaubt ist, einen recht reichen Fund tun.»

(Sachsen: Gatterstedt)

«Die Bauern lassen auf dem Felde für Arme nichts stehen, der Ersatz dafür ist, daß sie, wenn sie zum ersten Mal von neuer Frucht backen, ein Brot unter die Armen verteilen.» *(Sachsen: Bleicherode und Umgebung)*

«Die Armen haben das Recht, die Ähren zu lesen, die nach Einfahren des letzten Fuders liegenbleiben. Manche Bauern lassen am Wege eine Stiege für die Armen stehen.» *(Westfalen: Tecklenburger Land)*

«Beim Sammeln des Getreides geben die meisten Bauern armen Leuten, die zu diesem Zwecke herbeikommen, eine Garbe. Die Armen wissen in der Regel, wenn der oder jener Bauer einfährt, und finden sich also bettelnd ein, und zwar wird jedem Bedürftigen eine Garbe verabreicht, hie und da auch oft zu Hause, wenn der Bettler verabscheut hat, aufs Feld zu kommen. Nicht bloß die großen Grundbesitzer, die ‹Bauern› geben diese Garbe, sondern auch die Söldner (Gutler), die nur 20–30 Tagwerk besitzen.» *(Biburg, Kreis Schwaben)*

«In manchen Gegenden Württembergs ist es Sitte, daß die armen Ährenleser auf den Höfen, auf die sie oft von weiter her kommen, Nachtlager im Heu und Kost bekommen: das bringt für die nächste Ernte Segen. Hier in der reichen Gegend gibt es wenige Arme. Diesen geben die Schnitter, die stets Mittag auf dem Feld essen, das Übrige aus den Schüsseln und Brot.» *(Württemberg: Neckar und Steinbachtal)*

«Auf größeren Gütern kommt es vor, daß eine Handvoll Frucht stehen bleibt für die Ährenleser. Ist dann der Acker aufgebunden und sämtliche Garben abgeführt, so springen Jung und Alt auf diese Ähren zu, um welche sie sich natürlich reißen.

Diejenigen, welche nun ein oder mehrere Körner davon erhalten, werfen solche unter die Saatfrucht, damit diese im kommenden Jahr nicht brandig werde.

... Für die Armen bleibt, wo das Getreide geschnitten ist, nach dem Abführen der Garben, wo es aber gemäht ist, wenn der Acker abgerecht ist, das Ährenlesen, das bei dem allgemein verbreiteten Anbau des Dinkels, welcher leicht abbricht, sehr lohnend ist. Früher wurden auf einzelnen Höfen und bei vornehmen Bauern die gerade anwesenden fremden Ährenleser, welche meistens aus der Maingegend kommen, auch gespeist und auf dem Heu übernachtet.» *(Messbach/Jagsttal)*[74]

Die Zitierung solcher Belege könnte beliebig verlängert werden. Auffallend sind die oft wiederholten Interpretationen der Beantworter, die aussagen, daß hier eine Ambivalenz der Gefühle zwischen der Pflicht zur christlichen Mildtätigkeit und dem Glauben an die segnende Kraft der Armen obwaltete. Deutlich spricht das der Informant aus Siebenbürgen im damaligen k. u. k.-Österreich aus:

«Beim Einführen (der Ernte) werden Arme vor dem Dorfe mit einer Garbe beschenkt, jedoch meistens nicht aus Nächstenliebe, sondern aus Furcht vor der eigenen Verarmung.»

In der ertragreichsten Phase des bäuerlichen Wirtschaftsjahres vollzog sich also eine Annäherung zwischen Arm und Reich, und die Armen umgab – im Ausgleich zum materiellen Erntesegen in der Scheuer der Besitzenden – die Aura einer irrationalen Segenskraft, an der die Spender durch ihre Gaben teilzunehmen hofften. Das Nichtbeachten der Almosenpflicht konnte böse Folgen haben, wie eine Schweizer Sage vermeldet:

«Die Schnitter eines Gehöftes hatten eben ihr Abendessen vor sich, welches in einer gewaltigen Nickeldünne (Rahmkuchen) bestand; da trat eine alte Frau zu den Essenden und bat um ein Stück Dünne. Aber der maßlose Appetit der Essenden wollte nicht in die Erfüllung der Bitte eingehen. ‹Packt Euch!› sagten sie, ‹wir haben nichts Voriges (Übriges) für Euch!› Auf einmal verschwand nun das Weib, man wußte nicht wie; und halb zagend begaben sich hernach die Schnitter wieder an die Arbeit. Kaum war aber eine Stunde verflossen, so kam ein gewaltiger Wirbelwind und wütete dergestalt auf dem Felde, daß nicht ein einziges Hälmchen darauf übrig blieb. Der Unfall wurde dem Nachtgeist zugeschrieben und diente zur guten Lehre für den geizigen Bauer, welcher von da an, wenigstens während der Ernte, mildtätiger gegen die Armen wurde.»

(Werikon bei Uster)

Für die tiefe Bedeutung, die diesen Bräuchen der Wohltätigkeit beigemessen wurde, spricht ihre Stellung im Arbeitsablauf: Vor allem waren sie mit dem Ende der Erntearbeit verbunden, an deren Ergebnis das ganze Dorf einschließlich der Armen teilhaben sollte. Aber es gab auch Anfangsbräuche zur Aussaat, so daß das Beschenken der Armen zur Formulierung von Anfang und Ende der Arbeit gehörte:

«Im Frühling, wenn der Bauer das erste Mal mit dem Pflug auf das Feld fährt, so wird beim Abfahren unter den Pflug eine Schüssel mit 4 Maß Weizenmehl, 6 Hühnereiern und ½ Pfund Schmalz gestellt, und der erste Arme, der dem Bauer begegnet oder der zuerst in das Haus des Bauern kommt, erhält diese Gabe; sie wird Morgengabe genannt.» *(Warmensteinach b. Bayreuth)*[75]

Die Versorgung der Armen durch die Institution Gemeinde wie durch die moralisch-verpflichtende Gesinnung der Besitzenden gehörte zum Alltag des Dorfes. Wenn also die arme Dorfbevölkerung auch meist formal nicht der Zwei- oder Mehrgenerationenfamilie entsprach, die als typische Haushaltsfamilie den gemeinsamen Hof bewirtschaftete, so ist sie strukturell doch diesem Familiensystem hinzuzurechnen. Die Vaterrolle übernahm ein größerer Bauer oder die Gemeinde mit dem Pfarrer als humanem Vermittler. Allerdings bedeutete das Fürsorge und Familiengeist nur im alleräußerlichsten Sinne von Ordnung und Autorität. Der Arme sollte nicht umkommen, wenn er auch gerne abgeschoben wurde. Aber er war unausweichlich an seinen Platz in der dörflich-christlichen Gesellschaft verwiesen wie ebenso alle anderen Dorfbewohner. Auch der Arme wurde nicht individuell eingeschätzt und versorgt, sondern nach seinem «Stand» *vor* der Verarmung: also als Tagelöhner oder Flickhandwerker oder Schulmeisterswitwe. Die soziale Welteinschätzung, wie sie in einem Churbaierischen Intelligenz-Extra-Blatt für das Jahr 1770 zu lesen ist, blieb für die vormoderne Dorfgesellschaft des ganzen folgenden Jahrhunderts die gleiche:

«Gott hat nicht alle Menschen mögen auf gleiche Weise glücklich machen. Ihre Ungleichheit ist das Band, wodurch ihre allgemeine Glückseeligkeit muß erhalten werden ... Hierdurch wird der Einheimische mit dem Fremden, der Grosse mit dem Niedrigen, der Weise mit dem Tagelöhner verbunden ... und er (Gott) hat einen Theil seiner Gaben deswegen nur in wenige Hände gegeben, damit der Umlauf alles Guten, so er geschaffen, desto besser geschehen möchte.»[76]

Solche Vorstellungen waren freilich von denen einer modernen oder gar demokratischen Gesellschaft weit entfernt.

Abgesondert lebten die Bettler, die «mutwilligen» Armen, die außerhalb der Gemeinde standen und wegen ihres Bettelns auch unter bestimmten Bedingungen bestraft wurden. Sie waren meist nicht seßhaft, wanderten von Dorf zu Dorf, und jede Gemeinde fürchtete sich davor, einen solchen Fremden bei Krankheit oder Gebrechlichkeit auf die Dauer aufnehmen und ernähren zu müssen. Wie die Protokolle zeigen, handelte es sich oft um asoziale Personenkreise: Frauen mit mehreren ledigen Kindern, Krüppel und geistig Behinderte, aber auch Arbeitsscheue und Halbkriminelle, wobei im Einzelfall zu entscheiden wäre, inwieweit die Gesellschaft selbst zu deren Absinken in die unterste soziale Kaste beigetragen hat, denn jeder einzelne hatte seine eigene Lebensgeschichte. Aus der katholischen Eifel erzählt Zender, wie die Bettler regelmäßig in die Dörfer kamen, sich im Hausflur hinter die Haustüre stellten und laut für die Bauernfamilie und ihre Toten zu beten begannen. Immer waren sie unterwegs, um sich recht und schlecht durchzubringen. Es gab einzelne besonders arme Dörfer, wo fast alle Bewohner «heischen» gingen, und «es war noch alles, daß der Pastor nicht auch mitging!»[77]

Diese Bettelreisen der Allerärmsten und die Einstellung der bäuerlichen Dorfbewohner dazu mögen in ganz Mitteleuropa vor Einführung einer staatlichen Armenfürsorge ähnlich gewesen sein, und es sei darum erlaubt, eine der seltenen Spezialdarstellungen zu diesem Thema aus Ungarn zu zitieren:

«Gewöhnlich wohnte der Bettler in einem baufälligen Grubenhaus am Dorfrand. Oft befand sich sein Heim zwischen den Hütten der Zigeunersiedlung. Dem kranken, marschunfähigen Bettler brachte eine gutherzige Frau der Umgebung Speise; sie nähte und wusch seine Kleider. Auch die Zigeuner waren gerne bereit, dem Bettler zu helfen. Der Bettler bewegte sich in einem Umkreis von 10–35 km von seinem Wohnort. Ein Kirchtag brachte ihn auch nach viel weiteren Ortschaften. Er organisierte seine Wanderung so, daß er am Sonntag (Jahrmärkte und Kirchweihfeste ausgenommen) immer daheim war. Wenn ihn die Nacht weit von seinem Wohnort überraschte, übernachtete er bei ärmeren Leuten in der Küche oder, im Winter, auf der Ofenbank. Die Ofenbank in der Stube, neben der Tür, war der Platz der Bettler und anderer Wandersleute. Im Komitat Szatmár (Nordost-Ungarn) mußten Zigeuner, Bettler und Hirten, nachdem sie die Stubenschwelle überschritten hatten, an der Tür stehen bleiben; sie durften nicht weiter gehen und konnten nur hier über den Grund ihres Kommens berichten. Im Dorf Hejce, das östlich vom Fluß Hernád liegt, wurden im Winter der wandernde Bettler und Drahtbinder aufgefordert, in die Stube hereinzukommen, wo man ihnen einen Platz auf der Ofenbank mit den Worten anwies: ‹Das ist euer Platz, ruht euch aus, dann könnt ihr weitergehen!› Wenn die Hausfrau ihre Schwiegertochter schelten wollte, sagte sie ihr: ‹Dein Platz ist dort, wo die Bettler sitzen!› Das bedeutete, daß sich die junge Frau in der Nähe der Tür aufhalten sollte. Dem gerne gesehenen Gast wird gesagt: ‹Seien Sie auch morgen hier drinnen!› Ihm wird nämlich der Platz auf der Bank gegenüber der Tür angeboten, während man den Bettler, den Zigeuner, den Hirten, den wandernden Händler an der Tür stehen läßt. Auch der Schweinehirt oder der Viehhirt bot dem Bettler gelegentlich nächtliche Unterkunft an. Im heißen Sommer verkroch sich der Bettler im Feld unter einem Heuschober oder einer Getreidemandel. Die Bauern wissen spaßige Geschichten vom Bettler zu erzählen, den man morgens schlafend unter der Mandel oder dem Feimen fand und beinahe in die Dreschmaschine warf. Im strengen Winter entfernte sich der Bettler nicht weit von seinem Wohnort, sondern lebte vor allem von seinen Vorräten.»[78]

Nur der Schritt bis zum «Bettlerbalken», d. h. der vordere Raum der Stube bis zum ersten Deckenbalken, war also dem fremden Bettler erlaubt. Gunda erzählt aber auch von der Heilkunst der Bettler, ihrem Kräuterwissen und den geheimen Kräften, die vom Besitz eines Bettlerstabes ausgingen. Er berichtet, daß ausschließlich die Bauersfrauen die Almosen austeilten und der Bauer höchstens etwas zu rauchen anbot. Und wie in der Eifel, so hielt man auch in Ungarn die Gebete der Bettler für die Lebenden und die Toten der Familie für besonders heilkräftig.

All diese Überlieferungen, aus denen hier zitiert wird, sagen etwas aus über die Kommunikation im Dorfe und die ambivalente Einstellung, die man zwischen bäuerlichem Arbeitsethos und christlicher Erziehung diesen Ärmsten der Armen gegenüber einnahm. Über die Spende als eine christliche Widmung an die Armen ist viel geschrieben worden,[79] vor allem über die Verbindung mit den religiösen Bräuchen des Allerseelentages, über Atzung und Gastung, Allerseelenbrote und -brezeln. Zum jährlichen Totengedenkfest im Herbst erhob Papst Johann XIX. 1006 den Allerseelentag am 2. November. Dieser Termin gewann im Lauf der Jahrhunderte eine sehr volkstümliche Ausgestaltung und verband sich mit den Vorstellungen von den irrenden toten Seelen, die an diesem Tag ihre Gräber und das Gedenken ihrer Familienangehörigen suchten. So entwickelte sich der Brauch, die Gräber mit Windlichtern zu beleuchten und zuweilen auch Arme-Seelen-Brote hinzulegen. Jedenfalls ist der Allerseelentag in katholischen Gegenden ein Familientag, an dem man die Gräber besucht. Der Arme-Seelen-Glaube führte zur ausgeprägten Mildtätigkeit gegenüber den Armen und Bettlern an diesem Tage, vor allem werden arme Kinder stellvertretend für die armen Seelen beschenkt. Damit erfuhren sie eine Art von christlich-sozialer Aufwertung – zumindest an diesem Termin. In der Altmark z. B. konnten dann die Betteljungen mit sicheren Einnahmen rechnen, wenn sie das Lied von den armen Seelen vor der Himmelstür sangen, mit denen sie sich gewissermaßen identifizierten – und die Bauern als die Reichen am gedeckten Tisch mit Gott und seinen himmlischen Heerscharen![80]

Bettelsänger, die an der Tür stehenbleiben müssen und nicht weiter in die Stube eintreten dürfen. (Franz von Defregger, 1835–1921)

Die eindrucksvollste Darstellung des Allerseelenglaubens in seiner Beziehung zu den Armen findet sich in Reymonts (1867–1925) polnischem Bauernroman «Chłopi» (=Die Bauern, dt. 1912), in dem sich die moralische Hilfsaktion mit den Glaubenstraditionen und der kirchlichen Institutionalisierung verbindet, aber auch mit der Furcht vor den Toten als mächtigen Herrschern.

«Jakob hatte sich zuerst durchgedrängt und überreichte dem Organisten eine nicht kleine Liste von Namen…, die dieser alle vermerkte und für jede Seele 3 Kopeken nahm, oder auch, wenn kein parates Geld da war, 3 Eier. … Er bezahlte, nahm den Rest und betrat die Kirche, um ein Gebet zu sprechen und zuzuhören, wie der Priester auch die Namen seiner Seelen aufrufen würde. Mitten in der Kirche stand ein Katafalk mit einem Sarg darauf, der mit hellbrennenden Lichtern umstellt war. Der Priester las von der Kanzel herab die unzähligen Namensverzeichnisse vor – und wenn er sich einmal unterbrach, antwortete ihm das laute Gebet, das alle für die Seelen, die im Fegefeuer weilen, sprachen.

Der Tag erlosch und versank langsam in die Abgründe der Dunkelheiten. Der Wind regte sich und begann, stöhnend über die Felder zu ziehen. Still war es, eine seltsame düstere Allerseelenstille. Die Menge ging des Weges im strengen Schweigen, – nur das dumpfe Aufstampfen der Füße ließ sich vernehmen, … nur das Musizieren der Bettler und die Bettelgesänge schluchzten in der Luft und zerfielen ohne Widerhall.

Vor dem Tore und selbst schon zwischen den Grabhügeln an der Friedhofsmauer standen Reihen von Fässern, wie man sie sonst für die Salzlauge gebraucht, und um sie herum machten sich Scharen von Bettlern breit. Das Volk flutete dem Friedhof zu. In der Dämmerung blinkten die Lichter der kleinen Kerzen, die einzelne bei sich hatten, und schaukelten die gelben Flämmchen der Öllampen, und jeder zog vor dem Eintritt ein Stück Brot, einen Käse, ein Stückchen Speck oder Wurst aus seinem Bündel hervor oder auch eine Haspel Garn, eine Handvoll gekämmten Flachses, einen Kranz getrockneter Pilze, – sie legten alles andächtig in die Fässer hinein. Einige davon waren für den Priester bestimmt, eines für den Organisten, und der Rest war für die Bettler. Und wer nichts hineinlegte, der drückte etwas Geld in die ausgestreckten Hände der Armen und flüsterte die Namen der Verstorbenen, für die er um eine Fürbitte bat. Der Chorus von Gebeten, Gesängen, von aufgezählten Namen erhob sich immerzu klagend weit über die Friedhofspforte hinaus. Die Leute gingen vorüber, zerstreuten sich zwischen den Grabhügeln, so daß bald Johanniswürmchen gleich Lichtlein hier und da aus der Dunkelheit, aus dem Dickicht der Bäume, aufzuglimmen und zu flimmern begannen. Am Friedhofsrand zwischen den verfallenen Gräbern war es still, leer und düster. Dort lagen die Vergessenen, an die alle Erinnerung längst gestorben war. Hier und da ragte ein vermoderndes Kreuz. Dort lagen ganze Geschlechter, ganze Generationen. Dort betete schon niemand mehr, man weinte nicht und brannte keine Lämpchen.... Jakob holte seine ersparten Brotschnitten hervor, riß sie in Brocken, kniete nieder und warf sie über die Grabhügel. ‹Iß, christliche Seele, die ich Dich zu dieser Abendzeit anrufe, iß, menschliche Büßerin, iß!› flüsterte er ganz hingenommen. – ‹Nehmen sie es denn?› fragte Witek leise mit ängstlicher Stimme. – ‹Versteht sich. Der Priester läßt es nicht zu, sie zu füttern. Manch einer legt was in die Tonnen, aber die armen Seelen haben nichts davon, – nur dem Pfarrer seine Schweine und die Bettler. Und die büßenden Seelen leiden Hunger.› ‹Werden sie auch kommen?› ‹Fürcht dich nicht! Alle, die im Fegefeuer Qualen leiden, alle! Herr Jesus läßt sie an diesem Tage die Erde betreten, damit sie die Ihren besuchen.... Der Böse hat heute keinen Zutritt. Die Fürbitten jagen ihn weg und die Gebete und Lichter. – So sagte meine Mutter, und auch die alten Leute sagen es aus.›

Die Menschen gingen auseinander, die Lichter erloschen, die Gesänge der Bettler verstummten. Ein feierliches Schweigen voll seltsamer Geräusche und Stimmen nahm Besitz vom Gräberhain. Es war, als ob der Friedhof sich mit Schatten fülle, als ob eine Schar voll dämmriger Umrisse sich drängte und ein Chorus leise schluchzender Stimmen erklang, – ein Meer von Angst, voll von Geheimnis, voll Grauen und Wirrwarr, bis sich ein Krähenschwarm von der Kapelle aufwarf und schreiend nach den Feldern flügelte, – und im ganzen Dorf die Hunde zu heulen begannen. Mit Angst schlich man vor die Türen der Häuser, mit Angst lauschte man auf das Rauschen der Bäume, mit Angst blickte man sich nach den Fenstern um, ob die nicht da stehen, die an diesem Tage herumirren, ob sie nicht an den Kreuzwegen mit Büßerstimmen wimmern, ob sie nicht wehmütig durch die Scheiben starren. Und hier und da stellten die Hausmütter nach altem Brauch die Reste der Abendmahlzeit auf die Mauerbänke an den Häusern, bekreuzigten sich und flüsterten: ‹Da nimm, labe dich, christliche Seele, die du im Fegefeuer weilest –!›»[81]

Die merkwürdige Verbindung, die hier die Armut mit der Unschuld eingeht, – die Identifikation von Nichtbesitz und kultischen Fähigkeiten, schließlich die christliche Pflicht zum Almosengeben, die schon bei den Erntebräuchen zu beobachten war: all das darf im 19. Jahrhundert auf dem Lande als letzte Nachwirkung des mittelalterlichen Bettelwesens zu erklären sein, das sich mit dem Aufkommen der Städte entwickelt

Bettlerzeichen, mit denen sich die Bettler durch Anschreiben an die Haustüren gegenseitig verständigen: Kreise bedeuten Bargeld, – ein Kreuz, daß man recht fromm tun solle, – eine Katze, daß nur Frauen im Hause sind, – ein Viereck mit Punkt, ein energischer Mann usw.

hatte.[82] Die Vaganten auf den Landstraßen setzten sich im Süddeutschland des späten 18. Jahrhunderts aus abgemusterten Soldaten, den Angehörigen «unehrlicher Berufe» wie Abdecker, Hüter und Schergen, Kindern von Vaganten und unehelichen Kindern, Spielleuten, Gauklern und Scherenschleifern zusammen, wozu eine Gruppe von Handwerksgesellen kam, die ihre Wanderzeit gewissermaßen verewigten und nicht mehr in das ansässige Handwerk zurückzukehren vermochten.[83] Die Zusammensetzung der Menschen auf der Straße wird im 19. Jahrhundert nicht viel anders gewesen sein, – vielleicht mit dem Unterschied, daß die Gruppe der heimatlosen Handwerksburschen im Zuge der Industrialisierung noch zunahm. Dafür spricht auch das Eindringen zahlreicher Handwerkerbräuche in das Verhalten der Landarbeiter, übernommen von vagierenden Handwerksburschen, die während der Ernte bei den Bauern und auf den Gütern Arbeit und Unterkommen fanden[84] und damit nicht wenig zu einer eigenständigen Brauchsprache der unterbäuerlichen Schichten in der Auseinandersetzung mit ihrer Herrschaft beitrugen.

Bettelarm zu sein bedeutete also, ständig Gefahr zu laufen, für irgendein kleines Vergehen gerechter- oder ungerechterweise bestraft zu werden – und zwar oft mit unangemessen harten Strafen.

Die vagierenden Unterschichten waren keine geschlossene soziale Gruppe, sondern meist Einzelne, die durch schlechte Lebensbedingungen oder auch zufällig auf diese unterste soziale Stufe gerieten. Sie durften sich kaum Hoffnung auf Verständnis oder Hilfe von außen machen. Verbindliche Formen der Kommunikation wurden von ihnen nur wenig entwickelt, sichtbar vielleicht in den Bettlerzeichen, mit denen sie sich die Almosenchancen an den Haustüren mitteilten, oder in bestimmten Formen der Kleidung, der Sprache und ähnlicher Erscheinungen, die sich übrigens bis in die Gegenwart fortgesetzt haben.[85]

Das Wirtshaus als Treffpunkt

«Der Steppenhof war nämlich ein Wirtshaus. Er hatte ja ursprünglich, wie jedes andere Haus zu Altenmoos, seine Felder, Wiesen und Waldbestände gehabt, aber weil er gar so nahe am Wege stand und so bequem am Wasser, so war allmählich ein Wirtshaus daraus geworden. Da mußte der Stepper bei den Gästen sitzen oder in anderen Wirtshäusern zu Sandeben selbst Gast sein, damit die Wirte gelegentlich wieder bei ihm einkehren sollten. Und so ward vor lauter Wirt- und Gastsein der Bauernwirtschaft vergessen. Also gab's im Steppenhause nun Apfelmost, Branntwein und sogar zwei Gattungen echten Traubenweines, wovon die eine Gattung ‹der Ordinari›, die andere ‹der Bessere› genannt wurde. Jeden Gast, der Wein verlangte, fragte der Wirt: ‹Einen Besseren?› und wenn das ja zumeist von den sparsamen Altenmoosern verneint wurde, so hatten diese sich alle Schuld selber beizumessen. Indes hatte selbst der ‹Ordinari› keine weiteren Untugenden, als daß er eben ehrlich sauer war. Auch Eierspeise und Kaffee konnte man haben beim Steppenwirt, und an Sonn- und Feiertagen Hammel-, Hasen- oder gar Schweinsbraten. Einer oder der andere der guten Altenmooser saß in der Wirtsstube und trank, rauchte oder ‹duselte›. Wenn's zu Hause Verdruß gegeben, war es hier höllisch fein zu sitzen. Und wenn zu Hause alles gut ging, sah mancher nicht ein, warum er sich nicht ein Seidel gönnen solle. War ein vorteilhafter Viehhandel abgeschlossen, so saß sich's wie angegossen am Ahorntisch, und hatte einer Holz oder Hafer verkauft, so war gewiß die trockengeredete Kehle anfeuchtungsbedürftig. Auch gab es in Altenmoos Quartal-Lumpen; das waren solche, welche monatelang brav zu Hause blieben und arbeiteten, wenn sie endlich einmal ins Wirtshaus kamen, dann hockten sie tagelang darin fest, schliefen den einen Rausch auf der Ofenbank aus und tranken den anderen am Tische, bis ihr Geld, ihre Sackuhr und oftmals auch ihr Rock vertan war. Dann kehrten sie heim und war ihnen wieder wohl auf ein Vierteljahr. An den Sonntagen nachmittags waren die drei Tische der Gaststube stets voller Leute. Der Stepper hatte seine weiße Schürze umgebunden, sein grünes Samtkäppchen auf die Kopfglatze gestülpt und sein Gesicht zu einer behaglichen Gemütlichkeit auseinandergezogen – da war der Wirt fertig. War er bei Humor, so brachte er allerlei Sprüchlein und Schalkheiten vor, mit denen er bisweilen andere, öfter aber sich selbst verspottete. So sagte er: ‹Nachbar! hautschlechter Mensch! für Dich ist das frisch Wasser viel zu gut. Du mußt heute Steppenwirts Wein trinken, damit Du Deine Sünden abbüßest.› Oder: ‹Nein, Brüderl, gesoffen wird nicht, aber trinke, so viel Du magst.› Oder: ‹Müller, Schneider und Wirte werden nicht gehenkt, sonst ginge das Gewerbe leer aus.› Oder: ‹Geh', gunn Dir ein Stündel Rast bei mir, besser müßig gehen, als nicht arbeiten.› Wenn einer seinen Rock auszog, so eilte der Stepper dienstfertig herbei und sagte: ‹Laß mich dazu. Das Leutausziehen können die Wirte am besten.›»[86]

Diese Beschreibung eines steirischen Dorfgasthauses sei als typisch dem Abschnitt «Wirtshaus» vorangestellt, gibt sie doch sowohl Auskunft über den Wirt und seine Beziehung zu den Gästen wie über das Angebot an Getränken und Speisen, das freilich regional sehr unterschiedlich war. Das größte und wichtigste Wirtshaus lag meist bei der Kirche, damit auch die Fremden bei kirchlichen Zusammenkünften, Taufen, Hochzeiten, Beerdigungen dort einkehren konnten. Aber es gab in größeren Ortschaften zuweilen noch weitere Gaststätten: für die Fuhrleute entweder an der Straße oder an einem anderen zentralen Ort des Dorfes. Der Sonntag war der Tag, an dem man sich vor der Kirche und im Gasthaus präsentieren konnte:

«Sonntags nach der Kirche, wenn alles um den Weg war und im Dorfe hin- und herlief, erschien im Wichs mit glatt gescheiteltem und glänzend eingefettetem Haar, buntem Halstuch, dunkelfarbigen Kleidern und glänzenden Stiefeln auf der Gasse zwischen Pfarrhaus und Schule ein Bursch. Dann schritt er, von allen gesehen, auf die Türe der ‹Krämerin› zu mit einem Anstand und Selbstgefühl, als nähere er sich den Säulenreihen des glänzendsten Magazins. Bald darauf kam er mit brennender Zigarre heraus. Dieser ersten Leistung folgte ein mit aller Ostentation ausgeführter Gang zu einem Schoppen Most in den ‹Löwen›. Lange dehnt sich auf kleinem, abgelegenem Dorfe der Sommersonntagnachmittag.»[87]

In kleineren Ortschaften und den Gutsdörfern Ostelbiens mag der Krug zu Anfang des Jahrhunderts so ausgesehen haben, wie Fontane sein Hohen-Vietz beschreibt und den Krug in die Struktur des Dorfes einordnet:

«Das Dorf Hohen-Vietz beschränkte sich in seinem Innenteil auf eine einzige langgestreckte Straße, die, dem Fuße des Hügels folgend, nach Norden hin mit dem Vitzewitzeschen Rittergute, nach Süden hin mit einem großen Mühlengehöft abschloß. Freundlicher noch als das Rittergut lag die Mühle, die eine Öl- und Schneidemühle war. Ein Wasser, das mit starkem Gefälle am Dorf vorüberfloß, trieb beide Werke. Rittergut und Mühle die Flügelpunkte; dazwischen die Straße, die ihre dreißig Häuser oder

Oberbayrische Wirtsstube. (Lorenz Quaglio, 1793–1869)

mehr, ziemlich unregelmäßig, auf beide Seiten verteilt hatte. Die linke Seite, die östliche, war die bevorzugte. Hier lagen die Pfarre, die Schule, der Schulzenhof, während die rechte Seite, die fast ausschließlich von Büdnern und Tagelöhnern bewohnt wurde, nur ein einziges stattliches Gebäude aufwies: den Krug. In diesen treten wir jetzt ein. Er hatte nicht das Ansehen wie sonst wohl Dorfkrüge, dazu fehlte ihm der auf Holzsäulen ruhende, jedem vorfahrenden Wagen als Wetterdach dienende Giebelbau; vielmehr sprang eine doppelarmige, aus Backsteinen aufgemauerte Treppe vor, die fast ein Drittel der unteren Hausfront ausfüllte. Auch das Geländer war von Stein. Dieser äußeren Erscheinung, die mehr Städtisches als Dörfisches hatte, paßte sich auch die innere Einrichtung an. Von den zwei Gastzimmern, die durch den fliesenbedeckten Flur getrennt waren, zeigte das eine mit seinen blankgescheuerten Tischen und hochlehnigen Schemelstühlen, in die ein Herz geschnitten war, allerdings noch den Krugcharakter, das andere aber mit Mullgardinen und eingerahmten Kupferstichen, darunter Schill und der Erzherzog Karl, glich in allem fast einer Bürgerressourcenstube und hatte sogar einen Lesetisch, auf dem neben dem ‹Lebuser Amtsblatt› der ‹Beobachter an der Spree› und die ‹Berlinischen Nachrichten von Staats- und gelehrten Sachen› ausgebreitet lagen. Alles verriet Behagen und Wohlhabenheit und durfte es auch, denn über beides verfügten die Hohen-Vietzer Bauern, die hier ihr Solo spielten, in ausgiebiger Weise. Ihre Hörigkeit, wenn sie je vorhanden gewesen war, hatte in diesen Gegenden, wo dem herrenlosen Bruch- und Sumpflande immer neue Strecken fruchtbaren Ackers abgewonnen wurden, seit langem glücklicheren Verhältnissen Platz gemacht...

Auch heute, am Weihnachtstage 1812, hatten sich einige bäuerliche Honoratioren, alles Männer von Mitte Fünfzig und darüber, in der Gaststube versammelt. Es waren ihrer vier: Großbauer Kümmeritz, Anderthalbbauer Kallies, Ganzbauer Reetzke und Ganzbauer Krull, lauter echte Hohen-Vietzer, die seit unvordenklichen Zeiten an dieser Stelle sässig... Alle waren festtäglich gekleidet, trugen lange, dunkelfarbige Röcke und saßen, mit Ausnahme eines von ihnen, gerade, aufrecht in den breiten, gartenstuhlartigen Holzsesseln, die zu acht oder zehn um einen großen rotbraun gestrichenen Rundtisch herumstanden.

Als fünfter hatte sich ihnen der Wirt selber, der Krüger Scharwenka, zugesellt, der durch Erbschaft von Frauenseite her ein Doppelbauer und überhaupt der reichste Mann im Dorfe war, nichtsdestoweniger aber, trotz seiner sechshundert Morgen Bruchacker unterm Pflug, nicht für voll und ebenbürtig angesehen wurde. Das hatte zwei gute Bauerngründe. Der eine lief darauf hinaus, daß erst sein Großvater, bei Urbarmachung des Oderbruchs, mit andern böhmischen Kolonisten ins Dorf gekommen war; der andere wog schwerer und gipfelte darin, daß er allem Abmahnen zum Trotz von dem wenig angesehenen Geschäft des ‹Krügerns› nicht lassen wollte. Scharwenka, so oft dieser heikle Punkt zur Sprache kam, pflegte sich auf seinen Großvater selig zu berufen, der ihm von Kindesbeinen an beigebracht habe: Dukaten seien nie despektierlich. Der eigentliche Grund aber, warum er den Bierschank und das ‹Knechte bedienen› nicht aufgeben wollte, lag keineswegs bei den Dukaten. Es war dem reichen Doppelbauer viel weniger um den Krugverdienst als um die tagtägliche Berührung mit immer neuen Menschen zu tun; das Plaudern, vor allem das Horchen, das Bescheidwissen in anderer Leute Taschen, das war es, was ihn bei der Gastwirtschaft festhielt. Er setzte seinen Stolz darein, die Nachricht von einer bäuerlichen, durch die Verhältnisse notwendig gewordenen Mesalliance vierundzwanzig Stunden früher zu haben als jeder andere.

Subhastationen konnte er vorausberechnen wie die Kalendermacher das Wetter; seine eigentliche Spezialität aber waren die der Feuerlegung verdächtigen Windmüller. Die Liste, die er darüber führte, umfaßte so ziemlich das ganze Gewerk. So Krüger Scharwenka.

Seinen Platz hatte er gerade der Türe gegenüber genommen, um jeden Eintretenden sehen und begrüßen zu können.»[88]

Diese anschauliche kenntnisreiche Schilderung des Dorfkrugs, des Wirts und seiner Gäste erklärt das Ansehen des Wirtes im Dorfe und zugleich seine Funktion im Kommunikationsprozeß. Es wird auch hier schon deutlich, daß nur Männer zum Trinken in den Dorfkrug gingen und Frauen höchstens zum Leichenmahl oder bei sonstigen familiären Angelegenheiten. Aber dann suchte man die «Herrenstube» auf, und die Frauen betraten das eigentliche Wirtshaus kaum. Eine Schilderung des politisch-gesellschaftlichen Wirtshauslebens im damals badisch-pfälzischen Odenwald gibt Johann G. Kinkel (1815–1882):

«Die süddeutsche Gaststube ist einer der wichtigsten Plätze für das öffentliche Leben. Nicht wie im Norden sondern sich hier die Stände in Kasinos und Klubs ab: der Schoppen dient vielmehr als Bindemittel zwischen allen Berufsarten und selbst allen Bildungsstufen, die indessen in Baden nicht gar so weit auseinanderliegen...

Der Lehrer, der im deutschen Süden fast durchweg die Fortschrittspartei vertritt, liest die Zeitung vor, welche jeder Wirt als das hauptsächliche Anlockungsmittel zu halten verbunden ist; die kraftvollsten Kammerreden kommen zum Vortrag und werden ausführlich besprochen; auch bildet sich hier das Urteil darüber, ob der gewählte Abgeordnete des Kreises im Sinne der Wähler seine Schuldigkeit tue oder nicht. Alle Stände gleichen sich in den gemeinsamen Interessen des Staatslebens aus; selbst Pfarrer und Bürgermeister verschmähen es nicht, hier öfter einzusprechen, und hierauf zum großen Teile beruht es, daß der Klassenkampf zwischen Reich und Arm hier noch nicht durchgreift, vielmehr die Begüterten gerade den Kern der Oppositionspartei bilden. Es würde auffallen, wollte jemand in die Herrenstube sich zurückziehen. Höchstens geht man dahin, um allein und ungestört zu speisen, und kehrt dann in die allgemeine Gaststube zurück. Natürlich spielt bei diesem allem der Wirt eine Hauptperson; in ihm sammelt sich gleichsam alles politische Licht, das die gesamten Gäste von sich strahlen; er hat mit der neuen Zeitung und durch die einsprechenden Fremden zuerst die neuesten Nachrichten in Händen und weiß seine Belehrungen stets an den rechten Mann zu bringen; daher auch in allen süddeutschen Bewegungen die Gastwirte stets eine große Rolle gespielt haben. Manche Wirtsstube der Pfalz ist wichtiger als zwölf Gemeindehäuser zusammengenommen.

Gewiß, dies hat auch seine Kehrseite. In den bewegtesten Wirtshäusern werden nur Oppositionsblätter geduldet; der Ton dieser politischen Besprechung, die gar oft auch zur politischen Kannegießerei wird, ist heftig und leidenschaftlich, und der zu diesem geistigen Vergnügen hinzugenossene Wein, verbunden mit der lauten und redseligen Art dieses warmblütigen Menschenstammes, macht gründliche Belehrung, kalte Überlegung unmöglich.

Nebenbei schließen sich denn im Wirtshaus noch eine Menge anderer Geschäfte ab, die auf Handel und Wandel Bezug haben. Die Gaststube ist die Bank und Börse des Dorfes, wo man die Schrannenpreise der nächsten Märkte erfährt und gar oft auch die Preise macht; außerdem aber dient die abendliche Zusammenkunft als allgemeines Kommissionsbüro.»[89]

Wirtsgarten mit Kegelbahn in einem Vorort bei Frankfurt am Main. (Anton Radl, 1774–1852)

Das Wirtshaus war also zunächst einmal ein Ort der Entspannung und der Unterhaltung, des Politisierens und Diskutierens, ein Treffpunkt für den Feierabend, wo der Lustige und Witzige über seinen sozialen Stand hinaus geschätzt wurde. So erzählt Oskar Maria Graf von seinem Vater, der Bäckermeister war:

«Der Maxl tauchte jetzt wieder öfter als sonst in den Wirtshäusern auf und versäumte keine Kirchweih in der Gegend. Ganz anders als früher wurde er überall aufgenommen. Das tat ihm wohl. Er hatte sich Achtung erkämpft. Er galt halbwegs als ebenbürtig. Nur die wenigen, noch starr am Althergebrachten festhaltenden Bauern brachten ihm ein verschwiegenes Mißtrauen entgegen und blieben unzugänglich. Die Jungen, die Kleinhäusler und die neu hergezogenen Handwerker freuten sich an seiner Lustigkeit. Zudem hielt man ihn auch schon für einen Mann, der durch eigene Tüchtigkeit sichtlich wohlhabend geworden war, und er bestärkte diesen Eindruck, wo immer er nur konnte. Beim Wiesmaier und beim Klostermaier zahlte er nicht selten Freibier für seine laute Tischrunde, und – was man anfangs ein bißchen befremdlich, nach und nach aber nett fand – er brachte, wenn er als Kirchweihgast zu einem Bauern kam, frische Laugenbrezeln oder Semmeln mit, die er großzügig verteilte. Er trank viel und gern, immer fiel ihm etwas Neues ein, wenn die Heiterkeit zu erlahmen drohte, und die Geschichten aus dem Krieg, die er erzählte, die unbekannten Lieder, die er sang, fanden zuweilen begeisterten Beifall. Alsbald wußten viele junge Leute Text und Melodie von ‹Bei Sedan auf den Höhen› und ‹Es geht bei gedämpfter Trommel Klang›, von ‹Hoch vom Dachstein oben, wo der Aar noch haust›, und wenn der Maxl anhub, fielen die Stimmen mit ein. Ein dröhnender Chorgesang war es zuletzt. Die Wände und Fenster schienen zu erzittern.»[90]

Aber auch aus diesem bayerischen Beleg, der doch eine gewisse Freimütigkeit verrät, spricht das dörfliche Hierarchiedenken, das sich auch in der abendlichen Umgebung Geltung verschaffte.

Wie schon gesagt, hatten die Frauen nur ausnahmsweise Zutritt zu den Wirtshausräumen – und wenn, dann weniger als «holde Weiblichkeit» oder weibliche Begleitperson als vielmehr in einem neutralen oder durch ihre wirtschaftliche Position bestimmten Sinne. Oskar Maria Graf hat diese Situation, in der die Frau stellvertretend den Honoratiorenstatus ihres verstorbenen Mannes einnimmt, aus seiner intimen Kenntnis des bayerischen Dorflebens in einem seiner Romane verarbeitet; die Witwe des Bürgermeisters lädt nach der Beerdigung zum Leichenmahl ins Gasthaus ein:

«Die Rotholzerin und ihre vielen Verwandten zwängten sich im Gang durch die noch immer in die Wirtsstube drängenden Leute, um zum brauchmäßigen Leichenmahl ins Nebenzimmer zu kommen. ‹Für uns ist schon 'deckt hinten›, trieb die Bürgermeisterin: ‹Geht's nur weiter, Schwager, Vetter! ... Geht's nur, Basln!› Der Heingeiger, seine Bäuerin und die Zenzi gingen neben ihr. Die Elies war daheimgeblieben bei ihrem Kind, und weil eins im Haus bleiben mußte. Der Silvan meinte eigentümlicherweise: ‹Ich schau zu meinen Kriegskameraden hinein. ... Ich komm' nachher schon zu euch.› Und ehe ihn seine Leute davon abhalten konnten, war er in der lärmerfüllten Wirtsstube verschwunden. Das verstimmte.»[91]

Auch der unterschiedliche Charakter von öffentlicher Wirtsstube und mehr privatem Nebenraum wird hier deutlich. Dieses herausgehobene «Nebenzimmer» erwähnt im gleichen Sinne Ludwig Thoma und beschreibt die soziale Hierarchie, die sich in dessen Benutzung auswirkte; es war im allgemeinen für die Dorfhonoratioren gedacht:

«Der Weblinger Wirt hatte einen guten Tag. Saal und Stuben waren gefüllt, und im Nebenzimmer saßen alle Honoratioren, auf die er gerechnet hatte. Die Herren Lehrer aus der Umgebung, der Förster von Pellheim, der Verwalter von Hohenzell und der Stationskommandant Hermann. Unter der Türe erschien ein junger Mann. Er grüßte freundlich und wurde von allen willkommen geheißen. ‹Bei mir ist noch Platz›, sagte der Lehrer Stegmüller von Erlbach. ‹Darf ich die Herrschaften miteinander bekannt machen? Herr Mang, Kandidat der Theologie – Fräulein ... entschuldigen, jetzt hab ich den Namen vergessen ...› ‹Sporner›, sagte das hübsche Mädchen, welches neben ihm saß. ‹Fräulein Sporner, die Nichte des Herrn Collega von Aufhausen. Den kennen Sie ja schon?› ‹Gewiß habe ich schon die Ehre gehabt. Wenn die Herrschaften erlauben, dann bin ich so frei›, sagte der Kandidat der Theologie und setzte sich mit linkischer Bescheidenheit nieder.»[92]

Widerspruchslos und unangefochten behauptete jede Gruppe ihren angestammten Platz im Dorfwirtshaus. So hatten z. B. in den Schwarzwalddörfern die Großbauern ihren besonderen Tisch und bekamen Flaschen und Gläser zu ihrem Wein; die Halbbauern saßen wieder gesondert und hatten glatte Schoppengläser; und wiederum in einer anderen Ecke der Wirtshausstube befand sich der Tisch für die Häusler, die ihren Wein in gerippten Gläsern erhielten.[93]

Auch Ludwig Thoma schildert für die bayerischen Gasthöfe diese Tischehierarchie und nennt den «Burschentisch», an dem hauptsächlich die unverheirateten Knechte saßen, die *Ehhalten,* und sich sogar zu vorgerückter Stunde Spottlieder auf die Bauern am Nebentisch zu singen getrauten.[94] Ja, es geht aus diesem Text hervor, wie sehr so eine Knechts-Tischrunde gruppenbildend und auch ermutigend wirkte, um die gemeinsamen Nöte und Konflikte unter dem Einfluß des Alkohols auch einmal gemeinsam in vorgeformten Texten herauszubrüllen. Der Wirt bezog so recht keine Position, denn er wollte keine Kundschaft verlieren, auch nicht die der Knechte. Er versuchte nur, jeweils für Ruhe und Ordnung zu sorgen, schon im Interesse seines Inventars. Aber im Ernstfalle freilich stand er mehr auf der Seite der Großbauern. Manchen «Werdegang» zum Alkoholiker beobachtete der Wirt und versuchte meist helfend und mäßigend einzugreifen. So befanden sich die Gastwirte auf dem Dorfe sozial in einer Zwischenstellung. Sie waren an Geld und Gut oft reicher als die Bauern, mußten diese aber bedienen. Da sie verhältnismäßig wenig körperlich arbeiteten, aber viel Bier tranken, wurde «der dicke Bierwirt» zu einem dörflichen Topos; so erzählt der Maler Lovis Corinth (1858–1925) von einem Schützenfest in seiner ostpreußischen Kindheit:

«Am Tage des Festes stellte sich die Schützengilde in Reih und Glied auf dem Marktplatz auf. Die Offiziere mitsamt dem Schützenkönig sprengten an den ausgerichteten Reihen entlang, welche präsentierten unter Trompetenfanfaren. Der Schützenkönig und die Ältesten des Generalstabes saßen auf geborgten, prächtig aufgezäumten Pferden, welche der Gendarm und der beliebte Kontrolleur gern zu dem Fest herliehen. Der Schützenkönig und seine Vorgänger hatten breite Ordensbänder mit tellergroßen silbernen Medaillen über die Brust gelegt. Der dicke Bierwirt und der dicke Olck, beide Gastwirte und zugleich die Korpulentesten, taten sich besonders dick und waren nur noch an ihren dicken Bäuchen wieder zu erkennen. Dann zogen alle mit ‹Gewehr über› und dem Düppler Schanzenmarsch mutig nach den Fichten zu.»[95]

Das Wirtshaus war also eine Art Kommunikationszentrum, und der Gastwirt wußte oft mehr von den verschiedenen Dorfbewohnern als der Pfarrer. Besonders war er über die finanziellen Verhältnisse orientiert und erfüllte nicht selten die Funktion des Geldausleihers.

Zu seinem guten geheimen Informationsstand über das eigene Dorf und die Nachbargemeinden trugen auch die wandernden Dorfmusikanten bei, die grundsätzlich bei ihm einkehrten und die er für die sonntägliche Tanzmusik anmietete.

Neben der Kegelbahn, die fast zu jedem Dorfwirtshaus gehörte und die wegen der mit dem Kegeln verbundenen sportlichen Ansprüche die verschiedenen sozialen Schichten des Dorfes versöhnte, führten die Tanzgeselligkeiten die Jugend des ganzen Dorfes zusammen. Freilich gab es auch hier hierarchische Ordnungen; manche Ortschaften besaßen sozial unterschiedene Gasthäuser und dementsprechend Tanzunterhaltungen, oder die Bäuerinnen bevölkerten die Wandbänke des Tanzsaals und kontrollierten mit wachsamem Blick, ob ihre Töchter auch mit den «passenden» Partnern tanzten!

Sonntagstanz und Dorfkapelle

Wie sahen nun diese ambulanten *Dorfkapellen* im 19. Jahrhundert aus?[96] Grundinstrumente der Gruppe waren Geige, Kontrabaß und Klarinette, auch Horn und Piccoloflöte, zuweilen eine Trommel, in den verschiedensten regionalen Varianten. Dazu kamen die Maultrommel, das alpine Hackbrett und später als beherrschendes Instrument mit seinen schleifenden, zum Tanz motivierenden Rhythmen die Ziehharmonika. Als ältere weitverbreitete Instrumente sind der Dudelsack und die französische Drehleier zu nennen.

Zwar gehörte eine gewisse Schulung zur Beherrschung der Technik dieser Instrumente, eine gewisse Fingerfertigkeit oder Kenntnis des Lippenansatzes. Aber solche Künste erlernten die Musikanten hauptsächlich durch Zusehen und Mitmachen und

Wandernde Tanzkapelle mit ihren traditionellen Instrumenten Violine, Drehleier und Klarinette. (Johann Konrad Seekatz, 1719–1768)

selten durch systematischen Unterricht. Meister der Tanzmusik waren die Zigeuner, nicht nur auf dem Balkan. Die entscheidende Qualität der dörflichen Tanzkapellen lag in der Vermittlung des tänzerischen Rhythmus, der durch das Stampfen und Kreischen der Tänzer verstärkt wurde. Man tanzte im Gasthaussaal, im Sommer auf einem hölzernen Tanzboden im Freien. Die Musikanten saßen früher auf einer erhöhten Bank und dann auf einem eigenen Podium, wo sie vom Wirt, aber auch von wohlhabenden Gästen mit Getränken versorgt wurden. Eine Ein-Mann-Kapelle betrieben die Besitzer einer Drehorgel oder eines Leierkastens: eine trag- oder fahrbare Kleinorgel mit gedeckten Pfeifen, deren Ventile sich durch die auf einer Melodiewalze angebrachten Stifte öffneten. Die mit der Hand geleierte Kurbel dreht die Walze und erzeugt gleichzeitig den nötigen Wind. Das war ein typisches Instrument der wandernden Straßenmusikanten, die oft mit ihren Darbietungen den Verkauf von Einblattdrucken verbanden:

Fünf schöne
neue Lieder.

1) Der Mensch soll nicht stolz sein ꝛc.
2) Du hast Diamanten und Perlen ꝛc.
3) Macht man ins Leben kaum den ersten ꝛc.
4) Wie die Blümlein draußen zittern ꝛc.
5) Wenn grün die Eichen stehn auf ꝛc.

«Ich wollt mich nur anmelden, erwiderte die heisere Stimme, indem die Pfeife des Leierkastens, welche bei dem letzten Worte des Liedes in Tätigkeit gewesen war, auspfiff. Herein trat oder vielmehr drängte sich eine mißgewachsene, kahlköpfige Gestalt, in eine kurze, grobe Jacke und zerrissene Hosen gekleidet, mit Holzschuhen an den Füßen. Es war der einäugige Spielmann, der bei den Bauern in der Gegend der Patriotenkaspar hieß, weil er als fünfzehnjähriger Knabe zu den holländischen Patrioten gelaufen war. Er wußte viel von Schonhoven, Gorkum und Nieuwport zu erzählen; jener Feldzug war die große Zeit seines Lebens gewesen. Übrigens galt er für einen schlechten Menschen, dem man nicht gern begegnete, schützte sich vor dem Hungertode durch den Pfennigerwerb seines Leierkastens und lag oft wochenlang unter freiem Himmel oder in einsamen Schuppen und Ställen, denn ein eigenes Obdach besaß er nicht, obgleich er in seiner Jugend ein artiges Erb' angetreten hatte, welches ihm aber in sonderbarer Weise verloren gegangen war. Neben seinem Singen ‹schöner neuer Lieder, gedruckt in diesem Jahr›, trieb er auch einen kleinen Handel mit Schriften wie: ‹Des Herzogs von Luxemburg Verbündnis mit dem Satan› oder ‹Die schöne Karoline als Husarenoberst›, welche auf dem Leierkasten zur Anreizung der Wißbegierigen ausgebreitet lagen, wenn er sang und spielte.»[97]

Gegen Ende des Jahrhunderts hob sich die Abgeschlossenheit, die das Denken vieler Dorfbewohner lange bestimmt hatte, mehr und mehr durch die wachsenden Verkehrsverbindungen auf, und besonders die Angehörigen mobiler Berufe gewannen Einblick auch in andere soziale Verhältnisse. Da waren die Wirtshäuser und in den Tourismusgegenden die Hotels der Ort der Begegnungen. Oskar M. Graf beschreibt, wie sein Vater als bayerischer Bäcker im Zusammenhang mit der Hochzeit seiner Tochter solche Bekanntschaft mit der nächst höheren Sozialschicht genoß:

«Der Hochzeitstag der Bäcker-Stasl rückte näher. Die Herrschaften hatten für das zukünftige Brautpaar recht ansehnliche Geschenke besorgt. Der Maxl ... erfuhr davon beim Strauch in Leoni. Die Strauchs waren großzügige, feine Leute, die es nicht gern sahen, wenn Bauern und sonstige Einheimische ihr Hotel besuchten. Insbesondere im Sommer war ihnen das unangenehm. Im Winter, wenn die meisten Herrschaften in der Stadt waren, gaben sie ein einziges Mal einen großen Ball, an dem die königlichen Bedienten und Hofbeamten vollzählig teilnahmen. Da waren ihnen auch die wohlhäbigen Landleute erwünscht. Sonst aber reflektierten sie nur auf noble, städtische Gäste, und da ihr Hotel den höchsten Anforderungen entsprach und die Preise entsprechend waren, ergab sich von selbst eine solche Auslese. Nur der Bäcker-Maxl war beim Strauch beliebt. Ihm schmeichelte, daß sich die beiden Hotel-Eheleute zu ihm herabließen. Durch den Verkehr mit ihnen – so wenigstens erschien es ihm – kam er gewissermaßen ganz nahe mit der feinen, großen Welt in Berührung. Deswegen machte er in Leoni am liebsten seine pflichtmäßigen Geschäftszechen, abgesehen davon, daß die Strauchs auch seine beste Brotkundschaft waren.

‹Jaja, Maxl, prachtvoll wird sie beschenkt, die Stasl›, erzählte die kleine, stets elegant gekleidete, vielberingte Strauchin leger, ‹vom Himsel bekommt sie ein wunderschönes, echtes porzellanenes Kaffee-Service, der Hornig schenkt ihr eine goldene Uhr, und der Graf Rambaldi gibt ihr ein eingelegtes, silbernes Brustkreuz. Was man beim Professor Walkoff spenden will, weiß ich noch nicht. Die Emmerichs wollen ihr ein saffianledernes Portefeuille mit Geld geben, und von uns will ich noch nichts verraten.› Sie lächelte, und als sie sich jetzt bewegte, rauschte ihr schwarzseidenes, anliegendes Taftkleid.»[98]

Maitanz auf dem Dorfe, wobei die Kapelle auf einem erhöhten Podium sitzt. (Unbekannter Maler des 19. Jahrhunderts)

Im Rückblick auf dieses Kapitel erscheint die dörfliche Gesellschaft, entgegen allen demokratischen Grundgesetzen, so ungleich wie nur möglich. Das hierarchisch geordnete Prinzip der Ungleichheit durchwirkte alle Gruppen der ländlichen Bevölkerung vom Herrenhof bis zur letzten Tagelöhnerhütte, bestimmte die örtlichen Bezeichnungen «Oberdorf» mit den reichen Bauern und «Unterdorf» mit den Häuslern und erfaßte auch das Innenleben der einzelnen Gruppen wie Bauern und Gesinde, Häusler und Landarbeiter, Männer und Frauen. Es äußerte sich in zahlreichen Zeichen der Dorfkultur vom Wohnhaus und seiner Ausstattung über die Tracht bis hin zu Pferden und Gespannen – von den reich ausgestalteten Figurationen der Taufe, der Hochzeit, der Bestattung bis hin zu den Formen des Grußes und der Anrede. Dabei war jeder von der Richtigkeit und Allgemeingültigkeit dieser gedachten Ordnung überzeugt, die sich möglichst in einer gelebten verwirklichen sollte. Die Kirche als Institution verstärkte im allgemeinen dieses Denken, und nicht immer erreichte der soziale Charakter der christlichen Botschaft den Pfarrer und über ihn die Gemeinde. Die militärische Erziehung trug im Laufe des 19. Jahrhunderts nicht wenig zur Verstärkung des Kasten- und Klassendenkens bei.

Kartoffelernte in Pommern: «Mittag! der Vogt hatte gepfiffen, und alles eilte mit seinem Brotränzel einer nahen Tannenhölzung zu, um sich dort im ‹Überwind› für drei Viertel Stunden niederzulassen. Da kam auch schon ein Dienstjunge vom Hofe mit einem Kübel voll Kaffee angefahren. Jeder holte nun seinen mitgebrachten Topf oder auch Blechmaß hervor und ließ sich von einer Tagelöhnerfrau das Getränk einschöpfen.

Die Frau meinte dabei, es sei eben Leutekaffee: zu drei Vierteln aus gebrannten Gerstenkörnern und zu einem Viertel aus Cichorien zusammengebraut. Doch hübsch warm war die Brühe, das mußte man ihr lassen. Mit beiden Backen kauend suchte ich jetzt unseren Vogt auf, der etwas abseits saß und sein Mittagessen verzehrte, das ihm seine kleine Tochter nachgebracht hatte. Kindliche Neugierde trieb mich, ihn heimlich zu fragen, weshalb er vorhin so in gewisser Entfernung vor dem Herrn stehen geblieben sei. ‹Dat kümmt noch vom Kummiß, und dei Herr will dat so hewwe›, belehrte er mich. Der Herr sei Rittmeister gewesen, und da verlange er, daß jeder seiner Arbeiter, der mit ihm sprechen wolle, sechs Schritt vor ihm stehen bleibe und abwarte, bis er von ihm angeredet werde. Er als Vogt habe seine Meldung gemacht, und nachher erfordere es der Respekt, daß er den Herrn begleite, solange bis derselbe abwinke, und zwar müsse er stets an der linken Seite gehen, ‹nicht zu dichte ran›. Beim Inspektor verringere sich dieser Abstand etwa um die Hälfte. So, nun wußte ich Bescheid.»[99]

Preußischer Landjunker.
(Foto um 1910)

Der Gutsherr besichtigt seine Felder.
(Carl Spitzweg, 1808–1885)

VI.
Das technische Zeitalter auf dem Dorfe

«(Er) setzte sich neben einen kräftigen Mechaniker auf einen roten Traktorkotflügel, schaute hinunter auf das Gras und zu den Knechten rundherum, die jetzt vielfach Schildkappen aufhatten, früher Schneuztuchmützen, jetzt Schildkappen, wie sie die Handwerker trugen... Dem Mechaniker fraß er aus der Hand, keinen Handgriff, nichts brauchte der ihm zu erklären! So schnell konnte der Bauer gar nicht schauen, und er hatte an Holl den perfektesten Traktorfahrer... Er sang in das Traktormähgeräusch, ein leichter Wind um die Stirn, mit ganzer Kraft riß er den Mähbalken empor und ließ ihn auf den Rasen fallen... Der Bauer war lange gegen den Traktor gewesen, er jammerte und hatte viel auszusetzen. Der Boden tat ihm leid. Der Preis war ihm zu hoch. Es blieben also nur der Traktor und ein paar Maschinen, die der Bauer nach vielen Winkelzügen doch endlich kaufen mußte. In ihnen war Holl sofort zu Hause. Der Umgang mit den Maschinen brachte ihm auch die erste positive Bemerkung ein. Für die Maschinen sei er gut, aber sonst tauge er zu nichts, hieß es jetzt Besuchern gegenüber. Die Maschinen pflegte (der Junge), als wären sie sein Eigentum, und seine Arbeitsleistung steigerte er um seiner selbst willen...»[1]

Der zeitgeschichtliche Hintergrund

Diese Erinnerung stammt zwar aus den fünfziger Jahren unseres Jahrhunderts von einem unehelichen Bauernsohn aus dem Salzburgischen, der erst durch seine rasche technische Auffassungsgabe bei der späten Einführung von Maschinen bei den Bauern Anerkennung findet. Doch spricht aus dem Text die gleiche Stimmung, wie sie zu Ende des 19. Jahrhunderts auf manchem Hof geherrscht haben mag, als die ersten Dreschmaschinen auftauchten. Unversehens waren andere Fähigkeiten gefragt. Technisches Verständnis und manuelle Geschicklichkeit im Umgang mit Maschinen bekamen jetzt Bedeutung; die alte Besitzhierarchie mit ihrem sozialen vertikalen Oben-Unten-Mechanismus erhielt einen horizontalen Stoß, der das gesamte Landleben nachdrücklich verändern sollte. Doch zunächst ein kurzer Blick auf die Zeitgeschichte.

Kleine transportable Dampfdreschmaschine. (Meyers Lexikon)

Die agrarischen Verhältnisse

Die sogenannte Industrielle Revolution, die das 19. Jahrhundert entschieden kennzeichnet, betraf nicht nur die Technik, sondern die Wirtschaft, die Gesellschaft und ihre Kultur in gleicher Weise. In einem dialektischen Prozeß beeinflußten die neuen Arbeitsvorgänge die Gesellschaftsstruktur und umgekehrt. Das Anwachsen der Bevölkerung im deutschen Reich von 24833000 Personen 1816 auf 49428000 Personen 1890[2] erklärt die Notwendigkeit einer Produktionssteigerung. Die schnelle Urbanisierung andererseits brachte es mit sich, daß um die Jahrhundertwende nur noch 20–30% der Erwerbstätigen auf dem Lande beschäftigt waren, bzw. die Landbevölkerung auf 45–40% zurückgegangen war gegenüber 63% um 1871.[3] Das bedeutete also, daß eine sinkende Zahl von in der Landwirtschaft Tätigen eine rapide steigende Gesamtbevölkerung mit den Grundnahrungsmitteln versorgen mußte. Die größeren Güter wandelten sich unter diesen Anforderungen zu durchstrukturierten wirtschaftlichen Unternehmen mit den jeweils fortschrittlichsten landwirtschaftlichen Geräten, und auch die Bauern konnten mit der allgemeinen Entwicklung nur Schritt halten, wenn sie an der Mechanisierung der Landwirtschaft, soweit es ihnen möglich war, teilnahmen.[4]

Die allgemeine gesellschaftliche Situation in Deutschland war vom siegreichen Deutsch-Französischen Krieg 1870/71 und seinen Folgen bestimmt. Die Bauern reagierten zunächst ganz vordergründig.

«Die Heimraths hatten wenig Zeit, an den Krieg zu denken. Die Ereignisse, die sich weit weg im französischen Land abspielten, blieben ihnen zum größten Teil unbekannt und kümmerten sie auch nicht. Nur wenn manchmal mitten am Tag die Glocken der Pfarrkirche läuteten, weil wieder irgendwo ein Sieg erfochten worden war, hielten die Erntenden inne. Die Männer nahmen den verschwitzten, breitkrempigen Strohhut vom Kopf, und alle bekreuzigten sich. Es kam wohl auch vor, daß sie mitunter die Hände falteten, kurz und ernst zum Himmel aufschauten und etliche fromme Worte vor sich hinflüsterten. Die aber galten nie dem Sieg, sondern nur allen jenen Bekannten und Verwandten, die fortgemußt hatten, auf den Schlachtfeldern in Not und Gefahr standen und vielleicht schon gefallen waren.

Es gab jetzt viel mehr Arbeit auf dem Hof als früher. Neue brauchbare Knechte hatten sich nicht mehr auftreiben lassen, und der Jani-Hans war einmal in den ‹Vilz› – wie der Torfstich hinter Aufhausen allgemein genannt wurde – hinübergegangen, um einige alte Männer auf Taglohn anzustellen. Die halfen nunmehr, so gut und schlecht sie es eben vermochten, die Ernte unter Dach und Fach zu schaffen. Bei Anspannung aller Kräfte hätte sich die Arbeit auch halbwegs bezwingen lassen, doch gegen Ende August tauchte plötzlich eine militärische Kommission in der Gegend auf, musterte die besten Pferde aus und gab den strikten Befehl, sie am nächsten Tag zur Sammelstelle nach Wolfratshausen zu treiben. Die Herren – zwei Offiziere und ein nobel gekleideter Zivilist –, welche vom Bürgermeister Fink und einem Gendarmen begleitet waren, bestimmten nach eigenem Gutdünken kurzerhand den Preis und händigten jedem Bauern irgendeinen amtlichen Zettel aus, worauf die Kaufsumme stand, die nach einigen Monaten vom Wolfratshausener königlichen Rentamt einverlangt werden konnte. Es läßt sich denken, daß man der Kommission, die so mitten während der dringendsten Arbeit daherkam, allerorten mit sichtlichem Unmut begegnete, aber die Herren waren sehr überheblich und barsch. Der Heimrathin, die ratlos und verdrossen auf den verlegen dastehenden Bürgermeister schaute und mißmutig sagte: ‹Ja, das geht doch nicht! Was sollen wir denn jetzt anfangen? Da verdirbt uns ja jedes Korn auf dem Feld!› fuhr ein Offizier grob über den Mund und drohte ihr scharf: ‹Das geht Sie gar nichts an! Nehmen Sie sich zusammen, sonst lasse ich Sie abführen, verstanden?! Im Krieg gibt's nur einen Standpunkt: Was braucht das Vaterland!› Im Nu wurde es stumm in der Runde. Der Fink war noch betretener geworden und wagte nicht mehr, die Bäuerin anzuschauen. Die stand feindselig und eingeschüchtert und vergrämt neben dem Jani-Hans und der Resl und sagte nichts mehr. Alle drei waren blaß geworden und schauten halb erstaunt und halb erschreckt auf die Herren. Auf ihren verschlossenen Gesichtern lag eine dumpfe Ergebung, und wahrscheinlich zerbrachen sie sich vergeblich den Kopf darüber, was denn das sei ‹Vaterland› und ‹Krieg›, den doch keiner im ganzen Gau gewollt und der ihnen nichts als Sorgen und Schaden gebracht hatte. Sie wußten nur, daß Pfarrer Aigner jeden Sonntag nach der Predigt ein Totengebet für einen gefallenen Krieger aus der Umgebung sprach, in das sie traurig einstimmten und daran dachten, wie gesund und arglos der junge Mensch fortgezogen war.»[5]

Für die Bauern war das Kriegsgeschehen im allgemeinen kaum eine Sache der Vaterlandsbegeisterung und des Heroismus, sondern ganz konkret ein Eingriff in den üblichen Jahresablauf und seine erforderlichen Arbeitsnotwendigkeiten. Man kann solche indolente Haltung dem Kriegsgeschehen gegenüber freilich auch anders deuten: als eine durch die Isolierung des Landlebens begründete Apathie,[6] die die politisch passiven Dorfbewohner allzuleicht zu einem Machtfaktor in der Hand der Herrschenden werden ließ. Dabei bleibt zu bedenken, daß ihr Bildungsmangel durch Jahrhunderte hindurch von oben gewünscht und unterstützt worden war und damit ihre weitgehende Unfähigkeit, Anordnungen und Abläufe zu durchschauen. Sie konzentrierten sich – wie in Oskar Maria Grafs Erzählung – in ihren Interessen auf Dorf und Hof. Der Militarismus mit all seinen Begleiterscheinungen erreichte auch das Land erst voll in der Kaiserzeit.

Wie veränderte sich nun die soziale Struktur der Landwirtschaft? Der Ausdruck *Arbeiter* wurde im 18. Jahrhundert für die in der Landwirtschaft Beschäftigten kaum benutzt. Sie hießen Untertan oder Bauer, und in der «Enzyklopädie der Land-, Haus- und Staatswirtschaft» von Krünitz (1773/74) wird der Begriff Arbeiter ebenso wenig behandelt wie in Zincks «Ökonomischen Lexikon» (versch. Auflagen zwischen 1730 und 1800). Die Trennung zwischen Bauer und Arbeiter ging erst ganz allmählich in der ersten Hälfte des 19. Jahrhunderts vor sich und weitete sich etwa um 1850 auch zu einer sozialen aus, als sich der befreite Bauernstand langsam etwas heraufgearbeitet hatte. Die Besitzlosen aber, vor allem in den ostelbischen Provinzen, die durch den Verlust ihres Bodens auch ihre geringen Produktionsmittel verloren hatten und nunmehr gezwungen waren, ihre Arbeitskraft zu verkaufen, gelangten kaum zur materiellen Teilnahme am ökonomischen Aufschwung der Landwirtschaft. Der wachsende Wohlstand des Reiches nach dem gewonnenen Krieg 1870/71 erreichte das flache Land erst spät. Die «bedrohlichen» Tatsachen der weiterhin zunehmenden Auswanderung, der sozialdemokratischen Agitation auf dem Lande und der steigenden Arbeitslöhne gaben der Regierung Anlaß für eine großangelegte Umfrage. Gutsbesitzer, Agrarwissenschaftler, Pfarrer und ein Journalist trafen sich 1872 zur «Berliner Konferenz ländlicher Arbeitgeber», über deren Verlauf von der Goltz, den man zum Vorsitzenden gewählt hatte, eingehend berichtete.[7] Das Ziel der Verhandlungen war, die hauptsächlichsten Mängel in der Lage der ländlichen Bevölkerung festzustellen und die Mittel zu besprechen, mit denen Abhilfe geschaffen werden könne. Wenngleich hier zweifellos ein verhältnismäßig aufgeschlossener und gutwilliger Kreis ländlicher Arbeitgeber zusammengetreten war, so erfüllt den Leser die Lektüre der Diskussionsprotokolle zuweilen mit Schrekken und Erstaunen über die Ahnungslosigkeit den bescheidensten Lebensbedürfnissen der von ihnen abhängigen Arbeiter gegenüber, die sie nur unter dem Gesichtspunkt der «Arbeitskraft» betrachteten; humane Überlegungen wurden im Zuge eines sich immer realistischer gebärdenden Erwerbsdenkens kaum angestellt. Und so erkannte von der Goltz mit Recht zu Ende des Jahrhunderts in seinem umfassenden Rückblick auf «Die Geschichte der deutschen Landwirtschaft» als den dritten Punkt großer Fehlentwicklungen mit schlechten Folgen die «Nichtberücksichtigung oder verkehrte Behandlung der Arbeiterfrage».[8]

Der Bericht über die Berliner Konferenz von 1872 gibt deutlich Zeugnis von dieser introvertierten Bewußtseinslage. Immer wieder wurde die Hebung der sittlichen Bildung gefordert, damit die Arbeiter gegen die Verführung der Städte und gegen politische Beeinflussung gewappnet seien! Doch gleichzeitig berichtete man über die schlechten Schulverhältnisse, denen zufolge in Preußen 4000 Lehrerstellen unbesetzt oder nur von Präparanden besetzt blieben. Gute Kindergärten müßten errichtet und vor allem den Müttern mehr Zeit und Gelegenheit zur Erziehung ihrer Kinder gegeben werden! Dazu empfiehlt als Abhilfe ein Gutsbesitzer die Einführung von Akkordarbeit für die Frauen, da sie im Tagelohn von 6.00 bis 20.00 Uhr beschäftigt seien; die Akkordarbeit reguliere die Arbeitszeit in beiderseitigem Interesse von selbst! Welche Kenntnisse hatte ein solcher Gutsherr von der Landarbeit? Sonntags solle man keine Arbeit befehlen, damit die Arbeiter zur Kirche gehen könnten! Zur gründlichen Bearbeitung ihres eigenen Stückchen Landes hätten sie doch keine Zeit, weshalb die Gutsbesitzer es gern abzulösen bereit seien, während sie sich dem Vorschlag, die Arbeiter als Anreiz zur Seßhaftigkeit und arbeitsmäßigen Eigeninitiative möglichst mit kleinem Grundbesitz auszustatten, entschieden widersetzten. Die unhaltbaren Wohnverhältnisse, für die erschütternde Berichte besonders aus Schlesien vorgelegt wurden, stießen auf einmütige heftige Kritik. Es gäbe wohlhabende Gutsbesitzer, die für den Bau von Schweineställen mehr Geld ausgäben als für die Arbeiterwohnungen.

In Erkenntnis solcher Mißstände und ihrer möglichen Folgen ernannte der Kongreß eine Kommission zur Prüfung der wirtschaftlichen Lage der ländlichen Arbeiterklassen mit der Auflage zur baldigen Berichterstattung. Die Kommission wollte nach der Reichsgründung das gesamte damalige Reichsgebiet fragebogenmäßig erfassen, wozu man die deutschen Länder in vier Gruppen einteilte. Als Referent für die preußischen Ostprovinzen wählte man wiederum den Berliner Agrarprofessor von der Goltz, der sich schon viele Verdienste um die Probleme der ländlichen Arbeiterschaft erworben hatte. Man entschloß sich zu zwei gesonderten Zirkularen, von denen das eine das Einkommen der Landarbeiter, das andere deren sonstige Verhältnisse erfaßte. In diesen umfangreichen und differenzierten Fragebögen behandeln die Befrager die drei großen Landarbeitergruppen der freien, der kontraktlich gebundenen Tagelöhner und des Gesindes. Der erste Fragebogen wurde in 11000, der zweite in 4000 Exemplaren in ganz Deutschland verschickt, vor allem an landwirtschaftliche Vereine, aber auch an «einzelne hervorragende Landwirte, Kommunal- und Staatsbeamte, Bürgermeister und Landräte». Aus dem Deutschen Reich liefen im Verlaufe des Sommers 1873 die Antworten ein. Wieder war es von der Goltz, der die statistischen Ergebnisse der Enquête bereits 1875 im Druck vorlegte.[9] Dieser Band ist alles andere als ein dürres Zahlenwerk. Sein Ziel war es, die Zustände auf dem Lande in vorurteilsfreier und tendenzloser Weise darzustellen. Und so wirkt sich hinter den nüchternen Zahlenreihen Faden um Faden das karge Gewebe des ländlichen Alltags, des Arbeitslebens in seiner grauen Wirklichkeit. Bargeld und Naturallohn, kontraktlich und überlieferungsmäßig zu beanspruchende Geschenke zu Weihnachten und Neujahr, zur Kirmes und zum Jahrmarkt wurden abgefragt, die Kost und die Zahl der Mahlzeiten im Sommer und im Winter, die Höhe des Akkordlohnes – das alles getrennt für männliche und weibliche Arbeitskräfte, die sehr verschieden hoch entlohnt wurden –, die Höhe der Naturalabgaben an ganze Familien (bei den kontraktlich gebundenen Tagelöhnern), die Frage der Unterstützung und Versicherung in Krankheitsfällen und im Alter, der Beteiligung am Reinertrag in bestimmten Wirtschaftszweigen. Es wurde nach den vorherrschenden Betriebsgrößen geforscht und nach den hauptsächlichsten Anbaugewächsen, nach der Zusammensetzung der arbeitenden Kräfte, den unter Umständen beschäftigten Wanderarbeitern, nach der Frauen- und Kinderarbeit und den Arbeitszeiten, der Kindergarten- und Schulbetreuung, den Berufswünschen der Landjugend, den kulturellen Bedürfnissen, dem sittlichen Zustand, dem Heiratsalter, den Wohnverhältnissen. Und am Schlusse stellten sich die Fragen nach den Bildungsmöglichkeiten der Landarbeiterschaft, nach den Erfolgen der sozialistischen Agitation und nach den Auswanderungstendenzen. Durchgreifende Schlußfolgerungen wurden aus den Ergebnissen dieser Enquête freilich nicht gezogen.

Einer sozialdemokratischen Agitation auf dem Lande hatten überall Gutsherrschaft und Kirche gemeinsam entgegengewirkt und die Lesewilligen statt dessen mit frommen Traktaten versorgt. Wie es mit dem Pfarrer und seiner Achtung vor den ungebildeten «Bauernlümmeln» bisweilen stand, hat Lena Christ in ihren «Erinnerungen einer Überflüssigen» für Bayern erzählt:

«Am Sonntag zum Gottesdienst gingen wir im Feiertagsgewand, aber barfuß in die Kirche, weil wir sonst mit den genagelten Schuhen dem Herrn Pfarrer zu viel Lärm gemacht hätten; denn der Herr Pfarrer, obwohl er schon ein alter Mann mit schneeweißem Haar war, konnte noch immer recht zornig werden und hat bei der Predigt oft mit gar scharfen Worten die Verfehlungen seiner Pfarrkinder gerügt; so das Kegelschieben am Sonntag während des Gottesdienstes, den Wirtshausbesuch, das Fluchen und vor allem das Kammerfensterln. Hatte ein Bursch oder ein Mädel gebeichtet, daß sie beieinander gewesen waren, so wurde das am darauffolgenden Sonntag vor der ganzen Gemeinde von der Kanzel herab gegeißelt, und leicht konnte man erraten, wer gemeint war. Lebhaft erinnere ich mich noch an die Schlußworte einer Predigt, die er am Christi Himmelfahrtstage hielt, und wie er, nachdem er die Freuden im Himmel und die Glorie der Seligen geschildert hatte, mit lauter Stimme rief: ‹Heute ist der Tag, an welchem Christus, der Herr, hinaufgefahren ist in jene lichten Höhen, in denen die ewige Seligkeit wohnt, die wir auch erlangen sollen. Aber pfeifen tun wir euch was, ihr gescherten Bauernlümmel! Seit Jahren erhalten wir von euch keine Eier, Butter, Schmalz, oder was sonst eure Dankbarkeit bezeuge. Aufgefahren ist er zum Himmel, von wo er kommen wird, euch zu richten und in die ewige Verdammnis zu bringen. Amen!›

An den Sonntagnachmittagen mußten die Burschen und Mädchen unter sechzehn Jahren die Christenlehre besuchen; dabei hatten auch wir Kinder und die Erwachsenen Zutritt. Beim Beginn wurden alle mit Namen aufgerufen, und jedes mußte sich mit einem lauten ‹Hier› melden. Fehlte eines und war nicht genügend entschuldigt, dann mußte es, ob Bursch oder Mädel, am darauffolgenden Feiertag hinausknien zum warnenden Beispiel für die andern. Konnte eines die Fragen des Katechismus nicht beantworten, so schrie der Herr Pfarrer: ‹Was der Katechismus dich fragt, das weißt du nicht; aber was der Bursch dich beim Fensterln g'fragt hat, das weißt du noch!› Darauf wetterte und schimpfte er während der ganzen Christenlehre.

Wurde jemand aus der Gemeinde begraben, der nur selten den Gottesdienst besucht und dem Pfarrer die schuldigen Abgaben in Naturalien nicht geleistet hatte, so war die ganze Grabrede eine Lästerrede auf den armen Verstorbenen und seine Angehörigen, und man sah ihn schon leibhaftig in der Hölle und der ewigen Verdammnis.»[10]

Bei solcher geistlichen und geistigen Betreuung konnte sich freilich ein selbständiges modernes Denken der Landjugend nicht entfalten. Entscheidend dagegen wirkten sich die neuen Landwirtschaftsschulen auf die Entwicklung der jungen Bauern aus.

Der Militarismus

Eine zunehmnend wichtige Institution der Kaiserzeit war das Militär und die Militarisierung auch der Landbevölkerung. Selbst im Vergleich zu anderen europäischen Großstaaten nahm der Militarismus im deutschen Kaiserreich eine so leitbildhafte Stellung ein, daß er mit seinem Wertsystem, seinen Rangordnungen und Uniformen, seinen Moralbegriffen und deren dinglichem Zeichenapparat das gesamte gesellschaftliche Leben aller Bevölkerungsschichten prägte und beeinflußte.[11]

Der Militarismus verstärkte nach dem Deutsch-Französischen Krieg das Standesdenken besonders dadurch, daß es nun nicht nur von der Aristokratie, sondern auch von den Bürgern getragen wurde. Dabei erhielt die Zugehörigkeit zu bestimmten vornehmen Regimentern zuweilen große Bedeutung, die übrigens auch die Heiratschancen bürgerlicher Offiziere verbessern konnte. Das heißt, die Verbürgerlichung der Armee infolge der starken Vergrößerung des Heeres veränderte nicht etwa die Normen und Werte des Offizierskorps in bürgerlichem Geist, sondern diese Gruppe paßte sich im Gegenteil den aristokratischen Traditionen und Etiketten an. Die Ehrbegriffe und Verhaltensweisen des Offizierskorps, das gesellschaftliche Leben in Kasino und Salon waren nach wie vor von den Lebensformen des Adels bestimmt. Damit herrschten in der gesamten «besseren Gesellschaft» – durch das hohe Sozialprestige des Militärs – feudal-konservative Ideen und Leitbilder vor, ausgenommen vielleicht bei den technischen Truppenteilen, die vorwiegend von sachkundig ausgebildeten bürgerlichen Offizieren geführt wurden. Nach abgedienter Militärzeit glänzten die Nicht-Berufsoffiziere mit ihrem Titel «Reserveoffizier», der ihnen oft wichtiger war als ihr beruflicher Stand. Das traf nicht selten auch auf die Gutsbesitzer zu.

Die Armee erreichte als «Schule der Nation» von oben nach unten die Wehrpflichtigen der Städte und des flachen Landes, die nun über die unteren Dienstgrade der Feldwebel und Unteroffiziere in dem gleichen militaristischen Geist des absoluten, ja blinden Gehorsams erzogen und gedrillt wurden, der von den oberen Rängen diesen unteren Dienstgraden übermittelt worden war. Der Klassencharakter der Gesellschaft erhielt damit eine Verschärfung von ungeahntem ideologischen Ausmaß. Die oft geschilderte Brutalität des Schleifens und Drillens auf den Kasernenhöfen, die Beschränktheit und gemeine Schikaniererei mancher militärischer Unterführer, die Arroganz machthungriger Aufsteiger (unter dem Deckmantel der Vaterlandstreue) hat viele unerfahrene junge Soldaten zur Verzweiflung getrieben. Dazu kam noch die Erziehung zu nationalistischer Selbstüberhebung – gleichsam die Vorübung für spätere Eroberungskriege.

Erinnerungsbild an die Soldatenzeit. (Museum für Deutsche Volkskunde, Berlin)

Das Militär im deutschen Kaiserreich war also nicht nur ein «Instrument der Friedenssicherung und Kriegführung», sondern auch eine Institution der Ideologisierung und Unterdrückung im Sinne der Herrschenden. Das so vermittelte Gedankengut berührte tief das Alltagsleben der Landbewohner. In der Stube hing neben dem Hochzeitsbild meist auch ein Erinnerungsbild aus der Soldatenzeit, ein klischiertes gerahmtes Schmuckbild, in das das Uniformfoto des betreffenden Familienmitglieds eingeklebt werden konnte. Dieser beliebte Wandschmuck im dörflichen Hause bezeugt die leitbildformende Bedeutung, die der Mann in Uniform auch auf dem Lande besaß. Es blieb der Stolz, in des Kaisers Rock gedient zu haben. Vergessen waren die harten und demütigenden Erlebnisse des Militärdienstes.

Wie ein junger Landarbeiter seine damalige Dienstzeit bei der Kavallerie erlebte, sei aus seinen Lebenserinnerungen zitiert:

«Der tägliche Dienst wickelte sich von nun an stets mit derselben Gleichmäßigkeit ab: Stalldienst, Reiten, Fußdienst, Instruktion, Putzen; nur daß nach und nach immer erhöhtere Anforderungen an die Leistungsfähigkeit des Mannes gestellt wurden. ...

Aber das eigentliche ‹Bimsen› beginnt erst beim Fußdienst, denn da braucht der Vorgesetzte keine Rücksicht auf die Pferde zu nehmen, weil diese fehlen. Heimliche und offene Püffe, Knüffe und Fußtritte setzt es massenhaft. Ein beliebtes Mittel, jemandem die ‹Flötentöne› beizubringen, war, daß man ihn ‹zur Übung› Laufschritt machen ließ, bis ihm fast die Zunge zum Halse heraus hing. Wie oft habe ich ‹tippeln› müssen!

Als auf diese Weise so acht Tage vergangen waren, gab's ein wichtiges Ereignis, die Vereidigung. Zur würdigen Vorbereitung wurden uns des Abends zuvor die Kriegsartikel verlesen. Mit gelindem Entsetzen hörte ich, welche exorbitanten Strafen auf die verschiedenen Vergehen angedroht sind. ...

Am andern Tage ging's zur Kirche. Feierlich hallten die Worte des Divisionspfarrers durch den Raum. Er sprach von den erhabenen Pflichten des Soldaten, von der Ehre, des Königs Rock tragen zu dürfen... Zuletzt machte er uns nachdrücklich die Heiligkeit des Fahneneides klar. ... Merkwürdige Geschichte mit der Heiligkeit des Fahneneides, philosophierte ich. Da wird dem ganzen Vorgang ein wer weiß wie weihevoller Anstrich gegeben, und schließlich wird man doch zur Ableistung des Fahneneides einfach kommandiert. ...

Von der Kirche ging's zur Reitbahn. Dort formierten wir ein Viereck, und angesichts der enthüllten Standarte sprachen wir in Gegenwart der Offiziere die Eidesformel nach, die der Adjutant vorlas. Damit war die Zeremonie beendet. ...

Während die Ausbildung im eigentlichen Dienst hauptsächlich von der körperlichen Gewandtheit und geistigen Begabung des Mannes abhängt, ist er bei dem, ‹was hernach kommt›, sozusagen lediglich auf blindes Glück angewiesen. Denn bei allen diesen Obliegenheiten ist dem rein persönlichen Belieben der Vorgesetzten Tür und Tor geöffnet. Ist ihnen ein Untergebener aus irgendeinem Grunde unsympathisch, so bieten sich ihnen tausend Gelegenheiten, ihr Mütchen an ihm zu kühlen. So, daß ihm absolut nichts anzuhaben wäre, kann sich überhaupt kein Soldat ‹führen›, er mag so tüchtig und befähigt sein, wie er will. Der Stall und die Stube sind wahre Fundgruben für Anlässe, dem Manne das Leben bis zur Verzweiflung sauer zu machen. Erst in zweiter Linie kommt der Kasernenhof als Drillplatz hierfür in Betracht. Vor allem bei der unendlichen Putzerei lernt der Kavallerist nach und nach den ganzen Vorrat kleinlicher Schikanen kennen, die die Unteroffiziere und hauptsächlich – der Wachtmeister auf Lager haben. Die ‹Mutter der Schwadron› wird hier zum bösen Geist der Mannschaften.

‹Aßmus› setzte seinen ganzen Stolz darein, die ‹propperste› Schwadron zu haben. Mann, Pferd und Sattelzeug mußten stets aussehen, ‹wie aus dem Ei gepellt›. Hier fand er einen überzähligen Roßapfel im Stand, dort hatte sich der Woylach ein wenig verschoben; die Streu war nicht gut angestoßen, die Hufe ‹schlecht› gereinigt, ein Sattel hing schief auf dem Gestell, die Schlaufe am Halfter war kaputt, oder das Pferd hatte den Bruchteil eines Strohhalms im Schweif. Er sah alles und fand alles, gerade da, wo man es am wenigsten vermutete. ... Dann die Sachen des ‹Kerls›. An Stiefeln und Sporen, an Helm und Waffen, vom Rockfutter und Brustbeutel an bis zu den Hosenknöpfen, an Betten, Spinden, Stuben und Türen gab es keine Stelle, die ihm nicht irgend einmal zu heftigstem Tadel Anlaß bot. Kurz, der Mann fand immer etwas, wenn er nur was finden wollte.

Hatte er im Stall, bei der Stuben- und Spindrevision oder beim Appell sein gewünschtes Teil gefunden, so hagelte es zunächst eine wahre Flut der allersaftigsten Kasernen-

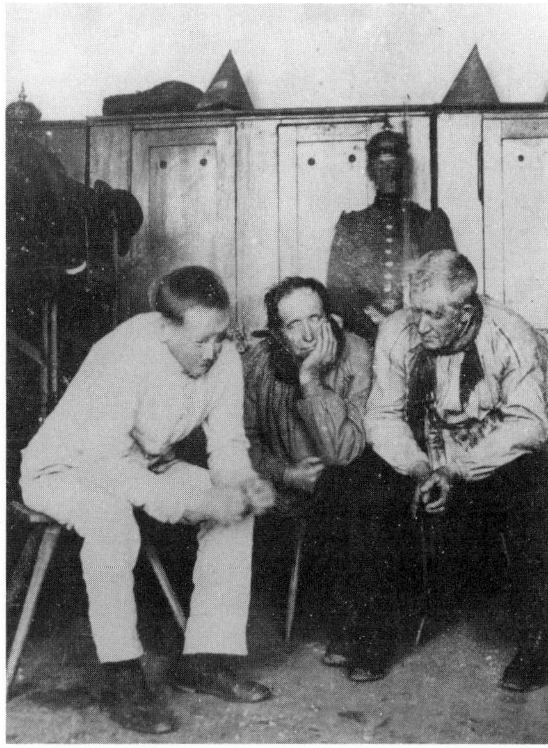

Hessische Bauern besuchen den Sohn in der Gießener Kaserne. (Privatfoto 1904)

ausdrücke auf die Sünder herab. Dann aber bekam der Berittführer seine ‹Reinigung›, weil er solchen ‹Schweinhund›, ‹Dreckspatz› und ‹Mistfinken› in seinem Beritt habe. Dieser wälzte nun seinerseits den Ärger über die empfangene ‹Nase› unter mindestens einem Dutzend der ‹heiligsten Kreuzhimmeldonnerwetter› auf das ‹elendige Sauvieh› ab. Glücklich, wenn's nur mit Schimpfen abging. Doch vom Schimpfen bis zum Schlagen ist's beim Kommiß noch nicht einmal ein halber Millimeter, geschweige denn ein Schritt. Ich erhielt bei solchen Gelegenheiten – ebenso wie die meisten meiner Kameraden – nicht nur zahlreiche Maulschellen, Püffe und Tritte, nein: einmal gab mir der Berittführer sogar einen derartig wuchtigen Faustschlag ins Genick, daß mir das Blut aus Mund und Nase floß. Hätte ich diesen Schinderknecht damals gehabt, wo ich ihn hätte haben mögen, dann wär's ihm sicher auf eine Viertelstunde schlecht ergangen. Doch die geringste Widersetzlichkeit, auch nur im Affekt begangen, zieht unrettbar schwere Strafe nach sich. Die aber wollte ich nicht auch noch haben.

Daß die Mißhandlung eines wehrlosen Menschen weiter nichts ist als ein Akt grenzenlosester Feigheit, kommt den meisten dieser Leuteschinder offenbar gar nicht zum Bewußtsein; im Gegenteil, sie brüsten sich noch damit und glauben, in echt preußischer Korporalsforsche ein ihren Vorgesetzten wohlgefälliges Werk getan zu haben. Und die höheren Vorgesetzten? Nun, ‹sie hören nichts, sie sehen nichts, und ihr himmlischer Vater ernährt sie doch›; wenn es nur irgend geht, drücken sie vielfach nicht nur eins, sondern gerne beide Augen zu, um nur ja nicht die heilige Disziplin zu gefährden. Erst dann, wenn bestimmte und direkte Meldungen erstattet werden, können sie nicht umhin, auf Grund der Bestimmungen einzuschreiten. Nur selten hört man von den Offizieren, die grundsätzlich keine Mißhandlungen ihrer Mannschaften dulden; ich habe leider keinen Offizier dieser Spezies kennengelernt.

In jener Zeit trug ich mich ernsthaft mit Desertionsgedanken. War's ein Wunder? Selbstmord wollte ich nicht begehen, dazu war mir mein junges Leben doch zu lieb – und meine Peiniger mir zu wenig wert. Und ‹melden›? Ach, es war uns gerade oft genug gesagt worden: ‹Wer sich beschwert, der hat die ganzen drei Jahre keine frohe Stunde mehr; die Festung ist für den nicht weit!› So wurde ich, wie die meisten wurden; dickfellig, dreihaarig, abgebrüht. Zuletzt fehlte mir schon gar immer etwas, wenn ich nicht täglich das gewohnte Quantum von ‹Sauhund›, ‹Mistbauer› und ‹Stinkbock› zu hören bekam. ...

Alsbald galt so viel mir ein für allemal als sicher: Niemand sollte mehr kommen und von dem verfeinerten Ehrgefühl des deutschen Soldaten sprechen. Eine größere Lüge habe ich nie kennen gelernt. Im Gegenteil, das natürliche Ehrgefühl des Mannes wird durch eine derartige unwürdige Behandlung planmäßig abgestumpft und ertötet. Tagtäglich ausgehunzt und ausgeludert und dazu noch wehrlos den rohesten Mißhandlungen ausgesetzt! Wollte man unter solchen Umständen wirklich Ehrgefühl beweisen, so bliebe nichts anderes übrig, als solchen Schinder von Vorgesetzten kurzerhand über den Haufen zu stechen und – so schnell wie möglich Selbstmord zu verüben. Aber die Abstumpfung ist so groß, daß sie zu einer derartigen Verzweiflungstat gar nicht mehr ausreicht. So läßt man sich schweigend und grollend zu einem willenlosen Maschinenteil dressieren. Ein Kamerad von mir kleidete seine Empfindungen einmal treffend in folgende Worte: Was eine Null ist, weiß ich, sie ist nichts; ein Soldat ist aber noch viel weniger wie eine Null!»[12]

Es scheint mir, als müßte man dem berechtigten Abscheu vor dem Sklavenhaltergeist des Militarismus doch auch einige andere Aspekte hinzufügen. Mancher Bauernknecht schlief in seiner Militärzeit zum ersten Mal in einem eigenen bezogenen Bett, besaß ein eigenes Spind und lernte hygienische Einrichtungen kennen. Er erfuhr etwas über die Pflege von Kleidern und Geräten und auch über Selbstdisziplin, so grausam sich die Art der Vermittlung auch vollziehen mochte. Diese Feststellung ist freilich nicht schmeichelhaft für das alte Dorfleben; sie betrifft die Begegnung mit einer anderen Ebene der Zivilisation und die tiefe Kluft, die diese beiden Ebenen damals oft trennte.

Den Dienstjahren beim Militär waren meist Dienstjahre beim Bauern vorausgegangen, und es folgten neue Dienstjahre[13] – beim Erzähler Rehbein im «höheren Rang» eines Oberknechts. Die durchgängige Gleichheit der Begriffe «dienen» und «Dienstzeit» war kein Zufall und begleitete den abhängigen Landbewohner durch einen großen Teil seines Lebens. Als «Gedienter», vielleicht gar noch mit einem Rang, hatte er im bäuerlichen Dienst und im Dorf überhaupt ein größeres Ansehen, wofür schon die Kriegervereine mit ihrer Traditionspflege sorgten.

Wenn der Soldat bei einer technischen Truppe gedient hatte, brachte er – außer den vielerlei zuweilen schmerzlich gewonnenen Erfahrungen – auch einen Vorrat an technischen Kenntnissen und Handgriffen mit, die ihm nun im Verlaufe der Technisierung der Landwirtschaft sehr zugute kommen konnten.

Die neuen landwirtschaftlichen Maschinen

Die Entwicklung des landwirtschaftlichen Maschinenwesens in den einzelnen Regionen des damaligen Deutschland kann hier nur in großen Zügen dargeboten werden. Die einschlägige wirtschafts- und technikgeschichtliche Literatur gibt darüber erschöpfend Auskunft.[14] Mein vordringliches Interesse gilt den Strukturveränderungen, die die Mechanisierung der Dörfer herbeigeführt hat, und der Frage, ob und inwieweit diese technische Entwicklung Folgen für die Mentalität der Landbevölkerung hatte, ihre Vorstellungen von männlicher und weiblicher Arbeitsteilung und von «Hoch und Nieder» veränderte.

Das ganze 19. Jahrhundert war infolge des geschilderten sozialwissenschaftlichen Wandels erfüllt von aufgeklärt freiheitlichen Bemühungen um eine rationellere Landwirtschaft. In den zwanziger Jahren beflügelten Unsicherheit, Wirtschaftskrisen und materielle Not Reformer wie Albrecht Thaer (1752–1828) und seinen Kreis, so daß Thaer sein Landgut zu einem rationellen Musterbetrieb entwickelte[15] – wie auch der Nationalökonom Johann Heinrich von Thünen (1783–1850).[16]

Der Einsatz dieser Männer galt vor allem der Verbesserung von Viehhaltung und Düngung. Justus von Liebig (1803–1873) begründete 1840 die Lehre von der Mineraldüngung, und der Agrikulturchemiker Emil Wolff (1818–1896) fügte dem die Wichtigkeit des Stickstoffdüngers hinzu. Das Verstreuen dieses neuen pulverförmigen Kunstdüngers und der darauf folgende sehr viel dichtere Getreidewuchs wurden gleichsam zur Herausforderung, weitgehende Veränderungen in der landwirtschaftlichen Technik des Düngens, Pflügens, Säens und Erntens vorzunehmen – vor allem beim Kartoffel- und Zuckerrübenbau. Dabei handelte es sich allerdings um phasenreiche und regional sehr unterschiedliche Entwicklungen, die vor allem mit der Größe des Besitzes und den finanziellen Möglichkeiten des Besitzers zusammenhingen.

Größtenteils kamen die maschinellen Neuerungen aus England. Sie betrafen die Drillmaschine zum Düngerstreuen und den Dampfpflug,[17] später die Mähmaschinen und vor allem die Dreschmaschine (seit etwa 1860).[18] Dem wachsenden Bedarf an Landmaschinen konnten die Dorfhandwerker nicht mehr nachkommen, und es entstand eine verbreitete neue Landmaschinenindustrie, deren Produkte allerdings mancherlei Kinderkrankheiten durchzustehen hatten, weshalb ihnen die Bauern lange Zeit mit großen Vorbehalten begegneten.

Zur Mechanisierung der Ackerbaugeräte gesellte sich die technische Vereinfachung für Haus- und Hofwirtschaft, also für den Arbeitsbereich der Frauen und des Gesindes: die mühsame Arbeit an der Windfege und am Rübenschneider vereinfachten zunehmend technische Verbesserungen; für die Küche wurde – nach mehreren Zwischenstufen – die Milchzentrifuge erfunden und eine drehbare Trommel zum Buttern.

Die Dreschmaschine

Als Modell für die Veränderung des Landlebens und als wichtigste neue Maschine, die auch die größten sozialen Wandlungsprozesse mit sich brachte, sei die Arbeit mit der Dreschmaschine beschrieben.[19] Das Dreschen mit dem Flegel war eine der wichtigsten Winterarbeiten gewesen und verlangte um so mehr eine Art von handwerklichem Können, je größer die geernteten Getreidemengen waren. Das traf vor allem für das Gebiet der großen Güter zu, also vornehmlich in den ostelbischen Provinzen Ostpreußen, Westpreußen, Pommern, Mecklenburg, Brandenburg, Schlesien und den Güterlandschaften der Provinz Sachsen. Hier handelte es sich bei den Dreschern zumeist um die gleichen Kräfte, die schon bei der Erntearbeit in Aktion getreten waren: um die neuentstandene Sozialgruppe der Landarbeiter. Für diese vielfältig gestaffelten Kleinstbesitzer, Gärtner, Insten, Tagelöhner und für die nach den Reformen und dem Bauernlegen der Gutsherrschaften landlos gewordenen ländlichen Lohnarbeiter bedeuteten die Ernteperiode und der von ihr abhängige Dreschverdienst sichere Einnahmequellen im Jahresablauf. Bei guten Ernten nahm die Dreschzeit auf den großen Gütern volle vier Wintermonate in Anspruch, ja, für Mecklenburg werden sogar 30 Wochen Dreschzeit erwähnt (Michaelis [Ende September] bis 1. Mai). Während dieser Zeit wurden die Arbeiter zum Teil mit der sogenannten *Drescherhebe* (dem 16. Scheffel), aber auch mit Barlohn, Brennholz und anderen Emolumenten, vor allem aber mit guter Beköstigung entschädigt.

Der Drusch mit Hand, also mit Dreschflegeln ging etwa folgendermaßen vor sich:

«Nehmen wir an, wir befinden uns bei einem Kleinbauern, der zwei bis drei Zugkühe hat. Es ist anfangs Dezember und mildes Frostwetter. Übermorgen soll das Dreschen beginnen. Der Hausherr selber oder ein Glied der Familie fragt in der Nachbarschaft herum, wer übermorgen nachmittags Zeit hat, dreschen zu helfen. Bald hat er von fünf Männern die Zusage. Er selber ist der sechste. Als Wender fungiert seine Frau.

Der Dreschtag ist gekommen. Mittags wirft man einen Vorrat von Kornbunden vom Boden. Ein *Bund* enthielt früher vier der heutigen Garben. Zehn Bunde sind ein *Hauf.* Sechs bis sieben Hauf muß ein Spann an einem Nachmittag dreschen. Um 12 Uhr mittag treffen die Drescher ein. Vier Bunde werden aus der Vorratsecke gekriegt, gelöst und auf der Tenne ausgebreitet. Die Ähren liegen in der Mitte einander zugewendet. Mit dem Rechen wird die Ausbreitung verbessert, so daß eine völlig gleichmäßige Lage entsteht. Dann stellen sich die Drescher auf: drei Mann oben, drei Mann unten, die Gesichter einander zugewandt. Die Kräftigsten stehen auf dem Ersten, d.h. sie geben

Das Dreschen mit dem Dreschflegel auf der Tenne. (Schulwandbild)

den Takt an und schlagen eins ums andere 1 - 2. Hinterher schlagen knapp die Zweiten und hinter diesen knapp die beiden Dritten: 1 - 2 - 3 - 4 - 5 - 6 im Rhythmus. Der Kundige hört aus der Ferne, ob es Leute sind, die das Dreschen richtig verstehen. Nachdem zweimal die Lage die Diele auf und ab gedroschen ist, kommt die Hausfrau, ihre Hausarbeit unterbrechend, und wendet die Lage während des Dreschens um. Wiederum zweimaliges Auf und Ab. Dann wendet die Frau nochmals, diesmal nicht glatt, sondern in Häufchen. Beim letzten Gang fiel der Dreschtakt ins *Trumpfen,* d.h. je drei Mann schlugen im Gleichschlag so kräftig auf, daß sich die Häufchen wie getretene Würmer nach oben krümmten und unter der Wucht der Schläge die letzten Körner aus den Ähren sprangen. So wurde Lage um Lage abgedroschen, bis das Halbtagspensum erledigt war. Bei der letzten Lage wurde *auf den Düwen* nur getrumpft, zweimal auf und ab, zum Zeichen, daß die Arbeit beendet war. Nach dem Abdrusch einer jeden Lage schüttelte ein Drescher mit einer Astgabel die Halme auf. Zwei andere hoben die Halme geschickt auf und brachten sie zu den Bindern, die mit dem Strohseil bereitstanden. Die Strohbunde stellte man vor die Tür. Am Schlusse zog man sie auf den Boden. Nachdem die Diele sauber gefegt und das Korn an einer Dielenseite hübsch in einem langen Haufen lag, ging man in die Stube zum Abendessen.»[20]

Neben der Nachbarschaftshilfe formierten sich eigene Gruppen der Drescher, die – fest organisiert – den Winter über von Haus zu Haus gingen oder monatelang auf einem Gut beschäftigt waren. Sie entwickelten ihre eigenen Verhaltensweisen und Bräuche, die sie sich zum Teil von den wandernden Handwerkern abgesehen hatten: Hänselbräuche für die jungen Anlernlinge und brauchmäßige Forderungen an die

Bäuerin oder den Gutsherrn um gutes Essen und Trinken und ein Abschlußfest. Das ähnelte den Erntebräuchen, und wenn auch auf der Dreschtenne eine kompetente Arbeitsgruppe mit eigenem Gruppengeist beisammen stand, so war sie doch in das übliche dörfliche Arbeitsleben eingeordnet, in dem ein jeder, auch die Frauen, in der Jugend das Dreschen gelernt hatte.

Aus ihrem meist bäuerlichen Herkommen ist es zu erklären, wenn die Drescher für Arbeit und Bräuche Namen und Bezeichnungen, also gewissermaßen die Requisiten, aus älteren ländlichen Brauchschichten benutzten. Ihr eigenes Selbstverständnis in der zweiten Hälfte des 19. Jahrhunderts war das einer ausgebildeten und aufeinander eingespielten Arbeitskolonne. Dieses Bewußtsein übernahmen dann später die Mannschaften der Dreschmaschine. Struktural durchbrachen sie das alte patriarchalische System der agrarischen Gesellschaft als eine angelernte Gruppe von Technikern, die ihr Produktionsmittel, die Dreschmaschine, zum Teil selbst besaß und von Dorf zu Dorf zog. Jedoch übernahmen sie ihre Verhaltensweisen noch längere Zeit aus der alten Ordnung. Technik und Bewußtsein waren also nicht konform.

Die Einführung der Dreschmaschine ging langsam vor sich und vollzog sich in wechselnden Phasen je nach Wirtschaftsgröße über mehrere Jahrzehnte. Schon die aus England kommende Art der Maschinen war außerordentlich unterschiedlich.[21]

Zuerst arbeitete man mit einem Göpel-Antriebswerk, das von Pferden oder Rindern durch einen Zugbaum gedreht wurde – eine Technik, die in Deutschland erst in den sechziger Jahren Anwendung fand und in vielen verbesserten Ausführungen bis etwa 1920 benutzt wurde. Diese Methode war stationär; das Getreide wurde zur Maschine befördert. Die große Veränderung für die Landwirtschaft brachte erst die Dampfdreschmaschine; sie wurde in der Scheune aufgestellt, während die antreibende Lokomobile wegen der großen Feuersgefahr im Hof stand. Doch war sie transportabel, «mobil», und konnte von Hof zu Hof gefahren werden. Mit der weiteren technischen Entwicklung entstanden Großmaschinen mit einer Dreschleistung von 100 Zentnern je Stunde. Das entsprach gegenüber dem Handdrusch mindestens einer halben Tagesleistung. Die Einführung dieser Maschine bedeutete die Auflösung des alten Drescherstandes, wozu die völlige Veränderung des Arbeitsvorganges das Ihrige beitrug. Vollbrachte z. B. der Dampfpflug doch den gleichen technischen Vorgang wie zuvor der Zugpflug, so unterschied sich die Arbeit der Dreschmaschine in ihren Abläufen vollkommen von der alten Arbeit mit dem Dreschflegel und mußte erst einmal richtig verstanden werden. Wie sich dieser Prozeß auf den großen ostelbischen Gütern vollzog und welches Umdenken das neue Gerät erforderte, wird aus Mecklenburg folgendermaßen beschrieben:

«Der mecklenburgische Tagelöhner hatte unter den Bedingungen der neuen Produktionsweise eine grundlegende innere und äußere Wandlung erfahren. Die andersartigen Besitzverhältnisse wurden eben gerade in der Sphäre des Dreschers besonders deutlich. Dieser besaß zwar gegen die Mitte des 19. Jahrhunderts – außer seiner Kuh und den wenigen Quadratruten Land – keine wesentlichen Produktionsmittel; indessen gehörten ihm alle einfachen Produktionsinstrumente, die er täglich benutzte, selbst. ... Der Eigenbesitz dieser einfachen, im Wert geringen Geräte änderte zwar nichts an der grundsätzlichen ökonomischen Besitzlosigkeit der Drescher – Hauptproduktionsmittel war der ihnen nicht gehörende Grund und Boden –, förderte jedoch die fiktive Überzeugung von einer gewissen Teilhabe am Besitz der landwirtschaftlichen Produktionsinstrumente. Dieses psychologisch und ökonomisch nicht unerhebliche Besitzge-

Das Dreschen mit der Dreschmaschine auf dem Erntefeld.

fühl wurde durch die Maschinentechnik völlig zerstört. Im Gegensatz zu den aus der dörflichen oder Eigenproduktion stammenden traditionellen Geräten war und blieb die Dreschmaschine Eigentum des Gutsbesitzers. Scharf trat mit dieser evident gewordenen Wandlung im Besitz der Produktionsinstrumente ein ökonomischer Interessengegensatz ein. Der durch den Maschinendrusch verursachte Abbau der Anteillöhnung, deren Gewährung den Landarbeiter einst ebenso wie den Gutsherrn um eine gute Ernte hatte besorgt sein lassen, beschleunigte die gesetzmäßige Entwicklung des Dreschers zum Lohnarbeiter.»[22]

In anderen Regionen, in denen mittlere landwirtschaftliche Betriebe vorherrschten, bildete sich eine eigene Klasse von Dreschmaschinenbesitzern, die ihre Maschinen verliehen, gewissermaßen als Zwischenunternehmer, und als Entgelt den 22. Teil des Drusches verlangten. Das war früher der Drescherlohn gewesen; nun wurde die Mannschaft vom Zwischenmeister im Tagelohn oder nach Leistung bezahlt.[23] Damit begann ein durchaus kapitalistisches System, wie es z. B. in der Heimarbeit die Verleger oder Zwischenmeister anwendeten. Wie zeitgenössische Betriebswirte diese Entwicklung einschätzten, geht aus folgender Darstellung hervor:

«Vom Gruppenakkord ist das Akkordmeistersystem nur wenig verschieden. Während beim Gruppenakkord die Beteiligten sich einen gewissen Durchschnittslohn berechnen, um dann später den Überschuß unter sich zu verteilen, haben wir es beim Akkordmeistersystem mit Zeitlöhnern zu tun, die am Gewinne des Akkordmeisters mit beteiligt sind. Wie aber die Einrichtung auch getroffen sein mag, beide Lohnformen stellen doch eine Verbindung von Zeit- und Stücklohn dar, die unter bestimmten Umständen wohl geeignet sein kann, den Fleiß des Arbeiters anzuregen. Doch darf nie vergessen werden, daß der Gruppenchef, Vorarbeiter oder Akkordmeister gewöhnlich danach streben wird, die Stellung eines Zwischenunternehmers zu erlangen. Daß aber eine solche After-Unternehmung die ganze Einrichtung in ihrem erziehlichen Einflusse schädigt, liegt auf der Hand.»[24]

Aber auch von einem, der diese Arbeit lange Zeit in Schleswig-Holstein selbst geleistet hat, liegt ein authentischer Bericht vor von deutlicher Aussagekraft:

«Es besteht dort das System der Lohndrescherei im Umherziehen. Nicht jeder Hof hat seine Maschine wie die Großgüter, auch gibt es keine Genossenschaftsmaschinen wie anderswo. Die Dreschmaschinenbesitzer sind vielmehr selbständige Unternehmer, die sich eine eigene Maschine entweder gegen bar oder auf Abzahlung anschaffen. Sie nehmen sich auch selbständig die nötigen Mannschaften an und ziehen nun mit ihrem bemannten Geschütz von Hof zu Hof, mit dessen Bauern der Drusch vereinbart war. Gedroschen wird im Stundenlohn. Zur Bedienung einer Dampfdreschmaschine – um solche handelt es sich hier ausschließlich – sind etwa 25–30 Mann erforderlich und zwar für die Lokomobile: ein Heizer und ein Wasserträger, für die Maschine: zwei Einleger, zwei Bandschneider, ein Kaffträger, ein Losbinder, fünf Strohbinder und zwei bis drei Kornträger; der Rest verteilt sich auf die Garbenzuschmeißer, die Strohträger und die Hümpelmannschaften [hümpeln = aufstellen]. Binder, Strohträger, Zuschmeißer und Hümpelleute wechseln sich täglich kolonnenweise ab, mit Ausnahme des Diemen- oder Hümpellegers, der ständig auf seinem Posten bleibt. Wird mit Selbstbinder oder mechanischem Strohtransporteur gearbeitet, so verringert sich dementsprechend die Zahl der Leute. Die Oberaufsicht über das Ganze führt der Maschinenmeister, der in der Regel auch gleichzeitig Besitzer der Maschine ist. Je nach der geleisteten Stundenzahl erhält der Maschinenmeister für sich und seine Leute den Lohn vom Bauern und zahlt ihn in acht- oder vierzehntägigen Perioden wieder an die Leute aus; so viel Stunden, so viel Lohn. Verköstigt werden die Mannschaften ebenfalls von den Bauern.

Die Höhe des Stundenlohnes richtet sich, wie bei allen Gelegenheiten, so auch hier, nach dem Angebot von Arbeitskräften. In der ersten Zeit, wenn auf den Höfen noch viel Leute beim Einfahren gebraucht werden, steigt der Lohn wohl auf 30 bis 35 Pfennige die Stunde, später sinkt er auf 20 bis selbst 15 Pfennige herab. Die beiden Einleger erhalten als Vertrauenspersonen des Dreschmaschinenbesitzers 10 Pfennige mehr wie die übrigen Kolonnenarbeiter; eine kleinere Zulage bekommen auch die Kornträger, der Schmierer und der Hümpelleger; gleichmäßigen Tagelohn hat nur der Heizer. Von den Einlegern hängt es wesentlich ab, wieviel die Maschine täglich leistet und wie rein sie drischt; es soll natürlich immer so viel wie möglich durch den Kasten hindurchgejagt werden; dabei will der Landwirt noch tunlichst reines Stroh haben; beides ist bei der großen Konkurrenz unter den Dreschmaschinenbesitzern von erheblichem Einfluß auf den Umfang ihres Kundenkreises.

Was die Dreschmaschinenarbeit selber betrifft, so ist sie eine der anstrengendsten und aufreibendsten, die man sich denken kann. Stunden, nur Stunden schinden, ist hier die Losung. Je mehr Stunden am Tage, desto eher wird der Bauer die Maschine wieder los, desto weniger Mahlzeiten braucht er den Leuten zu geben. Je mehr Stunden der Maschinenmeister erzielt, desto mehr Korn kann er zum Ausdrusch übernehmen, und desto höher ist sein Profit. Je mehr Stunden die Leute zusammenrackern, desto größer ist der Wochenverdienst. Spätestens um 4 Uhr morgens wird angefangen, nicht selten aber auch schon um 3 Uhr, und dann geht es den ganzen lieben langen Tag rastlos fort, mindestens bis 8 Uhr abends; sehr häufig aber wird es 9 und 10 Uhr, öfters sogar 11 und 12 Uhr nachts. Pausen gibt es nur, solange die Essenszeit dauert, einschließlich der Schmierpausen insgesamt höchstens eine Stunde des Tages. Das Abendessen verursacht

Die Dreschermannschaften mit ihrem weiblichen und kindlichen Hilfspersonal ließen sich auf dem Hof, wo die Maschine aufgestellt war, besonders gern als Arbeitsgruppe fotografieren. (Foto Peter Weller, um 1900)

keine Pause, denn dies wird erst nach beendeter Tagesarbeit eingenommen, ganz gleichgültig wie spät es auch werde.

Bei der Arbeit geht es ‹immer feste weg›, was der Schinderkasten nur schlucken kann. Der Mensch muß mit der Maschine fort, er wird ihr Sklave, wird selbst zum Maschinenteil. Vergegenwärtigt man sich das ununterbrochene Heulen und Brummen der Dreschtrommel sowie den fast undurchdringlichen Staub, den sie entwickelt, dann kann man sich denken, was diese Art Maschinendrescherei für den Mann bedeutet.»[25]

Es ist leicht zu verstehen, daß unter solchen Bedingungen der Maschinendrusch bei den Landarbeitern zuerst vielfach auf Widerstand stieß wie früher die Spinn- und Webmaschinen bei den Webern. Sie sahen nur die Veränderung der Arbeits- und Lohnverhältnisse, die sie von alten Abhängigkeiten in neue versetzte. Das Maschinenwesen und alle damit verbundenen Umstände erschien vielen zunächst unverständlich und nicht durchschaubar. Dazu kam die wesentliche Verkürzung der Arbeitsmonate und des bisherigen sicheren Winterverdienstes. So kam es auf den Gütern zu Aktionen des Maschinenstürmens, und es dauerte längere Zeit, bis die Drescher lernten, daß man «die Maschinerie von ihrer kapitalistischen Anwendung unterscheiden» müsse.[26]

Die Unsicherheit diesem neuen technischen Ungetüm gegenüber hat sich wohl auch in mancherlei Betriebsunfällen gezeigt. Von ihren bisherigen Geräteerfahrungen her konnten sich die Bauern kaum vorstellen, welche gewaltige Druckkraft in der monströsen Lokomobile steckte. Marie von Ebner-Eschenbach (1830–1916) hat in einer ihrer österreichischen Dorfgeschichten («Das Gemeindekind») eine solche Katastrophe aus der Anfangszeit der Dreschmaschine geschildert:

«Zur Schnittzeit in demselben Jahre begab sich etwas Außerordentliches. Die Gemeinde führte ein langgehegtes Vorhaben aus; sie kaufte für ihre bisher von einem Pferdegöpel betriebene Dreschmaschine ein Lokomobil. Auf der Eisenbahnstation wurde es abgeholt und zog sechsspännig mit Blumen bekränzt ins Dorf ein. Stolz schritten die Bauern neben ihm, es verdarb keinem die Freude an der wertvollen Erwerbung, daß man nur die erste der zehn Raten, in denen sie bezahlt werden sollte, erlegt hatte und vorläufig noch nicht wußte, woher das Geld nehmen für die übrigen neun.

Unweit von Pavels (dem ‹Gemeindekind›) Hütte lag frei auf der Anhöhe, das Dorf beherrschend, der Hof des neugewählten Bürgermeisters. Dort eröffnete das Lokomobil seine Tätigkeit. Es dampfte und schnob, und die mit ihm in Verbindung gesetzte Dreschmaschine schluckte die dargereichten Garben und spie mit nie dagewesener Geschwindigkeit die ausgelösten Körnlein aus und das zerknitterte Stroh. Anfangs drängte sich viel Publikum zu dem hübschen Schauspiel, allmählich jedoch ließ bei den meisten das Interesse an dem ewigen Einerlei nach und erhielt sich nur bei einem armen Jungen unvermindert, der wohl keine Aussicht hatte, die Maschine jemals in Verwendung zu nehmen – bei Pavel. Er hatte Arbeit beim Holzschlag im herrschaftlichen Wald erhalten und machte auf dem Gang dahin täglich einen kleinen Umweg, um den Anblick des schnaubenden Ungeheuers zu genießen, dem er sich mit stillem Staunen hingab, bis es hieß: ‹Mach, daß du fortkommst!› – ‹Wenn der einem die Maschine wegschauen könnte, er tät's›, meinte der Bürgermeister. Pavel ging, nahm aber die Erinnerung an die Bewunderte mit sich und hatte ein deutlicheres Bild von ihr im Kopfe als die Bauern, die in ihrer nächsten Nachbarschaft auf der Bank an der Scheune saßen und die Hantierung der Tagelöhner überwachten. Wohlgefällig sahen die Eigentümer des Getreides, das eben gedroschen wurde, zu und freuten sich, wenn die fleißige Maschine die Arbeit in wenig Tagen fertigbrachte, die ihnen wochenlang zu tun gegeben hätte. ...

Einer der Bauern, Peter, setzte seinen ganzen Stolz in eine Pferdezucht, die schon sein Vater mit gutem Glück betrieben, und war kürzlich zu einer Prämiierung von Arbeitspferden mit zwei Kohlfüchsen gefahren, deren Anblick, wie er oft geprahlt hatte, ‹die Kommission umreißen und alle anwesenden Pferde in Grund und Boden schlagen müsse›. Statt dessen hatte man ihn zurückkommen sehen ohne Preis, zornig und schimpfend über die Kommission, die zusammengesetzt gewesen sei aus lauter Eseln. Im Dorfe verspottete man ihn; jeder wußte, die Kohlfüchse waren für Arbeitspferde zu schwach befunden worden, und nun setzte Peter seinen Kopf darauf, sie zu den stärksten Pferden weit und breit zu machen, und hoffte nur auf die Gelegenheit, einen glänzenden Beweis davon zu geben, daß ihm dies gelungen sei. Der ersehnte Augenblick schien endlich gekommen. Wenn die Maschine am Getreide des Bürgermeisters und an dem der Umgebung ihre Schuldigkeit getan haben würde, sollte sie im Hof Peters am unteren Ende des Dorfes aufgestellt werden, und er hatte die Zeit, sie abzuholen, kaum erwarten können. Am bestimmten Tage – das Lokomobil war noch im Gange – erschien er schon mit einem Gesicht so aufgeblasen wie ein Luftballon, hinter ihm sein Knecht, der die angeschirrten Kohlfüchse am Zügel führte. ‹Was willst mit den Pferden?› fragte der Bürgermeister, ‹warum bringst nicht ein paar tüchtige Ochsen? Die Pferde halten dir die Maschine über den Berg nicht zurück.› Barosch und

Anton, die eben dastanden, einige jüngere Leute und alle Taglöhner waren derselben Meinung, sogar Pavel, der mit einem Auftrag vom Förster an den Bürgermeister geschickt worden war, erlaubte sich, in Gegenwart der Notabilitäten den Mund aufzutun und sagte: ‹Und der Maschine kann das größte Unglück geschehen.›

Peter schob die kurze Pfeife aus dem linken Mundwinkel in den rechten und den Hut weiter zurück ins Genick. ‹Spann ein›, befahl er kurz und gebieterisch dem Knecht und zog den Gäulen die Stränge vom Rücken. ‹Wart›, rief der Bürgermeister, ‹wirst doch so nicht fahren, wirst doch früher das Feuer herausnehmen lassen.› Er öffnete die Tür des Kohlenbehälters, und Barosch näherte sich mit dem Schüreisen; aber Peter donnerte ihn an: ‹Laß bleiben! So wie sie dasteht, so ziehen meine Ross sie fort›, schlug die Tür des Kohlenbehälters wieder zu, half dem Knecht einspannen und ergriff die Leitseile und die Peitsche.

‹Hü!› ein mächtiger Schnalzer: die Pferde zogen an, sprangen zur Seite, sprangen in die Höhe, und erst auf einen zweiten und dritten Schnalzer legten sie sich ins Geschirr, daß die Stränge krachten ... vom Fleck bewegt war die Maschine. Peter schrie, sein Knecht schrie, die Bauern und die Taglöhner standen staunend, denn wirklich – die Kohlfüchse zogen das Lokomobil bis zum Ausgang des Hofes. Von hier an ging's von selbst; sachte abwärts neigte sich der Weg und mündete breit auslaufend in die Dorfstraße. Auf dieser ward die Senkung jäher, Pavel lief hinzu und wollte die Räder sperren, Peter jedoch, völlig berauscht von Übermut und Prahlsucht, stieß ihn hinweg: ‹Ich brauch das nicht›, rief er, ‹ich fahr ohne Sperr.› ‹Narrheit›, meinte Anton, weil's

Fahrbare Dreschdampflokomobile. 1911. (Hersteller: Fa. Flöther, Gassen/Lausitz)

doch immer steiler abwärts ginge, und Peter lachte: wenn auch, um so schneller würden seine Pferde laufen, und er vermaß sich, die Maschine im Trab in seinen Hof zu führen. Die Verkündigung dieses Wagnisses erregte Hohn und Neugier. Ein Hauptspaß war's doch, dem Kunststück zuzusehen. Nur Anton empfand ungemischten Unwillen, kreuzte die Hände mit einer bedauernden Gebärde und sprach: ‹Läßt sich nichts sagen, wird schon sehen.› ‹Ihr werdet sehen, ihr! was meine Fuchsen können›, gab Peter zurück, ging, in jeder Hand einen Zügel, mit großen Schritten neben den Pferden her, rief aber nicht mehr ‹Hü›, sondern ‹Ho-oho›.»

Die Sache endet beinahe tragisch: Auf dem abschüssigen Weg kommt die schwere Maschine ins Rutschen, und die Pferde können sie nicht halten. Aber der von allen verachtete Pavel, das armselige Gemeindekind, erkennt mit seinem technischen Verstand die einzig praktikable Möglichkeit, die Planke herauszureißen, und rettet auf diese Weise den pferdestolzen Bauern wie auch die kostbare Lokomobile vor dem gänzlichen Verderben.[27] Unwillkürlich fühlt man sich an Holls Erlebnis mit dem Traktor erinnert (s. Anfang des Kapitels); hier wie dort erweist sich der sozial Verachtete als der an technischem Verständnis Überlegene gegenüber dem stolzen Pferdebauern.

Für das agrarische Besitzsystem der Werte und Normen kündigten sich große Veränderungen an. Dieser Prozeß machte sich auch in anderer Weise bemerkbar. Es schien so, als ginge mit der Bedienung der Dreschmaschine eine Männerarbeit, die besondere Kompetenz erforderte, teilweise in die Hände weitgehend Unkundiger über, denn je weiter die Technisierung fortschritt, um so mehr konnten Frauen und größere Kinder zum Zureichen und Einlegen der Garben und zu Hilfsarbeiten eingesetzt werden, was oft zu Eifersüchteleien und Arbeitskonflikten führte. Eine junge Frau erzählt:

«Im Winter mußte ich in der Scheune Getreide dreschen helfen. Da war mein Platz an der Strohpresse, ich begriff schnell, wie man mit der Nadel das Band einfädelte und das gedroschene Stroh bündelte. Die Strohbunde mußte ich auf den Hof tragen, sie waren schwer, aber auch damit wurde ich fertig, ich mußte die Bunde schichten, das machte ich mit der Hand, und als die Miete immer höher wurde, sollte ich die Gabel benutzen, aber so sehr ich mich auch anstrengte, ich brachte kein Bund nach oben. Die Bäuerin stand mit verschränkten Armen auf dem Hof, und ihr Lächeln war gemein wie bei einer alten Hexe, der Alte stellte sich daneben, seine krumme Pfeife im Mund, sie guckten zu, wie ich mich beim Staken abquälte. Da erbarmte sich der Sohn vom Bauern, der wie ein Knecht auf dem Hof arbeitete, er spießte die Bunde mit Leichtigkeit auf, als ob es gar nichts wäre, ich sah ihm zu und sagte, Danke schön!, aber ich merkte sofort, daß ich was Dummes getan hatte, mein Dankeschön machte ihnen Spaß, sie konnten sich gar nicht genug darüber amüsieren. Ich versuchte es wieder mit der Gabel, aber ich schaffte es nicht. Alte Sätte, kreischte die Großmagd. Da bekam ich so eine Wut und warf die Bunde hin und schrie zurück: Alte Henne, komm runter und mach es selbst! Sie stand nämlich am Dreschkasten und hatte weiter nichts zu tun, als dem Sohn die Garben aufgeschnitten hinzulegen und sie in den Dreschkasten zu schieben; mich machte es rasend, daß ich zu tun hatte und von allen Seiten nur schadenfroh beobachtet wurde.»[28]

Auf den ostelbischen Gütern wurde sogar die Mithilfe der Hofgängerfrauen bei der Dreschmaschine als zusätzliche Arbeitsleistung verlangt, hauptsächlich beim Garbenaufschneiden. Dieser ökonomische Zwang brachte den Tagelöhnerfrauen zwar einen geringen Verdienst, überlastete sie jedoch zusätzlich in einem Maße, der ihrer Gesundheit und ihrem familiären Leben nur schaden konnte.[29]

Der Fortgang der technischen Entwicklung brachte in dem Augenblick eine große Erleichterung, als die Dampfmaschine durch Motorkraft ersetzt wurde, erst durch den Ottomotor, dann durch den Dieselmotor, der allerdings wieder einen festen Standort für die dörfliche Drescharbeit erforderte.[30] Aber nun konnte man auf die monströse und auch gefährliche Lokomobile verzichten, und angesichts des laufenden Treibriemens ging die Arbeit gewissermaßen wie am Schnürchen.

Als die Elektrizität das Land zu erobern begann, machte sie vielerorts den stationären Verbrennungsmotor durch Elektromotoren überflüssig und erleichterte weiterhin das mechanische Dreschen.

«Der Kramerfeicht zimmerte ein hölzernes Gehäuse in seiner Wagenremise. Wir Kinder sahen, wie der Maurer einen Betonsockel auf dem Boden anlegte. Einmal fuhr der Bauer auf die Bahnstation nach Starnberg, am anderen Tag arbeiteten zwei fremde Männer in blauen Monteuranzügen im Holzverschlag der Remise an einem schwerfälligen, mit grünem Blech umkleideten Ding, das an der Seite ein größeres und ein kleineres Schwungrad hatte und auf dem Betonsockel stand. Sie zogen Drähte, prüften die Enden, dabei zuckten kleine Funken auf. Sie verbanden diese Drähte über dem Gehäuse, und oben im Gebälk der Remise leuchteten endlich Glühbirnen. Der eine Monteur riß einen Hebel nach rechts, und auf einmal fingen die zwei Schwungräder an dem grünen Ding surrend zu laufen an.

Das Korn, das gleich aus der Maschine in die Säcke läuft, wird gewogen. (Foto Eschenburg, Mecklenburg)

Wir Kinder liefen nach Hause und schrien, zur Kuchltür hereinstürzend: ‹Er hat einen Montor! Er hat ihn schon laufen lassen! Er hat einen Montor!›

Am andern Tag in aller Frühe erschreckte ein eigentümliches Surren die Nachbarn. Der Kramerfeicht drosch elektrisch! Alles lief zu ihm hinüber und schaute verwundert auf den kleinen grünen Kasten, an dessen Schwungrad ein langer Treibriemen war, der von der Remise bis zur gegenüberliegenden Scheune lief und dort das viel größere Schwungrad der Dreschmaschine trieb. Die Leute standen und starrten. ‹Hmhm, jetzt so was! So was ... Rein wie gehext geht das! Man glaubt's kaum, hmhm! ... So ein kleiner Kasten und treibt das ganze Werk!› redeten sie durcheinander und kamen in die Scheune. Vom hohen Strohstock herunter warf der Sepp die aufgeknüpften Weizenbündel, droben auf der Maschine stand der Kramerfeicht und warf sie mit großer Flinkheit in die Holzrinne, das Takelwerk erfaßte sie und ratterte ohrenbetäubend. Die Bäuerin auf dem Tennenboden hatte alle Hände voll zu tun, um das herausfliegende Stroh wegzuräumen. Breit lachte der Bauer auf die verblüfften Leute herunter und schrie ohne einzuhalten: ‹Gell! Da schauts! Das hat Schwung! ... Jetzt kann der Martl mit dem Ochsen derweil ackern, und übermorgen ist ausgedroschen!› Bisher hatte er dazu fast zwei Wochen gebraucht. Die Leute waren nachdenklich geworden, sie schüttelten die Köpfe.

‹Ein ganz raffiniertes Patent!› murmelten sie, ‹ganz raffiniert! Keinen Ochsen und kein Roß brauchst du mehr, hmhm! Es geht drei- und viermal so flink! Malefizisch praktisch so was!› Und heftig diskutierend gingen sie aus der Scheune. Wir Kinder waren wie behext. Die ganzen drei Tage liefen wir zwischen Motor und Dreschmaschine hin und her und entdeckten immer wieder etwas Neues, Überraschendes und Wunderbares. Wochenlang redeten die Dorfleute von nichts anderem. Alles, was für und was gegen so einen Elektromotor sprach, erwogen sie. Nach jeder Kleinigkeit fragten sie den Kramerfeicht, nach den Anschaffungskosten und der Leistung; mißtrauisch und genau prüften sie, ob die Ähren auch völlig ausgedroschen waren und errechneten die Ersparnisse an Geld und Zeit. Nach einem knappen Jahr hatten die größeren Bauern bei uns und in der Umgebung Elektromotoren. Bald folgten auch die kleineren.»[31]

Dieses neue wichtige Arbeitsgerät, das die Verhältnisse auf dem Dorfe so ungemein veränderte, gehörte nur auf den Gütern einem einzelnen, dem Gutsbesitzer; sonst schaffte zuweilen die Gemeinde die Maschine an, die dann der Größe des Besitzes entsprechend von Hof zu Hof ging und die Mitarbeit aller Hausbewohner, auch der größeren Kinder, Knaben wie Mädchen, erforderte:

«Lange erfolgte der Drusch mit der Gemeindemaschine. Das hieß natürlich immer warten, jeder wollte zuerst drankommen. War endlich ein Termin ausgehandelt, mußte alles sehr schnell gehen, denn die anderen warteten auch. So hieß es bei dieser Arbeit beim ersten Morgendämmern aus den Federn, denn tagsüber mußte das Getreide eingeführt werden. Oft stand ich noch ganz schlaftrunken bei einem Berg von Garben.

Mir als der Jüngsten kam die leichteste Arbeit zu, nämlich die Garben aufzulösen, das heißt die Strohbandeln. So war ich nicht nur sehr bald hellwach, sondern auch sehr bald schweißgebadet. Besonders beim Korn, wo die Garben größer waren als ich, hatte ich zu kämpfen, denn die Dreschmaschine fraß die Garben – eine um die andere. Vater, der bei der Maschine stand und sie ‹fütterte›, langte ohne viel zu schauen – vor lauter Staub war es ihm kaum möglich – immer nur um die nächste. Meine Schwester stand mit der Mutter vorne bei der Maschine und nahm das ausgedroschene Stroh auf, um es wieder auf Bandeln zu legen, das der Bruder zu großen Garben band. Dieses Stroh wurde im Winter verhäckselt und mit Rüben vermischt an die Rinder verfüttert.»[32]

Oder man stellte das gewaltige Ding auf freiem Feld auf, wohin die Bauern nach und nach im Anschluß an die Ernte ihr Getreide schafften und die Strohballen und das Korn in Säcken mit nach Hause nahmen. Am verbreitetsten aber war die beschriebene Arbeitsteilung, bei der ein Maschinenmeister mit seiner Dreschermannschaft durch die Dörfer zog. In den Erinnerungen der Kinder waren die Dreschertage ein Höhepunkt, denn die Drescher mußten gut ernährt werden, und jede Bäuerin setzte ihren Stolz darein, was besonderes zu bieten und ein Abschlußfest auszurichten – fast wie bei der Ernte.

«Vor dem Krieg waren noch viele Dienstboten da, und wir hatten beim Dreschen des Getreides viel Spaß, besonders im Herbst, wenn die *Drischlegen* gehalten wurden. Bei den größeren Bauern dauerte das Dreschen mit dem Dampf drei, vier Tage, und die Größe eines Hofes wurde mit der Dauer der Dreschtage angegeben. Da gab es vielleicht was zu essen! Am Morgen eine kräftige Trebernsuppe, um neun Uhr zur ersten Brotzeit einen Erdäpfelkas, zum Trinken Scheps oder Apfelmost, und zu Mittag ein Trumm Schweineres gebraten mit Knödeln. Bei einem Hof hat die Bäuerin Kartoffelknödel von gekochten Kartoffeln gemacht, die waren bekannt als besonders gut, und die weite Tonschüssel war aufgegupft voll von ihnen, da blieb aber keiner übrig. Nach dem Essen sprach diese Bäuerin ein kurzes Gebet, ein Vaterunser und ein Gegrüßt-seist-du-Maria. Dabei hat sie die Worte so verhunakelt, daß die Leute nur mühsam das Lachen verbeißen konnten. Hätten sie den Wortlaut nicht auswendig gewußt, niemand hätte ein Wort verstanden. Nachmittags um drei, bei der zweiten Brotzeit, war die schlimmste Zeit überstanden, denn die vergangenen drei Stunden waren die heißesten und ermüdendsten. Um sechs Uhr war Feierabend, und nun kam alles auf den Tisch, was es Gutes gab. Zuerst eine Hühnersuppe, dann Kaffee mit Schmalzkücheln, die innen mit Zwetschgenmus gefüllt waren, die sogenannten verfaulten Kartoffeln, so war immer die Reihenfolge. Und nun gab es Torten und allerlei Gebäck, gefüllt mit Marmelade, alles was man sich nur denken konnte. Eine Bäuerin wollte die andere übertreffen und die heranwachsenden Töchter erst recht.

Am letzten Abend nun, da war die *Drischleg*. Das wurde ein lustiger Abschluß mit etwas Tanz und verschiedenen Spielen, bei denen es gar nicht zimperlich zuging. In der Tanzpause ging das mit dem Stockschlagen an, ein Bursch bückte sich in den Schoß eines anderen, der auf einem Stuhl saß und ihm die Augen zuhielt. Die andern standen im Halbkreis hinter ihm und hauten ihm mit der flachen Hand gekonnt auf den Hintern, und der Geschlagene mußte den Täter erraten, sonst war der nächste Schlag fällig.»[33]

So ging es im Österreichischen zu. Aber die Arbeitenden selbst auf den großen Höfen im Dithmarschen sahen die Sache anders an: als ausschließliche, besonders schwere Lohnarbeit: «Gleich nach den Haupterntewochen nahm ich Arbeit bei der Dreschmaschine an. Zwar drückt man sich, als verheirateter Tagelöhner, sonst herzlich gern vor dieser Arbeit; doch da nach der Ernte der Tagelohn sofort wieder ganz rapide fällt, zog ich es vor, lieber die Unannehmlichkeiten der Drescharbeit auf mich zu nehmen, als ins Ungewisse nach halbwegs lohnender Feldarbeit zu suchen. Denn eine solche Dreschkampagne dauert regelmäßig bis in den Spätherbst hinein, auch hat man am Wochenschluß immerhin ein paar Mark mehr verdient wie bei der gewöhnlichen Hofarbeit.»[34]

Die außerordentlichen Veränderungen, die sich neben dem unbezweifelbaren agrartechnischen Fortschritt durch die Mechanisierung für die Dorfbewohner in der zweiten Hälfte des 19. Jahrhunderts vollzogen, sind schwer zusammenfassend zu bewerten. In der alten Bauerngesellschaft verlief die Ordnung vertikal, entsprechend der am Grundbesitz orientierten Hierarchie. Und dieser Ordnung war alles untergeordnet, was zum «ganzen Haus» gehörte, also auch das Gesinde. Die Dreschermannschaft war die erste Form einer Gruppierung, die in das vertikale System der Agrargesellschaft nicht hineinpaßte: ein Techniker mit einer angelernten Arbeitsgruppe, die von Hof zu Hof und von Dorf zu Dorf zog, für Bar- und Naturallohn arbeitete und ihr Produktionsmittel, die Maschine, selbst besaß oder verwaltete. Damit aber war das patriarchalisch geordnete Gesellschaftssystem des alten Bauerndorfes nachhaltig gestört, denn die Bauern waren nun abhängig von Maschine und Dreschermannschaft, eine soziale Beziehung, die in ihr bewährtes System der Besitzhierarchie nicht hineinpaßte.

Doch von der Seite der Drescher aus gesehen war es so, daß sie unter der Führung eines Maschinenmeisters nicht so recht zum Bewußtsein ihrer neugewonnenen Selbstständigkeit gelangen konnten wie z. B. die Erntearbeiter auf den großen Gütern in der kurzen Periode des Schnittes. Einerseits sahen sie sich des monatelangen Drescherlohnes beraubt, der ihnen vor Einführung der Dreschmaschine sicher gewesen war. Doch herrschte ja Arbeitermangel auf dem Lande infolge der zunehmenden Auswanderung nach Amerika und der Anziehungskraft der Fabriken in den Städten, so daß diese Landflucht als dauernde Bevölkerungsbewegung ihrerseits die Gutsbesitzer und Bauern zu einem größeren Einsatz kräftesparender Maschinen motivierte. Andererseits gerieten die Drescher durch die Anwendung und Beherrschung der Maschinen nicht etwa in eine neue, humanere Lage mit gewonnener Freizeit und geringem Wohlstand, sondern sie erlebten als lohnarbeitende Landbewohner den Prozeß der Entfremdung in ähnlicher Form wie ihre Arbeitskollegen in den städtischen Fabriken. Das wirkte sich sehr schnell als Zerstörung der Interessengemeinschaft auf Gütern und Bauernhöfen aus, die doch trotz der Besitzunterschiede bestanden hatte, – und damit auf eine weitere Isolation der Drescher auch dem Gesinde und den anderen Tagelöhnern gegenüber. Zudem spielten nun Raum und Zeit eine andere Rolle. Rehbein hat berichtet, wie sehr der Maschinenmeister seines Profits wegen auf das Stundenschinden aus war. Die Mittagspause, auf dem Bauernhof eine ausgeformte Ruhepause der Regeneration mit Anfang und Ende (mit Ausnahme vielleicht der strengsten Erntezeit), degenerierte nun zu einer kurzen Unterbrechung für das Herunterschlingen des Essens, und die Maschine mit ihren zuweilen notwendigen Schmierpausen diktierte den Rhythmus der Arbeit, die begleitet war vom Beben und den lauten und unnatürlichen Geräuschen der Dreschtrommel.[35]

Auch für die Frauen brachte die Dreschmaschine Veränderungen des gewohnten Rhythmus. Sie wurden zu Tätigkeiten herangezogen, die zwar Geschicklichkeit erforderten wie das schnelle Aufschneiden der Garben am Dreschkasten; doch ordnete man ihren Anteil wie gewöhnlich wieder als schlecht gelohnte «Hilfsarbeiten» ein. Im übrigen brachte ihnen die Technisierung der Landwirtschaft entschiedene Erleichterungen, zumal als sie, besonders nach Einführung der Elektromotoren, Stall und Küche und die Geräte der Milchbereitung erreichten.[36]

Der Einfluß der Maschinen auf das Landleben, der sich ja in den verschiedenen Regionen sehr unterschiedlich vollzog und hier nur in groben Zügen angedeutet werden konnte, belegt die These von der Prozessualität der Abläufe. Als sich die herkömmliche Arbeitsstruktur an einer Stelle entscheidend änderte, erfaßte dieser Einbruch allmählich das gesamte System der Denkweisen und des Sozialverhaltens und damit auch der Arbeitsbräuche.

Saisonarbeit und Mobilität

«‹Die Sache ist Ihnen noch fremd, mein Lieber!› fuhr der Agent fort. ‹Ich will Ihnen mal was im Vertrauen sagen: Diese Art des Arbeitskontraktes und der Arbeiteranwerbung überhaupt, das ist die moderne Wirtschaftsweise. So wird's in Amerika gemacht auf den Plantagen und Farmen. Und in Zukunft wird's bei uns überall so werden. Das ist die moderne rationelle Wirtschaftsweise.› – Der Mann schien besonders stolz auf diesen Ausdruck zu sein, denn er wiederholte ihn noch einige Male. – ‹Das ist überhaupt das einzige Rationelle so! Beide Teile kommen dabei auf ihre Rechnung. Der Arbeitgeber macht sich seinen Anschlag, bestellt sich dann, was er braucht an Arbeitskräften; der Agent besorgt ihm die Leute, so viel wie er braucht, auf den Kopf. Und der Arbeiter – nun, er fährt auch nicht schlechter dabei. Der bekommt seine Leistungen auf den Heller und Pfennig in bar ausbezahlt. Beide Teile wissen genau, was sie voneinander zu

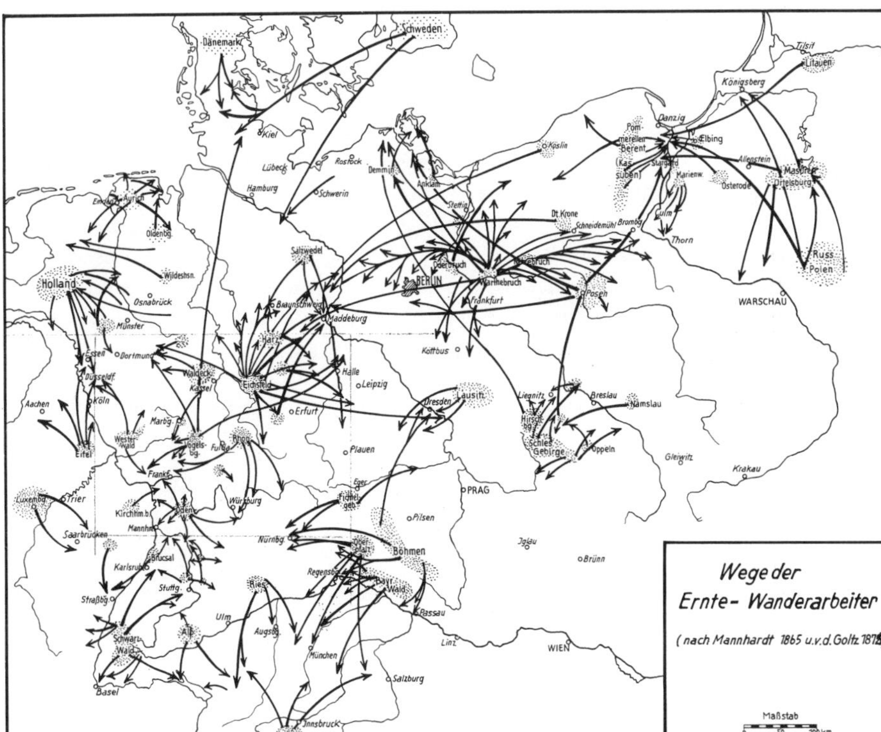

Wege der Ernte-Wanderarbeiter. (Karte von Weber-Kellermann nach «Erntebrauch in der ländlichen Arbeitswelt des 19. Jahrhunderts», Karte 3))

fordern haben; dafür ist der Kontrakt da. Der eine gibt das Geld, der andere seine Kräfte. Das Geschäft ist klipp und klar wie ein Rechenexempel. Alles wird auf Geld zurückgeführt, gerade wie in Amerika! Ist das nicht viel praktischer und rationeller so? Früher, da bekam das Gesinde Geld überhaupt nicht zu sehen. Da gab's freie Wohnung und Verpflegung und höchstens noch Deputat. Das waren die sogenannten patriarchalischen Zustände. Unter uns gesagt, die reine Sklaverei! Jetzt gibt's das nicht mehr. Jetzt wird alles nach amerikanischem Muster gemacht. Das nennt man das moderne Wirtschaftssystem, verstehen Sie? Aber alles das sage ich Ihnen nur ganz im Vertrauen.›»[37]

In diesem erdachten Gespräch zwischen einem anwerbenden Agenten und einem jüngeren wanderwilligen schlesischen Bauernsohn zeigt sich die neue Denkweise, die mit der wirtschaftlich bedingten Mobilität vieler junger Dorfbewohner das Landleben veränderte. Zu den zahlreichen Kategorien einer an Ort und Stelle ansässigen Landarbeiterschaft, die sich zu den großen ländlichen Saisonarbeiten zusammenfand, gesellte sich eine weitere, ständig im Wachsen begriffene, von Jahr zu Jahr wechselnde, mobile Gruppe: die Wanderarbeiter. Der Umfang dieser Saisonwanderungen zerstörte erkennbar das ideologische Wunschbild vom «beharrenden Bauerntum», das Riehl so farbig gemalt hatte. Wie wenig eine solche utopische Vorstellung die agrarische Wirklichkeit deckte, zeigt die Karte auf S. 375, auf der die ganze Mobilität ländlichen Lebens deutlich zutage tritt. Hier wurden die Wege der Wanderarbeiter speziell der Erntezeit eingezeichnet nach den Angaben im Mannhardtmaterial und der Goltzschen Statistik von 1875.[38]

Innerhalb Deutschlands waren es deutlich die Armutsgebiete waldiger oder rauher Gebirgsgegenden (Pommerellen, Eichsfeld, Rhön, Eifel, Schwarzwald, Bayerischer Wald usw.) oder geographisch auf sonstige Weise benachteiligte Gegenden (masurische Seen, Warthebruch), die sich zu Ausgangszentren der Saisonwanderungen entwickelten. Vom Ausland kamen zeitweise Erntearbeiter aus Schweden, Dänemark und Holland, die aber ihres hohen Lebensstandards wegen nicht sehr begehrt waren; Schwaben und Bayern bezogen Kräfte aus den Gebirgstälern Tirols und Vorarlbergs; vor allem aber füllte in wachsendem Maße die anspruchslose polnische Landbevölkerung die Lücken im Arbeiterbesatz auf den Erntefeldern ganz Deutschlands. Kaerger nennt folgende Zahlen für die saisonmäßigen Abgänge aus den einzelnen ostelbischen Provinzen um etwa 1890:

Brandenburg:	145 000	(Die große Zahl erklärt sich auch daher, daß hier manche aus weiter östlichen Gebieten gewissermaßen Zwischenstation machten.)
Pommern:	3 000	
Westpreußen:	13 000	
Posen:	15 000	
Schlesien:	26 000.[39]	

Wie wurde die Wanderarbeit organisiert, und wie fanden die Arbeiter neue Arbeitsplätze und den Anschluß an die alljährlich von neuem einsetzende große ländliche Wanderungsbewegung? Die Vermittlung der Arbeitsstellen wurde durch sogenannte Agenten betrieben, die meist aus der Heimat der Verdienstsuchenden stammten und ganze Trupps für die Saisonwanderung zusammenstellten.

Die Sachsengänger

Als eine spezielle Gruppe, die zu Ende des 19. Jahrhunderts stetig anwuchs, seien die *Sachsengänger* genannt, die für die großen Zuckerrübengüter in der Provinz Sachsen alljährlich in mehreren Armutsregionen angeworben wurden. Die Ausdehnung des Zuckerrübenbaus erforderte keine Winterarbeit wie beim Getreide, womit Sommersaison und Winterarbeit zu einem Verhältnis 4:1 entartete. Damit erwies sich die Beschäftigung von Wanderarbeitern für den kalkulierenden Gutsbesitzer selbst bei höheren Saisonlöhnen insofern billiger, als er die Arbeitskräfte im Sommer ausnutzen konnte, ohne im Winter für sie sorgen zu müssen.[40] Die Entpersönlichung der ländlichen Arbeitnehmer-Arbeitgeber-Beziehung erreichte mit diesen Verhältnissen einen Kulminationspunkt; vielfach lernten die Arbeiter den Gutsherrn selbst überhaupt nicht kennen. Bestenfalls fanden sie das Gut durch den Inspektor repräsentiert, häufig aber lediglich durch den Agenten, der dann als Vorarbeiter die Mittelsperson zum Gutsbetrieb darstellte und mit dem sie ihre Kontrakte geschlossen hatten. Zahlreich sind die zweifellos zutreffenden, zum Teil erschütternden Berichte, in denen diese Agenten als gewinnsüchtige und ausbeuterische Geschäftemacher erscheinen, die mit dem oft völlig unwissenden Landvolk, besonders den polnischen Ostarbeitern, anfänglich einen wahren Menschenhandel betrieben. Sie pflegten ihre Vermittlerstellung, statt das in sie gesetzte Vertrauen zu rechtfertigen, zu eigenem Gewinn auszunutzen, indem sie sich mit ihren Familien an der Beköstigung und sonstigen Versorgung ihres Landarbeitertrupps schamlos bereicherten.

«Der Gewinn, den der Vorschnitter auf illegitime Weise durch Verkauf von Waren, Ausschank von Schnaps und Bier verdient, dürfte nicht unerheblich sein. Die Leute werden von manchen Vorschnittern zum Teil auf direkt betrügerische Weise sehr ausgesogen. Polizeiliche Organe lassen es durchweg hinsichtlich des unerlaubten Ausschenkens an der nötigen Kontrolle fehlen. Der Verdienst des Vorschnitters besteht hauptsächlich darin, daß er von den Lieferanten, welche den Schnittern Brot, Fleisch, Kolonialwaren liefern, seine Prozente erhält. Ich kenne ein Gut, wo der Vorschnitter für jedes vom Bäcker gelieferte Brot 5 Pf. bekam. Die 100 Schnitter verzehrten wöchentlich 150–200 Brote. Dazu kam noch der Verdienst von den übrigen Lieferanten.»[41] Wie die Werbung zur Sachsengängerei vor sich ging, hat Rehbein exemplarisch in seinen Lebenserinnerungen erzählt:

«Um die Osterzeit, kurz nach meiner Schulentlassung, bereiste ein Agent aus Köslin die Gegend, um Landarbeiter nach Sachsen anzuwerben. Alles konnte der Mann gebrauchen: Männer und Frauen, Mädchen und Jungens. Schon einige Jahre vorher hatte er mit einem gewissen Vorschnitter Höhnke zusammen sowohl aus der Stadt wie aus den umliegenden Dörfern ganze Trupps von Landarbeitern angeworben, die vom Frühjahr bis zum Spätherbst kontraktlich zur Arbeit auf den Zuckerfabriken der Magdeburger und Braunschweiger Gegend oder auf verschiedenen Gütern von Hannover, Oldenburg und Schleswig-Holstein verpflichtet worden waren. Meistenteils waren diese Arbeiter zum Winter wieder nach der Heimat zurückgekehrt; jedoch hatten es auch zahlreiche einzelne wie auch ganze Familien vorgezogen, der Heimat für immer Valet zu sagen und dort zu bleiben.

Der Agent verstand es ausgezeichnet, den Leuten den Mund wässerig zu machen. Nach seinen Darstellungen war ‹Sachsen› einfach das gelobte Land, wo Milch und Honig floß. Er hatte mit seinen Anpreisungen auch verhältnismäßig leichtes Spiel, denn viele von denjenigen, die sich bereits einmal hatten ‹verschicken› lassen, ließen sich auch jetzt wieder anwerben und wußten den Neulingen ebenfalls mancherlei Günstiges über das schöne Sachsen zu erzählen. Die Behandlung der Arbeiter sei besser wie auf den pommerschen Höfen, die Kost sei schmackhafter, und vor allem würden dort ungleich höhere Löhne gezahlt. Letzteres wurde selbst von denjenigen zugegeben, denen es dort sonst nicht gerade zum Besten gefallen hatte. Diesen Umstand wußte der Agent auch sehr geschickt auszunutzen. ‹Kinder›, sagte er überzeugend, ‹die 8 oder 9 Monate sind ja keine Ewigkeit; wenn's euch dort nicht paßt, kommt ihr zum Herbst wieder; freie Reise kriegt ihr ja.› Er fügte noch hinzu, daß der Trupp, den er jetzt noch brauche, nur ein Nachschub sei, denn mehrere Hundert habe er bereits im Januar und Februar angenommen und schon anfangs März nach verschiedenen Gegenden Sachsens geschickt; wer also mitwolle, möge sich bis zum nächsten Wochenmarkt besinnen, dann gehe der Transport ab.

Kaum hatte ich die Erlaubnis meiner Mutter zur Abwanderung erlangt, so suchte ich auch schon den Agenten auf, um mich ebenfalls als Sachsengänger einschreiben zu lassen. Er tat zuerst zwar so, als sei ich noch ein ‹bisken reichlich klein›, und hegte auch einige Bedenken wegen meiner noch zu großen Jugendlichkeit. Unter sechzehn nehme er die Jungens nicht gerne, sagte er, denn einmal werde von den Herrschaften in Sachsen dieses Mindestalter für Dienstjungen meistens ausdrücklich verlangt, dann aber auch setze er sich leicht polizeilichen Scherereien aus, wenn er erst Vierzehnjährige vermittele. Hier sprang nun der Vorschnitter Höhnke ein. ‹Den Bünzelt könnte ich gebrauchen›, meinte er, ‹der kann Ochsenjunge auf der Zuckerfabrik werden; da wird's nicht so genau genommen.› Gleichzeitig holte er ein Kontraktformular hervor und forderte mich auf, meinen Namen darunter zu setzen. ‹Zu lesen brauchst du das gar nicht erst, Junge›, sagte er dabei, ‹du kriegst auf der Fabrik 6 Groschen Tagelohn, und wenn du tüchtig bist, wird dir das Fahrgeld nicht vom Lohn abgezogen.›

Mit dieser summarischen Erklärung begnügte ich mich auch vollauf; gingen mir doch lediglich die 60 Pfennige Tagelohn im Kopfe herum. Welches Glück! Ich sollte als vierzehnjähriger Junge in Sachsen ebensoviel verdienen wie ein vollwertiger Tagelöhner in meiner hinterpommerschen Heimat! Was brauchte ich da zu wissen, was sonst noch alles in dem langen Kontrakt drin stand? Es genügte mir, daß ich als Ochsenjunge für die Zuckerfabrik W. angenommen war, und – ich unterschrieb. Noch vier Tage, dann sollte der Transport abfahren...

Um halb vier Uhr morgens waren wir alle auf dem Bahnhof zusammen; die Angeworbenen aus den umliegenden Dörfern hatten sich mit Sack und Pack bereits des Abends vorher eingefunden. Wir waren unser insgesamt 45 Personen: Männer, Frauen, Jungen und Mädchen; ich selbst schien der jüngste von allen zu sein... Wir fuhren nach Schneidemühl; dort erwartete uns das Gros des Transports, mit dem wir uns vereinigten, um gemeinsam über Berlin und Hamburg nach den verschiedenen Bestimmungsorten befördert zu werden.»[42]

Die Lektüre des Kontraktes hätte dem Jungen wenig genutzt, denn er war eindeutig zugunsten des Arbeitgebers formuliert. Um 1890 sah ein solcher Kontrakt wie folgt aus: «Kontrakt zwischen dem Gutsbesitzer N. auf X. und dem Vorschnitter N. N.

§ 1. Der Vorschnitter N. N. verpflichtet sich, dem Gutsbesitzer N. auf X. (Anzahl) männliche und ... weibliche Arbeiter zu stellen, und zwar rüstige, fleißige Leute, welche in allen ländlichen Arbeiten wohl erfahren sind. Die Sachen der Leute werden von S., Station der Eisenbahn, abgeholt.

§ 2. Die von dem Vorschnitter gestellten Leute verdingen sich auf die Zeit von ... bis ... und verpflichten sich zu unbedingtem Gehorsam gegen den Arbeitgeber und die übrigen Aufsichtsbeamten.

§ 3. Die Arbeiter erhalten im Tagelohn:

im Monat	April	1,25 Mark
" "	Mai und Oktober	1,50 "
" "	Juni und September	1,75 "
" "	Juli und August	2,50 "

Außerdem pro Person und Woche:
Brotgeld 1,50 Mark und Kartoffeln nach Bedarf.

§ 4. Jede Person stellt eine Kaution von 30 Mark, und es werden bis zur Höhe dieser Summe wöchentlich 2 Mark vom Verdienst zurück behalten. Sollte einer der Arbeiter oder Arbeiterinnen durch ungebührliches Betragen, Faulheit oder Ungehorsam die Unzufriedenheit des Arbeitgebers veranlassen, dann steht letzterem das Recht der sofortigen Entlassung des betreffenden Arbeiters nebst Zurückbehaltung der Kaution zu.

§ 5. Die Arbeitszeit dauert von 6 Uhr morgens bis 8 Uhr abends inkl. 1½ Stunden Mittagszeit und je ½ Stunde Frühstücks- und Vesperzeit. Dem Arbeitgeber steht jedoch das Recht zu, während der Heu- und Kornernte die Arbeitszeit zu verlängern.

§ 6. Die Schnitter erhalten freie Wohnung und Feuerung, haben aber für Betten und sämtliches Arbeits- und Kochgeschirr selber und ohne jede Entschädigung zu sorgen. Die Kosten der Her- und Rückreise zahlt der Arbeitgeber für jeden Arbeiter, welcher die vorgeschriebene Zeit in Arbeit verbleibt, sonst aber nicht.

§ 7. Der Vorschnitter erhält für jeden Arbeiter, welcher die vorgeschriebene Zeit in Arbeit verbleibt, 3 Mark am 24. Oktober als Werbegeld ausgezahlt.

§ 8. Eine Schnitterin hat das Kochen und Reinigen der Wohnung zu besorgen. Der Abfall von Kartoffeln wird dem Arbeitgeber ohne weitere Vergütung an einen von ihm bestimmten Orte zurückgeliefert.

§ 9. Der Arbeitgeber behält sich vor, ob und welche Arbeiten in Akkord verrichtet werden sollen, und vereinbart mit dem Vorschnitter die Höhe des Akkordsatzes.»[43]

Wie sich das Leben der Saisonarbeiter unter derartiger «Betreuung» in der Fremde abspielte, läßt sich leicht denken. Wollten schon Anwerber und Vorschnitter an ihnen verdienen, so hatte auch der Gutsbesitzer nur Interesse an den Vorteilen dieser sozialen Neubildung («Von Menschen und Tieren können wir nicht mehr verlangen, als daß sie täglich 10–11 Stunden angestrengt arbeiten!») und mochte so wenig wie möglich an Nebenkosten für Unterbringung usw. investieren («Die Leute sind es nicht anders gewöhnt!»).[44] Häufig kamen ganze Familien, die auf Heuböden, in alten Scheunen und unbenutzten Nebengebäuden mehr schlecht als recht ihre sommerliche Behausung fanden. Für alle zusammen mußten im allgemeinen zwei große Räume genügen, einer zum Schlafen und einer zum Essen. Erst nach einer einschlägigen Verordnung von 1874 trat langsam eine Verbesserung der Verhältnisse ein. Wie sich das Leben solch einer Schnittergruppe aber noch etwa um 1885 (auf einem schleswig-holsteinischen Gut) abspielte, schildert wiederum Rehbein in seinen Erinnerungen, die mit anderen Berichten völlig übereinstimmen:

«Es waren wohl alles in allem gute 30 Mann unter der Leitung eines Vorschnitters, die der Schafstall beherbergte. Der Stall war alleine schon eine Sehenswürdigkeit. An der Nordseite hatte er eine massive Feldsteinmauer, zu West und Ost defekte Lehmwände in Fachwerk, die vierte Wand an der Südseite fehlte. An deren Stelle befanden sich verschiebbare Hängetüren, die auf Schienen liefen und ehemals heil gewesen sein mochten, jetzt aber beträchtliche Löcher aufwiesen. Eine dieser Türen war sogar vollständig zertrümmert, es hingen von ihr nur noch einige der oberen Bretterzacken in den Rollen. Man konnte sagen: Für Schafe mochte diese Baracke ja ein ganz praktischer Unterschlupf sein, denn luftig genug war es dort, und Schafe können es bekanntlich nicht zu warm vertragen. Wie man aber Menschen, leibhaftige Menschen, von denen man Arbeit verlangt, in solcher elenden Kasematte unterbringen konnte, wie man ihnen solche Dreckbucht überhaupt zum Aufenthalt anbieten mochte, das blieb mir schon damals unerfindlich. Wahrhaftig, unsere Leutestuben und die Tagelöhnerkaten auf dem Gut waren gewiß alles andere, nur keine idealen Wohnstätten für gesittete Menschen der Gegenwart; aber im Verhältnis zu dem Unterkunftsraum der Schnitter aus ‹Brandenburg› erschienen sie uns noch als die wahren Paläste.

Der Stall hatte einen Untervierkant, in dem die Schafe des Nachts lagen, und einen Boden, der nur teilweise weitläufig mit Latten ausgelegt war. In dem unteren Raum war den Schnittern eine Ecke angewiesen worden, in der sie kochen konnten. Hier hatte man einen alten Kochherd hingeschafft, von dem ein eisernes Rohr durch ein natürliches Loch der Lehmwand ins Freie führte, um den Rauch abzuleiten. Neben dem Kochherd lagen allerhand Bedarfsartikel umher: Holz, Torf, Kartoffeln, Mohrrüben, Kochgeschirre und ähnliches; auf einem Brett am Erdboden stand ein halber Sack Mehl, obendrauf ein Beutel mit Buchweizengrütze. Diese Lebensmittel wurden in rohem Zustande vom Gut geliefert; zurechtschmoren konnten sie sich die Leute selber. Damit die Schafe nicht direkt in diese Küche kamen, war die Ecke durch zwei nebeneinander gestellte Flakenstücken abgeteilt, wie sie der Schäfer draußen auf dem Felde zu einer Hürde gebrauchte.

Über dem Kochraum auf dem Boden befand sich die gemeinsame Schlafstelle der Schnitter. Sie war eigens dazu eingerichtet worden, d.h. man hatte die vorhandenen Latten etwas dichter zusammengerückt und Stroh darüber gelegt, worauf dann allerhand Lumpen und das lose Bettzeug der Leute ausgebreitet war. Damit die Leute nicht im Schlaf ins Vierkant fallen sollten, hatte der Gutsstellmacher an der offenen Seite längs des Querbalkens ein paar Bretter entlang genagelt. Zu diesem Schlafsaal führte eine Leiter hinauf. Wollten die Familien nun des Abends ihr Strohlager aufsuchen, so sah es aus, als wenn die Hühner zu Reck gehen wollten. Einer nach dem anderen turnte dann die Leiter in die Höhe wie auf einer Hühnerstiege.

Dort oben lag nun alles in trautem Durcheinander: Mann und Frau, Sohn und Tochter. Zu den Familien gehörten jedoch außer den erwachsenen und unerwachsenen Kindern auch noch mehrere ledige junge Männer und Mädchen, die sich dem Trupp auf Anwerben des Vorschnitters angeschlossen hatten. Was sich unter solchen Verhältnissen auf dem Boden für ein rühriges Familienleben entwickelte, kann sich jeder denken.»[45]

Die Wanderarbeiter kamen aus den Gebieten der niedrigsten Lohnsätze, unter denen hinter Pommern und Schlesien die Provinz Posen den fragwürdigen Rekord hielt. Ihre Löhnung lag während der Saison am fremden Arbeitsplatz regelmäßig über den heimatlichen und meist etwas unter den einheimischen Lohnsätzen. Zu Hauptlieferanten der wandernden Erntearbeiterschaft entwickelten sich Polen und die östliche preußische Provinz Posen. Die polnischen Saisonarbeiter galten als besonders billig und genügsam und füllten in den preußischen Provinzen und in Mecklenburg die

Lücken, die durch Landarbeiterwanderung in die Städte und die USA in der zweiten Jahrhunderthälfte entstanden waren. Später übernahm von katholischer Seite der 1892 begründete polnische St. Isidors-Verein (St. Isidor galt als Patron der Landleute) ihren Schutz auch am auswärtigen Arbeitsplatz. Aber in den sechziger Jahren kamen sie noch als unorganisierte Gruppen und zogen sich als Fremde, die weit unter den üblichen Lohnsätzen arbeiteten, oftmals den Haß der einheimischen Bevölkerung zu. Später um die Jahrhundertwende erwiesen sich gerade die Polen als gut organisiert und durchaus fähig, die Möglichkeiten des Arbeitskampfes auch auf dem Lande anzuwenden.

«Bei den sogenannten Sachsengängern, den Polen, ließen sich Spuren von Klassenbewußtsein feststellen. Wurden sie einmal ganz besonders augenfällig bemogelt, so schlossen sie sich zusammen, stellten Forderungen an die Gutsverwaltung und nahmen die Arbeit nicht auf, bevor nicht die Forderungen erfüllt wurden. Überhaupt zeigte sich bei den Polen eine gewisse Erkenntnis, daß nur durch Zusammenschluß und Einigkeit bei den gewissenlosen Junkern etwas auszurichten sei. Bei den deutschen Landarbeitern war diese Weisheit in der Vorkriegszeit ein sehr seltener Artikel.»[46]

Die häufige Verbindung der Rübengüter mit einer Zuckerfabrik beschleunigte und verstärkte die Umwandlung der Agrarverfassung zu einem kapitalistischen Lohnarbeiterbetrieb. Hatte im absolutistischen Staatssystem der vorhergehenden Epoche die Zahl der Untertanen zum Reichtum des Standesherrn gehört, so verlagerte sich dieses Verhältnis im 19. Jahrhundert allein auf die Produktionsergebnisse, und «Land und Leute» verloren ihre Bedeutung für die Guts- und Dominalherrschaften. Das galt für fast alle Gutsbetriebe, die sich im Zuge der Marktentwicklung mehr und mehr zu Unternehmen umformten, besonders für die Zuckerrübengüter, deren Besitzer häufig städtische Fabrikanten waren und die ökonomischen Gesetze der kapitalistischen Produktionsweise zu voller Anwendung brachten.[47]

Von der Arbeiterseite her nahm die Entfremdung mit dem Anwachsen der Landarbeiterschaft und deren Proletarisierung ständig zu. Es war die Zeit der großen Binnenwanderung von Ost nach West, erst nach Berlin, dann zunehmend in das Ruhrgebiet

Inserat für die Auswanderung nach Amerika in den 70er Jahren.

und daneben ununterbrochen nach Amerika.[48] Damit verband sich ein unablässiger Urbanisierungsprozeß, der Dörfer in Städte eingemeindete und große Dörfer durch Fabrikansiedlungen zu Städten machte.

Wilhelm Heinrich Riehl hat in «Land und Leute», dem 1. Band seiner «Naturgeschichte des Volkes», diese Entwicklung besonders für die ländliche Bevölkerung gegeißelt und ausgeführt, daß sie dem Volke den «sozialen Inhalt» von Familien- und Gemeindeleben zerstöre.[49] Das war in vieler Hinsicht gut beobachtet, traf jedoch einen Prozeß, der realistisch gesehen nicht rückgängig zu machen, sondern nur durch eine vernünftige Sozialpolitik in humanere Bahnen zu lenken gewesen wäre.

Es konnten hier nur einige Beispiele aus der Fülle der Wanderarbeiterbewegung gegeben werden, die als Folge der zunehmenden Industrialisierung und Urbanisierung vor allem die männliche unterbäuerliche Dorfbevölkerung in Bewegung brachte.

Die «Monarchen»

Zum Schluß sei noch eine Gruppe erwähnt, deren Existenz besonders klar die Auflösung der alten vertikalen Dorfordnung verdeutlicht wie auch das Eindringen städtischer Denkweisen und Arbeitsvorstellungen. Es handelt sich um die Dreschmaschinenarbeit bei den reichen Marschbauern in Schleswig-Holstein. Neben den dänischen Schnittern gab es in der Ernteperiode eine andere, völlig ungebundene Arbeiterschaft, die mit dem Wachstum des städtischen Proletariats zum Jahrhundertende hin in zunehmendem Maße die Nachfrage nach zusätzlichen Kräften, besonders in den reichen Marschgegenden, befriedigte und offenbar einen neuen fremden Geist in die bäuerliche Bevölkerung hineinbrachte.

«In der Erntezeit sind die Menschenmärkte, außer von den wirklichen Landarbeitern, auch noch von einer anderen Spezies von Arbeitern besiedelt, den *Monarchen.* Es sind dies vorwiegend wandernde Handwerksburschen oder Gelegenheitsarbeiter, die im Sommer als Arbeitslose die Landstraße bevölkern und die nun die Erntezeit benutzen, um sich einige Groschen zu verdienen und neue Arbeitspapiere zu besorgen. Für gewöhnlich sind sie zur Landarbeit nicht zu gebrauchen, denn genau so wie das Handwerk will auch die Landarbeit erlernt sein; doch in der Erntezeit können sie immerhin beim Zureichen der Garben oder bei der Dreschmaschine Verwendung finden. Der Zustrom dieser Monarchen ist in manchen Jahren außerordentlich stark. Aus ganz Schleswig-Holstein ziehen sie sich um diese Zeit nach der Marsch; es wird auch schon in allen Herbergen weit und breit darauf hingewiesen, daß zur Ernte die Marsch das Land ist, wo Milch und Mehlbüdel fließt. Da gibt es dann manchen unter ihnen, dem es an der Wiege nicht gesungen war, daß er, als gelernter Schlosser, Schlächter oder Bäcker, als Maler, Mechaniker oder Buchdrucker, noch einmal die ‹Monarchenkarriere› bei der Dreschmaschine werde einschlagen müssen, um nach langer Arbeitslosigkeit endlich wieder wenigstens einigermaßen aus dem Dalles herauszukommen. Für uns Landarbeiter wurden diese Zugvögel am interessantesten, wenn sie – was öfter vorkam – regelrechte ‹Monarchenstreiks› inszenierten. Was wir als Landarbeiter auf Grund der Gesetze nicht tun durften – nämlich streiken –, das taten die Monarchen frei und ungehindert zu unserer heimlichen Freude und zum schweren Verdruß der Bauern. Wohl oder übel mußten die Bauern dann manchmal beim Einfahren nicht nur für die Monarchen, sondern auch für uns den Lohn auf einige Tage erhöhen.»[50]

Der skurrile Name dieser Gruppe ist damit zu erklären, daß sie sich als freie «Könige» der Landstraße empfanden, die nur nach eigener Entscheidung Arbeit annahmen oder nicht. Sie sanken später ganz auf den Status der Landstreicher herab und machten aus ihrer Monarchentradition einen Orden der Tippelbrüder. Nur zur Erntezeit traten sie wieder in Aktion und dann vor allem an der Dreschmaschine.[51]

Die veränderte Rolle der Frauen

«Auf den Äckerchen an den Hängen schimmerten weiße Kopftücher wie hellere Flecken auf blaßgelblichem Grund – da schafften jetzt die Weiber. Aber keine Sense blitzte und legte in Schwaden das Korn nieder; die Weiber rutschten auf den Knien und schnitten den Roggen mit der Sichel, wie man Gras schneidet. Sie arbeiteten hart, der Schweiß rann in Strömen; das Hemd klebte, naß zum Auswinden, am Leib, die braunen Beine, von den Stoppeln zerkratzt, steckten nackt unterm kurzen Rock. Kein Mann zwischen den Arbeitenden; nur hier und da saß so ein Alter am Grasrain, als Aufseher, und stopfte sich die Pfeife, oder ein paar halbwüchsige Jungen hetzten mit Hot und Hahrüh eine magere Kuh, die mühsam den Pflug durch die Stoppel schleifte. ... Nebenan auf der Stoppel pflügte die Tina Pötsch. Sie hatte ihre beiden jüngeren Geschwister, den dreizehnjährigen Karl und die vierzehnjährige Billa in den Pflug gespannt; nur wenige im Dorf konnten sich das leisten, die meisten arbeiteten den Acker mit der Hacke um.»[52]

Die Frauen müssen die Ernte mit Hilfe der Kinder und Alten allein bewältigen – die Männer arbeiten in der Stadt. (Foto Peter Weller, um 1900)

Die Frau pflügt, und die Kinder ziehen den Pflug. (Käthe Kollwitz, 1867–1945)

So beschreibt Clara Viebig (1860–1952), selbst aus der Eifel gebürtig, die Feldarbeit in einem armseligen Eifeldorf, aus dem die Männer in die rheinischen und westfälischen Fabrikstädte abwanderten und nur zu Weihnachten und zur Kirmes – im Sommer zu Peter und Paul – auf ein paar Tage nach Hause kamen. Die Frauen mußten nun nicht nur neben der Haus- und Stallarbeit die gesamte Feldarbeit erledigen; ihr Arbeitseinsatz war dadurch noch erschwert, daß sie nicht stark genug waren, um auf den abschüssigen Äckern die Sensen wie die Männer zu handhaben. So griffen sie auf das alte Frauenschnittgerät, die Sichel zurück,[53] zur Bodenbearbeitung auf die Hacke und mußten sich damit freilich noch mühseliger plagen.

Von der traditionellen Arbeitsteilung der Geschlechter blieb unter solchen Bedingungen nichts mehr übrig, wenn auch der Alte am Feldrain im Bewußtsein seines männlichen Sonderstatus den «Aufseher» markierte.

Wie in der Eifel, so zogen auch aus armen Odenwalddörfern die verheirateten Männer ins Rheinland als Lohnschnitter und blieben für lange Zeit fort, während ihre Frauen nun allein die kleinen Güter bewirtschafteten[54] – frühe Muster für die spätere Situation der Feierabend-Bauernstellen. Von den vielen Gebieten alljährlicher Saisonwanderungen und dem damit zusammenhängenden Wechsel der traditionellen Arbeitsteilung sei noch das hessische Hinterland genannt, wo die Zersplitterung der Höfe durch Realteilung die Männer zu auswärtigen Arbeitsplätzen trieb und den Frauen die Mehrfachbelastung von Haus- und Feldarbeit auflud. Mit den Feldgeräten kannten sie sich hier oft ebenso gut aus wie die Männer. Eine alte Frau erzählt, wie sie als Mädchen von der Mutter das Mähen lernte:

«Wir hatten damals eine Wiese im Nachbardorf, dort in dem Tälchen hinauf. Da ging es immer früh hin zum Mähen, und dann war morgens das Gras noch naß, dann mußten wir die Straße gehen. Die Mutter ging dann noch mit, die konnte auch gut mähen. Ich mähte furchtbar gern, mir war es immer lieb, wenn ich zum Mähen mitdurfte. Einmal war mein Bruder dabei, der eine Lehre machte, der hielt nicht viel vom Mähen, und der konnte es auch nicht so. Mir aber ging es gut von der Hand. Aber mein Bruder hieb ein paarmal in einen Maulwurfshügel, und da war der Sensenwurf kaputt. So, nun mach, daß du heimkommst, sagte die Mutter. Mein Bruder war ja froh, der packte sich seinen Wurf auf die Schultern und machte sich durch den Wiesengrund heim, da war es ja schon trocken. Meine Mutter dengelte die Sense wie sonst keiner! Ich habe das Mähen ja von ihr gelernt, ich stelle mich noch heute gegen jeden Mannskerl!»[55]

Kamen die landwirtschaftlichen Saisonwanderer und auch die Maurer doch wenigstens den Winter über nach Hause, so blieben die Fabrikarbeiter fast das ganze Jahr fort. Die dauernde Überbelastung der Frauen veränderte nun nicht nur die Arbeitsverteilung; «Sie arbeitete wie ein Mann», schreibt Clara Viebig von einer tüchtigen jungen Frau, die im Frühjahr die Hacke in den winterharten Boden treibt.[56] Solche übermäßigen Anstrengungen mußten auch zu einer Vernachlässigung der weiblichen Hausarbeit und der Kinderpflege führen, so sehr die heranwachsenden Kinder auch zur Mitarbeit gebraucht wurden. Alles mußte «in Eile» gehen, Sauberkeit wurde ebenso klein geschrieben wie die Kocherei und auf Krankheiten wurde kaum Rücksicht genommen. Dazu kam der ständige Mangel an emotionaler und sexueller Zuwendung, der sich in Dorfklatsch und in Spannungen und Streit mit der älteren Generation einen Ausweg suchte.

Es wäre jedoch ebenso ungerecht und verständnislos, diesen Frauen die Unordnung

Schwangere Frau geht zur Feldarbeit. (Leopold Graf von Kalckreuth, 1855–1928)

ihrer Behausungen vorzuwerfen, wie den Fabrikarbeiterinnen in der Stadt ihre mangelnden Hausfrauentugenden. Im Gegensatz dazu vollzog sich, wo die Männer besser verdienten und sich die Frauen nicht so plagen mußten, allmählich eine Anpassung an die kleinbürgerliche Lebensweise der Orte, in denen die Männer arbeiteten. Sie erzählten von ihren Eindrücken, brachten Stoffe, Kleider und Haushaltsgegenstände mit, und nach und nach verbürgerlichten sich Geschmack und Alltagskultur der Frauen. Sie legten ihre Trachten ab zugunsten städtischer Kleidung und schmückten ihre Küchen mit städtischem Nippes und einem Sofa mit Häkeldeckchen.

So löste sich infolge der Industrialisierung zunächst in den Armutsgebieten die alte Dorfverfassung auf. Man stellte Vergleiche an mit der Stadt und wollte den Forderungen nach dem blinden Gehorsam der patriarchalen Ordnungen nicht mehr folgen:

«Am Leihkauf-Sonntag, das ist der Tag im Spätherbste, an welchem sich der Altenmooser und Sandebner Bauer für das nächste Jahr die Dienstboten zu dingen pflegte und ihnen das Angeld, den Leihkauf gab – an diesem Sonntage setzte sich der Jakob an den Tisch, wo der Knecht Bertl eben wieder seine Milchsuppe aß, und redete ihn an. Was ist's, Bertl, mit uns Zwei für nächst' Jahr? Weiß nit, antwortete der Knecht. Ich denk, sagte der Hausvater, wir bleiben beieinander. Kennen tust mich und ich Dich auch und soll weiter kein Unwillen sein. Brock' Dir ein in die Suppen! Brock' Dir ein besser. Wenn's Dir recht ist, da wär' der Leihkauf. Er hielt dem Knecht einen Fünfguldenschein hin. Der Bertl schielte so ein wenig drauf und sagte hernach mit einem tiefen Atemzug: ich will's halt einmal anderswo probieren. Der Jakob war einen Augenblick ganz still. Endlich sagte er: Ja, hast schon anderswärts einen Leihkauf angenommen? Das just nicht, versetzte der Knecht und warf eine Hand voll Brocken in die Suppe, ich will einmal meines selber werden. Deines selber, sagte der Jakob, Deines selber. Ist auch recht, wenn Du meinst, daß es Dir Deines selber besser gehen wird als bei mir. Ich glaub', ich hätt Dich nicht zu kurz gehalten, und wollt Dir zur Aufbesserung noch gern ein paar Gulden dazugeben. Ah na, entgegnete der Knecht, mich freut das Bauerndienen nit mehr. Ich will's einmal im Eisenwerk probieren. Da bin ich für mich allein und verdien' mir mehr in einem Monat als im Bauerndienst das ganze Jahr.

Der Jakob ist aufgestanden und geht in der Stube auf und ab. Seine Hände hat er hinter dem Rücken – eine muß die andere halten, denn sie möchten am liebsten dreinschlagen auf den Tisch. – Ins Eisenwerk! Auch ins Eisenwerk! In einem Monat mehr, wie bei dem Bauer das ganze Jahr. Freilich wohl. Und vertrinkens's. Schon Werktags müssen sie Bier haben, bei der Gluthitz. Sonntags den Rest dran. Auf einmal steht das ganze Gerümpel und sind ihrer ein Haufen arbeitslose Leut' da. Oh, die Fabriken, wo sie Bettelleut' machen! – So denkt's in unserem Bauern, ganz gewaltsam denkt's in ihm. Aber er bleibt ruhig. Überleg' Dir's, Bertl, sagte er, es wird Dich nicht gereuen, wenn Du mir folgst. Es geht Dir für die Länge besser im Bauernhaus als in der Fabrik. Bei mir hast Dach und Fach, Kost und Gewand, der Lohn ist freilich nicht groß, kannst ihn Dir aber aufsparen. Hast eine gesunde Arbeit, hast Deine Sonn- und Feiertage und weißt, wo Du daheim bist. Überleg's Dir, Bertl.

Der Bertl wischte mit dem Tischtuch seinen Löffel ab. Möcht' just eins wissen, sagte er vor sich hin auf dem Tisch hin. Was meinst, Bertl? Möcht just einmal wissen, Bauer, fuhr der Knecht mit leiser Stimme fort, wenn ich wollt' bleiben, was Ihr dazu sagen tätet, wenn ich Euch wollt' fragen, ob ich in Eurem Haus die Stanzel bei mir haben dürft'? Ist eine fleißige Dirn, die Lunsel-Stanzel, als Stalldirn kunnt'st sie nehmen. Und wolltest mir nachher dableiben? fragte der Jakob. Weiß nit. Sein kunnt's. Wenn Du ihr auch mit dem Lohn nit zu sparsam wärst. Der Jakob trommelte jetzt wieder einmal mit den Fingern auf der Tischplatte. Er trommelte lang, er trommelte so etwas, wie den Radetzkymarsch. Endlich hob er sachte den Kopf und sagte: Was Du aber gescheit bist, Bertl! Wie Du Dir's einrichten möchtest! Das wär' bequem! Vielleicht noch ein b'sunderes Stübel für den Herrn Knecht und seine Frau Schöne! Nein, mein lieber Bertl, so tun wir nicht. Mein Haus ist in Ehren gestanden seit altersher. Lotterei hat's keine gegeben und wird's keine geben im Reuthof. Der Bursch – das Mensch im Haus! – Bertl, wir wollen bis Neujahr nichts mehr reden von der Sach'. Zu Neujahr kannst hingehen, wo Du willst. Zu dem Rat brauche ich Euch nicht, entgegnete der Knecht und ging trotzig seines Weges. Weltgift, Weltgift! murmelte der Jakob. Nun, in Gottesnamen, wenn kein Dienstbot mehr zu haben ist, dann muß man mit den Kindern allein wirtschaften. Gottlob, daß die Meinen frisch aufwachsen.»[57]

Mit dieser Szene hat Rosegger zwar die Zeitläufe erfaßt und sogar mit einem gewissen Verständnis geschildert. Doch gleichzeitig stellte er sich, ohne das Ungleichzeitige zu verspüren, auf die Seite einer altehrwürdigen Bauernwelt mit ihren überlieferten Ordnungen, die so keine Zukunft haben konnten. Die Dienstboten mit einer Kindschaftsmoral im patriarchalischen Geist als unselbständige Menschen («das Mensch» hieß die Magd!) zu disziplinieren, paßte nicht mehr in die modernen Zeitläufte. Zu Ende des Jahrhunderts fanden solche Gedanken dann ihren rückgewendet konservativen Ausdruck in der Geistesströmung der Agrarromantik.

Pflügender Bauer vor Abendhimmel – mit altdeutschem Rahmen. (William Strang, 1859–1921, Holzstich)

Die Agrarromantik als Gegenbild

«Bereits seit Jahren vollzieht sich inmitten unseres Volkes ein anfangs schleichender, nachgerade aber immer sichtbarer werdender Krankheitsprozeß, der nicht nur unser wirtschaftliches Gedeihen, sondern auch unsere sittliche und nationale Kraft mehr und mehr zu schwächen droht. Das bedeutsamste äußere Symptom dieses Krankheitsprozesses ist einerseits die zunehmende Entvölkerung des flachen Landes, insbesondere der mobile Zustand der ländlichen Arbeiterbevölkerung, andererseits das damit Hand in Hand gehende rasche und übermäßige Anwachsen der Städte, deren Bevölkerung innerhalb der letzten beiden Jahrzehnte von 36 auf 47% der Gesamtbevölkerung anwuchs, während die Bevölkerungszahl der Landgemeinden und Gutsbezirke sich innerhalb dieser Zeit so gut wie garnicht vermehrte. Die ungeheuren Gefahren, welche sich aus der Vernachlässigung der ländlichen Bevölkerung und aus dem Zusammenströmen des besitzlosen Proletariats in den großen Städten ergeben, brauchen hier nicht weiter erörtert zu werden. Wehe uns, wenn wir fortfahren, dieser Entwicklung mit verschränkten Armen zuzusehen, wenn wir nicht als Gegengewicht gegen die großen Städte eine zahlreiche und gesunde Landbevölkerung zu erhalten suchen.»[58]

Verherrlichung der Idylle. (Ludwig Richter, 1803–1884)

Aus diesem «Aufruf zum Anschluß an den Ausschuß für Wohlfahrtspflege auf dem Lande» vom Jahre 1896 erklingt bereits vieles an falschen Tönen, die die Agrarromantik im Verlauf der Entwicklung Deutschlands vom Agrar- zum Industriestaat produziert hat. War die Binnenwanderung ein Krankheitsprozeß? Welch Unterschied zu den gleichzeitigen sozialwissenschaftlichen Enquêten Max Webers, dem es um die realistische Erkenntnis und Verbesserung der Landarbeiter- und Tagelöhner-Lebensverhältnisse ging! Welch traurige Übereinstimmung mit mancher volkskundlichen Literatur jener Zeit, die die industriellen Veränderungen nicht einmal zur Kenntnis nahm und statt dessen «landwirtschaftliche Gebräuche» mit Dämonenfurcht und germanischem Opferglauben in Verbindung brachte![59]

Die vorangegangenen Kapitel haben gezeigt, wie die tatsächlichen ökonomischen, technischen, naturwissenschaftlichen, demographischen, sozialen und kulturellen Bewegungen in einer systemimmanenten Verschränkung zur Land-Stadt-Binnenwanderung und schnellen Urbanisierung im letzten Viertel des 19. Jahrhunderts führten. Dagegen erhoben sich nun kulturpolitische Strömungen in den Städten und vor allem beim Bürgertum, die einem solchen Verlust an alten «echten» Werten des Landlebens von der volkspflegerischen und heimatkundlichen Seite her entgegenzuwirken trachteten. Daß es sich um einen Strukturwandel im Gefolge von Mechanisierung, industrieller Konjunktur und Agrarkrisen handelte,[60] leuchtete den bürgerlichen Heimatfreunden nicht ein. Ihnen schlossen sich infolge der wachsenden «Leutenot» und der neuen industriefreundlichen Regierungspolitik unter dem Bismarcknachfolger Caprivi auch der landbesitzende Adel und die Großbauern an – freilich aus weniger naiven Gründen als die Heimatbewegungen. Dem «Bund der Landwirte» und anderen agrarischen Verbänden gesellten sich dann vor allem die katholischen Bauernvereine hinzu, so daß die Strömungen der Agrarromantik, wenn auch mit verschiedenen Motivationen, zwar hauptsächlich von der Stadt, aber auch von den Führungskräften des Landes ausgingen. Ihnen gemeinsam waren Großstadtfeindschaft und Verherrlichung des Landlebens mit allen zu Gebote stehenden, meist realitätsfernen Mitteln.

Heimatliteratur und Heimatkunst

All diese Bemühungen haben etwas Angestrengtes an sich, das ihnen meist den Charakter des Peinlichen bis Lächerlichen verleiht. Im vordergründigen Spott über das «Kitschige» vieler Erscheinungen wird leicht die politische Brisanz mancher Strömungen übersehen. Das gilt sowohl für die literarischen wie für die künstlerischen Zeugnisse der agrarromantischen Bewegung, für die Flut der Heimatromane wie für die Berg-, Wald- und Seestücke und die erzählende Genremalerei z. B. eines Franz von Defregger (1835–1921). Dazu kamen die Heimatkunst- und Heimatschutzbewegungen zur Pflege einer «gewachsenen Volkskunst». Von den meist städtisch-bürgerlichen Autoren, Malern und Initiatoren wurde «der fröhliche Landmann» in einer heilen, konfliktfreien Umgebung vorgeführt, die dem Leser der Heimatromane, dem Betrachter der Heimatbilder und entzückten Genießer naiver Volkskunst das Bild einer glücklichen Gegenwelt zur entseelten grauen Farblosigkeit der Städte vermitteln sollte:

«Wie glücklich sind diese Menschen in der Stetigkeit ihrer Arbeit. Sie wissen nichts von Stimmungen und Zwiespältigkeiten des Berufs, ihre Arbeit ist so fest und unausgesetzt wie das ewige Schaffen der Natur, der sie dienen. Wär' ich ein Bauer, ich wäre glücklich.»[61]

Dieses Auerbach-Zitat steht exemplarisch für vieles ähnliche. Daß der Autor (1812–1882) gerade für das Dorfleben auch kenntnisreiche wirklichkeitsnahe Belege geliefert hat, wurde in den Zitierungen vorausgegangener Kapitel mehrfach gesagt. Doch wenn er sich in seinen Erzählungen von den getreuen Details löste, entstand in seiner Gesamteinschätzung ländlichen Lebens jenes rosige Bild, das wie ein ahnungsloser Werbetext für die Bauernarbeit wirkt:

«Die Schwingung [des Mähens] hin und her ging so geruhig und fast mühelos, es war als ob in die Sense ein eigen Leben gefahren wäre, sie bewegte sich wie von selbst in seiner Hand, mähte die Halme und zog ihn allmählich nach.»[62]

Das klingt fast zynisch gegenüber der tatsächlichen Arbeitsleistung eines Mähers oder einer Schnittergruppe.

In den beliebten auflagenstarken Bauernromanen dieses Genres wurde vor allem das unschuldige Dorfleben gegen die Großstadtverderbnis gesetzt.[63] So läßt der vielgele-

Zärtliche Annäherung in der Wirtsstube: «Jägerliebchen». (Hermann Clementz, 1852–1930)

sene (und später gern verfilmte) Ludwig Ganghofer (1855–1920) seinen adligen Gutsbesitzer von Ettingen in «Schweigen im Walde» seufzen:

«Was haben! ... gehört das zum Glück! Auch hier im Dorf? Ich dachte mir immer, daß diese guten Leute hier in den Bergen das Leben viel einfacher und natürlicher nehmen als wir verbildeten Kulturkinder der Stadt, und daß sie bei ihrer gesunden Anspruchslosigkeit das irdische Glück als das betrachten, was es für alle Menschen sein sollte; eine reine Herzensfrage!»[64]

Welch falsche Einschätzung einer so ausdrücklich am Besitz orientierten Sozialgruppe! Ganghofer wurde selbst von seinen Kritikern eine profunde Kennerschaft dörflichen Lebens bescheinigt.[65] Aber die Tendenz zur verherrlichenden Ideologisierung des ländlichen «Heimat»-raumes überdeckte offenbar bei ihm alle Wirklichkeitskenntnis, so daß er sich in seinen Romanen immer wieder in eine Verherrlichung des «gesunden» Dorflebens hineinsteigerte:

«Aber wissen's .. der Burgl, mein ich .. der gfallt er net recht .. die kann die Stadtischen net leiden. Und wann er plauscht mit ihr .. ja .. da könnt s'ihm leicht ein unbschaffens Wörtl sagen, das ihn verdrießen muß. Ja, wenn er plauscht mit ihr .. ich mein', da sollten S' doch dabei sein, damit sich die Burgl ein bißl zruckhalt, wissen S'!»[66]

Schließlich gipfelte Ganghofers schwärmerische Naturphilosophie in einem Biologismus, der bereits an die tödliche Eugenik faschistischer Systeme denken läßt:

«Lächelnd, als wäre jählings die Ruhe und das Nimmerdenken über ihn gekommen, staunte er mit träumenden Augen hinein in diese wundersame Stille. Kein Halm zu seinen Füßen, kein Zweig zu seinen Häupten bewegte sich, auch nicht der leiseste Lufthauch atmete durch den Wald. Stark und ruhig stiegen die hundertjährigen Bäume zum Himmel auf, jeder ein König in seiner sturmerprobten Kraft. Alle kleinen, niederen Gewächse waren verkümmert und gestorben im Schatten dieser Großen; sie allein bestanden, und bescheidenes Moos nur webte zwischen ihren weitgespannten Wurzeln seinen grünen Sammet über Grund und Steine. Sogar vom eigenen Leibe hatten die Riesen alle niedrigstehenden Äste abgestoßen und gesundes, saftiges Leben nur den strebenden Zweigen bewahrt, die sich aufwärts streckten bis zur Höhe des Lichtes.... Wer das so könnte wie der Wald: alles Schwächliche und Niedrige von sich abstoßen, nur bestehen lassen, was stark ist und gesund ... so stolz und aufrecht hinaussteigen über den Schatten der Tiefe und die Helle suchen, die hohen reinen Lüfte! Wer das so könnte!»[67]

Mettenleiter hat in seinen Analysen zu Recht auf die kulturpolitischen Auswirkungen dieser Literatur hingewiesen.

Auf gleicher Ebene waren die Tendenzen der Heimatkunstbewegung angesiedelt. Sie befruchtete die Wohnkultur und verwies von der Großstadt auf die Siedlung, vom Mietsgroßbau auf das Landhaus.[68] Für Schweden machte der Maler Carl Larsson (1853–1919) mit seinem «Haus in der Sonne» lang nachwirkende Heimatkunstgeschichte. Nun zogen Stickereien und Malereien im «Bauernkunststil» in die Stadtwohnungen ein, während sich gleichzeitig das Land in seinem Geschmack mehr und mehr verbürgerlichte.

Parallel dazu liefen die Bestrebungen des Landschulmeisters Heinrich Sohnrey (1859–1948), des Begründers der seit 1892 erscheinenden heimatpflegerischen Zeitschrift «Das Land». Ganz im Sinne Wilhelm Heinrich Riehls widmete er sie dem Gedeihen eines gesunden Staatswesens in der Überzeugung, daß das Landvolk «die Quelle (sei), aus der das gesamte Volk Erfrischung und Erstarkung schöpft».[69] Er folgte dabei der von G. Hansen geführten historischen Richtung einer stabilen Ständeordnung, nach der nur die erste Klasse, der Stand der Grundbesitzer, dauernd sei; die städtische Bevölkerung erneuere sich aus dem Überschuß an auf dem Lande erzeugten Kräften. Wenn aber die vom Land aus konservativ gesinnten Arbeiter in der Stadt proletarisieren, so entstehe damit eine Gefahr für den monarchischen Staat. Sohnrey begründete seine unhistorische Forderung, Deutschland müsse mehr Bauernstaat als Industriestaat sein, u. a. mit dem Argument, daß auf dem Lande 90% aller Gemusterten militärtauglich seien, in der Stadt dagegen nur 25% – womit er deutlich die imperialistischen Tendenzen der kaiserlichen Reichsregierung unterstützte und auch in deren Interesse dem «Zug vom Lande» zu steuern forderte. Mit Großstadtfeindschaft und Verstädterungsfurcht ordneten sich diese Bewegungen voll in das herrschende System und die Grundstimmung vaterländisch-konservativen Denkens ein und dienten durch

In Deutschland wurde der Grützner-Stil Mode mit altdeutschen Bierhumpen und massiven Kastentischen. (Wohnzimmer in der Münchner Villa des Malers Eduard Grützner, 1846–1925)

ihre vordergründigen Aktivitäten der Vorbereitung späterer tragischer Entwicklungen, statt den tatsächlichen Gründen der «Landflucht» nachzugehen.

Sohnreys Zeitschrift erreichte vor allem die ländlichen Intellektuellen und Vaterlandsfreunde, Pfarrer und Lehrer, und bestärkte sie in ihrer Abwehrstellung gegen jede Veränderung der Traditionen und die Agitationen der Sozialdemokratie. Mit großem Pathos trat nun die Entdeckung der «Heimat» auf die Bühne der Geschichte, die als eine zumeist irrationale Größe in der Folgezeit bis in die Gegenwart eine so ungeheuerliche und oft zweifelhafte Bedeutung erlangen sollte.[70] Heimatpflege und Heimatkunst wurden zum ausschließlichen Thema für das Engagement ganzer Pädagogen- und Künstlergenerationen.[71]

Es kann auf die Fülle der naturreformerischen volkskunst- und heimatpflegerischen Bewegungen hier nur in dem Sinne verwiesen werden, daß sie sich als Gegenströmungen gegen den Gang der Geschichte Bahn brachen. Statt die harte Realität zu publizieren, die die Landbevölkerung zunehmend erlebte, vermittelten ihre Verfechter ein utopisches Bild von einem statischen Dorffrieden um Kirche und Lindenbaum.

Zum Abschluß dieses Abschnittes, der nicht mehr als Hinweise geben will, sei noch einmal die Bauernromantik in der Malerei erwähnt.[72] In einer Ausstellung der Tübinger Volkskundler von 1983 im Stuttgarter Landesmuseum hatte die Projektgruppe ihr Material in vier Themenbereichen angeordnet, die exemplarisch die inhaltlichen Vorstellungen wiedergeben, von denen agrarromantische Maler bewegt wurden:

Dieses «Feierabend» titulierte Symbolbild spiegelt das gemacht Statuarische einer geschönten ländlichen Welt besonders deutlich wider. (Fritz Boehle, 1873–1916)

Die ironischen Überschriften lauten:

Frohes Schaffen – Trautes Heim – Seid untertan der Obrigkeit – Hoch die Bauerntracht![73]

Das trifft nicht nur – wie hier im Katalog – die Thematik schwäbischen Landlebens, gesehen mit den Maleraugen der Agrarromantiker, sondern darf als Raster auch für andere Landschaften dienen. Ludwig Richter (1803–1884) hat diese Themen gewissermaßen landschaftsübergreifend verinnerlicht und noch Kirchenbrauch und Familienglück hinzugefügt.

Die Rolle der arbeitenden Landfrau, von den Malern des Naturalismus so eindrucksvoll wiedergegeben, haben die Agrarromantiker besonders stark verzeichnet[74] und sie gern als schmucke Hausfrau am Spinnrad oder mit hübsch bestickter Schürze beim Füttern der Hühner dargestellt. Das stand freilich zu den zaghaften Emanzipationsbemühungen der Frauen auf dem Lande in einem schmerzhaften Gegensatz.

Das Dorf im Spielzeug der Bürgerkinder

Im Bilderbogen von der Stadtmaus und der Landmaus, der als Kinderlektüre zu betrachten ist, wurden zu Ende des 19. Jahrhunderts den Bürgerkindern die Vorzüge des reinen und einfachen Landlebens drastisch vor Augen geführt. Auf den Schulwand-

Dorfidylle im Bilderbuch bis in die Gegenwart: In dem immer wieder aufgelegten Bilderbuch «Das Dorf» von Robert Reinick (1805–1852) läßt sich auch in den modernen Ausgaben kein Schimmer einer veränderten Dorfwelt erkennen.

bildern der städtischen Grund- und Bürgerschulen sahen Dorf- und Erntebilder noch genauso traulich und heiter aus wie 50 Jahre zuvor in Schneiders Bilderbuch «Unserer Jugend zur Freud und Lehr».[75] Ja, bis in die Gegenwart scheint sich mit dem Gegenstand «Dorf» für die Pädagogen die heile Welt der Agrarromantik zu verbinden.

Das trifft in verstärktem Maße für das Spielzeug zu, durch das dem bürgerlichen Kinde die Dorfwelt greifbar nahegebracht wurde. Das Dörfchen mit Häusern und Kirche, mit Kühen und Pferden, Hühnern und Gänsen und vor allem Schäfer und Schafe waren immer wieder unter den städtischen Weihnachtsbäumen aufgebaut, ausgepackt aus reizvoll bemalten Spanschachteln, in denen die niedlichen Gegenstände dicht bei dicht auf grüner Holzwolle lagen und in denen sie artige Kinder nach dem Spiel wieder ordentlich versorgten. Diese Ensembles ähneln sich durch das Jahrhundert hindurch, – von Bestelmeiers Spielzeugkatalog von 1800 bis zu den Musterbüchern der Jahrhundertwende.[76] Dazu kamen die buntbemalten Puppenstubenmöbel aus Berchtesgaden im bayerischen Bauernstil.

Solch kleinformatiges, preiswertes Holzspielzeug erfreute sich bei Eltern und Kindern großer Beliebtheit und entzückte auch das Herz der Pädagogen aus der Volkskunstbewegung. Sie wollten «der schlichten naiven Volkskunst den ersten Preis zuerkennen», sie meinten, daß «die bäuerlichen Hersteller wußten, was ein Kinderherz begehrt», «weil diese Menschen selbst gläubig im Leben standen, mit der Natur verbunden und in ihr tätig waren, trugen auch die Spielzeuge diese Verbundenheit und Gläubigkeit».[77]

Auch solche Deutungen und Interpretationen bewegen sich auf dem Boden der Agrarromantik. Die «gläubigen, bäuerlichen Hersteller» waren ja tatsächlich arme erzgebirgische, thüringische und bayerische Heimarbeiter, die nur durch die Vermittlung von meist ausbeuterischen Verlegern Aufträge aus den Musterbüchern erhielten, die Kosten für Leim, Papier, Nägel usw. vorlegen mußten und sehnsüchtig auf den Tag der Ablieferung warteten, wenn der Verleger ihnen nach seinem eigenen Ermessen den Stücklohn in bar auszahlte. Die wirtschaftliche Schlüsselstellung der Verleger ließ ein fast unkontrollierbares Abhängigkeitsverhältnis entstehen, aus dem sich die Heimarbeiter höchstens durch den Wechsel des Auftraggebers lösen konnten, was diese jedoch durch Solidaritätsabsprachen verhinderten. Alle Versuche der Heimarbeiter, dem unerträglichen Lohndruck auszuweichen, führten durch ihre Unkenntnis der Marktlage zu selbstmörderischen Mißerfolgen.

Das Elend der Heimarbeiter gerade in der Spielzeugindustrie war beispiellos und erreichte um die Jahrhundertwende eine außerordentliche Verschärfung. Frauen- und Kinderarbeit fanden hier ungeachtet aller Sozialgesetzgebung eine kaum vorstellbare Kulmination, zumal die Familien, um das Existenzminimum zu erreichen, auf die Mitarbeit aller Mitglieder von den Großeltern bis hin zu vier- bis fünfjährigen Kindern angewiesen waren.

Zu Beginn des 20. Jahrhunderts veranstaltete man in Berlin eine Heimarbeiterausstellung, die die bürgerlichen Besucher auf solche Problematik hinweisen und «einen Einblick in die soziale Seite des Produktionsvorganges ... gewähren» sollte. «In eine Ausstellung der Not und der Anklage werden wir geladen», schrieb der Soziologe Leopold von Wiese (1876–1970) in einem einführenden Artikel, «sie zeugt ... von Zuständen, denen gegenüber die Fabrikarbeit und Fabrikorganisation als ein erstrebenswertes Ideal erscheint. ... Denn in den dumpfen Stuben, in denen gearbeitet, geschlafen, gekocht, gewaschen wird, ... muß von früher Morgenstunde ... bis in die

Kinderspiel inmitten erzgebirgischer Spielzeugdörfchen; im Vordergrund die Spanschachtel, aus der sie die Häuschen ausgepackt haben. (Johann Peter Hasenclever, 1810–1853)

späte Nacht hinein für einen oft jämmerlichen Lohn von allen Familienmitgliedern lustlos gearbeitet werden, jeden Tag immer wieder, monoton und eilig, und was das Schlimmste ist, ungezählte Kinderhände müssen von den Eltern gemißbraucht werden.»

Wieses Absicht war die Aufrüttelung eines sozialen Gewissens im Bürgertum einer Großstadt, was emotional gelungen sein mag. Eine objektive Veränderung in den Lebensverhältnissen der Heimarbeiter erfolgte jedoch nicht. Im Gegenteil: die Zahl der in Heimarbeit beschäftigten Spielzeughersteller nahm ständig zu, und infolge der unverändert niedrigen Löhne (1903: Stundenlöhne für Erwachsene 15–20 Pfennig; für Kinder 2–5 Pfennig) waren die Eltern weiterhin auf die Mitarbeit der Kinder angewiesen.[78]

Die erzgebirgischen Sächelchen waren schön und regten die Kinder zu phantasievollem Spiel an, auch ohne daß man sie ideologisch zu Zeichen bäuerlicher Naturverbundenheit überhöhte. Das Angebot an Dörfchen und Schäfereien steigerte sich entsprechend der Nachfrage. Noch um die Jahrhundertmitte hatte Heinrich Hoffmann (1809–1894), der «Struwwelpeter-Hoffmann», in seinem Märchen-Bilderbuch «König Nußknacker und der arme Reinhold» einen ganzen Katalog des erzgebirgischen Spielzeugs zeichnerisch wiedergegeben und damit dokumentiert, was er auf dem Frankfurter Christkindches-Markt am Römer und in Nürnberg alljährlich ausgebreitet fand. In dem Märchen führt ein Engel den armen Knaben in einen Saal:

«Der Engel hat dem Knaben jetzt
ein kleines Kästlein hingesetzt
und spricht: Spiel mit den Häuslein drin,
bis daß ich wieder bei dir bin.
Er sprach es und verließ den Ort.
Und Reinhold setzte sich sofort,
stellte die Häuschen hübsch in Reih
und grüne Bäume auch dabei,
und mitten, wo es ihm gefällt,
hat er die Kirche hingestellt.»

Das ist die schöne Schilderung einer lebendigen Spielsituation. Aber der aufmerksame Beobachter sieht auf Hoffmanns Bild, daß es sich um dreistöckige Stadthäuschen handelt, wie sie ein Bürgerkind kennt. Das herrliche Buch führt im Laufe seiner Märchenhandlung fast ein Repertoire damaligen erzgebirgischen Spielzeugs vor – ein Bauerndörfchen ist nicht dabei! Es kam für das städtische Kinderpublikum wohl erst zu Ende des Jahrhunderts so recht in Mode und damit die Massenproduktion von Kühchen, Pferdchen und Schäfchen –, auch das eine Begleiterscheinung der Agrarromantik. Doch war es weniger die fromme Naturverbundenheit naiver Bauernhände als die Bastlergeschicklichkeit erzgebirgischer Holzarbeiter und Bergmannsnachkommen,[79] die durch die Erfindung des gedrechselten Reifens jene Massenproduktion der billigen Reifentiere ermöglichten. Die Verleger, die die Konjunktursituation infolge der bürgerlichen, agrarromantischen Vorlieben rechtzeitig erkannten, erteilten die entsprechenden Aufträge, besonders für die Weihnachtssaison. So wurde das Weihnachtsfest als bürgerliches Kinderbescherfest auch in dieser Hinsicht zum Auftraggeber.

Holzspielzeug, wie es der «Struwwelpeter-Hoffmann» auf dem Frankfurter Christkindchesmarkt um die Mitte des Jahrhunderts gefunden hat. (Heinrich Hoffmann, 1809–1894, in seinem Bilderbuch: «König Nußknacker und der arme Reinhold»)

Tourismus und Folklorismus

«Ach ja, alles hatte sich im Laufe der bewegten sechs, sieben Jahre nach dem Kriege unaufhaltsam verändert und aufgelockert. Das Untere schien manchmal nach oben gekehrt. Die armen Fischer am See, die früher vor Not kaum zu leben wußten, verdienten nunmehr leicht Geld durch Spazierenrudern der Herrschaften oder durch Verleihung ihrer Boote. Einer ging sogar so weit, gegen geringes Entgelt fremde Männer, Weiber und Kinder auf seinem Uferstrich baden zu lassen. Kein königlicher Hof, kein Pfarrer und Gemeinderat erhob dagegen Einspruch. Die ständige Berührung mit den feinen Städtern hatte auf die Einheimischen abgefärbt und Moral und standhaften Glauben angegriffen. In Berg gingen schon einige Jungfrauen nicht mehr in der üblichen Tracht. Sie trugen der Mode angepaßte Röcke und Blusen. Überall in den Familien hatte der strenge, enge Bauernstolz beträchtlich nachgelassen. Auf den Bällen des ‹Veteranen- und Kriegervereins› tanzten die Töchter der angesehensten Bauern mit Leuten wie dem Maxl. Der Respekt vor dem Althergebrachten war halbwegs in die Brüche gegangen. Nicht mehr wie ehedem folgten die Kinder ihren Eltern. Töchter und Söhne großer Bauern heirateten nicht mehr auf ebenso umfängliche Anwesen, und nicht selten kam ein fremder Habenichts dadurch zu sauer erarbeiteter Wohlhäbigkeit.»[80]

Das war die Situation im Oberbayern der achtziger Jahre, die die Heimatpfleger und Trachtenvereine zu ihren nostalgischen Aktionen aufrief. Wie reagierte die Landbevölkerung auf diese Beschwörungen zum Erhalt ihrer altehrwürdigen Kultur, vor allem von Tracht und Brauch?

In ihrem Bestreben, den modischen Richtungen der Städte nach bestem Vermögen zu folgen, fühlten sich die Landbewohner von den Sommerfrischlern irritiert, die ihrerseits eine heile Gegenwelt zu ihrem Stadtmilieu zu finden hofften. Altdeutsche Fachwerkhäuser, Trachten und Volkstanz wollten sie erleben und sich an einer heilen Welt erfrischen. Auf die Landbewohner, besonders die Jugendlichen, Modebewußten, mußten diese Vorstellungen der städtischen Touristen befremdlich wirken, versuchten sie doch gerade, ihre oft abgelebten und funktionslos werdenden Bräuche und Trachten abzulegen und sich städtischem Verhalten anzupassen. Um aber die Erwartungen der Fremden – besonders in den gut verdienenden bayerischen Urlaubsorten – nicht zu enttäuschen, kramten sie die alten Kleidungsstücke wieder hervor, belebten die Relikte ihrer Bräuche und präsentierten sich im altüberlieferten heimatlichen Stil – doch erhielt er für sie damit einen anderen Wert.[81] Was sie nun festtäglich produzierten, wurde zwar gewissermaßen eine Volkskultur aus zweiter Hand, tat aber der Freude der Sommerfrischler an dieser exotischen Kultur keinen Abbruch. Sie scheuten selbst vor Verkleidungen in Dirndl und Lederhosen nicht zurück, und der «Salontiroler» gedieh zum feststehenden Urlaubertyp.

Für die Alpenländer bleibt dabei freilich zu bedenken, daß die pflegerische Absicht von oben eine eigenständige längere Tradition hatte. Persönlichkeiten wie der Erzherzog Johann (1782–1859) und sein Kreis waren nicht nur passiv am Volksleben interessiert gewesen, sondern nahmen aktiv daran teil und trugen sich volkstümlich «im Steirergwand». Man folgte solchem Vorbild am Wiener und dann auch am bayerischen Hofe, vor allem bei den Jagdgesellschaften, und so erhielt dort die Trachtenkleidung einen Prestigewert, der sie in allen österreichischen und bayerischen Gesellschaftsschichten bis in die Gegenwart als modisch legitimierte. Nie unterschied sich hier die

Sommerfrischler in Bayern auf der Sennhütte. (Anton Romako, 1834–1889)

Kleidung des Landvolkes und der Städter so total wie zu Beginn des Jahrhunderts in den anderen deutschen Provinzen.[82]

Das zeigt, daß in den Alpenländern die Nähe zu den eigenen Kulturgütern auf dem Lande länger andauerte und enger war als in den meisten anderen Gegenden. Und so fanden die Urlauber hier nicht nur höhere Berge, sondern auch «urwüchsigeres» Volksleben. In diesen traditionellen Reiseländern waren die Bewohner der Sommerfrischlerorte seit langem an den Umgang mit Fremden gewöhnt und hatten sich ein eigenes doppelbödiges Verhalten zurecht gemacht, das schon Heinrich Heine (1797–1856) beobachtete und in seinen Reisebildern, Kapitel XI, beschreibt:

«Der Tiroler hat eine Sorte von lächelndem humoristischen Servilismus, der fast eine ironische Einfärbung trägt, aber doch grundehrlich gemeint ist. Die Frauenzimmer in Tirol begrüßen dich so zuvorkommend freundlich, die Männer drücken dir so derb die Hand und gebärden sich dabei so putzig herzlich, daß du fast glauben solltest, sie behandelten dich wie einen nahen Verwandten, wenigstens wie ihresgleichen; aber weit gefehlt, sie verlieren dabei nie aus dem Gedächtnis, daß sie nur gemeine Leute sind und daß du ein vornehmer Herr bist, der es gewiß gern sieht, wenn gemeine Leute ohne Blödigkeit sich zu ihm herauflassen. Und darin haben sie einen naturrichtigen Instinkt; die starrsten Aristokraten sind froh, wenn sie Gelegenheit finden zur Herablassung, denn dadurch eben fühlen sie, wie hoch sie gestellt sind. Zu Hause üben die Tiroler diesen Servilismus gratis, in der Fremde suchen sie auch noch damit zu lukrieren», und Heine beschreibt nun das Gehabe der wandernden, hausierenden und singenden Tiroler, die in ihrem Nationalkostüm nicht nur ihre Waren, sondern auch ihre heimatliche Identität mit verkaufen, und er schließt mit bitteren Worten über den tirolerischen Folklorismus.

In der Sommerfrische: Ferien auf dem Bauernhof. (Adolf Oberländer, 1845–1923)

Tatsächlich waren ja Tiroler Kostüme und Tiroler Jodellieder durch ganz Europa, besonders aber in Deutschland als Markenzeichen des Volkstümlichen bekannt.

Bausinger hat in diesem Zitat zu Recht Heines ironische Wortschöpfung des «Sichherauflassens» als die typische Rolle gekennzeichnet, die der Tourist dem Einheimischen aufdrängt.[83] Der übernimmt diese Rolle und begibt sich damit in ein Doppelspiel. Ludwig Thoma beschreibt diese Situation in einem Gespräch zweier Urlauber nach dem Besuch eines bayerischen Bauerntheaters:

«Ich sage nur, was so mein Eindruck ist. Die Leute haben so'n Unterton, als wollten sie das unterstreichen: Du, ich bin fei ungemoan treuherzi ... Herr Radantz ahmte den komischen Dialekt nach. Ich will Ihnen was sagen, entgegnete Friedemann, Sie sind durchs Bauerntheater beeinflußt. ... Die Stimmung klingt nach. Ich weiß das von mir selbst. Wenn man so'n verlogenes Zeug sieht, und es gerade von solchen Leuten dargestellt sieht, die dabei so reden und sich so bewegen wie eben die Leute hier auch, dann bleibt das Mißfallen an einem hängen. Man hört zu leicht 'n falschen Ton heraus, den man noch im Ohr hat. Möglich, aber vielleicht werden umgekehrt die Leute durch das Theater beeinflußt. Sie sehen sich so gespielt und spielen es nach. Es ist doch auffallend, daß die Leute hier herum alle so'n bißchen Talent zum Schauspielern haben und daß sie sich mit einer merkwürdigen Fixigkeit in den falschen Ton finden ...»[84]

Das mehrfache Rollenspiel betraf auch die Kostümierung, das Trachtenbild, das als Zeichen von Heimat (und den Fremden zu Gefallen) erhalten und sogar noch aufgeputzt wurde. Was die Fremden als eindeutig, transparent, als schlicht und urwüchsig erlebten, war oft für die Akteure dieser aufgeführten Natürlichkeit ein nicht mehr ganz ernst genommenes Spiel, in dem die Requisiten ihre Funktion im Dorfleben einzubüßen begannen, aber durch das Interesse der Fremden zu einer zweiten Natürlichkeit auf einer neuen Bühne geweckt wurden.

Die Dörfler waren sich dieser Prozesse nicht immer bewußt, vermischten sie auch mit zählbarem Profit und erkannten als neues Faktum den materiellen «Wert» ihrer Kulturgüter, den die Heimatpfleger und Trachtenerneuerer ihnen von der ideologischen Seite her anpriesen. Die Doppelrolle, in die die Landbewohner folgerichtig mit der Auflösung der alten agrarischen Gesellschaft auf der einen und den krampfhaften Bemühungen zu deren Erhalt auf der anderen Seite gerieten, hat Hans Moser unvergleichlich in einer Anekdote festgehalten:

Ein namhafter Münchner Germanist hatte einmal «eine Fahrt ins oberbayrische Voralpenland gemacht, um einen festlichen Brauch mitzuerleben. Er kannte ihn aus der Literatur, hatte wohl auch schon darüber doziert und wollte nun gern erfahren, was man in dem betreffenden Ort selbst über den Brauch wußte, weshalb man ihn übe, wie alt er wohl sei und dergleichen mehr. Das gedachte er zu erfragen, und da ein graubärtiger Einheimischer neben ihm stand, der jenen Grad von Urwüchsigkeit an sich hatte, wie er für den Menschenschlag dieser Gegend typisch schien, fing er bei diesem damit an. Der Mann der Wissenschaft hatte, der Mundart kundig, behutsam und geschickt, so etwas schon öfter gemacht, und er war auch darauf gefaßt, daß er nichts sonderlich Aufschlußreiches zu hören bekäme, etwa die Antwort: ‹Ja mei, dös is halt so der Brauch› – oder ‹Dös ist a alter Brauch bei uns, da war scho der Großvater dabei› oder eine ähnliche Auskunft zu etwas längst selbstverständlich Gewordenem, worüber sich niemand besondere Gedanken machte. Aber dem war nicht so. Der befragte biedere Eingeborene maß den naiven Fremdling mit einem nachsichtigen Blick tiefen Erstaunens und sprach dann mit der überlegenen Miene des Eingeweihten …: ‹Ja wissen's, dös is folkloristisch zum beurteiln!› Diesem markanten Satz folgte dann eine kommentierende Begründung der Art, wie die Heimatzeitungen bei solchen Anlässen von Sinn und Lebenskraft uralten kultischen Brauchtums zu berichten pflegen. Leicht betroffen bedankte sich der Gelehrte und verzichtete für diesen Tag auf weitere Befragungen.»[85]

Beschluß

«Wie oft bin ich auch ganz allein im weiten Umkreis herumgewandert, um irgendeine Pflanze, die nicht bei uns vorkam, aufzusuchen. Ganz besonders gern aber ging ich in die Lommatzscher Gegend, nach Leuben zu Kantor Märkels... Wenn ich auf dem Wege mit einem Menschen zusammentraf, so freute ich mich, zog er einen Wagen, so schob ich von hinten und hatte großen Spaß, wenn der am Wagen sich erstaunt umsah, woher ihm plötzlich die Hilfe kam. Es kamen aber auch hochgeschürzte Mägde, die aufs Feld wollten und schwer an Korb und Krug trugen, denen konnte ich die freie Hand zur Dienstleistung bieten. Zum Dank für meine Hilfe ließen sie mich mal mit aus dem Erntekrug trinken. Auf der Hälfte des Weges führte mich mein Weg an stattlichen Bauerngütern vorüber. Hier gönnte ich mir eine Ruhepause. Von früheren Wanderungen her war ich den Leuten schon bekannt. ‹Nu so was!› rief die Bauerfrau erstaunt, ‹da is ja das kleene Kreitermädel aus Siebeln! Kinder kommt, hier is Gesellschaft für eich! Seht nur emal, die sucht egal Tee. Und so weit muß se d'rnach loofen! Wächst denn das Kreit'ch ni bei eich?› Die Kinder musterten mich zuerst staunend und neugierig. Ganz sachte kamen sie näher und befühlten vorsichtig die Kapsel, sie versuchten, sie zu öffnen, sie faßten das Netz an und fragten schüchtern, wozu ich das alles brauche.

‹Ach ja!› sagte die Frau mitleidig, ‹die hat's ni so gut wie ihr! Die muß egal weit im Lande rumziehen und muß Kreiter und gift'ges Getier suchen. Denkt eich nur emal, ihr Vater, das is e Zauberer, der kocht Tränkchen, dadrmit koriert er die Leite. Ach, was der alles kann un weeß! Alle die Zauberspriche, die kee Mensch verschteht. Na, da bleib nor e Weilchen, m'r essen glei, da ißt de en Löffel Semmelmilch mit.›

Und ich ging mit in die Gesindestube, aß mit einem rundgeformten Blechlöffel mit Herrschaft und Gesinde aus der gemeinschaftlichen irdenen Schüssel, nachdem die Großmagd das Tischgebet gesprochen hatte.

Inzwischen hatten die Kinder ihre Blödigkeit überwunden und führten mich nach dem Essen in Haus und Garten umher.

Beim Beerenessen kam nach kurzer Mittagsruhe auch der Bauer und die Bäuerin hinzu, und nun hatte ich ein Kreuzfeuer von Fragen zu bestehen. Von dem Tun meiner Eltern hatten sie die abenteuerlichsten Vorstellungen. Wenn ich sie berichtigen wollte, taten sie sehr überlegen und sagten, ich brauche mir weiter keine Mühe zu geben, sie wüßten es besser. Den Kindern machte es Spaß, mir Stuben und Kammern und vieles von ihren Vorräten zu zeigen. Bergehoch waren hier die Betten aufgetürmt. In bunten, großen Truhen mit verschlungenen Herzen waren Stoffe und Wäsche aufgespeichert, und mir schien, hier müßten die Bauern wohnen, von denen der Vers erzählte, den die Hirten im Herbst sangen, wenn sie das Vieh heimtrieben:

‹Horei! Horei!
Treib ei, treib ei!
In das große Tor hinein,
Wo die reichen Bauern sitzen,
Mit den großen Zippelmützen,
Die den Quark mit Löffeln essen,
Und das Geld mit Scheffeln messen.›

Zum Abschied pflückten mir die Kinder ein Krauseminzsträußchen und vertrauten mir mit wichtiger Miene: ‹Wenn mer groß sein, gehn mer ooch fort, da kommen mer na Meißen uf de Benehme!›»[1]

So beschreibt Charitas Bischoff (1848–1925), die Tochter der Naturforscherin Amalie Dietrich (1823–1891), ihre Gänge durch die sächsische Dorflandschaft, um für ihre Eltern Kräuter, Reptilien und Insekten zu sammeln. Als Außenseiterin wurde sie von den Dorfleuten mit freundlicher Verwunderung behandelt und erfuhr ihrerseits mit gleicher Verwunderung von deren Lebens- und Denkweisen. Bereits in einem so kurzen Abschnitt ihrer Erinnerungen kann sie Deutliches vermitteln über Besitz- und Hierarchiedenken, über Essen und Wohnen, über Dorfglauben und Heilkunde und schließlich über bürgerliche Erziehungsideale, wenn die heranwachsenden Bauernkinder «na Meißen uf de Benehme» geschickt wurden.

Bei der Lektüre der Dorfbeschreibung einer solchen Außenseiterin drängt sich die Frage auf nach Objektivität und Subjektivität der von mir benutzten Quellen. Statistiken und Landesgeschichte gaben als weitmöglichst realistischer Hintergrund das Bild der objektiven Lebensbedingungen. Die Zitate aus Autobiographien und romanhaften Memoiren setzen sich bewußt oder unbewußt mit diesen Bedingungen auseinander und schildern sie so, wie der Erzähler sie wahrgenommen hat. Ich möchte in einem Beispiel solche subjektiv rekonstruierten «Wahrheiten» so nebeneinander stellen, wie verschiedene Teilnehmer «ihre» Erntefeste beschrieben haben, also das höchste Erfolgsfest in einer auf landwirtschaftliche Produktion orientierten Gesellschaft. Es kommt dabei nicht auf Relikte traditioneller Festgestaltung an, sondern auf den sozialen Blickwinkel und die Deutungsmuster der verschiedenen Erzähler.

Zuerst die Kindheitserinnerungen der Elise von Bernstorff (1789–1867) an ein Geburtstags- und Erntefest, das sie als Siebenjährige auf dem mecklenburgischen Gute ihres Vaters miterlebte: «Hier in Antwortskow veranstaltete mein Vater seinem Schwiegervater, dem Minister Andreas Petrus Bernstorff [1735–1797, WK] am 28. August 1796 eine herrliche Geburtstagsfeier, mit der ein Erntefest verbunden wurde. Nachdem wir Kinder den Großvater bekränzt, ihm auch wohl Verse hergesagt hatten, verkroch ich mich zwischen seinen Sessel und dem meiner Großmutter, die beim schönsten Wetter auf dem Schloßhof, dem großen Torweg gegenüber, aufgestellt waren. Aus diesem trauten Versteck heraus freute ich mich bewundernd und staunend des ländlich prächtigen Aufzuges von so viel gut berittenen Bauern und der Menge bekränzter und mit Laubdächern versehener Wagen, auf welchen Bauern und Bäuerinnen laut jubelnd Kränze und Tücher schwangen. Beim folgenden Tanz auf dem festlich geschmückten und gedielten Hofraum wurde auch ich oft mit in die Reihen gezogen.»[2]

Der Erzählerin ist also vor allem der festliche Geburtstag des Großvaters in Erinnerung, in den sie den Wagenaufzug der geschmückten Bauernschaft miteinbezieht. Vom eigentlichen Erntefest und einem Dialog zwischen Gutsherr und Bauern ist keine Rede. Falls etwas derartiges stattfand, hat es dem Kind keinen Eindruck hinterlassen, für das die Freuden des anderen Standes nur ein pittoreskes Außenbild waren.

In ihrem Dienstmädchenroman «Božena» hat Marie von Ebner-Eschenbach (1830–1916), auch eine Vertreterin der ländlichen Oberschicht, ein Dorffest im Wirtshaus beschrieben und ihre erstaunliche Beobachtungsgabe bewiesen: «Beim ‹Grünen Baum› hatte die Unterhaltung schon begonnen, aber noch war wenig Wein getrunken worden, noch gab es keine ausgelassene Lustigkeit, noch hatte kein Streit stattgefunden. Die Paare drehten sich langsam und mit bewunderungswürdiger Ausdauer. Von

Zeit zu Zeit ertönte ein lauter Jubelruf, ein Bursche klatschte in die Hände, hob seine Tänzerin hoch empor, ließ sie dann sich ein Weilchen allein neben ihm herschwenken, umfaßte sie von neuem, und ruhig tanzten sie weiter mit denselben schläfrigen Gesichtern, mit denen sie ihre Fronarbeit verrichteten.

Bernhard trat oft in die Mitte der Stube, sah mit Wohlgefallen, wie viele Mädchenaugen sich erwartungsvoll auf ihn richteten, winkte jedoch keine der Anwesenden nach Bauernsitte zu sich herbei. Eva war für diesen Walzer versagt, und mit einer Geringeren trat er nicht in den Reigen.»[3]

Diese Schilderung eines unterkühlten, fast pflichtgemäßen Tanzvergnügens entspricht den Kirmesbildern von Ludwig Knaus (1829–1910); auch auf den Gesichtern seiner Tänzer und Tänzerinnen zeigt sich ein emotionales Unbeteiligtsein, das den perfekten Tanzbewegungen zu widersprechen scheint. Doch die Vorstellung von einer individuellen Zuwendung der Paare zueinander paßt besser zu bürgerlichen Tanzvorstellungen und darf auf den Dorftanz nicht übertragen werden. An den Wänden des Tanzsaales, am Rande des Tanzplatzes standen die Mütter und Großmütter der Tanzenden und beobachteten scharf das Verhalten der jungen Generation, das sich nach der Dorfetikette zu richten hatte. Gefühlsäußerungen waren nicht üblich, was nichts mit dem Lustempfinden der Tanzenden zu tun hatte.

Die nächste Schilderung stammt von einem bäuerlichen Insider aus Friesland, einem zum Kleinbauern herabgekommenen Adligen Peter von Bohlen (1796–1840):

«Zu den sommerlichen Lustbarkeiten rechne ich besonders die Mähezeit. Ist nämlich die Wiese in einiger Entfernung vom Gute, so ziehen Knechte und Mägde, festlich geputzt, unter Anführung des Großknechts, der den Herrn vertritt, auf das Feld hinaus, hämmern und wetzen taktartig ihre Sensen, mähen zuerst ein Quadrat kahl und errichten hier ein Zelt von weißer Leinewand als Ruheplatz und Schlafstätte. Hierher wird eine Tonne Bier gefahren, und hier ist es, wo Gretchen mit dem Breitopfe wartet, bis ihr Hänschen den ersten Strauß von Feldblumen mit einem Kusse überreicht. Am fröhlichsten geht es her beim Dreschen des Rapssamens, von welchem fast jeder Landmann so bedeutende Felder hat, daß es Sitte geworden ist, sie an Ort und Stelle auf dem Acker selbst zu dreschen, wobei sich alle Bauern des Dorfes gegenseitige Hilfe leisten. Es wird, wenn die Saat gehörig geschnitten und getrocknet, ein großes Stück Segeltuch von etwa hundert Fuß Länge und Breite auf zuvor gestampftem und gewalztem Boden ausgebreitet; hierauf werden die Garben mittelst kleiner, mit Stangen versehener Tragtücher von starken Männern getragen, während andere von allen Seiten beschäftigt sind, jene Tragtücher mit großen, dreizinkigen, eisernen Gabeln zu füllen, und die Kinder das Liegenbleibende behutsam sammeln. Auf der Tenne wird nach dem Takte, oft von Zwanzigen an der Zahl gedroschen, und zwar unter beständigem Jauchzen der handlangenden Menge. Geht zufällig eine Straße vorbei, so wird kein Wanderer ungehudelt vorübergelassen, bis er herankommt und ein Glas Genever mittrinkt. Neben dem Dreschtuche weht eine mächtige Fahne, und auf diese richten andere Dörfer ihr Augenmerk, weil sie zur Nachtzeit zu rauben ein Meisterwerk ist, welches man lange im Gedächtnis behält. Der ungeheure Haufe von Stroh und Spreu wird Abends angezündet, und dieses ist das Signal für die Nachbardörfer, auf den Fahnenraub zu gehen, bei welchem es oft blutige Köpfe setzt.»[4]

Aus der gründlichen Kenntnis des Landwirts beschreibt der Verfasser den festlichen Ablauf der kurzen Rapsernte mit ihrem Wettkampfcharakter, der zunächst die Arbeitskompetenten und die Nichtkompetenten als oppositionelle Gruppen betraf mit dem

Recht der einen auf Verspottung der anderen. Als zweite Opposition erscheinen Dorf und Nachbardörfer, die einen mit dem Besitz der gelungenen Rapsernte gegenüber den anderen, wofür als Zeichen die Fahne auf dem Dreschplatz errichtet wurde. Die Szene ähnelt dem Konkurrenzverhalten der Burschenschaften z. B. bei Errichtung des Maibaums.[5] Der Erzähler ist ganz eingebunden in das Bewußtsein von Arbeits- und Brauchhandlung und beschreibt den Vorgang in subjektiver Objektivität.

Der ausdrucksstärkste Bericht von einem Erntefest, hier der «Kartoffelhochzeit» am Schluß der Kartoffelernte, stammt von dem Landarbeiter Fritz Rehbein (1867–1909) von den pommerschen Kartoffelfeldern zu Ende des 19. Jahrhunderts:

«Eine ähnliche Festlichkeit gab es noch kurz nach dem Roggen-Ost [Aust = Ernte, WK], die andere eben nach dem Kartoffelkrieg. Irgendeine tiefere symbolische Bedeutung war dem Worte Hochzeit in Verbindung mit der Kartoffel wohl nicht beizumessen. Wenigstens sagte mir mein Instmann, das Fest heiße deswegen so, weil es dort eben so ausgelassen herginge, wie bei einer Hochzeit; jedes Ding müsse doch seinen Namen haben. Übrigens sei es dem ‹Herrn› hoch anzurechnen, daß er ‹uns Schlag Lüd› auch mal ein Vergnügen gönne, denn sonst wüßte man ja überhaupt nicht, daß man auf der Welt lebe. ‹Jaa – uns' Herr is ni so–o.›

Was am Sonntag nachmittag von dem gesamten Gutspersonal irgend abkommen konnte, das ging zunächst nach Grapensee zur Kirche. So hieß nämlich das etwa eine Meile entfernte Kirchdorf. Der Kirchgang war vom Gutsherrn zwar nicht direkt befohlen worden, doch wußte jeder, daß der Gnädige es gerne sah, wenn ‹seine Leute› nicht nur an ihren freien Sonntagen, sondern vor allem an den Tagen der Gutsfestlichkeiten erst zur Kirche gingen, ehe sie sich dem Vergnügen hingaben. Das gehörte sich nun einmal so. Direkt befohlen wurde der allgemeine Kirchgang nur am Geburtstage des ‹Herrn› und der ‹gnä' Frau›.

Des Nachmittags begann dann das eigentliche Fest. Dazu war schon vorher die große Scheunendiele aufgeräumt. Im Hintergrunde stand ein Ackerwagen, auf dem das ‹Orchester› Platz zu nehmen hatte. Ein würdiges Musikkorps! Drei Mann hoch. Der Dorfschneider von Grapensee mit der Fiedel, der Totengräber aus demselben Dorf mit der Klarinette und der Gutsgärtner mit einer Ziehharmonika. So bewaffnet nahmen die ‹Musikanten› ihren Sitz ein. Auch längsseits der Scheunendiele waren Sitze hergestellt, und zwar aus gefüllten Korn- und Kartoffelsäcken, die man mit Wagenbrettern belegt hatte.

Die Fiedel rief – und alle, alle kamen. Die Männer in Sonntagsstaat aus ‹eigengewebtem› Stoff und frisch geschmierten Transtiefeln; die Frauen und Mädchen mit mindestens vier Unterröcken unter dem geblümten Kattunkleid, der taillenlosen Jacke und dem unvermeidlichen Kopftuch. Auch der lahme Hann und seine Frau waren dabei. Mein Instmann und seine ‹Olsch› fehlten ebenfalls nicht. Wie aufgeräumt er war, der gute Kramke. Am Vormittag hatte ich ihn schon aufrichtig bedauert, als er sich zur Feier des Tages die borstigen Bartstoppeln abrasierte. Das kratzte wie eine Schrotsäge, und die hellen Tränen liefen ihm dabei über die Backen. Jetzt aber war er ganz vergnügt.

Die jüngeren Paare hatten sich bereits einige Tänze ‹abgetreten›; da hieß es allgemein: ‹De Herr kümmt!› Stolz und vornehm wie immer trat Herr von Damerow in den Kreis seiner Gutsuntertanen; der Inspektor begleitete ihn. In ehrerbietiger Ungelenkigkeit zogen Knechte und Tagelöhner ihre Mützen; ich heute ebenfalls. Die Frauen und Mädchen gaben ihrer Unterwürfigkeit dadurch Ausdruck, daß sie den etwas zur Seite geneigten Kopf möglichst tief zwischen die Schultern duckten.

‹Guten Tag, Leute!› grüßte der Gutsherr jetzt in kühler Herablassung. ‹Gun Dag, Herr!› klang es allseitig zurück. Rasch betupfte der Gnädige Mund und Nase mit seinem Taschentuch und hielt sodann eine kurze Ansprache an die Versammelten. Er redete von der guten Kartoffelernte; von dem Brauch, daß man sich nach der Arbeit auch einmal dem Frohsinn überlassen dürfe, und betonte, wie er in steter Fürsorge für das Wohlergehen seiner Leute ihnen auch dieses Fest gewährt habe. Darauf entbot er den Anwesenden noch den Gruß seiner Gemahlin, ‹Eurer gnädigen Frau›, und wünschte schließlich viel Vergnügen.

Als er seine Rede geendet hatte, trat der Gutsvogt mit einer riesigen Korbflasche hervor, stellte sie vor sich hin und rief: ‹Uns Herr scha (soll) läwe, vivat hoch!› Alles stimmte dreimal ein; selbst die ‹Muskanten› entquälten ihren Instrumenten einen mißtönigen Tusch. Mit einem unsagbaren Lächeln nickte Herr von Damerow den Leuten leicht zu und ging dann mit dem Inspektor wieder davon.

Nun waltete der Vogt seines Amtes als Festleiter. Tapfer schenkte er aus der Korbflasche ein. Es war echter, edler, hinterpommerscher Kartoffelfusel, den der ‹Herr› spendiert hatte und der jetzt wie Wasser die Kehlen hinabglitt. Jedes trank, und jedes trank gern, sowohl die Männer wie auch die Frauen. Selbst die halbwüchsigen Kinder, die dem Tanze zusahen, bekamen ihren Anteil.

Nach dem Abendbrot steigerte sich die Ausgelassenheit. Schon hatte der Vogt die zweite Korbflasche herbeigeholt, und der Schnaps tat bereits seine Wirkung. Hei, wie die Röcke flogen! Die meisten der Männer tanzten schon längst in Hemdsärmeln, den Rock hatten sie als überflüssigen Ballast abgelegt; und der Schweiß rann ihnen über die hochroten Gesichter, trotz der empfindlichen Herbstkühle. Auch der Herr Inspektor war mit einem Mal mitten unter den Tanzenden. Fest hielt er die Frau meines Instmannes umklammert und walzte mit ihr wie ein Sturmblock die Tenne auf und nieder. Merkwürdig, wie freundlich der Mann jetzt aussehen konnte! Das war gar nicht mehr derselbe Inspektor, der noch vor ein paar Tagen den lahmen Hann und dessen Frau so brutal gemißhandelt hatte. Auch mit anderen Frauen und Mädchen schwenkte er umher, und man konnte es ihnen förmlich ansehen, wie geehrt sie sich fühlten, wenn der sonst so Gefürchtete sie zum Tanze aufforderte.

Aber wie war es nur möglich, daß sich die Frauen und Mädchen jetzt in frohem Tanz mit lachendem Gesicht und leuchtenden Augen an denselben Mann schmiegen konnten, der sonst bei der Arbeit tagtäglich ihr rücksichtsloser Antreiber war, und sie nicht selten in unflätigster Weise beschimpfte, ja sogar mißhandelte? Ein Rätsel waren mir auch die Männer. Wie manch einen von ihnen hatte dieser Inspektor nach Aussage Kramkes schon derartig mit der Reitpeitsche ‹verwackelt›, ‹daß ihnen die Augen übergingen›, und jetzt drängten sie sich wie dressierte Hunde an ihn heran, um vielleicht ein zweifelhaftes Scherzwort von ihm aufzufangen. Und auch sie betrachteten es als hohe Ehre, wenn ‹uns Herr Inspekter› mit ihren Frauen und Mädchen tanzte – und hübsch ungeniert an diesen herumkniff.

Den meisten der Festteilnehmer hatte der Schnaps nach und nach den Kopf fast völlig verdreht. Die Männer gröhlten, die Weiber kreischten. Vier, fünf Paare umfaßten sich auf einmal, zoteten sich gegenseitig an, lachten, scherzten, hüpften und fielen schließlich um: ein zappelndes Durcheinander von Armen und Beinen, von Transtiefeln, verschobenen Unterröcken und Strumpfbändern!

Ich hatte mich meistens in der Gegend der *Muskanten* aufgehalten. Doch wie sahen die armen Kerle nun aus! Der nüchternste war noch der Schneider mit seiner

Fiedel. Dem Totengräber quollen dagegen die Augen förmlich aus dem Kopf, wenn er sich hin und wieder nochmal aufraffte, um in seine Klarinette hineinzuquietschen. Der Gärtner aber zerrte nur noch mechanisch an seiner Harmonika, die infolge der ungewohnten Strapazierung schon bedenklich ‹Beiluft› bekommen hatte. Was die drei eigentlich zusammenspielten, das wußten sie wohl selbst nicht mehr, geschweige die übrigen.

Mit zunehmender Nachtstunde begann es mir aufzufallen, daß sich von den jüngeren Paaren bald hier, bald dort einige auf längere oder kürzere Zeit entfernten. Eng umschlungen taumelten sie meistens nach dem warmen Kuh- oder Pferdestall. Auch der Inspektor war verschwunden, und Kramkes Frau sah ich auch nicht mehr, während dieser selbst auf einem Kartoffelsack hockte und schlief.

Gegen Mitternacht kehrte ich dem Trubel den Rücken, denn wenn die Arbeit am andern Morgen auch erst eine Stunde später beginnen sollte, so war ich doch müde geworden. Ich sprach noch einiges mit dem kranken Knaben und kroch dann in mein Bett. Wann die ‹Alten› gekommen waren, hatte ich nicht mehr gehört. Der Hilfsknecht kam erst des Morgens gegen Fünfe; er hatte sich nach dem Getreidehause verirrt, sagte er. Kramke saß beim Frühstück und klagte über Kopfschmerz; seine Frau aber meinte gähnend ‹Lat man, schön wär't doch!› Das war die Kartoffelhochzeit.»[6]

Diese fast romanhafte Schilderung eines Kartoffelernte-Abschlußfestes zeigt die mehrfache Kompetenz eines Arbeiters, der nicht nur ein Insider war, sondern auch über Problembewußtsein verfügte. Er durchschaute das verlogene Spiel von Oben und Unten – unehrlich von beiden Seiten, einmal aus Machtüberlegenheit und zum andern aus Angst vor dieser Machtüberlegenheit. Vielleicht deutet die mehrfach erwähnte Formulierung «Uns' Herr» auch etwas an von dem gemeinsamen Interesse an einer guten Ernte, das alle antagonistischen Schranken überdeckte. Doch spürte der Verfasser auch, wie fragwürdig das «Geschenk» des Kartoffelfusels an die «Leute» war, eines Abfallproduktes aus der gutsherrlichen Kartoffelbrennerei, und zugleich verstand er die Freude der armseligen Arbeiter über diese Gabe. Kartoffelbranntwein wurde durch die wachsende Verbreitung der Billigbrennereien und seiner häufigen Verwendung als Teil des Lohnes zu einer wahren Volksseuche.[7] Der Autor erkannte diesen Teufelskreis aus Ursache und Wirkung: mit dem hochprozentigen Alkohol wurden die Arbeiter, ihre Frauen und sogar die Kinder enthemmt und gleichzeitig beschwichtigt, um sich am nächsten Tag nach der Ernüchterung noch tiefer ihrer unterdrückten Situation bewußt zu werden, während sich der Herr Baron und der Inspektor in dem Gefühl gefallen konnten, ihren «Leuten etwas Gutes gegönnt zu haben».

Der letzte Beleg dieser Reihe stammt ebenfalls von den pommerschen Erntefeldern von zwei Gewährsleuten aus Teschendorf, K. Gahntz und A. Sell, jungen Seminaristen, die 1865 den großen Fragebogen des Mythologen Wilhelm Mannhardt (1831–1880) beantwortet hatten:[8]

«Bei Beendigung der Ernte wird dem Gutsherrn der sogenannte ‹Olle› (Alte) aus der letzten Garbe gebunden und mit Musik und Gesang aus dem Felde vor sein Haus gebracht. Der Alte hat die Gestalt eines Menschen, mit Blumen und Bändern reichlich geschmückt; er wird auf einen langen Harkenstiel gesteckt und von dem Mädchen, welche die letzte Garbe gebunden hat, voraufgetragen. Man jauchzt und jubelt und ruft dem Mädchen zu: ‹Du hast de Olle und mußt in uk beholle!› An demselben Abend wird noch etwas getanzt, wobei es der Gutsherr an Branntwein nicht fehlen läßt. Das eigentliche Erntefest ist später, gewöhnlich fällt es vor den 2. Oktober, weil an diesem

Tage Knechte und Mädchen umziehen und sie sonst von dem Schmaus, den es an diesem Tage gibt, nichts bekämen.

Von diesem Schmause erhält jede Familie einen gewissen Teil, nämlich gekochtes Fleisch, Brot, Kaffee und Schnaps, das gemeinsam neben dem Tanz verspeist wird. Zu diesem Feste werden Kränze und eine Krone gemacht, letztere von einem dazu bestimmten Mädchen, dem die anderen mit den Kränzen folgen, der Herrschaft gebracht. Das Mädchen sagt folgendes Gedicht:

Hier komm ich hergeschritten,
Das Korn ist abgeschnitten,
Der Kranz, der ist gewunden;
Ist der Kranz zu schlecht gewunden,
So sind die Garben desto besser gebunden.
Glück ins Haus, Unglück zur Tür hinaus!
Hier bring ich mit Musik und Tanz
Unserm Herrn Baron den Ehrenkranz.
Ist der Kranz zu schlecht,
So ist der Wunsch doch recht.
Ist der Wunsch zu schlecht,
so ist der Kranz doch recht!
Wir haben geharkt über Berg und Tal, über Distel und Dorn
Und über das Feld des Herrn Korn (?).
Hätt unser Baron noch mehr gesät,
Die Männer hätten noch mehr gemäht,
Die Mädchen hätten noch mehr gebunden.
Die hewe so hähkt (geharkt), det dei Sand so stöft (staubt),
Ohs (unser) Herr Baron hat updrogt (aufgetragen), det sich dei Disch so bögt (biegt)!
Ist's nicht geworden eine gebratene Gans,
In Butter gebratener Hammelschwanz?
De Gast (Gerste) kricht Aohre (Ähren), de Rogge mut sich waohre (muß aufpassen),
De Hafer bricht Wappre, de Dösches (Drescher) mäute klappre,
Dei Gawe (Garben) legge im Taas (Scheunenfach), krüswies und twas (durcheinander)
Ich wünsch unserm Herrn Baron einen vergoldeten Wagen,
Worin er mit Frau und Kindern kann scherzend fahren.
Ich wünsche unserm Herrn Baron einen goldenen Stuhl,
Worauf er gut und sanft mag ruhn.
Ich wünsche dem Herrn Baron einen vergoldeten Tisch,
Auf allen vier Ecken einen gebratenen Fisch,
In der Mitte eine Kanne mit Wein,
Dann kann unser Herr Baron recht lustig sein.
Die Herrschaft gibt dem Mädchen Geld, was zum Besten aller verwendet wird.
Die Krone wird in den Vordersaal gehängt.»

Man erfährt aus dem ehrlich beschreibenden Text als Antwort auf die Fragen des Mythologen alles andere als Mythologie. Und wenn Mannhardt später den «Alten» als

Vegetationsgeist und Nachkommen des Germanengottes interpretieren möchte,[9] so spricht daraus die Deutungsfreude des Forschers; die Brauchausübenden auf den pommerschen Erntefeldern haben ihn als lustige Figur in ihrem Ernteabschlußvergnügen verstanden, mit dessen Überreichung an den Gutsherren sie als Begleitung zu ihrem langen «Gedicht» einen bescheidenen Rechtsanspruch auf festliches Essen und Trinken anmeldeten. Wer den «Ollen» bekam – und das war meistens der langsamste Arbeiter –, mußte eigentlich den anderen einen Umtrunk spendieren. Diese Pflicht überträgt hier das Mädchen durch Überreichung der Strohpuppe auf den Herrn Baron. Die humoristischen plattdeutschen Passagen beweisen eine gewisse Souveränität der Erntearbeiter dem Herrn Baron gegenüber, dem andererseits in aller Ergebenheit geschmeichelt wurde.

Fünf Darstellungen von Arbeits-Abschlußfesten, fünf Standpunkte, von denen jeder in seiner Weise «richtig» ist. Als Positivum geht aus dem allen die Erkenntnis hervor, wie relativ im Sozialen die Lebenswelt der ländlichen Bevölkerung ist und war und wie dynamisch im Historischen. Auch während ihrer allmählichen Auflösung bestimmten die alten feudalen Ordnungen noch weitgehend die Normen, aber nicht mehr die Realität. Das patriarchalische Bewußtsein fing ganz allmählich an zu schwinden, und mit den Einflüssen des Sozialismus begann eine Hinwendung zu Emanzipationsbestrebungen. Das betraf allerdings zunächst hauptsächlich die größeren Bauern und ihren Wunsch nach landwirtschaftlicher Schulung. Der kleine Bauer und Tagelöhner wurde weiterhin bewußt von allen neuen Ideen ferngehalten. Oskar Maria Graf schildert solche Vorgänge an einem Beispiel aus dem Kirchenkampf der 70er und 80er Jahre um den Münchner Theologen Ignaz von Döllinger (1799–1890), der die kirchliche Staatslehre und schließlich die päpstliche Unfehlbarkeit überhaupt anzweifelte. In einem bayerischen Dorfgespräch läßt Graf die Bauern über dessen Schriften diskutieren: «Der hochwürdige Herr Pfarrer sagt, wir sollten nur genau aufpassen, daß uns keiner was ins Haus bringt, was von dem Lumpen herkommt. Wo Döllinger draufsteht, sagt er, das sollen wir gleich verbrennen! Es kommt direkt von der Höll'! – Wer soll denn so was schon zu uns bringen! meinte darauf die Heimrathin . . ., bei uns wird doch das ganze Jahr nicht gelesen! Dafür hatten die Aufhauser wirklich weder Zeit noch Interesse. Schul- und Meßbücher waren seit jeher ihre einzige Lektüre.»[10] Wie sollten sich bei solchen Voraussetzungen Fortschritt und Aufklärung durchsetzen!

Die Tatsache der Kulturfähigkeit hängt jedoch nicht nur mit den üblichen Bildungsdefinitionen zusammen. Die Landbevölkerung, für deren mittlere und untere Schichten die Schulbildung meist eine durchaus entbehrliche Lebensqualität darstellte, hatte andere Formen der Kultur entwickelt. Die These, daß es sich bei der Gestaltung von Freuden und der Bewältigung von Konflikten in Zeichen und formelhaften Figurationen durchaus um eine ländliche Kultur handelt, hat mit der Erweiterung des alten bildungsbürgerlichen Kulturbegriffs eine neue positive Bewertung erhalten.[11] Zwar verteidigt Jürgen Kuczynski argumentationsfreudig in seiner «Geschichte des Alltags» den alten Bereich der Hochkultur unter Einbeziehung einer an ihrem Wert zu messenden, entarteten Trivialkultur.[12] Dem sind insofern gewisse Bedenken entgegenzusetzen, als der erweiterte Kulturbegriff ja nicht so sehr um die Einbeziehung der Trivialkultur besorgt ist, sondern vielmehr um eine soziale Erweiterung, um eine Zusammenschau der Kulturwerte verschiedener Schichten überhaupt, auch in ihrer Dialektik. Ich folge Jürgen Kuczynski bei seiner Ablehnung einer Identität von «Kultur» und «Lebensweise» als zu weitgreifend, und auch eine Ausdehnung des Kulturbegriffes auf sämtliche Fertigkeiten der Arbeit kann ich nicht akzeptieren. Aber das sind inhaltliche Grenzziehungen, die nicht die ländliche Kulturfähigkeit an sich in Form und Ausdruck betreffen. Wenn die Burschenschaften zweier Dörfer ihre Fehden über das Medium «Maibaumbräuche» miteinander austragen, wenn die Jugendlichen zu Weihnachten durch ihre Umzugs- und Stubenspiele in jedem Haus des Dorfes eine soziale Balance herstellen und für diese versöhnende «Gabe» von den Hausbewohnern mit Süßigkeiten oder Geld als «Gegengabe» belohnt werden, wenn die Braut mit ihrem Brautwagen dem ganzen Dorfe zeigt, daß sie als Ebenbürtige in das Haus ihres Bräutigams einzieht,[13] – so sind all diese ausformulierten Handlungen doch in sich «Kultur», ohne daß damit ihr kultureller «Wert» bestimmt sei, sondern nur ihre kulturale Qualität, die sich freilich von dem absetzen muß, was man als Zivilisation beschreibt.

Der Begriff «Bauernkultur» ist mit Kuczynski skeptisch zu beurteilen und vielleicht besser in dem hier geschilderten Zusammenhang durch Formulierungen wie «Kultur der Landbevölkerung» zu ersetzen, wenn einem die weitgefächerte, differenzierte Struktur dieser Gruppe mit ihrem interkulturellen Austausch vor Augen steht. Doch gehört es zur Überwindung des bürgerlichen Kulturbegriffes – hier bin ich gewiß mit J. Kuczynski einig –, nicht alles auszuschalten, was dem Diktat der Ökonomie unterliegt und so «Kultur» als abgehoben vom Materiellen einzuschätzen. Die vorausgegangenen Kapitel haben gezeigt, wie tief die ländliche Kultur im positiven wie im negativen Sinne mit der Ökonomie verbunden ist, angefangen von den Bräuchen des Lebenszyklus über die Tracht bis zu den Anfangs- und Endbräuchen der großen Arbeitsphasen. Goethes Gedichte und die Verse bei der Überreichung der Erntekrone sind ästhetisch nicht vergleichbar, aber funktional sind sie selbständig formulierte «Pole eines gesellschaftlichen Spannungsfeldes»[14] und darum doch beide Kultur. Ist es nicht Kultur, figurierte Regeln zu entwickeln für den Austausch von Gütern und Mitteilungen?[15] Ist es vor allem nicht Kultur, Zeichen zu setzen, die das soziale Verhalten in einer «Sprache» ausdrücken, verbal oder nicht verbal, aber verständlich für Gruppen des gleichen Milieus in Raum und Zeit? Ich denke an Kleidungselemente und -farben, Bräuche, Sprachformeln und vieles andere mehr, das die Dorfgesellschaft als Verständigungsmittel für ihre eigene Kommunikation geschaffen hat. Die farbige Kodierung ihrer Beziehungskreise ist, wie ich meine, eine ihrer großen kulturellen Leistungen.

Dazu kommt eine historische Dynamik, denn entsprechend ihrem Charakter als Zeichen des Verhaltens wandeln sie sich unter den Bedingungen der Geschichte; der «Alte», aus den letzten Garben des Erntefeldes gebunden, mag in früheren Zeiten als so etwas wie ein Korngeist angesehen worden sein –, dafür besitzen wir keine Beweise. Für die Erntearbeiter des 19. Jahrhunderts jedenfalls wurde er zum Zeichen ihrer Arbeitsleistung, mit dem sie den Gutsherrn an seine Pflicht zur festlichen Bewirtung gemahnten. Die langsamen emanzipatorischen Bewegungen der ländlichen Bevölkerung vollzogen sich zunächst noch im Rahmen ihrer gruppenbestimmten Normen, und Individuelles wurde kaum freigesetzt. Noch lange war das dörfliche Ordnungsdenken bestimmend und damit die Generationen- und Besitzhierarchie. Kultur und Ästhetik beschränkten sich im Allgemeinen auf die Zeichen, die dieses Gefüge nach außen sichtbar machten. Wie sehr sich aber dann das gesellschaftliche Denken in dieser Zeitspanne änderte, ist aus folgender Tabelle ersichtlich:

Alte Bauernfamilie vor Industrialisierung und Mechanisierung der Landwirtschaft	*Verbürgerlichte Bauernfamilie zunehmend seit 1900*
2–3-Generationen-Arbeitszusammenhang	oft vorhanden, aber nicht unbedingt notwendig
Partnerwahl durch Familieninteresse bestimmt, deshalb	nicht mehr Bedingung
Hochzeit = größtes Familienfest	meist ja; Tradition der Form
2–3 Generationen wohnen, kochen, wirtschaften gemeinsam	zunehmend nicht mehr
Hausvater bestimmt Berufswahl und Ausbildung der Kinder im Hofinteresse	Kinder emanzipieren sich
Hof bleibt unbedingt in der Familie	nicht notwendig
Hausvater vererbt Besitz und das notwendige Fachwissen	1. ja 2. nicht so wichtig wegen der neuen Techniken
Alte Generation wird von und in der Familie versorgt	zunehmend nicht mehr (Rentenwesen)
Kinder werden für das gleiche Leben erzogen wie Eltern	zunehmend nicht mehr, neues Schulwesen, andere Ausbildungschancen

Mit einer solchen Tabelle wird versucht, die große Veränderung zwischen den vormodernen und den modernen Lebensformen auf dem Lande zu kennzeichnen. Waren die einen – also die linke Spalte – auf den unmittelbaren Zusammenhang des persönlichen Lebensplans mit der Wirtschaftsfamilie und ihrer materiellen Grundlage bezogen, so deutet sich bei den anderen – also der rechten Spalte – der Beginn einer Individualisierung an. Die stabile Zugehörigkeit zur Familie, zur kleinräumigen Lokalgesellschaft und zum Stand wird allmählich zugunsten einer Pluralisierung und Mobilisierung des Lebens verlassen mit der Tendenz eines vergrößerten Handlungsspielraums und eines mehr autonomen offenen Lebensentwurfs.[16] Mit dieser Wandlung für den sozialen Ort des Einzelnen in der ihn umgebenden Gesellschaft wandelt sich auch ganz selbstverständlich das Feld der Kultur, der akzeptierten Einflüsse und vollzogenen Übernahmen, der gültigen Normen und Werte.

Aber Bewegung herrschte auch schon innerhalb des vormodernen Landlebens.

Unbestritten bleibt die Tatsache der Ableitung vieler Erscheinungen der ländlichen Kultur aus Formen und Moden der herrschenden Schichten. Doch ist die Frage nach dominanter und dominierender Kultur, die Naumann so falsch mit der These «Volksgut wird in der Oberschicht gemacht» und mit dem griffigen Slogan vom «gesunkenen Kulturgut» beantwortet hat,[17] dabei sekundär. Schon Spamer hat unübertrefflich ausgeführt, daß als eigene kulturelle Leistung der Unterschichten (wenn man diesen Schichtenbegriff benutzen will) der Zugriff zu bewerten sei, mit dem die Auswahl aus dem Angebotenen getroffen wird, und die kreative materielle und geistige Umwandlung zum Zeichen des eigenen sozialen Milieus.[18]

Freilich sagt die Definition solcher Leistungen als «Kultur» noch nichts aus über deren «Wert», und es muß dem Wissenschaftler erlaubt sein, hier seine eigenen, wohl argumentierten Wertmaßstäbe zu setzen. Wenn der alte Oberhofbauer neun Westen und die Schrecksbacher Bauerntochter 16 «geschlängte» Röcke zur Kirmes trägt, so sind das wohl kulturell formulierte Zeichen des bäuerlichen, an Quantität orientierten Geschmacks, aber ich muß subjektiv derartige Figurationen ebenso wenig «wertvoll» finden wie z. B. eine Balletteusengruppe aus Meißener Porzellan. Das braucht nicht nur eine Luxuskritik zu sein, sondern auch eine inhaltliche Kritik der ideellen Normen und Werte.

Wenn der kleine Peter Rosegger in Nachahmung eines Studenten auf Besuch an den ihm nahestehenden Motiven das Malen probierte, so bewegte er sich in seinem eigenen Verständnis wie in dem seiner dörflichen Bewunderer voll im kulturellen Zusammenhang mit seinem ländlichen Milieu:

«Als die Kirschen alle waren und die Blätter des Baumes gelb wurden, packte der Student seine Bücher zusammen und ging wieder in die ‹Studie›.

Einmal ließ er mir ein Kästchen mit Wasserfarben zurück.

Jetzt schnitt ich mir ein Löckchen Haar vom Haupte, band es an ein Stäblein, und mit solchem Pinsel begann ich zu malen. Eine große Anzahl der Heiligenbildchen, die heute noch in verschiedenen Gebetbüchern der Gegend zu finden, ist mit meinem Haar gemalt worden. Die Leute haben sich hell verwundert, wenn sie mir zugeschaut und gesehen, wie man mir nichts dir nichts die Muttergottesen macht. Einmal kam der alte Schneider-Jackel, Küster von Krieglach, in unser Haus, um den Pfarrerzehent abzuholen; der sah mich malen. ‹Na›, sagte er fortwährend, ‹aber da gehört was dazu! Jetzt malt so ein kleiner Schlingel da himmlische Leut'! Und daß es eine Form hat! Ein hellrotes G'wandl, ein schön's! Ein Gesicht – wie er aber das Gesichtel macht! Die ganze Fleischfarb' – und 's Göscherl! Und die Augen, die blauen, wie sie auslugen! – Spitzbub, Du! Freilich, den Heiligenglanz auch, na, der darf nicht fehlen. Wär' nit ganz, wenn der fehlen tät'! – Schon eine Menge so Bildln hast da! – Bist aber ein Kreuzköpfel – Du mußt schon ein Maler werden! Alles von Dir selber hast' gelernt? Ist viel! Ist viel das! Schau, das tät's nit, die Bildln muß ich alle mitnehmen, 's tät's nit anders, die müssen ihre heilige Weih' kriegen. Dank Dir Gott Schwarzkünstler Du kleiner!›»[19]

Hier ging es also nicht um abgehobene Individualkunst, sondern um einen integrativen Prozeß, dessen Endprodukte durch den Küster noch die gehörige Weihe erhielten. Die Bewunderer und Abnehmer seiner «Werke» verstanden den kleinen Künstler, weil er sich – seinem Können und seinem eigenen «Kunst»-verständnis entsprechend – in ihrer «Sprache» vermittelte. Seine Bildbotschaften fanden mühelos ihre Empfänger, und Rosegger beschreibt eindrücklich, wie es gerade die Realistik der Bildchen war, «die ganze Fleischfarb' und 's Göscherl», was den Dorfleuten gefiel. Das ist ein schönes Beispiel für den funktionalen Hintergrund jeder dörflichen Ästhetik.

Doch soll hier keine Kitschdiskussion folgen. Worauf es mir ankommt, ist die unauflösliche Verbindung zwischen Ökonomie, Gesellschaft und Kultur aufzuzeigen, besonders in ihrer kollektiven ländlichen Variante. Hier formte sich die innerdörfliche Struktur in ihrem Beziehungssystem zu einer Fülle von Zeichen und normierten Verhaltensformen, zu Interaktionen und traditionell wiederkehrenden Handlungsabläufen, die den aufmerksamen Beobachter über die phantasievolle Inszenierung solch durch und durch geregelten Lebens erstaunen läßt. Dabei war durchaus nicht immer die Verbindung zu einer harmonischen «Dorfgemeinschaft» das Ziel dieser Regeln. Sie konnten auch zur Betonung der sozialen Grenzen im Dorfe dienen.

So mag die folgende Tafel zur Problematisierung des alten Bildes von der «heilen Dorfwelt» beitragen.

Innerdörfliche Struktur

Institutionen	*verbindende Elemente und ihre Zeichen: WIR*	*trennende Elemente und ihre Zeichen: die ANDEREN*
Gemeindeamt	Verwaltung	Hierarchie der Positionen
Kirche	Gottesdienst, Wallfahrten, Kirchenfeste	Sitzordnung, Kirchentracht
Schule	Schulweg, Schulkleidung (u. U.), Leistungsanspruch	Geschenke an Pfarrer und Lehrer
Vereine	Interessengemeinschaft: Fahnen, Abzeichen, Feste	Mitgliedsbedingungen (Feuerwehr z. B. keine Frauen)
Wohnen	Wohnort im Dorf: Unterdorf, Oberdorf; Größe und Aussehen des Hauses; Anzahl und Qualität der Einrichtungsgegenstände	dgl.
Nachbarschaft	Hilfeleistungen, Arbeiten, Totenwache	nur von Gleichgestellten
Familie	Bande der Verwandtschaft	
Heirat	Endogamie (Hochzeitsbräuche)	Partnerwahl nach Besitz
	Versorgung der Kinder und Alten	Teilung nach Altersklassen, Alte im Altenteil
	Autarkie und Vorratswirtschaft; der Hof dominiert.	
Bräuche	Familienbräuche; Dorfbräuche: Rolle der Burschenschaft	Abschiebung der Mädchen und Frauen in Neben- und Hilfsrollen
	Abwehr der Fremden: Dorffremden, z. B. Wegsperre b. Hochzeit; Arbeitsfremden, z. B. Platzrecht, Binden und Lösen bei der Ernte; Sozial-Fremden, z. B. Bettlerbalken u. ä.	Desintegration der Unehelichen
Kleidung	Dorftracht	unterschieden in Reich und Arm, ledig, verheiratet, alt, Trauer
Sprache	Dorfmundart, Namen, Redensarten und Sprichwörter	Hochsprache
Arbeit und Wirtschaft	Anbaupflanzen und Termine; Einführung von neuen Techniken und Maschinen	materielle Möglichkeit zur Anschaffung von Maschinen
	Arbeitsteilung und Einteilung der Arbeitskräfte	Armut: wenn Frauen Männerarbeiten übernehmen müssen.
	traditionelle Kenntnisse und Fertigkeiten; Anpassung an und	individuelle fachliche Weiterbildung: Landwirtschaftsschulen

	Erfindung von Innovationen und Moden	
	Systeme der Maße und Proportionen; Erbrecht	Situation der weichenden Geschwister
Weiden und Märkte	Hirten und Schäfer als Dienstleistende.	
	Kenntnis und Nutzung ihrer volksmedizinischen Fähigkeiten.	
	Volksglauben.	
	Marktkenntnisse: Preise, Waren, Ausrufe, Handeln	Unterschied, ob Händler oder Käufer; oft beide Rollen. Markt = Frauensache mit Ausnahme des Viehmarktes.

Die Systematisierung der inneren Dorfstruktur könnte auf diese Weise fortgesetzt werden für Umwelt und Infrastruktur, für Krankheit und Aberglauben, Ernährungs- und Trinkgewohnheiten, Wirtshaus und vieles andere mehr. Hier wollte ich nur nochmals das enge Beziehungssystem beleuchten, das die Bewohner eines Dorfes nach eigenen Regeln zusammenhält und trennt. Dabei sind die trennenden Elemente als quantitativ geringer zu erkennen, doch bei genauem Zusehen als qualitativ stärker. Sie basieren auf dem mächtigsten Motiv im dörflichen Denken und Handeln: dem Standesbewußtsein nach Besitz und dem Eigenbewußtsein nach Geschlecht und Alter: Wir – und die Anderen!

Die Elemente haben also einen qualitativen Charakter und sind nicht durch Addition zu berechnen. Ihre Bedeutung entspricht dem Stellenwert, der ihnen in dem jeweiligen Zusammenhang zukommt.

Für das vorliegende Buch wurde das 19. Jahrhundert mit seinen Vor- und Ausläufern als zeitlicher Rahmen gesetzt. Diese Epoche ist auch für die ländliche Gesellschaft erfüllt von Bewegungen vielfältigster Art auf ökonomischem, technischem, wissenschaftlichem, religiösem und – im Zusammenhang damit – sozialem Gebiet. Sie mündeten ein in eine wachsende Mobilität und allmähliche Verbürgerlichung, die von den Obrigkeiten ausging und in einer Art von Rückkopplungseffekt dem Land jenes «ländlich-sittliche» Verhalten zuordnen wollte, das den verklärten bürgerlichen Vorstellungen vom Dorf entsprach. Von diesen komplizierten Abläufen wurde im Kapitel über die Agrarromantik gehandelt.

In einer Art von Ausblick erscheint nun – in regional unterschiedlicher Phasenverschiebung – eine Landbevölkerung, die statistisch stark zurückgeht zugunsten der Stadtbevölkerung und die zunehmend dem Zivilisationsniveau der wachsenden Städte zustrebt in einem immer schneller werdenden Prozeß der Verbürgerlichung. Der alte Bauernstolz in tätiger Gelassenheit und Behäbigkeit, einst höchste Tugend des Landvolkes, verlor an Wert, was sich besonders deutlich im Ablegen der Trachten und den städtischen Einflüssen auf Einrichtung und Wohnkomfort ausdrückte. Auch das ist übrigens wiederum ein Beleg für den Zeichencharakter der ländlichen Kultur. Im Gegenspiel versuchten die bürgerlichen Heimatpfleger, ihre Vision vom reinen schönen Landleben auf die Dörfer zu übertragen und den dortigen Bewohnern gerade das zu bringen und anzupreisen, was diese als nicht mehr für sich passend abzulegen bemüht waren. Bei der konsequenten Funktionalität dörflichen Denkens spielte es keine Rolle, daß oft objektiv Schönes gegen Häßliches oder zumindest langweilig Uncharakteristisches vertauscht wurde und nur die Antiquitätenhändler dabei gewannen.

Der Erste Weltkrieg und die 20er Jahre beschleunigten die Anpassungsprozesse, bis der Nationalsozialismus eine totale Kehrtwendung befahl. Eine neue Verherrlichung von Dorf und Scholle, von Blut und Boden sollte nicht nur das immer geringer werdende Landvolk moralisch aufwerten, sondern auch städtische Jugendliche und Arbeitslose zur Siedlertätigkeit motivieren – immer im Hinblick auf deren geplanten Einsatz in zu erobernden Ostgebieten. Der militärischen Aufrüstung sollte die bevölkerungspolitische parallel laufen,[20] alles umgeben vom Mythos der zu schützenden und zu stärkenden Heimat. «Wie sie uns mit Heimatsinn düngten! Was ihnen nicht alles einfiel, um Heimat als kräftespendendes Stichwort auf den Markt zu bringen. Da wurden Heimatdivisionen herangeführt, weil man von ihnen musterhafte Verbissenheit erwartete. Heimatliebe sollte umschlagen in äußersten Wehrwillen. Heimaterde, Heimatstolz, Heimatlaut: sie sollten uns inspirieren, erfüllen, begeistern. Wie Ausdauer sich bezahlt machen kann, sollten wir beispielsweise aus der Heimatgeschichte entnehmen, und was wir schon früh als Gewißheit ansehen durften, war der sogenannte Dank der Heimat. Unaufhörlich, wie gesagt, gingen die Parolen in dich ein, du konntest dir schon vorkommen wie unter einem Dauertropf.»[21]

Nun wurde die Tracht wieder zum «Ehrenkleid der Landfrau», wenn auch mit einer Wendung hin zur «weltanschaulich richtigen Tracht»! Auf dem Bückeberg aber überreichten die Abordnungen der Kreisbauernschaften dem Führer den Erntekranz der Nation![22]

Es fand in dieser Zeit eine geradezu ungeheuerliche ideologische Manipulation der Landbevölkerung statt, eine Verkehrung ihrer zeitgemäßen Normen und Werte in Richtung auf die politischen Eroberungsinteressen.

Nach dem Zweiten Weltkrieg versanken diese Zwänge so schnell, wie sie gekommen waren. Die Dörfer nahmen realistischen Anteil an der gesamten Entwicklung, und das Wirtschaftswunder beschenkte sie mit einem Maschinenpark ständig wachsenden Ausmaßes, der die ländliche Bevölkerungsstruktur endgültig veränderte.

Wenn nun seit den 70er Jahren, fast 100 Jahre nach der Agrarromantik, wiederum eine nostalgische Welle die Dörfer erreicht mit Trachtengruppen, Festaufzügen und Bauernstickerei, so drückt sich darin die Sehnsucht aus nach heiler Dorfwelt und einem Kulturbesitz, der die eigene Identität zu beweisen scheint. Das alles sind neue, komplizierte und sehr beschreibenswerte Entwicklungen.

Die alte Dorfgesellschaft der Vormoderne, die das Thema dieses Buches ist, ging mit dem Aufbrechen ihrer hierarchischen Endogamie allmählich zu Ende. Das geschah in einem langsamen und zögernden Prozeß, der nicht alle Elemente der überkommenen Struktur gleichzeitig bewegte. Viele traditionelle Verhaltensweisen wie Prestigedenken und Autoritätsgebundenheit blieben noch lange, oft mit neuen Zeichensetzungen wie Auto und Küchenausstattungen, erhalten, obgleich die reale Basis nicht mehr so recht dazu paßte. Ökonomisch bedingt bewahrte sich in den Familien die gegenseitige Integration von Produktion und Reproduktion, von Arbeit und Erholung ohne festgelegte Zeitgrenzen, wenn sie auch bei veränderten Voraussetzungen wie Wanderarbeit und Pendlerwesen dem einzelnen oft erhöhte Belastungen zumutete. Andererseits brachte die Familie als die einzige anerkannte und angestrebte Sozialform auf dem Dorfe besonders den weiblichen Randgruppen, den Witwen, Verlassenen, unehelichen

Müttern z. B., eigene Schwierigkeiten, die wiederum nur durch Familie und Nachbarschaft aufgefangen werden konnten.

Es erweiterte sich der erlebte Raum durch Eisenbahn und Autoverkehr, und dadurch wirkte schon die räumliche Variation der Mundarten, Kleidungssitten, Grußformen, Nahrungsmittel und Trinkgewohnheiten den älteren introvertierten Denkweisen entgegen. Das Kennenlernen von verschiedenen Ausdrucksmöglichkeiten für die gleiche Sache war ein neues, Toleranz förderndes Erlebnis.

In der alten Agrargesellschaft hatte die Selbstversorgung für die Bauern ein Gefühl der Unabhängigkeit vermittelt durch die Fähigkeit, jeder Pflanze, jedem Tier, jedem Gegenstand einen zweckgerichteten Nutzen abzuverlangen. Wenn weniger gewachsen war, dann wurde weniger gegessen, aber nichts gekauft. Mit der zunehmenden Beteiligung am Konsum verschwanden allmählich auch diese festen Regeln.

Immer mehr gedieh die Stadtkultur zum Vorbild der ländlichen Milieugestaltung, wobei auch folkloristische Formen mehr aus Anpassung an den volkstümelnden Geschmack der bürgerlichen Gesellschaft Eingang fanden als aus Besinnung auf eigene Traditionen.[23] Doch sind solche Bewegungen nur als Trend zu notieren und nicht als überall gleichzeitig auftretende Erscheinung. Die regional- und wirtschaftshistorischen Bedingungen blieben bestimmend für die jeweils typischen Entwicklungen, wobei sich Geschichte nicht nur als Geschehenes im zeitlichen Ablauf, sondern auch als sozial Geschichtetes im synchronen Zusammenhang präsentierte.

Aber ist der Begriff der Verbürgerlichung nicht allzu sehr auf die äußeren Formgebungen orientiert, wenn der Übergang der alten Dorfgesellschaft in die Moderne gekennzeichnet werden soll? War deren Vorbild nicht stets mehr die durch den Gutsherrn benachbarte Aristokratie gewesen als der räumlich entfernte städtische Bürger, und vollzog sich beider historisches Schicksal nicht in gleicher Linie? Gewiß hatten sich zu Ende des 19. Jahrhunderts, vor allem durch die zunehmende Verkehrsoffenheit, die Einflußsphären gewandelt, und die Konsumwünsche des Dorfes richteten sich mehr und mehr auf die Angebote der Stadt. Doch in ihrer prozessualen Entwicklung ähnelte die Geschichte der agrarischen Gesellschaft mehr derjenigen des Adels. Es mußte das Ende sowohl der Aristokratie wie des alten Dorfes sein, die herrschenden Normen nicht mehr als unabänderliche, gottgewollte Gegebenheiten zu begreifen, sondern sie zu problematisieren, Neues aufzunehmen und zu frischen Werten umzuformen. «Der große Zusammenhang der Dinge», wie Fontane schreibt, eröffnete neue Perspektiven. So schließt mein Buch über das 19. Jahrhundert mit den Worten dieses Zeitzeugen aus seinem letzten Roman «Der Stechlin», wenn er den fortschrittlichen Pastor Lorenzen, den alten Freund des Herrn von Stechlin, sagen läßt: «Ich empfind es als eine Gnade, da, wo das Alte versagt, ganz in einem Neuen aufzugehn. Um ein solches ‹Neues› handelt es sich. Ob ein Neues sein soll (weil es sein muß), oder ob es nicht sein soll, um diese Frage dreht sich alles ... Der Hauptgegensatz alles Modernen gegen das Alte besteht darin, daß die Menschen nicht mehr durch ihre Geburt auf den von ihnen einzunehmenden Platz gestellt werden. Sie haben jetzt die Freiheit, ihre Fähigkeiten nach allen Seiten hin und auf jedem Gebiet zu betätigen. Früher war man dreihundert Jahre ein Schloßherr oder ein Leinenweber ... Daß man all diese Mittelmaßdinge für etwas Besonderes und Überlegenes und deshalb, wenn's sein kann, für etwas ewig zu Konservierendes ansieht, das ist das Schlimme. Was mal galt, soll weiter gelten, was mal gut war, soll weiter ein Gutes oder wohl gar ein Bestes sein ... Damit ist es vorbei. Und gut, daß es so ist.»[24]

Der Kuhstall, Arbeitsfeld der Frauen. (Giovanni Segantini, 1858–1899)

Anmerkungen

Vorwort

1 Weber-Kellermann: Frauenleben im 19. Jahrhundert. München 1983
2 Zur Wissenschaftsgeschichte der Volkskunde vgl. Weber-Kellermann/Bimmer: Einführung
3 Weber-Kellermann: Zur Interethnik
4 Möser, Justus: Sämtliche Werke III, S. 143 (Osnabrückisches Intelligenzblatt vom 7. 3. 1767); vgl. dazu Weber-Kellermann: Deutsche Familie, S. 91ff.
5 Kück: Das alte Bauernleben
6 Zu Wilhelm Heinrich Riehl vgl. Weber-Kellermann/Bimmer: Einführung, S. 42ff.; hier auch sämtliche Werke aufgeführt und weiterführende Literatur
7 Riehl: Die bürgerliche Gesellschaft, S. 268ff.
8 Ders.: Die Volkskunde als Wissenschaft, S. 14f.
9 Koch: Die bäuerliche Seele. Berlin 1935
10 Jacobeit: Bäuerliche Arbeit und Wirtschaft; beispielhaft letzthin Hansen: Hauswesen und Tagewerk
11 eine Abrechnung mit den überholten Methoden des Kanon: Abschied vom Volksleben. Tübingen 1970
12 Rosegger: Waldheimat, S. 128f.
13 Levenstein: Proletariers Jugend, S. 50f.
14 Zuerst bei Mauss, Marcel: Sociologie et anthropologie. Paris 1950, S. 145ff.
15 Simmel: Soziologie, S. 345

I. Zeitbild: Die «Bauernbefreiung»

1 Immermann: Epigonen, S. 399 u. 412f.
2 Ebd.: S. 267
3 Ebd.: S. 139
4 Jacob Grimm an August von Haxthausen, Kassel 4. IX. 1815. In: A. Reifferscheid: Freundesbriefe von Wilhelm und Jacob Grimm. Heilbronn 1878, Nr. 18, S. 31
5 Kußmaul: Jugenderinnerungen, S. 87–89
6 Fontane: Vor dem Sturm, S. 633
7 Hierzu existiert eine umfangreiche Literatur, deren wichtigste Titel im folgenden alphabetisch genannt werden – ohne Anspruch auf Vollständigkeit: Arndt, Auhagen, Bechtel, Boelcke, Conze, Finck von Finckenstein, Franz, Frankenstein, Goltz, Großmann, Hanssen, Haushofer, Kaerger, Knapp, Krzymovski, Kuczynski, Kulischer, Lütge, Mottek, Nichtweiß, Rach-Weissel, Stein, Sugenheim, Vogel, Max Weber, Weber-Kellermann (1965)
8 Knapp: Bauernbefreiung I, S. 325
9 Garve: Charakter der Bauern, S. 7, 9, 14ff. und 50f.
10 Riehl: Naturgeschichte, S. 52
11 Riehl: Bürgerliche Gesellschaft, S. 133
12 Garve: Charakter der Bauern, S. 25
13 Kuczynski: Alltag, Bd. 2, S. 160f.
14 Vgl. u. a. Krzymowski: Geschichte der Landwirtschaft, S. 149ff.
15 Vgl. Schmoller: Grundriß, 1. Teil, S. 186

16 Ich folge hier R. Krzymowski (und mit ihm G. F. Knapp), wonach Grundherrschaft die alten feudalen Verfügungs- und Abhängigkeitsverhältnisse begreift, wie sie bis zur Regulierung und darüber hinaus besonders im Westen und Süden üblich waren. Es handelt sich dabei um Grund und Boden, den die Herrschaft nicht selbst zu bearbeiten braucht, sondern gegen Natural- und Geldzins wie gegen bestimmte Arbeitsleistungen an andere Personen vergibt. Besitzer der Grundherrschaft konnte der König oder ein anderer weltlicher Herr sein, aber auch eine kirchliche Institution. Nach der Regulierung wandelte sich der Grundherr zum Gutsherrn, zum Landbesitzer, der nicht mehr von den Zinsen der Bauern lebte, sondern sein Land selbst bewirtschaftete und es zu diesem Zwecke den Bauern großenteils entzog. Wenn Ansätze zur Gutsherrschaft und zum landwirtschaftlichen Großbetrieb auch schon früher existierten, so ist sie doch zur vollen Entfaltung erst im 19. Jahrhundert gelangt. Lütge (Mitteldt. Grundherrschaft, 1957, S. 293 ff.) versteht unter Grundherrschaft wie auch unter Gutsherrschaft «die Herrschaft über Menschen (Bauern), die auf bestimmtem Boden sitzen, an denen der Herr ... Herrenrechte hat». Nach der Ablösung, als die Rechte fortfielen, bleibt nur noch der rein ökonomische Tatbestand des Bodenbesitzers, also des «Großgrundbesitzers», übrig. Es besteht daher kein logischer Gegensatz, sondern die Gutsherrschaft ist gewissermaßen eine Sonderform der Grundherrschaft. Der entscheidende Unterschied besteht darin, daß bei der Gutsherrschaft das Territorialprinzip hinzutritt, während bei der Grundherrschaft die Bezirke in jeder beliebigen Streulage auf weite Flächen verteilt sein können. Dieses Territorialprinzip bedingte die reale Bezogenheit des Bauern zum Gute und dessen Herrn. Nach Lütge besteht das System der Gutsherrschaft nur im östlichen Deutschland und ist in Mitteldeutschland nicht bekannt, wo sich statt dessen auf dem Boden der Grundherrschaft Gutswirtschaften entwickelt haben, denen aber die Herrschaftsstellung der östlichen Güter abging.

17 L. Braun: Memoiren I, S. 16

18 Schnippel: Volkskundliches, S. 168 ff.

19 Arndt: Leibeigenschaft, S. 207

20 Zitiert nach Franz: Quellen, S. 373 f.

21 Fuchs: Untergang, S. 251

22 Reuter: Kein Hüsung, S. 22

23 Rühle: Untertan, S. 71 f. publiziert Daten des Zentralarchivs Potsdam über die Ergebnisse des Bauernlegens auf einzelnen Gütern

24 Thier: Wegbereiter, S. 105–122; Franz: Quellen, S. 431 ff.

25 Nach einem alten Hofbriefe eines Dreiviertelhüfners in Schönhagen/Priegnitz von 1808 betrugen die Leistungen an die Gutsobrigkeit: 1 wöchentlicher Spann- und Handtag, in der Ernte aber 6 Wochen lang 3 Spann- und 3 Handtage; zusätzlich jährlich 8 Handtage, sämtliche bei eigener Kost; Abgabe auf Michaelis: 3 Reichstaler Pachtgeld, 1 Gans, 2 Hühner, 8 Pfd. Heede zu spinnen, Baudienste und Kreisabgaben. – Dazu kamen die weiten Entfernungen der Felder. – Die Hofwehre, also das tote und lebende Inventar, waren nach dem Tode des Bauern der Witwe in außerordentlich schlechtem Zustand überkommen, denn der Bauer hatte aus Furcht vor neuen Verbindlichkeiten keine Reparaturen durchgeführt; der aus Vernachlässigung erfolgte Schaden fällt der Herrschaft zur Last! (Nach Brunner, K.: Ostdeutsche Volkskunde, 1925, S. 27 f.); vgl. dazu auch Knapp: Bauernbefreiung I, S. 71

26 Putlitz: Mein Heim, S. 112 f.

27 Knapp: Bauernbefreiung II, S. 263

28 Franz: Quellen, S. 442

29 Knapp: Bauernbefreiung I, S. 78

30 L. Braun: Im Schatten, S. 18 f.

31 Immermann: Oberhof, S. 462 ff.

32 Ebd.: S. 138 f.

33 Ebd.: S. 133 f.

34 Droste-Hülshoff: Bilder, S. 177

35 Ebd.: S. 188ff.
36 Kulischer: Wirtschaftsgeschichte, Bd. II, S. 434
37 Conze: Quellen, S. 88ff.
38 Franz: Agrarische Bewegung, S. 179f.
39 Vgl. Steinitz: Deutsche Volkslieder, Bd. II, S. 173ff.
40 Hansjakob: Jugendzeit, S. 233f.
41 Thoma: Im Winter, S. 11
42 Spamer: Denkmale, S. 209
43 Spamer: Volkskunde II, S. 485
44 Lütge: Sozial- und Wirtschaftsgeschichte, S. 383
45 H. v. Bismarck: Erinnerungen, S. 32f.
46 Vgl. Weber-Kellermann: Erntebrauch, S. 178f.
47 ausführlich für Thüringen bei Weber-Kellermann: Laubkönig und Schößmeier, S. 366ff.
48 Büchner-Weidig: Der Hessische Landbote, S. 5 und ff.; vgl. auch Keller: Adelslandschaft, S. 110f.
49 Vgl. Franz: Agrargeschichte, S. 264f.
50 Goltz: Geschichte der deutschen Landwirtschaft II, S. 436
51 Strombeck: Darstellungen, S. 15f.
52 Wittich: Grundherrschaft, S. 452f.
53 Conze: Quellen, S. 177
54 Beckmann: Bauer, S. 719ff.
55 Goltz: Geschichte der deutschen Landwirtschaft I, S. 341f.
56 Sugenheim: Geschichte der Aufhebung, S. 524

II. Das Bild des Dorfes

1 Paulsen: Aus meinem Leben, S. 58ff.
2 Thoma: Kaspar Lorinser, S. 325
3 Das entspricht den «ordres vécus» und den «ordres concus», von denen Claude Lévi-Strauss, S. 342ff., handelt
4 Vgl. Weber-Kellermann: Erntebrauch. Wenn also z. B. im Holsteinischen oder Hannoverschen der Großbauer unbedingt ein Pferdebauer sein mußte, so berichtet 1865 der Gewährsmann aus dem Kleingüterbereich Solingen, daß sich die «Bauersleute» in folgende 3 Gruppen teilten:
«1. Solche, welche 4 oder 5 Kühe halten können (sehr wenige);
2. solche, welche 1 Kuh halten (die Mehrzahl);
3. solche, welche nur einige Ziegen halten.»
Für Mecklenburg berichtet Fromm, S. 227: «Der Geestlandbauer hat für den Sandlandbauern in der Regel gar kein Verständnis; er unterschätzt diesen ihm so nahen Verwandten nicht sowohl, weil er wohlhabender ist, sondern weil dieser auf anderem Boden ein anderes Leben führen muß als er. Was ist ihm mit seinen vier stattlichen Braunen vor'm Wagen ein Mann, der mit zweien fahren muß oder vielleicht sogar mit Kühen ‹hottert› (Parchim, Grabow u. s. w.).»
Für die Lüneburger Heide schildert Kück, S. 217, die Besitzverhältnisse folgendermaßen: «Seit der Verkoppelung, also der Mitte des 19. Jahrhunderts, umfaßte ein Vollhof (Vullhof) mit Ackerland, Wiesen, Weide und Heide etwa 360–400 Morgen, ein Halbhof 180, das Besitztum eines Großkötners 90, eines Kötners 45. Diese Zahlen können aber nur einen ganz allgemeinen Anhalt geben. Im großen und ganzen wünschte jeder auf der Stufe, der er einmal angehörte, zu verbleiben, eine zunächst auffällige Erscheinung, deren Erklärung darin liegt, daß nach der obigen Gliederung sich die Höhe der Kirchensteuern richtete. Zu diesen Gruppen traten noch die den Dorfrand, den Brink, besiedelnden Brinkbesitzer.»

5 Immermann: Oberhof, S. 150ff.
6 Riehl: Bürgerliche Gesellschaft, S. 53f.
7 Keller: Romeo und Julia auf dem Dorfe
8 Zola: Die Erde
9 Auerbach: Der Lehnhold, S. 81
10 Graf: Leben meiner Mutter,S, 19f.
11 Vgl. die wirtschaftshistorische Literatur und Weber-Kellermann: Erntebrauch, wo für jede Provinz auch die Tagelöhnerverhältnisse zusammengefaßt sind
12 Paulsen: Aus meinem Leben, S. 36
13 Kuczynski: Lage der Arbeiter, S. 43ff.
14 Schindler: Jenseits des Zwangs?; S. 212f.; vgl. auch Stolle: Strukturwandel, S. 130ff.
15 Korff: Flick-Werk
16 Keil: Erlebnisse, S. 16f.
17 Rehbein: Leben eines Landarbeiters, S. 92
18 Die Heuerlinge bestimmten ihrer Zahl und sozialen Bedeutung nach in Westfalen die gesamte ländliche Arbeitsverfassung. Sie waren aus der Zeit der Untertänigkeit als kleine Erbpächter mit festen Kontrakten in die veränderte Wirtschaftswelt des 19. Jahrhunderts übergewechselt und vermehrten nun das Landarbeiterangebot. Im Münsterland, wo sie infolge des Anerbenrechtes durch die zweiten und dritten Söhne ständigen Nachschub erhielten, war es keine Seltenheit, daß 12–15 Heuerfamilien an einem Bauernhofe hingen. Ihre Lage entwickelte sich dementsprechend verzweifelt. Die Heuerlinge, heißt es in einer Denkschrift, befänden sich mit wenigen Ausnahmen in höchst drückender Lage. «Sehr viele leben in furchtbarer Not, ... fast allen aber ist die Möglichkeit abgeschnitten, vorwärts zu kommen. Die Verheirateten müssen ringen und schaffen vom frühen Morgen bis zum späten Abend; sie müssen sich hüten vor jeder, auch der geringsten Ausgabe, die nicht unumgänglich nötig ist zur Fristung des Lebens. Wenige können daran denken, etwas Eigenes zu erwerben; sie können trotz des andauerndsten Fleißes und der größten Sparsamkeit kaum etwas zurücklegen, um sich ein sorgenfreies Alter zu sichern; dann fallen sie im Alter der Gemeinde zur Last, da die Kinder im Durchschnitt nicht im Stande sind, sie zu unterstützen. Dazu wird ein Teil der jetzigen Jugend förmlich zum Bettler erzogen. Manche Eltern sehen sich genötigt, die Kinder fortzuschicken... So wächst ein Geschlecht von Proletariern heran, die, arbeitsscheu und an liederliches Leben gewöhnt, eine trübe Zukunft verheißen.
...In einigen Dörfern sind die Armenumlagen so drückend geworden, daß mehrere Kolonen außerstande sind, dieselben zu bezahlen. Die Subhastationen mehren sich. Jede solche zieht in der Regel eine meistbietende Verpachtung der Heuerlingsstellen nach sich. Dann drängen die armen brotlosen Heuerlinge sich hinzu, treiben die Preise zu unerschwinglicher Höhe und reißen sich förmlich darum, zugrunde zu gehen...» (vgl. Weber-Kellermann: Erntebrauch, S. 243.). – In späteren Jahrzehnten sind dann durch andere sich eröffnende Verdienstmöglichkeiten Verbesserungen eingetreten. Den Heuerlingen auf den Bauernhöfen entsprachen auf den Rittergütern die Arröder. Während die ersteren mit ihren Bauern in einem mündlichen, auf Sitte und Herkommen beruhenden Abkommen verbunden waren, hatten die letzteren meist schriftliche 6-Jahreskontrakte. Sie erhielten reichliches Pachtland gegen 270–300 Tage Gutsarbeit und geringen Tagelohn. – Das Heuerlingsverhältnis beruhte seinem inneren Wesen nach auf einer sozialen Gleichstellung zwischen Arbeitgeber und Arbeitnehmer; der Heuerling arbeitete neben dem Bauern auf dem Felde, saß neben ihm am Tische; demgegenüber war die gesellschaftliche und arbeitsmäßige Kluft zwischen Rittergutsbesitzer und Arröder unüberwindlich. Er stand zu seinem Herrn im Verhältnis eines Lohnarbeiters, der sich selbst beköstigte und statt des ganzen Barlohnes einen Teil in billig überlassenem Pachtland erhielt.
19 Über seine abenteuerliche Befreiung aus dem Spandauer Gefängnis berichtet der Freund Carl Schurz (1829–1906) in seinen «Lebenserinnerungen», S. 300ff.
20 Kinkel in Kirscher (Hg.): Dorfgeschichten, II, S.294ff.

21 Vgl. z. B. Knortz: Ein Schreiner, S. 110
22 Fischer: Arbeiterschicksale, S. 35 f.
23 Keil: Erlebnisse, S. 22
24 Immermann: Oberhof, S. 414 ff., 423 ff., 443 ff.
25 Vgl. dazu Sauermann: Volksfeste, S. 77 ff.
26 Zu den Hochzeitsbräuchen vgl. zusammenfassend Weber-Kellermann: Saure Wochen – Frohe Feste, S. 21 ff. und die dort angegebene reiche Literatur; s. auch Düringsfeld: Hochzeitsbuch, S. 221 ff.
27 Vgl. besonders Wikman: Einleitung der Ehe
28 Weber-Kellermann – Stolle: Volksleben in Hessen, S. 95
29 Peter: Gaßlbrauch
30 Ebd.: S. 135
31 Vgl. die Geschichten von Graf: Dekameron und die Erzählungen von Thoma
32 Immermann: Oberhof, S. 228
33 Rosegger: Jakob, der Letzte, S. 220 f.
34 Ludwig Thoma hat in seinem Bauernschwank «Brautschau» die Methoden eines solchen Schmusers dargestellt
35 Dünninger: Wegsperre
36 Vgl. Weber-Kellermann: Familie, S. 34 ff. und 178 ff. dies.: Saure Wochen – Frohe Feste, S. 22 ff.
37 König: Hochzeit, S. 28
38 Immermann: Oberhof, S. 733 f.
39 Keller: Romeo und Julia auf dem Dorfe. Die Novelle ist 1855 entstanden. Angeregt wurde Keller durch eine Notiz in der «Züricher Freitagszeitung» vom 3. 9. 1847, nach der in einem Dorf bei Leipzig zwei junge Leute aus verfeindeten Familien sich nach einer Tanzerei das Leben nahmen, weil ihre Eltern einer Hochzeit nicht zustimmen wollten.
40 Ebner-Eschenbach: Maslans Frau, S. 502 f.
41 Kircher: Dorfgeschichten, I, S. 28 f.
42 Graf: Leben meiner Mutter, S. 129
43 Ebd.: S. 214 f.
44 Becker: Arbeit und Gerät, S. 314
45 Marx: Der 18. Brumaire, S. 198
46 Büchsel: Erinnerungen, S. 37
47 Wex: Ordnung und Unfriede, S. 15 ff.
48 Ebd.: S. 22 ff.
49 Fontane: Vor dem Sturm, S. 529
50 Peters: Platz in der Kirche, S. 84
51 Ebd.: S. 99
52 Vgl. dazu auch Ilien: Prestige
53 Peters: Platz in der Kirche, S. 104 ff.
54 Frenssen: Lebensbericht, S. 59 f.
55 Thoma: Kaspar Lorinser, S. 335 ff.
56 Jocham: Memoiren, S. 148 f.
57 Ebd.: S. 314 ff.
58 Vgl. Weber-Kellermann: Saure Wochen – Frohe Feste, S. 79
59 Christ: Mathias Bichler, S. 256 ff.
60 Vgl. Weber-Kellermann: Saure Wochen – Frohe Feste, S. 97 ff.
61 Thoma, Hans: Im Winter, S. 14
62 Ebd.: S. 153 f.
63 S. z. B. Köhle-Hezinger: Pfarrvolk, S. 257 ff. oder Evangelisch-Katholisch, S. 169. Dabei sind auch die Folgen der Säkularisierung zu bedenken
64 Dies.: Pfarrvolk, S. 261

65 Griesinger: Schwäbische Arche Noah, S. 27f.
66 Kußmaul: Jugenderinnerungen, S. 35
67 Immermann: Oberhof, S. 190ff.
68 Paulsen: Aus meinem Leben, S. 82–88
69 Bungardt: Lehrerschaft, S. 7ff.
70 Jung-Stilling: Lebensgeschichte, S. 13
71 Deussen: Mein Leben, S. 6f.
72 Lübke: Aus dem Leben, S. 15f.
73 Gutzkow: Knabenzeit, S. 76ff.
74 Vgl. Fromm: Mecklenburg, S. 43f.
75 Hanssen: Aufhebung, S. 128
76 Schreiber: Feldatal, S. 91
77 Kußmaul: Jugenderinnerungen, S. 25f.
78 Rosegger: Jakob, der Letzte, S. 200f.
79 Immermann: Oberhof, S. 458
80 Knapp: Bauernbefreiung, I, S. 77
81 Riehl: Bürgerliche Gesellschaft, S. 81f.
82 Eisenschmidt: Erinnerungen, S. 250
83 Das landwirtschaftliche Vereinswesen, das sich bis zum 16. Jahrhundert auf die örtlichen Nachbarschaften, Innungen, Schäferei- und Zeidlergilden, Wald- und Deichgenossenschaften usw. konzentriert hatte, fand eine langsame Wiedererweckung durch die gelehrten Gesellschaften der Aufklärungszeit. Praktische Bedeutung und Lebendigkeit aber erhielten sie erst, als im 19. Jahrhundert die Gutsbesitzer ihre Betriebe persönlich in die Hand nahmen und das Bedürfnis nach fachlicher Anregung und Erfahrungsaustausch im Zusammenhang mit den landwirtschaftlichen Reformbestrebungen wuchs.
1808 gründete Albrecht Thaer den 1. V. zu Möglin; ihm folgte:
1808 Verein prakt. Landwirte zu Heiligenbeil/Ostpreußen,
1809 Landeskulturgesellschaft zu Arnsberg/Westpreußen,
1810 landwirtsch. Verein in München,
1810 Pommersche ökonomische Gesellschaft,
1817 landwirtsch. Verein in Stuttgart,
1819 landwirtsch. Verein f. d. Großherzogtum Baden in Karlsruhe,
1820–40: in der preußischen Monarchie 108 neue 1. V.,
1840–60: weitere 399 landwirtsch. Vereine
Dann schlossen sich die Vereine innerhalb der einzelnen Staaten zu landwirtschaftlichen Verbänden zusammen mit dem praktischen Ziel einer fruchtbaren Zusammenarbeit mit den Staatsbehörden:
1809 entstand die Großherzoglich Hessische Landeskulturgesellschaft,
1820 Verein nassauischer Land- und Forstwirte,
1821 landwirtschaftlicher Zentralverband für Litauen und Masuren,
1822 Hauptverein westpreußischer Landwirte,
1833 Niederrheinischer landwirtschaftlicher Verein,
1838 Baltischer Verein zur Förderung der Landwirtschaft Eldena b. Stralsund.
1837 entstand als Vereinigungsmittelpunkt die «Wanderversammlung deutscher Landwirte», und 1842 wurde gewissermaßen als Zentralbüro in Berlin das «Landes-Ökonomie-Kollegium» errichtet. Die Tätigkeit der Vereine war äußerst vielseitig. Sie umfaßte die Errichtung und Ausgestaltung von Landwirtschaftsschulen und Winterabendschulen, ländlichen Arbeiterbildungsvereinen, Bibliotheken, Fachzeitschriften, dörflichen Lehrer- und Lesevereinen, Musterhöfen, Versuchsfeldern, Gartenbauschulen und botanischen Gärten, Forstvereinen und Untersuchungsstationen für Holzanbau, jährlichen Landwirtschaftsfesten mit Tierschauen, Viehprämierung, Flachsbauschulen, Genossenschaftswesen, Darlehenskassen, Aktienvereinen für Pferdekauf usw., Konsumgenossenschaften,

Ackerwerkzeugsammlungen und Schaustellungen, Niederlagen landwirtschaftlicher Geräte und Maschinen u. v. a. m. 1868 wurde in Berlin ein landwirtschaftliches Museum errichtet.
S. dazu Meitzen, A.: Der Boden III (1871), S. 469–498; Goltz, Th. v. d.: Gesch. d. dt. Landwirtschaft II (1903), S. 212ff.; Stadelmann, R.: Das landwirtschaftliche Vereinswesen (1874); weiterhin: Das landwirtschaftliche Bildungswesen in Preußen (1920). Vollrath, P.: Das landwirtschaftliche Beratungs- und Bildungswesen (1954), S. 133.
84 Franz: Politische Geschichte, S. 12
85 Cramer: Hohenzollern, S. 443
86 Bavaria II (1863), S. 968
87 Jean Paul: Schulmeisterlein Wuz, S. 22f.
88 Kircher: Dorfgeschichten I, S. 29; vgl. auch Bungardt, S. 21
89 Oetker: Lebenserinnerungen I, S. 25
90 Anzengruber: Der Schandfleck
91 Levenstein: Proletariers Jugendjahre, S. 45f.
92 Bungardt: Lehrerschaft, S. 46ff.
93 Innerhofer: Schöne Tage, S. 23f.
94 Wackernagel: Altes Volkstum, S. 30ff.
95 Vgl. zum folgenden Schöller: Der gemeine Hirte; Raum: Der Hirt; reiches Material im Hirtenmuseum zu Hersbruck
96 Vgl. dazu die zahlreiche Literatur zum Thema Hirtenkunst, zusammengestellt z. B. im Museumskatalog «Hirtenkulturen in Europa», Basel 1966/67, S. 27–36
97 Jacobeit: Schafhaltung, S. 127ff., 182ff.
98 Weber-Kellermann: Saure Wochen – Frohe Feste, S. 113ff.
99 Kircher: Dorfgeschichten, II, S. 227
100 Koch: Maß und Ordnung, S. 7; Bäuerliche Seele, S. 149ff.
101 Auerbach: Tolpatsch, S. 44f.
102 Gerndt: Vorüberlegungen, S. 34
103 Weber-Kellermann: Hochzeits- und Ehestandslieder
104 Bächtold: Gebräuche, S. 120ff.; vgl. z. B. dazu die Fresken von Giotto in der Arena-Kapelle zu Padua zum Leben der Maria, wo der Bräutigam m. H. eines grünenden Stabes ausgewählt wird.
105 Vgl. Erk-Böhme, Nr. 126a und Weber-Kellermann: Parisius Nr. 476 und S. 699f.
106 Erk-Böhme, Nr. 527e
107 Ebd.: Nr. 558
108 Ausführlich bei Moser: Jungfernkranz, S. 140ff.
109 Ebd.: S. 160
110 Auerbach: Der Lehnhold, S. 205
111 dazu ausführlich bei Kramer: Grundriß, S. 26ff.
112 Kircher: Dorfgeschichten, I, S. 31f.
113 Fromm: Mecklenburg, S. 116
114 Schnippel: Ost- und Westpreußen, S. 88f.
115 Lübke: Volksschullehrer, S. 23
116 Zitiert nach Immermann: Oberhof, S. 147f. Von Immermann zitiert aus Nikolaus Kindlinger: Münsterische Beiträge zur Geschichte Deutschlands, hpts. Westfalens. Münster 1790, Bd. 2 S. 1ff.
117 Ebd.: S. 753; vgl. zur angeblichen Geschichte der Feme und ihrer Herkunft aus Westfalen Martens: Geheime Gesellschaften, S. 170ff.
118 Ebd.: S. 690ff.; vgl. dazu: Meier: Ahnengrab, S. 88ff. Die Spruchformeln sind getreu überliefert: vgl. Anm. S. 872 u. P. Wigand: Das Femegericht Westfalens, S. 295ff. ‹Heimliche Gerichte› waren im Mittelalter die Landgerichte Westfalens, die aus den fränkischen Grafengerichten hervorgegangen sind. Immermann schildert hier – weitgehend zutreffend –

die letzten Ausläufer als bedeutungslose Bauerngerichte, die den Großbauern ein eigenes Gefühl der Automomie und Würde gaben.

119 Ettenhuber: Charivari, S. 180
120 Christ: Erinnerungen, S. 56ff.
121 Bausinger: Traditionale Welten, S. 177ff. Der Verf. geht hier auch auf die Auseinandersetzung mit Höflers Männerbünden ein; vgl. auch Meuli
122 Müller-Wirthmann: Raufhändel, S. 106
123 Queri: Bauernerotik, S. 110f.
124 Vgl. Weber-Kellermann: Saure Wochen – Frohe Feste, unter den betr. Stichworten
125 Kramer: Grundriß, S. 74 u. S. 78f.
126 Ettenhuber: Charivari, S. 156ff.
127 Queri: Bauernerotik, S. 118ff.
128 Zitiert nach Ettenhuber: Charivari, S. 183
129 Ebd.: S. 184
130 Queri: Bauernerotik, S. 65
131 Zitiert nach Bausinger: Volkskunde, S. 130
132 Scharfe: Rügebrauch, S. 50ff.

III. Arbeitswelt und Lebensform

1 Christ: Mathias Bichler, S. 252f.
2 Rosegger: Waldheimat, S. 324
3 Hoffmann: Hausväterliteratur
4 Zitiert nach Weber-Kellermann: Deutsche Familie, S. 75ff.
5 Paulsen: Aus meinem Leben, S. 48ff.
6 Ebd.: S. 38ff.
7 Ebd.: S. 102f.
8 Fromm: Mecklenburg, S. 89
9 Graf: Leben meiner Mutter, S. 11
10 Hoffmann, Rudolf Zacharias Becker, Jung-Stilling u. a.; für das 19. Jahrhundert siehe besonders Jeremias Gotthelf, letzthin analysiert bei Riedhauser: Essen und Trinken, S. 81ff.
11 Riehl: Familie, S. 41
12 Christ: Madam Bäurin, S. 675
13 Becker: Arbeit und Gerät, S. 211
14 Hier ist an erster Stelle die ausgezeichnete Monographie von Maria Bidlingmaier über Württemberg zu nennen, dazu ein Aufsatz von Richard Wossidlo über die mecklenburgische Landfrau und die Arbeiten von Wiegelmann
15 Bidlingmaier: Württemberg, S. 18ff.
16 Graf: Leben meiner Mutter, S. 30
17 Bidlingmaier: Württemberg, S. 26ff. führt diesen Gedanken für die Arbeiten im Weinberg aus
18 Voigt-Diederichs: Marienhoff, S. 59ff.; vgl. dazu Kramer: Gutsherrschaft, S. 27f.
19 Riehl: Familie, S. 31ff. u. S. 45ff.
20 Reuter: Herr von Hakensterz, S. 74f., vgl. Kuczynski: Geschichte des Alltags, Bd. IV, S. 379ff.
21 Kircher: Dorfgeschichten, Bd. II, S. 112f.
22 Vgl. hierzu Elisabeth Beck-Gernsheim in: Eckert: Geschlechtsrollen, S. 174f.
23 Christ: Madam Bäurin, S. 722ff.
24 Hansjakob: Jugendzeit, S. 143
25 Vgl. z. B. Massin: Händlerrufe; Bauche: Ausruf; Freudenthal: Ausruf u. a. m.
26 Kinkel: Die Heimatlosen, S. 275f.
27 Deussen: Mein Leben, S. 11

28 Paulsen: Aus meinem Leben, S. 79 f.
29 Verdier: Drei Frauen, S. 88 f., usw. Weber-Kellermann: Die Rolle der Frau u. a. m. neuerdings Walz: Hexenwahn; vgl. dazu die große Sammlung von Beschwörungsformeln bei Spamer: Romanusbüchlein
30 Vgl. dazu Weber-Kellermann: Erntebrauch und die dort verarbeitete historische Literatur zur Landarbeiterfrage
31 Über das Gesindewesen dieser Zeit siehe insbesondere Kähler: Gesindewesen und Gesinderecht; Meitzen: Der Boden ..., Bd. II, S. 87 ff. (mit zahlreichen spezifischen Angaben über Löhne und Lebensfragen); Weber, Max: Verhältnisse
32 Scharfe: Bäuerliches Gesinde, S. 41
33 s. dazu Tenfelde: Ländliches Gesinde, S. 200
34 Passarge: Ein ostpreußisches Jugendleben, S. 51 f.
35 Saalfeld: Bauernwirtschaft, S. 33
36 Scharfe: Bäuerliches Gesinde, S. 54
37 Weber-Kellermann: Weihnachtsfest, S. 16 ff.
38 Köhler: Volksbrauch, S. 218
39 Aus «Unser Anhaltland» 1 (1901), S. 44
40 Danneil: Brüderschaft, S. 436 ff.
41 Auerbach: Lehnhold, S. 159 f.; «wandert ein Knecht, so wird er von so viel Kameraden, als er hat, hinausgeknallt, was oft wie Kleingewehrfeuer lärmt». (Mannhardt-Fragebogen 1865, aus Bittenfeld b. Waiblingen/Württemberg); vgl. dazu Scharfe: Dienstbotensprüche, S. 62 ff.
42 Die folgenden Belege aus Weber-Kellermann: Erntebrauch, S. 323 ff.; Becker: Alkohol als Arbeitslohn.
43 Thoma: Wittiber, S. 120 f.; ähnlich bei Rosegger: Waldheimat, S. 299; vgl. Treutlein: Arbeitsverbot
44 Weber-Kellermann: Saure Wochen – Frohe Feste, S. 58 ff.
45 Musiat: Zur Lebensweise, S. 50
46 Recke: Aufzeichnungen, S. 186 f.
47 Schurz: Lebenserinnerungen, S. 8
48 Weber-Kellermann-Archiv/Marburg
49 Vgl. dazu Assion: Thüringer Truhen; Weber-Kellermann: Frauenleben, S. 65; zum Thema der ländlichen Dienstboten s. Sauermann: Knechte und Mägde; Musiat: Zur Lebensweise; Müller: Dienstboten
50 Goltz: Buch der Kindheit, S. 160 f.; Schulte: Bauernmägde, S. 122 ff.
51 Eintragungen in einer Schwälmer Truhe im Besitz der Verfasserin
52 Sauermann: Knechte und Mägde in Westfalen um 1900; Musiat: Lebensweise; Walleitner: Knecht
53 Harms: Lebensbeschreibung, S. 41
54 Vgl. hierzu Mitterauer: Ledige Mütter, bes. S. 92 ff.
55 Weber: Häuslerkindheit, S. 286 ff.
56 Thoma: Andreas Vöst, S. 193
57 Christ: Mathias Bichler, S. 319
58 Mitterauer: Ledige Mütter, S. 25
59 Voigt-Diederichs: Maricnhoff, S. 63
60 Braun: Im Schatten, S. 378; weitere Beispiele weiblicher Unterdrückung auf dem Lande siehe Weber-Kellermann: Frauenleben, S. 75 ff.
61 Vgl. Weber-Kellermann: Frauenleben, S. 90 ff., Vanja: Dörflicher Strukturwandel, S. 153 ff.; Die grausame Solidarität des Dorfes gegen ein normabweichendes Verhalten beschreibt auch Ludwig Thoma in seinem Drama «Magdalena»
62 Ausführlich bei Weber-Kellermann: Der Geist des Flachses
63 Sämtliche folgenden Belege stammen aus der Mannhardtbefragung von 1865, vgl. Weber-Kellermann: Erntebrauch

64 Lina Kellermann (1872–1966) aus Maleyken in Masuren/Ostpreußen
65 Auerbach: Tolpatsch, S. 45 f.
66 Dazu Medick: Spinnstuben
67 Weber-Kellermann: Familie, S. 26, 108, 183; Frauenleben, S. 75 f.
68 Voigt-Diederichs: Marienhoff, S. 61 ff.
69 S. Medick: Spinnstuben, S. 40 f.
70 Eine schöne derartige Szene beschreibt Franz Felder (1839–1869): Aus meinem Leben, S. 239: «Tat mir schon die freundliche Aufnahme in diesem Hause recht wohl und ließ mich einmal ordentlich aufschauen, so machte Marianne mich überglücklich mit der Bitte, doch einmal die Gartenlaube zu bringen, aus der ich schon soviel Schönes erzählt habe. Man kann sich denken, daß ich schon am folgenden Abend das Gewünschte brachte. Ich kam auch so früh schon ins Haus, daß ich die Leute noch beim Nachtessen antraf. Nach dem Tischgebete wurden wassergefüllte Glaskugeln um das Licht herum gestellt, bei deren Schein nun die Mädchen zu sticken begannen. Rasch zogen weiße Hände den weißen Faden durch den fast durchsichtigen Boden auf und ab, die Mutter strickte, und der Vater beim Ofen schnitzte an einem Kinderspielzeug herum, nur die Brüder gönnten sich Ruhe vom strengen Tagwerk. Kaspar und der Senn streckten sich rauchend auf den langen Bänken aus, Josef aber hatte heut auch eine Glaskugel beim Licht und begann laut vorzulesen. Dabei ging die Zeit ungemein schnell herum. Nicht nur ich, auch die anderen hatten sich so gut unterhalten, daß sie eine solche Kurzweil für jeden Abend wünschten. Ich ging mit Freuden darauf ein, alle meine Bücher und Zeitungen, auch bereits gelesene, hier vorlesen und – das war mir das Wichtigste – hernach besprechen zu lassen. Es gab dabei manche Meinungsverschiedenheit, aber alle Urteile hatten etwas Richtiges.»
71 Nach Medick: Spinnstube, S. 42
72 Putlitz: Mein Heim, S. 164 f.
73 Bourdieu: Zur Soziologie, S. 62 usw.
74 Graf: Das Leben meiner Mutter, S. 23
75 Vgl. dazu Bringemeier: Volksgesang; Weber-Kellermann: Rolle der Frau, S. 57 f.
76 Thoma: Andreas Vöst, S. 236
77 Ausführlich bei Weber-Kellermann: Saure Wochen – Frohe Feste, S. 101 ff.
78 Auerbach: Florian, S. 40 ff.
79 Weber-Kellermann: Saure Wochen – Frohe Feste, S. 110 ff.
80 Auerbach: Tolpatsch, S. 44
81 Vgl. dazu z. B. Bräker: Der arme Mann – und Parthey: Jugenderinnerungen, S. 359 f.; Schäfer: Militärwesen
82 Vgl. dazu Ritter: Sozialgeschichte II, S. 221 ff.
83 Auerbach: Tolpatsch, S. 51 ff.
84 Graf: Das Leben meiner Mutter, S. 316
85 Vgl. Steinitz: Volkslieder, Bd. I, S. 315 ff.
86 S. Weber-Kellermann: Saure Wochen – Frohe Feste, S. 160 ff., S. 185 f.
87 Das galt besonders für die ländlichen Faschingsbräuche; s. ebd. S. 189 f.
88 Levenstein: Proletariers Jugendjahre, S. 16 f.
89 Mitterauer: Sozialgeschichte der Jugend, S. 171 ff.
90 Bimmer/Becker: Alkohol

IV. Jung und Alt

1 Brückner: Populäre Druckgraphik; Zaepernick: Neuruppiner Bilderbogen
2 Die Lebenstreppe: z. B. S. 135
3 Lenz: Heimatmuseum, S. 194
4 Inhetveen: Frauen in der kleinbäuerlichen Landwirtschaft, S. 37
5 Baumgarten: Tischordnung, S. 6 ff.

6 Ebd.: S. 13
Als Beispiel für die feudale Sonderbehandlung des arbeitenden Gesindes sei folgender Auszug aus einem einschlägigen Kochbuch wiedergegeben:
«26. Abschnitt. Verschiedenes. 527. Gesinde-Speisung. Dieselbe ist und kann selbstverständlich nicht überall gleich sein. Es sei mir gestattet, die im südlichen Theile der Provinz Westpreußen im Allgemeinen gebräuchliche hier anzuführen. Durchschnittlich rechnet man für den erwachsenen Dienstboten 10, für den noch unerwachsenen 7 Scheffel Roggen auf's Jahr, so daß jener durchschnittlich monatlich reichlich ¾ dieser reichlich ½ Scheffel erhält. Erfahrungsgemäß ist das monatliche Maß im Sommer etwas größer, im Winter etwas kleiner. Hiervon erhalten sie in der Zeit vom 1. April bis 1. Oktober wöchentlich 2 Schrotbrote zu 3 Kilogramm (roher Teig 3½ Kilogramm), 2 Mal Klöße (Keilchen) und täglich Morgens und Abends Satschierken. Ferner gibt man:
pro Person den Monat 1¾ Liter Salz – abgestrichen nicht gehäuft,
pro Person zu einer Mahlzeit nicht spärlich gemessen:
zu dicken Erbsen ¾ Liter Erbsen,
zu Erbsensuppe ohne Kartoffeln ½ Liter Erbsen,
zu Erbsensuppe mit Kartoffeln ⅜ Liter Erbsen,
zu Satschierken ohne Kartoffeln ⅜ Liter Mehl,
zu Satschierken mit Kartoffeln ¼ Liter Mehl,
zu Klößen ohne Kartoffeln ⅝ Liter Mehl,
zu Pflückklößen unter Kartoffelsuppe ⅜ Liter Mehl,
zu Grütze ohne Kartoffeln ⅜ Liter Grütze,
zu Grütze mit Kartoffeln ¼ Liter Grütze,
zu steifem Brei ½ Liter Grütze,
von großen Heringen einen halben, von kleinen einen ganzen.
An Fleisch erhalten sie Sonntags ½ Kilogramm, Dienstags ¼ Kilogramm (bisweilen auch statt des Fleisches Klöße oder ein Stück Butter zum Brot), Donnerstag ⅜ Kilogramm. In der Zeit vom 1. Oktober bis 1. April fällt das zweite Wochenbrot und Dienstag das Fleisch aus. Gemüse, Obst etc. muß man durch Übung zuteilen lernen, denn es läßt sich in Beziehung hierauf kein bestimmtes Maß angeben. Auch Kartoffeln werden, je nachdem sie gut oder schlecht sind, mehr oder weniger gegeben.
Jede Hausfrau tut gut, sich in Betreff der Speisung des Gesindes nach der am Orte oder in der Gegend herrschenden Sitte zu richten, ohne jedoch dieselbe so weit zu beobachten, daß dasselbe dadurch in gerechten Forderungen beeinträchtigt wird. Sie lasse hierbei Herz und Verstand zusammen urteilen und hole sich Rat von solchen Leuten, die ihre Untergebenen nicht verwöhnen; aber doch anständig, und ohne Geiz behandeln. Ein ‹zu viel› ist freilich ebenso wenig richtig, als ein ‹zu wenig›.»

7 Christ: Mathias Bichler, S. 293; vgl. dazu Bringéus: Beten bei Tisch

8 Fromm: Mecklenburg, S. 98 f.

9 Lübke: Volksschullehrer, S. 18 f.; vgl. dazu Wiegelmann: Alltags- u. Festspeisen.

10 Immermann: Oberhof, S. 155 ff.; vgl. Elias: Zivilisation, Bd. I, S. 133 ff.

11 Innerhofer: Schöne Tage, S. 20 f.

12 Rosegger: Waldheimat, S. 325 f.

13 Kircher: Dorfgeschichten, Bd. I, S. 85

14 Vgl. dazu Weber-Kellermann: Deutsche Familie, S. 91 ff.

15 Vgl. Zippelius: Freilichtmuseen. Insbes. S. 17 ff.

16 Vgl. letzthin Gläntzer: Ländliches Wohnen; an älterer Literatur: Meringer: Das deutsche Haus u. v. a. m.

17 Z. B. Sievers: Bauernstuben, S. 67

18 Schilli: Schwarzwaldhaus

19 Vgl. Pohl: Das Haus

20 Schilling: Wandschmuck

21 Weber-Kellermann: Deutsche Familie, S. 73 ff.
22 Gunda: Die Bettler
23 Elias: Höfische Gesellschaft, S. 78
24 Meier-Oberist: Kulturgeschichte
25 Vgl. Sievers: Bauernstuben, S. 134 ff.; Weber-Kellermann/Böth: Soziale Strukturen, S. 703 ff.; als Musterbeispiel einer Präsentation durchschnittlichen Wohnens s. das Heimatmuseum Oberrosphe bei Marburg
26 Rehbein: Landarbeiter, S. 96 f.; ähnliche Darstellungen s. bei Korff: Wohnalltag für die Eifel
27 Virchow: Not im Spessart, S. 41
28 Rumpf: Das Bett, S. 125 f.
29 Gleichmann: Soziale Wandlungen des Schlafens
30 Vgl. dazu Korff: Wandel des Bettes, S. 4 f.
31 Ebd.: S. 6; Elias: Zivilisation. Bd. I, S. 219 ff., Bd. II, S. 397 ff.
32 Götz: Schwäbische Kindheit, S. 43 f.
33 Schnapper-Arndt: Nährikele, S. 190 ff.
34 Elias: Höfische Gesellschaft, S. 153
35 Rumpf: Hessen, S. 53 f.; vgl. hierzu Weber-Kellermann/Stolle: Volksleben, S. 18 ff.
36 Vgl. z. B. Gläntzer: Ländliches Wohnen, S. 106 ff.
37 S. Weber-Kellermann: Saure Wochen, S. 21 ff.
38 Gaál: Gerätebestand, S. 214 ff. beschreibt den sozialen Abstieg einer Truhe durch mehrere Generationen
39 s. Weber-Kellermann/Stolle: Volksleben, S. 14 ff. und die auf S. 22 angegebene Literatur
40 Moser: Gedanken, S. 231; Weber-Kellermann: Mode und Tradition, S. 23 f.
41 Spamer: Hessische Volkskunst, S. 49 ff.; dazu Rumpf: Deutsche Volkskunst, S. 42 ff.
42 Thoma: Wittiber, S. 187
43 Thoma: Dachserin, S. 134
44 Vgl. dazu Schenk: Familie und Wohnen. In dieser vergleichenden Studie aus Siebenbürgen tritt das ökonomische Beziehungsgeflecht zwischen Familie und Wohnen in der agrarischen Gesellschaft besonders deutlich in Erscheinung; s. weiterhin Klocke: Häuser und Mobiliar – mit einer großen Reihe von Inschriften
45 Rosegger: Jakob der Letzte, S. 97 f.
46 Leider: Das war mein Teil, S. 9
47 Sehr gute referierende Zusammenfassungen s. bei Böth: Kleidungsverhalten, S. 1–19 und letzthin bei Mentges; außerdem Könenkamp: Wirtschaft
48 Spamer: Hessische Volkskunst, S. 64 f.
49 Sehr klar dargestellt und interpretiert bei Mentges: Erziehung
50 Vgl. ausführlich bei Weber-Kellermann: Kindheit, S. 100 ff.
51 Weidenheim: Lebenslauf, S. 7 f.
52 Vgl. Weber-Kellermann: Neue Kleider, S. 137 ff.
53 Rosegger: Waldheimat, S. 353
54 Christ: Erinnerungen einer Überflüssigen, S. 40 f.; Baresch = Barège: gazeartiger, durchsichtiger leichter Seidenstoff (mit Baumwolle gemischt)
55 Segschneider: Totenkranz, S. 226; s. auch S. 18
56 Ebd.: S. 116; Segschneider hat das gesamte Material des Atlas der deutschen Volkskunde von 1930 bearbeitet. Die christliche Deutung als Siegeskranz und Belohnung für ein keusches Leben referiert er S. 15
57 Ebd.: S. 115
58 Keller: Der grüne Heinrich, 3. Bd. Kap. 7
59 Wimschneider: Herbstmilch, S. 112
60 Vgl. Weber-Kellermann in: Völger-Welck: Die Braut, II, S. 434–439; Bringemeier: Brautkleidung; vgl. die zahlreichen Beispiele bei Dieffenbach: Hessischer Trachtenalltag
61 Immermann: Oberhof, S. 420 ff.; Die Sitte oder Unsitte mit den vielen Westen ist authentisch

überliefert von der Gewährsfrau Immermanns Frau von Sybel, die ihm – wie den ganzen Hochzeitsablauf – auch die übliche Kleidung der wohlhabenden Bauern in der Soester Börde genau beschrieben hat: «Die Bauern der Soester Börde tragen einen Rock, der fast immer offen hängt ... An ihrem Rande läuft eine Reihe Knöpfe umher. Unter dem Rocke werden 5, 6, 7, 8, 9 Jacken getragen. Je reicher der Bauer, desto mehr Jacken. Die oberste von diesen hat silberne Knöpfe, die anderen schlechtere, alle werden so zugemacht, daß man immer mehrere Jacken sieht.» (Oberhof, S. 855)

62 Arm u. Reich, S. 4f.
63 Weber-Kellermann: Familie auf dem Lande, S. 71
64 Auerbach, Lehnhold, S. 4ff., 23ff.
65 Vgl. letzthin Mentges: Erziehung; Dieffenbach: Trachtenalltag, S. 33ff.; Böth: Kleidungsverhalten, S. 133ff.
66 Vgl. Weber-Kellermann: Saure Wochen – Frohe Feste, S. 40ff. und Hain: Trachtendorf, S. 62–67; Becker: Bäuerliche Kleidung
67 Schad: Lebensgeschichte, I, S. 9f.
68 Ausführlich in zentraler Thematik noch für das 20. Jahrhundert dargestellt bei S. Becker: Arbeit und Gerät (am Beispiel des hessischen Hinterlandes)
69 Ebd.: S. 155
70 Rosegger: Waldheimat, S. 16f.
71 Thoma: Kaspar Lorinser, S. 328
72 Paulsen: Aus meinem Leben, S. 75
73 Rosegger: Waldheimat, S. 207f.
74 Wimschneider: Herbstmilch, S. 5f.; vgl. dazu Weber-Kellermann/Falkenberg: Was wir gespielt haben, S. 163ff.
75 Becker: Arbeit und Gerät, S. 173f.
76 Ebd.: S. 239ff.; vgl. dazu Mutschler: Ländliche Kindheit, S. 45ff.
77 Wimschneider: Herbstmilch, S. 9ff.
78 Ebd.: S. 13
79 Rosegger: Waldheimat, S. 357; vgl. dazu für Schlesien Weber: Landarbeiter, S. 542, der berichtet, daß die Kinder beim Pflügen «zum Wohle der Eltern und zum Anlernen» beschäftigt werden und sich «zur Arbeit drängen»!
80 Weber: Landarbeiter, S. 409 u. a.; Rehbein: Landarbeiter, S. 37f.
81 Levenstein: Proletariers Jugendjahre, S. 83f.
82 Krille: Unter dem Joch, S. 20
83 Weber: Häuslerkindheit, S. 209
84 Bräker: Der arme Mann im Tockenburg, S. 101f.
85 Weber: Verhältnisse der Landarbeiter, S. 49ff.
86 Das ganze Problem ausführlich dargestellt bei Uhlig: Schwabenkinder. – Hier bes. S. 150
87 Ebd.: S. 129f.
88 Beck: Junggesindemarkt, S. 129
89 Muther: Wanderung (nach Uhlig: S. 129f.)
90 Die Gartenlaube 1895, S. 282
91 Rühle: Kultur- und Sittengeschichte, S. 469f.
92 Graf: Leben meiner Mutter, S. 54f.
93 Voigt-Diederichs: Marienhoff, S. 69f.
94 Weber-Kellermann: Saure Wochen, S. 101–113
95 Wimschneider: Herbstmilch, S. 50
96 Ebd.: S. 53f.
97 Weber: Häuslerkindheit, S. 62
98 Virchow: Not im Spessart, S. 18f.
99 Rehbein: Landarbeiter, S. 73; vgl. Hangen: Kinnertied, S. 41ff. usw.

100 Kraigher-Porges: Lebenserinnerungen. I, S. 93 u. 149; vgl. dazu Mutschler: Ländliche Kindheit, S. 65 ff.
101 Das Unehelichenproblem wurde schon früher behandelt. Hier galten regional und historisch ganz verschiedene Normen, die Carola Lipp exemplarisch in ihrem Kiebingenband analysiert hat. Kaschuba-Lipp: Dörfliches Überleben, S. 363 ff.
102 Kraigher-Porges: Lebenserinnerungen. I, S. 41
103 Ebd.: S. 69
104 Christ: Erinnerungen, S. 25
105 Christ: Mathias Bichler, S. 369 ff.
106 Ebd.: S. 255
107 Verdier: Drei Frauen, S. 216 ff.; Weber-Kellermann: Saure Wochen– Frohe Feste, S. 138 ff., dies.: Neue Kleider, S. 259 ff.
108 Thoma: Wittiber, S. 59 f.
109 Weber: Häuslerkindheit, S. 62 f.
110 Graf: Leben meiner Mutter, S. 473 f.
111 Kinder- und Hausmärchen der Brüder Grimm Nr. 78
112 Anzengruber: Schandfleck
113 Weber: Häuslerkindheit, S. 76
114 Vgl. Mutschler: Ländliche Kindheit, S. 69
115 Ausführlich dargestellt bei Dornheim: Kranksein
116 Kußmaul: Jugenderinnerungen, S. 27; zur Volksmedizin vgl. neuerdings: Heilen und Pflegen = Hessische Blätter für Volks- und Kulturforschung NF 19 (1986)
117 Graf: Leben meiner Mutter, S. 145 f.
118 Wimschneider: Herbstmilch, S. 7 f.
119 Ebd.: S. 58 f.
120 Virchow: Not im Spessart, S. 49 u. 53
121 Thoma: Magdalena, S. 10
122 Graf: Leben meiner Mutter, S. 245
123 Langewiesche-Brandt: Jugend, S. 228 f.
124 Vgl. Knortz: Schreiner, S. 110 ff.
125 Felder: Aus meinem Leben, S. 99 ff.
126 Paulsen: Aus meinem Leben, S. 100
127 Büchsel: Erinnerungen, S. 274 f.
128 Vgl. Metken: Letzte Reise
129 Vgl. Rosenbaum: Familie, S. 49 ff. u. 61 ff.
130 Vgl. die Beispiele aus dem Dorfe Hausen bei Ilien/Jeggle: Zum Recht der kleinen Leute, S. 94 ff.
131 Kohli: Institutionalisierung, S. 18 ff.

V. Hoch und Nieder – Oben und Unten – Reich und Arm

1 H. v. Bismarck: Erinnerungen, S. 31
2 Rach/Weissel: Bauer und Landarbeiter, S. 3
3 Frenssen: Lebensbericht, S. 27
4 Rosegger: Jakob, der Letzte, S. 59
5 Menzel: Denkwürdigkeiten, S. 45 f.
6 Arlt: Erlebnisse, S. 8
7 Arndt: Erinnerungen, S. 43
8 Kußmaul: Jugenderinnerungen, S. 12 f.
9 Eilers: Meine Wanderung, S. 10
10 Plessen: Mitteilung, S. 203

11 Schurz: Lebenserinnerungen, S. 35
12 Fontane: Vor dem Sturm, S. 22f.
13 Ebd.: S. 472
14 Z.B. Inv. Nr. 6189 VK «Wöchnerinnenschlüssel» im Freilichtmuseum Schwerin-Mueß, stammt aus Wattmannshagen/Mecklenburg
15 Bismarck: Erinnerungen, S. 25
16 Fontane: Stine, S. 565
17 Putlitz: Mein Heim, S. 5ff.
18 Voigt-Diederichs: Auf Marienhoff, S. 18f.
19 Le Fort: Aufzeichnungen, S. 20
20 Krille: Unter dem Joch, S. 4f.
21 Reuter: Stromtid, S. 516ff. (Es wurde der halbwegs verhochdeutschte Stil der zitierten Ausgabe übernommen)
22 Weber-Kellermann: Erntebrauch, S. 93ff., 97ff.
23 Ebd.: S. 100ff.
24 Ebd.: S. 153
25 Immermann: Oberhof, S. 159f.
26 Die Jagd war auch das Thema zahlreicher künstlerischer Darstellungen, ohne daß der Schattenseite dieses Vergnügens für die Bauern Erwähnung getan wurde. Vgl. z.B. Fürstliches Jagen
27 Kircher: Dorfgeschichten, Bd. II, S. 228f.
28 Rosegger: Jakob, der Letzte, S. 318ff.
29 Am Anfang des 19. Jahrhunderts z.B. der Schinderhannes; vgl. Franke (Hg.): Schinderhannes, oder der Stülpner Karl, vgl. Wille: Der grüne Rebell
30 Hobsbawm: Sozialrebellen, S. 27
31 Deussen: Mein Leben, S. 15f.
32 Mooser: Furcht bewahrt das Holz
33 Thoma: Kaspar Lorinser, S. 322f.
34 Queri: Bauernerotik, S. 121f.
35 Weber: Häuslerkindheit, S. 202f.
36 Die plattdeutschen Originalfassungen s. Schneidewind: Herr und Knecht, S. 97ff. u. ebda: S. 108; vgl. dazu Fontane: Grafschaft Ruppin, S. 43: «.... werden wir an jenen mecklenburgischen Gutsbesitzer erinnert, den seine revoltierenden Hintersassen auf spitzen Steinen hatten tanzen lassen.»
37 Thoma: Andreas Vöst, S. 236
38 Vgl. Krebs: Alte Handwerksbräuche, S. 9; s. Großmann: Bockwindmühle
39 Graf: Leben meiner Mutter, S. 127
40 Vgl. für Schwaben Jeggle: Kiebingen, S. 120ff.
41 Fontane: Vor dem Sturm, S. 54f.
42 Anzengruber: Schandfleck, S. 111
43 Auerbach: Brosi und Moni, S. 74, 80
44 Wimschneider: Herbstmilch, S. 28
45 Dalton: Lebenserinnerungen, Bd. I, S. 94f.
46 Goltz: Buch der Kindheit, S. 429ff.
47 Kircher: Dorfgeschichten, Bd. II, S. 167ff.
48 Zuletzt s. Bachmann: Holzspielzeug, S. 217, 225
49 Weber: Häuslerkindheit, S. 166
50 Thoma: Im Winter, S. 14ff.
51 Christ: Mathias Bichler, S. 381ff.
52 Vgl. Kriss-Rettenbeck: Votivbild und letzthin Theopold: Das Kind
53 Immermann: Oberhof, S. 659ff.
54 Gotthelf: Käthi, S. 138

55 Vgl. u. a. Weber-Kellermann: Der Kinder neue Kleider, S. 141ff.
56 Vgl. Jeggle: Kiebingen, S. 121f.
57 Paulus: Was eine Mutter kann, S. 17ff.
58 Rosegger: Waldheimat, S. 31f.
59 Fontane: Vor dem Sturm, S. 54
60 Graf: Leben meiner Mutter, S. 62
61 Virchow: Not im Spessart, S. 12
62 Wiegelmann: Alltags- und Festspeisen, S. 62ff.
63 Kircher: Dorfgeschichten, Bd. II, S. 232
64 Vgl. letzthin Assion: Aufbruch
65 Christ: Mathias Bichler, S. 379f.
66 Büchsel: Erinnerungen, S. 118
67 Weber: Häuslerkindheit, S. 205f.
68 Kraigher-Porges: Lebenserinnerungen I, S. 52f.
69 Pfister: Pfarrers Albert, S. 79
70 Schmid: Erinnerungen, S. 69f.
71 Schweitzer: Aus meiner Kindheit, S. 7f.
72 Bohlen: Autobiographie, S. 10ff.
73 Vgl. dazu für Bayern Baumann: Armut muß verächtlich bleiben
74 Weber-Kellermann: Erntebrauch, S. 25ff.
75 Material im Weber-Kellermann-Braucharchiv Marburg
76 zitiert nach Baumann: Armut muß verächtlich bleiben, S. 171f.; für das Folgende vgl. dies., S. 166f.
77 Zender: Volkserzählungen als Quelle, S. 150
78 Gunda: Die Bettler, S. 633
79 s. vor allem Koren: Die Spende; Heim: Die «Spende»
80 Weber-Kellermann: Parisius, S. 190ff.
81 Reymont: Die Bauern, Bd. I, S. 150ff.
82 Vgl. letzthin Jantke-Hilger: Die Eigentumslosen; unvoreingenommener Hampe: Fahrende Leute
83 Küther: Menschen auf der Straße, S. 35ff.
84 Vgl. Weber-Kellermann: Erntebrauch – Stichwort «Handwerkerbrauch», s. S. 538
85 Vgl. Wohnsitz – Nirgendwo
86 Rosegger: Jakob, der Letzte, S. 94f.
87 Pfister: Pfarrers Albert, S. 117; zur Geschichte des Gasthofes vgl. Benker: Gasthof, S. 77ff.
88 Fontane: Vor dem Sturm, S. 46ff.
89 Kinkel: Die Heimatlosen, S. 286f.
90 Graf: Leben meiner Mutter, S. 142f.
91 Graf: Unruhe, S. 60
92 Thoma: Vöst, S. 16f.
93 Auerbach: Schwarzwälder Dorfgeschichten, Bd. 4. Brosi und Moni, S. 64
94 Thoma: Wittiber, S. 121ff.
95 Corinth: Selbstbiographie, S. 31
96 Vgl. dazu Braun: Einführung, S. 44ff. u. 77ff.
97 Immermann: Oberhof, S. 416f.
98 Graf: Die Mutter, S. 191
99 Rehbein: Landarbeiter, S. 41

VI. Das technische Zeitalter auf dem Dorfe

1 Innerhofer: Schöne Tage, stb S. 201 f.
2 Statistisches Jahrbuch für das Deutsche Reich XIV (1893), S. 2
3 Kuczynski: Geschichte des Alltags, Bd. 4, S. 198 u. 178
4 Kleinbäuerliche Gebiete wie z.B. Hessen waren von diesen Entwicklungen weitgehend ausgeschlossen und behalfen sich noch bis weit in unser Jahrhundert mit den traditionellen Techniken der Handarbeit. Zur wirtschaftsgeschichtlichen Entwicklung Deutschlands in der 2. Hälfte des 19. Jahrhunderts, die hier nur in groben Zügen dargestellt werden kann, vgl. vor allem Goltz: Geschichte d. dt. Landwirtschaft. Treue: Wirtschaftsgeschichte; Mottek: Wirtschaftsgeschichte u. vor allem: Wehler: Bibliographien
5 Graf: Leben meiner Mutter, S. 45 f.
6 Engels: Zur Bauernfrage. Zitiert nach Franz: Quellen, S. 504 ff.; zu den Schwierigkeiten bei der Politisierung der Landarbeiter vgl. z.B. Grünberg: Hofgängerleben, S. 24
7 Goltz: Verhandlungen
8 Goltz: Landwirtschaft, II, S. 354
9 Goltz: Lage der ländlichen Arbeiter
10 Christ: Erinnerungen, S. 34 f.
11 Vgl. Ritter/Kocka: Deutsche Sozialgeschichte, S. 221 ff.; Kuczynski: Geschichte des Alltags, Bd. 4, S. 313 ff.
12 Rehbein: Leben eines Landarbeiters. S. 172 ff.
13 Auf die Gleichheit des Begriffes Dienst und dienen bei der Landarbeit und beim Militär machte mich Dr. Siegfried Becker, Marburg, aufmerksam
14 s. u.a. Bensing: Einfluß der landwirtschaftlichen Maschinen; Bentzien: Landbevölkerung; Weber-Kellermann: Erntebrauch; und besonders neuerdings Herrmann: Pflügen, Säen, Ernten, S. 155 ff. Krzymowski: Geschichte der deutschen Landwirtschaft
15 Vgl. Krzymowski: Geschichte, S. 247 ff.; und Herrmann: Pflügen, S. 156 ff.; Fontane: Oderland, S. 116 ff.
16 Thier: Wegbereiter: S. 105–122; Weber-Kellermann: Erntebrauch, S. 84
17 Kuntz: Dampfpflug
18 Herrmann: Pflügen, Säen, Ernten, S. 180 ff.
19 Weber-Kellermann: Arbeitsbräuche und Arbeitsfeste der Drescher; hier Einzelheiten über regionale Varianten und Angabe von Spezialliteratur, weiterhin Darstellung der Drescherbräuche
20 Bericht aus Horn/Lippe-Detmold; vgl. Bomann: Bäuerliches Hauswesen, S. 142 f.
21 Vgl. Herrmann: Pflügen, Säen, Ernten, S. 202 ff.
22 Bentzien: Die Mecklenburgischen Drescher, S. 40
23 Bielefeldt: Eindringen des Kapitalismus, S. 124; Plaul: Landarbeiterleben, S. 111 ff.; Lühning: Einst u. Jetzt
24 Fiedler: Arbeiterfrage, S. 119
25 Rehbein: Leben eines Landarbeiters, S. 238 f.
26 Karl Marx, zitiert nach Bentzien: Die Mecklenburgischen Drescher, S. 80; vgl. auch Mottek: Zur Frage, S. 151 f.
27 Ebner-Eschenbach: Gemeindekind, S. 241 ff.
28 Radtke: Ich suche Liebe, S. 287; vgl. dazu auch Gerhardt: Landarbeiter, S. 66
29 Bentzien: Die Mecklenburgischen Drescher, S. 39 f.; ders.: Landbevölkerung, S. 95 ff.
30 Herrmann: Pflügen, Säen, Ernten, S. 216
31 Graf: Leben meiner Mutter, S. 556 f.
32 Weber: Häuslerkindheit, S. 158
33 Wimschneider: Herbstmilch, S. 64 f.

34 Rehbein: Leben eines Landarbeiters, S. 237
35 Vgl. Großmann: Die ländlichen Arbeiterverhältnisse, S. 483 ff.
36 Bidlingmaier: Die Bäuerin, S. 23 f.
37 Polenz: Büttnerbauer, S. 277
38 Vgl. Weber-Kellermann: Erntebrauch, S. 287 ff.; und Goltz: Die Lage der ländlichen Arbeiter
39 Kaerger: Die ländlichen Arbeiterverhältnisse, S. 315
40 Weber: Verhältnisse der Landarbeiter, III,. S. 793
41 Kaerger: Sachsengängerei, S. 298; Ehrenberg: Kontraktbruch, S. 30; vgl. dazu Heinrich: Lebensweise, S. 122 ff.
42 Rehbein: Leben eines Landarbeiters, S. 61 ff.
43 Hintze: Die Lage, S. 66 ff.; dazu auch Buchner; Quellen, S. 470 ff.
44 Goltz: Die Verhandlungen, S. 62 u. 65; dazu Knapp: Bauernbefreiung, I, S. 311
45 Rehbein: Leben eines Landarbeiters, S. 117 f.; s. auch Kaerger: Die Sachsengängerei, S. 288 ff.
46 Turek: Ein Prolet erzählt, S. 24
47 Vgl. zu der Entwicklung in der Magdeburger Börde Plaul: Landarbeiterleben, S. 84 ff.; und Rach-Weissel: Bauer und Landarbeiter
48 Vgl. Kuczynski: Geschichte des Alltags. IV, S. 176 ff.; Köllmann: Grundzüge, S. 385 ff.; Heinrich: Lebensweise, S. 131 ff.
49 Riehl: Land und Leute, S. 92 ff., 103 f.
50 Rehbein: Leben eines Landarbeiters, S. 227
51 Wiepert: Monarchen, S. 29 ff.
52 Viebig: Weiberdorf, S. 42 f.; vgl. dazu Korff: Frauenhände, S. 45 ff.
53 Vgl. Weber-Kellermann: Erntebrauch, S. 309 ff.
54 Vgl. Assion: Die Lohnschnitter, S. 285
55 Becker: Arbeit und Gerät, S. 296
56 Viebig: Weiberdorf, S. 116 f.
57 Rosegger: Jakob, der Letzte, S. 181 ff.
58 Zitiert nach Bergmann: Agrarromantik, S. 11
59 Z. B. John: Aberglaube, Sitte und Brauch, S. 219:
«Gebräuche beim Ackerbau.
Des Landmanns schönste Hoffnung ist ein reicher Ernteertrag. Wie oft aber wird sein Hoffen zu Schanden, bleibt der gehoffte Ernteertrag hinter seinen Erwartungen zurück, ist all das Mühen arbeitsvoller und sorgenschwerer Wochen umsonst gewesen, wenn elementare Naturgewalten vernichtend auftraten. Und bleiben diese auch aus, sieht der Bauer die Frucht seines Fleißes sich immer mehr und mehr entwickeln, so ist es wiederum allerlei dämonisches Walten in der Natur, das ihn mit banger Sorge beschleicht. Nach altem Volksglauben kamen mit der wiederkehrenden Sonne auch zugleich die schädigenden und krankheitsbringenden Dämonen ins Land, und diese mußten gleich bei dem Eintritte des Frühlings abgewehrt werden, damit sie auf den Feldern keinen Schaden anstifteten, zu deren Bestellung man sich eben anschickte. Und ebenso kamen nach altem Glauben zur Zeit des Hochsommers, wenn alles in üppigster Blüte stand und seiner Reife entgegenging, wiederum schädigende Dämonen, die die Luft verpesteten und so Seuchen und Unwetter brachten. In diesem alten Glauben wurzeln ja auch die Oster- und Johannisfeuer. Aber auch durch noch manch andern der nun folgenden Bräuche schimmert altgermanische Dämonenfurcht hindurch.» Vgl. dazu kritisch Weber-Kellermann: Erntebrauch; Dies.: Saure Wochen – frohe Feste, S. 43 ff.
60 Vgl. Bergmann: Agrarromantik, S. 22 ff. usw.
61 Auerbach: Die Frau Professorin. Ges. Werke, Bd. 5, S. 39
62 Ebd.: Hopfen und Gerste. Ges. Schriften VIII,. S. 22; vgl. Mettenleiter: Destruktion; hier seine differenzierte Einschätzung von Auerbach
63 Vgl. Kohlmann: Bild vom Bauern, S. 95
64 Ganghofer: Schweigen im Walde, S. 121; vgl. dazu Mettenleiter: Destruktion; hier seine Analysen zu Ganghofers Romanen

65 Z. B. ebd.: S. 231
66 Ganghofer: Schweigen im Walde, S. 69
67 Ebd.: S. 19
68 Hamann: Geschichte der Kunst. II, S. 854 ff.
69 Vgl. Bergmann: Agrarromantik, S. 63 ff.
70 Greverus: Der territoriale Mensch; dies.: Auf der Suche nach Heimat; Weber-Kellermann: Zur Interethnik u. v. a. m.
71 Ausführlich bei Bergmann: Agrarromantik, S. 102 ff., vgl. Sohnrey: Kunst auf dem Lande
72 Ude: Bauernromantik, – eine schöne Bildersammlung mit «agrarromantischem» Text
73 Scharfe: Heitere Gefühle, S. 6
74 Vgl. Schlapeit-Beck: Frauenarbeit, S. 213 ff.; Kohlmann: Bild vom Bauern, S. 78
75 Wintterlin: Unserer Jugend. Tafel VII u. XII
76 Bestelmeier: Magazin. Tafel IX; Bachmann: Waldkirchner Spielzeugmusterbuch, S. 67; Bachmann-Fritzsch: Deutsches Spielzeug. Tafel 23
77 Zitiert nach Retter: Spielzeug, S. 142 f.; solche Zitate sind über Jahrzehnte hin austauschbar
78 Weber-Kellermann: Spielzeugbefragung, S. 204 ff. und die dort angegebene Literatur
79 Spamer: Sachsen, S. 37 ff. u. 54 ff.
80 Graf: Leben meiner Mutter, S. 128
81 Zu dem gesamten Komplex des Folklorismus s. Bausinger: Volkskunde, S. 158 ff.; Moser: Folklorismus; Köstlin: Folklorismus
82 Weber-Kellermann: Beobachtungen ... eines Trachtstückes
83 Bausinger: Volkskunde, S. 165; vgl. dazu Jeggle-Korff: Zillertaler Regionalcharakter; Weber-Kellermann: Weihnachtslieder, S. 164 ff.
84 Thoma: Jagerloisl, S. 32
85 Moser: Volksbräuche, S. 359

Beschluß

1 Bischoff: Bilder, S. 104 ff.
2 Bernstorff: Aus ihren Aufzeichnungen, Bd. 1, S. 5
3 Ebner-Eschenbach: Božena, S. 46 f.
4 Bohlen: Autobiographie, S. 9
5 Weber-Kellermann: Saure Wochen – Frohe Feste, S. 104
6 Rehbein: Landarbeiter, S. 54 ff.
7 Teuteberg-Wiegelmann: Wandel der Nahrungsgewohnheiten, S. 237 usw. Bimmer-Becker: Alkohol im Volksleben.
8 Weber-Kellermann: Erntebrauch, und Braucharchiv Marburg
9 Mannhardt: Wald- und Feldkulte, Bd. 1, S. 196 f.
10 Graf: Leben meiner Mutter, S. 51
11 Besonders Korff: Kultur, S. 17 ff.
12 Kuczynski: Geschichte des Alltags, Bd. 6, S. 30 ff.
13 Vgl. Weber-Kellermann: Saure Wochen – Frohe Feste, S. 102 f., 108 f., 21 ff.
14 Schindler: Jenseits des Zwangs, S. 199 ff. u. S. 193
15 Vgl. Lévi-Strauss: Strukturale Anthropologie, S. 322
16 Kohli: Institutionalisierung, S. 19 ff.
17 Naumann: Grundzüge, S. 5, 11 ff.
18 Spamer: Um die Prinzipien, bes. S. 91 f.
19 Rosegger: Waldheimat, S. 67
20 Vgl. Sigrid Jacobeit: Alltag der Bäuerinnen usw.
21 Lenz: Heimatmuseum, S. 536
22 Hecker: Trachten, S. 31 usw. u. kritisch Weber-Kellermann: Familie, S. 268 ff.
23 Bauche: Rezeption, S. 81; vgl. dazu Köstlin: Volkskultur, S. 111 f.
24 Fontane: Stechlin, S. 280 f.

Literaturverzeichnis

Anzengruber, Ludwig: Der Schandfleck. Eine Dorfgeschichte

Arlt, Ferdinand: Meine Erlebnisse. Wiesbaden 1887

Arm und Reich. Schwälmer Brautausstattung um 1930. Ausstellung im Universitätsmuseum Marburg 1972

Arndt, Ernst Moritz: Versuch einer Geschichte der Leibeigenschaft in Pommern und Rügen. Berlin 1803

Arndt, Ernst Moritz: Erinnerungen aus dem äußeren Leben. Hg. v. Oskar Anwand. Berlin 1924

Assion, Peter: Die Lohnschnitter des Odenwaldes. Zur vorindustriellen Wanderarbeit und ihren volkskundlichen Aspekten. In: W. Wackerfuß (Hg.): Beiträge zur Erforschung des Odenwaldes und seiner Randlandschaften. III. Breuberg-Neustadt 1980, S. 281–312

Assion, Peter: Thüringer Truhen in Hessen. Zum Möbelhandel und zur Sachkultur des Gesindes im 19. Jh. In: Hess. Heimat 35 (1985), S. 64–72

Assion, Peter (Hg.): Der große Aufbruch. Studien zur Amerikaauswanderung (= Hess. Bll. f. Volks- und Kulturforschung Bd. 17). Marburg 1985

Auerbach, Berthold: Gesammelte Schriften. Gesamtausgabe. 22 Bde. Stuttgart 1863/64

Auerbach, Berthold: Florian und Creszenz. In: Schwarzwälder Dorfgeschichten. Bd. II, Stuttgart 1864, S. 1–102

Auerbach, Berthold: Der Tolpatsch. In: H. Kircher (Hg.): Dorfgeschichten aus dem Vormärz. Bd. I, Frankfurt a. M. 1982, S. 41–63

Auerbach, Berthold: Brosi und Moni (1852). In: Schwarzwälder Dorfgeschichten. Bd. IV, Stuttgart 1864, S. 3–180

Auerbach, Berthold: Der Lehnhold. (1853). In: Schwarzwälder Dorfgeschichten. Bd. I, 1864, S. 3–242

Auhagen, Otto: Die ländlichen Arbeiterverhältnisse in der Rheinprovinz und im oldenburgischen Fürstentum Birkenfeld. In: Schriften d. V. f. Sozialpolitik Bd. 54 (= Die Verhältnisse der Landarbeiter in Deutschland, Bd. II, S. 651–765). Leipzig 1892

Bachmann, Manfred: Waldkirchner Spielzeugmusterbuch. Neudruck der Ausgabe von 1850. Leipzig 1977

Bachmann, Manfred: Holzspielzeug aus dem Erzgebirge. Dresden 1984

Bachmann, Manfred u. Fritzsch, Karl Ewald: Deutsches Spielzeug. Hamburg 1965

Bader, Karl Siegfried: Dorfgenossenschaft und Dorfgemeinde. Weimar 1962

Bächtold, Hanns: Die Gebräuche bei Verlobung und Hochzeit. Basel 1914

Bahrdt, C. Fr.: Handbuch der Moral für den Bürgerstand. Tübingen 1789 (Faks.-Ausg. Frankfurt 1972)

Baldauf, Elisabeth: Die Frauenarbeit in der Landwirtschaft. Diss. Kiel, Leipzig 1932

Bauche, Ulrich: Rezeption städtisch bürgerlicher Formen und regionale Sonderung im bäuerlichen Wohninventar der Elbmarschen. In: Kultureller Wandel im 19. Jh. Göttingen 1973, S. 72–82

Bauche, Ulrich (Hg.): Der Ausruf in Hamburg. Museum f. hamburgische Geschichte 1973

Bauche, Ulrich: Reaktionen auf städtische Kulturvermittlung, dargelegt an Beispielen aus dem Hamburger Umland. In: G. Wiegelmann (Hg.): Kulturelle Stadt-Land-Beziehungen in der Neuzeit. Münster 1978, S. 159–174

Baumann, Angelika: «Armut muß verächtlich bleiben...» Verwaltete Armut und Lebenssituation verarmter Unterschichten um 1800 in Bayern. In: R. v. Dülmen (Hg.): Kultur der einfachen Leute. München 1983, S. 151–179

Baumgarten, Karl: Die Tischordnung im alten mecklenburgischen Bauernhaus. In: Dt. Jb. f. Volkskunde 11 (1965), S. 5–15
Bausinger, Hermann: Volkskunde. Darmstadt o. J.
Bausinger, Hermann: Volkskultur in der technischen Welt. Stuttgart 1961
Bausinger, Hermann: Zur Kritik der Folklorismuskritik. In: Populus revisus. Tübingen 1966, S. 61–75
Bausinger, Hermann: Verbürgerlichung – Folgen eines Interpretaments. In: Wiegelmann, G. (Hg.): Kultureller Wandel. Göttingen 1973, S. 24–49
Bausinger, Hermann: Traditionelle Welten. Kontinuität und Wandel in der Volkskultur. In: Z. f. Vkde., 81 (1985), S. 173–191
Bechtel, Heinrich: Wirtschaftsgeschichte Deutschlands im 19. und 20. Jahrhundert. München 1956
Beck, Paul: Der Junggesindemarkt (das Hütekinderwesen) in Oberschwaben – ein Kulturbild. In: Diözesenarchiv von Schwaben 1905, Nr. 9
Becker, Rudolph Zacharias: Noth- und Hilfsbüchlein für Bauersleute. 1787–1789 ff. (Nachdruck der Erstausgabe von 1788). Dortmund 1980
Becker, Siegfried: Arbeit und Gerät als Zeichensetzung bäuerlicher Familienstrukturen. Diss. Marburg 1985
Becker, Siegfried: Bäuerliche Kleidung im Hessischen Hinterland. Ein Konzept zur musealen Darstellung von Genese und Schwund hessischer Territorialtrachten. In: Hess. Bll. f. Volks- und Kulturforschung 14/15 (1982/83), S. 51–82
Becker, Siegfried: Alkohol als Arbeitslohn. In: Hess. Bll. f. Volks- und Kulturforschung 20, 1986, S. 55–74
Beckmann, Fritz: Der deutsche Bauer im Zeitalter des Kapitalismus. In: Schmollers Jb. 50 (1926), S. 719–748
Benker, Gertrud: Der Gasthof. München 1974
Bensing, Franz: Der Einfluß der landwirtschaftlichen Maschinen auf Volks- und Privatwirtschaft. Breslau 1897
Bentzien, Ulrich: Die mecklenburgischen «Drescher» und die Einführung des Maschinendrusches. In: Dt. Jb. f. VKde. 10 (1964), S. 25–42
Bentzien, Ulrich: Landbevölkerung und agrartechnischer Fortschritt in Mecklenburg vom Ende des 18. bis zum Anfang des 20. Jhs. Berlin 1983
Bergmann, Klaus: Agrarromantik und Großstadtfeindschaft. Meisenheim am Glan 1970
Berthold, Fritz: Die Hirtin und ihr Paradies. Lebensbild einer Südtiroler Bergbauernfamilie. Wien–München 1976
Bestelmeier, Georg Hieronimus: Magazin von verschiedenen Kunst- und anderen nützlichen Sachen ... etc. Nürnberg 1803. Neudruck Zürich 1979
Bidlingmaier, Maria: Die Bäuerin in zwei Gemeinden Württembergs. Berlin, Stuttgart, Leipzig 1918
Bielefeldt, Karl: Das Eindringen des Kapitalismus in die Landwirtschaft unter besonderer Berücksichtigung der Prov. Sachsen und der angrenzenden Gebiete. Berlin 1910
Bimmer, Andreas u. Becker, Siegfried (Hgg.): Alkohol. (= Hess. Bll. f. Volks- und Kulturforschung 20/1986, Marburg 1987)
Bischoff, Charitas: Bilder aus meinem Leben. Berlin 1912
Bismarck, Hedwig von: Erinnerungen aus dem Leben einer 95 jährigen. Halle 1925
Boelcke, Willi: Bauer und Gutsherr in der Oberlausitz. Ein Beitrag zur Wirtschafts-, Sozial- und Rechtsgeschichte der ostelbischen Gutsherrschaft. Bautzen 1957
Böth, Gitta: Kleidungsverhalten in hessischen Trachtendörfern. Frankfurt a. M. 1980
Bohlen, Peter von: Autobiographie. Königsberg 1841
Bomann, Wilhelm: Bäuerliches Hauswesen und Tagewerk im alten Niedersachsen. Weimar 1927
Bourdieu, Pierre: Zur Soziologie der symbolischen Formen. Frankfurt a. M. 1974
Bräker, Ulrich: Lebensgeschichte und natürliche Ebenteuer des armen Mannes im Tockenburg. (1789) Berlin, Weimar 1964

Bräuer, Karl (Hg.): Veröffentlichungen der Historischen Kommission der Stadt Frankfurt a. M. II: Studien zur Geschichte der Lebenshaltung in Frankfurt a. M. während des 17. und 18. Jhs. Aufgrund des Nachlasses von Dr. Gottlieb Schnapper-Arndt. Frankfurt a. M. 1915

Braun, Hartmut: Einführung in die musikalische Volkskunde. Darmstadt 1985

Braun, Hartmut: Tänze und Gebrauchsmusik in Musizierhandschriften des 18. und frühen 19. Jhs. aus dem Artland. Cloppenburg 1984

Braun, Lily: Im Schatten der Titanen. Braunschweig 1909

Braun, Lily: Memoiren einer Sozialistin. Bd. I, Lehrjahre. Bd. II, Kampfjahre. München 1909 u. 1911

Bringemeier, Martha: Gemeinschaft und Volkslied. Frankfurt a. M. 1931

Bringemeier, Martha: Die Brautkleidung im 19. Jahrhundert. In: Hansen-Festschrift. Münster 1978, S. 299–320

Bringéus, Nils-Arvid: Beten bei Tisch. In: Sozialkultur der Familie (= Hess. Bll. f. Volks- und Kulturforschung. 13/1982), S. 58–78

Brockmann, Anna Dorothea (Hg.): Landleben. Reinbek 1977

Brockpähler, Renate (Hg.): Aus dem Leben einer Bäuerin im Münsterland. Gertrud Rolfes berichtet. Münster 1981

Brückner, Wolfgang: Populäre Druckgraphik Europas: Deutschland. München 1975

Buchner, Rudolf: Ausgewählte Quellen zur deutschen Geschichte der Neuzeit. Freiherr vom Stein-Gedächtnisausgabe. Darmstadt 1976

Buhl, L. H. F.: Die Herrschaft des Geburts- und Bodenprivilegiums in Preußen. Mannheim 1844

Büchsel, Carl: Erinnerungen aus dem Leben eines Landgeistlichen. Berlin 1861, zitiert nach [10]Berlin 1925

Bungardt, Karl: Die Odyssee der Lehrerschaft. Sozialgeschichte eines Standes. Frankfurt a. M. 1959

Christ, Lena: Erinnerungen einer Überflüssigen. München 1970

Christ, Lena: Mathias Bichler. In: Ges. Werke [6]München 1981, S. 247–504

Christ, Lena: Madam Bäurin. In: Ges. Werke [6]München 1981, S. 673–806

Conze, Werner: Die Wirkungen der liberalen Agrarreform auf die Volksordnung in Mitteleuropa im 19. Jahrhundert. In: Vierteljahresschr. f. Sozial- und Wirtschaftsgesch. 38 (1952), S. 2–43

Conze, Werner: Quellen zur Geschichte der deutschen Bauernbefreiung. Göttingen 1957

Corinth, Lovis: Selbstbiographie. Leipzig 1926

Cramer, J.: Die Grafschaft Hohenzollern. Ein Bild süddeutscher Volkszustände. 1400–1850. Stuttgart 1873

Dalton, Hermann: Lebenserinnerungen. Bd. 1–3. Berlin 1906

Danneil, Friedrich: Von der Brüderschaft der Ackerknechte auf den magdeburgischen Dörfern und vom Hänseln. In: Geschichtsbll. f. Stadt u. Land Magdeburg 7 (1872), S. 413–442

Deussen, Paul: Mein Leben. Leipzig 1922

Dieffenbach, Margarethe: Hessischer Trachtenalltag. Tracht als Spiegel ländlicher Lebensweise 1925–1935. Frankfurt a. M. 1983

Dornheim, Jutta: Kranksein im dörflichen Alltag. Tübingen 1983

Droste-Hülshoff, Annette von: Bilder aus Westfalen (1842). In: Gesammelte Werke, Bd. II. Vaduz 1948, S. 177–220

Dülmen, Richard van u. Schindler, Norbert: Volkskultur. Zur Wiederentdeckung des vergessenen Alltags. FTb 1984

Dülmen, Richard van: Kultur der einfachen Leute. München 1983

Dünninger, Dieter: Wegsperre und Lösung. Formen und Motive eines dörflichen Hochzeitsbrauches. Ein Beitrag zur rechtlich-volkskundlichen Brauchtumsforschung (= Schriften zur Volksforschung, Bd. 2). Berlin 1967

Düringsfeld, Ida von u. Reinsberg-Düringsfeld, Otto Frhr. von: Hochzeitsbuch. Leipzig 1871

Ebner-Eschenbach, Marie von: Božena. In: Frauenbilder. Berlin 1982, S. 19–246
Ebner-Eschenbach, Marie von: Das Gemeindekind. In: Geschichten aus Dorf und Schloß. Leipzig 1967, S. 89–337
Ebner-Eschenbach, Marie von: Mašlans Frau. In: Geschichten aus Dorf und Schloß. Leipzig 1967, S. 484–527
Eckert, Roland (Hg.): Geschlechtsrollen und Arbeitsteilung. Mann und Frau in soziologischer Sicht. München 1979
Ehrenberg, Richard u. Gehrke: Der Kontraktbruch der Landarbeiter als Massenerscheinung. Rostock 1907
Eisenschmidt, Heinrich: Erinnerungen aus meiner Schulzeit. In: Zwischen Romantik u. Biedermeier. Hg. E. Volkmann. Darmstadt 1970, S. 242–275
Elias, Norbert: Die höfische Gesellschaft (stw 423). Frankfurt a. M. 1983
Elias, Norbert: Über den Prozeß der Zivilisation. Bd. I/II (stw 158). [2]Frankfurt a. M. 1977
Elias, Norbert: Über die Einsamkeit der Sterbenden in unseren Tagen. Frankfurt a. M. 1982
Ehalt, Hubert Ch. (Hg.): Geschichte von unten. Fragestellungen, Methoden und Projekte einer Geschichte des Alltags (= Kulturstudien. Hrsg. von Hubert Ch. Ehalt u. Helmut Konrad, Bd. 1). Wien, Köln, Graz 1984
Erk, Ludwig u. Böhme, Franz M.: Deutscher Liederhort. Bd. I–III, [2]Leipzig 1925
Ettenhuber, Helga: Charivari in Bayern. Das Miesbacher Haberfeldtreiben von 1893. In: Dülmen (Hg.): Kultur der einfachen Leute. München 1983, S. 180–207

Fairchilds, Cissie: Female Sexual Attitudes and the Rise of Illegitimacy: A Case Study. In: Journal of Interdisciplinary History VIII: 4 (Spring) 1978, S. 627–667
Fél, Edit u. Hofer, Tamás: Bäuerliche Denkweise in Wirtschaft und Haushalt. Göttingen 1972
Felder, Franz Michael: Aus meinem Leben. Wien 1904
Fiedler, Ernst: Die Arbeiterfrage auf dem Lande und Vorschläge zur Reform des ländlichen Arbeiterwesens. Leipzig 1895
Finck von Finckenstein, Hans Wolfram von: Die Entwicklung der Landwirtschaft in Preußen und Deutschland 1800–1930. Würzburg 1960
Fischer, Franz Louis: Arbeiterschicksale. Berlin 1906
Fischer, Gero: Autobiographische Texte als historische Quelle. In: H. Ch. Ehalt (Hg.): Geschichte von unten. Wien, Köln, Graz 1984, S. 81–94
Fontane, Theodor: Stine. In: Werke in 5 Bdn. Bd. 2. München 1974, S. 479–572
Fontane Theodor: Der Stechlin. In: Werke in 5 Bdn. Bd. 4. München 1974, S. 5–401
Fontane, Theodor: Vor dem Sturm. In: Werke in 5 Bdn., Bd. 1. München 1974
Fontane, Theodor: Die Grafschaft Ruppin (= 1. Teil der «Wanderungen durch die Mark Brandenburg»). Stuttgart u. Berlin 1903
Fontane, Theodor: Das Oderland. Barnim–Lebus. (= 2. Teil der «Wanderungen durch die Mark Brandenburg»). Berlin 1899
Fränkisches Volksleben im 19. Jh. Wunschbilder und Wirklichkeit. Möbel – Keramik – Textil in Unterfranken 1814–1914. Ausstellung Museum Würzburg 1985/86
Franke, Manfred (Hg.): Schinderhannes. Kriminalgeschichte voller Abentheuer und Wunder und doch streng der Wahrheit getreu. Berlin 1977
Frankenstein, Kuno: Die ländlichen Arbeiterverhältnisse in Hohenzollern, Reg. Bez. Wiesbaden, Thüringen, Bayern, Großherzogtum Hessen, Reg. Bez. Kassel, Kgr. Sachsen. In: Schr. d. V. f. Socialpolitik Bd. 54 (= die Verhältnisse d. Landarbeiter in Deutschland Bd. II, S. 1–400). Leipzig 1892
Franz, Günther: Politische Geschichte des Bauerntums. Celle 1959
Franz, Günther (Hg.): Deutsche Agrargeschichte. Bd. IV. Stuttgart 1970
Franz, Günther: Quellen zur Geschichte des deutschen Bauernstandes in der Neuzeit. Darmstadt 1976
Frenssen, Gustav: Lebensbericht. Berlin 1940

Freudenthal, Herbert: Der Ausruf in Hamburg. Hamburg 1938
Fromm, L.: Mecklenburg. Ein niederdeutsches Landes- und Volksbild. Schwerin 1860
Fuchs, Carl Johannes: Der Untergang des Bauernstandes und das Aufkommen der Gutsherrschaften. Nach archivalischen Quellen aus Neu-Vorpommern und Rügen. Straßburg 1888
Fuchs, Werner: Todesbilder in der modernen Gesellschaft. Frankfurt a. M. 1973
Fürstliches Jagen. 16 Farbtafeln nach Gemälden von Johann Heinrich Tischbein d. Ä. Frankfurt a. M. o. J.

Gaál, Karoly: Zum bäuerlichen Gerätebestand im 19. und 20. Jahrhundert. Wien 1969
Gaál, Karoly: Die Rolle der Frau in der traditionellen Gutshofkultur. In: Die Frau in der Bauernkultur Pannoniens. Zagreb 1982, S. 23–31
Ganghofer, Ludwig: Das Schweigen im Walde. Gesammelte Schriften II. Serie, 3. Bd. Stuttgart 1925
Garve, Christian: Über den Charakter der Bauern und ihr Verhältniß gegen die Gutsherren und gegen die Regierung. Drey Vorlesungen in der Schlesischen Oekonomischen Gesellschaft. Breslau 1786, Faksimileausg. Stuttgart 1974
Geist, Hans Friedrich: Spielzeug. München 1971
Gerhardt, Felix: Die Landarbeiter in der Provinz Ostpreußen. Heidelberg–Lucka 1902
Gerndt, Helge: Vorüberlegungen zur Funktion des Rechts. Ein Betrachtungsmodell. In: Das Recht der kleinen Leute. Berlin 1976, S. 34–49
Gläntzer, Volker: Ländliches Wohnen vor der Industrialisierung. München 1980
Gleichmann, Peter Reinhart: Einige soziale Wandlungen des Schlafens. In: Zs. f. Soz. 9 (1980), S. 236–250
Götz, Karl: Heitere schwäbische Kindheit. Freiburg 1979
Goltz, Bogumil: Buch der Kindheit. Berlin [5]1905
Goltz, Theodor Frhr. von der: Die Verhandlungen der Berliner Konferenz ländlicher Arbeitgeber. Danzig 1872
Goltz, Theodor Frhr. von der: Die Lage der ländlichen Arbeiter im deutschen Reich. Berlin 1875
Goltz, Theodor Frhr. von der: Geschichte der deutschen Landwirtschaft. 2 Bde. Stuttgart u. Berlin 1902/03. Neudruck Aalen 1963
Gotthelf, Jeremias: Käthi, die Großmutter. Ausgewählte Werke in 12 Bdn., Bd. VII. Basel 1978
Graf, Oskar Maria: Unruhe um einen Friedfertigen. Frankfurt a. M. 1947
Graf, Oskar Maria: Das bayrische Dekameron. München 1977
Graf, Oskar Maria: Anton Sittinger (dtv). München 1982
Graf, Oskar Maria: Das Leben meiner Mutter. München 1982
Greverus, Ina-Maria: Der territoriale Mensch. Ein literaturanthropologischer Versuch zum Heimatphänomen. Frankfurt a. M. 1972
Greverus, Ina-Maria: Auf der Suche nach Heimat. München 1979
Griesinger, Carl Theodor: Schwäbische Arche Noah. Stuttgart 1979
Großmann, Friedrich: Die ländlichen Arbeiterverhältnisse in der Prov. Schleswig-Holstein (exkl. Kr. Herzogtum Lauenburg), den Prov. Sachsen (exkl. d. Kr. Schleusingen und Ziegenrück) und Hannover (südl. Teil), sowie den Herzogtümern Braunschweig und Anhalt. In: Schr. d. V. f. Socialpolitik Bd. 54 (= Die Verhältnisse der Landarbeiter in Deutschland Bd. II, S. 401–649), Leipzig 1892
Großmann, G. Ulrich u. Ingrid Schulte: Die Bockwindmühle im Westfälischen Freilichtmuseum Detmold. Landschaftsverband Lippe 1984
Grünberg, Karl: Hofgängerleben in Mecklenburg. Berlin 1896
Gunda, Béla: Die Bettler in der Gesellschaft eines Dorfes. In: Festschrift Matthias Zender, Bd. 2. Bonn 1972, S. 625–634
Gutzkow, Karl: Aus der Knabenzeit. Frankfurt a. M. 1852

Häfner, Karl: Vom schwäbischen Dorf um die Jahrhundertwende. Reutlingen ²1981
Hain, Mathilde: Das Lebensbild eines oberhessischen Trachtendorfes. Von bäuerlicher Tracht und Gemeinschaft. Jena 1936
Hamann, Richard: Geschichte der Kunst. 2 Bde. Berlin 1957
Hampe, Theodor: Fahrende Leute in der deutschen Vergangenheit. 1902
Hangen, Hedwig: To mien kinnertied ... Zum Wandel ländlicher Wohn- und Lebensbedingungen von Kindern im 20. Jh. Untersuchung in einem ostfriesischen Dorf. Leer 1981
Hansen, G.: Die drei Bevölkerungsstufen. Ein Versuch, die Ursachen für das Blühen und Altern der Völker nachzuweisen. München 1889
Hansen, Wilhelm: Hauswesen und Tagewerk im alten Lippe. Münster (1982) ²1984
Hansjakob, Heinrich: Aus meiner Jugendzeit. ⁶Kassel 1903
Hanssen, Georg: Die Aufhebung der Leibeigenschaft und die Umgestaltung der gutsherrlich-bäuerlichen Verhältnisse überhaupt in den Herzogtümern Schleswig und Holstein. (Eine von der kaiserlichen Akademie d. Wissenschaften im Jahre 1860 gekrönte Preisschrift). St. Petersburg 1861
Hardach, Gerd u. Jürgen Schilling: Das Buch vom Markt. Luzern 1980
Harms, Claus: Dr. Claus Harms gewesenen Predigers in Kiel Lebensbeschreibung, verfaßt von ihm selber. Kiel 1851
Haumann, Heiko (Hg.): Arbeiteralltag in Stadt und Land. Argument-Sonderband AS 94. Berlin 1982
Hausen, Karin (Hg.): Frauen suchen ihre Geschichte. Historische Studien zum 19. und 20. Jh. München 1983
Haushofer, Heinz u. Boelcke, Willi A. (Hg.): Wege und Forschungen der Agrargeschichte. Frankfurt a. M. 1967
Hecker, Heinz: Trachten unserer Zeit. Hg. vom Amt Feierabend der NS-Gemeinschaft «Kraft durch Freude». München 1939
Heim, Walter: Die «Spende» in der Urschweiz. In: Schweiz. Arch. f. Vkde. 62 (1966), S. 29–48
Heinrich, Christel: Lebensweise und Kultur der in- und ausländischen landwirtschaftlichen Saisonarbeiter von der Mitte des 19. Jhs. bis 1918. In: Rach/Weissel: Bauer und Landarbeiter. Berlin 1982, S. 117–162
Held, Thomas: Ausgedinge und ländliche Gesellschaft. Generationenverhältnisse im Österreich des 17.–19. Jhs. In: Kondratowitz (Hg.) Gerontologie und Sozialgesch., Berlin 1983, S. 151–184
Helmstaedter, Dieter: Dorfkultur und Industrialisierung. Mainz 1967
Herrmann, Bernd (Hg.): Mensch und Umwelt im Mittelalter. Stuttgart 1986
Herrmann, Klaus: Pflügen, Säen, Ernten. Landarbeit und Landtechnik in der Geschichte (rororo 7722). Reinbek b. Hamburg 1985
Heitere Gefühle bei der Ankunft auf dem Lande. Bilder schwäbischen Landlebens im 19. Jahrhundert. Katalog zur gleichnamigen Ausstellung im Württ. Landesmuseum Stuttgart. Tübingen 1983
Hintze, Ulrich: Die Lage der ländlichen Arbeiter in Mecklenburg. Rostock 1894
Hobsbawm, Eric J.: Sozialrebellen. Archaische Sozialbewegungen im 19. und 20. Jh. Berlin 1971
Höfler, Otto: Kultische Geheimbünde der Germanen. Frankfurt a. M. 1934
Hoffmann, Julius: Die «Hausväterliteratur» und die «Predigten über den christlichen Hausstand». Göttingen 1954
Hooff, Minna (Hg.): Martha (Kochbuch). Thorn u. Leipzig 1890
Hornberger, Theodor: Der Schäfer. Landes- und volkskundliche Bedeutung eines Berufsstandes. Stuttgart 1955

Ilien, Albert: Prestige in dörflicher Lebenswelt. Tübingen 1977
Ilien, Albert u. Jeggle, Utz: Zum Recht der kleinen Leute auf wissenschaftliches Verstandenwerden. In: Das Recht der kleinen Leute. Berlin 1976, S. 89–97

Imhof, Arthur E.: Die gewonnenen Jahre. München 1981

Imhof, Arthur E.: Die verlorenen Welten. Alltagsbewältigung durch unsere Vorfahren – und weshalb wir uns heute so schwer damit tun... München 1984

Immermann, Karl: Der Oberhof (Teil des 1838 erschienenen Romans «Münchhausen»). München–Wien 1977

Immermann, Karl: Die Epigonen. Familienmemoiren in neun Büchern 1823–1835 (Erstausgabe 1836). München 1981

Inhetven, Heide u. Blasche, Margret: Frauen in der kleinbäuerlichen Landwirtschaft. Opladen 1983

Innerhofer, Franz: Schöne Tage (stb 349). Salzburg [3]1974

Jacobeit, Sigrid: Zum Alltag der Bäuerinnen in Klein- und Mittelbetrieben während der Zeit des deutschen Faschismus 1933–1939. In: Jb. f. Wirtschaftsgeschichte. 1982, S. 7–29

Jacobeit, Sigrid: Die Stellung der werktätigen Bäuerin in der faschistischen Ideologie 1933–1939. Realität und Manipulation. In: Jb. f. Geschichte 27 (1983), S. 171–199

Jacobeit, Wolfgang: Schafhaltung und Schäfer in Zentraleuropa bis zum Beginn des 20. Jahrhunderts. Berlin 1961, [2]1987

Jacobeit, Wolfgang: Bäuerliche Arbeit und Wirtschaft. Berlin 1965

Jantke, Carl u. Hilger, Dietrich (Hg.): Die Eigentumslosen. Freiburg, München 1965

Jean Paul: Schulmeisterlein Wuz. Stuttgart 1961

Jeggle, Utz: Kiebingen – eine Heimatgeschichte. Tübingen 1977

Jeggle, Utz u. Korff, Gottfried: Zur Entwicklung des Zillertaler Regionalcharakters. In: Z. f. Vkde. 70 (1974), S. 39–57

Jocham, Magnus: Memoiren eines Obskuranten. Kempten 1896

John, E.: Aberglaube, Sitte und Brauch im sächsischen Erzgebirge. Ein Beitrag zur deutschen Volkskunde. Annaberg 1909

Jung-Stilling, Johann Heinrich: Lebensgeschichte. Vollständige Ausgabe mit Anmerkungen hg. von Gustav Adolf Benrath. Darmstadt 1976

Kähler, Wilhelm: Gesindewesen und Gesinderecht in Deutschland (= Sammlung nationalökonom. u. statist. Abhandlungen d. staatswiss. Seminars z. Halle, hg. v. J. Conrad, Bd. 11). Jena 1896

Kaerger, Karl: Die Sachsengängerei. Auf Grund persönlicher Ermittlungen und statistischer Erhebungen. In: Landwirtschaftl. Jbb. 19 (1890), S. 239–522

Kaerger, Karl: Die ländlichen Arbeiterverhältnisse in Nordwestdeutschland. In: Schr. d. V. f. Socialpolitik Bd. 53 (= Die Verhältnisse d. Landarbeiter in Deutschland, Bd. I, S. 1–239). Leipzig 1892

Kaschuba, Wolfgang u. Lipp, Carola: Dörfliches Überleben. Tübingen 1982

Katz, Eugen: Landarbeiter und Landwirtschaft in Oberhessen. Stuttgart u. Berlin 1904

Kautsky, Karl: Die Agrarfrage. Eine Übersicht über die Tendenzen der modernen Landwirtschaft und die Agrarpolitik der Sozialdemokratie. Stuttgart 1899

Keil, Wilhelm: Erlebnisse eines Sozialdemokraten. 2 Bde. Stuttgart 1947

Keller, Gottfried: Romeo und Julia auf dem Dorfe. (1856). Der grüne Heinrich. (1870ff.)

Keller, Michael: Adelslandschaft Wetterau im 18. und 19. Jh. Wetterau-Museum Friedberg 1982

Kinkel, Johann Gottfried: Die Heimatlosen. In: Kircher (Hg.): Dorfgeschichten aus dem Vormärz. Bd. II. Frankfurt a. M. 1982, S. 270–329

Kircher, Hartmut (Hg.): Dorfgeschichten aus dem Vormärz. 2 Bde. Frankfurt a. M. 1982

Klocke, Bernhard: Häuser und Mobiliar in einem westfälischen Dorf. Münster 1980

Knapp, Georg Friedrich: Die Bauernbefreiung und der Ursprung der Landarbeiter in den älteren Teilen Preußens. 2 Bde. Leipzig 1887

Knortz, Elfriede: Ein Schreiner aus Atzbach bei Wetzlar. In: Hess. Bll. f. Volks- u. Kulturforschung 6 (1978), S. 105–120

Koch, Georg: Maß und Ordnung. Ein Beitrag zur Ethik des Bauerntums. In: Hess. Bll. f. Vkde. 26 (1927), S. 1–23

Koch, Georg: Die bäuerliche Seele. Berlin 1935

Köhle-Hezinger, Christel: Evangelisch-Katholisch. Untersuchungen zu konfessionellem Vorurteil und Konflikt im 19. und 20. Jh. vornehmlich am Beispiel Württembergs. Tübingen 1976

Köhle-Hezinger, Christel: Pfarrvolk und Pfarrersleut. In: Das evangelische Pfarrhaus. Hg. von Martin Greiffenhagen. Stuttgart 1984, S. 247–276

Köhler, Johann August Ernst: Volksbrauch, Aberglauben, Sagen und andere alte Überlieferungen im Voigtlande, mit Berücksichtigung des Orlagau's und des Pleißnerlandes. Ein Beitrag zur Kulturgeschichte der Voigtländer. Leipzig 1867

Köllmann, W.: Grundzüge der Bevölkerungsgeschichte Deutschlands im 19. und 20. Jh. In: Studium Generale 12 (1959), S. 385 ff.

Könenkamp, Wolf-Dieter: Wirtschaft, Gesellschaft und Kleidungsstil in den Vierlanden während des 18. und 19. Jhs. Göttingen 1978

König, René: Einführung – Hochzeit als Ausgangspunkt zur Darstellung der Rolle der Frau im interkulturellen Vergleich. In: Völger-Welck (Hgg.): Die Braut. Bd. I. Köln 1985, S. 26–36

Könnecke, Otto: Rechtsgeschichte des Gesindes in West- und Süddeutschland. Marburg 1912

Köstlin, Konrad: Folklorismus und Ben Akiba. In: Rhein. Jb. f. Vkde. 20 (1970), S. 234–256

Köstlin, Konrad: Volkskultur im 19. Jh. zwischen Landwirtschaft und Industrie. Dargestellt an Beispielen aus dem Amberger Raum. In: Schriftenreihe der Universität Regensburg. Bd. 11 (1985), S. 105–122

Köstlin, Konrad u. Sievers, Kai D. (Hg.): Das Recht der kleinen Leute. Beiträge zur rechtlichen Volkskunde (Festschrift f. K.-S. Kramer). Berlin 1976

Kohli, Martin: Die Institutionalisierung des Lebenslaufs. In: Kölner Zs. f. Soz. und Sozialpsychologie H. 1. 1985, S. 1–29

Kohlmann, Theodor (Hg.): Das Bild vom Bauern. Vorstellungen und Wirklichkeit vom 16. Jh. bis zur Gegenwart. Bd. 3 der Schriften des Museums für Deutsche Volkskunde. Berlin 1978

Koren, Hanns: Die Spende. Eine volkskundliche Studie über die Beziehung «Arme Seelen – Arme Leute». Graz, Wien, Köln 1954

Korff, Gottfried: Wohnalltag in der Eifel. In: Rhein. Jb. f. Vkde. 22 (1977), S. 103–124 (Sonderband «Wohnen»)

Korff, Gottfried: Kultur. In: H. Bausinger, U. Jeggle, G. Korff, M. Scharfe: Grundzüge der Volkskunde. Darmstadt 1978, S. 17–80

Korff, Gottfried: Volkskultur und Arbeiterkultur. In: Geschichte und Gesellschaft 5 (1979), S. 83–102

Korff, Gottfried: Einige Bemerkungen zum Wandel des Bettes. In: Z. f. Vkde. 77 (1981), S. 1–16

Korff, Gottfried (Hg.): Flick-Werk. Reparieren und Umnutzen in der Alltagskultur. Stuttgart 1983

Korff, Gottfried: «Frauenhände und Pferdezähne dürfen nicht stillstehen». Die Arbeit der Kleinbäuerin in der Eifel des 19. Jhs. In: L. Niethammer u. a. (Hg.): Die Menschen machen ihre Geschichte nicht aus freien Stücken, aber sie machen sie selbst. Bonn 1984, S. 45–48

Kraigher-Porges, Josefa: Lebenserinnerungen einer alten Frau. 2 Bde. Leipzig, Zürich 1926

Kramer, Karl S.: Die Nachbarschaft. Beitrag zur Kenntnis des Dorflebens vergangener Jahrhunderte auf Grund archivalischer Quellen. In: Bayer. Jb. f. Vkde. 1952, S. 128–140

Kramer, Karl S.: Die Nachbarschaft als bäuerliche Gemeinschaft. Ein Beitrag zur rechtlichen Volkskunde mit bes. Berücksichtigung Bayerns. München 1954

Kramer, Karl S.: Ältere Spuren burschenschaftlichen Brauchtums in Mittelfranken. In: Jb. f. fränk. Landesforschung 20 (1960), S. 375–392

Kramer, Karl S.: Das Haus als geistiges Kraftfeld im Gefüge der alten Volkskultur. In: Rhein.-westfäl. Zs. f. Vkde. 11 (1964), S. 30–43

Kramer, Karl S.: Grundriß einer rechtlichen Volkskunde. Göttingen 1974

Kramer, Karl S.: Gutsherrschaft und Volksleben (Ostholstein). In: Rhein.-Westfäl. Zs. f. Vkde. 22 (1976), S. 16–33

Krebs, Werner: Alte Handwerksbräuche. Basel 1933

Krille, Otto: Unter dem Joch. Die Geschichte einer Jugend. Berlin 1914

Kriss-Rettenbeck, Lenz: Das Votivbild. München 1958

Krzymowski, Richard: Geschichte der deutschen Landwirtschaft unter besonderer Berücksichtigung der technischen Entwicklung der Landwirtschaft bis zum Ausbruch des 2. Weltkrieges 1939. [3]Berlin 1961

Kuczynski, Jürgen: Die Geschichte der Lage der Arbeiter unter dem Kapitalismus. Teil I: Die Geschichte der Lage der Arbeiter in Deutschland von 1789 bis zur Gegenwart. Dokumente und Studien B zu Band 1: Bürgerliche und halbfeudale Literatur aus den Jahren 1840–1847 zur Lage der Arbeiter. Eine Chrestomathie. Berlin 1960

Kuczynski, Jürgen: Geschichte des Alltags des deutschen Volkes. 6 Bde. Berlin, Köln 1980–1982, 1985

Kübler, Marie Susette: Das Hauswesen (nebst einem Anhang ü. d. dt. Literatur f. Frauen u. Jungfrauen v. Chr. Oeser). Stuttgart 1851

Kück, Eduard: Das alte Bauernleben der Lüneburger Heide (Leipzig 1906). Neudruck Hildesheim 1982

Küther, Carsten: Menschen auf der Straße. Vagierende Unterschichten in Bayern, Franken und Schwaben in der 2. Hälfte des 18. Jhs. Göttingen 1983

Kuhn, Annette u. Schneider, Gerhard (Hg).: Frauen in der Geschichte. Düsseldorf 1979

Kulischer, Josef: Allgemeine Wirtschaftsgeschichte. 2 Bde. Berlin 1954

Kuntz, Andreas: Der Dampfpflug. Bilder und Geschichte der Mechanisierung und Industrialisierung von Ackerbau und Landleben im 19. Jh. Marburg 1979

Kußmaul, Adolf: Jugenderinnerungen eines alten Arztes. Stuttgart 1899

Landrecht, Allgemeines, für die Preußischen Staaten von 1794. Hg. Hattenhauer. Frankfurt/M., Berlin 1970

Langewiesche-Brandt, Wilhelm: Jugend und Heimat. Erinnerungen eines Fünfzigjährigen. Ebenhausen, München 1914

Larsson, Carl: Das Haus in der Sonne (1910). Königstein i. T. 1973

Leben und Wohnen im Absolutismus. Bäuerliches Wohnen. Hg. vom Museumsverband f. Niedersachsen u. Bremen e.V. Cloppenburg 1977

Lebenstreppe, Die. Bilder der menschlichen Lebensalter. Eine Ausstellung des Landschaftsverbandes Rheinland usw. Bonn 1983

le Fort, Gertrud von: Erinnerungen. 1965

Leider, Frida: Das war mein Teil. Berlin 1959

Lenz, Siegfried: Heimatmuseum. München 1981

Levenstein, Adolf (Hg.): Proletariers Jugendjahre. Berlin o. J. (ca. 1875)

Lévi-Strauss, Claude: Strukturale Anthropologie. Frankfurt a. M. 1967

Litzmann, Karl: Lebenserinnerungen. 2 Bde. Berlin 1927

Lorez, Christian: Bauernarbeit im Rheinwald. Basel 1943

Lübke, Peter: Aus dem Leben eines Volksschullehrers. In: Lübke, Wilhelm: Lebenserinnerungen. Berlin 1891, S. 1–46

Lühning, Arnold: Inbetriebnahme einer fahrbaren Dresch-Lokomobile (Baujahr 1911). Inst. f. wiss. Film. Göttingen 1973

Lühning, Arnold: «Sonst» und «Jetzt». Landwirtschaftliche Innovationen im Spiegel einer Ehrenurkunde von 1859. In: Volkskultur in der Moderne (rowohlts enzyklopädie 431). Reinbek b. Hamburg 1986, S. 162–184

Lütge, Friedrich: Deutsche Sozial- und Wirtschaftsgeschichte. [2]Berlin, Göttingen, Heidelberg 1960

Maierbrugger, Matthias: Bauernbrauch im Kärntner Nockgebiet. Klagenfurt 1974
Mannhardt, Wilhelm: Wald- und Feldkulte. 1. Bd.: Der Baumkultus der Germanen und ihrer Nachbarstämme. Mythologische Untersuchungen. ²Berlin 1904
Martens: Geheime Gesellschaften in alter und neuer Zeit. Leipzig o. J.
Marx, Karl: Der achtzehnte Brumaire des Louis Bonaparte. In: Marx-Engels-Werke Bd. 8. Berlin 1969, S. 198
Massin: Händlerrufe aus europäischen Städten. (Übersetzg. aus d. Französ. Ulrike Bergweiler). München 1978
Medick, Hans: Spinnstuben auf dem Dorf. Jugendliche Sexualkultur und Feierabendbrauch in der ländlichen Gesellschaft der frühen Neuzeit. In: Huck, Gerhard (Hg.): Sozialgeschichte der Freizeit. Wuppertal 1980, S. 19–50
Meier, John: Ahnengrab und Rechtsstein. Untersuchungen zur deutschen Volkskunde und Rechtsgeschichte. Berlin 1950
Meier-Oberist, Edmund: Kulturgeschichte des Wohnens im abendländischen Raum. Hamburg 1956
Meitzen, August: Der Boden und die landwirtschaftlichen Verhältnisse des Preußischen Staates. 8 Bde. Berlin 1868–1908
Mentges, Gaby: Erziehung, Dressur und Anstand in der Sprache der Kinderkleidung. Bern–Frankfurt a. M. 1987
Menzel, Konrad (Hg.): Denkwürdigkeiten Wolfgang Menzel's. Bielefeld und Leipzig 1877
Meringer, Rudolf: Das deutsche Haus und sein Hausrat. Leipzig 1906
Metken, Sigrid (Hg.): Die letzte Reise. Sterben, Tod und Trauersitten in Oberbayern. München 1984
Mettenleiter, Peter: Destruktion der Heimatdichtung. Typologische Untersuchung zu Gotthelf – Auerbach – Ganghofer. Tübingen 1974
Meuli, Karl: Charivari. In: Festschrift f. F. Dornseiff. Leipzig 1953, S. 231 ff.
Mitterauer, Michael: Ledige Mütter. Zur Geschichte unehelicher Geburten in Europa. München 1983
Mitterauer, Michael: Sozialgeschichte der Jugend. Frankfurt a. M. 1986
Möser, Justus: Patriotische Phantasien. 4 Bde. Berlin 1774–1786. Vgl. Anwalt des Vaterlands. Leipzig u. Weimar 1978
Mooser, Josef: «Furcht bewahrt das Holz». Holzdiebstahl und sozialer Konflikt in der ländlichen Gesellschaft 1800–1850 an westfälischen Beispielen. In: Reif, Heinz (Hg.): Räuber, Volk und Obrigkeit – Studien zur Geschichte der Kriminalität in Deutschland seit dem 18. Jh. Frankfurt a. M. 1984, stw Nr. 453, S. 43–99
Moser, Hans: Gedanken zur heutigen Volkskunde. In: Bayerisches Jb. f. Vkde. 1954, S. 208–234
Moser, Hans: Vom Folklorismus in unserer Zeit. In: Z. f. Vkde. 58 (1962), S. 177–209
Moser, Hans: Der Folklorismus als Forschungsproblem der Volkskunde. In: Hess. Bll. f. Vkde. 55 (1964), S. 9–57
Moser, Hans: Jungfernkranz und Strohkranz. In: Das Recht der kleinen Leute (Festschrift f. K. S. Kramer). Berlin 1976, S. 140–161
Moser, Hans: Volksbräuche im geschichtlichen Wandel. München 1985
Mottek, Hans: Zur Frage des sozialen Widerstandes gegen die Ausbreitung des technischen Fortschritts. In: Jb. f. Wirtschaftsgeschichte 1970, S. 151 f.
Mottek, Hans: Wirtschaftsgeschichte Deutschlands. Berlin 1978
Müller, Heidi (Hg.): Dienstboten in Stadt und Land. Berlin 1982
Müller, Helmut: Autobiographische Aufzeichnungen des münsterländischen Bauern Philipp Richter. Münster 1979
Müller-Wirthmann, Bernhard: Raufhändel. Gewalt und Ehre im Dorf. In: Dülmen, H. v. (Hg.): Kultur der einfachen Leute. München 1983, S. 79–111
Musiat, Siegmund: Zur Lebensweise des landwirtschaftlichen Gesindes in der Oberlausitz. Bautzen 1964

Muther, Josef: Die Wanderung der Schwabenkinder in Tirol und Vorarlberg. In: Zs. f. Kinderschutz u. Jugendfürsorge, Wien 1912
Mutschler, Susanne: Ländliche Kindheit in Lebenserinnerungen. Tübingen 1985

Naumann, Hans: Grundzüge der deutschen Volkskunde. Leipzig 1922, ²1929
Nichtweiß, Johannes: Das Bauernlegen in Mecklenburg. Berlin 1954
Niederer, Arnold: Gemeinwerk im Wallis. Basel 1956
Nissen, Nis R.: Kaiserzeit auf dem Dorfe. Landleben um 1900. Heide 1979

Oetker, Friedrich: Lebenserinnerungen. 3 Bde. Stuttgart 1877

Parthey, Gustav: Jugenderinnerungen. Handschriften für Freunde. Neu hg. von Ernst Friedel. Berlin 1907
Passarge, Ludwig: Ein ostpreußisches Jugendleben. Leipzig ²1906
Paulsen, Friedrich: Aus meinem Leben. Jugenderinnerungen. Jena 1909
Paulus, Beate: geb. Hahn – oder Was eine Mutter kann. Stuttgart 1874
Peuckert, Will-Erich: Geheimkulte. Heidelberg 1951
Peter, Ilka: Gaßlbrauch und Gaßlspruch in Österreich. Salzburg 1953
Peters, Jan: Der Platz in der Kirche. Über soziales Rangdenken im Spätfeudalismus. In: Jb. f. Volkskunde und Kulturgeschichte 28 (1985), S. 77–106
Pfister, Albert: Pfarrers Albert. Fundstücke aus der Knabenzeit. Stuttgart, Berlin, Leipzig 1901
Plaul, Hainer: Landarbeiterleben im 19. Jh. Eine volkskundliche Untersuchung über Veränderungen in der Lebensweise der einheimischen Landarbeiterschaft in den Dörfern der Magdeburger Börde unter den Bedingungen der Herausbildung und Konsolidierung des Kapitalismus in der Landwirtschaft. Berlin 1979
Plessen, Elisabeth: Mitteilung an den Adel. Zürich 1976
Pohl, Walfried: Das Haus als Mittel zur Repräsentation. In: Rhein. Jb. f. Volkskunde 22 (1977), S. 29–48. Sonderband: Wohnen
Polenz, Wilhelm von: Der Büttnerbauer. Stuttgart u. Berlin 1922
Putlitz, Gustav Heinrich G. E. zu: Mein Heim. Erinnerungen aus Kindheit und Jugend. Berlin 1885

Queri, Georg: Bauernerotik und Bauernfehme in Oberbayern. (1911) München 1975

Rach, Hans-Jürgen: Bauernhaus, Landarbeiterkaten und Schnitterkaserne. Berlin 1974
Rach, Hans-Jürgen u. Weissel, Bernhard (Hg.): Bauer und Landarbeiter im Kapitalismus in der Magdeburger Börde. Zur Geschichte des dörflichen Alltags vom Ausgang des 18. Jhs. bis zum Beginn des 20. Jhs. Berlin 1982
Radtke, Valerie: Ich suche Liebe. Roman meines Lebens. Berlin 1984
Raum, O. F.: Der Hirte im fränkischen Jura. Hersbruck 1978
Rave, Robert: Das Leben auf einem Bauernhof in der Kollmar-Marsch um die Jahrhundertwende. Moorhusen 1966
Recke, Elisa von der: Aufzeichnungen und Briefe aus ihren Jugendtagen. Leipzig 1900
Recke, Elisa von der: Tagebücher und Selbstzeugnisse. München 1984
Rehbein, Franz: Das Leben eines Landarbeiters. Hg. u. eingeleitet von Paul Göhre. Jena 1911
Reif, H. (Hg.): Räuber, Volk und Obrigkeit. Studien zur Geschichte der Kriminalität in Deutschland seit dem 18. Jh. (stw 435). Frankfurt a. M. 1984
Retter, Hein: Spielzeug. Weinheim u. Basel 1979
Reuter, Fritz: Herr von Hakensterz und seine Tagelöhner. In: Gesammelte Werke und Briefe. Rostock 1967
Reuter, Fritz: Das Leben auf dem Lande (Ut mine Stromtid) (dtv 2019). München 1977
Reuter, Fritz: Kein Hüsung. In: Werke in drei Bänden. Bd. 1. Berlin u. Weimar 1974, S. 14–135

Reymont, Wladislaw St.: Die Bauern. 2 Bde. Rudolstadt 1954
Riedhauser, Hans: Essen und Trinken bei Jeremias Gotthelf. Bern, Stuttgart 1985
Riehl, Wilhelm Heinrich: Die Naturgeschichte des Volkes als Grundlage einer deutschen Sozialpolitik. 9Stuttgart 1897
Riehl, Wilhelm Heinrich: Die bürgerliche Gesellschaft. 9Stuttgart 1897, Neuaufl. Frankfurt a. M. 1976
Riehl, Wilhelm Heinrich: Land und Leute. 4Stuttgart, Augsburg 1857
Riehl, Wilhelm Heinrich: Die Familie. (1855) 10Stuttgart 1889
Riehl, Wilhelm Heinrich u. Spamer, Adolf: Die Volkskunde als Wissenschaft. Berlin u. Leipzig 1935
Rigler, Edith: Frauenleitbild und Frauenarbeit in Österreich. München 1976
Ritter, Gerhard u. Kocka, Jürgen: Deutsche Sozialgeschichte. Dokumente u. Skizzen Bd. II, 1870–1914. München 1974
Rosegger, Peter: Waldheimat. 1. Bd. Kinderjahre. Wien, Leipzig 1877
Rosegger, Peter: Jakob, der Letzte. Eine Waldbauerngeschichte aus unseren Tagen. Leipzig 1908
Rosenbaum, Heidi: Formen der Familie. stw 374. Frankfurt a. M. 1982
Rühle, Otto: Illustrierte Kultur- und Sittengeschichte des Proletariats. Bd. 1 1930 (Neudruck Genf 1970), Bd. 2 Gießen 1977
Rühle, Otto: Vom Untertan zum Staatsbürger. 2Berlin 1958
Rumpf, Karl: Deutsche Volkskunst – Hessen. Marburg 1951
Rumpf, Karl: Das Bett im hessischen Bauernhaus. In: Zs. d. V. f. hess. Gesch. u. Landeskde. 74 (1963), S. 125–142
Rumpf, Max: Das deutsche Bauernleben. 1936
Rumpf, Max: Das wohlgeordnete alte bäuerliche Leben. In: Z. f. Vkde. 47 (1938), S. 201–210

Saalfeld, Diedrich: Bauernwirtschaft und Gutsbetrieb in der vorindustriellen Zeit. Stuttgart 1960
Sauermann, Dietmar: Knechte und Mägde in Westfalen um 1900. Münster 1972
Sauermann, Dietmar (Hg.): Aus dem Leben eines Heuerlings und Arbeiters. Rudolf Dinkmann berichtet. Münster 1973
Sauermann, Dietmar: Volksfeste im Westmünsterland, besonders Bauernhochzeiten im 19. Jh. Vreden 1985
Segschneider, Ernst Helmut: Totenkranz und Totenkrone im Ledigenbegräbnis. Köln 1976
Siebold, Mathias: Deutsches Bauernleben im Banat. Hausbuch des Mathias Siebold aus Neubeschenowa, Banat 1842–1878. Hg. v. Hans Diplich. München 1957
Sievers, Gudrun B.: Bauernstuben im Museum und historische Wirklichkeit. Diss. Marburg 1980. München 1980
Simmel, Georg: Der Arme. In: Soziologie. Untersuchungen über die Formen der Vergesellschaftung. München u. Leipzig 1922, S. 345–374
Sohnrey, Heinrich (Hg.): Kunst auf dem Lande. Ein Wegweiser für die Pflege des Schönen und des Heimatsinnes im deutschen Dorfe. Bielefeld, Leipzig, Berlin 1905
Sohnrey, Heinrich (Hg.): Das Land. Zeitschrift für die sozialen und volkstümlichen Angelegenheiten auf dem Lande. Berlin, ab 1892/93
Spamer, Adolf: Bairische Denkmale aus der «theueren Zeit» vor 100 Jahren. In: Bayer. Hefte f. Vkde. 3 (1916), S. 148–266
Spamer, Adolf: Um die Prinzipien der Volkskunde. In: Hess. Bll. f. Vkde. 23 (1924), S. 67–108
Spamer, Adolf: Die deutsche Volkskunde. Bd. II, Bilderatlas. Leipzig 1935
Spamer, Adolf: Hessische Volkskunst. Jena 1939
Spamer, Adolf: Deutsche Volkskunst: Sachsen. Weimar 1943
Spamer, Adolf: Romanusbüchlein. Historisch-philologischer Kommentar zu einem deutschen Zauberbuch. Aus seinem Nachlaß bearbeitet von Johanna Nickel. Berlin 1958
Spoerhase, Hajo (Hg.): Landleben. Ein Rückblick auf 100 Jahre Fortschritt. Friedrichsdorf 1982

Sugenheim, Samuel: Geschichte der Aufhebung der Leibeigenschaft und Hörigkeit in Europa bis um die Mitte des 19. Jahrhunderts. St. Petersburg 1861

Schad, Johann Baptist: Lebensgeschichte. 3 Bde. Altenburg 1828
Schäfer, Wolfram: Militärwesen und Sicherheitsorgane in der Grafschaft Wittgenstein-Hohenstein ... bis 1806. In: Wittgenstein 74 (1986), S. 68–86 u. ff.
Scharfe, Martin: Zum Rügebrauch. In: Hess. Bll. f. Vkde. 61 (1970), S. 45–68
Scharfe, Martin: Bäuerliches Gesinde im Württemberg des 19. Jhs.: Lebensweise und Lebensperspektiven. Erste Annäherung an das Problem. In: Heiko Haumann (Hg,): Arbeiteralltag in Stadt u. Land (= Argument Sonderband 94), Berlin 1982, S. 40–60
Scharfe, Martin: Dienstbotensprüche, Dienstbotenlieder oder Zweite Annäherung an das Problem: Bäuerliches Gesinde im Württemberg des 19. Jhs. In: Allmende 3 (1983), H. 1, S. 48–67
Scharfe, Martin: «Gemüthliches Knechtschaftsverhältnis»? Landarbeitserfahrungen 1750–1900. In: Arbeit u. Arbeitserfahrung in der Geschichte. Göttingen 1986, S. 32–50
Scharfe, Martin (Hg.): Heitere Gefühle bei der Ankunft auf dem Lande. Bilder schwäbischen Landlebens im 19. Jh. Ausstellungskatalog, Stuttgart 1983
Schenk, Annemie: Die Rolle von Schule und Bildung bei Sozialisierungsprozessen am Beispiel ethnischer Gruppen des Banats. In: Kultureller Wandel im 19. Jahrhundert. Göttingen 1973, S. 228–239
Schenk, Annemie: Familie und Wohnen in Stolzenburg. Eine Untersuchung bei Sachsen und Rumänen in einem siebenbürgischen Dorf. Köln, Wien 1984
Schepers, J.: Das Bauernhaus in Nordwestdeutschland (1943). 1978
Schilli, Hermann: Das Schwarzwaldhaus. Stuttgart (1953). 1964
Schilling, Heinz: Wandschmuck unterer Sozialschichten. Empirische Untersuchungen zu einem kulturellen Phänomen und seiner Vermittlung. Bern u. Frankfurt a. M. 1971
Schindler, Norbert: Jenseits des Zwangs? Zur Ökonomie des Kulturellen inner- und außerhalb der bürgerlichen Gesellschaft. In: Z. f. Vkde. 81 (1985), S. 192–219
Schlapeit-Beck, Dagmar: Frauenarbeit in der Malerei 1870–1900. Berlin 1985
Schlee, Ernst: Die Herdstelle im niederdeutschen Hallenhaus. In: Z. f. Vkde. 51 (1954), S. 77–87
Schmid, Christoph von: Erinnerungen und Briefe. München 1968
Schmoller, Gustav: Grundriß der allgemeinen Volkswirtschaftslehre. 1. Teil, Leipzig 1923
Schnapper-Arndt, Gottlieb: Nährikele. Ein sozialstatistisches Kleingemälde aus dem schwäbischen Volksleben (1904). In: Zeitlin, Leon (Hg.): Gottlieb Schnapper-Arndt. Vorträge und Aufsätze. Tübingen 1906, S. 190–253
Schneidewind, Gisela (Hg.): Herr und Knecht. Antifeudale Sagen aus Mecklenburg. Aus der Sammlung Richard Wossidlos. Berlin 1960
Schnippel, Emil: Ausgewählte Kapitel zur Volkskunde von Ost- und Westpreußen. Königsberg 1927
Schöller, Rainer G.: Der gemeine Hirte. Viehhaltung, Viehwirtschaft und Hirtenwesen vornehmlich des nachmittelalterlichen Umlandes von Nürnberg. Nürnberg 1973
Schreiber, Erich: Der bäuerliche Lebens- und Sittenkreis im oberen und mittleren Feldatale. Diss. Würzburg 1935
Schulte, Regina: Bauernmägde in Bayern am Ende des 19. Jhs. In: Hausen (Hg.): Frauen suchen ihre Geschichte. 1983, S. 110–127
Schurz, Carl: Lebenserinnerungen. Berlin 1906
Schweitzer, Albert: Aus meiner Kindheit und Jugendzeit. München 1924

Stein, Robert: Die Umwandlung der Agrarverfassung Ostpreußens durch die Reform des neunzehnten Jahrhunderts. 2 Bde. Jena 1918
Steinitz, Wolfgang: Deutsche Volkslieder demokratischen Charakters aus sechs Jahrhunderten. 2 Bde. Berlin 1954, 1962
Stolle, Walter: Strukturwandel der Landwirtschaft Hessens von 1890–1970. Marburg 1973
Strombeck, Friedrich Karl von: Darstellungen aus meinem Leben. [2]Braunschweig 1835

Tenfelde, Klaus: Ländliches Gesinde in Preußen. Gesinderecht und Gesindestatistik 1810–1861. In: Archiv f. Sozialgeschichte 19 (1979), S. 189–229
Teuteberg, Hans J. u. Wiegelmann, Günter: Der Wandel der Nahrungsgewohnheiten unter dem Einfluß der Industrialisierung. Göttingen 1972
Theopold, Wilhelm: Das Kind in der Votivmalerei. München 1981
Thier, Erich (Hg.): Wegbereiter des deutschen Sozialismus. Stuttgart 1940
Thoma, Hans: Im Winter des Lebens. [13]Jena 1925
Thoma, Ludwig: Die Dachserin. Jubiläumsausgabe, Bd. 2. München, Zürich 1983, S. 134–145
Thoma, Ludwig: Andreas Vöst. Jubiläumsausg., Bd. 3. München, Zürich 1983, S. 7–248
Thoma, Ludwig: Der Ruepp. Jubiläumsausgabe, Bd. 4. München, Zürich 1983, S. 173–334
Thoma, Ludwig: Der Wittiber. Jubiläumsausgabe, Bd. 4. München 1978, S. 7–173
Thoma, Ludwig: Kaspar Lorinser. Jubiläumsausgabe, Bd. 5. München 1978, S. 321–345
Thoma, Ludwig: Der Jagerloisl. Ebda, S. 7–110
Thoma, Ludwig: Magdalena. In: Theater. München 1964, S. 7–68
Thoma, Ludwig: Brautschau. In: Theater. München 1964, S. 473–492
Treue, Wilhelm: Wirtschaftsgeschichte der Neuzeit. Stuttgart 1966
Treutlein, Wolfgang: Das Arbeitsverbot im deutschen Volksglauben (= Bausteine z. Vkde. u. Rel. wiss. Heft 5). Baden 1932
Turek, Ludwig: Ein Prolet erzählt. Lebensschilderung eines deutschen Arbeiters. Berlin 1930. Nachdruck Berlin 1963

Ude, Karl (Hg.): Bauernromantik in der Malerei des 19. Jhs. München 1978
Uhlig, Otto: Die Schwabenkinder aus Tirol und Vorarlberg. Innsbruck, Stuttgart, [2]1983

Vanja, Konrad: Dörflicher Strukturwandel zwischen Überbevölkerung und Auswanderung. Marburg 1978
Verdenhalven, Fritz: Alte Maße, Münzen und Gewichte aus dem deutschen Sprachgebiet. Neustadt an der Aisch 1968
Verdier, Yvonne: Drei Frauen. Das Leben auf dem Dorf. Stuttgart 1982
Viebig, Clara: Das Weiberdorf (1911). Düsseldorf 1982
Virchow, Rudolf: Die Not im Spessart. Darmstadt 1968
Völger, Gisela u. Welck, Karin von (Hg.): Die Braut. Geliebt – verkauft – getauscht – geraubt. Zur Rolle der Frau im Kulturvergleich. 2 Bde. Köln 1985
Vogel, Barbara (Hg.): Preußische Reformen 1807–1820. Königstein/Taunus 1980
Voigt-Diederichs, Helene: Auf Marienhoff. Jena 1933

Wackernagel, Hans Georg: Altes Volkstum der Schweiz. Basel 1956
Wagner, Kurt: Leben auf dem Lande im Wandel der Industrialisierung. Frankfurt a. M. 1986
Walleitner, Josef: Der Knecht. Lebens- und Volkskunde eines Berufsstandes im Oberpinzgau. Salzburg 1947
Walz, Rainer: Der Hexenwahn vor dem Hintergrund dörflicher Kommunikation. In: Z. f. Vkde. 82 (1986), S. 1–18
Weber, Max: Die Verhältnisse der Landarbeiter im ostelbischen Deutschland (Preußische Provinzen Ost- u. Westpreußen, Pommern, Posen, Schlesien, Brandenburg, Großherzogtümer Mecklenburg, Kreis Herzogtum Lauenburg). Dargestellt auf Grund der vom Verein f. Sozialpolitik veranstalteten Erhebungen. Schriften d. Vereins f. Sozialpolitik, Bd. 55 (= Die Verhältnisse der Landarbeiter in Deutschland, Bd. III), Leipzig 1892
Weber, Max: Die protestantische Ethik und der Geist des Kapitalismus. In: Gesammelte Aufsätze z. Religionssoziologie I (1920), S. 17–206
Weber, Max: Die ländliche Arbeitsverfassung. Gesammelte Aufsätze zur Sozial- und Wirtschaftsgeschichte. Tübingen 1924

Weber, Therese (Hg.): Häuslerkindheit. Autobiographische Erzählungen. Wien, Köln, Graz 1984
Weber, Therese (Hg.): Mägde. Lebenserinnerungen an die Dienstbotenzeit bei Bauern. Wien, Köln, Graz 1985
Weber-Kellermann, Ingeborg: Ludolf Parisius und seine altmärkischen Volkslieder. Berlin 1957
Weber-Kellermann, Ingeborg: Laubkönig und Schößmeier. Geschichte und Deutung pfingstlicher Vegetationsbräuche in Thüringen. In: Dt. Jb. f. Vkde 4 (1958), S. 366–385
Weber-Kellermann, Ingeborg: Die Rolle der Frau beim Anpassungsprozeß (Akkulturation). In: Hess. Bll. f. Vkde. 53 (1962), S. 47–62
Weber-Kellermann, Ingeborg: Erntebrauch in der ländlichen Arbeitswelt d. 19. Jahrhunderts. Marburg 1965
Weber-Kellermann, Ingeborg: Mode und Tradition. In: Populus revisus. Tübingen 1966, S. 17–27
Weber-Kellermann, Ingeborg: Arbeitsbräuche und Arbeitsfeste der Drescher. In: Arbeit und Volksleben. Göttingen 1967, S. 362–372
Weber-Kellermann, Ingeborg: Hochzeits- und Ehestandslieder. In: Hb. d. Volksliedes. Bd. I, München 1973, S. 551–574
Weber-Kellermann, Ingeborg: Spielzeugbefragung. Spielzeug als Indikator eines sozialen Systems. In: Z. f. Vkde. 70 (1974), S. 194–209
Weber-Kellermann, Ingeborg: Die deutsche Familie (1974). ^{8}Frankfurt a. M. 1984
Weber-Kellermann, Ingeborg: Die Familie. Frankfurt a. M. (1976). ^{3}1984
Weber-Kellermann, Ingeborg: Die Familie auf dem Lande in der Zeit zwischen Bauernbefreiung und Industrialisierung. In: Zs. f. Agrargesch. und Agrarsoz. 26 (1978), S. 66–76
Weber-Kellermann, Ingeborg: Das Weihnachtsfest. Eine Kultur- und Sozialgeschichte der Weihnachtszeit. München ^{2}1987
Weber-Kellermann, Ingeborg: Beobachtungen zu Tradition, Mode und Innovation am Beispiel eines Trachtstückes. In: dies.: Brauch – Familie – Arbeitsleben. Marburg 1978, S. 114–124
Weber-Kellermann, Ingeborg: Der Geist des Flachses. In: Brauch – Familie – Arbeitsleben. Marburg 1978, S. 77–92
Weber-Kellermann, Ingeborg: Brauch – Familie – Arbeitsleben. Marburg 1978
Weber-Kellermann, Ingeborg: Die Kindheit. Kleidung und Wohnen, Arbeit und Spiel. Eine Kulturgeschichte. Frankfurt a. M. 1979
Weber-Kellermann, Ingeborg: Frauenleben im 19. Jh. München 1983
Weber-Kellermann, Ingeborg: Der Kinder neue Kleider. 200 Jahre deutsche Kindermoden in ihrer sozialen Zeichensetzung. Frankfurt a. M. 1985
Weber-Kellermann, Ingeborg: Saure Wochen – Frohe Feste. Fest und Alltag in der Sprache der Bräuche. München 1985
Weber-Kellermann, Ingeborg u. Bimmer, Andreas C.: Einführung in die Volkskunde / Europäische Ethnologie. Stuttgart 1985
Weber-Kellermann, Ingeborg u. Böth, Gitta: Soziale Strukturen und ihre museale Darstellung. In: Festschrift f. Robert Wildhaber, Basel 1972, S. 703–711
Weber-Kellermann, Ingeborg u. Falkenberg, Regine (Hgg.): Was wir gespielt haben. Erinnerungen an die Kinderzeit. Frankfurt a. M. 1981
Weber-Kellermann, Ingeborg u. Stolle, Walter: Volksleben in Hessen 1970. Göttingen 1970
Wegner, Marie: Die Lage der Landarbeiterinnen. Leipzig 1905
Wehler, Hans-Ulrich: Bibliographie zur modernen deutschen Wirtschaftsgeschichte. Bibliographie zur modernen deutschen Sozialgeschichte. Göttingen 1976
Weidenheim, Johannes: Lebenslauf der Katharina D. Freilassing 1963
Wex, Reinhold: Ordnung und Unfriede. Raumprobleme des protestantischen Kirchenbaus im 17. und 18. Jh. in Deutschland. Marburg 1984
Wie die kleinen Leute lebten. Lebenserinnerungen, Gesprächsprotokolle und Briefe zum Leben

der Arbeiter, Bauern und Handwerker im Raum Sebnitz in der 2. Hälfte des 19. und zu Beginn des 20. Jhs. Sebnitz 1982
Wiegelmann, Günter: Frauenarbeit in der Landwirtschaft. In: Erläuterungen zum AdV. NF Marburg 1959, S. 37–83
Wiegelmann, Günter: Alltags- und Festspeisen. Marburg 1967
Wiegelmann, Günter: Zum Problem der bäuerlichen Arbeitsteilung in Mitteleuropa. In: Aus Geschichte u. Landeskunde (Steinbach-Festschrift). Bonn 1960, S. 637–671
Wiepert, Peter: Die Monarchen auf der Insel Fehmarn. In: Wohnsitz: Nirgendwo. Berlin 1982, S. 29–40
Wikman, K. Rob. V.: Die Einleitung der Ehe. Eine vergleichend ethno-soziologische Untersuchung über die Vorstufe der Ehe in den Sitten des schwedischen Volkstums. Åbo 1937
Wille, Hermann Heinz: Der grüne Rebell. (Freijäger Karl Stülpner). Berlin 1956
Wimschneider, Anna: Herbstmilch. München 1984
Wintterlin, Dietrich (Hg.): Unserer Jugend zur Freud und Lehr. Esslingen 1850, Neuausgabe o. J. (1965)
Wittich, Werner: Die Grundherrschaft in Nordwestdeutschland. Leipzig 1896
Wohnsitz: Nirgendwo. Vom Leben und Überleben auf der Straße. Hg. vom Künstlerhaus Bethanien. Berlin 1982
Wopfner, Herrmann: Volkskunde als Arbeitskunde. In: Der Schlern, 14 (1933), S. 414ff., S. 464ff., S. 521ff.
Wossidlo, Richard: Die Arbeit der mecklenburgischen Landfrau in älterer Zeit. In: Warener Tageblatt 1932: 171, 174, 177
Wurzbacher, Gerhard: Das Dorf im Spannungsfeld industrieller Entwicklung. Stuttgart 1954

Zaepernick, Gertraud: Neuruppiner Bilderbogen der Firma Gustav Kühn. Leipzig 1972
Zender, Matthias: Volkserzählungen als Quelle für Lebensverhältnisse vergangener Zeiten. In: Rhein. Jb. f. Vkde. 21 (1973), S. 114–169
Zippelius, Adelhart: Freilichtmuseen in Deutschland. HB-Bildatlas Spezial, Hamburg 1982
Zipperer, Falk W.: Das Haberfeldtreiben, seine Geschichte und seine Deutung. Weimar 1938
Zeremonialbuch des Preußischen Hofes. Berlin 1977
Zola, Émile: Die Erde (1887)
Zorn, Wolfgang: Kleine Wirtschafts- und Sozialgeschichte Bayerns 1806–1933. München-Pasing 1962

Sach- und Personenregister

Begriffe, die ständig wiederkehren oder deren Behandlung aus dem Inhaltsverzeichnis ersichtlich ist, wurden nicht aufgenommen. An Personennamen sind lediglich die Maler und die Verfasser der primären Quellen genannt. Für die Sekundärliteratur verweise ich auf die Anmerkungen und das Literaturverzeichnis.

Bildquellenverzeichnis

Zur Geschichte des 19. Jahrhunderts

Deutsche Sozialgeschichte 1815–1870
Dokumente und Skizzen
Herausgegeben von Werner Pöls. 3. Auflage. 1979.
XVII, 398 Seiten. Leinen
(Beck'sche Sonderausgaben)

Deutsche Sozialgeschichte 1870–1914
Dokumente und Skizzen
Herausgegeben von Gerhard A. Ritter und Jürgen Kocka.
3., durchgesehene Auflage. 1982. X, 458 Seiten. Leinen
(Beck'sche Sonderausgaben)

Deutsche Sozialgeschichte 1914–1945
Ein historisches Lesebuch
Herausgegeben von Werner Abelshauser, Anselm Faust
und Dietmar Petzina. 1985. 477 Seiten. Leinen
(Beck'sche Sonderausgaben)

Wolfgang Ruppert (Hrsg.)
Die Arbeiter
Lebensformen, Alltag und Kultur von der Frühindustrialisierung
bis zum «Wirtschaftswunder»
1986. 512 Seiten mit 135 Abbildungen. Leinen

Arno J. Mayer
Adelsmacht und Bürgertum
Die Krise der europäischen Gesellschaft 1848–1914
Aus dem Englischen von Karl Heinz Siber. 1984.
342 Seiten. Leinen

Verlag C. H. Beck München

Deutsche Gesellschaftsgeschichte

Von Hans Ulrich Wehler

Erster Band: 1700–1815

Vom Feudalismus des Alten Reiches
bis zur Defensiven Modernisierung der Reformära

1987. XII, 676 Seiten. Leinen

Zweiter Band: 1815–1848/49

Von der Reformära bis zur industriellen und politischen
«Deutschen Doppelrevolution»

1987. XII, 914 Seiten. Leinen

Dritter Band: 1849–1918

Von der «Deutschen Doppelrevolution»
bis zum Ende des Ersten
Weltkrieges

In Vorbereitung

Vierter Band: 1918–1949

Vom Ende des Ersten Weltkrieges
bis zur zweiten deutschen Republik

In Vorbereitung

Zum ersten Mal legt ein Historiker eine Gesamtdarstellung der deutschen Geschichte vor, die nicht vorwiegend politik-geschichtlich interessiert ist, die vielmehr die Entwicklung der Gesellschaft in Deutschland zum Gegenstand hat. In vier Epochenabschnitten wird jeweils die Wechselwirkung von Wirtschaft, sozialer Ungleichheit, politischer Herrschaft und Kultur behandelt.

Verlag C.H.Beck München